中华人民共和国
法规汇编

2020年1月—12月

编辑说明

一、《中华人民共和国法规汇编》是国家出版的法律、行政法规汇编正式版本。

二、本汇编逐年编辑出版，每年1册，收集当年全国人民代表大会及其常务委员会通过的法律、有关法律问题的决定和法律修改决定，国务院公布的行政法规、行政法规修改决定和中国政府网公布的国发、国办发文件。

三、本汇编按宪法相关法、民法商法、行政法、经济法、社会法、刑法、诉讼及非诉讼程序法分类，每大类下再按内容设二级类目。类目中排列顺序为：法律、有关法律问题的决定、法律修改决定、行政法规、行政法规修改决定、国务院文件；法律、有关法律问题的决定、法律修改决定、行政法规、行政法规修改决定、国务院文件内按公布的时间先后排列。

四、本册内容按宪法相关法、民法商法、行政法、经济法、社会法、刑法分类，收集了2020年全国人民代表大会及其常务委员会公布的法律16件，有关法律问题的决定7件，法律修改决定5件，国务院公布的行政法规7件，行政法规修改决定3件，中国政府网公布的国发、国办发文件58件，共计96件。

司法部

2021年12月

目　录

宪法相关法

国家机构法

特别行政区

相关法

民法商法

总　类

知识产权

行政法

总　类

国　防

公　安

民　政

应急管理

司法行政

人　事

教　育

科学技术

文化、旅游

卫生医药、计划生育

体　育

城乡建设

环境保护

经济法

财　政

税　务

金　融

自然资源

交通运输

信息、邮政

农林牧渔

商　务

对外贸易经济合作

市场监督管理

其　他

社会法

社会组织

特殊保障

其　他

刑　法

宪法相关法

国家机构法

全国人民代表大会常务委员会关于修改《中华人民共和国全国人民代表大会和地方各级人民代表大会选举法》的决定

（2020年10月17日第十三届全国人民代表大会常务委员会第二十二次会议通过　2020年10月17日中华人民共和国主席令第61号公布　自2020年10月18日起施行）

第十三届全国人民代表大会常务委员会第二十二次会议决定对《中华人民共和国全国人民代表大会和地方各级人民代表大会选举法》作如下修改：

一、增加一条，作为第二条："全国人民代表大会和地方各级人民代表大会代表的选举工作，坚持中国共产党的领导，坚持充分发扬民主，坚持严格依法办事。"

二、将第十一条改为第十二条，第一款第三项修改为："（三）不设区的市、市辖区、县、自治县的代表名额基数为一百四十名，每五千人可以增加一名代表；人口超过一百五十五万的，代表总名额不得超过四百五十名；人口不足五万的，代表总名额可以少于一百四十名”。

第一款第四项修改为：“（四）乡、民族乡、镇的代表名额基数为四十五名，每一千五百人可以增加一名代表；但是，代表总名额不得超过一百六十名；人口不足二千的，代表总名额可以少于四十五名。”

三、将第十三条改为第十四条，增加一款，作为第二款：“依照前款规定重新确定代表名额的，省、自治区、直辖市的人民代表大会常务委员会应当在三十日内将重新确定代表名额的情况报全国人民代表大会常务委员会备案。”

四、将第五十七条改为第五十八条，第二款修改为：“国家工作人员有前款所列行为的，还应当由监察机关给予政务处分或者由所在机关、单位给予处分。”

不设区的市、市辖区、县、自治县、乡、民族乡、镇的人民代表大会的代表名额根据本决定重新确定。

本决定自2020年10月18日起施行。

《中华人民共和国全国人民代表大会和地方各级人民代表大会选举法》根据本决定作相应修改，并对条文顺序作相应调整，重新公布。

中华人民共和国全国人民代表大会和地方各级人民代表大会选举法

（1979年7月1日第五届全国人民代表大会第二次会议通过　根据1982年12月10日第五届全国人民代表大会第五次会议《关于修改〈中华人民共和国全国人民代表大会和地方各级人民代表大会选举法〉的若干规定的决议》第一次修正　根据1986年12月2日第六届全国人民代表大会常务委员会第十八次会议《关于修改〈中华人民共和国全国人民代表大会和地方各级人民代表大会选举法〉的决定》第二次修正　根据1995年2月28日第八届全国人民代表

大会常务委员会第十二次会议《关于修改〈中华人民共和国全国人民代表大会和地方各级人民代表大会选举法〉的决定》第三次修正　根据2004年10月27日第十届全国人民代表大会常务委员会第十二次会议《关于修改〈中华人民共和国全国人民代表大会和地方各级人民代表大会选举法〉的决定》第四次修正　根据2010年3月14日第十一届全国人民代表大会第三次会议《关于修改〈中华人民共和国全国人民代表大会和地方各级人民代表大会选举法〉的决定》第五次修正　根据2015年8月29日第十二届全国人民代表大会常务委员会第十六次会议《关于修改〈中华人民共和国地方各级人民代表大会和地方各级人民政府组织法〉、〈中华人民共和国全国人民代表大会和地方各级人民代表大会选举法〉、〈中华人民共和国全国人民代表大会和地方各级人民代表大会代表法〉的决定》第六次修正　根据2020年10月17日第十三届全国人民代表大会常务委员会第二十二次会议《关于修改〈中华人民共和国全国人民代表大会和地方各级人民代表大会选举法〉的决定》第七次修正）

目　录

第一章　总　　则

第一条　根据中华人民共和国宪法，制定全国人民代表大会和地方各级人民代表大会选举法。

第二条　全国人民代表大会和地方各级人民代表大会代表的选举工作，坚持中国共产党的领导，坚持充分发扬民主，坚持严格依法办事。

第三条　全国人民代表大会的代表，省、自治区、直辖市、设区的市、自治州的人民代表大会的代表，由下一级人民代表大会选举。

不设区的市、市辖区、县、自治县、乡、民族乡、镇的人民代表大会的代表，由选民直接选举。

第四条　中华人民共和国年满十八周岁的公民，不分民族、种族、性别、职业、家庭出身、宗教信仰、教育程度、财产状况和居住期限，都有选举权和被选举权。

依照法律被剥夺政治权利的人没有选举权和被选举权。

第五条　每一选民在一次选举中只有一个投票权。

第六条　人民解放军单独进行选举，选举办法另订。

第七条　全国人民代表大会和地方各级人民代表大会的代表应当具有广泛的代表性，应当有适当数量的基层代表，特别是工人、农民和知识分子代表；应当有适当数量的妇女代表，并逐步提高妇女代表的比例。

全国人民代表大会和归侨人数较多地区的地方人民代表大会，应当有适当名额的归侨代表。

旅居国外的中华人民共和国公民在县级以下人民代表大会代表选举期间在国内的，可以参加原籍地或者出国前居住地的选举。

第八条　全国人民代表大会和地方各级人民代表大会的选举经费，列入财政预算，由国库开支。

第二章　选 举 机 构

第九条　全国人民代表大会常务委员会主持全国人民代表大会代表的选举。省、自治区、直辖市、设区的市、自治州的人民代表大会常务委员会主持本级人民代表大会代表的选举。

不设区的市、市辖区、县、自治县、乡、民族乡、镇设立选举委员会,主持本级人民代表大会代表的选举。不设区的市、市辖区、县、自治县的选举委员会受本级人民代表大会常务委员会的领导。乡、民族乡、镇的选举委员会受不设区的市、市辖区、县、自治县的人民代表大会常务委员会的领导。

省、自治区、直辖市、设区的市、自治州的人民代表大会常务委员会指导本行政区域内县级以下人民代表大会代表的选举工作。

第十条　不设区的市、市辖区、县、自治县的选举委员会的组成人员由本级人民代表大会常务委员会任命。乡、民族乡、镇的选举委员会的组成人员由不设区的市、市辖区、县、自治县的人民代表大会常务委员会任命。

选举委员会的组成人员为代表候选人的,应当辞去选举委员会的职务。

第十一条　选举委员会履行下列职责:

(一)划分选举本级人民代表大会代表的选区,分配各选区应选代表的名额;

(二)进行选民登记,审查选民资格,公布选民名单;受理对于选民名单不同意见的申诉,并作出决定;

(三)确定选举日期;

(四)了解核实并组织介绍代表候选人的情况;根据较多数选民的意见,确定和公布正式代表候选人名单;

(五)主持投票选举;

(六)确定选举结果是否有效,公布当选代表名单;

(七)法律规定的其他职责。

选举委员会应当及时公布选举信息。

第三章　地方各级人民代表大会代表名额

第十二条　地方各级人民代表大会的代表名额，按照下列规定确定：

（一）省、自治区、直辖市的代表名额基数为三百五十名，省、自治区每十五万人可以增加一名代表，直辖市每二万五千人可以增加一名代表；但是，代表总名额不得超过一千名；

（二）设区的市、自治州的代表名额基数为二百四十名，每二万五千人可以增加一名代表；人口超过一千万的，代表总名额不得超过六百五十名；

（三）不设区的市、市辖区、县、自治县的代表名额基数为一百四十名，每五千人可以增加一名代表；人口超过一百五十五万的，代表总名额不得超过四百五十名；人口不足五万的，代表总名额可以少于一百四十名；

（四）乡、民族乡、镇的代表名额基数为四十五名，每一千五百人可以增加一名代表；但是，代表总名额不得超过一百六十名；人口不足二千的，代表总名额可以少于四十五名。

按照前款规定的地方各级人民代表大会的代表名额基数与按人口数增加的代表数相加，即为地方各级人民代表大会的代表总名额。

自治区、聚居的少数民族多的省，经全国人民代表大会常务委员会决定，代表名额可以另加百分之五。聚居的少数民族多或者人口居住分散的县、自治县、乡、民族乡，经省、自治区、直辖市的人民代表大会常务委员会决定，代表名额可以另加百分之五。

第十三条　省、自治区、直辖市的人民代表大会代表的具体名额，由全国人民代表大会常务委员会依照本法确定。设区的市、自治州和县级的人民代表大会代表的具体名额，由省、自治区、直辖市的人民代表大会常务委员会依照本法确定，报全国人民代表大会常务委员会备案。乡级的人民代表大会代表的具体名额，由县级的人民代表大会常务委员会依照本法确定，报上一级人民代表大会常务委员会备案。

第十四条　地方各级人民代表大会的代表总名额经确定后，不再变动。如果由于行政区划变动或者由于重大工程建设等原因造成人口较大变动的，该级人民代表大会的代表总名额依照本法的规定重新确定。

依照前款规定重新确定代表名额的，省、自治区、直辖市的人民代表大会常务委员会应当在三十日内将重新确定代表名额的情况报全国人民代表大会常务委员会备案。

第十五条　地方各级人民代表大会代表名额，由本级人民代表大会常务委员会或者本级选举委员会根据本行政区域所辖的下一级各行政区域或者各选区的人口数，按照每一代表所代表的城乡人口数相同的原则，以及保证各地区、各民族、各方面都有适当数量代表的要求进行分配。在县、自治县的人民代表大会中，人口特少的乡、民族乡、镇，至少应有代表一人。

地方各级人民代表大会代表名额的分配办法，由省、自治区、直辖市人民代表大会常务委员会参照全国人民代表大会代表名额分配的办法，结合本地区的具体情况规定。

第四章　全国人民代表大会代表名额

第十六条　全国人民代表大会的代表，由省、自治区、直辖市的人民代表大会和人民解放军选举产生。

全国人民代表大会代表的名额不超过三千人。

香港特别行政区、澳门特别行政区应选全国人民代表大会代表的名额和代表产生办法，由全国人民代表大会另行规定。

第十七条　全国人民代表大会代表名额，由全国人民代表大会常务委员会根据各省、自治区、直辖市的人口数，按照每一代表所代表的城乡人口数相同的原则，以及保证各地区、各民族、各方面都有适当数量代表的要求进行分配。

省、自治区、直辖市应选全国人民代表大会代表名额，由根据人口数计算确定的名额数、相同的地区基本名额数和其他应选名额数构成。

全国人民代表大会代表名额的具体分配，由全国人民代表大会常务委员会决定。

第十八条　全国少数民族应选全国人民代表大会代表，由全国人民代表大会常务委员会参照各少数民族的人口数和分布等情况，分配给各省、自治区、直辖市的人民代表大会选出。人口特少的民族，至少应有代表一人。

第五章　各少数民族的选举

第十九条　有少数民族聚居的地方，每一聚居的少数民族都应有代表参加当地的人民代表大会。

聚居境内同一少数民族的总人口数占境内总人口数百分之三十以上的，每一代表所代表的人口数应相当于当地人民代表大会每一代表所代表的人口数。

聚居境内同一少数民族的总人口数不足境内总人口数百分之十五的，每一代表所代表的人口数可以适当少于当地人民代表大会每一代表所代表的人口数，但不得少于二分之一；实行区域自治的民族人口特少的自治县，经省、自治区的人民代表大会常务委员会决定，可以少于二分之一。人口特少的其他聚居民族，至少应有代表一人。

聚居境内同一少数民族的总人口数占境内总人口数百分之十五以上、不足百分之三十的，每一代表所代表的人口数，可以适当少于当地人民代表大会每一代表所代表的人口数，但分配给该少数民族的应选代表名额不得超过代表总名额的百分之三十。

第二十条　自治区、自治州、自治县和有少数民族聚居的乡、民族乡、镇的人民代表大会，对于聚居在境内的其他少数民族和汉族代表的选举，适用本法第十九条的规定。

第二十一条　散居的少数民族应选当地人民代表大会的代表，每一代表所代表的人口数可以少于当地人民代表大会每一代表所代表的人口数。

自治区、自治州、自治县和有少数民族聚居的乡、民族乡、镇的人民代表大会，对于散居的其他少数民族和汉族代表的选举，适用前款的规定。

第二十二条　有少数民族聚居的不设区的市、市辖区、县、乡、民族乡、镇的人民代表大会代表的产生，按照当地的民族关系和居住状况，各少数民族选民可以单独选举或者联合选举。

自治县和有少数民族聚居的乡、民族乡、镇的人民代表大会，对于居住在境内的其他少数民族和汉族代表的选举办法，适用前款的规定。

第二十三条 自治区、自治州、自治县制定或者公布的选举文件、选民名单、选民证、代表候选人名单、代表当选证书和选举委员会的印章等，都应当同时使用当地通用的民族文字。

第二十四条 少数民族选举的其他事项，参照本法有关各条的规定办理。

第六章 选区划分

第二十五条 不设区的市、市辖区、县、自治县、乡、民族乡、镇的人民代表大会的代表名额分配到选区，按选区进行选举。选区可以按居住状况划分，也可以按生产单位、事业单位、工作单位划分。

选区的大小，按照每一选区选一名至三名代表划分。

第二十六条 本行政区域内各选区每一代表所代表的人口数应当大体相等。

第七章 选民登记

第二十七条 选民登记按选区进行，经登记确认的选民资格长期有效。每次选举前对上次选民登记以后新满十八周岁的、被剥夺政治权利期满后恢复政治权利的选民，予以登记。对选民经登记后迁出原选区的，列入新迁入的选区的选民名单；对死亡的和依照法律被剥夺政治权利的人，从选民名单上除名。

精神病患者不能行使选举权利的，经选举委员会确认，不列入选民名单。

第二十八条 选民名单应在选举日的二十日以前公布，实行凭选民证参加投票选举的，并应当发给选民证。

第二十九条 对于公布的选民名单有不同意见的，可以在选民名单公布之日起五日内向选举委员会提出申诉。选举委员会对申诉意见，应在三日内作出处理决定。申诉人如果对处理决定不服，可以在选举日的五日以前向人民法院起诉，人民法院应在选举日以前作出判决。人民法院的判决为最后决定。

第八章　代表候选人的提出

第三十条　全国和地方各级人民代表大会的代表候选人，按选区或者选举单位提名产生。

各政党、各人民团体，可以联合或者单独推荐代表候选人。选民或者代表，十人以上联名，也可以推荐代表候选人。推荐者应向选举委员会或者大会主席团介绍代表候选人的情况。接受推荐的代表候选人应当向选举委员会或者大会主席团如实提供个人身份、简历等基本情况。提供的基本情况不实的，选举委员会或者大会主席团应当向选民或者代表通报。

各政党、各人民团体联合或者单独推荐的代表候选人的人数，每一选民或者代表参加联名推荐的代表候选人的人数，均不得超过本选区或者选举单位应选代表的名额。

第三十一条　全国和地方各级人民代表大会代表实行差额选举，代表候选人的人数应多于应选代表的名额。

由选民直接选举人民代表大会代表的，代表候选人的人数应多于应选代表名额三分之一至一倍；由县级以上的地方各级人民代表大会选举上一级人民代表大会代表的，代表候选人的人数应多于应选代表名额五分之一至二分之一。

第三十二条　由选民直接选举人民代表大会代表的，代表候选人由各选区选民和各政党、各人民团体提名推荐。选举委员会汇总后，将代表候选人名单及代表候选人的基本情况在选举日的十五日以前公布，并交各该选区的选民小组讨论、协商，确定正式代表候选人名单。如果所提代表候选人的人数超过本法第三十一条规定的最高差额比例，由选举委员会交各该选区的选民小组讨论、协商，根据较多数选民的意见，确定正式代表候选人名单；对正式代表候选人不能形成较为一致意见的，进行预选，根据预选时得票多少的顺序，确定正式代表候选人名单。正式代表候选人名单及代表候选人的基本情况应当在选举日的七日以前公布。

县级以上的地方各级人民代表大会在选举上一级人民代表大会代表时，提名、酝酿代表候选人的时间不得少于两天。各该级人民代表大会主席团将依法提出的代表候选人名单及代表候选人的基本情况印发全体代表，由全体代表酝酿、讨论。如果所提代表候选人的人数符合本法第三十一条规定的差额比例，直接进行投票选举。如果所提代表候选人的人数超过本法第三十一条规定的最高差额比例，进行预选，根据预选时得票多少的顺序，按照本级人民代表大会的选举办法根据本法确定的具体差额比例，确定正式代表候选人名单，进行投票选举。

第三十三条 县级以上的地方各级人民代表大会在选举上一级人民代表大会代表时，代表候选人不限于各该级人民代表大会的代表。

第三十四条 选举委员会或者人民代表大会主席团应当向选民或者代表介绍代表候选人的情况。推荐代表候选人的政党、人民团体和选民、代表可以在选民小组或者代表小组会议上介绍所推荐的代表候选人的情况。选举委员会根据选民的要求，应当组织代表候选人与选民见面，由代表候选人介绍本人的情况，回答选民的问题。但是，在选举日必须停止代表候选人的介绍。

第三十五条 公民参加各级人民代表大会代表的选举，不得直接或者间接接受境外机构、组织、个人提供的与选举有关的任何形式的资助。

违反前款规定的，不列入代表候选人名单；已经列入代表候选人名单的，从名单中除名；已经当选的，其当选无效。

第九章 选举程序

第三十六条 全国人民代表大会和地方各级人民代表大会代表的选举，应当严格依照法定程序进行，并接受监督。任何组织或者个人都不得以任何方式干预选民或者代表自由行使选举权。

第三十七条 在选民直接选举人民代表大会代表时，选民根据选举委员会的规定，凭身份证或者选民证领取选票。

第三十八条　选举委员会应当根据各选区选民分布状况，按照方便选民投票的原则设立投票站，进行选举。选民居住比较集中的，可以召开选举大会，进行选举；因患有疾病等原因行动不便或者居住分散并且交通不便的选民，可以在流动票箱投票。

第三十九条　县级以上的地方各级人民代表大会在选举上一级人民代表大会代表时，由各该级人民代表大会主席团主持。

第四十条　全国和地方各级人民代表大会代表的选举，一律采用无记名投票的方法。选举时应当设有秘密写票处。

选民如果是文盲或者因残疾不能写选票的，可以委托他信任的人代写。

第四十一条　选举人对于代表候选人可以投赞成票，可以投反对票，可以另选其他任何选民，也可以弃权。

第四十二条　选民如果在选举期间外出，经选举委员会同意，可以书面委托其他选民代为投票。每一选民接受的委托不得超过三人，并应当按照委托人的意愿代为投票。

第四十三条　投票结束后，由选民或者代表推选的监票、计票人员和选举委员会或者人民代表大会主席团的人员将投票人数和票数加以核对，作出记录，并由监票人签字。

代表候选人的近亲属不得担任监票人、计票人。

第四十四条　每次选举所投的票数，多于投票人数的无效，等于或者少于投票人数的有效。

每一选票所选的人数，多于规定应选代表人数的作废，等于或者少于规定应选代表人数的有效。

第四十五条　在选民直接选举人民代表大会代表时，选区全体选民的过半数参加投票，选举有效。代表候选人获得参加投票的选民过半数的选票时，始得当选。

县级以上的地方各级人民代表大会在选举上一级人民代表大会代表时，代表候选人获得全体代表过半数的选票时，始得当选。

获得过半数选票的代表候选人的人数超过应选代表名额时，以得票多的当选。如遇票数相等不能确定当选人时，应当就票数相等的候选人再次投票，以得票多的当选。

获得过半数选票的当选代表的人数少于应选代表的名额时，不足的名额另行选举。另行选举时，根据在第一次投票时得票多少的顺序，按照本法第三十一条规定的差额比例，确定候选人名单。如果只选一人，候选人应为二人。

依照前款规定另行选举县级和乡级的人民代表大会代表时，代表候选人以得票多的当选，但是得票数不得少于选票的三分之一；县级以上的地方各级人民代表大会在另行选举上一级人民代表大会代表时，代表候选人获得全体代表过半数的选票，始得当选。

第四十六条 选举结果由选举委员会或者人民代表大会主席团根据本法确定是否有效，并予以宣布。

当选代表名单由选举委员会或者人民代表大会主席团予以公布。

第四十七条 代表资格审查委员会依法对当选代表是否符合宪法、法律规定的代表的基本条件，选举是否符合法律规定的程序，以及是否存在破坏选举和其他当选无效的违法行为进行审查，提出代表当选是否有效的意见，向本级人民代表大会常务委员会或者乡、民族乡、镇的人民代表大会主席团报告。

县级以上的各级人民代表大会常务委员会或者乡、民族乡、镇的人民代表大会主席团根据代表资格审查委员会提出的报告，确认代表的资格或者确定代表的当选无效，在每届人民代表大会第一次会议前公布代表名单。

第四十八条 公民不得同时担任两个以上无隶属关系的行政区域的人民代表大会代表。

第十章 对代表的监督和罢免、辞职、补选

第四十九条 全国和地方各级人民代表大会的代表，受选民和原选举单位的监督。选民或者选举单位都有权罢免自己选出的代表。

第五十条 对于县级的人民代表大会代表，原选区选民五十人以上联名，对于乡级的人民代表大会代表，原选区选民三十人以上联名，可以向县级的人民代表大会常务委员会书面提出罢免要求。

罢免要求应当写明罢免理由。被提出罢免的代表有权在选民会

议上提出申辩意见,也可以书面提出申辩意见。

县级的人民代表大会常务委员会应当将罢免要求和被提出罢免的代表的书面申辩意见印发原选区选民。

表决罢免要求,由县级的人民代表大会常务委员会派有关负责人员主持。

第五十一条 县级以上的地方各级人民代表大会举行会议的时候,主席团或者十分之一以上代表联名,可以提出对由该级人民代表大会选出的上一级人民代表大会代表的罢免案。在人民代表大会闭会期间,县级以上的地方各级人民代表大会常务委员会主任会议或者常务委员会五分之一以上组成人员联名,可以向常务委员会提出对由该级人民代表大会选出的上一级人民代表大会代表的罢免案。罢免案应当写明罢免理由。

县级以上的地方各级人民代表大会举行会议的时候,被提出罢免的代表有权在主席团会议和大会全体会议上提出申辩意见,或者书面提出申辩意见,由主席团印发会议。罢免案经会议审议后,由主席团提请全体会议表决。

县级以上的地方各级人民代表大会常务委员会举行会议的时候,被提出罢免的代表有权在主任会议和常务委员会全体会议上提出申辩意见,或者书面提出申辩意见,由主任会议印发会议。罢免案经会议审议后,由主任会议提请全体会议表决。

第五十二条 罢免代表采用无记名的表决方式。

第五十三条 罢免县级和乡级的人民代表大会代表,须经原选区过半数的选民通过。

罢免由县级以上的地方各级人民代表大会选出的代表,须经各该级人民代表大会过半数的代表通过;在代表大会闭会期间,须经常务委员会组成人员的过半数通过。罢免的决议,须报送上一级人民代表大会常务委员会备案、公告。

第五十四条 县级以上的各级人民代表大会常务委员会组成人员,县级以上的各级人民代表大会专门委员会成员的代表职务被罢免的,其常务委员会组成人员或者专门委员会成员的职务相应撤销,由主席团或者常务委员会予以公告。

乡、民族乡、镇的人民代表大会主席、副主席的代表职务被罢免的，其主席、副主席的职务相应撤销，由主席团予以公告。

第五十五条 全国人民代表大会代表，省、自治区、直辖市、设区的市、自治州的人民代表大会代表，可以向选举他的人民代表大会的常务委员会书面提出辞职。常务委员会接受辞职，须经常务委员会组成人员的过半数通过。接受辞职的决议，须报送上一级人民代表大会常务委员会备案、公告。

县级的人民代表大会代表可以向本级人民代表大会常务委员会书面提出辞职，乡级的人民代表大会代表可以向本级人民代表大会书面提出辞职。县级的人民代表大会常务委员会接受辞职，须经常务委员会组成人员的过半数通过。乡级的人民代表大会接受辞职，须经人民代表大会过半数的代表通过。接受辞职的，应当予以公告。

第五十六条 县级以上的各级人民代表大会常务委员会组成人员，县级以上的各级人民代表大会的专门委员会成员，辞去代表职务的请求被接受的，其常务委员会组成人员、专门委员会成员的职务相应终止，由常务委员会予以公告。

乡、民族乡、镇的人民代表大会主席、副主席，辞去代表职务的请求被接受的，其主席、副主席的职务相应终止，由主席团予以公告。

第五十七条 代表在任期内，因故出缺，由原选区或者原选举单位补选。

地方各级人民代表大会代表在任期内调离或者迁出本行政区域的，其代表资格自行终止，缺额另行补选。

县级以上的地方各级人民代表大会闭会期间，可以由本级人民代表大会常务委员会补选上一级人民代表大会代表。

补选出缺的代表时，代表候选人的名额可以多于应选代表的名额，也可以同应选代表的名额相等。补选的具体办法，由省、自治区、直辖市的人民代表大会常务委员会规定。

对补选产生的代表，依照本法第四十七条的规定进行代表资格审查。

第十一章 对破坏选举的制裁

第五十八条 为保障选民和代表自由行使选举权和被选举权，

对有下列行为之一，破坏选举，违反治安管理规定的，依法给予治安管理处罚；构成犯罪的，依法追究刑事责任：

（一）以金钱或者其他财物贿赂选民或者代表，妨害选民和代表自由行使选举权和被选举权的；

（二）以暴力、威胁、欺骗或者其他非法手段妨害选民和代表自由行使选举权和被选举权的；

（三）伪造选举文件、虚报选举票数或者有其他违法行为的；

（四）对于控告、检举选举中违法行为的人，或者对于提出要求罢免代表的人进行压制、报复的。

国家工作人员有前款所列行为的，还应当由监察机关给予政务处分或者由所在机关、单位给予处分。

以本条第一款所列违法行为当选的，其当选无效。

第五十九条 主持选举的机构发现有破坏选举的行为或者收到对破坏选举行为的举报，应当及时依法调查处理；需要追究法律责任的，及时移送有关机关予以处理。

第十一章 附 则

第六十条 省、自治区、直辖市的人民代表大会及其常务委员会根据本法可以制定选举实施细则，报全国人民代表大会常务委员会备案。

特别行政区

中华人民共和国
香港特别行政区维护国家安全法

（2020年6月30日第十三届全国人民代表大会常务委员会第二十次会议通过　2020年6月30日中华人民共和国主席令第49号公布　自公布之日起施行）

目　　录

第一章　总　　则

第一条　为坚定不移并全面准确贯彻"一国两制"、"港人治港"、高度自治的方针，维护国家安全，防范、制止和惩治与香港特别行政区有关的分裂国家、颠覆国家政权、组织实施恐怖活动和勾结外国或者境外势力危害国家安全等犯罪，保持香港特别行政区的繁荣和稳定，保障香港特别行政区居民的合法权益，根据中华人民共和国宪法、中华人民共和国香港特别行政区基本法和全国人民代表大会关于建立健全香港特别行政区维护国家安全的法律制度和执行机制的决定，制定本法。

第二条　关于香港特别行政区法律地位的香港特别行政区基本法第一条和第十二条规定是香港特别行政区基本法的根本性条款。香港特别行政区任何机构、组织和个人行使权利和自由，不得违背香港特别行政区基本法第一条和第十二条的规定。

第三条　中央人民政府对香港特别行政区有关的国家安全事务负有根本责任。

香港特别行政区负有维护国家安全的宪制责任，应当履行维护国家安全的职责。

香港特别行政区行政机关、立法机关、司法机关应当依据本法和其他有关法律规定有效防范、制止和惩治危害国家安全的行为和活动。

第四条　香港特别行政区维护国家安全应当尊重和保障人权，依法保护香港特别行政区居民根据香港特别行政区基本法和《公民权利和政治权利国际公约》、《经济、社会与文化权利的国际公约》适用于香港的有关规定享有的包括言论、新闻、出版的自由，结社、集会、游行、示威的自由在内的权利和自由。

第五条　防范、制止和惩治危害国家安全犯罪，应当坚持法治原则。法律规定为犯罪行为的，依照法律定罪处刑；法律没有规定为犯罪行为的，不得定罪处刑。

任何人未经司法机关判罪之前均假定无罪。保障犯罪嫌疑人、被告人和其他诉讼参与人依法享有的辩护权和其他诉讼权利。任何人已经司法程序被最终确定有罪或者宣告无罪的，不得就同一行为再予审判或者惩罚。

第六条 维护国家主权、统一和领土完整是包括香港同胞在内的全中国人民的共同义务。

在香港特别行政区的任何机构、组织和个人都应当遵守本法和香港特别行政区有关维护国家安全的其他法律，不得从事危害国家安全的行为和活动。

香港特别行政区居民在参选或者就任公职时应当依法签署文件确认或者宣誓拥护中华人民共和国香港特别行政区基本法，效忠中华人民共和国香港特别行政区。

第二章 香港特别行政区维护国家安全的职责和机构

第一节 职 责

第七条 香港特别行政区应当尽早完成香港特别行政区基本法规定的维护国家安全立法，完善相关法律。

第八条 香港特别行政区执法、司法机关应当切实执行本法和香港特别行政区现行法律有关防范、制止和惩治危害国家安全行为和活动的规定，有效维护国家安全。

第九条 香港特别行政区应当加强维护国家安全和防范恐怖活动的工作。对学校、社会团体、媒体、网络等涉及国家安全的事宜，香港特别行政区政府应当采取必要措施，加强宣传、指导、监督和管理。

第十条 香港特别行政区应当通过学校、社会团体、媒体、网络等开展国家安全教育，提高香港特别行政区居民的国家安全意识和守法意识。

第十一条 香港特别行政区行政长官应当就香港特别行政区维护国家安全事务向中央人民政府负责，并就香港特别行政区履行维护国家安全职责的情况提交年度报告。

如中央人民政府提出要求，行政长官应当就维护国家安全特定事项及时提交报告。

第二节 机 构

第十二条 香港特别行政区设立维护国家安全委员会，负责香港特别行政区维护国家安全事务，承担维护国家安全的主要责任，并接受中央人民政府的监督和问责。

第十三条 香港特别行政区维护国家安全委员会由行政长官担任主席，成员包括政务司长、财政司长、律政司长、保安局局长、警务处处长、本法第十六条规定的警务处维护国家安全部门的负责人、入境事务处处长、海关关长和行政长官办公室主任。

香港特别行政区维护国家安全委员会下设秘书处，由秘书长领导。秘书长由行政长官提名，报中央人民政府任命。

第十四条 香港特别行政区维护国家安全委员会的职责为：

（一）分析研判香港特别行政区维护国家安全形势，规划有关工作，制定香港特别行政区维护国家安全政策；

（二）推进香港特别行政区维护国家安全的法律制度和执行机制建设；

（三）协调香港特别行政区维护国家安全的重点工作和重大行动。

香港特别行政区维护国家安全委员会的工作不受香港特别行政区任何其他机构、组织和个人的干涉，工作信息不予公开。香港特别行政区维护国家安全委员会作出的决定不受司法复核。

第十五条 香港特别行政区维护国家安全委员会设立国家安全事务顾问，由中央人民政府指派，就香港特别行政区维护国家安全委员会履行职责相关事务提供意见。国家安全事务顾问列席香港特别行政区维护国家安全委员会会议。

第十六条 香港特别行政区政府警务处设立维护国家安全的部门，配备执法力量。

警务处维护国家安全部门负责人由行政长官任命，行政长官任命前须书面征求本法第四十八条规定的机构的意见。警务处维护国家安全部门负责人在就职时应当宣誓拥护中华人民共和国香港特别行政区基本法，效忠中华人民共和国香港特别行政区，遵守法律，保守秘密。

警务处维护国家安全部门可以从香港特别行政区以外聘请合格的专门人员和技术人员，协助执行维护国家安全相关任务。

第十七条 警务处维护国家安全部门的职责为：

（一）收集分析涉及国家安全的情报信息；

（二）部署、协调、推进维护国家安全的措施和行动；

（三）调查危害国家安全犯罪案件；

（四）进行反干预调查和开展国家安全审查；

（五）承办香港特别行政区维护国家安全委员会交办的维护国家安全工作；

（六）执行本法所需的其他职责。

第十八条 香港特别行政区律政司设立专门的国家安全犯罪案件检控部门，负责危害国家安全犯罪案件的检控工作和其他相关法律事务。该部门检控官由律政司长征得香港特别行政区维护国家安全委员会同意后任命。

律政司国家安全犯罪案件检控部门负责人由行政长官任命，行政长官任命前须书面征求本法第四十八条规定的机构的意见。律政司国家安全犯罪案件检控部门负责人在就职时应当宣誓拥护中华人民共和国香港特别行政区基本法，效忠中华人民共和国香港特别行政区，遵守法律，保守秘密。

第十九条 经行政长官批准，香港特别行政区政府财政司长应当从政府一般收入中拨出专门款项支付关于维护国家安全的开支并核准所涉及的人员编制，不受香港特别行政区现行有关法律规定的限制。财政司长须每年就该款项的控制和管理向立法会提交报告。

第三章 罪行和处罚

第一节 分裂国家罪

第二十条 任何人组织、策划、实施或者参与实施以下旨在分裂国家、破坏国家统一行为之一的，不论是否使用武力或者以武力相威胁，即属犯罪：

（一）将香港特别行政区或者中华人民共和国其他任何部分从中

华人民共和国分离出去；

（二）非法改变香港特别行政区或者中华人民共和国其他任何部分的法律地位；

（三）将香港特别行政区或者中华人民共和国其他任何部分转归外国统治。

犯前款罪，对首要分子或者罪行重大的，处无期徒刑或者十年以上有期徒刑；对积极参加的，处三年以上十年以下有期徒刑；对其他参加的，处三年以下有期徒刑、拘役或者管制。

第二十一条　任何人煽动、协助、教唆、以金钱或者其他财物资助他人实施本法第二十条规定的犯罪的，即属犯罪。情节严重的，处五年以上十年以下有期徒刑；情节较轻的，处五年以下有期徒刑、拘役或者管制。

第二节　颠覆国家政权罪

第二十二条　任何人组织、策划、实施或者参与实施以下以武力、威胁使用武力或者其他非法手段旨在颠覆国家政权行为之一的，即属犯罪：

（一）推翻、破坏中华人民共和国宪法所确立的中华人民共和国根本制度；

（二）推翻中华人民共和国中央政权机关或者香港特别行政区政权机关；

（三）严重干扰、阻挠、破坏中华人民共和国中央政权机关或者香港特别行政区政权机关依法履行职能；

（四）攻击、破坏香港特别行政区政权机关履职场所及其设施，致使其无法正常履行职能。

犯前款罪，对首要分子或者罪行重大的，处无期徒刑或者十年以上有期徒刑；对积极参加的，处三年以上十年以下有期徒刑；对其他参加的，处三年以下有期徒刑、拘役或者管制。

第二十三条　任何人煽动、协助、教唆、以金钱或者其他财物资助他人实施本法第二十二条规定的犯罪的，即属犯罪。情节严重的，处五年以上十年以下有期徒刑；情节较轻的，处五年以下有期徒刑、拘役或者管制。

第三节　恐怖活动罪

第二十四条　为胁迫中央人民政府、香港特别行政区政府或者国际组织或者威吓公众以图实现政治主张，组织、策划、实施、参与实施或者威胁实施以下造成或者意图造成严重社会危害的恐怖活动之一的，即属犯罪：

（一）针对人的严重暴力；

（二）爆炸、纵火或者投放毒害性、放射性、传染病病原体等物质；

（三）破坏交通工具、交通设施、电力设备、燃气设备或者其他易燃易爆设备；

（四）严重干扰、破坏水、电、燃气、交通、通讯、网络等公共服务和管理的电子控制系统；

（五）以其他危险方法严重危害公众健康或者安全。

犯前款罪，致人重伤、死亡或者使公私财产遭受重大损失的，处无期徒刑或者十年以上有期徒刑；其他情形，处三年以上十年以下有期徒刑。

第二十五条　组织、领导恐怖活动组织的，即属犯罪，处无期徒刑或者十年以上有期徒刑，并处没收财产；积极参加的，处三年以上十年以下有期徒刑，并处罚金；其他参加的，处三年以下有期徒刑、拘役或者管制，可以并处罚金。

本法所指的恐怖活动组织，是指实施或者意图实施本法第二十四条规定的恐怖活动罪行或者参与或者协助实施本法第二十四条规定的恐怖活动罪行的组织。

第二十六条　为恐怖活动组织、恐怖活动人员、恐怖活动实施提供培训、武器、信息、资金、物资、劳务、运输、技术或者场所等支持、协助、便利，或者制造、非法管有爆炸性、毒害性、放射性、传染病病原体等物质以及以其他形式准备实施恐怖活动的，即属犯罪。情节严重的，处五年以上十年以下有期徒刑，并处罚金或者没收财产；其他情形，处五年以下有期徒刑、拘役或者管制，并处罚金。

有前款行为，同时构成其他犯罪的，依照处罚较重的规定定罪处罚。

第二十七条　宣扬恐怖主义、煽动实施恐怖活动的，即属犯罪。

情节严重的，处五年以上十年以下有期徒刑，并处罚金或者没收财产；其他情形，处五年以下有期徒刑、拘役或者管制，并处罚金。

第二十八条 本节规定不影响依据香港特别行政区法律对其他形式的恐怖活动犯罪追究刑事责任并采取冻结财产等措施。

第四节 勾结外国或者境外势力危害国家安全罪

第二十九条 为外国或者境外机构、组织、人员窃取、刺探、收买、非法提供涉及国家安全的国家秘密或者情报的；请求外国或者境外机构、组织、人员实施，与外国或者境外机构、组织、人员串谋实施，或者直接或者间接接受外国或者境外机构、组织、人员的指使、控制、资助或者其他形式的支援实施以下行为之一的，均属犯罪：

（一）对中华人民共和国发动战争，或者以武力或者武力相威胁，对中华人民共和国主权、统一和领土完整造成严重危害；

（二）对香港特别行政区政府或者中央人民政府制定和执行法律、政策进行严重阻挠并可能造成严重后果；

（三）对香港特别行政区选举进行操控、破坏并可能造成严重后果；

（四）对香港特别行政区或者中华人民共和国进行制裁、封锁或者采取其他敌对行动；

（五）通过各种非法方式引发香港特别行政区居民对中央人民政府或者香港特别行政区政府的憎恨并可能造成严重后果。

犯前款罪，处三年以上十年以下有期徒刑；罪行重大的，处无期徒刑或者十年以上有期徒刑。

本条第一款规定涉及的境外机构、组织、人员，按共同犯罪定罪处刑。

第三十条 为实施本法第二十条、第二十二条规定的犯罪，与外国或者境外机构、组织、人员串谋，或者直接或者间接接受外国或者境外机构、组织、人员的指使、控制、资助或者其他形式的支援的，依照本法第二十条、第二十二条的规定从重处罚。

第五节　其他处罚规定

第三十一条　公司、团体等法人或者非法人组织实施本法规定的犯罪的，对该组织判处罚金。

公司、团体等法人或者非法人组织因犯本法规定的罪行受到刑事处罚的，应责令其暂停运作或者吊销其执照或者营业许可证。

第三十二条　因实施本法规定的犯罪而获得的资助、收益、报酬等违法所得以及用于或者意图用于犯罪的资金和工具，应当予以追缴、没收。

第三十三条　有以下情形的，对有关犯罪行为人、犯罪嫌疑人、被告人可以从轻、减轻处罚；犯罪较轻的，可以免除处罚：

（一）在犯罪过程中，自动放弃犯罪或者自动有效地防止犯罪结果发生的；

（二）自动投案，如实供述自己的罪行的；

（三）揭发他人犯罪行为，查证属实，或者提供重要线索得以侦破其他案件的。

被采取强制措施的犯罪嫌疑人、被告人如实供述执法、司法机关未掌握的本人犯有本法规定的其他罪行的，按前款第二项规定处理。

第三十四条　不具有香港特别行政区永久性居民身份的人实施本法规定的犯罪的，可以独立适用或者附加适用驱逐出境。

不具有香港特别行政区永久性居民身份的人违反本法规定，因任何原因不对其追究刑事责任的，也可以驱逐出境。

第三十五条　任何人经法院判决犯危害国家安全罪行的，即丧失作为候选人参加香港特别行政区举行的立法会、区议会选举或者出任香港特别行政区任何公职或者行政长官选举委员会委员的资格；曾经宣誓或者声明拥护中华人民共和国香港特别行政区基本法、效忠中华人民共和国香港特别行政区的立法会议员、政府官员及公务人员、行政会议成员、法官及其他司法人员、区议员，即时丧失该等职务，并丧失参选或者出任上述职务的资格。

前款规定资格或者职务的丧失，由负责组织、管理有关选举或者公职任免的机构宣布。

第六节　效力范围

第三十六条　任何人在香港特别行政区内实施本法规定的犯罪的，适用本法。犯罪的行为或者结果有一项发生在香港特别行政区内的，就认为是在香港特别行政区内犯罪。

在香港特别行政区注册的船舶或者航空器内实施本法规定的犯罪的，也适用本法。

第三十七条　香港特别行政区永久性居民或者在香港特别行政区成立的公司、团体等法人或者非法人组织在香港特别行政区以外实施本法规定的犯罪的，适用本法。

第三十八条　不具有香港特别行政区永久性居民身份的人在香港特别行政区以外针对香港特别行政区实施本法规定的犯罪的，适用本法。

第三十九条　本法施行以后的行为，适用本法定罪处刑。

第四章　案件管辖、法律适用和程序

第四十条　香港特别行政区对本法规定的犯罪案件行使管辖权，但本法第五十五条规定的情形除外。

第四十一条　香港特别行政区管辖危害国家安全犯罪案件的立案侦查、检控、审判和刑罚的执行等诉讼程序事宜，适用本法和香港特别行政区本地法律。

未经律政司长书面同意，任何人不得就危害国家安全犯罪案件提出检控。但该规定不影响就有关犯罪依法逮捕犯罪嫌疑人并将其羁押，也不影响该等犯罪嫌疑人申请保释。

香港特别行政区管辖的危害国家安全犯罪案件的审判循公诉程序进行。

审判应当公开进行。因为涉及国家秘密、公共秩序等情形不宜公开审理的，禁止新闻界和公众旁听全部或者一部分审理程序，但判决结果应当一律公开宣布。

第四十二条　香港特别行政区执法、司法机关在适用香港特别行政区现行法律有关羁押、审理期限等方面的规定时，应当确保危害国家安全犯罪案件公正、及时办理，有效防范、制止和惩治危害国家安全犯罪。

对犯罪嫌疑人、被告人，除非法官有充足理由相信其不会继续实施危害国家安全行为的，不得准予保释。

第四十三条 香港特别行政区政府警务处维护国家安全部门办理危害国家安全犯罪案件时，可以采取香港特别行政区现行法律准予警方等执法部门在调查严重犯罪案件时采取的各种措施，并可以采取以下措施：

（一）搜查可能存有犯罪证据的处所、车辆、船只、航空器以及其他有关地方和电子设备；

（二）要求涉嫌实施危害国家安全犯罪行为的人员交出旅行证件或者限制其离境；

（三）对用于或者意图用于犯罪的财产、因犯罪所得的收益等与犯罪相关的财产，予以冻结，申请限制令、押记令、没收令以及充公；

（四）要求信息发布人或者有关服务商移除信息或者提供协助；

（五）要求外国及境外政治性组织，外国及境外当局或者政治性组织的代理人提供资料；

（六）经行政长官批准，对有合理理由怀疑涉及实施危害国家安全犯罪的人员进行截取通讯和秘密监察；

（七）对有合理理由怀疑拥有与侦查有关的资料或者管有有关物料的人员，要求其回答问题和提交资料或者物料。

香港特别行政区维护国家安全委员会对警务处维护国家安全部门等执法机构采取本条第一款规定措施负有监督责任。

授权香港特别行政区行政长官会同香港特别行政区维护国家安全委员会为采取本条第一款规定措施制定相关实施细则。

第四十四条 香港特别行政区行政长官应当从裁判官、区域法院法官、高等法院原讼法庭法官、上诉法庭法官以及终审法院法官中指定若干名法官，也可从暂委或者特委法官中指定若干名法官，负责处理危害国家安全犯罪案件。行政长官在指定法官前可征询香港特别行政区维护国家安全委员会和终审法院首席法官的意见。上述指定法官任期一年。

凡有危害国家安全言行的，不得被指定为审理危害国家安全犯罪案件的法官。在获任指定法官期间,如有危害国家安全言行的,终止其指定法官资格。

在裁判法院、区域法院、高等法院和终审法院就危害国家安全犯罪案件提起的刑事检控程序应当分别由各该法院的指定法官处理。

第四十五条 除本法另有规定外,裁判法院、区域法院、高等法院和终审法院应当按照香港特别行政区的其他法律处理就危害国家安全犯罪案件提起的刑事检控程序。

第四十六条 对高等法院原讼法庭进行的就危害国家安全犯罪案件提起的刑事检控程序,律政司长可基于保护国家秘密、案件具有涉外因素或者保障陪审员及其家人的人身安全等理由,发出证书指示相关诉讼毋须在有陪审团的情况下进行审理。凡律政司长发出上述证书,高等法院原讼法庭应当在没有陪审团的情况下进行审理,并由三名法官组成审判庭。

凡律政司长发出前款规定的证书,适用于相关诉讼的香港特别行政区任何法律条文关于"陪审团"或者"陪审团的裁决",均应当理解为指法官或者法官作为事实裁断者的职能。

第四十七条 香港特别行政区法院在审理案件中遇有涉及有关行为是否涉及国家安全或者有关证据材料是否涉及国家秘密的认定问题,应取得行政长官就该等问题发出的证明书,上述证明书对法院有约束力。

第五章 中央人民政府驻香港特别行政区维护国家安全机构

第四十八条 中央人民政府在香港特别行政区设立维护国家安全公署。中央人民政府驻香港特别行政区维护国家安全公署依法履行维护国家安全职责,行使相关权力。

驻香港特别行政区维护国家安全公署人员由中央人民政府维护国家安全的有关机关联合派出。

第四十九条 驻香港特别行政区维护国家安全公署的职责为:

(一)分析研判香港特别行政区维护国家安全形势,就维护国家安全重大战略和重要政策提出意见和建议;

（二）监督、指导、协调、支持香港特别行政区履行维护国家安全的职责；

（三）收集分析国家安全情报信息；

（四）依法办理危害国家安全犯罪案件。

第五十条　驻香港特别行政区维护国家安全公署应当严格依法履行职责，依法接受监督，不得侵害任何个人和组织的合法权益。

驻香港特别行政区维护国家安全公署人员除须遵守全国性法律外，还应当遵守香港特别行政区法律。

驻香港特别行政区维护国家安全公署人员依法接受国家监察机关的监督。

第五十一条　驻香港特别行政区维护国家安全公署的经费由中央财政保障。

第五十二条　驻香港特别行政区维护国家安全公署应当加强与中央人民政府驻香港特别行政区联络办公室、外交部驻香港特别行政区特派员公署、中国人民解放军驻香港部队的工作联系和工作协同。

第五十三条　驻香港特别行政区维护国家安全公署应当与香港特别行政区维护国家安全委员会建立协调机制，监督、指导香港特别行政区维护国家安全工作。

驻香港特别行政区维护国家安全公署的工作部门应当与香港特别行政区维护国家安全的有关机关建立协作机制，加强信息共享和行动配合。

第五十四条　驻香港特别行政区维护国家安全公署、外交部驻香港特别行政区特派员公署会同香港特别行政区政府采取必要措施，加强对外国和国际组织驻香港特别行政区机构、在香港特别行政区的外国和境外非政府组织和新闻机构的管理和服务。

第五十五条　有以下情形之一的，经香港特别行政区政府或者驻香港特别行政区维护国家安全公署提出，并报中央人民政府批准，由驻香港特别行政区维护国家安全公署对本法规定的危害国家安全犯罪案件行使管辖权：

（一）案件涉及外国或者境外势力介入的复杂情况，香港特别行政区管辖确有困难的；

（二）出现香港特别行政区政府无法有效执行本法的严重情况的；

（三）出现国家安全面临重大现实威胁的情况的。

第五十六条 根据本法第五十五条规定管辖有关危害国家安全犯罪案件时，由驻香港特别行政区维护国家安全公署负责立案侦查，最高人民检察院指定有关检察机关行使检察权，最高人民法院指定有关法院行使审判权。

第五十七条 根据本法第五十五条规定管辖案件的立案侦查、审查起诉、审判和刑罚的执行等诉讼程序事宜，适用《中华人民共和国刑事诉讼法》等相关法律的规定。

根据本法第五十五条规定管辖案件时，本法第五十六条规定的执法、司法机关依法行使相关权力，其为决定采取强制措施、侦查措施和司法裁判而签发的法律文书在香港特别行政区具有法律效力。对于驻香港特别行政区维护国家安全公署依法采取的措施，有关机构、组织和个人必须遵从。

第五十八条 根据本法第五十五条规定管辖案件时，犯罪嫌疑人自被驻香港特别行政区维护国家安全公署第一次讯问或者采取强制措施之日起，有权委托律师作为辩护人。辩护律师可以依法为犯罪嫌疑人、被告人提供法律帮助。

犯罪嫌疑人、被告人被合法拘捕后，享有尽早接受司法机关公正审判的权利。

第五十九条 根据本法第五十五条规定管辖案件时，任何人如果知道本法规定的危害国家安全犯罪案件情况，都有如实作证的义务。

第六十条 驻香港特别行政区维护国家安全公署及其人员依据本法执行职务的行为，不受香港特别行政区管辖。

持有驻香港特别行政区维护国家安全公署制发的证件或者证明文件的人员和车辆等在执行职务时不受香港特别行政区执法人员检查、搜查和扣押。

驻香港特别行政区维护国家安全公署及其人员享有香港特别行政区法律规定的其他权利和豁免。

第六十一条 驻香港特别行政区维护国家安全公署依据本法规

定履行职责时，香港特别行政区政府有关部门须提供必要的便利和配合，对妨碍有关执行职务的行为依法予以制止并追究责任。

第六章　附　　则

第六十二条　香港特别行政区本地法律规定与本法不一致的，适用本法规定。

第六十三条　办理本法规定的危害国家安全犯罪案件的有关执法、司法机关及其人员或者办理其他危害国家安全犯罪案件的香港特别行政区执法、司法机关及其人员，应当对办案过程中知悉的国家秘密、商业秘密和个人隐私予以保密。

担任辩护人或者诉讼代理人的律师应当保守在执业活动中知悉的国家秘密、商业秘密和个人隐私。

配合办案的有关机构、组织和个人应当对案件有关情况予以保密。

第六十四条　香港特别行政区适用本法时，本法规定的"有期徒刑""无期徒刑""没收财产"和"罚金"分别指"监禁""终身监禁""充公犯罪所得"和"罚款"，"拘役"参照适用香港特别行政区相关法律规定的"监禁""入劳役中心""入教导所"，"管制"参照适用香港特别行政区相关法律规定的"社会服务令""入感化院"，"吊销执照或者营业许可证"指香港特别行政区相关法律规定的"取消注册或者注册豁免，或者取消牌照"。

第六十五条　本法的解释权属于全国人民代表大会常务委员会。

第六十六条　本法自公布之日起施行。

全国人民代表大会关于建立健全香港特别行政区维护国家安全的法律制度和执行机制的决定

（2020年5月28日第十三届全国人民代表大会第三次会议通过）

第十三届全国人民代表大会第三次会议审议了全国人民代表大会常务委员会关于提请审议《全国人民代表大会关于建立健全香港特别行政区维护国家安全的法律制度和执行机制的决定（草案）》的议案。会议认为，近年来，香港特别行政区国家安全风险凸显，“港独”、分裂国家、暴力恐怖活动等各类违法活动严重危害国家主权、统一和领土完整，一些外国和境外势力公然干预香港事务，利用香港从事危害我国国家安全的活动。为了维护国家主权、安全、发展利益，坚持和完善“一国两制”制度体系，维护香港长期繁荣稳定，保障香港居民合法权益，根据《中华人民共和国宪法》第三十一条和第六十二条第二项、第十四项、第十六项的规定，以及《中华人民共和国香港特别行政区基本法》的有关规定，全国人民代表大会作出如下决定：

一、国家坚定不移并全面准确贯彻“一国两制”、“港人治港”、高度自治的方针，坚持依法治港，维护宪法和香港特别行政区基本法确定的香港特别行政区宪制秩序，采取必要措施建立健全香港特别行政区维护国家安全的法律制度和执行机制，依法防范、制止和惩治危害国家安全的行为和活动。

二、国家坚决反对任何外国和境外势力以任何方式干预香港特别行政区事务，采取必要措施予以反制，依法防范、制止和惩治外国和境外势力利用香港进行分裂、颠覆、渗透、破坏活动。

三、维护国家主权、统一和领土完整是香港特别行政区的宪制责任。香港特别行政区应当尽早完成香港特别行政区基本法规定的维护国家安全立法。香港特别行政区行政机关、立法机关、司法机关应当依据有关法律规定有效防范、制止和惩治危害国家安全的行为和活动。

四、香港特别行政区应当建立健全维护国家安全的机构和执行机制,强化维护国家安全执法力量,加强维护国家安全执法工作。中央人民政府维护国家安全的有关机关根据需要在香港特别行政区设立机构,依法履行维护国家安全相关职责。

五、香港特别行政区行政长官应当就香港特别行政区履行维护国家安全职责、开展国家安全教育、依法禁止危害国家安全的行为和活动等情况,定期向中央人民政府提交报告。

六、授权全国人民代表大会常务委员会就建立健全香港特别行政区维护国家安全的法律制度和执行机制制定相关法律,切实防范、制止和惩治任何分裂国家、颠覆国家政权、组织实施恐怖活动等严重危害国家安全的行为和活动以及外国和境外势力干预香港特别行政区事务的活动。全国人民代表大会常务委员会决定将上述相关法律列入《中华人民共和国香港特别行政区基本法》附件三,由香港特别行政区在当地公布实施。

七、本决定自公布之日起施行。

全国人民代表大会常务委员会关于增加《中华人民共和国香港特别行政区基本法》附件三所列全国性法律的决定

(2020年6月30日第十三届全国人民代表大会常务委员会第二十次会议通过)

根据《全国人民代表大会关于建立健全香港特别行政区维护国家安全的法律制度和执行机制的决定》,第十三届全国人民代表大会常务委员会第二十次会议决定:在《中华人民共和国香港特别行政区基本法》附件三中增加全国性法律《中华人民共和国香港特别行政区维护国家安全法》,并由香港特别行政区在当地公布实施。

全国人民代表大会常务委员会关于香港特别行政区第六届立法会继续履行职责的决定

(2020年8月11日第十三届全国人民代表大会常务委员会第二十一次会议通过)

第十三届全国人民代表大会常务委员会第二十一次会议审议了《国务院关于提请全国人民代表大会常务委员会就香港特别行政区第六届立法会继续运作作出决定的议案》。上述议案是应香港特别行政区行政长官向中央人民政府报送的有关报告提出的。香港特别行政区行政长官会同行政会议因应当地新冠肺炎疫情的严峻形势已决定将香港特别行政区第七届立法会选举推迟一年,在此情况下香港特别行政区立法机关将出现空缺。为维护香港特别行政区宪制秩序和法治秩序,确保香港特别行政区政府正常施政和社会正常运行,根据《中华人民共和国宪法》和《中华人民共和国香港特别行政区基本法》的有关规定,全国人民代表大会常务委员会作出如下决定:

2020年9月30日后,香港特别行政区第六届立法会继续履行职责,不少于一年,直至香港特别行政区第七届立法会任期开始为止。香港特别行政区第七届立法会依法产生后,任期仍为四年。

全国人民代表大会常务委员会关于香港特别行政区立法会议员资格问题的决定

（2020 年 11 月 11 日第十三届全国人民代表大会常务委员会第二十三次会议通过）

第十三届全国人民代表大会常务委员会第二十三次会议审议了《国务院关于提请就香港特别行政区立法会议员资格问题作出决定的议案》。上述议案是应香港特别行政区行政长官的请求而提出的。会议认为，为了全面准确贯彻落实“一国两制”方针和《中华人民共和国香港特别行政区基本法》，维护国家主权、安全和发展利益，维护香港长期繁荣稳定，必须确保香港特别行政区有关公职人员包括立法会议员符合拥护中华人民共和国香港特别行政区基本法、效忠中华人民共和国香港特别行政区的法定要求和条件。为此，全国人民代表大会常务委员会同意国务院 2020 年 11 月 7 日提出的议案，根据《中华人民共和国宪法》第五十二条、第五十四条、第六十七条第一项的规定和《中华人民共和国香港特别行政区基本法》、《全国人民代表大会关于建立健全香港特别行政区维护国家安全的法律制度和执行机制的决定》、《中华人民共和国香港特别行政区维护国家安全法》的有关规定以及《全国人民代表大会常务委员会关于〈中华人民共和国香港特别行政区基本法〉第一百零四条的解释》、《全国人民代表大会常务委员会关于香港特别行政区第六届立法会继续履行职责的决定》，作出如下决定：

一、香港特别行政区立法会议员，因宣扬或者支持“港独”主张、拒绝承认国家对香港拥有并行使主权、寻求外国或者境外势力干预香港特别行政区事务，或者具有其他危害国家安全等行为，不符合拥护中华人民共和国香港特别行政区基本法、效忠中华人民共和国香港特别行政区的法定要求和条件，一经依法认定，即时丧失立法会议员的资格。

二、本决定适用于在原定于2020年9月6日举行的香港特别行政区第七届立法会选举提名期间，因上述情形被香港特别行政区依法裁定提名无效的第六届立法会议员。

今后参选或者出任立法会议员的，如遇有上述情形，均适用本决定。

三、依据上述规定丧失立法会议员资格的，由香港特别行政区政府宣布。

相关法

全国人民代表大会常务委员会关于修改《中华人民共和国国旗法》的决定

（2020 年 10 月 17 日第十三届全国人民代表大会常务委员会第二十二次会议通过　2020 年 10 月 17 日中华人民共和国主席令第 59 号公布　自 2021 年 1 月 1 日起施行）

第十三届全国人民代表大会常务委员会第二十二次会议决定对《中华人民共和国国旗法》作如下修改：

一、将第一条修改为："为了维护国旗的尊严，规范国旗的使用，增强公民的国家观念，弘扬爱国主义精神，培育和践行社会主义核心价值观，根据宪法，制定本法。"

二、增加一条，作为第三条："国旗的通用尺度为国旗制法说明中所列明的五种尺度。特殊情况使用其他尺度的国旗，应当按照通用尺度成比例适当放大或者缩小。

"国旗、旗杆的尺度比例应当适当，并与使用目的、周围建筑、周边环境相适应。"

三、将第四条改为第二十二条，修改为："国务院办公厅统筹协调全国范围内国旗管理有关工作。地方各级人民政府统筹协调本行政区域内国旗管理有关工作。

"各级人民政府市场监督管理部门对国旗的制作和销售实施监督管理。

“县级人民政府确定的部门对本行政区域内国旗的升挂、使用和收回实施监督管理。

“外交部、国务院交通主管部门、中央军事委员会有关部门对各自管辖范围内国旗的升挂、使用和收回实施监督管理。”

四、将第五条第二项修改为：“（二）中国共产党中央委员会，全国人民代表大会常务委员会，国务院，中央军事委员会，中国共产党中央纪律检查委员会、国家监察委员会，最高人民法院，最高人民检察院；

中国人民政治协商会议全国委员会”。

五、将第六条修改为：“下列机构所在地应当在工作日升挂国旗：

“（一）中国共产党中央各部门和地方各级委员会；

“（二）国务院各部门；

“（三）地方各级人民代表大会常务委员会；

“（四）地方各级人民政府；

“（五）中国共产党地方各级纪律检查委员会、地方各级监察委员会；

“（六）地方各级人民法院和专门人民法院；

“（七）地方各级人民检察院和专门人民检察院；

“（八）中国人民政治协商会议地方各级委员会；

“（九）各民主党派、各人民团体；

“（十）中央人民政府驻香港特别行政区有关机构、中央人民政府驻澳门特别行政区有关机构。

“学校除寒假、暑假和休息日外，应当每日升挂国旗。有条件的幼儿园参照学校的规定升挂国旗。

“图书馆、博物馆、文化馆、美术馆、科技馆、纪念馆、展览馆、体育馆、青少年宫等公共文化体育设施应当在开放日升挂、悬挂国旗。”

六、将第七条修改为：“国庆节、国际劳动节、元旦、春节和国家宪法日等重要节日、纪念日，各级国家机关、各人民团体以及大型广场、公园等公共活动场所应当升挂国旗；企业事业组织，村民委员会、居民委员会，居民院（楼、小区）有条件的应当升挂国旗。

“民族自治地方在民族自治地方成立纪念日和主要传统民族节日应当升挂国旗。

“举行宪法宣誓仪式时，应当在宣誓场所悬挂国旗。”

七、增加一条，作为第九条：“国家倡导公民和组织在适宜的场合使用国旗及其图案，表达爱国情感。

“公民和组织在网络中使用国旗图案，应当遵守相关网络管理规定，不得损害国旗尊严。

“网络使用的国旗图案标准版本在中国人大网和中国政府网上发布。”

八、将第十条改为第十一条，修改为：“中国人民解放军和中国人民武装警察部队升挂、使用国旗的办法，由中央军事委员会规定。”

九、将第十一条改为第十二条，第二款修改为：“执行出入境边防检查、边境管理、治安任务的船舶升挂国旗的办法，由国务院公安部门规定。”

增加一款，作为第三款：“国家综合性消防救援队伍的船舶升挂国旗的办法，由国务院应急管理部门规定。”

十、将第十三条改为第十四条，第二款修改为：“举行升旗仪式时，应当奏唱国歌。在国旗升起的过程中，在场人员应当面向国旗肃立，行注目礼或者按照规定要求敬礼，不得有损害国旗尊严的行为。”

增加一款，作为第三款：“北京天安门广场每日举行升旗仪式。”

将第三款改为第四款，修改为：“学校除假期外，每周举行一次升旗仪式。”

十一、将第十四条改为第十五条，第二款、第三款修改为：“举行国家公祭仪式或者发生严重自然灾害、突发公共卫生事件以及其他不幸事件造成特别重大伤亡的，可以在全国范围内下半旗志哀，也可以在部分地区或者特定场所下半旗志哀。

“依照本条第一款第三项、第四项和第二款的规定下半旗，由国务院有关部门或者省、自治区、直辖市人民政府报国务院决定。”

十二、增加一条，作为第十六条：“下列人士逝世，举行哀悼仪式时，其遗体、灵柩或者骨灰盒可以覆盖国旗：

“（一）本法第十五条第一款第一项至第三项规定的人士；

“（二）烈士；

“（三）国家规定的其他人士。

“覆盖国旗时，国旗不得触及地面，仪式结束后应当将国旗收回保存。”

十三、将第十七条改为第十九条，修改为：“不得升挂或者使用破损、污损、褪色或者不合规格的国旗，不得倒挂、倒插或者以其他有损国旗尊严的方式升挂、使用国旗。

“不得随意丢弃国旗。破损、污损、褪色或者不合规格的国旗应当按照国家有关规定收回、处置。大型群众性活动结束后，活动主办方应当收回或者妥善处置活动现场使用的国旗。”

十四、将第十八条改为第二十条，修改为：“国旗及其图案不得用作商标、授予专利权的外观设计和商业广告，不得用于私人丧事活动等不适宜的情形。”

十五、增加一条，作为第二十一条：“国旗应当作为爱国主义教育的重要内容。

“中小学应当教育学生了解国旗的历史和精神内涵、遵守国旗升挂使用规范和升旗仪式礼仪。

“新闻媒体应当积极宣传国旗知识，引导公民和组织正确使用国旗及其图案。”

本决定自2021年1月1日起施行。

《中华人民共和国国旗法》根据本决定作相应修改并对条文顺序作相应调整，重新公布。

中华人民共和国国旗法

（1990年6月28日第七届全国人民代表大会常务委员会第十四次会议通过　根据2009年8月27日第十一届全国人民代表大会常务委员会第十次会议《关于修改部分法律的决定》第一次修正　根据2020年10月17日第十三届全国人民代表大会常务委员会第二十二次会议《关于修改〈中华人民共和国国旗法〉的决定》第二次修正）

第一条　为了维护国旗的尊严，规范国旗的使用，增强公民的国家观念，弘扬爱国主义精神，培育和践行社会主义核心价值观，根据宪法,制定本法。

第二条 中华人民共和国国旗是五星红旗。

中华人民共和国国旗按照中国人民政治协商会议第一届全体会议主席团公布的国旗制法说明制作。

第三条 国旗的通用尺度为国旗制法说明中所列明的五种尺度。特殊情况使用其他尺度的国旗,应当按照通用尺度成比例适当放大或者缩小。

国旗、旗杆的尺度比例应当适当,并与使用目的、周围建筑、周边环境相适应。

第四条 中华人民共和国国旗是中华人民共和国的象征和标志。

每个公民和组织,都应当尊重和爱护国旗。

第五条 下列场所或者机构所在地,应当每日升挂国旗:

(一)北京天安门广场、新华门;

(二)中国共产党中央委员会,全国人民代表大会常务委员会,国务院,中央军事委员会,中国共产党中央纪律检查委员会、国家监察委员会,最高人民法院,最高人民检察院;

中国人民政治协商会议全国委员会;

(三)外交部;

(四)出境入境的机场、港口、火车站和其他边境口岸,边防海防哨所。

第六条 下列机构所在地应当在工作日升挂国旗:

(一)中国共产党中央各部门和地方各级委员会;

(二)国务院各部门;

(三)地方各级人民代表大会常务委员会;

(四)地方各级人民政府;

(五)中国共产党地方各级纪律检查委员会、地方各级监察委员会;

(六)地方各级人民法院和专门人民法院;

(七)地方各级人民检察院和专门人民检察院;

(八)中国人民政治协商会议地方各级委员会;

(九)各民主党派、各人民团体;

(十)中央人民政府驻香港特别行政区有关机构、中央人民政府驻澳门特别行政区有关机构。

学校除寒假、暑假和休息日外，应当每日升挂国旗。有条件的幼儿园参照学校的规定升挂国旗。

图书馆、博物馆、文化馆、美术馆、科技馆、纪念馆、展览馆、体育馆、青少年宫等公共文化体育设施应当在开放日升挂、悬挂国旗。

第七条 国庆节、国际劳动节、元旦、春节和国家宪法日等重要节日、纪念日，各级国家机关、各人民团体以及大型广场、公园等公共活动场所应当升挂国旗；企业事业组织，村民委员会、居民委员会，居民院（楼、小区）有条件的应当升挂国旗。

民族自治地方在民族自治地方成立纪念日和主要传统民族节日应当升挂国旗。

举行宪法宣誓仪式时，应当在宣誓场所悬挂国旗。

第八条 举行重大庆祝、纪念活动，大型文化、体育活动，大型展览会，可以升挂国旗。

第九条 国家倡导公民和组织在适宜的场合使用国旗及其图案，表达爱国情感。

公民和组织在网络中使用国旗图案，应当遵守相关网络管理规定，不得损害国旗尊严。

网络使用的国旗图案标准版本在中国人大网和中国政府网上发布。

第十条 外交活动以及国家驻外使馆领馆和其他外交代表机构升挂、使用国旗的办法，由外交部规定。

第十一条 中国人民解放军和中国人民武装警察部队升挂、使用国旗的办法，由中央军事委员会规定。

第十二条 民用船舶和进入中国领水的外国船舶升挂国旗的办法，由国务院交通主管部门规定。

执行出入境边防检查、边境管理、治安任务的船舶升挂国旗的办法，由国务院公安部门规定。

国家综合性消防救援队伍的船舶升挂国旗的办法，由国务院应急管理部门规定。

第十三条 依照本法第五条、第六条、第七条的规定升挂国旗的，应当早晨升起，傍晚降下。

依照本法规定应当升挂国旗的，遇有恶劣天气，可以不升挂。

第十四条 升挂国旗时，可以举行升旗仪式。

举行升旗仪式时，应当奏唱国歌。在国旗升起的过程中，在场人员应当面向国旗肃立，行注目礼或者按照规定要求敬礼，不得有损害国旗尊严的行为。

北京天安门广场每日举行升旗仪式。

学校除假期外，每周举行一次升旗仪式。

第十五条　下列人士逝世，下半旗志哀：

（一）中华人民共和国主席、全国人民代表大会常务委员会委员长、国务院总理、中央军事委员会主席；

（二）中国人民政治协商会议全国委员会主席；

（三）对中华人民共和国作出杰出贡献的人；

（四）对世界和平或者人类进步事业作出杰出贡献的人。

举行国家公祭仪式或者发生严重自然灾害、突发公共卫生事件以及其他不幸事件造成特别重大伤亡的，可以在全国范围内下半旗志哀，也可以在部分地区或者特定场所下半旗志哀。

依照本条第一款第三项、第四项和第二款的规定下半旗，由国务院有关部门或者省、自治区、直辖市人民政府报国务院决定。

依照本条规定下半旗的日期和场所，由国家成立的治丧机构或者国务院决定。

第十六条　下列人士逝世，举行哀悼仪式时，其遗体、灵柩或者骨灰盒可以覆盖国旗：

（一）本法第十五条第一款第一项至第三项规定的人士；

（二）烈士；

（三）国家规定的其他人士。

覆盖国旗时，国旗不得触及地面，仪式结束后应当将国旗收回保存。

第十七条　升挂国旗，应当将国旗置于显著的位置。

列队举持国旗和其他旗帜行进时，国旗应当在其他旗帜之前。

国旗与其他旗帜同时升挂时，应当将国旗置于中心、较高或者突出的位置。

在外事活动中同时升挂两个以上国家的国旗时，应当按照外交部的规定或者国际惯例升挂。

第十八条　在直立的旗杆上升降国旗，应当徐徐升降。升起时，必须将国旗升至杆顶;降下时,不得使国旗落地。

下半旗时,应当先将国旗升至杆顶,然后降至旗顶与杆顶之间的距离为旗杆全长的三分之一处;降下时,应当先将国旗升至杆顶,然后再降下。

第十九条 不得升挂或者使用破损、污损、褪色或者不合规格的国旗,不得倒挂、倒插或者以其他有损国旗尊严的方式升挂、使用国旗。

不得随意丢弃国旗。破损、污损、褪色或者不合规格的国旗应当按照国家有关规定收回、处置。大型群众性活动结束后,活动主办方应当收回或者妥善处置活动现场使用的国旗。

第二十条 国旗及其图案不得用作商标、授予专利权的外观设计和商业广告,不得用于私人丧事活动等不适宜的情形。

第二十一条 国旗应当作为爱国主义教育的重要内容。

中小学应当教育学生了解国旗的历史和精神内涵、遵守国旗升挂使用规范和升旗仪式礼仪。

新闻媒体应当积极宣传国旗知识,引导公民和组织正确使用国旗及其图案。

第二十二条 国务院办公厅统筹协调全国范围内国旗管理有关工作。地方各级人民政府统筹协调本行政区域内国旗管理有关工作。

各级人民政府市场监督管理部门对国旗的制作和销售实施监督管理。

县级人民政府确定的部门对本行政区域内国旗的升挂、使用和收回实施监督管理。

外交部、国务院交通主管部门、中央军事委员会有关部门对各自管辖范围内国旗的升挂、使用和收回实施监督管理。

第二十三条 在公众场合故意以焚烧、毁损、涂划、玷污、践踏等方式侮辱中华人民共和国国旗的,依法追究刑事责任;情节较轻的,由公安机关处以十五日以下拘留。

第二十四条 本法自 1990 年 10 月 1 日起施行。

附：

国旗制法说明

（1949年9月28日中国人民政治协商会议第一届全体会议主席团公布）

国旗的形状、颜色两面相同，旗上五星两面相对。为便利计，本件仅以旗杆在左之一面为说明之标准。对于旗杆在右之一面，凡本件所称左均应改右，所称右均应改左。

（一）旗面为红色，长方形，其长与高为三与二之比，旗面左上方缀黄色五角星五颗。一星较大，其外接圆直径为旗高十分之三，居左；四星较小，其外接圆直径为旗高十分之一，环拱于大星之右。旗杆套为白色。

（二）五星之位置与画法如下：

甲、为便于确定五星之位置，先将旗面对分为四个相等的长方形，将左上方之长方形上下划为十等分，左右划为十五等分。

乙、大五角星的中心点，在该长方形上五下五、左五右十之处。其画法为：以此点为圆心，以三等分为半径作一圆。在此圆周上，定出五个等距离的点，其一点须位于圆之正上方。然后将此五点中各相隔的两点相联，使各成一直线。此五直线所构成之外轮廓线，即为所需之大五角星。五角星之一个角尖正向上方。

丙、四颗小五角星的中心点，第一点在该长方形上二下八、左十右五之处，第二点在上四下六、左十二右三之处，第三点在上七下三、左十二右三之处，第四点在上九下一、左十右五之处。其画法为：以以上四点为圆心，各以一等分为半径，分别作四个圆。在每个圆上各定出五个等距离的点，其中均须各有一点位于大五角星中心点与以上四个圆心的各联结线上。然后用构成大五角星的同样方法，构成小五角星。此四颗小五角星均各有一个角尖正对大五角星的中心点。

（三）国旗之通用尺度定为如下五种，各界酌情选用：

甲、长288公分，高192公分。

乙、长240公分，高160公分。

丙、长 192 公分，高 128 公分。
丁、长 144 公分，高 96 公分。
戊、长 96 公分，高 64 公分。

国旗制法图案

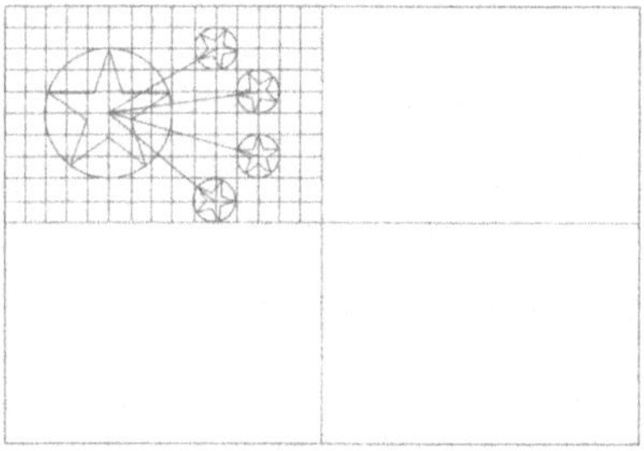

全国人民代表大会常务委员会关于修改《中华人民共和国国徽法》的决定

（2020 年 10 月 17 日第十三届全国人民代表大会常务委员会第二十二次会议通过　2020 年 10 月 17 日中华人民共和国主席令第 60 号公布　自 2021 年 1 月 1 日起施行）

第十三届全国人民代表大会常务委员会第二十二次会议决定对

《中华人民共和国国徽法》作如下修改：

一、将第一条修改为："为了维护国徽的尊严，正确使用国徽，增强公民的国家观念，弘扬爱国主义精神，培育和践行社会主义核心价值观，根据宪法，制定本法。"

二、将第四条第一款修改为："下列机构应当悬挂国徽：

"（一）各级人民代表大会常务委员会；

"（二）各级人民政府；

"（三）中央军事委员会；

"（四）各级监察委员会；

"（五）各级人民法院和专门人民法院；

"（六）各级人民检察院和专门人民检察院；

"（七）外交部；

"（八）国家驻外使馆、领馆和其他外交代表机构；

"（九）中央人民政府驻香港特别行政区有关机构、中央人民政府驻澳门特别行政区有关机构。"

删去第二款。

三、将第五条第一项、第二项修改为："（一）北京天安门城楼、人民大会堂；

"（二）县级以上各级人民代表大会及其常务委员会会议厅，乡、民族乡、镇的人民代表大会会场"。

增加一项，作为第四项："（四）宪法宣誓场所"。

四、将第六条第一项修改为："（一）全国人民代表大会常务委员会，国务院，中央军事委员会，国家监察委员会，最高人民法院，最高人民检察院"。

第三项修改为："（三）县级以上地方各级人民代表大会常务委员会、人民政府、监察委员会、人民法院、人民检察院，专门人民法院，专门人民检察院"。

五、增加一条，作为第七条："本法第六条规定的机构应当在其网站首页显著位置使用国徽图案。

"网站使用的国徽图案标准版本在中国人大网和中国政府网上发布。"

六、将第七条改为第八条，第二项修改为："（二）中华人民共和国主席、副主席，全国人民代表大会常务委员会委员长、副委员长，国务院总理、副总理、国务委员，中央军事委员会主席、副主席，国家监察委员会主任，最高人民法院院长和最高人民检察院检察长以职务名义对外使用的信封、信笺、请柬等”。

七、增加一条，作为第九条：“标示国界线的界桩、界碑和标示领海基点方位的标志碑以及其他用于显示国家主权的标志物可以使用国徽图案。

“中国人民银行发行的法定货币可以使用国徽图案。”

八、增加一条，作为第十条：“下列证件、证照可以使用国徽图案：

“（一）国家机关工作人员的工作证件、执法证件等；

“（二）国家机关颁发的营业执照、许可证书、批准证书、资格证书、权利证书等；

“（三）居民身份证，中华人民共和国护照等法定出入境证件。

“国家机关和武装力量的徽章可以将国徽图案作为核心图案。

“公民在庄重的场合可以佩戴国徽徽章，表达爱国情感。”

九、将第十条改为第十三条，第一项、第二项修改为：

“（一）商标、授予专利权的外观设计、商业广告；

“（二）日常用品、日常生活的陈设布置”。

十、增加一条，作为第十五条：“国徽应当作为爱国主义教育的重要内容。

“中小学应当教育学生了解国徽的历史和精神内涵。

“新闻媒体应当积极宣传国徽知识，引导公民和组织正确使用国徽及其图案。”

十一、将第十二条改为第十六条，第二款修改为：“需要悬挂非通用尺度国徽的，应当按照通用尺度成比例适当放大或者缩小，并与使用目的、所在建筑物、周边环境相适应。”

十二、将第十四条改为第十七条，修改为：“国务院办公厅统筹协调全国范围内国徽管理有关工作。地方各级人民政府统筹协调本行政区域内国徽管理有关工作。

“各级人民政府市场监督管理部门对国徽的制作和销售实施监督管理。

“县级人民政府确定的部门对本行政区域内国徽的悬挂、使用和收回实施监督管理。”

本决定自2021年1月1日起施行。

《中华人民共和国国徽法》根据本决定作相应修改并对条文顺序作相应调整,重新公布。

中华人民共和国国徽法

(1991年3月2日第七届全国人民代表大会常务委员会第十八次会议通过 根据2009年8月27日第十一届全国人民代表大会常务委员会第十次会议《关于修改部分法律的决定》第一次修正 根据2020年10月17日第十三届全国人民代表大会常务委员会第二十二次会议《关于修改〈中华人民共和国国徽法〉的决定》第二次修正)

第一条 为了维护国徽的尊严,正确使用国徽,增强公民的国家观念,弘扬爱国主义精神,培育和践行社会主义核心价值观,根据宪法,制定本法。

第二条 中华人民共和国国徽,中间是五星照耀下的天安门,周围是谷穗和齿轮。

中华人民共和国国徽按照1950年中央人民政府委员会通过的《中华人民共和国国徽图案》和中央人民政府委员会办公厅公布的《中华人民共和国国徽图案制作说明》制作。

第三条 中华人民共和国国徽是中华人民共和国的象征和标志。

一切组织和公民,都应当尊重和爱护国徽。

第四条 下列机构应当悬挂国徽:

(一)各级人民代表大会常务委员会;

(二)各级人民政府;

(三)中央军事委员会;

(四)各级监察委员会;

(五)各级人民法院和专门人民法院;

(六)各级人民检察院和专门人民检察院;

（七）外交部；

（八）国家驻外使馆、领馆和其他外交代表机构；

（九）中央人民政府驻香港特别行政区有关机构、中央人民政府驻澳门特别行政区有关机构。

国徽应当悬挂在机关正门上方正中处。

第五条　下列场所应当悬挂国徽：

（一）北京天安门城楼、人民大会堂；

（二）县级以上各级人民代表大会及其常务委员会会议厅，乡、民族乡、镇的人民代表大会会场；

（三）各级人民法院和专门人民法院的审判庭；

（四）宪法宣誓场所；

（五）出境入境口岸的适当场所。

第六条　下列机构的印章应当刻有国徽图案：

（一）全国人民代表大会常务委员会，国务院，中央军事委员会，国家监察委员会，最高人民法院，最高人民检察院；

（二）全国人民代表大会各专门委员会和全国人民代表大会常务委员会办公厅、工作委员会，国务院各部、各委员会、各直属机构、国务院办公厅以及国务院规定应当使用刻有国徽图案印章的办事机构，中央军事委员会办公厅以及中央军事委员会规定应当使用刻有国徽图案印章的其他机构；

（三）县级以上地方各级人民代表大会常务委员会、人民政府、监察委员会、人民法院、人民检察院，专门人民法院，专门人民检察院；

（四）国家驻外使馆、领馆和其他外交代表机构。

第七条　本法第六条规定的机构应当在其网站首页显著位置使用国徽图案。

网站使用的国徽图案标准版本在中国人大网和中国政府网上发布。

第八条　下列文书、出版物等应当印有国徽图案：

（一）全国人民代表大会常务委员会、中华人民共和国主席和国务院颁发的荣誉证书、任命书、外交文书；

（二）中华人民共和国主席、副主席，全国人民代表大会常务委员会委员长、副委员长，国务院总理、副总理、国务委员，中央军事委员会主席、副主席，国家监察委员会主任，最高人民法院院长和最高人民检察院检察长以职务名义对外使用的信封、信笺、请柬等；

（三）全国人民代表大会常务委员会公报、国务院公报、最高人民法院公报和最高人民检察院公报的封面；

（四）国家出版的法律、法规正式版本的封面。

第九条 标示国界线的界桩、界碑和标示领海基点方位的标志碑以及其他用于显示国家主权的标志物可以使用国徽图案。

中国人民银行发行的法定货币可以使用国徽图案。

第十条 下列证件、证照可以使用国徽图案：

（一）国家机关工作人员的工作证件、执法证件等；

（二）国家机关颁发的营业执照、许可证书、批准证书、资格证书、权利证书等；

（三）居民身份证，中华人民共和国护照等法定出入境证件。

国家机关和武装力量的徽章可以将国徽图案作为核心图案。

公民在庄重的场合可以佩戴国徽徽章，表达爱国情感。

第十一条 外事活动和国家驻外使馆、领馆以及其他外交代表机构对外使用国徽图案的办法，由外交部规定，报国务院批准后施行。

第十二条 在本法规定的范围以外需要悬挂国徽或者使用国徽图案的，由全国人民代表大会常务委员会办公厅或者国务院办公厅会同有关主管部门规定。

第十三条 国徽及其图案不得用于：

（一）商标、授予专利权的外观设计、商业广告；

（二）日常用品、日常生活的陈设布置；

（三）私人庆吊活动；

（四）国务院办公厅规定不得使用国徽及其图案的其他场合。

第十四条 不得悬挂破损、污损或者不合规格的国徽。

第十五条 国徽应当作为爱国主义教育的重要内容。

中小学应当教育学生了解国徽的历史和精神内涵。

新闻媒体应当积极宣传国徽知识，引导公民和组织正确使用国徽及其图案。

第十六条 悬挂的国徽由国家指定的企业统一制作，其直径的通用尺度为下列三种：

（一）一百厘米；

（二）八十厘米；

（三）六十厘米。

需要悬挂非通用尺度国徽的，应当按照通用尺度成比例适当放大或者缩小，并与使用目的、所在建筑物、周边环境相适应。

第十七条 国务院办公厅统筹协调全国范围内国徽管理有关工作。地方各级人民政府统筹协调本行政区域内国徽管理有关工作。

各级人民政府市场监督管理部门对国徽的制作和销售实施监督管理。

县级人民政府确定的部门对本行政区域内国徽的悬挂、使用和收回实施监督管理。

第十八条 在公共场合故意以焚烧、毁损、涂划、玷污、践踏等方式侮辱中华人民共和国国徽的，依法追究刑事责任；情节较轻的，由公安机关处以十五日以下拘留。

第十九条 本法自 1991 年 10 月 1 日起施行。

附件：

中华人民共和国国徽图案制作说明

（1950 年 9 月 20 日中央人民政府委员会办公厅公布）

一、两把麦稻组成正圆形的环。齿轮安在下方麦稻杆的交叉点上。齿轮的中心交结着红绶。红绶向左右绾住麦稻而下垂，把齿轮分成上下两部。

二、从图案正中垂直画一直线，其左右两部分，完全对称。

三、图案各部分之地位、尺寸，可根据方格墨线图之比例，放大或缩小。

四、如制作浮雕，其各部位之高低，可根据断面图之比例放大或缩小。

五、国徽之涂色为金红二色：麦稻、五星、天安门、齿轮为金色，圆环内之底子及垂绥为红色；红为正红（同于国旗），金为大赤金（淡色而有光泽之金）。

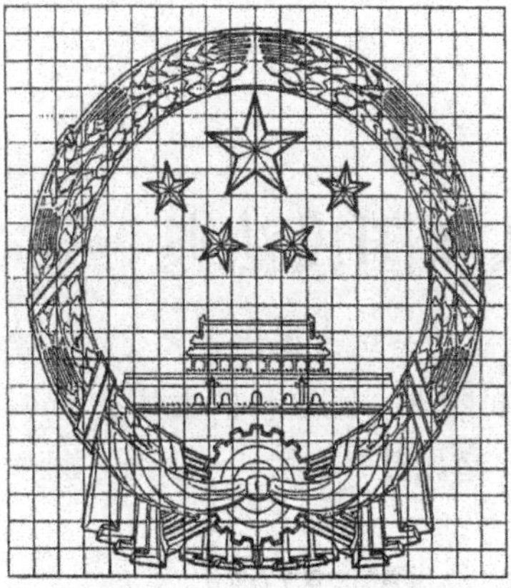

中华人民共和国国徽方格墨线图

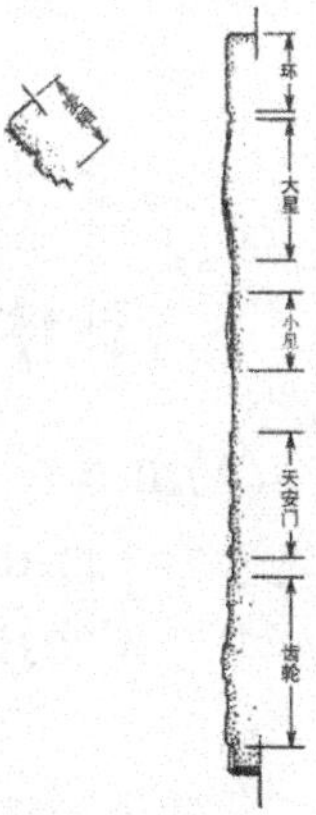

中华人民共和国国徽纵断面图

民法商法

总　类

中华人民共和国民法典

（2020 年 5 月 28 日第十三届全国人民代表大会第三次会议通过　2020 年 5 月 28 日中华人民共和国主席令第 45 号公布　自 2021 年 1 月 1 日起施行）

目　　录

第十三章　保证合同
第一节　一般规定
第二节　保证责任
第十四章　租赁合同
第十五章　融资租赁合同
第十六章　保理合同
第十七章　承揽合同
第十八章　建设工程合同
第十九章　运输合同
第一节　一般规定
第二节　客运合同
第三节　货运合同
第四节　多式联运合同
第二十章　技术合同
第一节　一般规定
第二节　技术开发合同
第三节　技术转让合同和技术许可合同
第四节　技术咨询合同和技术服务合同
第二十一章　保管合同
第二十二章　仓储合同
第二十三章　委托合同
第二十四章　物业服务合同
第二十五章　行纪合同
第二十六章　中介合同
第二十七章　合伙合同
第三分编　准合同
第二十八章　无因管理
第二十九章　不当得利

第四编　人格权

第一章　一般规定
第二章　生命权、身体权和健康权
第三章　姓名权和名称权

第一编　总　　则

第一章　基本规定

第一条　为了保护民事主体的合法权益，调整民事关系，维护社会和经济秩序，适应中国特色社会主义发展要求，弘扬社会主义核心价值观，根据宪法，制定本法。

第二条　民法调整平等主体的自然人、法人和非法人组织之间的人身关系和财产关系。

第三条　民事主体的人身权利、财产权利以及其他合法权益受法律保护，任何组织或者个人不得侵犯。

第四条　民事主体在民事活动中的法律地位一律平等。

第五条　民事主体从事民事活动，应当遵循自愿原则，按照自己的意思设立、变更、终止民事法律关系。

第六条　民事主体从事民事活动，应当遵循公平原则，合理确定各方的权利和义务。

第七条　民事主体从事民事活动，应当遵循诚信原则，秉持诚实，恪守承诺。

第八条　民事主体从事民事活动，不得违反法律，不得违背公序良俗。

第九条　民事主体从事民事活动，应当有利于节约资源、保护生态环境。

第十条　处理民事纠纷，应当依照法律；法律没有规定的，可以适用习惯，但是不得违背公序良俗。

第十一条　其他法律对民事关系有特别规定的，依照其规定。

第十二条　中华人民共和国领域内的民事活动，适用中华人民共和国法律。法律另有规定的，依照其规定。

第二章　自　然　人

第一节　民事权利能力和民事行为能力

第十三条　自然人从出生时起到死亡时止，具有民事权利能力，依法享有民事权利，承担民事义务。

第十四条　自然人的民事权利能力一律平等。

第十五条　自然人的出生时间和死亡时间，以出生证明、死亡证明记载的时间为准；没有出生证明、死亡证明的，以户籍登记或者其他有效身份登记记载的时间为准。有其他证据足以推翻以上记载时间的，以该证据证明的时间为准。

第十六条　涉及遗产继承、接受赠与等胎儿利益保护的，胎儿视为具有民事权利能力。但是，胎儿娩出时为死体的，其民事权利能力自始不存在。

第十七条　十八周岁以上的自然人为成年人。不满十八周岁的自然人为未成年人。

第十八条　成年人为完全民事行为能力人，可以独立实施民事法律行为。

十六周岁以上的未成年人，以自己的劳动收入为主要生活来源的，视为完全民事行为能力人。

第十九条　八周岁以上的未成年人为限制民事行为能力人，实施民事法律行为由其法定代理人代理或者经其法定代理人同意、追认；但是，可以独立实施纯获利益的民事法律行为或者与其年龄、智力相适应的民事法律行为。

第二十条　不满八周岁的未成年人为无民事行为能力人，由其法定代理人代理实施民事法律行为。

第二十一条　不能辨认自己行为的成年人为无民事行为能力人，由其法定代理人代理实施民事法律行为。

八周岁以上的未成年人不能辨认自己行为的，适用前款规定。

第二十二条　不能完全辨认自己行为的成年人为限制民事行为能力人，实施民事法律行为由其法定代理人代理或者经其法定代理人同意、追认;但是,可以独立实施纯获利益的民事法律行为或者与其智力、精神健康状况相适应的民事法律行为。

第二十三条 无民事行为能力人、限制民事行为能力人的监护人是其法定代理人。

第二十四条 不能辨认或者不能完全辨认自己行为的成年人,其利害关系人或者有关组织,可以向人民法院申请认定该成年人为无民事行为能力人或者限制民事行为能力人。

被人民法院认定为无民事行为能力人或者限制民事行为能力人的,经本人、利害关系人或者有关组织申请,人民法院可以根据其智力、精神健康恢复的状况,认定该成年人恢复为限制民事行为能力人或者完全民事行为能力人。

本条规定的有关组织包括:居民委员会、村民委员会、学校、医疗机构、妇女联合会、残疾人联合会、依法设立的老年人组织、民政部门等。

第二十五条 自然人以户籍登记或者其他有效身份登记记载的居所为住所;经常居所与住所不一致的,经常居所视为住所。

第二节 监 护

第二十六条 父母对未成年子女负有抚养、教育和保护的义务。

成年子女对父母负有赡养、扶助和保护的义务。

第二十七条 父母是未成年子女的监护人。

未成年人的父母已经死亡或者没有监护能力的,由下列有监护能力的人按顺序担任监护人:

(一)祖父母、外祖父母;

(二)兄、姐;

(三)其他愿意担任监护人的个人或者组织,但是须经未成年人住所地的居民委员会、村民委员会或者民政部门同意。

第二十八条 无民事行为能力或者限制民事行为能力的成年人,由下列有监护能力的人按顺序担任监护人:

(一)配偶;

(二)父母、子女;

(三)其他近亲属;

（四）其他愿意担任监护人的个人或者组织，但是须经被监护人住所地的居民委员会、村民委员会或者民政部门同意。

第二十九条 被监护人的父母担任监护人的，可以通过遗嘱指定监护人。

第三十条 依法具有监护资格的人之间可以协议确定监护人。协议确定监护人应当尊重被监护人的真实意愿。

第三十一条 对监护人的确定有争议的，由被监护人住所地的居民委员会、村民委员会或者民政部门指定监护人，有关当事人对指定不服的，可以向人民法院申请指定监护人；有关当事人也可以直接向人民法院申请指定监护人。

居民委员会、村民委员会、民政部门或者人民法院应当尊重被监护人的真实意愿，按照最有利于被监护人的原则在依法具有监护资格的人中指定监护人。

依据本条第一款规定指定监护人前，被监护人的人身权利、财产权利以及其他合法权益处于无人保护状态的，由被监护人住所地的居民委员会、村民委员会、法律规定的有关组织或者民政部门担任临时监护人。

监护人被指定后，不得擅自变更；擅自变更的，不免除被指定的监护人的责任。

第三十二条 没有依法具有监护资格的人的，监护人由民政部门担任，也可以由具备履行监护职责条件的被监护人住所地的居民委员会、村民委员会担任。

第三十三条 具有完全民事行为能力的成年人，可以与其近亲属、其他愿意担任监护人的个人或者组织事先协商，以书面形式确定自己的监护人，在自己丧失或者部分丧失民事行为能力时，由该监护人履行监护职责。

第三十四条 监护人的职责是代理被监护人实施民事法律行为，保护被监护人的人身权利、财产权利以及其他合法权益等。

监护人依法履行监护职责产生的权利，受法律保护。

监护人不履行监护职责或者侵害被监护人合法权益的，应当承担法律责任。

因发生突发事件等紧急情况，监护人暂时无法履行监护职责，被监护人的生活处于无人照料状态的，被监护人住所地的居民委员会、村民委员会或者民政部门应当为被监护人安排必要的临时生活照料措施。

第三十五条 监护人应当按照最有利于被监护人的原则履行监护职责。监护人除为维护被监护人利益外，不得处分被监护人的财产。

未成年人的监护人履行监护职责，在作出与被监护人利益有关的决定时，应当根据被监护人的年龄和智力状况，尊重被监护人的真实意愿。

成年人的监护人履行监护职责，应当最大程度地尊重被监护人的真实意愿，保障并协助被监护人实施与其智力、精神健康状况相适应的民事法律行为。对被监护人有能力独立处理的事务，监护人不得干涉。

第三十六条 监护人有下列情形之一的，人民法院根据有关个人或者组织的申请，撤销其监护人资格，安排必要的临时监护措施，并按照最有利于被监护人的原则依法指定监护人：

（一）实施严重损害被监护人身心健康的行为；

（二）怠于履行监护职责，或者无法履行监护职责且拒绝将监护职责部分或者全部委托给他人，导致被监护人处于危困状态；

（三）实施严重侵害被监护人合法权益的其他行为。

本条规定的有关个人、组织包括：其他依法具有监护资格的人，居民委员会、村民委员会、学校、医疗机构、妇女联合会、残疾人联合会、未成年人保护组织、依法设立的老年人组织、民政部门等。

前款规定的个人和民政部门以外的组织未及时向人民法院申请撤销监护人资格的，民政部门应当向人民法院申请。

第三十七条 依法负担被监护人抚养费、赡养费、扶养费的父母、子女、配偶等，被人民法院撤销监护人资格后，应当继续履行负担的义务。

第三十八条 被监护人的父母或者子女被人民法院撤销监护人资格后，除对被监护人实施故意犯罪的外，确有悔改表现的，经其申请，人民法院可以在尊重被监护人真实意愿的前提下，视情况恢复其监护人资格，人民法院指定的监护人与被监护人的监护关系同时终止。

第三十九条 有下列情形之一的，监护关系终止：

（一）被监护人取得或者恢复完全民事行为能力；

（二）监护人丧失监护能力；

（三）被监护人或者监护人死亡；

（四）人民法院认定监护关系终止的其他情形。

监护关系终止后，被监护人仍然需要监护的，应当依法另行确定监护人。

第三节　宣告失踪和宣告死亡

第四十条　自然人下落不明满二年的，利害关系人可以向人民法院申请宣告该自然人为失踪人。

第四十一条　自然人下落不明的时间自其失去音讯之日起计算。战争期间下落不明的，下落不明的时间自战争结束之日或者有关机关确定的下落不明之日起计算。

第四十二条　失踪人的财产由其配偶、成年子女、父母或者其他愿意担任财产代管人的人代管。

代管有争议，没有前款规定的人，或者前款规定的人无代管能力的，由人民法院指定的人代管。

第四十三条　财产代管人应当妥善管理失踪人的财产，维护其财产权益。

失踪人所欠税款、债务和应付的其他费用，由财产代管人从失踪人的财产中支付。

财产代管人因故意或者重大过失造成失踪人财产损失的，应当承担赔偿责任。

第四十四条　财产代管人不履行代管职责、侵害失踪人财产权益或者丧失代管能力的，失踪人的利害关系人可以向人民法院申请变更财产代管人。

财产代管人有正当理由的，可以向人民法院申请变更财产代管人。

人民法院变更财产代管人的，变更后的财产代管人有权请求原财产代管人及时移交有关财产并报告财产代管情况。

第四十五条　失踪人重新出现，经本人或者利害关系人申请，人民法院应当撤销失踪宣告。

失踪人重新出现，有权请求财产代管人及时移交有关财产并报告财产代管情况。

第四十六条 自然人有下列情形之一的，利害关系人可以向人民法院申请宣告该自然人死亡：

（一）下落不明满四年；

（二）因意外事件，下落不明满二年。

因意外事件下落不明，经有关机关证明该自然人不可能生存的，申请宣告死亡不受二年时间的限制。

第四十七条 对同一自然人，有的利害关系人申请宣告死亡，有的利害关系人申请宣告失踪，符合本法规定的宣告死亡条件的，人民法院应当宣告死亡。

第四十八条 被宣告死亡的人，人民法院宣告死亡的判决作出之日视为其死亡的日期；因意外事件下落不明宣告死亡的，意外事件发生之日视为其死亡的日期。

第四十九条 自然人被宣告死亡但是并未死亡的，不影响该自然人在被宣告死亡期间实施的民事法律行为的效力。

第五十条 被宣告死亡的人重新出现，经本人或者利害关系人申请，人民法院应当撤销死亡宣告。

第五十一条 被宣告死亡的人的婚姻关系，自死亡宣告之日起消除。死亡宣告被撤销的，婚姻关系自撤销死亡宣告之日起自行恢复。但是，其配偶再婚或者向婚姻登记机关书面声明不愿意恢复的除外。

第五十二条 被宣告死亡的人在被宣告死亡期间，其子女被他人依法收养的，在死亡宣告被撤销后，不得以未经本人同意为由主张收养行为无效。

第五十三条 被撤销死亡宣告的人有权请求依照本法第六编取得其财产的民事主体返还财产；无法返还的，应当给予适当补偿。

利害关系人隐瞒真实情况，致使他人被宣告死亡而取得其财产的，除应当返还财产外，还应当对由此造成的损失承担赔偿责任。

第四节　个体工商户和农村承包经营户

第五十四条 自然人从事工商业经营，经依法登记，为个体工商户。个体工商户可以起字号。

第五十五条 农村集体经济组织的成员，依法取得农村土地承包经营权，从事家庭承包经营的，为农村承包经营户。

第五十六条 个体工商户的债务，个人经营的，以个人财产承担；家庭经营的，以家庭财产承担；无法区分的，以家庭财产承担。

农村承包经营户的债务，以从事农村土地承包经营的农户财产承担；事实上由农户部分成员经营的，以该部分成员的财产承担。

第三章 法 人

第一节 一般规定

第五十七条 法人是具有民事权利能力和民事行为能力，依法独立享有民事权利和承担民事义务的组织。

第五十八条 法人应当依法成立。

法人应当有自己的名称、组织机构、住所、财产或者经费。法人成立的具体条件和程序，依照法律、行政法规的规定。

设立法人，法律、行政法规规定须经有关机关批准的，依照其规定。

第五十九条 法人的民事权利能力和民事行为能力，从法人成立时产生，到法人终止时消灭。

第六十条 法人以其全部财产独立承担民事责任。

第六十一条 依照法律或者法人章程的规定，代表法人从事民事活动的负责人，为法人的法定代表人。

法定代表人以法人名义从事的民事活动，其法律后果由法人承受。

法人章程或者法人权力机构对法定代表人代表权的限制，不得对抗善意相对人。

第六十二条 法定代表人因执行职务造成他人损害的，由法人承担民事责任。

法人承担民事责任后，依照法律或者法人章程的规定，可以向有过错的法定代表人追偿。

第六十三条 法人以其主要办事机构所在地为住所。依法需要办理法人登记的,应当将主要办事机构所在地登记为住所。

第六十四条 法人存续期间登记事项发生变化的,应当依法向登记机关申请变更登记。

第六十五条 法人的实际情况与登记的事项不一致的,不得对抗善意相对人。

第六十六条 登记机关应当依法及时公示法人登记的有关信息。

第六十七条 法人合并的,其权利和义务由合并后的法人享有和承担。

法人分立的,其权利和义务由分立后的法人享有连带债权,承担连带债务,但是债权人和债务人另有约定的除外。

第六十八条 有下列原因之一并依法完成清算、注销登记的,法人终止:

(一)法人解散;

(二)法人被宣告破产;

(三)法律规定的其他原因。

法人终止,法律、行政法规规定须经有关机关批准的,依照其规定。

第六十九条 有下列情形之一的,法人解散:

(一)法人章程规定的存续期间届满或者法人章程规定的其他解散事由出现;

(二)法人的权力机构决议解散;

(三)因法人合并或者分立需要解散;

(四)法人依法被吊销营业执照、登记证书,被责令关闭或者被撤销;

(五)法律规定的其他情形。

第七十条 法人解散的,除合并或者分立的情形外,清算义务人应当及时组成清算组进行清算。

法人的董事、理事等执行机构或者决策机构的成员为清算义务人。法律、行政法规另有规定的,依照其规定。

清算义务人未及时履行清算义务,造成损害的,应当承担民事责任;主管机关或者利害关系人可以申请人民法院指定有关人员组成清算组进行清算。

第七十一条 法人的清算程序和清算组职权,依照有关法律的规定;没有规定的,参照适用公司法律的有关规定。

第七十二条 清算期间法人存续,但是不得从事与清算无关的活动。

法人清算后的剩余财产,按照法人章程的规定或者法人权力机构的决议处理。法律另有规定的,依照其规定。

清算结束并完成法人注销登记时,法人终止;依法不需要办理法人登记的,清算结束时,法人终止。

第七十三条 法人被宣告破产的,依法进行破产清算并完成法人注销登记时,法人终止。

第七十四条 法人可以依法设立分支机构。法律、行政法规规定分支机构应当登记的,依照其规定。

分支机构以自己的名义从事民事活动,产生的民事责任由法人承担;也可以先以该分支机构管理的财产承担,不足以承担的,由法人承担。

第七十五条 设立人为设立法人从事的民事活动,其法律后果由法人承受;法人未成立的,其法律后果由设立人承受,设立人为二人以上的,享有连带债权,承担连带债务。

设立人为设立法人以自己的名义从事民事活动产生的民事责任,第三人有权选择请求法人或者设立人承担。

第二节 营利法人

第七十六条 以取得利润并分配给股东等出资人为目的成立的法人,为营利法人。

营利法人包括有限责任公司、股份有限公司和其他企业法人等。

第七十七条 营利法人经依法登记成立。

第七十八条 依法设立的营利法人,由登记机关发给营利法人营业执照。营业执照签发日期为营利法人的成立日期。

第七十九条 设立营利法人应当依法制定法人章程。

第八十条 营利法人应当设权力机构。

权力机构行使修改法人章程，选举或者更换执行机构、监督机构成员，以及法人章程规定的其他职权。

第八十一条 营利法人应当设执行机构。

执行机构行使召集权力机构会议，决定法人的经营计划和投资方案，决定法人内部管理机构的设置，以及法人章程规定的其他职权。

执行机构为董事会或者执行董事的，董事长、执行董事或者经理按照法人章程的规定担任法定代表人；未设董事会或者执行董事的，法人章程规定的主要负责人为其执行机构和法定代表人。

第八十二条 营利法人设监事会或者监事等监督机构的，监督机构依法行使检查法人财务，监督执行机构成员、高级管理人员执行法人职务的行为，以及法人章程规定的其他职权。

第八十三条 营利法人的出资人不得滥用出资人权利损害法人或者其他出资人的利益；滥用出资人权利造成法人或者其他出资人损失的，应当依法承担民事责任。

营利法人的出资人不得滥用法人独立地位和出资人有限责任损害法人债权人的利益；滥用法人独立地位和出资人有限责任，逃避债务，严重损害法人债权人的利益的，应当对法人债务承担连带责任。

第八十四条 营利法人的控股出资人、实际控制人、董事、监事、高级管理人员不得利用其关联关系损害法人的利益；利用关联关系造成法人损失的，应当承担赔偿责任。

第八十五条 营利法人的权力机构、执行机构作出决议的会议召集程序、表决方式违反法律、行政法规、法人章程，或者决议内容违反法人章程的，营利法人的出资人可以请求人民法院撤销该决议。但是，营利法人依据该决议与善意相对人形成的民事法律关系不受影响。

第八十六条 营利法人从事经营活动，应当遵守商业道德，维护交易安全，接受政府和社会的监督，承担社会责任。

第三节　非营利法人

第八十七条 为公益目的或者其他非营利目的成立，不向出资人、设立人或者会员分配所取得利润的法人，为非营利法人。

非营利法人包括事业单位、社会团体、基金会、社会服务机构等。

第八十八条 具备法人条件，为适应经济社会发展需要，提供公益服务设立的事业单位，经依法登记成立，取得事业单位法人资格；依法不需要办理法人登记的，从成立之日起，具有事业单位法人资格。

第八十九条 事业单位法人设理事会的，除法律另有规定外，理事会为其决策机构。事业单位法人的法定代表人依照法律、行政法规或者法人章程的规定产生。

第九十条 具备法人条件，基于会员共同意愿，为公益目的或者会员共同利益等非营利目的设立的社会团体，经依法登记成立，取得社会团体法人资格；依法不需要办理法人登记的，从成立之日起，具有社会团体法人资格。

第九十一条 设立社会团体法人应当依法制定法人章程。

社会团体法人应当设会员大会或者会员代表大会等权力机构。

社会团体法人应当设理事会等执行机构。理事长或者会长等负责人按照法人章程的规定担任法定代表人。

第九十二条 具备法人条件，为公益目的以捐助财产设立的基金会、社会服务机构等，经依法登记成立，取得捐助法人资格。

依法设立的宗教活动场所，具备法人条件的，可以申请法人登记，取得捐助法人资格。法律、行政法规对宗教活动场所有规定的，依照其规定。

第九十三条 设立捐助法人应当依法制定法人章程。

捐助法人应当设理事会、民主管理组织等决策机构，并设执行机构。理事长等负责人按照法人章程的规定担任法定代表人。

捐助法人应当设监事会等监督机构。

第九十四条 捐助人有权向捐助法人查询捐助财产的使用、管理情况，并提出意见和建议，捐助法人应当及时、如实答复。

捐助法人的决策机构、执行机构或者法定代表人作出决定的程序违反法律、行政法规、法人章程，或者决定内容违反法人章程的，捐助人等利害关系人或者主管机关可以请求人民法院撤销该决定。但是，捐助法人依据该决定与善意相对人形成的民事法律关系不受影响。

第九十五条　为公益目的成立的非营利法人终止时，不得向出资人、设立人或者会员分配剩余财产。剩余财产应当按照法人章程的规定或者权力机构的决议用于公益目的；无法按照法人章程的规定或者权力机构的决议处理的，由主管机关主持转给宗旨相同或者相近的法人，并向社会公告。

第四节　特别法人

第九十六条　本节规定的机关法人、农村集体经济组织法人、城镇农村的合作经济组织法人、基层群众性自治组织法人，为特别法人。

第九十七条　有独立经费的机关和承担行政职能的法定机构从成立之日起，具有机关法人资格，可以从事为履行职能所需要的民事活动。

第九十八条　机关法人被撤销的，法人终止，其民事权利和义务由继任的机关法人享有和承担；没有继任的机关法人的，由作出撤销决定的机关法人享有和承担。

第九十九条　农村集体经济组织依法取得法人资格。

法律、行政法规对农村集体经济组织有规定的，依照其规定。

第一百条　城镇农村的合作经济组织依法取得法人资格。

法律、行政法规对城镇农村的合作经济组织有规定的，依照其规定。

第一百零一条　居民委员会、村民委员会具有基层群众性自治组织法人资格，可以从事为履行职能所需要的民事活动。

未设立村集体经济组织的，村民委员会可以依法代行村集体经济组织的职能。

第四章　非法人组织

第一百零二条　非法人组织是不具有法人资格，但是能够依法以自己的名义从事民事活动的组织。

非法人组织包括个人独资企业、合伙企业、不具有法人资格的专业服务机构等。

第一百零三条 非法人组织应当依照法律的规定登记。

设立非法人组织，法律、行政法规规定须经有关机关批准的，依照其规定。

第一百零四条 非法人组织的财产不足以清偿债务的，其出资人或者设立人承担无限责任。法律另有规定的，依照其规定。

第一百零五条 非法人组织可以确定一人或者数人代表该组织从事民事活动。

第一百零六条 有下列情形之一的，非法人组织解散：

（一）章程规定的存续期间届满或者章程规定的其他解散事由出现；

（二）出资人或者设立人决定解散；

（三）法律规定的其他情形。

第一百零七条 非法人组织解散的，应当依法进行清算。

第一百零八条 非法人组织除适用本章规定外，参照适用本编第三章第一节的有关规定。

第五章 民事权利

第一百零九条 自然人的人身自由、人格尊严受法律保护。

第一百一十条 自然人享有生命权、身体权、健康权、姓名权、肖像权、名誉权、荣誉权、隐私权、婚姻自主权等权利。

法人、非法人组织享有名称权、名誉权和荣誉权。

第一百一十一条 自然人的个人信息受法律保护。任何组织或者个人需要获取他人个人信息的，应当依法取得并确保信息安全，不得非法收集、使用、加工、传输他人个人信息，不得非法买卖、提供或者公开他人个人信息。

第一百一十二条 自然人因婚姻家庭关系等产生的人身权利受法律保护。

第一百一十三条 民事主体的财产权利受法律平等保护。

第一百一十四条 民事主体依法享有物权。

物权是权利人依法对特定的物享有直接支配和排他的权利，包括所有权、用益物权和担保物权。

第一百一十五条 物包括不动产和动产。法律规定权利作为物权客体的,依照其规定。

第一百一十六条 物权的种类和内容,由法律规定。

第一百一十七条 为了公共利益的需要,依照法律规定的权限和程序征收、征用不动产或者动产的,应当给予公平、合理的补偿。

第一百一十八条 民事主体依法享有债权。

债权是因合同、侵权行为、无因管理、不当得利以及法律的其他规定,权利人请求特定义务人为或者不为一定行为的权利。

第一百一十九条 依法成立的合同,对当事人具有法律约束力。

第一百二十条 民事权益受到侵害的,被侵权人有权请求侵权人承担侵权责任。

第一百二十一条 没有法定的或者约定的义务,为避免他人利益受损失而进行管理的人,有权请求受益人偿还由此支出的必要费用。

第一百二十二条 因他人没有法律根据,取得不当利益,受损失的人有权请求其返还不当利益。

第一百二十三条 民事主体依法享有知识产权。

知识产权是权利人依法就下列客体享有的专有的权利:

(一)作品;

(二)发明、实用新型、外观设计;

(三)商标;

(四)地理标志;

(五)商业秘密;

(六)集成电路布图设计;

(七)植物新品种;

(八)法律规定的其他客体。

第一百二十四条 自然人依法享有继承权。

自然人合法的私有财产,可以依法继承。

第一百二十五条 民事主体依法享有股权和其他投资性权利。

第一百二十六条 民事主体享有法律规定的其他民事权利和利益。

第一百二十七条 法律对数据、网络虚拟财产的保护有规定的,依照其规定。

第一百二十八条 法律对未成年人、老年人、残疾人、妇女、消费者等的民事权利保护有特别规定的,依照其规定。

第一百二十九条 民事权利可以依据民事法律行为、事实行为、法律规定的事件或者法律规定的其他方式取得。

第一百三十条 民事主体按照自己的意愿依法行使民事权利,不受干涉。

第一百三十一条 民事主体行使权利时,应当履行法律规定的和当事人约定的义务。

第一百三十二条 民事主体不得滥用民事权利损害国家利益、社会公共利益或者他人合法权益。

第六章 民事法律行为

第一节 一般规定

第一百三十三条 民事法律行为是民事主体通过意思表示设立、变更、终止民事法律关系的行为。

第一百三十四条 民事法律行为可以基于双方或者多方的意思表示一致成立,也可以基于单方的意思表示成立。

法人、非法人组织依照法律或者章程规定的议事方式和表决程序作出决议的,该决议行为成立。

第一百三十五条 民事法律行为可以采用书面形式、口头形式或者其他形式;法律、行政法规规定或者当事人约定采用特定形式的,应当采用特定形式。

第一百三十六条 民事法律行为自成立时生效,但是法律另有规定或者当事人另有约定的除外。

行为人非依法律规定或者未经对方同意,不得擅自变更或者解除民事法律行为。

第二节 意思表示

第一百三十七条 以对话方式作出的意思表示,相对人知道其内容时生效。

以非对话方式作出的意思表示，到达相对人时生效。以非对话方式作出的采用数据电文形式的意思表示，相对人指定特定系统接收数据电文的，该数据电文进入该特定系统时生效；未指定特定系统的，相对人知道或者应当知道该数据电文进入其系统时生效。当事人对采用数据电文形式的意思表示的生效时间另有约定的，按照其约定。

第一百三十八条 无相对人的意思表示，表示完成时生效。法律另有规定的，依照其规定。

第一百三十九条 以公告方式作出的意思表示，公告发布时生效。

第一百四十条 行为人可以明示或者默示作出意思表示。

沉默只有在有法律规定、当事人约定或者符合当事人之间的交易习惯时，才可以视为意思表示。

第一百四十一条 行为人可以撤回意思表示。撤回意思表示的通知应当在意思表示到达相对人前或者与意思表示同时到达相对人。

第一百四十二条 有相对人的意思表示的解释，应当按照所使用的词句，结合相关条款、行为的性质和目的、习惯以及诚信原则，确定意思表示的含义。

无相对人的意思表示的解释，不能完全拘泥于所使用的词句，而应当结合相关条款、行为的性质和目的、习惯以及诚信原则，确定行为人的真实意思。

第三节　民事法律行为的效力

第一百四十三条 具备下列条件的民事法律行为有效：

（一）行为人具有相应的民事行为能力；

（二）意思表示真实；

（三）不违反法律、行政法规的强制性规定，不违背公序良俗。

第一百四十四条 无民事行为能力人实施的民事法律行为无效。

第一百四十五条 限制民事行为能力人实施的纯获利益的民事法律行为或者与其年龄、智力、精神健康状况相适应的民事法律行为有效；实施的其他民事法律行为经法定代理人同意或者追认后有效。

相对人可以催告法定代理人自收到通知之日起三十日内予以追认。法定代理人未作表示的，视为拒绝追认。民事法律行为被追认前，善意相对人有撤销的权利。撤销应当以通知的方式作出。

第一百四十六条 行为人与相对人以虚假的意思表示实施的民事法律行为无效。

以虚假的意思表示隐藏的民事法律行为的效力，依照有关法律规定处理。

第一百四十七条 基于重大误解实施的民事法律行为，行为人有权请求人民法院或者仲裁机构予以撤销。

第一百四十八条 一方以欺诈手段，使对方在违背真实意思的情况下实施的民事法律行为，受欺诈方有权请求人民法院或者仲裁机构予以撤销。

第一百四十九条 第三人实施欺诈行为，使一方在违背真实意思的情况下实施的民事法律行为，对方知道或者应当知道该欺诈行为的，受欺诈方有权请求人民法院或者仲裁机构予以撤销。

第一百五十条 一方或者第三人以胁迫手段，使对方在违背真实意思的情况下实施的民事法律行为，受胁迫方有权请求人民法院或者仲裁机构予以撤销。

第一百五十一条 一方利用对方处于危困状态、缺乏判断能力等情形，致使民事法律行为成立时显失公平的，受损害方有权请求人民法院或者仲裁机构予以撤销。

第一百五十二条 有下列情形之一的，撤销权消灭：

（一）当事人自知道或者应当知道撤销事由之日起一年内、重大误解的当事人自知道或者应当知道撤销事由之日起九十日内没有行使撤销权；

（二）当事人受胁迫，自胁迫行为终止之日起一年内没有行使撤销权；

（三）当事人知道撤销事由后明确表示或者以自己的行为表明放弃撤销权。

当事人自民事法律行为发生之日起五年内没有行使撤销权的，撤销权消灭。

第一百五十三条 违反法律、行政法规的强制性规定的民事法律行为无效。但是,该强制性规定不导致该民事法律行为无效的除外。

违背公序良俗的民事法律行为无效。

第一百五十四条 行为人与相对人恶意串通,损害他人合法权益的民事法律行为无效。

第一百五十五条 无效的或者被撤销的民事法律行为自始没有法律约束力。

第一百五十六条 民事法律行为部分无效,不影响其他部分效力的,其他部分仍然有效。

第一百五十七条 民事法律行为无效、被撤销或者确定不发生效力后,行为人因该行为取得的财产,应当予以返还;不能返还或者没有必要返还的,应当折价补偿。有过错的一方应当赔偿对方由此所受到的损失;各方都有过错的,应当各自承担相应的责任。法律另有规定的,依照其规定。

第四节 民事法律行为的附条件和附期限

第一百五十八条 民事法律行为可以附条件,但是根据其性质不得附条件的除外。附生效条件的民事法律行为,自条件成就时生效。附解除条件的民事法律行为,自条件成就时失效。

第一百五十九条 附条件的民事法律行为,当事人为自己的利益不正当地阻止条件成就的,视为条件已经成就;不正当地促成条件成就的,视为条件不成就。

第一百六十条 民事法律行为可以附期限,但是根据其性质不得附期限的除外。附生效期限的民事法律行为,自期限届至时生效。附终止期限的民事法律行为,自期限届满时失效。

第七章 代　　理

第一节 一般规定

第一百六十一条 民事主体可以通过代理人实施民事法律行为。

依照法律规定、当事人约定或者民事法律行为的性质，应当由本人亲自实施的民事法律行为，不得代理。

第一百六十二条 代理人在代理权限内，以被代理人名义实施的民事法律行为，对被代理人发生效力。

第一百六十三条 代理包括委托代理和法定代理。

委托代理人按照被代理人的委托行使代理权。法定代理人依照法律的规定行使代理权。

第一百六十四条 代理人不履行或者不完全履行职责，造成被代理人损害的，应当承担民事责任。

代理人和相对人恶意串通，损害被代理人合法权益的，代理人和相对人应当承担连带责任。

第二节 委托代理

第一百六十五条 委托代理授权采用书面形式的，授权委托书应当载明代理人的姓名或者名称、代理事项、权限和期限，并由被代理人签名或者盖章。

第一百六十六条 数人为同一代理事项的代理人的，应当共同行使代理权，但是当事人另有约定的除外。

第一百六十七条 代理人知道或者应当知道代理事项违法仍然实施代理行为，或者被代理人知道或者应当知道代理人的代理行为违法未作反对表示的，被代理人和代理人应当承担连带责任。

第一百六十八条 代理人不得以被代理人的名义与自己实施民事法律行为，但是被代理人同意或者追认的除外。

代理人不得以被代理人的名义与自己同时代理的其他人实施民事法律行为，但是被代理的双方同意或者追认的除外。

第一百六十九条 代理人需要转委托第三人代理的，应当取得被代理人的同意或者追认。

转委托代理经被代理人同意或者追认的，被代理人可以就代理事务直接指示转委托的第三人，代理人仅就第三人的选任以及对第三人的指示承担责任。

转委托代理未经被代理人同意或者追认的，代理人应当对转委托的第三人的行为承担责任；但是，在紧急情况下代理人为了维护被代理人的利益需要转委托第三人代理的除外。

第一百七十条 执行法人或者非法人组织工作任务的人员，就其职权范围内的事项，以法人或者非法人组织的名义实施的民事法律行为，对法人或者非法人组织发生效力。

法人或者非法人组织对执行其工作任务的人员职权范围的限制，不得对抗善意相对人。

第一百七十一条 行为人没有代理权、超越代理权或者代理权终止后，仍然实施代理行为，未经被代理人追认的，对被代理人不发生效力。

相对人可以催告被代理人自收到通知之日起三十日内予以追认。被代理人未作表示的，视为拒绝追认。行为人实施的行为被追认前，善意相对人有撤销的权利。撤销应当以通知的方式作出。

行为人实施的行为未被追认的，善意相对人有权请求行为人履行债务或者就其受到的损害请求行为人赔偿。但是，赔偿的范围不得超过被代理人追认时相对人所能获得的利益。

相对人知道或者应当知道行为人无权代理的，相对人和行为人按照各自的过错承担责任。

第一百七十二条 行为人没有代理权、超越代理权或者代理权终止后，仍然实施代理行为，相对人有理由相信行为人有代理权的，代理行为有效。

第三节 代理终止

第一百七十三条 有下列情形之一的，委托代理终止：

（一）代理期限届满或者代理事务完成；

（二）被代理人取消委托或者代理人辞去委托；

（三）代理人丧失民事行为能力；

（四）代理人或者被代理人死亡；

（五）作为代理人或者被代理人的法人、非法人组织终止。

第一百七十四条 被代理人死亡后，有下列情形之一的，委托代理人实施的代理行为有效：

（一）代理人不知道且不应当知道被代理人死亡；

（二）被代理人的继承人予以承认；

（三）授权中明确代理权在代理事务完成时终止；

（四）被代理人死亡前已经实施，为了被代理人的继承人的利益继续代理。

作为被代理人的法人、非法人组织终止的，参照适用前款规定。

第一百七十五条 有下列情形之一的，法定代理终止：

（一）被代理人取得或者恢复完全民事行为能力；

（二）代理人丧失民事行为能力；

（三）代理人或者被代理人死亡；

（四）法律规定的其他情形。

第八章 民事责任

第一百七十六条 民事主体依照法律规定或者按照当事人约定，履行民事义务，承担民事责任。

第一百七十七条 二人以上依法承担按份责任，能够确定责任大小的，各自承担相应的责任；难以确定责任大小的，平均承担责任。

第一百七十八条 二人以上依法承担连带责任的，权利人有权请求部分或者全部连带责任人承担责任。

连带责任人的责任份额根据各自责任大小确定；难以确定责任大小的，平均承担责任。实际承担责任超过自己责任份额的连带责任人，有权向其他连带责任人追偿。

连带责任，由法律规定或者当事人约定。

第一百七十九条 承担民事责任的方式主要有：

（一）停止侵害；

（二）排除妨碍；

（三）消除危险；

（四）返还财产；

（五）恢复原状；

（六）修理、重作、更换；

（七）继续履行；

（八）赔偿损失；

（九）支付违约金；

（十）消除影响、恢复名誉；

（十一）赔礼道歉。

法律规定惩罚性赔偿的，依照其规定。

本条规定的承担民事责任的方式，可以单独适用，也可以合并适用。

第一百八十条 因不可抗力不能履行民事义务的，不承担民事责任。法律另有规定的，依照其规定。

不可抗力是不能预见、不能避免且不能克服的客观情况。

第一百八十一条 因正当防卫造成损害的，不承担民事责任。

正当防卫超过必要的限度，造成不应有的损害的，正当防卫人应当承担适当的民事责任。

第一百八十二条 因紧急避险造成损害的，由引起险情发生的人承担民事责任。

危险由自然原因引起的，紧急避险人不承担民事责任，可以给予适当补偿。

紧急避险采取措施不当或者超过必要的限度，造成不应有的损害的，紧急避险人应当承担适当的民事责任。

第一百八十三条 因保护他人民事权益使自己受到损害的，由侵权人承担民事责任，受益人可以给予适当补偿。没有侵权人、侵权人逃逸或者无力承担民事责任，受害人请求补偿的，受益人应当给予适当补偿。

第一百八十四条 因自愿实施紧急救助行为造成受助人损害的，救助人不承担民事责任。

第一百八十五条 侵害英雄烈士等的姓名、肖像、名誉、荣誉，损害社会公共利益的，应当承担民事责任。

第一百八十六条 因当事人一方的违约行为，损害对方人身权益、财产权益的，受损害方有权选择请求其承担违约责任或者侵权责任。

第一百八十七条 民事主体因同一行为应当承担民事责任、行政责任和刑事责任的，承担行政责任或者刑事责任不影响承担民事责任；民事主体的财产不足以支付的，优先用于承担民事责任。

第九章 诉讼时效

第一百八十八条 向人民法院请求保护民事权利的诉讼时效期间为三年。法律另有规定的,依照其规定。

诉讼时效期间自权利人知道或者应当知道权利受到损害以及义务人之日起计算。法律另有规定的,依照其规定。但是,自权利受到损害之日起超过二十年的,人民法院不予保护,有特殊情况的,人民法院可以根据权利人的申请决定延长。

第一百八十九条 当事人约定同一债务分期履行的,诉讼时效期间自最后一期履行期限届满之日起计算。

第一百九十条 无民事行为能力人或者限制民事行为能力人对其法定代理人的请求权的诉讼时效期间,自该法定代理终止之日起计算。

第一百九十一条 未成年人遭受性侵害的损害赔偿请求权的诉讼时效期间,自受害人年满十八周岁之日起计算。

第一百九十二条 诉讼时效期间届满的,义务人可以提出不履行义务的抗辩。

诉讼时效期间届满后,义务人同意履行的,不得以诉讼时效期间届满为由抗辩;义务人已经自愿履行的,不得请求返还。

第一百九十三条 人民法院不得主动适用诉讼时效的规定。

第一百九十四条 在诉讼时效期间的最后六个月内,因下列障碍,不能行使请求权的,诉讼时效中止:

(一)不可抗力;

(二)无民事行为能力人或者限制民事行为能力人没有法定代理人,或者法定代理人死亡、丧失民事行为能力、丧失代理权;

(三)继承开始后未确定继承人或者遗产管理人;

(四)权利人被义务人或者其他人控制;

(五)其他导致权利人不能行使请求权的障碍。

自中止时效的原因消除之日起满六个月,诉讼时效期间届满。

第一百九十五条 有下列情形之一的,诉讼时效中断,从中断、有关程序终结时起,诉讼时效期间重新计算:

（一）权利人向义务人提出履行请求；

（二）义务人同意履行义务；

（三）权利人提起诉讼或者申请仲裁；

（四）与提起诉讼或者申请仲裁具有同等效力的其他情形。

第一百九十六条 下列请求权不适用诉讼时效的规定：

（一）请求停止侵害、排除妨碍、消除危险；

（二）不动产物权和登记的动产物权的权利人请求返还财产；

（三）请求支付抚养费、赡养费或者扶养费；

（四）依法不适用诉讼时效的其他请求权。

第一百九十七条 诉讼时效的期间、计算方法以及中止、中断的事由由法律规定，当事人约定无效。

当事人对诉讼时效利益的预先放弃无效。

第一百九十八条 法律对仲裁时效有规定的，依照其规定；没有规定的，适用诉讼时效的规定。

第一百九十九条 法律规定或者当事人约定的撤销权、解除权等权利的存续期间，除法律另有规定外，自权利人知道或者应当知道权利产生之日起计算，不适用有关诉讼时效中止、中断和延长的规定。存续期间届满，撤销权、解除权等权利消灭。

第十章 期间计算

第二百条 民法所称的期间按照公历年、月、日、小时计算。

第二百零一条 按照年、月、日计算期间的，开始的当日不计入，自下一日开始计算。

按照小时计算期间的，自法律规定或者当事人约定的时间开始计算。

第二百零二条 按照年、月计算期间的，到期月的对应日为期间的最后一日；没有对应日的，月末日为期间的最后一日。

第二百零三条 期间的最后一日是法定休假日的，以法定休假日结束的次日为期间的最后一日。

期间的最后一日的截止时间为二十四时；有业务时间的，停止业务活动的时间为截止时间。

第二百零四条　期间的计算方法依照本法的规定，但是法律另有规定或者当事人另有约定的除外。

第二编　物　　权

第一分编　通　　则

第一章　一般规定

第二百零五条　本编调整因物的归属和利用产生的民事关系。

第二百零六条　国家坚持和完善公有制为主体、多种所有制经济共同发展，按劳分配为主体、多种分配方式并存，社会主义市场经济体制等社会主义基本经济制度。

国家巩固和发展公有制经济，鼓励、支持和引导非公有制经济的发展。

国家实行社会主义市场经济，保障一切市场主体的平等法律地位和发展权利。

第二百零七条　国家、集体、私人的物权和其他权利人的物权受法律平等保护，任何组织或者个人不得侵犯。

第二百零八条　不动产物权的设立、变更、转让和消灭，应当依照法律规定登记。动产物权的设立和转让，应当依照法律规定交付。

第二章　物权的设立、变更、转让和消灭

第一节　不动产登记

第二百零九条　不动产物权的设立、变更、转让和消灭，经依法登记，发生效力；未经登记，不发生效力，但是法律另有规定的除外。

依法属于国家所有的自然资源，所有权可以不登记。

第二百一十条　不动产登记，由不动产所在地的登记机构办理。

国家对不动产实行统一登记制度。统一登记的范围、登记机构

和登记办法，由法律、行政法规规定。

第二百一十一条 当事人申请登记，应当根据不同登记事项提供权属证明和不动产界址、面积等必要材料。

第二百一十二条 登记机构应当履行下列职责：

（一）查验申请人提供的权属证明和其他必要材料；

（二）就有关登记事项询问申请人；

（三）如实、及时登记有关事项；

（四）法律、行政法规规定的其他职责。

申请登记的不动产的有关情况需要进一步证明的，登记机构可以要求申请人补充材料，必要时可以实地查看。

第二百一十三条 登记机构不得有下列行为：

（一）要求对不动产进行评估；

（二）以年检等名义进行重复登记；

（三）超出登记职责范围的其他行为。

第二百一十四条 不动产物权的设立、变更、转让和消灭，依照法律规定应当登记的，自记载于不动产登记簿时发生效力。

第二百一十五条 当事人之间订立有关设立、变更、转让和消灭不动产物权的合同，除法律另有规定或者当事人另有约定外，自合同成立时生效；未办理物权登记的，不影响合同效力。

第二百一十六条 不动产登记簿是物权归属和内容的根据。

不动产登记簿由登记机构管理。

第二百一十七条 不动产权属证书是权利人享有该不动产物权的证明。不动产权属证书记载的事项，应当与不动产登记簿一致；记载不一致的，除有证据证明不动产登记簿确有错误外，以不动产登记簿为准。

第二百一十八条 权利人、利害关系人可以申请查询、复制不动产登记资料，登记机构应当提供。

第二百一十九条 利害关系人不得公开、非法使用权利人的不动产登记资料。

第二百二十条 权利人、利害关系人认为不动产登记簿记载的事项错误的，可以申请更正登记。不动产登记簿记载的权利人书面同意更正或者有证据证明登记确有错误的，登记机构应当予以更正。

不动产登记簿记载的权利人不同意更正的，利害关系人可以申请异议登记。登记机构予以异议登记，申请人自异议登记之日起十五日内不提起诉讼的，异议登记失效。异议登记不当，造成权利人损害的，权利人可以向申请人请求损害赔偿。

第二百二十一条 当事人签订买卖房屋的协议或者签订其他不动产物权的协议，为保障将来实现物权，按照约定可以向登记机构申请预告登记。预告登记后，未经预告登记的权利人同意，处分该不动产的，不发生物权效力。

预告登记后，债权消灭或者自能够进行不动产登记之日起九十日内未申请登记的，预告登记失效。

第二百二十二条 当事人提供虚假材料申请登记，造成他人损害的，应当承担赔偿责任。

因登记错误，造成他人损害的，登记机构应当承担赔偿责任。登记机构赔偿后，可以向造成登记错误的人追偿。

第二百二十三条 不动产登记费按件收取，不得按照不动产的面积、体积或者价款的比例收取。

第二节　动产交付

第二百二十四条 动产物权的设立和转让，自交付时发生效力，但是法律另有规定的除外。

第二百二十五条 船舶、航空器和机动车等的物权的设立、变更、转让和消灭，未经登记，不得对抗善意第三人。

第二百二十六条 动产物权设立和转让前，权利人已经占有该动产的，物权自民事法律行为生效时发生效力。

第二百二十七条 动产物权设立和转让前，第三人占有该动产的，负有交付义务的人可以通过转让请求第三人返还原物的权利代替交付。

第二百二十八条 动产物权转让时，当事人又约定由出让人继续占有该动产的，物权自该约定生效时发生效力。

第三节　其他规定

第二百二十九条 因人民法院、仲裁机构的法律文书或者人民政府的征收决定等,导致物权设立、变更、转让或者消灭的,自法律文书或者征收决定等生效时发生效力。

第二百三十条 因继承取得物权的,自继承开始时发生效力。

第二百三十一条 因合法建造、拆除房屋等事实行为设立或者消灭物权的,自事实行为成就时发生效力。

第二百三十二条 处分依照本节规定享有的不动产物权,依照法律规定需要办理登记的,未经登记,不发生物权效力。

第三章 物权的保护

第二百三十三条 物权受到侵害的,权利人可以通过和解、调解、仲裁、诉讼等途径解决。

第二百三十四条 因物权的归属、内容发生争议的,利害关系人可以请求确认权利。

第二百三十五条 无权占有不动产或者动产的,权利人可以请求返还原物。

第二百三十六条 妨害物权或者可能妨害物权的,权利人可以请求排除妨害或者消除危险。

第二百三十七条 造成不动产或者动产毁损的,权利人可以依法请求修理、重作、更换或者恢复原状。

第二百三十八条 侵害物权,造成权利人损害的,权利人可以依法请求损害赔偿,也可以依法请求承担其他民事责任。

第二百三十九条 本章规定的物权保护方式,可以单独适用,也可以根据权利被侵害的情形合并适用。

第二分编 所 有 权

第四章 一 般 规 定

第二百四十条 所有权人对自己的不动产或者动产,依法享有占有、使用、收益和处分的权利。

第二百四十一条 所有权人有权在自己的不动产或者动产上设立用益物权和担保物权。用益物权人、担保物权人行使权利，不得损害所有权人的权益。

第二百四十二条 法律规定专属于国家所有的不动产和动产，任何组织或者个人不能取得所有权。

第二百四十三条 为了公共利益的需要，依照法律规定的权限和程序可以征收集体所有的土地和组织、个人的房屋以及其他不动产。

征收集体所有的土地，应当依法及时足额支付土地补偿费、安置补助费以及农村村民住宅、其他地上附着物和青苗等的补偿费用，并安排被征地农民的社会保障费用，保障被征地农民的生活，维护被征地农民的合法权益。

征收组织、个人的房屋以及其他不动产，应当依法给予征收补偿，维护被征收人的合法权益；征收个人住宅的，还应当保障被征收人的居住条件。

任何组织或者个人不得贪污、挪用、私分、截留、拖欠征收补偿费等费用。

第二百四十四条 国家对耕地实行特殊保护，严格限制农用地转为建设用地，控制建设用地总量。不得违反法律规定的权限和程序征收集体所有的土地。

第二百四十五条 因抢险救灾、疫情防控等紧急需要，依照法律规定的权限和程序可以征用组织、个人的不动产或者动产。被征用的不动产或者动产使用后，应当返还被征用人。组织、个人的不动产或者动产被征用或者征用后毁损、灭失的，应当给予补偿。

第五章 国家所有权和集体所有权、私人所有权

第二百四十六条 法律规定属于国家所有的财产，属于国家所有即全民所有。

国有财产由国务院代表国家行使所有权。法律另有规定的，依照其规定。

第二百四十七条　矿藏、水流、海域属于国家所有。

第二百四十八条　无居民海岛属于国家所有，国务院代表国家行使无居民海岛所有权。

第二百四十九条　城市的土地，属于国家所有。法律规定属于国家所有的农村和城市郊区的土地，属于国家所有。

第二百五十条　森林、山岭、草原、荒地、滩涂等自然资源，属于国家所有，但是法律规定属于集体所有的除外。

第二百五十一条　法律规定属于国家所有的野生动植物资源，属于国家所有。

第二百五十二条　无线电频谱资源属于国家所有。

第二百五十三条　法律规定属于国家所有的文物，属于国家所有。

第二百五十四条　国防资产属于国家所有。

铁路、公路、电力设施、电信设施和油气管道等基础设施，依照法律规定为国家所有的，属于国家所有。

第二百五十五条　国家机关对其直接支配的不动产和动产，享有占有、使用以及依照法律和国务院的有关规定处分的权利。

第二百五十六条　国家举办的事业单位对其直接支配的不动产和动产，享有占有、使用以及依照法律和国务院的有关规定收益、处分的权利。

第二百五十七条　国家出资的企业，由国务院、地方人民政府依照法律、行政法规规定分别代表国家履行出资人职责，享有出资人权益。

第二百五十八条　国家所有的财产受法律保护，禁止任何组织或者个人侵占、哄抢、私分、截留、破坏。

第二百五十九条　履行国有财产管理、监督职责的机构及其工作人员，应当依法加强对国有财产的管理、监督，促进国有财产保值增值，防止国有财产损失；滥用职权，玩忽职守，造成国有财产损失的，应当依法承担法律责任。

违反国有财产管理规定，在企业改制、合并分立、关联交易等过程中，低价转让、合谋私分、擅自担保或者以其他方式造成国有财产损失的，应当依法承担法律责任。

第二百六十条 集体所有的不动产和动产包括：

（一）法律规定属于集体所有的土地和森林、山岭、草原、荒地、滩涂；

（二）集体所有的建筑物、生产设施、农田水利设施；

（三）集体所有的教育、科学、文化、卫生、体育等设施；

（四）集体所有的其他不动产和动产。

第二百六十一条 农民集体所有的不动产和动产，属于本集体成员集体所有。

下列事项应当依照法定程序经本集体成员决定：

（一）土地承包方案以及将土地发包给本集体以外的组织或者个人承包；

（二）个别土地承包经营权人之间承包地的调整；

（三）土地补偿费等费用的使用、分配办法；

（四）集体出资的企业的所有权变动等事项；

（五）法律规定的其他事项。

第二百六十二条 对于集体所有的土地和森林、山岭、草原、荒地、滩涂等，依照下列规定行使所有权：

（一）属于村农民集体所有的，由村集体经济组织或者村民委员会依法代表集体行使所有权；

（二）分别属于村内两个以上农民集体所有的，由村内各该集体经济组织或者村民小组依法代表集体行使所有权；

（三）属于乡镇农民集体所有的，由乡镇集体经济组织代表集体行使所有权。

第二百六十三条 城镇集体所有的不动产和动产，依照法律、行政法规的规定由本集体享有占有、使用、收益和处分的权利。

第二百六十四条 农村集体经济组织或者村民委员会、村民小组应当依照法律、行政法规以及章程、村规民约向本集体成员公布集体财产的状况。集体成员有权查阅、复制相关资料。

第二百六十五条 集体所有的财产受法律保护，禁止任何组织或者个人侵占、哄抢、私分、破坏。

农村集体经济组织、村民委员会或者其负责人作出的决定侵害集体成员合法权益的，受侵害的集体成员可以请求人民法院予以撤销。

第二百六十六条 私人对其合法的收入、房屋、生活用品、生产工具、原材料等不动产和动产享有所有权。

第二百六十七条 私人的合法财产受法律保护,禁止任何组织或者个人侵占、哄抢、破坏。

第二百六十八条 国家、集体和私人依法可以出资设立有限责任公司、股份有限公司或者其他企业。国家、集体和私人所有的不动产或者动产投到企业的,由出资人按照约定或者出资比例享有资产收益、重大决策以及选择经营管理者等权利并履行义务。

第二百六十九条 营利法人对其不动产和动产依照法律、行政法规以及章程享有占有、使用、收益和处分的权利。

营利法人以外的法人,对其不动产和动产的权利,适用有关法律、行政法规以及章程的规定。

第二百七十条 社会团体法人、捐助法人依法所有的不动产和动产,受法律保护。

第六章　业主的建筑物区分所有权

第二百七十一条 业主对建筑物内的住宅、经营性用房等专有部分享有所有权,对专有部分以外的共有部分享有共有和共同管理的权利。

第二百七十二条 业主对其建筑物专有部分享有占有、使用、收益和处分的权利。业主行使权利不得危及建筑物的安全,不得损害其他业主的合法权益。

第二百七十三条 业主对建筑物专有部分以外的共有部分,享有权利,承担义务;不得以放弃权利为由不履行义务。

业主转让建筑物内的住宅、经营性用房,其对共有部分享有的共有和共同管理的权利一并转让。

第二百七十四条 建筑区划内的道路,属于业主共有,但是属于城镇公共道路的除外。建筑区划内的绿地,属于业主共有,但是属于城镇公共绿地或者明示属于个人的除外。建筑区划内的其他公共场所、公用设施和物业服务用房,属于业主共有。

第二百七十五条 建筑区划内,规划用于停放汽车的车位、车库的归属，由当事人通过出售、附赠或者出租等方式约定。

占用业主共有的道路或者其他场地用于停放汽车的车位，属于业主共有。

第二百七十六条 建筑区划内，规划用于停放汽车的车位、车库应当首先满足业主的需要。

第二百七十七条 业主可以设立业主大会，选举业主委员会。业主大会、业主委员会成立的具体条件和程序，依照法律、法规的规定。

地方人民政府有关部门、居民委员会应当对设立业主大会和选举业主委员会给予指导和协助。

第二百七十八条 下列事项由业主共同决定：

（一）制定和修改业主大会议事规则；

（二）制定和修改管理规约；

（三）选举业主委员会或者更换业主委员会成员；

（四）选聘和解聘物业服务企业或者其他管理人；

（五）使用建筑物及其附属设施的维修资金；

（六）筹集建筑物及其附属设施的维修资金；

（七）改建、重建建筑物及其附属设施；

（八）改变共有部分的用途或者利用共有部分从事经营活动；

（九）有关共有和共同管理权利的其他重大事项。

业主共同决定事项，应当由专有部分面积占比三分之二以上的业主且人数占比三分之二以上的业主参与表决。决定前款第六项至第八项规定的事项，应当经参与表决专有部分面积四分之三以上的业主且参与表决人数四分之三以上的业主同意。决定前款其他事项，应当经参与表决专有部分面积过半数的业主且参与表决人数过半数的业主同意。

第二百七十九条 业主不得违反法律、法规以及管理规约，将住宅改变为经营性用房。业主将住宅改变为经营性用房的，除遵守法律、法规以及管理规约外，应当经有利害关系的业主一致同意。

第二百八十条 业主大会或者业主委员会的决定，对业主具有法律约束力。

业主大会或者业主委员会作出的决定侵害业主合法权益的，受侵害的业主可以请求人民法院予以撤销。

第二百八十一条 建筑物及其附属设施的维修资金，属于业主共有。经业主共同决定，可以用于电梯、屋顶、外墙、无障碍设施等共有部分的维修、更新和改造。建筑物及其附属设施的维修资金的筹集、使用情况应当定期公布。

紧急情况下需要维修建筑物及其附属设施的，业主大会或者业主委员会可以依法申请使用建筑物及其附属设施的维修资金。

第二百八十二条 建设单位、物业服务企业或者其他管理人等利用业主的共有部分产生的收入，在扣除合理成本之后，属于业主共有。

第二百八十三条 建筑物及其附属设施的费用分摊、收益分配等事项，有约定的，按照约定；没有约定或者约定不明确的，按照业主专有部分面积所占比例确定。

第二百八十四条 业主可以自行管理建筑物及其附属设施，也可以委托物业服务企业或者其他管理人管理。

对建设单位聘请的物业服务企业或者其他管理人，业主有权依法更换。

第二百八十五条 物业服务企业或者其他管理人根据业主的委托，依照本法第三编有关物业服务合同的规定管理建筑区划内的建筑物及其附属设施，接受业主的监督，并及时答复业主对物业服务情况提出的询问。

物业服务企业或者其他管理人应当执行政府依法实施的应急处置措施和其他管理措施，积极配合开展相关工作。

第二百八十六条 业主应当遵守法律、法规以及管理规约，相关行为应当符合节约资源、保护生态环境的要求。对于物业服务企业或者其他管理人执行政府依法实施的应急处置措施和其他管理措施，业主应当依法予以配合。

业主大会或者业主委员会，对任意弃置垃圾、排放污染物或者噪声、违反规定饲养动物、违章搭建、侵占通道、拒付物业费等损害他人合法权益的行为，有权依照法律、法规以及管理规约，请求行为人停止侵害、排除妨碍、消除危险、恢复原状、赔偿损失。

业主或者其他行为人拒不履行相关义务的，有关当事人可以向有关行政主管部门报告或者投诉，有关行政主管部门应当依法处理。

第二百八十七条 业主对建设单位、物业服务企业或者其他管理人以及其他业主侵害自己合法权益的行为，有权请求其承担民事责任。

第七章 相邻关系

第二百八十八条 不动产的相邻权利人应当按照有利生产、方便生活、团结互助、公平合理的原则，正确处理相邻关系。

第二百八十九条 法律、法规对处理相邻关系有规定的，依照其规定；法律、法规没有规定的，可以按照当地习惯。

第二百九十条 不动产权利人应当为相邻权利人用水、排水提供必要的便利。

对自然流水的利用，应当在不动产的相邻权利人之间合理分配。对自然流水的排放，应当尊重自然流向。

第二百九十一条 不动产权利人对相邻权利人因通行等必须利用其土地的，应当提供必要的便利。

第二百九十二条 不动产权利人因建造、修缮建筑物以及铺设电线、电缆、水管、暖气和燃气管线等必须利用相邻土地、建筑物的，该土地、建筑物的权利人应当提供必要的便利。

第二百九十三条 建造建筑物，不得违反国家有关工程建设标准，不得妨碍相邻建筑物的通风、采光和日照。

第二百九十四条 不动产权利人不得违反国家规定弃置固体废物，排放大气污染物、水污染物、土壤污染物、噪声、光辐射、电磁辐射等有害物质。

第二百九十五条 不动产权利人挖掘土地、建造建筑物、铺设管线以及安装设备等，不得危及相邻不动产的安全。

第二百九十六条 不动产权利人因用水、排水、通行、铺设管线等利用相邻不动产的，应当尽量避免对相邻的不动产权利人造成损害。

第八章 共　　有

第二百九十七条 不动产或者动产可以由两个以上组织、个人共有。共有包括按份共有和共同共有。

第二百九十八条 按份共有人对共有的不动产或者动产按照其份额享有所有权。

第二百九十九条 共同共有人对共有的不动产或者动产共同享有所有权。

第三百条 共有人按照约定管理共有的不动产或者动产;没有约定或者约定不明确的,各共有人都有管理的权利和义务。

第三百零一条 处分共有的不动产或者动产以及对共有的不动产或者动产作重大修缮、变更性质或者用途的,应当经占份额三分之二以上的按份共有人或者全体共同共有人同意,但是共有人之间另有约定的除外。

第三百零二条 共有人对共有物的管理费用以及其他负担,有约定的,按照其约定;没有约定或者约定不明确的,按份共有人按照其份额负担,共同共有人共同负担。

第三百零三条 共有人约定不得分割共有的不动产或者动产,以维持共有关系的,应当按照约定,但是共有人有重大理由需要分割的,可以请求分割;没有约定或者约定不明确的,按份共有人可以随时请求分割,共同共有人在共有的基础丧失或者有重大理由需要分割时可以请求分割。因分割造成其他共有人损害的,应当给予赔偿。

第三百零四条 共有人可以协商确定分割方式。达不成协议,共有的不动产或者动产可以分割且不会因分割减损价值的,应当对实物予以分割;难以分割或者因分割会减损价值的,应当对折价或者拍卖、变卖取得的价款予以分割。

共有人分割所得的不动产或者动产有瑕疵的,其他共有人应当分担损失。

第三百零五条 按份共有人可以转让其享有的共有的不动产或者动产份额。其他共有人在同等条件下享有优先购买的权利。

第三百零六条 按份共有人转让其享有的共有的不动产或者动产份额的,应当将转让条件及时通知其他共有人。其他共有人应当在合理期限内行使优先购买权。

两个以上其他共有人主张行使优先购买权的,协商确定各自的购买比例;协商不成的,按照转让时各自的共有份额比例行使优先购买权。

第三百零七条 因共有的不动产或者动产产生的债权债务，在对外关系上，共有人享有连带债权、承担连带债务，但是法律另有规定或者第三人知道共有人不具有连带债权债务关系的除外；在共有人内部关系上，除共有人另有约定外，按份共有人按照份额享有债权、承担债务，共同共有人共同享有债权、承担债务。偿还债务超过自己应当承担份额的按份共有人，有权向其他共有人追偿。

第三百零八条 共有人对共有的不动产或者动产没有约定为按份共有或者共同共有，或者约定不明确的，除共有人具有家庭关系等外，视为按份共有。

第三百零九条 按份共有人对共有的不动产或者动产享有的份额，没有约定或者约定不明确的，按照出资额确定；不能确定出资额的，视为等额享有。

第三百一十条 两个以上组织、个人共同享有用益物权、担保物权的，参照适用本章的有关规定。

第九章 所有权取得的特别规定

第三百一十一条 无处分权人将不动产或者动产转让给受让人的，所有权人有权追回；除法律另有规定外，符合下列情形的，受让人取得该不动产或者动产的所有权：

（一）受让人受让该不动产或者动产时是善意；

（二）以合理的价格转让；

（三）转让的不动产或者动产依照法律规定应当登记的已经登记，不需要登记的已经交付给受让人。

受让人依据前款规定取得不动产或者动产的所有权的，原所有权人有权向无处分权人请求损害赔偿。

当事人善意取得其他物权的，参照适用前两款规定。

第三百一十二条 所有权人或者其他权利人有权追回遗失物。该遗失物通过转让被他人占有的，权利人有权向无处分权人请求损害赔偿，或者自知道或者应当知道受让人之日起二年内向受让人请求返还原物；但是，受让人通过拍卖或者向具有经营资格的经营者购得该遗失物的,权利人请求返还原物时应当支付受让人所付的费用。权利人向受让人支付所付费用后,有权向无处分权人追偿。

第三百一十三条 善意受让人取得动产后,该动产上的原有权利消灭。但是,善意受让人在受让时知道或者应当知道该权利的除外。

第三百一十四条 拾得遗失物,应当返还权利人。拾得人应当及时通知权利人领取,或者送交公安等有关部门。

第三百一十五条 有关部门收到遗失物,知道权利人的,应当及时通知其领取;不知道的,应当及时发布招领公告。

第三百一十六条 拾得人在遗失物送交有关部门前,有关部门在遗失物被领取前,应当妥善保管遗失物。因故意或者重大过失致使遗失物毁损、灭失的,应当承担民事责任。

第三百一十七条 权利人领取遗失物时,应当向拾得人或者有关部门支付保管遗失物等支出的必要费用。

权利人悬赏寻找遗失物的,领取遗失物时应当按照承诺履行义务。

拾得人侵占遗失物的,无权请求保管遗失物等支出的费用,也无权请求权利人按照承诺履行义务。

第三百一十八条 遗失物自发布招领公告之日起一年内无人认领的,归国家所有。

第三百一十九条 拾得漂流物、发现埋藏物或者隐藏物的,参照适用拾得遗失物的有关规定。法律另有规定的,依照其规定。

第三百二十条 主物转让的,从物随主物转让,但是当事人另有约定的除外。

第三百二十一条 天然孳息,由所有权人取得;既有所有权人又有用益物权人的,由用益物权人取得。当事人另有约定的,按照其约定。

法定孳息,当事人有约定的,按照约定取得;没有约定或者约定不明确的,按照交易习惯取得。

第三百二十二条 因加工、附合、混合而产生的物的归属,有约定的,按照约定;没有约定或者约定不明确的,依照法律规定;法律没有规定的,按照充分发挥物的效用以及保护无过错当事人的原则确定。因一方当事人的过错或者确定物的归属造成另一方当事人损害的，应当给予赔偿或者补偿。

第三分编　用益物权

第十章　一般规定

第三百二十三条　用益物权人对他人所有的不动产或者动产，依法享有占有、使用和收益的权利。

第三百二十四条　国家所有或者国家所有由集体使用以及法律规定属于集体所有的自然资源，组织、个人依法可以占有、使用和收益。

第三百二十五条　国家实行自然资源有偿使用制度，但是法律另有规定的除外。

第三百二十六条　用益物权人行使权利，应当遵守法律有关保护和合理开发利用资源、保护生态环境的规定。所有权人不得干涉用益物权人行使权利。

第三百二十七条　因不动产或者动产被征收、征用致使用益物权消灭或者影响用益物权行使的，用益物权人有权依据本法第二百四十三条、第二百四十五条的规定获得相应补偿。

第三百二十八条　依法取得的海域使用权受法律保护。

第三百二十九条　依法取得的探矿权、采矿权、取水权和使用水域、滩涂从事养殖、捕捞的权利受法律保护。

第十一章　土地承包经营权

第三百三十条　农村集体经济组织实行家庭承包经营为基础、统分结合的双层经营体制。

农民集体所有和国家所有由农民集体使用的耕地、林地、草地以及其他用于农业的土地，依法实行土地承包经营制度。

第三百三十一条　土地承包经营权人依法对其承包经营的耕

地、林地、草地等享有占有、使用和收益的权利，有权从事种植业、林业、畜牧业等农业生产。

第三百三十二条 耕地的承包期为三十年。草地的承包期为三十年至五十年。林地的承包期为三十年至七十年。

前款规定的承包期限届满，由土地承包经营权人依照农村土地承包的法律规定继续承包。

第三百三十三条 土地承包经营权自土地承包经营权合同生效时设立。

登记机构应当向土地承包经营权人发放土地承包经营权证、林权证等证书，并登记造册，确认土地承包经营权。

第三百三十四条 土地承包经营权人依照法律规定，有权将土地承包经营权互换、转让。未经依法批准，不得将承包地用于非农建设。

第三百三十五条 土地承包经营权互换、转让的，当事人可以向登记机构申请登记；未经登记，不得对抗善意第三人。

第三百三十六条 承包期内发包人不得调整承包地。

因自然灾害严重毁损承包地等特殊情形，需要适当调整承包的耕地和草地的，应当依照农村土地承包的法律规定办理。

第三百三十七条 承包期内发包人不得收回承包地。法律另有规定的，依照其规定。

第三百三十八条 承包地被征收的，土地承包经营权人有权依据本法第二百四十三条的规定获得相应补偿。

第三百三十九条 土地承包经营权人可以自主决定依法采取出租、入股或者其他方式向他人流转土地经营权。

第三百四十条 土地经营权人有权在合同约定的期限内占有农村土地，自主开展农业生产经营并取得收益。

第三百四十一条 流转期限为五年以上的土地经营权，自流转合同生效时设立。当事人可以向登记机构申请土地经营权登记；未经登记，不得对抗善意第三人。

第三百四十二条 通过招标、拍卖、公开协商等方式承包农村土地，经依法登记取得权属证书的，可以依法采取出租、入股、抵押或者其他方式流转土地经营权。

第三百四十三条 国家所有的农用地实行承包经营的,参照适用本编的有关规定。

第十二章 建设用地使用权

第三百四十四条 建设用地使用权人依法对国家所有的土地享有占有、使用和收益的权利,有权利用该土地建造建筑物、构筑物及其附属设施。

第三百四十五条 建设用地使用权可以在土地的地表、地上或者地下分别设立。

第三百四十六条 设立建设用地使用权,应当符合节约资源、保护生态环境的要求,遵守法律、行政法规关于土地用途的规定,不得损害已经设立的用益物权。

第三百四十七条 设立建设用地使用权,可以采取出让或者划拨等方式。

工业、商业、旅游、娱乐和商品住宅等经营性用地以及同一土地有两个以上意向用地者的,应当采取招标、拍卖等公开竞价的方式出让。

严格限制以划拨方式设立建设用地使用权。

第三百四十八条 通过招标、拍卖、协议等出让方式设立建设用地使用权的,当事人应当采用书面形式订立建设用地使用权出让合同。

建设用地使用权出让合同一般包括下列条款:

(一)当事人的名称和住所;

(二)土地界址、面积等;

(三)建筑物、构筑物及其附属设施占用的空间;

(四)土地用途、规划条件;

(五)建设用地使用权期限;

(六)出让金等费用及其支付方式;

(七)解决争议的方法。

第三百四十九条 设立建设用地使用权的,应当向登记机构申请建设用地使用权登记。建设用地使用权自登记时设立。登记机构应当向建设用地使用权人发放权属证书。

第三百五十条 建设用地使用权人应当合理利用土地，不得改变土地用途；需要改变土地用途的，应当依法经有关行政主管部门批准。

第三百五十一条 建设用地使用权人应当依照法律规定以及合同约定支付出让金等费用。

第三百五十二条 建设用地使用权人建造的建筑物、构筑物及其附属设施的所有权属于建设用地使用权人，但是有相反证据证明的除外。

第三百五十三条 建设用地使用权人有权将建设用地使用权转让、互换、出资、赠与或者抵押，但是法律另有规定的除外。

第三百五十四条 建设用地使用权转让、互换、出资、赠与或者抵押的，当事人应当采用书面形式订立相应的合同。使用期限由当事人约定，但是不得超过建设用地使用权的剩余期限。

第三百五十五条 建设用地使用权转让、互换、出资或者赠与的，应当向登记机构申请变更登记。

第三百五十六条 建设用地使用权转让、互换、出资或者赠与的，附着于该土地上的建筑物、构筑物及其附属设施一并处分。

第三百五十七条 建筑物、构筑物及其附属设施转让、互换、出资或者赠与的，该建筑物、构筑物及其附属设施占用范围内的建设用地使用权一并处分。

第三百五十八条 建设用地使用权期限届满前，因公共利益需要提前收回该土地的，应当依据本法第二百四十三条的规定对该土地上的房屋以及其他不动产给予补偿，并退还相应的出让金。

第三百五十九条 住宅建设用地使用权期限届满的，自动续期。续期费用的缴纳或者减免，依照法律、行政法规的规定办理。

非住宅建设用地使用权期限届满后的续期，依照法律规定办理。该土地上的房屋以及其他不动产的归属，有约定的，按照约定；没有约定或者约定不明确的，依照法律、行政法规的规定办理。

第三百六十条 建设用地使用权消灭的，出让人应当及时办理注销登记。登记机构应当收回权属证书。

第三百六十一条 集体所有的土地作为建设用地的，应当依照土地管理的法律规定办理。

第十三章　宅基地使用权

第三百六十二条　宅基地使用权人依法对集体所有的土地享有占有和使用的权利，有权依法利用该土地建造住宅及其附属设施。

第三百六十三条　宅基地使用权的取得、行使和转让，适用土地管理的法律和国家有关规定。

第三百六十四条　宅基地因自然灾害等原因灭失的，宅基地使用权消灭。对失去宅基地的村民，应当依法重新分配宅基地。

第三百六十五条　已经登记的宅基地使用权转让或者消灭的，应当及时办理变更登记或者注销登记。

第十四章　居　住　权

第三百六十六条　居住权人有权按照合同约定，对他人的住宅享有占有、使用的用益物权，以满足生活居住的需要。

第三百六十七条　设立居住权，当事人应当采用书面形式订立居住权合同。

居住权合同一般包括下列条款：

（一）当事人的姓名或者名称和住所；

（二）住宅的位置；

（三）居住的条件和要求；

（四）居住权期限；

（五）解决争议的方法。

第三百六十八条　居住权无偿设立，但是当事人另有约定的除外。设立居住权的，应当向登记机构申请居住权登记。居住权自登记时设立。

第三百六十九条　居住权不得转让、继承。设立居住权的住宅不得出租，但是当事人另有约定的除外。

第三百七十条　居住权期限届满或者居住权人死亡的，居住权消灭。居住权消灭的，应当及时办理注销登记。

第三百七十一条 以遗嘱方式设立居住权的，参照适用本章的有关规定。

第十五章 地 役 权

第三百七十二条 地役权人有权按照合同约定，利用他人的不动产，以提高自己的不动产的效益。

前款所称他人的不动产为供役地，自己的不动产为需役地。

第三百七十三条 设立地役权，当事人应当采用书面形式订立地役权合同。

地役权合同一般包括下列条款：

（一）当事人的姓名或者名称和住所；

（二）供役地和需役地的位置；

（三）利用目的和方法；

（四）地役权期限；

（五）费用及其支付方式；

（六）解决争议的方法。

第三百七十四条 地役权自地役权合同生效时设立。当事人要求登记的，可以向登记机构申请地役权登记；未经登记，不得对抗善意第三人。

第三百七十五条 供役地权利人应当按照合同约定，允许地役权人利用其不动产，不得妨害地役权人行使权利。

第三百七十六条 地役权人应当按照合同约定的利用目的和方法利用供役地，尽量减少对供役地权利人物权的限制。

第三百七十七条 地役权期限由当事人约定；但是，不得超过土地承包经营权、建设用地使用权等用益物权的剩余期限。

第三百七十八条 土地所有权人享有地役权或者负担地役权的，设立土地承包经营权、宅基地使用权等用益物权时，该用益物权人继续享有或者负担已经设立的地役权。

第三百七十九条 土地上已经设立土地承包经营权、建设用地使用权、宅基地使用权等用益物权的，未经用益物权人同意，土地所有权人不得设立地役权。

第三百八十条 地役权不得单独转让。土地承包经营权、建设用地使用权等转让的,地役权一并转让,但是合同另有约定的除外。

第三百八十一条 地役权不得单独抵押。土地经营权、建设用地使用权等抵押的,在实现抵押权时,地役权一并转让。

第三百八十二条 需役地以及需役地上的土地承包经营权、建设用地使用权等部分转让时,转让部分涉及地役权的,受让人同时享有地役权。

第三百八十三条 供役地以及供役地上的土地承包经营权、建设用地使用权等部分转让时,转让部分涉及地役权的,地役权对受让人具有法律约束力。

第三百八十四条 地役权人有下列情形之一的,供役地权利人有权解除地役权合同,地役权消灭:

(一)违反法律规定或者合同约定,滥用地役权;

(二)有偿利用供役地,约定的付款期限届满后在合理期限内经两次催告未支付费用。

第三百八十五条 已经登记的地役权变更、转让或者消灭的,应当及时办理变更登记或者注销登记。

第四分编 担 保 物 权

第十六章 一 般 规 定

第三百八十六条 担保物权人在债务人不履行到期债务或者发生当事人约定的实现担保物权的情形,依法享有就担保财产优先受偿的权利,但是法律另有规定的除外。

第三百八十七条 债权人在借贷、买卖等民事活动中,为保障实现其债权,需要担保的,可以依照本法和其他法律的规定设立担保物权。

第三人为债务人向债权人提供担保的,可以要求债务人提供反担保。反担保适用本法和其他法律的规定。

第三百八十八条 设立担保物权,应当依照本法和其他法律的规定订立担保合同。担保合同包括抵押合同、质押合同和其他具有担保功能的合同。担保合同是主债权债务合同的从合同。主债权债务合同无效的,担保合同无效,但是法律另有规定的除外。

担保合同被确认无效后,债务人、担保人、债权人有过错的,应当根据其过错各自承担相应的民事责任。

第三百八十九条 担保物权的担保范围包括主债权及其利息、违约金、损害赔偿金、保管担保财产和实现担保物权的费用。当事人另有约定的,按照其约定。

第三百九十条 担保期间,担保财产毁损、灭失或者被征收等,担保物权人可以就获得的保险金、赔偿金或者补偿金等优先受偿。被担保债权的履行期限未届满的,也可以提存该保险金、赔偿金或者补偿金等。

第三百九十一条 第三人提供担保,未经其书面同意,债权人允许债务人转移全部或者部分债务的,担保人不再承担相应的担保责任。

第三百九十二条 被担保的债权既有物的担保又有人的担保的,债务人不履行到期债务或者发生当事人约定的实现担保物权的情形,债权人应当按照约定实现债权;没有约定或者约定不明确,债务人自己提供物的担保的,债权人应当先就该物的担保实现债权;第三人提供物的担保的,债权人可以就物的担保实现债权,也可以请求保证人承担保证责任。提供担保的第三人承担担保责任后,有权向债务人追偿。

第三百九十三条 有下列情形之一的,担保物权消灭:

(一)主债权消灭;

(二)担保物权实现;

(三)债权人放弃担保物权;

(四)法律规定担保物权消灭的其他情形。

第十七章　抵　押　权

第一节　一般抵押权

第三百九十四条 为担保债务的履行,债务人或者第三人不转移财产的占有，将该财产抵押给债权人的，债务人不履行到期债务或者发生当事人约定的实现抵押权的情形，债权人有权就该财产优先受偿。

前款规定的债务人或者第三人为抵押人，债权人为抵押权人，提供担保的财产为抵押财产。

第三百九十五条　债务人或者第三人有权处分的下列财产可以抵押：

（一）建筑物和其他土地附着物；

（二）建设用地使用权；

（三）海域使用权；

（四）生产设备、原材料、半成品、产品；

（五）正在建造的建筑物、船舶、航空器；

（六）交通运输工具；

（七）法律、行政法规未禁止抵押的其他财产。

抵押人可以将前款所列财产一并抵押。

第三百九十六条　企业、个体工商户、农业生产经营者可以将现有的以及将有的生产设备、原材料、半成品、产品抵押，债务人不履行到期债务或者发生当事人约定的实现抵押权的情形，债权人有权就抵押财产确定时的动产优先受偿。

第三百九十七条　以建筑物抵押的，该建筑物占用范围内的建设用地使用权一并抵押。以建设用地使用权抵押的，该土地上的建筑物一并抵押。

抵押人未依据前款规定一并抵押的，未抵押的财产视为一并抵押。

第三百九十八条　乡镇、村企业的建设用地使用权不得单独抵押。以乡镇、村企业的厂房等建筑物抵押的，其占用范围内的建设用地使用权一并抵押。

第三百九十九条　下列财产不得抵押：

（一）土地所有权；

（二）宅基地、自留地、自留山等集体所有土地的使用权，但是法律规定可以抵押的除外；

（三）学校、幼儿园、医疗机构等为公益目的成立的非营利法人的教育设施、医疗卫生设施和其他公益设施；

（四）所有权、使用权不明或者有争议的财产；

（五）依法被查封、扣押、监管的财产；

（六）法律、行政法规规定不得抵押的其他财产。

第四百条 设立抵押权，当事人应当采用书面形式订立抵押合同。

抵押合同一般包括下列条款：

（一）被担保债权的种类和数额；

（二）债务人履行债务的期限；

（三）抵押财产的名称、数量等情况；

（四）担保的范围。

第四百零一条 抵押权人在债务履行期限届满前，与抵押人约定债务人不履行到期债务时抵押财产归债权人所有的，只能依法就抵押财产优先受偿。

第四百零二条 以本法第三百九十五条第一款第一项至第三项规定的财产或者第五项规定的正在建造的建筑物抵押的，应当办理抵押登记。抵押权自登记时设立。

第四百零三条 以动产抵押的，抵押权自抵押合同生效时设立；未经登记，不得对抗善意第三人。

第四百零四条 以动产抵押的，不得对抗正常经营活动中已经支付合理价款并取得抵押财产的买受人。

第四百零五条 抵押权设立前，抵押财产已经出租并转移占有的，原租赁关系不受该抵押权的影响。

第四百零六条 抵押期间，抵押人可以转让抵押财产。当事人另有约定的，按照其约定。抵押财产转让的，抵押权不受影响。

抵押人转让抵押财产的，应当及时通知抵押权人。抵押权人能够证明抵押财产转让可能损害抵押权的，可以请求抵押人将转让所得的价款向抵押权人提前清偿债务或者提存。转让的价款超过债权数额的部分归抵押人所有，不足部分由债务人清偿。

第四百零七条 抵押权不得与债权分离而单独转让或者作为其他债权的担保。债权转让的，担保该债权的抵押权一并转让，但是法律另有规定或者当事人另有约定的除外。

第四百零八条　抵押人的行为足以使抵押财产价值减少的，抵押权人有权请求抵押人停止其行为；抵押财产价值减少的，抵押权人有权请求恢复抵押财产的价值，或者提供与减少的价值相应的担保。抵押人不恢复抵押财产的价值，也不提供担保的，抵押权人有权请求债务人提前清偿债务。

第四百零九条　抵押权人可以放弃抵押权或者抵押权的顺位。抵押权人与抵押人可以协议变更抵押权顺位以及被担保的债权数额等内容。但是，抵押权的变更未经其他抵押权人书面同意的，不得对其他抵押权人产生不利影响。

债务人以自己的财产设定抵押，抵押权人放弃该抵押权、抵押权顺位或者变更抵押权的，其他担保人在抵押权人丧失优先受偿权益的范围内免除担保责任，但是其他担保人承诺仍然提供担保的除外。

第四百一十条　债务人不履行到期债务或者发生当事人约定的实现抵押权的情形，抵押权人可以与抵押人协议以抵押财产折价或者以拍卖、变卖该抵押财产所得的价款优先受偿。协议损害其他债权人利益的，其他债权人可以请求人民法院撤销该协议。

抵押权人与抵押人未就抵押权实现方式达成协议的，抵押权人可以请求人民法院拍卖、变卖抵押财产。

抵押财产折价或者变卖的，应当参照市场价格。

第四百一十一条　依据本法第三百九十六条规定设定抵押的，抵押财产自下列情形之一发生时确定：

（一）债务履行期限届满，债权未实现；

（二）抵押人被宣告破产或者解散；

（三）当事人约定的实现抵押权的情形；

（四）严重影响债权实现的其他情形。

第四百一十二条　债务人不履行到期债务或者发生当事人约定的实现抵押权的情形，致使抵押财产被人民法院依法扣押的，自扣押之日起，抵押权人有权收取该抵押财产的天然孳息或者法定孳息，但是抵押权人未通知应当清偿法定孳息义务人的除外。

前款规定的孳息应当先充抵收取孳息的费用。

第四百一十三条　抵押财产折价或者拍卖、变卖后，其价款超过债权数额的部分归抵押人所有，不足部分由债务人清偿。

第四百一十四条 同一财产向两个以上债权人抵押的，拍卖、变卖抵押财产所得的价款依照下列规定清偿：

（一）抵押权已经登记的，按照登记的时间先后确定清偿顺序；

（二）抵押权已经登记的先于未登记的受偿；

（三）抵押权未登记的，按照债权比例清偿。

其他可以登记的担保物权，清偿顺序参照适用前款规定。

第四百一十五条 同一财产既设立抵押权又设立质权的，拍卖、变卖该财产所得的价款按照登记、交付的时间先后确定清偿顺序。

第四百一十六条 动产抵押担保的主债权是抵押物的价款，标的物交付后十日内办理抵押登记的，该抵押权人优先于抵押物买受人的其他担保物权人受偿，但是留置权人除外。

第四百一十七条 建设用地使用权抵押后，该土地上新增的建筑物不属于抵押财产。该建设用地使用权实现抵押权时，应当将该土地上新增的建筑物与建设用地使用权一并处分。但是，新增建筑物所得的价款，抵押权人无权优先受偿。

第四百一十八条 以集体所有土地的使用权依法抵押的，实现抵押权后，未经法定程序，不得改变土地所有权的性质和土地用途。

第四百一十九条 抵押权人应当在主债权诉讼时效期间行使抵押权；未行使的，人民法院不予保护。

第二节 最高额抵押权

第四百二十条 为担保债务的履行，债务人或者第三人对一定期间内将要连续发生的债权提供担保财产的，债务人不履行到期债务或者发生当事人约定的实现抵押权的情形，抵押权人有权在最高债权额限度内就该担保财产优先受偿。

最高额抵押权设立前已经存在的债权，经当事人同意，可以转入最高额抵押担保的债权范围。

第四百二十一条 最高额抵押担保的债权确定前，部分债权转让的，最高额抵押权不得转让，但是当事人另有约定的除外。

第四百二十二条 最高额抵押担保的债权确定前，抵押权人与抵押人可以通过协议变更债权确定的期间、债权范围以及最高债权额。但是，变更的内容不得对其他抵押权人产生不利影响。

第四百二十三条　有下列情形之一的，抵押权人的债权确定：

（一）约定的债权确定期间届满；

（二）没有约定债权确定期间或者约定不明确，抵押权人或者抵押人自最高额抵押权设立之日起满二年后请求确定债权；

（三）新的债权不可能发生；

（四）抵押权人知道或者应当知道抵押财产被查封、扣押；

（五）债务人、抵押人被宣告破产或者解散；

（六）法律规定债权确定的其他情形。

第四百二十四条　最高额抵押权除适用本节规定外，适用本章第一节的有关规定。

第十八章　质　　权

第一节　动产质权

第四百二十五条　为担保债务的履行，债务人或者第三人将其动产出质给债权人占有的，债务人不履行到期债务或者发生当事人约定的实现质权的情形，债权人有权就该动产优先受偿。

前款规定的债务人或者第三人为出质人，债权人为质权人，交付的动产为质押财产。

第四百二十六条　法律、行政法规禁止转让的动产不得出质。

第四百二十七条　设立质权，当事人应当采用书面形式订立质押合同。

质押合同一般包括下列条款：

（一）被担保债权的种类和数额；

（二）债务人履行债务的期限；

（三）质押财产的名称、数量等情况；

（四）担保的范围；

（五）质押财产交付的时间、方式。

第四百二十八条　质权人在债务履行期限届满前，与出质人约定债务人不履行到期债务时质押财产归债权人所有的，只能依法就质押财产优先受偿。

第四百二十九条 质权自出质人交付质押财产时设立。

第四百三十条 质权人有权收取质押财产的孳息，但是合同另有约定的除外。

前款规定的孳息应当先充抵收取孳息的费用。

第四百三十一条 质权人在质权存续期间，未经出质人同意，擅自使用、处分质押财产，造成出质人损害的，应当承担赔偿责任。

第四百三十二条 质权人负有妥善保管质押财产的义务；因保管不善致使质押财产毁损、灭失的，应当承担赔偿责任。

质权人的行为可能使质押财产毁损、灭失的，出质人可以请求质权人将质押财产提存，或者请求提前清偿债务并返还质押财产。

第四百三十三条 因不可归责于质权人的事由可能使质押财产毁损或者价值明显减少，足以危害质权人权利的，质权人有权请求出质人提供相应的担保；出质人不提供的，质权人可以拍卖、变卖质押财产，并与出质人协议将拍卖、变卖所得的价款提前清偿债务或者提存。

第四百三十四条 质权人在质权存续期间，未经出质人同意转质，造成质押财产毁损、灭失的，应当承担赔偿责任。

第四百三十五条 质权人可以放弃质权。债务人以自己的财产出质，质权人放弃该质权的，其他担保人在质权人丧失优先受偿权益的范围内免除担保责任，但是其他担保人承诺仍然提供担保的除外。

第四百三十六条 债务人履行债务或者出质人提前清偿所担保的债权的，质权人应当返还质押财产。

债务人不履行到期债务或者发生当事人约定的实现质权的情形，质权人可以与出质人协议以质押财产折价，也可以就拍卖、变卖质押财产所得的价款优先受偿。

质押财产折价或者变卖的，应当参照市场价格。

第四百三十七条 出质人可以请求质权人在债务履行期限届满后及时行使质权；质权人不行使的，出质人可以请求人民法院拍卖、变卖质押财产。

出质人请求质权人及时行使质权，因质权人怠于行使权利造成出质人损害的，由质权人承担赔偿责任。

第四百三十八条 质押财产折价或者拍卖、变卖后，其价款超过债权数额的部分归出质人所有,不足部分由债务人清偿。

第四百三十九条 出质人与质权人可以协议设立最高额质权。

最高额质权除适用本节有关规定外,参照适用本编第十七章第二节的有关规定。

第二节 权利质权

第四百四十条 债务人或者第三人有权处分的下列权利可以出质:

(一)汇票、本票、支票;

(二)债券、存款单;

(三)仓单、提单;

(四)可以转让的基金份额、股权;

(五)可以转让的注册商标专用权、专利权、著作权等知识产权中的财产权;

(六)现有的以及将有的应收账款;

(七)法律、行政法规规定可以出质的其他财产权利。

第四百四十一条 以汇票、本票、支票、债券、存款单、仓单、提单出质的,质权自权利凭证交付质权人时设立;没有权利凭证的,质权自办理出质登记时设立。法律另有规定的,依照其规定。

第四百四十二条 汇票、本票、支票、债券、存款单、仓单、提单的兑现日期或者提货日期先于主债权到期的,质权人可以兑现或者提货,并与出质人协议将兑现的价款或者提取的货物提前清偿债务或者提存。

第四百四十三条 以基金份额、股权出质的,质权自办理出质登记时设立。

基金份额、股权出质后,不得转让,但是出质人与质权人协商同意的除外。出质人转让基金份额、股权所得的价款,应当向质权人提前清偿债务或者提存。

第四百四十四条 以注册商标专用权、专利权、著作权等知识产权中的财产权出质的,质权自办理出质登记时设立。

知识产权中的财产权出质后,出质人不得转让或者许可他人使用,但是出质人与质权人协商同意的除外。出质人转让或者许可他人使用出质的知识产权中的财产权所得的价款，应当向质权人提前清偿债务或者提存。

第四百四十五条 以应收账款出质的，质权自办理出质登记时设立。

应收账款出质后，不得转让，但是出质人与质权人协商同意的除外。出质人转让应收账款所得的价款，应当向质权人提前清偿债务或者提存。

第四百四十六条 权利质权除适用本节规定外，适用本章第一节的有关规定。

第十九章　留　置　权

第四百四十七条 债务人不履行到期债务，债权人可以留置已经合法占有的债务人的动产，并有权就该动产优先受偿。

前款规定的债权人为留置权人，占有的动产为留置财产。

第四百四十八条 债权人留置的动产，应当与债权属于同一法律关系，但是企业之间留置的除外。

第四百四十九条 法律规定或者当事人约定不得留置的动产，不得留置。

第四百五十条 留置财产为可分物的，留置财产的价值应当相当于债务的金额。

第四百五十一条 留置权人负有妥善保管留置财产的义务；因保管不善致使留置财产毁损、灭失的，应当承担赔偿责任。

第四百五十二条 留置权人有权收取留置财产的孳息。

前款规定的孳息应当先充抵收取孳息的费用。

第四百五十三条 留置权人与债务人应当约定留置财产后的债务履行期限；没有约定或者约定不明确的，留置权人应当给债务人六十日以上履行债务的期限，但是鲜活易腐等不易保管的动产除外。债务人逾期未履行的，留置权人可以与债务人协议以留置财产折价，也可以就拍卖、变卖留置财产所得的价款优先受偿。

留置财产折价或者变卖的，应当参照市场价格。

第四百五十四条 债务人可以请求留置权人在债务履行期限届

满后行使留置权；留置权人不行使的，债务人可以请求人民法院拍卖、变卖留置财产。

第四百五十五条 留置财产折价或者拍卖、变卖后，其价款超过债权数额的部分归债务人所有，不足部分由债务人清偿。

第四百五十六条 同一动产上已经设立抵押权或者质权，该动产又被留置的，留置权人优先受偿。

第四百五十七条 留置权人对留置财产丧失占有或者留置权人接受债务人另行提供担保的，留置权消灭。

第五分编 占　　有

第二十章 占　　有

第四百五十八条 基于合同关系等产生的占有，有关不动产或者动产的使用、收益、违约责任等，按照合同约定；合同没有约定或者约定不明确的，依照有关法律规定。

第四百五十九条 占有人因使用占有的不动产或者动产，致使该不动产或者动产受到损害的，恶意占有人应当承担赔偿责任。

第四百六十条 不动产或者动产被占有人占有的，权利人可以请求返还原物及其孳息；但是，应当支付善意占有人因维护该不动产或者动产支出的必要费用。

第四百六十一条 占有的不动产或者动产毁损、灭失，该不动产或者动产的权利人请求赔偿的，占有人应当将因毁损、灭失取得的保险金、赔偿金或者补偿金等返还给权利人；权利人的损害未得到足够弥补的，恶意占有人还应当赔偿损失。

第四百六十二条 占有的不动产或者动产被侵占的，占有人有权请求返还原物；对妨害占有的行为，占有人有权请求排除妨害或者消除危险；因侵占或者妨害造成损害的，占有人有权依法请求损害赔偿。

占有人返还原物的请求权，自侵占发生之日起一年内未行使的，该请求权消灭。

第三编　合　　同

第一分编　通　　则

第一章　一般规定

第四百六十三条　本编调整因合同产生的民事关系。

第四百六十四条　合同是民事主体之间设立、变更、终止民事法律关系的协议。

婚姻、收养、监护等有关身份关系的协议，适用有关该身份关系的法律规定；没有规定的，可以根据其性质参照适用本编规定。

第四百六十五条　依法成立的合同，受法律保护。

依法成立的合同，仅对当事人具有法律约束力，但是法律另有规定的除外。

第四百六十六条　当事人对合同条款的理解有争议的，应当依据本法第一百四十二条第一款的规定，确定争议条款的含义。

合同文本采用两种以上文字订立并约定具有同等效力的，对各文本使用的词句推定具有相同含义。各文本使用的词句不一致的，应当根据合同的相关条款、性质、目的以及诚信原则等予以解释。

第四百六十七条　本法或者其他法律没有明文规定的合同，适用本编通则的规定，并可以参照适用本编或者其他法律最相类似合同的规定。

在中华人民共和国境内履行的中外合资经营企业合同、中外合作经营企业合同、中外合作勘探开发自然资源合同，适用中华人民共和国法律。

第四百六十八条　非因合同产生的债权债务关系，适用有关该债权债务关系的法律规定；没有规定的，适用本编通则的有关规定，但是根据其性质不能适用的除外。

第二章　合同的订立

第四百六十九条　当事人订立合同，可以采用书面形式、口头形式或者其他形式。

书面形式是合同书、信件、电报、电传、传真等可以有形地表现所载内容的形式。

以电子数据交换、电子邮件等方式能够有形地表现所载内容，并可以随时调取查用的数据电文，视为书面形式。

第四百七十条　合同的内容由当事人约定，一般包括下列条款：

（一）当事人的姓名或者名称和住所；

（二）标的；

（三）数量；

（四）质量；

（五）价款或者报酬；

（六）履行期限、地点和方式；

（七）违约责任；

（八）解决争议的方法。

当事人可以参照各类合同的示范文本订立合同。

第四百七十一条　当事人订立合同，可以采取要约、承诺方式或者其他方式。

第四百七十二条　要约是希望与他人订立合同的意思表示，该意思表示应当符合下列条件：

（一）内容具体确定；

（二）表明经受要约人承诺，要约人即受该意思表示约束。

第四百七十三条　要约邀请是希望他人向自己发出要约的表示。拍卖公告、招标公告、招股说明书、债券募集办法、基金招募说明书、商业广告和宣传、寄送的价目表等为要约邀请。

商业广告和宣传的内容符合要约条件的，构成要约。

第四百七十四条　要约生效的时间适用本法第一百三十七条的规定。

第四百七十五条　要约可以撤回。要约的撤回适用本法第一百四十一条的规定。

第四百七十六条 要约可以撤销,但是有下列情形之一的除外:

(一)要约人以确定承诺期限或者其他形式明示要约不可撤销;

(二)受要约人有理由认为要约是不可撤销的,并已经为履行合同做了合理准备工作。

第四百七十七条 撤销要约的意思表示以对话方式作出的,该意思表示的内容应当在受要约人作出承诺之前为受要约人所知道;撤销要约的意思表示以非对话方式作出的,应当在受要约人作出承诺之前到达受要约人。

第四百七十八条 有下列情形之一的,要约失效:

(一)要约被拒绝;

(二)要约被依法撤销;

(三)承诺期限届满,受要约人未作出承诺;

(四)受要约人对要约的内容作出实质性变更。

第四百七十九条 承诺是受要约人同意要约的意思表示。

第四百八十条 承诺应当以通知的方式作出;但是,根据交易习惯或者要约表明可以通过行为作出承诺的除外。

第四百八十一条 承诺应当在要约确定的期限内到达要约人。

要约没有确定承诺期限的,承诺应当依照下列规定到达:

(一)要约以对话方式作出的,应当即时作出承诺;

(二)要约以非对话方式作出的,承诺应当在合理期限内到达。

第四百八十二条 要约以信件或者电报作出的,承诺期限自信件载明的日期或者电报交发之日开始计算。信件未载明日期的,自投寄该信件的邮戳日期开始计算。要约以电话、传真、电子邮件等快速通讯方式作出的,承诺期限自要约到达受要约人时开始计算。

第四百八十三条 承诺生效时合同成立,但是法律另有规定或者当事人另有约定的除外。

第四百八十四条 以通知方式作出的承诺,生效的时间适用本法第一百三十七条的规定。

承诺不需要通知的,根据交易习惯或者要约的要求作出承诺的行为时生效。

第四百八十五条 承诺可以撤回。承诺的撤回适用本法第一百四十一条的规定。

第四百八十六条　受要约人超过承诺期限发出承诺，或者在承诺期限内发出承诺，按照通常情形不能及时到达要约人的，为新要约；但是，要约人及时通知受要约人该承诺有效的除外。

第四百八十七条　受要约人在承诺期限内发出承诺，按照通常情形能够及时到达要约人，但是因其他原因致使承诺到达要约人时超过承诺期限的，除要约人及时通知受要约人因承诺超过期限不接受该承诺外，该承诺有效。

第四百八十八条　承诺的内容应当与要约的内容一致。受要约人对要约的内容作出实质性变更的，为新要约。有关合同标的、数量、质量、价款或者报酬、履行期限、履行地点和方式、违约责任和解决争议方法等的变更，是对要约内容的实质性变更。

第四百八十九条　承诺对要约的内容作出非实质性变更的，除要约人及时表示反对或者要约表明承诺不得对要约的内容作出任何变更外，该承诺有效，合同的内容以承诺的内容为准。

第四百九十条　当事人采用合同书形式订立合同的，自当事人均签名、盖章或者按指印时合同成立。在签名、盖章或者按指印之前，当事人一方已经履行主要义务，对方接受时，该合同成立。

法律、行政法规规定或者当事人约定合同应当采用书面形式订立，当事人未采用书面形式但是一方已经履行主要义务，对方接受时，该合同成立。

第四百九十一条　当事人采用信件、数据电文等形式订立合同要求签订确认书的，签订确认书时合同成立。

当事人一方通过互联网等信息网络发布的商品或者服务信息符合要约条件的，对方选择该商品或者服务并提交订单成功时合同成立，但是当事人另有约定的除外。

第四百九十二条　承诺生效的地点为合同成立的地点。

采用数据电文形式订立合同的，收件人的主营业地为合同成立的地点；没有主营业地的，其住所地为合同成立的地点。当事人另有约定的，按照其约定。

第四百九十三条　当事人采用合同书形式订立合同的，最后签名、盖章或者按指印的地点为合同成立的地点，但是当事人另有约定的除外。

第四百九十四条 国家根据抢险救灾、疫情防控或者其他需要下达国家订货任务、指令性任务的，有关民事主体之间应当依照有关法律、行政法规规定的权利和义务订立合同。

依照法律、行政法规的规定负有发出要约义务的当事人，应当及时发出合理的要约。

依照法律、行政法规的规定负有作出承诺义务的当事人，不得拒绝对方合理的订立合同要求。

第四百九十五条 当事人约定在将来一定期限内订立合同的认购书、订购书、预订书等，构成预约合同。

当事人一方不履行预约合同约定的订立合同义务的，对方可以请求其承担预约合同的违约责任。

第四百九十六条 格式条款是当事人为了重复使用而预先拟定，并在订立合同时未与对方协商的条款。

采用格式条款订立合同的，提供格式条款的一方应当遵循公平原则确定当事人之间的权利和义务，并采取合理的方式提示对方注意免除或者减轻其责任等与对方有重大利害关系的条款，按照对方的要求，对该条款予以说明。提供格式条款的一方未履行提示或者说明义务，致使对方没有注意或者理解与其有重大利害关系的条款的，对方可以主张该条款不成为合同的内容。

第四百九十七条 有下列情形之一的，该格式条款无效：

（一）具有本法第一编第六章第三节和本法第五百零六条规定的无效情形；

（二）提供格式条款一方不合理地免除或者减轻其责任、加重对方责任、限制对方主要权利；

（三）提供格式条款一方排除对方主要权利。

第四百九十八条 对格式条款的理解发生争议的，应当按照通常理解予以解释。对格式条款有两种以上解释的，应当作出不利于提供格式条款一方的解释。格式条款和非格式条款不一致的，应当采用非格式条款。

第四百九十九条 悬赏人以公开方式声明对完成特定行为的人支付报酬的，完成该行为的人可以请求其支付。

第五百条　当事人在订立合同过程中有下列情形之一，造成对方损失的，应当承担赔偿责任：

（一）假借订立合同，恶意进行磋商；

（二）故意隐瞒与订立合同有关的重要事实或者提供虚假情况；

（三）有其他违背诚信原则的行为。

第五百零一条　当事人在订立合同过程中知悉的商业秘密或者其他应当保密的信息，无论合同是否成立，不得泄露或者不正当地使用；泄露、不正当地使用该商业秘密或者信息，造成对方损失的，应当承担赔偿责任。

第三章　合同的效力

第五百零二条　依法成立的合同，自成立时生效，但是法律另有规定或者当事人另有约定的除外。

依照法律、行政法规的规定，合同应当办理批准等手续的，依照其规定。未办理批准等手续影响合同生效的，不影响合同中履行报批等义务条款以及相关条款的效力。应当办理申请批准等手续的当事人未履行义务的，对方可以请求其承担违反该义务的责任。

依照法律、行政法规的规定，合同的变更、转让、解除等情形应当办理批准等手续的，适用前款规定。

第五百零三条　无权代理人以被代理人的名义订立合同，被代理人已经开始履行合同义务或者接受相对人履行的，视为对合同的追认。

第五百零四条　法人的法定代表人或者非法人组织的负责人超越权限订立的合同，除相对人知道或者应当知道其超越权限外，该代表行为有效，订立的合同对法人或者非法人组织发生效力。

第五百零五条　当事人超越经营范围订立的合同的效力，应当依照本法第一编第六章第三节和本编的有关规定确定，不得仅以超越经营范围确认合同无效。

第五百零六条　合同中的下列免责条款无效：

（一）造成对方人身损害的；

（二）因故意或者重大过失造成对方财产损失的。

第五百零七条　合同不生效、无效、被撤销或者终止的，不影响合同中有关解决争议方法的条款的效力。

第五百零八条 本编对合同的效力没有规定的，适用本法第一编第六章的有关规定。

第四章 合同的履行

第五百零九条 当事人应当按照约定全面履行自己的义务。

当事人应当遵循诚信原则，根据合同的性质、目的和交易习惯履行通知、协助、保密等义务。

当事人在履行合同过程中，应当避免浪费资源、污染环境和破坏生态。

第五百一十条 合同生效后，当事人就质量、价款或者报酬、履行地点等内容没有约定或者约定不明确的，可以协议补充；不能达成补充协议的，按照合同相关条款或者交易习惯确定。

第五百一十一条 当事人就有关合同内容约定不明确，依据前条规定仍不能确定的，适用下列规定：

（一）质量要求不明确的，按照强制性国家标准履行；没有强制性国家标准的，按照推荐性国家标准履行；没有推荐性国家标准的，按照行业标准履行；没有国家标准、行业标准的，按照通常标准或者符合合同目的的特定标准履行。

（二）价款或者报酬不明确的，按照订立合同时履行地的市场价格履行；依法应当执行政府定价或者政府指导价的，依照规定履行。

（三）履行地点不明确，给付货币的，在接受货币一方所在地履行；交付不动产的，在不动产所在地履行；其他标的，在履行义务一方所在地履行。

（四）履行期限不明确的，债务人可以随时履行，债权人也可以随时请求履行，但是应当给对方必要的准备时间。

（五）履行方式不明确的，按照有利于实现合同目的的方式履行。

（六）履行费用的负担不明确的，由履行义务一方负担；因债权人原因增加的履行费用，由债权人负担。

第五百一十二条 通过互联网等信息网络订立的电子合同的标的为交付商品并采用快递物流方式交付的，收货人的签收时间为交付时间。电子合同的标的为提供服务的，生成的电子凭证或者实物凭证中载明的时间为提供服务时间；前述凭证没有载明时间或者载明时间与实际提供服务时间不一致的，以实际提供服务的时间为准。

电子合同的标的物为采用在线传输方式交付的，合同标的物进入对方当事人指定的特定系统且能够检索识别的时间为交付时间。

电子合同当事人对交付商品或者提供服务的方式、时间另有约定的，按照其约定。

第五百一十三条 执行政府定价或者政府指导价的，在合同约定的交付期限内政府价格调整时，按照交付时的价格计价。逾期交付标的物的，遇价格上涨时，按照原价格执行；价格下降时，按照新价格执行。逾期提取标的物或者逾期付款的，遇价格上涨时，按照新价格执行；价格下降时，按照原价格执行。

第五百一十四条 以支付金钱为内容的债，除法律另有规定或者当事人另有约定外，债权人可以请求债务人以实际履行地的法定货币履行。

第五百一十五条 标的有多项而债务人只需履行其中一项的，债务人享有选择权；但是，法律另有规定、当事人另有约定或者另有交易习惯的除外。

享有选择权的当事人在约定期限内或者履行期限届满未作选择，经催告后在合理期限内仍未选择的，选择权转移至对方。

第五百一十六条 当事人行使选择权应当及时通知对方，通知到达对方时，标的确定。标的确定后不得变更，但是经对方同意的除外。

可选择的标的发生不能履行情形的，享有选择权的当事人不得选择不能履行的标的，但是该不能履行的情形是由对方造成的除外。

第五百一十七条 债权人为二人以上，标的可分，按照份额各自享有债权的，为按份债权；债务人为二人以上，标的可分，按照份额各自负担债务的，为按份债务。

按份债权人或者按份债务人的份额难以确定的，视为份额相同。

第五百一十八条 债权人为二人以上，部分或者全部债权人均可以请求债务人履行债务的，为连带债权；债务人为二人以上，债权人可以请求部分或者全部债务人履行全部债务的，为连带债务。

连带债权或者连带债务，由法律规定或者当事人约定。

第五百一十九条 连带债务人之间的份额难以确定的,视为份额相同。

实际承担债务超过自己份额的连带债务人,有权就超出部分在其他连带债务人未履行的份额范围内向其追偿,并相应地享有债权人的权利,但是不得损害债权人的利益。其他连带债务人对债权人的抗辩,可以向该债务人主张。

被追偿的连带债务人不能履行其应分担份额的,其他连带债务人应当在相应范围内按比例分担。

第五百二十条 部分连带债务人履行、抵销债务或者提存标的物的,其他债务人对债权人的债务在相应范围内消灭;该债务人可以依据前条规定向其他债务人追偿。

部分连带债务人的债务被债权人免除的,在该连带债务人应当承担的份额范围内,其他债务人对债权人的债务消灭。

部分连带债务人的债务与债权人的债权同归于一人的,在扣除该债务人应当承担的份额后,债权人对其他债务人的债权继续存在。

债权人对部分连带债务人的给付受领迟延的,对其他连带债务人发生效力。

第五百二十一条 连带债权人之间的份额难以确定的,视为份额相同。

实际受领债权的连带债权人,应当按比例向其他连带债权人返还。

连带债权参照适用本章连带债务的有关规定。

第五百二十二条 当事人约定由债务人向第三人履行债务,债务人未向第三人履行债务或者履行债务不符合约定的,应当向债权人承担违约责任。

法律规定或者当事人约定第三人可以直接请求债务人向其履行债务,第三人未在合理期限内明确拒绝,债务人未向第三人履行债务或者履行债务不符合约定的,第三人可以请求债务人承担违约责任;债务人对债权人的抗辩,可以向第三人主张。

第五百二十三条 当事人约定由第三人向债权人履行债务,第三人不履行债务或者履行债务不符合约定的,债务人应当向债权人承担违约责任。

第五百二十四条 债务人不履行债务,第三人对履行该债务具有合法利益的,第三人有权向债权人代为履行;但是,根据债务性质、按照当事人约定或者依照法律规定只能由债务人履行的除外。

债权人接受第三人履行后,其对债务人的债权转让给第三人,但是债务人和第三人另有约定的除外。

第五百二十五条 当事人互负债务,没有先后履行顺序的,应当同时履行。一方在对方履行之前有权拒绝其履行请求。一方在对方履行债务不符合约定时,有权拒绝其相应的履行请求。

第五百二十六条 当事人互负债务,有先后履行顺序,应当先履行债务一方未履行的,后履行一方有权拒绝其履行请求。先履行一方履行债务不符合约定的,后履行一方有权拒绝其相应的履行请求。

第五百二十七条 应当先履行债务的当事人,有确切证据证明对方有下列情形之一的,可以中止履行:

(一)经营状况严重恶化;

(二)转移财产、抽逃资金,以逃避债务;

(三)丧失商业信誉;

(四)有丧失或者可能丧失履行债务能力的其他情形。

当事人没有确切证据中止履行的,应当承担违约责任。

第五百二十八条 当事人依据前条规定中止履行的,应当及时通知对方。对方提供适当担保的,应当恢复履行。中止履行后,对方在合理期限内未恢复履行能力且未提供适当担保的,视为以自己的行为表明不履行主要债务,中止履行的一方可以解除合同并可以请求对方承担违约责任。

第五百二十九条 债权人分立、合并或者变更住所没有通知债务人,致使履行债务发生困难的,债务人可以中止履行或者将标的物提存。

第五百三十条 债权人可以拒绝债务人提前履行债务,但是提前履行不损害债权人利益的除外。

债务人提前履行债务给债权人增加的费用,由债务人负担。

第五百三十一条 债权人可以拒绝债务人部分履行债务,但是部分履行不损害债权人利益的除外。

债务人部分履行债务给债权人增加的费用,由债务人负担。

第五百三十二条 合同生效后，当事人不得因姓名、名称的变更或者法定代表人、负责人、承办人的变动而不履行合同义务。

第五百三十三条 合同成立后，合同的基础条件发生了当事人在订立合同时无法预见的、不属于商业风险的重大变化，继续履行合同对于当事人一方明显不公平的，受不利影响的当事人可以与对方重新协商；在合理期限内协商不成的，当事人可以请求人民法院或者仲裁机构变更或者解除合同。

人民法院或者仲裁机构应当结合案件的实际情况，根据公平原则变更或者解除合同。

第五百三十四条 对当事人利用合同实施危害国家利益、社会公共利益行为的，市场监督管理和其他有关行政主管部门依照法律、行政法规的规定负责监督处理。

第五章 合同的保全

第五百三十五条 因债务人怠于行使其债权或者与该债权有关的从权利，影响债权人的到期债权实现的，债权人可以向人民法院请求以自己的名义代位行使债务人对相对人的权利，但是该权利专属于债务人自身的除外。

代位权的行使范围以债权人的到期债权为限。债权人行使代位权的必要费用，由债务人负担。

相对人对债务人的抗辩，可以向债权人主张。

第五百三十六条 债权人的债权到期前，债务人的债权或者与该债权有关的从权利存在诉讼时效期间即将届满或者未及时申报破产债权等情形，影响债权人的债权实现的，债权人可以代位向债务人的相对人请求其向债务人履行、向破产管理人申报或者作出其他必要的行为。

第五百三十七条 人民法院认定代位权成立的，由债务人的相对人向债权人履行义务，债权人接受履行后，债权人与债务人、债务人与相对人之间相应的权利义务终止。债务人对相对人的债权或者与该债权有关的从权利被采取保全、执行措施，或者债务人破产的，依照相关法律的规定处理。

第五百三十八条 债务人以放弃其债权、放弃债权担保、无偿转让财产等方式无偿处分财产权益，或者恶意延长其到期债权的履行期限，影响债权人的债权实现的，债权人可以请求人民法院撤销债务人的行为。

第五百三十九条 债务人以明显不合理的低价转让财产、以明显不合理的高价受让他人财产或者为他人的债务提供担保，影响债权人的债权实现，债务人的相对人知道或者应当知道该情形的，债权人可以请求人民法院撤销债务人的行为。

第五百四十条 撤销权的行使范围以债权人的债权为限。债权人行使撤销权的必要费用，由债务人负担。

第五百四十一条 撤销权自债权人知道或者应当知道撤销事由之日起一年内行使。自债务人的行为发生之日起五年内没有行使撤销权的，该撤销权消灭。

第五百四十二条 债务人影响债权人的债权实现的行为被撤销的，自始没有法律约束力。

第六章 合同的变更和转让

第五百四十三条 当事人协商一致，可以变更合同。

第五百四十四条 当事人对合同变更的内容约定不明确的，推定为未变更。

第五百四十五条 债权人可以将债权的全部或者部分转让给第三人，但是有下列情形之一的除外：

（一）根据债权性质不得转让；

（二）按照当事人约定不得转让；

（三）依照法律规定不得转让。

当事人约定非金钱债权不得转让的，不得对抗善意第三人。当事人约定金钱债权不得转让的，不得对抗第三人。

第五百四十六条 债权人转让债权，未通知债务人的，该转让对债务人不发生效力。

债权转让的通知不得撤销，但是经受让人同意的除外。

第五百四十七条 债权人转让债权的，受让人取得与债权有关的从权利，但是该从权利专属于债权人自身的除外。

受让人取得从权利不因该从权利未办理转移登记手续或者未转移占有而受到影响。

第五百四十八条 债务人接到债权转让通知后，债务人对让与人的抗辩，可以向受让人主张。

第五百四十九条 有下列情形之一的，债务人可以向受让人主张抵销：

（一）债务人接到债权转让通知时，债务人对让与人享有债权，且债务人的债权先于转让的债权到期或者同时到期；

（二）债务人的债权与转让的债权是基于同一合同产生。

第五百五十条 因债权转让增加的履行费用，由让与人负担。

第五百五十一条 债务人将债务的全部或者部分转移给第三人的，应当经债权人同意。

债务人或者第三人可以催告债权人在合理期限内予以同意，债权人未作表示的，视为不同意。

第五百五十二条 第三人与债务人约定加入债务并通知债权人，或者第三人向债权人表示愿意加入债务，债权人未在合理期限内明确拒绝的，债权人可以请求第三人在其愿意承担的债务范围内和债务人承担连带债务。

第五百五十三条 债务人转移债务的，新债务人可以主张原债务人对债权人的抗辩；原债务人对债权人享有债权的，新债务人不得向债权人主张抵销。

第五百五十四条 债务人转移债务的，新债务人应当承担与主债务有关的从债务，但是该从债务专属于原债务人自身的除外。

第五百五十五条 当事人一方经对方同意，可以将自己在合同中的权利和义务一并转让给第三人。

第五百五十六条 合同的权利和义务一并转让的，适用债权转让、债务转移的有关规定。

第七章　合同的权利义务终止

第五百五十七条 有下列情形之一的，债权债务终止：

（一）债务已经履行；
（二）债务相互抵销；
（三）债务人依法将标的物提存；
（四）债权人免除债务；
（五）债权债务同归于一人；
（六）法律规定或者当事人约定终止的其他情形。
合同解除的，该合同的权利义务关系终止。

第五百五十八条　债权债务终止后，当事人应当遵循诚信等原则，根据交易习惯履行通知、协助、保密、旧物回收等义务。

第五百五十九条　债权债务终止时，债权的从权利同时消灭，但是法律另有规定或者当事人另有约定的除外。

第五百六十条　债务人对同一债权人负担的数项债务种类相同，债务人的给付不足以清偿全部债务的，除当事人另有约定外，由债务人在清偿时指定其履行的债务。

债务人未作指定的，应当优先履行已经到期的债务；数项债务均到期的，优先履行对债权人缺乏担保或者担保最少的债务；均无担保或者担保相等的，优先履行债务人负担较重的债务；负担相同的，按照债务到期的先后顺序履行；到期时间相同的，按照债务比例履行。

第五百六十一条　债务人在履行主债务外还应当支付利息和实现债权的有关费用，其给付不足以清偿全部债务的，除当事人另有约定外，应当按照下列顺序履行：
（一）实现债权的有关费用；
（二）利息；
（三）主债务。

第五百六十二条　当事人协商一致，可以解除合同。

当事人可以约定一方解除合同的事由。解除合同的事由发生时，解除权人可以解除合同。

第五百六十三条　有下列情形之一的，当事人可以解除合同：
（一）因不可抗力致使不能实现合同目的；
（二）在履行期限届满前，当事人一方明确表示或者以自己的行为表明不履行主要债务；
（三）当事人一方迟延履行主要债务，经催告后在合理期限内仍未履行；

（四）当事人一方迟延履行债务或者有其他违约行为致使不能实现合同目的；

（五）法律规定的其他情形。

以持续履行的债务为内容的不定期合同，当事人可以随时解除合同，但是应当在合理期限之前通知对方。

第五百六十四条 法律规定或者当事人约定解除权行使期限，期限届满当事人不行使的，该权利消灭。

法律没有规定或者当事人没有约定解除权行使期限，自解除权人知道或者应当知道解除事由之日起一年内不行使，或者经对方催告后在合理期限内不行使的，该权利消灭。

第五百六十五条 当事人一方依法主张解除合同的，应当通知对方。合同自通知到达对方时解除；通知载明债务人在一定期限内不履行债务则合同自动解除，债务人在该期限内未履行债务的，合同自通知载明的期限届满时解除。对方对解除合同有异议的，任何一方当事人均可以请求人民法院或者仲裁机构确认解除行为的效力。

当事人一方未通知对方，直接以提起诉讼或者申请仲裁的方式依法主张解除合同，人民法院或者仲裁机构确认该主张的，合同自起诉状副本或者仲裁申请书副本送达对方时解除。

第五百六十六条 合同解除后，尚未履行的，终止履行；已经履行的，根据履行情况和合同性质，当事人可以请求恢复原状或者采取其他补救措施，并有权请求赔偿损失。

合同因违约解除的，解除权人可以请求违约方承担违约责任，但是当事人另有约定的除外。

主合同解除后，担保人对债务人应当承担的民事责任仍应当承担担保责任，但是担保合同另有约定的除外。

第五百六十七条 合同的权利义务关系终止，不影响合同中结算和清理条款的效力。

第五百六十八条 当事人互负债务，该债务的标的物种类、品质相同的，任何一方可以将自己的债务与对方的到期债务抵销；但是，根据债务性质、按照当事人约定或者依照法律规定不得抵销的除外。

当事人主张抵销的，应当通知对方。通知自到达对方时生效。

抵销不得附条件或者附期限。

第五百六十九条 当事人互负债务，标的物种类、品质不相同的，经协商一致，也可以抵销。

第五百七十条 有下列情形之一，难以履行债务的，债务人可以将标的物提存：

（一）债权人无正当理由拒绝受领；

（二）债权人下落不明；

（三）债权人死亡未确定继承人、遗产管理人，或者丧失民事行为能力未确定监护人；

（四）法律规定的其他情形。

标的物不适于提存或者提存费用过高的，债务人依法可以拍卖或者变卖标的物，提存所得的价款。

第五百七十一条 债务人将标的物或者将标的物依法拍卖、变卖所得价款交付提存部门时，提存成立。

提存成立的，视为债务人在其提存范围内已经交付标的物。

第五百七十二条 标的物提存后，债务人应当及时通知债权人或者债权人的继承人、遗产管理人、监护人、财产代管人。

第五百七十三条 标的物提存后，毁损、灭失的风险由债权人承担。提存期间，标的物的孳息归债权人所有。提存费用由债权人负担。

第五百七十四条 债权人可以随时领取提存物。但是，债权人对债务人负有到期债务的，在债权人未履行债务或者提供担保之前，提存部门根据债务人的要求应当拒绝其领取提存物。

债权人领取提存物的权利，自提存之日起五年内不行使而消灭，提存物扣除提存费用后归国家所有。但是，债权人未履行对债务人的到期债务，或者债权人向提存部门书面表示放弃领取提存物权利的，债务人负担提存费用后有权取回提存物。

第五百七十五条 债权人免除债务人部分或者全部债务的，债权债务部分或者全部终止，但是债务人在合理期限内拒绝的除外。

第五百七十六条 债权和债务同归于一人的，债权债务终止，但是损害第三人利益的除外。

第八章 违约责任

第五百七十七条 当事人一方不履行合同义务或者履行合同义务不符合约定的，应当承担继续履行、采取补救措施或者赔偿损失等违约责任。

第五百七十八条 当事人一方明确表示或者以自己的行为表明不履行合同义务的，对方可以在履行期限届满前请求其承担违约责任。

第五百七十九条 当事人一方未支付价款、报酬、租金、利息，或者不履行其他金钱债务的，对方可以请求其支付。

第五百八十条 当事人一方不履行非金钱债务或者履行非金钱债务不符合约定的，对方可以请求履行，但是有下列情形之一的除外：

（一）法律上或者事实上不能履行；

（二）债务的标的不适于强制履行或者履行费用过高；

（三）债权人在合理期限内未请求履行。

有前款规定的除外情形之一，致使不能实现合同目的的，人民法院或者仲裁机构可以根据当事人的请求终止合同权利义务关系，但是不影响违约责任的承担。

第五百八十一条 当事人一方不履行债务或者履行债务不符合约定，根据债务的性质不得强制履行的，对方可以请求其负担由第三人替代履行的费用。

第五百八十二条 履行不符合约定的，应当按照当事人的约定承担违约责任。对违约责任没有约定或者约定不明确，依据本法第五百一十条的规定仍不能确定的，受损害方根据标的的性质以及损失的大小，可以合理选择请求对方承担修理、重作、更换、退货、减少价款或者报酬等违约责任。

第五百八十三条 当事人一方不履行合同义务或者履行合同义务不符合约定的，在履行义务或者采取补救措施后，对方还有其他损失的，应当赔偿损失。

第五百八十四条 当事人一方不履行合同义务或者履行合同义

务不符合约定，造成对方损失的，损失赔偿额应当相当于因违约所造成的损失，包括合同履行后可以获得的利益；但是，不得超过违约一方订立合同时预见到或者应当预见到的因违约可能造成的损失。

第五百八十五条 当事人可以约定一方违约时应当根据违约情况向对方支付一定数额的违约金，也可以约定因违约产生的损失赔偿额的计算方法。

约定的违约金低于造成的损失的，人民法院或者仲裁机构可以根据当事人的请求予以增加；约定的违约金过分高于造成的损失的，人民法院或者仲裁机构可以根据当事人的请求予以适当减少。

当事人就迟延履行约定违约金的，违约方支付违约金后，还应当履行债务。

第五百八十六条 当事人可以约定一方向对方给付定金作为债权的担保。定金合同自实际交付定金时成立。

定金的数额由当事人约定；但是，不得超过主合同标的额的百分之二十，超过部分不产生定金的效力。实际交付的定金数额多于或者少于约定数额的，视为变更约定的定金数额。

第五百八十七条 债务人履行债务的，定金应当抵作价款或者收回。给付定金的一方不履行债务或者履行债务不符合约定，致使不能实现合同目的的，无权请求返还定金；收受定金的一方不履行债务或者履行债务不符合约定，致使不能实现合同目的的，应当双倍返还定金。

第五百八十八条 当事人既约定违约金，又约定定金的，一方违约时，对方可以选择适用违约金或者定金条款。

定金不足以弥补一方违约造成的损失的，对方可以请求赔偿超过定金数额的损失。

第五百八十九条 债务人按照约定履行债务，债权人无正当理由拒绝受领的，债务人可以请求债权人赔偿增加的费用。

在债权人受领迟延期间，债务人无须支付利息。

第五百九十条 当事人一方因不可抗力不能履行合同的，根据不可抗力的影响，部分或者全部免除责任，但是法律另有规定的除外。因不可抗力不能履行合同的，应当及时通知对方，以减轻可能给对方造成的损失，并应当在合理期限内提供证明。

当事人迟延履行后发生不可抗力的，不免除其违约责任。

第五百九十一条 当事人一方违约后，对方应当采取适当措施防止损失的扩大；没有采取适当措施致使损失扩大的，不得就扩大的损失请求赔偿。

当事人因防止损失扩大而支出的合理费用，由违约方负担。

第五百九十二条 当事人都违反合同的，应当各自承担相应的责任。

当事人一方违约造成对方损失，对方对损失的发生有过错的，可以减少相应的损失赔偿额。

第五百九十三条 当事人一方因第三人的原因造成违约的，应当依法向对方承担违约责任。当事人一方和第三人之间的纠纷，依照法律规定或者按照约定处理。

第五百九十四条 因国际货物买卖合同和技术进出口合同争议提起诉讼或者申请仲裁的时效期间为四年。

第二分编 典型合同

第九章 买卖合同

第五百九十五条 买卖合同是出卖人转移标的物的所有权于买受人，买受人支付价款的合同。

第五百九十六条 买卖合同的内容一般包括标的物的名称、数量、质量、价款、履行期限、履行地点和方式、包装方式、检验标准和方法、结算方式、合同使用的文字及其效力等条款。

第五百九十七条 因出卖人未取得处分权致使标的物所有权不能转移的，买受人可以解除合同并请求出卖人承担违约责任。

法律、行政法规禁止或者限制转让的标的物，依照其规定。

第五百九十八条 出卖人应当履行向买受人交付标的物或者交付提取标的物的单证，并转移标的物所有权的义务。

第五百九十九条 出卖人应当按照约定或者交易习惯向买受人交付提取标的物单证以外的有关单证和资料。

第六百条 出卖具有知识产权的标的物的，除法律另有规定或者当事人另有约定外，该标的物的知识产权不属于买受人。

第六百零一条 出卖人应当按照约定的时间交付标的物。约定交付期限的，出卖人可以在该交付期限内的任何时间交付。

第六百零二条 当事人没有约定标的物的交付期限或者约定不明确的，适用本法第五百一十条、第五百一十一条第四项的规定。

第六百零三条 出卖人应当按照约定的地点交付标的物。

当事人没有约定交付地点或者约定不明确，依据本法第五百一十条的规定仍不能确定的，适用下列规定：

（一）标的物需要运输的，出卖人应当将标的物交付给第一承运人以运交给买受人；

（二）标的物不需要运输，出卖人和买受人订立合同时知道标的物在某一地点的，出卖人应当在该地点交付标的物；不知道标的物在某一地点的，应当在出卖人订立合同时的营业地交付标的物。

第六百零四条 标的物毁损、灭失的风险，在标的物交付之前由出卖人承担，交付之后由买受人承担，但是法律另有规定或者当事人另有约定的除外。

第六百零五条 因买受人的原因致使标的物未按照约定的期限交付的，买受人应当自违反约定时起承担标的物毁损、灭失的风险。

第六百零六条 出卖人出卖交由承运人运输的在途标的物，除当事人另有约定外，毁损、灭失的风险自合同成立时起由买受人承担。

第六百零七条 出卖人按照约定将标的物运送至买受人指定地点并交付给承运人后，标的物毁损、灭失的风险由买受人承担。

当事人没有约定交付地点或者约定不明确，依据本法第六百零三条第二款第一项的规定标的物需要运输的，出卖人将标的物交付给第一承运人后，标的物毁损、灭失的风险由买受人承担。

第六百零八条 出卖人按照约定或者依据本法第六百零三条第二款第二项的规定将标的物置于交付地点，买受人违反约定没有收取的，标的物毁损、灭失的风险自违反约定时起由买受人承担。

第六百零九条 出卖人按照约定未交付有关标的物的单证和资料的，不影响标的物毁损、灭失风险的转移。

第六百一十条 因标的物不符合质量要求，致使不能实现合同目的的，买受人可以拒绝接受标的物或者解除合同。买受人拒绝接受标的物或者解除合同的，标的物毁损、灭失的风险由出卖人承担。

第六百一十一条 标的物毁损、灭失的风险由买受人承担的，不影响因出卖人履行义务不符合约定，买受人请求其承担违约责任的权利。

第六百一十二条 出卖人就交付的标的物，负有保证第三人对该标的物不享有任何权利的义务，但是法律另有规定的除外。

第六百一十三条 买受人订立合同时知道或者应当知道第三人对买卖的标的物享有权利的，出卖人不承担前条规定的义务。

第六百一十四条 买受人有确切证据证明第三人对标的物享有权利的，可以中止支付相应的价款，但是出卖人提供适当担保的除外。

第六百一十五条 出卖人应当按照约定的质量要求交付标的物。出卖人提供有关标的物质量说明的，交付的标的物应当符合该说明的质量要求。

第六百一十六条 当事人对标的物的质量要求没有约定或者约定不明确，依据本法第五百一十条的规定仍不能确定的，适用本法第五百一十一条第一项的规定。

第六百一十七条 出卖人交付的标的物不符合质量要求的，买受人可以依据本法第五百八十二条至第五百八十四条的规定请求承担违约责任。

第六百一十八条 当事人约定减轻或者免除出卖人对标的物瑕疵承担的责任，因出卖人故意或者重大过失不告知买受人标的物瑕疵的，出卖人无权主张减轻或者免除责任。

第六百一十九条 出卖人应当按照约定的包装方式交付标的物。对包装方式没有约定或者约定不明确，依据本法第五百一十条的规定仍不能确定的，应当按照通用的方式包装；没有通用方式的，应当采取足以保护标的物且有利于节约资源、保护生态环境的包装方式。

第六百二十条 买受人收到标的物时应当在约定的检验期限内检验。没有约定检验期限的，应当及时检验。

第六百二十一条 当事人约定检验期限的，买受人应当在检验期限内将标的物的数量或者质量不符合约定的情形通知出卖人。买受人怠于通知的，视为标的物的数量或者质量符合约定。

当事人没有约定检验期限的，买受人应当在发现或者应当发现标的物的数量或者质量不符合约定的合理期限内通知出卖人。买受人在合理期限内未通知或者自收到标的物之日起二年内未通知出卖人的，视为标的物的数量或者质量符合约定；但是，对标的物有质量保证期的，适用质量保证期，不适用该二年的规定。

出卖人知道或者应当知道提供的标的物不符合约定的，买受人不受前两款规定的通知时间的限制。

第六百二十二条 当事人约定的检验期限过短，根据标的物的性质和交易习惯，买受人在检验期限内难以完成全面检验的，该期限仅视为买受人对标的物的外观瑕疵提出异议的期限。

约定的检验期限或者质量保证期短于法律、行政法规规定期限的，应当以法律、行政法规规定的期限为准。

第六百二十三条 当事人对检验期限未作约定，买受人签收的送货单、确认单等载明标的物数量、型号、规格的，推定买受人已经对数量和外观瑕疵进行检验，但是有相关证据足以推翻的除外。

第六百二十四条 出卖人依照买受人的指示向第三人交付标的物，出卖人和买受人约定的检验标准与买受人和第三人约定的检验标准不一致的，以出卖人和买受人约定的检验标准为准。

第六百二十五条 依照法律、行政法规的规定或者按照当事人的约定，标的物在有效使用年限届满后应予回收的，出卖人负有自行或者委托第三人对标的物予以回收的义务。

第六百二十六条 买受人应当按照约定的数额和支付方式支付价款。对价款的数额和支付方式没有约定或者约定不明确的，适用本法第五百一十条、第五百一十一条第二项和第五项的规定。

第六百二十七条 买受人应当按照约定的地点支付价款。对支付地点没有约定或者约定不明确，依据本法第五百一十条的规定仍不能确定的，买受人应当在出卖人的营业地支付；但是，约定支付价款以交付标的物或者交付提取标的物单证为条件的，在交付标的物或者交付提取标的物单证的所在地支付。

第六百二十八条 买受人应当按照约定的时间支付价款。对支付时间没有约定或者约定不明确,依据本法第五百一十条的规定仍不能确定的,买受人应当在收到标的物或者提取标的物单证的同时支付。

第六百二十九条 出卖人多交标的物的,买受人可以接收或者拒绝接收多交的部分。买受人接收多交部分的,按照约定的价格支付价款;买受人拒绝接收多交部分的,应当及时通知出卖人。

第六百三十条 标的物在交付之前产生的孳息,归出卖人所有;交付之后产生的孳息,归买受人所有。但是,当事人另有约定的除外。

第六百三十一条 因标的物的主物不符合约定而解除合同的,解除合同的效力及于从物。因标的物的从物不符合约定被解除的,解除的效力不及于主物。

第六百三十二条 标的物为数物,其中一物不符合约定的,买受人可以就该物解除。但是,该物与他物分离使标的物的价值显受损害的,买受人可以就数物解除合同。

第六百三十三条 出卖人分批交付标的物的,出卖人对其中一批标的物不交付或者交付不符合约定,致使该批标的物不能实现合同目的的,买受人可以就该批标的物解除。

出卖人不交付其中一批标的物或者交付不符合约定,致使之后其他各批标的物的交付不能实现合同目的的,买受人可以就该批以及之后其他各批标的物解除。

买受人如果就其中一批标的物解除,该批标的物与其他各批标的物相互依存的,可以就已经交付和未交付的各批标的物解除。

第六百三十四条 分期付款的买受人未支付到期价款的数额达到全部价款的五分之一,经催告后在合理期限内仍未支付到期价款的,出卖人可以请求买受人支付全部价款或者解除合同。

出卖人解除合同的,可以向买受人请求支付该标的物的使用费。

第六百三十五条 凭样品买卖的当事人应当封存样品,并可以对样品质量予以说明。出卖人交付的标的物应当与样品及其说明的质量相同。

第六百三十六条 凭样品买卖的买受人不知道样品有隐蔽瑕疵

的，即使交付的标的物与样品相同，出卖人交付的标的物的质量仍然应当符合同种物的通常标准。

第六百三十七条 试用买卖的当事人可以约定标的物的试用期限。对试用期限没有约定或者约定不明确，依据本法第五百一十条的规定仍不能确定的，由出卖人确定。

第六百三十八条 试用买卖的买受人在试用期内可以购买标的物，也可以拒绝购买。试用期限届满，买受人对是否购买标的物未作表示的，视为购买。

试用买卖的买受人在试用期内已经支付部分价款或者对标的物实施出卖、出租、设立担保物权等行为的，视为同意购买。

第六百三十九条 试用买卖的当事人对标的物使用费没有约定或者约定不明确的，出卖人无权请求买受人支付。

第六百四十条 标的物在试用期内毁损、灭失的风险由出卖人承担。

第六百四十一条 当事人可以在买卖合同中约定买受人未履行支付价款或者其他义务的，标的物的所有权属于出卖人。

出卖人对标的物保留的所有权，未经登记，不得对抗善意第三人。

第六百四十二条 当事人约定出卖人保留合同标的物的所有权，在标的物所有权转移前，买受人有下列情形之一，造成出卖人损害的，除当事人另有约定外，出卖人有权取回标的物：

（一）未按照约定支付价款，经催告后在合理期限内仍未支付；

（二）未按照约定完成特定条件；

（三）将标的物出卖、出质或者作出其他不当处分。

出卖人可以与买受人协商取回标的物；协商不成的，可以参照适用担保物权的实现程序。

第六百四十三条 出卖人依据前条第一款的规定取回标的物后，买受人在双方约定或者出卖人指定的合理回赎期限内，消除出卖人取回标的物的事由的，可以请求回赎标的物。

买受人在回赎期限内没有回赎标的物，出卖人可以以合理价格将标的物出卖给第三人，出卖所得价款扣除买受人未支付的价款以及必要费用后仍有剩余的，应当返还买受人；不足部分由买受人清偿。

第六百四十四条 招标投标买卖的当事人的权利和义务以及招标投标程序等，依照有关法律、行政法规的规定。

第六百四十五条 拍卖的当事人的权利和义务以及拍卖程序等，依照有关法律、行政法规的规定。

第六百四十六条 法律对其他有偿合同有规定的，依照其规定；没有规定的，参照适用买卖合同的有关规定。

第六百四十七条 当事人约定易货交易，转移标的物的所有权的，参照适用买卖合同的有关规定。

第十章 供用电、水、气、热力合同

第六百四十八条 供用电合同是供电人向用电人供电，用电人支付电费的合同。

向社会公众供电的供电人，不得拒绝用电人合理的订立合同要求。

第六百四十九条 供用电合同的内容一般包括供电的方式、质量、时间，用电容量、地址、性质，计量方式，电价、电费的结算方式，供用电设施的维护责任等条款。

第六百五十条 供用电合同的履行地点，按照当事人约定；当事人没有约定或者约定不明确的，供电设施的产权分界处为履行地点。

第六百五十一条 供电人应当按照国家规定的供电质量标准和约定安全供电。供电人未按照国家规定的供电质量标准和约定安全供电，造成用电人损失的，应当承担赔偿责任。

第六百五十二条 供电人因供电设施计划检修、临时检修、依法限电或者用电人违法用电等原因，需要中断供电时，应当按照国家有关规定事先通知用电人；未事先通知用电人中断供电，造成用电人损失的，应当承担赔偿责任。

第六百五十三条 因自然灾害等原因断电，供电人应当按照国家有关规定及时抢修；未及时抢修，造成用电人损失的，应当承担赔偿责任。

第六百五十四条 用电人应当按照国家有关规定和当事人的约定及时支付电费。用电人逾期不支付电费的，应当按照约定支付违约金。经催告用电人在合理期限内仍不支付电费和违约金的，供电人可以按照国家规定的程序中止供电。

供电人依据前款规定中止供电的,应当事先通知用电人。

第六百五十五条 用电人应当按照国家有关规定和当事人的约定安全、节约和计划用电。用电人未按照国家有关规定和当事人的约定用电,造成供电人损失的,应当承担赔偿责任。

第六百五十六条 供用水、供用气、供用热力合同,参照适用供用电合同的有关规定。

第十一章 赠与合同

第六百五十七条 赠与合同是赠与人将自己的财产无偿给予受赠人,受赠人表示接受赠与的合同。

第六百五十八条 赠与人在赠与财产的权利转移之前可以撤销赠与。

经过公证的赠与合同或者依法不得撤销的具有救灾、扶贫、助残等公益、道德义务性质的赠与合同,不适用前款规定。

第六百五十九条 赠与的财产依法需要办理登记或者其他手续的,应当办理有关手续。

第六百六十条 经过公证的赠与合同或者依法不得撤销的具有救灾、扶贫、助残等公益、道德义务性质的赠与合同,赠与人不交付赠与财产的,受赠人可以请求交付。

依据前款规定应当交付的赠与财产因赠与人故意或者重大过失致使毁损、灭失的,赠与人应当承担赔偿责任。

第六百六十一条 赠与可以附义务。

赠与附义务的,受赠人应当按照约定履行义务。

第六百六十二条 赠与的财产有瑕疵的,赠与人不承担责任。附义务的赠与,赠与的财产有瑕疵的,赠与人在附义务的限度内承担与出卖人相同的责任。

赠与人故意不告知瑕疵或者保证无瑕疵,造成受赠人损失的,应当承担赔偿责任。

第六百六十三条 受赠人有下列情形之一的,赠与人可以撤销赠与:

（一）严重侵害赠与人或者赠与人近亲属的合法权益；

（二）对赠与人有扶养义务而不履行；

（三）不履行赠与合同约定的义务。

赠与人的撤销权，自知道或者应当知道撤销事由之日起一年内行使。

第六百六十四条 因受赠人的违法行为致使赠与人死亡或者丧失民事行为能力的，赠与人的继承人或者法定代理人可以撤销赠与。

赠与人的继承人或者法定代理人的撤销权，自知道或者应当知道撤销事由之日起六个月内行使。

第六百六十五条 撤销权人撤销赠与的，可以向受赠人请求返还赠与的财产。

第六百六十六条 赠与人的经济状况显著恶化，严重影响其生产经营或者家庭生活的，可以不再履行赠与义务。

第十二章　借款合同

第六百六十七条 借款合同是借款人向贷款人借款，到期返还借款并支付利息的合同。

第六百六十八条 借款合同应当采用书面形式，但是自然人之间借款另有约定的除外。

借款合同的内容一般包括借款种类、币种、用途、数额、利率、期限和还款方式等条款。

第六百六十九条 订立借款合同，借款人应当按照贷款人的要求提供与借款有关的业务活动和财务状况的真实情况。

第六百七十条 借款的利息不得预先在本金中扣除。利息预先在本金中扣除的，应当按照实际借款数额返还借款并计算利息。

第六百七十一条 贷款人未按照约定的日期、数额提供借款，造成借款人损失的，应当赔偿损失。

借款人未按照约定的日期、数额收取借款的，应当按照约定的日期、数额支付利息。

第六百七十二条 贷款人按照约定可以检查、监督借款的使用情况。借款人应当按照约定向贷款人定期提供有关财务会计报表或者其他资料。

第六百七十三条 借款人未按照约定的借款用途使用借款的，贷款人可以停止发放借款、提前收回借款或者解除合同。

第六百七十四条 借款人应当按照约定的期限支付利息。对支付利息的期限没有约定或者约定不明确，依据本法第五百一十条的规定仍不能确定，借款期间不满一年的，应当在返还借款时一并支付；借款期间一年以上的，应当在每届满一年时支付，剩余期间不满一年的，应当在返还借款时一并支付。

第六百七十五条 借款人应当按照约定的期限返还借款。对借款期限没有约定或者约定不明确，依据本法第五百一十条的规定仍不能确定的，借款人可以随时返还；贷款人可以催告借款人在合理期限内返还。

第六百七十六条 借款人未按照约定的期限返还借款的，应当按照约定或者国家有关规定支付逾期利息。

第六百七十七条 借款人提前返还借款的，除当事人另有约定外，应当按照实际借款的期间计算利息。

第六百七十八条 借款人可以在还款期限届满前向贷款人申请展期；贷款人同意的，可以展期。

第六百七十九条 自然人之间的借款合同，自贷款人提供借款时成立。

第六百八十条 禁止高利放贷，借款的利率不得违反国家有关规定。

借款合同对支付利息没有约定的，视为没有利息。

借款合同对支付利息约定不明确，当事人不能达成补充协议的，按照当地或者当事人的交易方式、交易习惯、市场利率等因素确定利息；自然人之间借款的，视为没有利息。

第十三章 保证合同

第一节 一般规定

第六百八十一条 保证合同是为保障债权的实现，保证人和债权人约定，当债务人不履行到期债务或者发生当事人约定的情形时，保证人履行债务或者承担责任的合同。

第六百八十二条 保证合同是主债权债务合同的从合同。主债权债务合同无效的，保证合同无效，但是法律另有规定的除外。

保证合同被确认无效后，债务人、保证人、债权人有过错的，应当根据其过错各自承担相应的民事责任。

第六百八十三条 机关法人不得为保证人，但是经国务院批准为使用外国政府或者国际经济组织贷款进行转贷的除外。

以公益为目的的非营利法人、非法人组织不得为保证人。

第六百八十四条 保证合同的内容一般包括被保证的主债权的种类、数额，债务人履行债务的期限，保证的方式、范围和期间等条款。

第六百八十五条 保证合同可以是单独订立的书面合同，也可以是主债权债务合同中的保证条款。

第三人单方以书面形式向债权人作出保证，债权人接收且未提出异议的，保证合同成立。

第六百八十六条 保证的方式包括一般保证和连带责任保证。

当事人在保证合同中对保证方式没有约定或者约定不明确的，按照一般保证承担保证责任。

第六百八十七条 当事人在保证合同中约定，债务人不能履行债务时，由保证人承担保证责任的，为一般保证。

一般保证的保证人在主合同纠纷未经审判或者仲裁，并就债务人财产依法强制执行仍不能履行债务前，有权拒绝向债权人承担保证责任，但是有下列情形之一的除外：

（一）债务人下落不明，且无财产可供执行；

（二）人民法院已经受理债务人破产案件；

（三）债权人有证据证明债务人的财产不足以履行全部债务或者丧失履行债务能力；

（四）保证人书面表示放弃本款规定的权利。

第六百八十八条 当事人在保证合同中约定保证人和债务人对债务承担连带责任的，为连带责任保证。

连带责任保证的债务人不履行到期债务或者发生当事人约定的

情形时，债权人可以请求债务人履行债务，也可以请求保证人在其保证范围内承担保证责任。

第六百八十九条　保证人可以要求债务人提供反担保。

第六百九十条　保证人与债权人可以协商订立最高额保证的合同，约定在最高债权额限度内就一定期间连续发生的债权提供保证。

最高额保证除适用本章规定外，参照适用本法第二编最高额抵押权的有关规定。

第二节　保证责任

第六百九十一条　保证的范围包括主债权及其利息、违约金、损害赔偿金和实现债权的费用。当事人另有约定的，按照其约定。

第六百九十二条　保证期间是确定保证人承担保证责任的期间，不发生中止、中断和延长。

债权人与保证人可以约定保证期间，但是约定的保证期间早于主债务履行期限或者与主债务履行期限同时届满的，视为没有约定；没有约定或者约定不明确的，保证期间为主债务履行期限届满之日起六个月。

债权人与债务人对主债务履行期限没有约定或者约定不明确的，保证期间自债权人请求债务人履行债务的宽限期届满之日起计算。

第六百九十三条　一般保证的债权人未在保证期间对债务人提起诉讼或者申请仲裁的，保证人不再承担保证责任。

连带责任保证的债权人未在保证期间请求保证人承担保证责任的，保证人不再承担保证责任。

第六百九十四条　一般保证的债权人在保证期间届满前对债务人提起诉讼或者申请仲裁的，从保证人拒绝承担保证责任的权利消灭之日起，开始计算保证债务的诉讼时效。

连带责任保证的债权人在保证期间届满前请求保证人承担保证责任的，从债权人请求保证人承担保证责任之日起，开始计算保证债务的诉讼时效。

第六百九十五条　债权人和债务人未经保证人书面同意，协商变更主债权债务合同内容，减轻债务的，保证人仍对变更后的债务承担保证责任；加重债务的，保证人对加重的部分不承担保证责任。

债权人和债务人变更主债权债务合同的履行期限，未经保证人书面同意的，保证期间不受影响。

第六百九十六条 债权人转让全部或者部分债权，未通知保证人的，该转让对保证人不发生效力。

保证人与债权人约定禁止债权转让，债权人未经保证人书面同意转让债权的，保证人对受让人不再承担保证责任。

第六百九十七条 债权人未经保证人书面同意，允许债务人转移全部或者部分债务，保证人对未经其同意转移的债务不再承担保证责任，但是债权人和保证人另有约定的除外。

第三人加入债务的，保证人的保证责任不受影响。

第六百九十八条 一般保证的保证人在主债务履行期限届满后，向债权人提供债务人可供执行财产的真实情况，债权人放弃或者怠于行使权利致使该财产不能被执行的，保证人在其提供可供执行财产的价值范围内不再承担保证责任。

第六百九十九条 同一债务有两个以上保证人的，保证人应当按照保证合同约定的保证份额，承担保证责任；没有约定保证份额的，债权人可以请求任何一个保证人在其保证范围内承担保证责任。

第七百条 保证人承担保证责任后，除当事人另有约定外，有权在其承担保证责任的范围内向债务人追偿，享有债权人对债务人的权利，但是不得损害债权人的利益。

第七百零一条 保证人可以主张债务人对债权人的抗辩。债务人放弃抗辩的，保证人仍有权向债权人主张抗辩。

第七百零二条 债务人对债权人享有抵销权或者撤销权的，保证人可以在相应范围内拒绝承担保证责任。

第十四章 租赁合同

第七百零三条 租赁合同是出租人将租赁物交付承租人使用、收益，承租人支付租金的合同。

第七百零四条 租赁合同的内容一般包括租赁物的名称、数量、用途、租赁期限、租金及其支付期限和方式、租赁物维修等条款。

第七百零五条　租赁期限不得超过二十年。超过二十年的，超过部分无效。

租赁期限届满，当事人可以续订租赁合同；但是，约定的租赁期限自续订之日起不得超过二十年。

第七百零六条　当事人未依照法律、行政法规规定办理租赁合同登记备案手续的，不影响合同的效力。

第七百零七条　租赁期限六个月以上的，应当采用书面形式。当事人未采用书面形式，无法确定租赁期限的，视为不定期租赁。

第七百零八条　出租人应当按照约定将租赁物交付承租人，并在租赁期限内保持租赁物符合约定的用途。

第七百零九条　承租人应当按照约定的方法使用租赁物。对租赁物的使用方法没有约定或者约定不明确，依据本法第五百一十条的规定仍不能确定的，应当根据租赁物的性质使用。

第七百一十条　承租人按照约定的方法或者根据租赁物的性质使用租赁物，致使租赁物受到损耗的，不承担赔偿责任。

第七百一十一条　承租人未按照约定的方法或者未根据租赁物的性质使用租赁物，致使租赁物受到损失的，出租人可以解除合同并请求赔偿损失。

第七百一十二条　出租人应当履行租赁物的维修义务，但是当事人另有约定的除外。

第七百一十三条　承租人在租赁物需要维修时可以请求出租人在合理期限内维修。出租人未履行维修义务的，承租人可以自行维修，维修费用由出租人负担。因维修租赁物影响承租人使用的，应当相应减少租金或者延长租期。

因承租人的过错致使租赁物需要维修的，出租人不承担前款规定的维修义务。

第七百一十四条　承租人应当妥善保管租赁物，因保管不善造成租赁物毁损、灭失的，应当承担赔偿责任。

第七百一十五条　承租人经出租人同意，可以对租赁物进行改善或者增设他物。

承租人未经出租人同意，对租赁物进行改善或者增设他物的，出租人可以请求承租人恢复原状或者赔偿损失。

第七百一十六条　承租人经出租人同意，可以将租赁物转租给第三人。承租人转租的，承租人与出租人之间的租赁合同继续有效；第三人造成租赁物损失的，承租人应当赔偿损失。

承租人未经出租人同意转租的，出租人可以解除合同。

第七百一十七条　承租人经出租人同意将租赁物转租给第三人，转租期限超过承租人剩余租赁期限的，超过部分的约定对出租人不具有法律约束力，但是出租人与承租人另有约定的除外。

第七百一十八条　出租人知道或者应当知道承租人转租，但是在六个月内未提出异议的，视为出租人同意转租。

第七百一十九条　承租人拖欠租金的，次承租人可以代承租人支付其欠付的租金和违约金，但是转租合同对出租人不具有法律约束力的除外。

次承租人代为支付的租金和违约金，可以充抵次承租人应当向承租人支付的租金；超出其应付的租金数额的，可以向承租人追偿。

第七百二十条　在租赁期限内因占有、使用租赁物获得的收益，归承租人所有，但是当事人另有约定的除外。

第七百二十一条　承租人应当按照约定的期限支付租金。对支付租金的期限没有约定或者约定不明确，依据本法第五百一十条的规定仍不能确定，租赁期限不满一年的，应当在租赁期限届满时支付；租赁期限一年以上的，应当在每届满一年时支付，剩余期限不满一年的，应当在租赁期限届满时支付。

第七百二十二条　承租人无正当理由未支付或者迟延支付租金的，出租人可以请求承租人在合理期限内支付；承租人逾期不支付的，出租人可以解除合同。

第七百二十三条　因第三人主张权利，致使承租人不能对租赁物使用、收益的，承租人可以请求减少租金或者不支付租金。

第三人主张权利的，承租人应当及时通知出租人。

第七百二十四条　有下列情形之一，非因承租人原因致使租赁物无法使用的，承租人可以解除合同：

（一）租赁物被司法机关或者行政机关依法查封、扣押；

（二）租赁物权属有争议；

（三）租赁物具有违反法律、行政法规关于使用条件的强制性规定情形。

第七百二十五条　租赁物在承租人按照租赁合同占有期限内发生所有权变动的,不影响租赁合同的效力。

第七百二十六条　出租人出卖租赁房屋的,应当在出卖之前的合理期限内通知承租人,承租人享有以同等条件优先购买的权利;但是,房屋按份共有人行使优先购买权或者出租人将房屋出卖给近亲属的除外。

出租人履行通知义务后,承租人在十五日内未明确表示购买的,视为承租人放弃优先购买权。

第七百二十七条　出租人委托拍卖人拍卖租赁房屋的,应当在拍卖五日前通知承租人。承租人未参加拍卖的,视为放弃优先购买权。

第七百二十八条　出租人未通知承租人或者有其他妨害承租人行使优先购买权情形的,承租人可以请求出租人承担赔偿责任。但是,出租人与第三人订立的房屋买卖合同的效力不受影响。

第七百二十九条　因不可归责于承租人的事由,致使租赁物部分或者全部毁损、灭失的,承租人可以请求减少租金或者不支付租金;因租赁物部分或者全部毁损、灭失,致使不能实现合同目的的,承租人可以解除合同。

第七百三十条　当事人对租赁期限没有约定或者约定不明确,依据本法第五百一十条的规定仍不能确定的,视为不定期租赁;当事人可以随时解除合同,但是应当在合理期限之前通知对方。

第七百三十一条　租赁物危及承租人的安全或者健康的,即使承租人订立合同时明知该租赁物质量不合格,承租人仍然可以随时解除合同。

第七百三十二条　承租人在房屋租赁期限内死亡的,与其生前共同居住的人或者共同经营人可以按照原租赁合同租赁该房屋。

第七百三十三条　租赁期限届满,承租人应当返还租赁物。返还的租赁物应当符合按照约定或者根据租赁物的性质使用后的状态。

第七百三十四条　租赁期限届满,承租人继续使用租赁物,出租人没有提出异议的,原租赁合同继续有效,但是租赁期限为不定期。

租赁期限届满,房屋承租人享有以同等条件优先承租的权利。

第十五章　融资租赁合同

第七百三十五条　融资租赁合同是出租人根据承租人对出卖人、租赁物的选择，向出卖人购买租赁物，提供给承租人使用，承租人支付租金的合同。

第七百三十六条　融资租赁合同的内容一般包括租赁物的名称、数量、规格、技术性能、检验方法，租赁期限，租金构成及其支付期限和方式、币种，租赁期限届满租赁物的归属等条款。

融资租赁合同应当采用书面形式。

第七百三十七条　当事人以虚构租赁物方式订立的融资租赁合同无效。

第七百三十八条　依照法律、行政法规的规定，对于租赁物的经营使用应当取得行政许可的，出租人未取得行政许可不影响融资租赁合同的效力。

第七百三十九条　出租人根据承租人对出卖人、租赁物的选择订立的买卖合同，出卖人应当按照约定向承租人交付标的物，承租人享有与受领标的物有关的买受人的权利。

第七百四十条　出卖人违反向承租人交付标的物的义务，有下列情形之一的，承租人可以拒绝受领出卖人向其交付的标的物：

（一）标的物严重不符合约定；

（二）未按照约定交付标的物，经承租人或者出租人催告后在合理期限内仍未交付。

承租人拒绝受领标的物的，应当及时通知出租人。

第七百四十一条　出租人、出卖人、承租人可以约定，出卖人不履行买卖合同义务的，由承租人行使索赔的权利。承租人行使索赔权利的，出租人应当协助。

第七百四十二条　承租人对出卖人行使索赔权利，不影响其履行支付租金的义务。但是，承租人依赖出租人的技能确定租赁物或者出租人干预选择租赁物的，承租人可以请求减免相应租金。

第七百四十三条　出租人有下列情形之一，致使承租人对出卖人行使索赔权利失败的，承租人有权请求出租人承担相应的责任：

（一）明知租赁物有质量瑕疵而不告知承租人；

（二）承租人行使索赔权利时，未及时提供必要协助。

出租人怠于行使只能由其对出卖人行使的索赔权利，造成承租人损失的，承租人有权请求出租人承担赔偿责任。

第七百四十四条 出租人根据承租人对出卖人、租赁物的选择订立的买卖合同，未经承租人同意，出租人不得变更与承租人有关的合同内容。

第七百四十五条 出租人对租赁物享有的所有权，未经登记，不得对抗善意第三人。

第七百四十六条 融资租赁合同的租金，除当事人另有约定外，应当根据购买租赁物的大部分或者全部成本以及出租人的合理利润确定。

第七百四十七条 租赁物不符合约定或者不符合使用目的的，出租人不承担责任。但是，承租人依赖出租人的技能确定租赁物或者出租人干预选择租赁物的除外。

第七百四十八条 出租人应当保证承租人对租赁物的占有和使用。

出租人有下列情形之一的，承租人有权请求其赔偿损失：

（一）无正当理由收回租赁物；

（二）无正当理由妨碍、干扰承租人对租赁物的占有和使用；

（三）因出租人的原因致使第三人对租赁物主张权利；

（四）不当影响承租人对租赁物占有和使用的其他情形。

第七百四十九条 承租人占有租赁物期间，租赁物造成第三人人身损害或者财产损失的，出租人不承担责任。

第七百五十条 承租人应当妥善保管、使用租赁物。

承租人应当履行占有租赁物期间的维修义务。

第七百五十一条 承租人占有租赁物期间，租赁物毁损、灭失的，出租人有权请求承租人继续支付租金，但是法律另有规定或者当事人另有约定的除外。

第七百五十二条 承租人应当按照约定支付租金。承租人经催告后在合理期限内仍不支付租金的，出租人可以请求支付全部租金；也可以解除合同，收回租赁物。

第七百五十三条 承租人未经出租人同意，将租赁物转让、抵押、质押、投资入股或者以其他方式处分的，出租人可以解除融资租赁合同。

第七百五十四条 有下列情形之一的，出租人或者承租人可以解除融资租赁合同：

（一）出租人与出卖人订立的买卖合同解除、被确认无效或者被撤销，且未能重新订立买卖合同；

（二）租赁物因不可归责于当事人的原因毁损、灭失，且不能修复或者确定替代物；

（三）因出卖人的原因致使融资租赁合同的目的不能实现。

第七百五十五条 融资租赁合同因买卖合同解除、被确认无效或者被撤销而解除，出卖人、租赁物系由承租人选择的，出租人有权请求承租人赔偿相应损失；但是，因出租人原因致使买卖合同解除、被确认无效或者被撤销的除外。

出租人的损失已经在买卖合同解除、被确认无效或者被撤销时获得赔偿的，承租人不再承担相应的赔偿责任。

第七百五十六条 融资租赁合同因租赁物交付承租人后意外毁损、灭失等不可归责于当事人的原因解除的，出租人可以请求承租人按照租赁物折旧情况给予补偿。

第七百五十七条 出租人和承租人可以约定租赁期限届满租赁物的归属；对租赁物的归属没有约定或者约定不明确，依据本法第五百一十条的规定仍不能确定的，租赁物的所有权归出租人。

第七百五十八条 当事人约定租赁期限届满租赁物归承租人所有，承租人已经支付大部分租金，但是无力支付剩余租金，出租人因此解除合同收回租赁物，收回的租赁物的价值超过承租人欠付的租金以及其他费用的，承租人可以请求相应返还。

当事人约定租赁期限届满租赁物归出租人所有，因租赁物毁损、灭失或者附合、混合于他物致使承租人不能返还的，出租人有权请求承租人给予合理补偿。

第七百五十九条 当事人约定租赁期限届满，承租人仅需向出租人支付象征性价款的，视为约定的租金义务履行完毕后租赁物的所有权归承租人。

第七百六十条 融资租赁合同无效,当事人就该情形下租赁物的归属有约定的,按照其约定;没有约定或者约定不明确的,租赁物应当返还出租人。但是,因承租人原因致使合同无效,出租人不请求返还或者返还后会显著降低租赁物效用的,租赁物的所有权归承租人,由承租人给予出租人合理补偿。

第十六章 保理合同

第七百六十一条 保理合同是应收账款债权人将现有的或者将有的应收账款转让给保理人,保理人提供资金融通、应收账款管理或者催收、应收账款债务人付款担保等服务的合同。

第七百六十二条 保理合同的内容一般包括业务类型、服务范围、服务期限、基础交易合同情况、应收账款信息、保理融资款或者服务报酬及其支付方式等条款。

保理合同应当采用书面形式。

第七百六十三条 应收账款债权人与债务人虚构应收账款作为转让标的,与保理人订立保理合同的,应收账款债务人不得以应收账款不存在为由对抗保理人,但是保理人明知虚构的除外。

第七百六十四条 保理人向应收账款债务人发出应收账款转让通知的,应当表明保理人身份并附有必要凭证。

第七百六十五条 应收账款债务人接到应收账款转让通知后,应收账款债权人与债务人无正当理由协商变更或者终止基础交易合同,对保理人产生不利影响的,对保理人不发生效力。

第七百六十六条 当事人约定有追索权保理的,保理人可以向应收账款债权人主张返还保理融资款本息或者回购应收账款债权,也可以向应收账款债务人主张应收账款债权。保理人向应收账款债务人主张应收账款债权,在扣除保理融资款本息和相关费用后有剩余的,剩余部分应当返还给应收账款债权人。

第七百六十七条 当事人约定无追索权保理的,保理人应当向应收账款债务人主张应收账款债权,保理人取得超过保理融资款本息和相关费用的部分,无需向应收账款债权人返还。

第七百六十八条 应收账款债权人就同一应收账款订立多个保

理合同，致使多个保理人主张权利的，已经登记的先于未登记的取得应收账款；均已经登记的，按照登记时间的先后顺序取得应收账款；均未登记的，由最先到达应收账款债务人的转让通知中载明的保理人取得应收账款；既未登记也未通知的，按照保理融资款或者服务报酬的比例取得应收账款。

第七百六十九条 本章没有规定的，适用本编第六章债权转让的有关规定。

第十七章 承揽合同

第七百七十条 承揽合同是承揽人按照定作人的要求完成工作，交付工作成果，定作人支付报酬的合同。

承揽包括加工、定作、修理、复制、测试、检验等工作。

第七百七十一条 承揽合同的内容一般包括承揽的标的、数量、质量、报酬，承揽方式，材料的提供，履行期限，验收标准和方法等条款。

第七百七十二条 承揽人应当以自己的设备、技术和劳力，完成主要工作，但是当事人另有约定的除外。

承揽人将其承揽的主要工作交由第三人完成的，应当就该第三人完成的工作成果向定作人负责；未经定作人同意的，定作人也可以解除合同。

第七百七十三条 承揽人可以将其承揽的辅助工作交由第三人完成。承揽人将其承揽的辅助工作交由第三人完成的，应当就该第三人完成的工作成果向定作人负责。

第七百七十四条 承揽人提供材料的，应当按照约定选用材料，并接受定作人检验。

第七百七十五条 定作人提供材料的，应当按照约定提供材料。承揽人对定作人提供的材料应当及时检验，发现不符合约定时，应当及时通知定作人更换、补齐或者采取其他补救措施。

承揽人不得擅自更换定作人提供的材料，不得更换不需要修理的零部件。

第七百七十六条 承揽人发现定作人提供的图纸或者技术要求

不合理的，应当及时通知定作人。因定作人怠于答复等原因造成承揽人损失的，应当赔偿损失。

第七百七十七条 定作人中途变更承揽工作的要求，造成承揽人损失的，应当赔偿损失。

第七百七十八条 承揽工作需要定作人协助的，定作人有协助的义务。定作人不履行协助义务致使承揽工作不能完成的，承揽人可以催告定作人在合理期限内履行义务，并可以顺延履行期限；定作人逾期不履行的，承揽人可以解除合同。

第七百七十九条 承揽人在工作期间，应当接受定作人必要的监督检验。定作人不得因监督检验妨碍承揽人的正常工作。

第七百八十条 承揽人完成工作的，应当向定作人交付工作成果，并提交必要的技术资料和有关质量证明。定作人应当验收该工作成果。

第七百八十一条 承揽人交付的工作成果不符合质量要求的，定作人可以合理选择请求承揽人承担修理、重作、减少报酬、赔偿损失等违约责任。

第七百八十二条 定作人应当按照约定的期限支付报酬。对支付报酬的期限没有约定或者约定不明确，依据本法第五百一十条的规定仍不能确定的，定作人应当在承揽人交付工作成果时支付；工作成果部分交付的，定作人应当相应支付。

第七百八十三条 定作人未向承揽人支付报酬或者材料费等价款的，承揽人对完成的工作成果享有留置权或者有权拒绝交付，但是当事人另有约定的除外。

第七百八十四条 承揽人应当妥善保管定作人提供的材料以及完成的工作成果，因保管不善造成毁损、灭失的，应当承担赔偿责任。

第七百八十五条 承揽人应当按照定作人的要求保守秘密，未经定作人许可，不得留存复制品或者技术资料。

第七百八十六条 共同承揽人对定作人承担连带责任，但是当事人另有约定的除外。

第七百八十七条 定作人在承揽人完成工作前可以随时解除合同，造成承揽人损失的，应当赔偿损失。

第十八章　建设工程合同

第七百八十八条　建设工程合同是承包人进行工程建设，发包人支付价款的合同。

建设工程合同包括工程勘察、设计、施工合同。

第七百八十九条　建设工程合同应当采用书面形式。

第七百九十条　建设工程的招标投标活动，应当依照有关法律的规定公开、公平、公正进行。

第七百九十一条　发包人可以与总承包人订立建设工程合同，也可以分别与勘察人、设计人、施工人订立勘察、设计、施工承包合同。发包人不得将应当由一个承包人完成的建设工程支解成若干部分发包给数个承包人。

总承包人或者勘察、设计、施工承包人经发包人同意，可以将自己承包的部分工作交由第三人完成。第三人就其完成的工作成果与总承包人或者勘察、设计、施工承包人向发包人承担连带责任。承包人不得将其承包的全部建设工程转包给第三人或者将其承包的全部建设工程支解以后以分包的名义分别转包给第三人。

禁止承包人将工程分包给不具备相应资质条件的单位。禁止分包单位将其承包的工程再分包。建设工程主体结构的施工必须由承包人自行完成。

第七百九十二条　国家重大建设工程合同，应当按照国家规定的程序和国家批准的投资计划、可行性研究报告等文件订立。

第七百九十三条　建设工程施工合同无效，但是建设工程经验收合格的，可以参照合同关于工程价款的约定折价补偿承包人。

建设工程施工合同无效，且建设工程经验收不合格的，按照以下情形处理：

（一）修复后的建设工程经验收合格的，发包人可以请求承包人承担修复费用；

（二）修复后的建设工程经验收不合格的，承包人无权请求参照合同关于工程价款的约定折价补偿。

发包人对因建设工程不合格造成的损失有过错的，应当承担相应的责任。

第七百九十四条 勘察、设计合同的内容一般包括提交有关基础资料和概预算等文件的期限、质量要求、费用以及其他协作条件等条款。

第七百九十五条 施工合同的内容一般包括工程范围、建设工期、中间交工工程的开工和竣工时间、工程质量、工程造价、技术资料交付时间、材料和设备供应责任、拨款和结算、竣工验收、质量保修范围和质量保证期、相互协作等条款。

第七百九十六条 建设工程实行监理的，发包人应当与监理人采用书面形式订立委托监理合同。发包人与监理人的权利和义务以及法律责任，应当依照本编委托合同以及其他有关法律、行政法规的规定。

第七百九十七条 发包人在不妨碍承包人正常作业的情况下，可以随时对作业进度、质量进行检查。

第七百九十八条 隐蔽工程在隐蔽以前，承包人应当通知发包人检查。发包人没有及时检查的，承包人可以顺延工程日期，并有权请求赔偿停工、窝工等损失。

第七百九十九条 建设工程竣工后，发包人应当根据施工图纸及说明书、国家颁发的施工验收规范和质量检验标准及时进行验收。验收合格的，发包人应当按照约定支付价款，并接收该建设工程。

建设工程竣工经验收合格后，方可交付使用；未经验收或者验收不合格的，不得交付使用。

第八百条 勘察、设计的质量不符合要求或者未按照期限提交勘察、设计文件拖延工期，造成发包人损失的，勘察人、设计人应当继续完善勘察、设计，减收或者免收勘察、设计费并赔偿损失。

第八百零一条 因施工人的原因致使建设工程质量不符合约定的，发包人有权请求施工人在合理期限内无偿修理或者返工、改建。经过修理或者返工、改建后，造成逾期交付的，施工人应当承担违约责任。

第八百零二条 因承包人的原因致使建设工程在合理使用期限内造成人身损害和财产损失的，承包人应当承担赔偿责任。

第八百零三条 发包人未按照约定的时间和要求提供原材料、

设备、场地、资金、技术资料的，承包人可以顺延工程日期，并有权请求赔偿停工、窝工等损失。

第八百零四条 因发包人的原因致使工程中途停建、缓建的，发包人应当采取措施弥补或者减少损失，赔偿承包人因此造成的停工、窝工、倒运、机械设备调迁、材料和构件积压等损失和实际费用。

第八百零五条 因发包人变更计划，提供的资料不准确，或者未按照期限提供必需的勘察、设计工作条件而造成勘察、设计的返工、停工或者修改设计，发包人应当按照勘察人、设计人实际消耗的工作量增付费用。

第八百零六条 承包人将建设工程转包、违法分包的，发包人可以解除合同。

发包人提供的主要建筑材料、建筑构配件和设备不符合强制性标准或者不履行协助义务，致使承包人无法施工，经催告后在合理期限内仍未履行相应义务的，承包人可以解除合同。

合同解除后，已经完成的建设工程质量合格的，发包人应当按照约定支付相应的工程价款；已经完成的建设工程质量不合格的，参照本法第七百九十三条的规定处理。

第八百零七条 发包人未按照约定支付价款的，承包人可以催告发包人在合理期限内支付价款。发包人逾期不支付的，除根据建设工程的性质不宜折价、拍卖外，承包人可以与发包人协议将该工程折价，也可以请求人民法院将该工程依法拍卖。建设工程的价款就该工程折价或者拍卖的价款优先受偿。

第八百零八条 本章没有规定的，适用承揽合同的有关规定。

第十九章 运输合同

第一节 一般规定

第八百零九条 运输合同是承运人将旅客或者货物从起运地点运输到约定地点，旅客、托运人或者收货人支付票款或者运输费用的合同。

第八百一十条 从事公共运输的承运人不得拒绝旅客、托运人通常、合理的运输要求。

第八百一十一条 承运人应当在约定期限或者合理期限内将旅客、货物安全运输到约定地点。

第八百一十二条 承运人应当按照约定的或者通常的运输路线将旅客、货物运输到约定地点。

第八百一十三条 旅客、托运人或者收货人应当支付票款或者运输费用。承运人未按照约定路线或者通常路线运输增加票款或者运输费用的，旅客、托运人或者收货人可以拒绝支付增加部分的票款或者运输费用。

第二节 客 运 合 同

第八百一十四条 客运合同自承运人向旅客出具客票时成立，但是当事人另有约定或者另有交易习惯的除外。

第八百一十五条 旅客应当按照有效客票记载的时间、班次和座位号乘坐。旅客无票乘坐、超程乘坐、越级乘坐或者持不符合减价条件的优惠客票乘坐的，应当补交票款，承运人可以按照规定加收票款；旅客不支付票款的，承运人可以拒绝运输。

实名制客运合同的旅客丢失客票的，可以请求承运人挂失补办，承运人不得再次收取票款和其他不合理费用。

第八百一十六条 旅客因自己的原因不能按照客票记载的时间乘坐的，应当在约定的期限内办理退票或者变更手续；逾期办理的，承运人可以不退票款，并不再承担运输义务。

第八百一十七条 旅客随身携带行李应当符合约定的限量和品类要求；超过限量或者违反品类要求携带行李的，应当办理托运手续。

第八百一十八条 旅客不得随身携带或者在行李中夹带易燃、易爆、有毒、有腐蚀性、有放射性以及可能危及运输工具上人身和财产安全的危险物品或者违禁物品。

旅客违反前款规定的，承运人可以将危险物品或者违禁物品卸下、销毁或者送交有关部门。旅客坚持携带或者夹带危险物品或者违禁物品的，承运人应当拒绝运输。

第八百一十九条 承运人应当严格履行安全运输义务，及时告知旅客安全运输应当注意的事项。旅客对承运人为安全运输所作的合理安排应当积极协助和配合。

第八百二十条 承运人应当按照有效客票记载的时间、班次和座位号运输旅客。承运人迟延运输或者有其他不能正常运输情形的,应当及时告知和提醒旅客,采取必要的安置措施,并根据旅客的要求安排改乘其他班次或者退票;由此造成旅客损失的,承运人应当承担赔偿责任,但是不可归责于承运人的除外。

第八百二十一条 承运人擅自降低服务标准的,应当根据旅客的请求退票或者减收票款;提高服务标准的,不得加收票款。

第八百二十二条 承运人在运输过程中,应当尽力救助患有急病、分娩、遇险的旅客。

第八百二十三条 承运人应当对运输过程中旅客的伤亡承担赔偿责任;但是,伤亡是旅客自身健康原因造成的或者承运人证明伤亡是旅客故意、重大过失造成的除外。

前款规定适用于按照规定免票、持优待票或者经承运人许可搭乘的无票旅客。

第八百二十四条 在运输过程中旅客随身携带物品毁损、灭失,承运人有过错的,应当承担赔偿责任。

旅客托运的行李毁损、灭失的,适用货物运输的有关规定。

第三节 货运合同

第八百二十五条 托运人办理货物运输,应当向承运人准确表明收货人的姓名、名称或者凭指示的收货人,货物的名称、性质、重量、数量,收货地点等有关货物运输的必要情况。

因托运人申报不实或者遗漏重要情况,造成承运人损失的,托运人应当承担赔偿责任。

第八百二十六条 货物运输需要办理审批、检验等手续的,托运人应当将办理完有关手续的文件提交承运人。

第八百二十七条 托运人应当按照约定的方式包装货物。对包装方式没有约定或者约定不明确的,适用本法第六百一十九条的规定。

托运人违反前款规定的,承运人可以拒绝运输。

第八百二十八条　托运人托运易燃、易爆、有毒、有腐蚀性、有放射性等危险物品的，应当按照国家有关危险物品运输的规定对危险物品妥善包装，做出危险物品标志和标签，并将有关危险物品的名称、性质和防范措施的书面材料提交承运人。

托运人违反前款规定的，承运人可以拒绝运输，也可以采取相应措施以避免损失的发生，因此产生的费用由托运人负担。

第八百二十九条　在承运人将货物交付收货人之前，托运人可以要求承运人中止运输、返还货物、变更到达地或者将货物交给其他收货人，但是应当赔偿承运人因此受到的损失。

第八百三十条　货物运输到达后，承运人知道收货人的，应当及时通知收货人，收货人应当及时提货。收货人逾期提货的，应当向承运人支付保管费等费用。

第八百三十一条　收货人提货时应当按照约定的期限检验货物。对检验货物的期限没有约定或者约定不明确，依据本法第五百一十条的规定仍不能确定的，应当在合理期限内检验货物。收货人在约定的期限或者合理期限内对货物的数量、毁损等未提出异议的，视为承运人已经按照运输单证的记载交付的初步证据。

第八百三十二条　承运人对运输过程中货物的毁损、灭失承担赔偿责任。但是，承运人证明货物的毁损、灭失是因不可抗力、货物本身的自然性质或者合理损耗以及托运人、收货人的过错造成的，不承担赔偿责任。

第八百三十三条　货物的毁损、灭失的赔偿额，当事人有约定的，按照其约定；没有约定或者约定不明确，依据本法第五百一十条的规定仍不能确定的，按照交付或者应当交付时货物到达地的市场价格计算。法律、行政法规对赔偿额的计算方法和赔偿限额另有规定的，依照其规定。

第八百三十四条　两个以上承运人以同一运输方式联运的，与托运人订立合同的承运人应当对全程运输承担责任；损失发生在某一运输区段的，与托运人订立合同的承运人和该区段的承运人承担连带责任。

第八百三十五条　货物在运输过程中因不可抗力灭失，未收取运费的，承运人不得请求支付运费；已经收取运费的，托运人可以请求返还。法律另有规定的，依照其规定。

第八百三十六条 托运人或者收货人不支付运费、保管费或者其他费用的，承运人对相应的运输货物享有留置权，但是当事人另有约定的除外。

第八百三十七条 收货人不明或者收货人无正当理由拒绝受领货物的，承运人依法可以提存货物。

第四节 多式联运合同

第八百三十八条 多式联运经营人负责履行或者组织履行多式联运合同，对全程运输享有承运人的权利，承担承运人的义务。

第八百三十九条 多式联运经营人可以与参加多式联运的各区段承运人就多式联运合同的各区段运输约定相互之间的责任；但是，该约定不影响多式联运经营人对全程运输承担的义务。

第八百四十条 多式联运经营人收到托运人交付的货物时，应当签发多式联运单据。按照托运人的要求，多式联运单据可以是可转让单据，也可以是不可转让单据。

第八百四十一条 因托运人托运货物时的过错造成多式联运经营人损失的，即使托运人已经转让多式联运单据，托运人仍然应当承担赔偿责任。

第八百四十二条 货物的毁损、灭失发生于多式联运的某一运输区段的，多式联运经营人的赔偿责任和责任限额，适用调整该区段运输方式的有关法律规定；货物毁损、灭失发生的运输区段不能确定的，依照本章规定承担赔偿责任。

第二十章 技术合同

第一节 一般规定

第八百四十三条 技术合同是当事人就技术开发、转让、许可、咨询或者服务订立的确立相互之间权利和义务的合同。

第八百四十四条 订立技术合同，应当有利于知识产权的保护和科学技术的进步，促进科学技术成果的研发、转化、应用和推广。

第八百四十五条　技术合同的内容一般包括项目的名称，标的的内容、范围和要求，履行的计划、地点和方式，技术信息和资料的保密，技术成果的归属和收益的分配办法，验收标准和方法，名词和术语的解释等条款。

与履行合同有关的技术背景资料、可行性论证和技术评价报告、项目任务书和计划书、技术标准、技术规范、原始设计和工艺文件，以及其他技术文档，按照当事人的约定可以作为合同的组成部分。

技术合同涉及专利的，应当注明发明创造的名称、专利申请人和专利权人、申请日期、申请号、专利号以及专利权的有效期限。

第八百四十六条　技术合同价款、报酬或者使用费的支付方式由当事人约定，可以采取一次总算、一次总付或者一次总算、分期支付，也可以采取提成支付或者提成支付附加预付入门费的方式。

约定提成支付的，可以按照产品价格、实施专利和使用技术秘密后新增的产值、利润或者产品销售额的一定比例提成，也可以按照约定的其他方式计算。提成支付的比例可以采取固定比例、逐年递增比例或者逐年递减比例。

约定提成支付的，当事人可以约定查阅有关会计账目的办法。

第八百四十七条　职务技术成果的使用权、转让权属于法人或者非法人组织的，法人或者非法人组织可以就该项职务技术成果订立技术合同。法人或者非法人组织订立技术合同转让职务技术成果时，职务技术成果的完成人享有以同等条件优先受让的权利。

职务技术成果是执行法人或者非法人组织的工作任务，或者主要是利用法人或者非法人组织的物质技术条件所完成的技术成果。

第八百四十八条　非职务技术成果的使用权、转让权属于完成技术成果的个人，完成技术成果的个人可以就该项非职务技术成果订立技术合同。

第八百四十九条　完成技术成果的个人享有在有关技术成果文件上写明自己是技术成果完成者的权利和取得荣誉证书、奖励的权利。

第八百五十条　非法垄断技术或者侵害他人技术成果的技术合同无效。

第二节　技术开发合同

第八百五十一条　技术开发合同是当事人之间就新技术、新产品、新工艺、新品种或者新材料及其系统的研究开发所订立的合同。

技术开发合同包括委托开发合同和合作开发合同。

技术开发合同应当采用书面形式。

当事人之间就具有实用价值的科技成果实施转化订立的合同，参照适用技术开发合同的有关规定。

第八百五十二条　委托开发合同的委托人应当按照约定支付研究开发经费和报酬，提供技术资料，提出研究开发要求，完成协作事项，接受研究开发成果。

第八百五十三条　委托开发合同的研究开发人应当按照约定制定和实施研究开发计划，合理使用研究开发经费，按期完成研究开发工作，交付研究开发成果，提供有关的技术资料和必要的技术指导，帮助委托人掌握研究开发成果。

第八百五十四条　委托开发合同的当事人违反约定造成研究开发工作停滞、延误或者失败的，应当承担违约责任。

第八百五十五条　合作开发合同的当事人应当按照约定进行投资，包括以技术进行投资，分工参与研究开发工作，协作配合研究开发工作。

第八百五十六条　合作开发合同的当事人违反约定造成研究开发工作停滞、延误或者失败的，应当承担违约责任。

第八百五十七条　作为技术开发合同标的的技术已经由他人公开，致使技术开发合同的履行没有意义的，当事人可以解除合同。

第八百五十八条　技术开发合同履行过程中，因出现无法克服的技术困难，致使研究开发失败或者部分失败的，该风险由当事人约定；没有约定或者约定不明确，依据本法第五百一十条的规定仍不能确定的，风险由当事人合理分担。

当事人一方发现前款规定的可能致使研究开发失败或者部分失败的情形时，应当及时通知另一方并采取适当措施减少损失；没有及时通知并采取适当措施，致使损失扩大的，应当就扩大的损失承担责任。

第八百五十九条 委托开发完成的发明创造，除法律另有规定或者当事人另有约定外，申请专利的权利属于研究开发人。研究开发人取得专利权的，委托人可以依法实施该专利。

研究开发人转让专利申请权的，委托人享有以同等条件优先受让的权利。

第八百六十条 合作开发完成的发明创造，申请专利的权利属于合作开发的当事人共有；当事人一方转让其共有的专利申请权的，其他各方享有以同等条件优先受让的权利。但是，当事人另有约定的除外。

合作开发的当事人一方声明放弃其共有的专利申请权的，除当事人另有约定外，可以由另一方单独申请或者由其他各方共同申请。申请人取得专利权的，放弃专利申请权的一方可以免费实施该专利。

合作开发的当事人一方不同意申请专利的，另一方或者其他各方不得申请专利。

第八百六十一条 委托开发或者合作开发完成的技术秘密成果的使用权、转让权以及收益的分配办法，由当事人约定；没有约定或者约定不明确，依据本法第五百一十条的规定仍不能确定的，在没有相同技术方案被授予专利权前，当事人均有使用和转让的权利。但是，委托开发的研究开发人不得在向委托人交付研究开发成果之前，将研究开发成果转让给第三人。

第三节 技术转让合同和技术许可合同

第八百六十二条 技术转让合同是合法拥有技术的权利人，将现有特定的专利、专利申请、技术秘密的相关权利让与他人所订立的合同。

技术许可合同是合法拥有技术的权利人，将现有特定的专利、技术秘密的相关权利许可他人实施、使用所订立的合同。

技术转让合同和技术许可合同中关于提供实施技术的专用设备、原材料或者提供有关的技术咨询、技术服务的约定，属于合同的组成部分。

第八百六十三条 技术转让合同包括专利权转让、专利申请权转让、技术秘密转让等合同。

技术许可合同包括专利实施许可、技术秘密使用许可等合同。

技术转让合同和技术许可合同应当采用书面形式。

第八百六十四条 技术转让合同和技术许可合同可以约定实施专利或者使用技术秘密的范围，但是不得限制技术竞争和技术发展。

第八百六十五条 专利实施许可合同仅在该专利权的存续期限内有效。专利权有效期限届满或者专利权被宣告无效的，专利权人不得就该专利与他人订立专利实施许可合同。

第八百六十六条 专利实施许可合同的许可人应当按照约定许可被许可人实施专利，交付实施专利有关的技术资料，提供必要的技术指导。

第八百六十七条 专利实施许可合同的被许可人应当按照约定实施专利，不得许可约定以外的第三人实施该专利，并按照约定支付使用费。

第八百六十八条 技术秘密转让合同的让与人和技术秘密使用许可合同的许可人应当按照约定提供技术资料，进行技术指导，保证技术的实用性、可靠性，承担保密义务。

前款规定的保密义务，不限制许可人申请专利，但是当事人另有约定的除外。

第八百六十九条 技术秘密转让合同的受让人和技术秘密使用许可合同的被许可人应当按照约定使用技术，支付转让费、使用费，承担保密义务。

第八百七十条 技术转让合同的让与人和技术许可合同的许可人应当保证自己是所提供的技术的合法拥有者，并保证所提供的技术完整、无误、有效，能够达到约定的目标。

第八百七十一条 技术转让合同的受让人和技术许可合同的被许可人应当按照约定的范围和期限，对让与人、许可人提供的技术中尚未公开的秘密部分，承担保密义务。

第八百七十二条 许可人未按照约定许可技术的，应当返还部分或者全部使用费，并应当承担违约责任；实施专利或者使用技术秘密超越约定的范围的，违反约定擅自许可第三人实施该项专利或者使用该项技术秘密的，应当停止违约行为，承担违约责任；违反约定的保密义务的，应当承担违约责任。

让与人承担违约责任，参照适用前款规定。

第八百七十三条 被许可人未按照约定支付使用费的，应当补交使用费并按照约定支付违约金；不补交使用费或者支付违约金的，应当停止实施专利或者使用技术秘密，交还技术资料，承担违约责任；实施专利或者使用技术秘密超越约定的范围的，未经许可人同意擅自许可第三人实施该专利或者使用该技术秘密的，应当停止违约行为，承担违约责任；违反约定的保密义务的，应当承担违约责任。

受让人承担违约责任，参照适用前款规定。

第八百七十四条 受让人或者被许可人按照约定实施专利、使用技术秘密侵害他人合法权益的，由让与人或者许可人承担责任，但是当事人另有约定的除外。

第八百七十五条 当事人可以按照互利的原则，在合同中约定实施专利、使用技术秘密后续改进的技术成果的分享办法；没有约定或者约定不明确，依据本法第五百一十条的规定仍不能确定的，一方后续改进的技术成果，其他各方无权分享。

第八百七十六条 集成电路布图设计专有权、植物新品种权、计算机软件著作权等其他知识产权的转让和许可，参照适用本节的有关规定。

第八百七十七条 法律、行政法规对技术进出口合同或者专利、专利申请合同另有规定的，依照其规定。

第四节 技术咨询合同和技术服务合同

第八百七十八条 技术咨询合同是当事人一方以技术知识为对方就特定技术项目提供可行性论证、技术预测、专题技术调查、分析评价报告等所订立的合同。

技术服务合同是当事人一方以技术知识为对方解决特定技术问题所订立的合同，不包括承揽合同和建设工程合同。

第八百七十九条 技术咨询合同的委托人应当按照约定阐明咨询的问题，提供技术背景材料及有关技术资料，接受受托人的工作成果，支付报酬。

第八百八十条 技术咨询合同的受托人应当按照约定的期限完成咨询报告或者解答问题，提出的咨询报告应当达到约定的要求。

第八百八十一条 技术咨询合同的委托人未按照约定提供必要的资料，影响工作进度和质量，不接受或者逾期接受工作成果的，支付的报酬不得追回，未支付的报酬应当支付。

技术咨询合同的受托人未按期提出咨询报告或者提出的咨询报告不符合约定的，应当承担减收或者免收报酬等违约责任。

技术咨询合同的委托人按照受托人符合约定要求的咨询报告和意见作出决策所造成的损失，由委托人承担，但是当事人另有约定的除外。

第八百八十二条 技术服务合同的委托人应当按照约定提供工作条件，完成配合事项，接受工作成果并支付报酬。

第八百八十三条 技术服务合同的受托人应当按照约定完成服务项目，解决技术问题，保证工作质量，并传授解决技术问题的知识。

第八百八十四条 技术服务合同的委托人不履行合同义务或者履行合同义务不符合约定，影响工作进度和质量，不接受或者逾期接受工作成果的，支付的报酬不得追回，未支付的报酬应当支付。

技术服务合同的受托人未按照约定完成服务工作的，应当承担免收报酬等违约责任。

第八百八十五条 技术咨询合同、技术服务合同履行过程中，受托人利用委托人提供的技术资料和工作条件完成的新的技术成果，属于受托人。委托人利用受托人的工作成果完成的新的技术成果，属于委托人。当事人另有约定的，按照其约定。

第八百八十六条 技术咨询合同和技术服务合同对受托人正常开展工作所需费用的负担没有约定或者约定不明确的，由受托人负担。

第八百八十七条 法律、行政法规对技术中介合同、技术培训合同另有规定的，依照其规定。

第二十一章 保管合同

第八百八十八条 保管合同是保管人保管寄存人交付的保管物，并返还该物的合同。

寄存人到保管人处从事购物、就餐、住宿等活动，将物品存放在指定场所的，视为保管，但是当事人另有约定或者另有交易习惯的除外。

第八百八十九条　寄存人应当按照约定向保管人支付保管费。

当事人对保管费没有约定或者约定不明确，依据本法第五百一十条的规定仍不能确定的，视为无偿保管。

第八百九十条　保管合同自保管物交付时成立，但是当事人另有约定的除外。

第八百九十一条　寄存人向保管人交付保管物的，保管人应当出具保管凭证，但是另有交易习惯的除外。

第八百九十二条　保管人应当妥善保管保管物。

当事人可以约定保管场所或者方法。除紧急情况或者为维护寄存人利益外，不得擅自改变保管场所或者方法。

第八百九十三条　寄存人交付的保管物有瑕疵或者根据保管物的性质需要采取特殊保管措施的，寄存人应当将有关情况告知保管人。寄存人未告知，致使保管物受损失的，保管人不承担赔偿责任；保管人因此受损失的，除保管人知道或者应当知道且未采取补救措施外，寄存人应当承担赔偿责任。

第八百九十四条　保管人不得将保管物转交第三人保管，但是当事人另有约定的除外。

保管人违反前款规定，将保管物转交第三人保管，造成保管物损失的，应当承担赔偿责任。

第八百九十五条　保管人不得使用或者许可第三人使用保管物，但是当事人另有约定的除外。

第八百九十六条　第三人对保管物主张权利的，除依法对保管物采取保全或者执行措施外，保管人应当履行向寄存人返还保管物的义务。

第三人对保管人提起诉讼或者对保管物申请扣押的，保管人应当及时通知寄存人。

第八百九十七条　保管期内，因保管人保管不善造成保管物毁损、灭失的，保管人应当承担赔偿责任。但是，无偿保管人证明自己没有故意或者重大过失的，不承担赔偿责任。

第八百九十八条　寄存人寄存货币、有价证券或者其他贵重物品的，应当向保管人声明，由保管人验收或者封存；寄存人未声明的，该物品毁损、灭失后，保管人可以按照一般物品予以赔偿。

第八百九十九条 寄存人可以随时领取保管物。

当事人对保管期限没有约定或者约定不明确的，保管人可以随时请求寄存人领取保管物；约定保管期限的，保管人无特别事由，不得请求寄存人提前领取保管物。

第九百条 保管期限届满或者寄存人提前领取保管物的，保管人应当将原物及其孳息归还寄存人。

第九百零一条 保管人保管货币的，可以返还相同种类、数量的货币；保管其他可替代物的，可以按照约定返还相同种类、品质、数量的物品。

第九百零二条 有偿的保管合同，寄存人应当按照约定的期限向保管人支付保管费。

当事人对支付期限没有约定或者约定不明确，依据本法第五百一十条的规定仍不能确定的，应当在领取保管物的同时支付。

第九百零三条 寄存人未按照约定支付保管费或者其他费用的，保管人对保管物享有留置权，但是当事人另有约定的除外。

第二十二章 仓储合同

第九百零四条 仓储合同是保管人储存存货人交付的仓储物，存货人支付仓储费的合同。

第九百零五条 仓储合同自保管人和存货人意思表示一致时成立。

第九百零六条 储存易燃、易爆、有毒、有腐蚀性、有放射性等危险物品或者易变质物品的，存货人应当说明该物品的性质，提供有关资料。

存货人违反前款规定的，保管人可以拒收仓储物，也可以采取相应措施以避免损失的发生，因此产生的费用由存货人负担。

保管人储存易燃、易爆、有毒、有腐蚀性、有放射性等危险物品的，应当具备相应的保管条件。

第九百零七条 保管人应当按照约定对入库仓储物进行验收。

保管人验收时发现入库仓储物与约定不符合的，应当及时通知存货人。保管人验收后，发生仓储物的品种、数量、质量不符合约定的，保管人应当承担赔偿责任。

第九百零八条 存货人交付仓储物的，保管人应当出具仓单、入库单等凭证。

第九百零九条 保管人应当在仓单上签名或者盖章。仓单包括下列事项：

（一）存货人的姓名或者名称和住所；

（二）仓储物的品种、数量、质量、包装及其件数和标记；

（三）仓储物的损耗标准；

（四）储存场所；

（五）储存期限；

（六）仓储费；

（七）仓储物已经办理保险的，其保险金额、期间以及保险人的名称；

（八）填发人、填发地和填发日期。

第九百一十条 仓单是提取仓储物的凭证。存货人或者仓单持有人在仓单上背书并经保管人签名或者盖章的，可以转让提取仓储物的权利。

第九百一十一条 保管人根据存货人或者仓单持有人的要求，应当同意其检查仓储物或者提取样品。

第九百一十二条 保管人发现入库仓储物有变质或者其他损坏的，应当及时通知存货人或者仓单持有人。

第九百一十三条 保管人发现入库仓储物有变质或者其他损坏，危及其他仓储物的安全和正常保管的，应当催告存货人或者仓单持有人作出必要的处置。因情况紧急，保管人可以作出必要的处置；但是，事后应当将该情况及时通知存货人或者仓单持有人。

第九百一十四条 当事人对储存期限没有约定或者约定不明确的，存货人或者仓单持有人可以随时提取仓储物，保管人也可以随时请求存货人或者仓单持有人提取仓储物，但是应当给予必要的准备时间。

第九百一十五条 储存期限届满，存货人或者仓单持有人应当凭仓单、入库单等提取仓储物。存货人或者仓单持有人逾期提取的，应当加收仓储费；提前提取的，不减收仓储费。

第九百一十六条 储存期限届满，存货人或者仓单持有人不提取仓储物的，保管人可以催告其在合理期限内提取；逾期不提取的，保管人可以提存仓储物。

第九百一十七条 储存期内，因保管不善造成仓储物毁损、灭失的，保管人应当承担赔偿责任。因仓储物本身的自然性质、包装不符合约定或者超过有效储存期造成仓储物变质、损坏的，保管人不承担赔偿责任。

第九百一十八条 本章没有规定的，适用保管合同的有关规定。

第二十三章 委托合同

第九百一十九条 委托合同是委托人和受托人约定，由受托人处理委托人事务的合同。

第九百二十条 委托人可以特别委托受托人处理一项或者数项事务，也可以概括委托受托人处理一切事务。

第九百二十一条 委托人应当预付处理委托事务的费用。受托人为处理委托事务垫付的必要费用，委托人应当偿还该费用并支付利息。

第九百二十二条 受托人应当按照委托人的指示处理委托事务。需要变更委托人指示的，应当经委托人同意；因情况紧急，难以和委托人取得联系的，受托人应当妥善处理委托事务，但是事后应当将该情况及时报告委托人。

第九百二十三条 受托人应当亲自处理委托事务。经委托人同意，受托人可以转委托。转委托经同意或者追认的，委托人可以就委托事务直接指示转委托的第三人，受托人仅就第三人的选任及其对第三人的指示承担责任。转委托未经同意或者追认的，受托人应当对转委托的第三人的行为承担责任；但是，在紧急情况下受托人为了维护委托人的利益需要转委托第三人的除外。

第九百二十四条 受托人应当按照委托人的要求，报告委托事务的处理情况。委托合同终止时，受托人应当报告委托事务的结果。

第九百二十五条 受托人以自己的名义，在委托人的授权范围内与第三人订立的合同，第三人在订立合同时知道受托人与委托人之间的代理关系的，该合同直接约束委托人和第三人；但是，有确切证据证明该合同只约束受托人和第三人的除外。

第九百二十六条 受托人以自己的名义与第三人订立合同时，第三人不知道受托人与委托人之间的代理关系的，受托人因第三人的原因对委托人不履行义务，受托人应当向委托人披露第三人，委托人因此可以行使受托人对第三人的权利。但是，第三人与受托人订立合同时如果知道该委托人就不会订立合同的除外。

受托人因委托人的原因对第三人不履行义务，受托人应当向第三人披露委托人，第三人因此可以选择受托人或者委托人作为相对人主张其权利，但是第三人不得变更选定的相对人。

委托人行使受托人对第三人的权利的，第三人可以向委托人主张其对受托人的抗辩。第三人选定委托人作为其相对人的，委托人可以向第三人主张其对受托人的抗辩以及受托人对第三人的抗辩。

第九百二十七条 受托人处理委托事务取得的财产，应当转交给委托人。

第九百二十八条 受托人完成委托事务的，委托人应当按照约定向其支付报酬。

因不可归责于受托人的事由，委托合同解除或者委托事务不能完成的，委托人应当向受托人支付相应的报酬。当事人另有约定的，按照其约定。

第九百二十九条 有偿的委托合同，因受托人的过错造成委托人损失的，委托人可以请求赔偿损失。无偿的委托合同，因受托人的故意或者重大过失造成委托人损失的，委托人可以请求赔偿损失。

受托人超越权限造成委托人损失的，应当赔偿损失。

第九百三十条 受托人处理委托事务时，因不可归责于自己的事由受到损失的，可以向委托人请求赔偿损失。

第九百三十一条 委托人经受托人同意，可以在受托人之外委托第三人处理委托事务。因此造成受托人损失的，受托人可以向委托人请求赔偿损失。

第九百三十二条 两个以上的受托人共同处理委托事务的，对委托人承担连带责任。

第九百三十三条 委托人或者受托人可以随时解除委托合同。因解除合同造成对方损失的,除不可归责于该当事人的事由外,无偿委托合同的解除方应当赔偿因解除时间不当造成的直接损失,有偿委托合同的解除方应当赔偿对方的直接损失和合同履行后可以获得的利益。

第九百三十四条 委托人死亡、终止或者受托人死亡、丧失民事行为能力、终止的,委托合同终止;但是,当事人另有约定或者根据委托事务的性质不宜终止的除外。

第九百三十五条 因委托人死亡或者被宣告破产、解散,致使委托合同终止将损害委托人利益的,在委托人的继承人、遗产管理人或者清算人承受委托事务之前,受托人应当继续处理委托事务。

第九百三十六条 因受托人死亡、丧失民事行为能力或者被宣告破产、解散,致使委托合同终止的,受托人的继承人、遗产管理人、法定代理人或者清算人应当及时通知委托人。因委托合同终止将损害委托人利益的,在委托人作出善后处理之前,受托人的继承人、遗产管理人、法定代理人或者清算人应当采取必要措施。

第二十四章　物业服务合同

第九百三十七条 物业服务合同是物业服务人在物业服务区域内,为业主提供建筑物及其附属设施的维修养护、环境卫生和相关秩序的管理维护等物业服务,业主支付物业费的合同。

物业服务人包括物业服务企业和其他管理人。

第九百三十八条 物业服务合同的内容一般包括服务事项、服务质量、服务费用的标准和收取办法、维修资金的使用、服务用房的管理和使用、服务期限、服务交接等条款。

物业服务人公开作出的有利于业主的服务承诺,为物业服务合同的组成部分。

物业服务合同应当采用书面形式。

第九百三十九条 建设单位依法与物业服务人订立的前期物业服务合同,以及业主委员会与业主大会依法选聘的物业服务人订立的物业服务合同，对业主具有法律约束力。

第九百四十条 建设单位依法与物业服务人订立的前期物业服务合同约定的服务期限届满前，业主委员会或者业主与新物业服务人订立的物业服务合同生效的，前期物业服务合同终止。

第九百四十一条 物业服务人将物业服务区域内的部分专项服务事项委托给专业性服务组织或者其他第三人的，应当就该部分专项服务事项向业主负责。

物业服务人不得将其应当提供的全部物业服务转委托给第三人，或者将全部物业服务支解后分别转委托给第三人。

第九百四十二条 物业服务人应当按照约定和物业的使用性质，妥善维修、养护、清洁、绿化和经营管理物业服务区域内的业主共有部分，维护物业服务区域内的基本秩序，采取合理措施保护业主的人身、财产安全。

对物业服务区域内违反有关治安、环保、消防等法律法规的行为，物业服务人应当及时采取合理措施制止、向有关行政主管部门报告并协助处理。

第九百四十三条 物业服务人应当定期将服务的事项、负责人员、质量要求、收费项目、收费标准、履行情况，以及维修资金使用情况、业主共有部分的经营与收益情况等以合理方式向业主公开并向业主大会、业主委员会报告。

第九百四十四条 业主应当按照约定向物业服务人支付物业费。物业服务人已经按照约定和有关规定提供服务的，业主不得以未接受或者无需接受相关物业服务为由拒绝支付物业费。

业主违反约定逾期不支付物业费的，物业服务人可以催告其在合理期限内支付；合理期限届满仍不支付的，物业服务人可以提起诉讼或者申请仲裁。

物业服务人不得采取停止供电、供水、供热、供燃气等方式催交物业费。

第九百四十五条 业主装饰装修房屋的，应当事先告知物业服务人，遵守物业服务人提示的合理注意事项，并配合其进行必要的现场检查。

业主转让、出租物业专有部分、设立居住权或者依法改变共有部分用途的，应当及时将相关情况告知物业服务人。

第九百四十六条 业主依照法定程序共同决定解聘物业服务人的，可以解除物业服务合同。决定解聘的，应当提前六十日书面通知物业服务人，但是合同对通知期限另有约定的除外。

依据前款规定解除合同造成物业服务人损失的，除不可归责于业主的事由外，业主应当赔偿损失。

第九百四十七条 物业服务期限届满前，业主依法共同决定续聘的，应当与原物业服务人在合同期限届满前续订物业服务合同。

物业服务期限届满前，物业服务人不同意续聘的，应当在合同期限届满前九十日书面通知业主或者业主委员会，但是合同对通知期限另有约定的除外。

第九百四十八条 物业服务期限届满后，业主没有依法作出续聘或者另聘物业服务人的决定，物业服务人继续提供物业服务的，原物业服务合同继续有效，但是服务期限为不定期。

当事人可以随时解除不定期物业服务合同，但是应当提前六十日书面通知对方。

第九百四十九条 物业服务合同终止的，原物业服务人应当在约定期限或者合理期限内退出物业服务区域，将物业服务用房、相关设施、物业服务所必需的相关资料等交还给业主委员会、决定自行管理的业主或者其指定的人，配合新物业服务人做好交接工作，并如实告知物业的使用和管理状况。

原物业服务人违反前款规定的，不得请求业主支付物业服务合同终止后的物业费；造成业主损失的，应当赔偿损失。

第九百五十条 物业服务合同终止后，在业主或者业主大会选聘的新物业服务人或者决定自行管理的业主接管之前，原物业服务人应当继续处理物业服务事项，并可以请求业主支付该期间的物业费。

第二十五章 行纪合同

第九百五十一条 行纪合同是行纪人以自己的名义为委托人从事贸易活动，委托人支付报酬的合同。

第九百五十二条 行纪人处理委托事务支出的费用，由行纪人负担，但是当事人另有约定的除外。

第九百五十三条 行纪人占有委托物的，应当妥善保管委托物。

第九百五十四条 委托物交付给行纪人时有瑕疵或者容易腐烂、变质的，经委托人同意，行纪人可以处分该物；不能与委托人及时取得联系的，行纪人可以合理处分。

第九百五十五条 行纪人低于委托人指定的价格卖出或者高于委托人指定的价格买入的，应当经委托人同意；未经委托人同意，行纪人补偿其差额的，该买卖对委托人发生效力。

行纪人高于委托人指定的价格卖出或者低于委托人指定的价格买入的，可以按照约定增加报酬；没有约定或者约定不明确，依据本法第五百一十条的规定仍不能确定的，该利益属于委托人。

委托人对价格有特别指示的，行纪人不得违背该指示卖出或者买入。

第九百五十六条 行纪人卖出或者买入具有市场定价的商品，除委托人有相反的意思表示外，行纪人自己可以作为买受人或者出卖人。

行纪人有前款规定情形的，仍然可以请求委托人支付报酬。

第九百五十七条 行纪人按照约定买入委托物，委托人应当及时受领。经行纪人催告，委托人无正当理由拒绝受领的，行纪人依法可以提存委托物。

委托物不能卖出或者委托人撤回出卖，经行纪人催告，委托人不取回或者不处分该物的，行纪人依法可以提存委托物。

第九百五十八条 行纪人与第三人订立合同的，行纪人对该合同直接享有权利、承担义务。

第三人不履行义务致使委托人受到损害的，行纪人应当承担赔偿责任，但是行纪人与委托人另有约定的除外。

第九百五十九条 行纪人完成或者部分完成委托事务的，委托人应当向其支付相应的报酬。委托人逾期不支付报酬的，行纪人对委托物享有留置权，但是当事人另有约定的除外。

第九百六十条 本章没有规定的，参照适用委托合同的有关规定。

第二十六章 中介合同

第九百六十一条 中介合同是中介人向委托人报告订立合同的机会或者提供订立合同的媒介服务,委托人支付报酬的合同。

第九百六十二条 中介人应当就有关订立合同的事项向委托人如实报告。

中介人故意隐瞒与订立合同有关的重要事实或者提供虚假情况,损害委托人利益的,不得请求支付报酬并应当承担赔偿责任。

第九百六十三条 中介人促成合同成立的,委托人应当按照约定支付报酬。对中介人的报酬没有约定或者约定不明确,依据本法第五百一十条的规定仍不能确定的,根据中介人的劳务合理确定。因中介人提供订立合同的媒介服务而促成合同成立的,由该合同的当事人平均负担中介人的报酬。

中介人促成合同成立的,中介活动的费用,由中介人负担。

第九百六十四条 中介人未促成合同成立的,不得请求支付报酬;但是,可以按照约定请求委托人支付从事中介活动支出的必要费用。

第九百六十五条 委托人在接受中介人的服务后,利用中介人提供的交易机会或者媒介服务,绕开中介人直接订立合同的,应当向中介人支付报酬。

第九百六十六条 本章没有规定的,参照适用委托合同的有关规定。

第二十七章 合伙合同

第九百六十七条 合伙合同是两个以上合伙人为了共同的事业目的,订立的共享利益、共担风险的协议。

第九百六十八条 合伙人应当按照约定的出资方式、数额和缴付期限,履行出资义务。

第九百六十九条 合伙人的出资、因合伙事务依法取得的收益和其他财产,属于合伙财产。

合伙合同终止前,合伙人不得请求分割合伙财产。

第九百七十条　合伙人就合伙事务作出决定的，除合伙合同另有约定外，应当经全体合伙人一致同意。

合伙事务由全体合伙人共同执行。按照合伙合同的约定或者全体合伙人的决定，可以委托一个或者数个合伙人执行合伙事务；其他合伙人不再执行合伙事务，但是有权监督执行情况。

合伙人分别执行合伙事务的，执行事务合伙人可以对其他合伙人执行的事务提出异议；提出异议后，其他合伙人应当暂停该项事务的执行。

第九百七十一条　合伙人不得因执行合伙事务而请求支付报酬，但是合伙合同另有约定的除外。

第九百七十二条　合伙的利润分配和亏损分担，按照合伙合同的约定办理；合伙合同没有约定或者约定不明确的，由合伙人协商决定；协商不成的，由合伙人按照实缴出资比例分配、分担；无法确定出资比例的，由合伙人平均分配、分担。

第九百七十三条　合伙人对合伙债务承担连带责任。清偿合伙债务超过自己应当承担份额的合伙人，有权向其他合伙人追偿。

第九百七十四条　除合伙合同另有约定外，合伙人向合伙人以外的人转让其全部或者部分财产份额的，须经其他合伙人一致同意。

第九百七十五条　合伙人的债权人不得代位行使合伙人依照本章规定和合伙合同享有的权利，但是合伙人享有的利益分配请求权除外。

第九百七十六条　合伙人对合伙期限没有约定或者约定不明确，依据本法第五百一十条的规定仍不能确定的，视为不定期合伙。

合伙期限届满，合伙人继续执行合伙事务，其他合伙人没有提出异议的，原合伙合同继续有效，但是合伙期限为不定期。

合伙人可以随时解除不定期合伙合同，但是应当在合理期限之前通知其他合伙人。

第九百七十七条　合伙人死亡、丧失民事行为能力或者终止的，合伙合同终止；但是，合伙合同另有约定或者根据合伙事务的性质不宜终止的除外。

第九百七十八条　合伙合同终止后，合伙财产在支付因终止而产生的费用以及清偿合伙债务后有剩余的，依据本法第九百七十二条的规定进行分配。

第三分编　准　合　同

第二十八章　无 因 管 理

第九百七十九条　管理人没有法定的或者约定的义务，为避免他人利益受损失而管理他人事务的，可以请求受益人偿还因管理事务而支出的必要费用；管理人因管理事务受到损失的，可以请求受益人给予适当补偿。

管理事务不符合受益人真实意思的，管理人不享有前款规定的权利；但是，受益人的真实意思违反法律或者违背公序良俗的除外。

第九百八十条　管理人管理事务不属于前条规定的情形，但是受益人享有管理利益的，受益人应当在其获得的利益范围内向管理人承担前条第一款规定的义务。

第九百八十一条　管理人管理他人事务，应当采取有利于受益人的方法。中断管理对受益人不利的，无正当理由不得中断。

第九百八十二条　管理人管理他人事务，能够通知受益人的，应当及时通知受益人。管理的事务不需要紧急处理的，应当等待受益人的指示。

第九百八十三条　管理结束后，管理人应当向受益人报告管理事务的情况。管理人管理事务取得的财产，应当及时转交给受益人。

第九百八十四条　管理人管理事务经受益人事后追认的，从管理事务开始时起，适用委托合同的有关规定，但是管理人另有意思表示的除外。

第二十九章　不 当 得 利

第九百八十五条　得利人没有法律根据取得不当利益的，受损失的人可以请求得利人返还取得的利益，但是有下列情形之一的除外：

（一）为履行道德义务进行的给付；

（二）债务到期之前的清偿；

（三）明知无给付义务而进行的债务清偿。

第九百八十六条　得利人不知道且不应当知道取得的利益没有法律根据，取得的利益已经不存在的，不承担返还该利益的义务。

第九百八十七条　得利人知道或者应当知道取得的利益没有法律根据的，受损失的人可以请求得利人返还其取得的利益并依法赔偿损失。

第九百八十八条　得利人已经将取得的利益无偿转让给第三人的，受损失的人可以请求第三人在相应范围内承担返还义务。

第四编　人　格　权

第一章　一般规定

第九百八十九条　本编调整因人格权的享有和保护产生的民事关系。

第九百九十条　人格权是民事主体享有的生命权、身体权、健康权、姓名权、名称权、肖像权、名誉权、荣誉权、隐私权等权利。

除前款规定的人格权外，自然人享有基于人身自由、人格尊严产生的其他人格权益。

第九百九十一条　民事主体的人格权受法律保护，任何组织或者个人不得侵害。

第九百九十二条　人格权不得放弃、转让或者继承。

第九百九十三条　民事主体可以将自己的姓名、名称、肖像等许可他人使用，但是依照法律规定或者根据其性质不得许可的除外。

第九百九十四条　死者的姓名、肖像、名誉、荣誉、隐私、遗体等受到侵害的，其配偶、子女、父母有权依法请求行为人承担民事责任；死者没有配偶、子女且父母已经死亡的，其他近亲属有权依法请求行为人承担民事责任。

第九百九十五条　人格权受到侵害的，受害人有权依照本法和其他法律的规定请求行为人承担民事责任。受害人的停止侵害、排除妨碍、消除危险、消除影响、恢复名誉、赔礼道歉请求权，不适用诉讼时效的规定。

第九百九十六条 因当事人一方的违约行为，损害对方人格权并造成严重精神损害，受损害方选择请求其承担违约责任的，不影响受损害方请求精神损害赔偿。

第九百九十七条 民事主体有证据证明行为人正在实施或者即将实施侵害其人格权的违法行为，不及时制止将使其合法权益受到难以弥补的损害的，有权依法向人民法院申请采取责令行为人停止有关行为的措施。

第九百九十八条 认定行为人承担侵害除生命权、身体权和健康权外的人格权的民事责任，应当考虑行为人和受害人的职业、影响范围、过错程度，以及行为的目的、方式、后果等因素。

第九百九十九条 为公共利益实施新闻报道、舆论监督等行为的，可以合理使用民事主体的姓名、名称、肖像、个人信息等；使用不合理侵害民事主体人格权的，应当依法承担民事责任。

第一千条 行为人因侵害人格权承担消除影响、恢复名誉、赔礼道歉等民事责任的，应当与行为的具体方式和造成的影响范围相当。

行为人拒不承担前款规定的民事责任的，人民法院可以采取在报刊、网络等媒体上发布公告或者公布生效裁判文书等方式执行，产生的费用由行为人负担。

第一千零一条 对自然人因婚姻家庭关系等产生的身份权利的保护，适用本法第一编、第五编和其他法律的相关规定；没有规定的，可以根据其性质参照适用本编人格权保护的有关规定。

第二章 生命权、身体权和健康权

第一千零二条 自然人享有生命权。自然人的生命安全和生命尊严受法律保护。任何组织或者个人不得侵害他人的生命权。

第一千零三条 自然人享有身体权。自然人的身体完整和行动自由受法律保护。任何组织或者个人不得侵害他人的身体权。

第一千零四条 自然人享有健康权。自然人的身心健康受法律保护。任何组织或者个人不得侵害他人的健康权。

第一千零五条 自然人的生命权、身体权、健康权受到侵害或者处于其他危难情形的，负有法定救助义务的组织或者个人应当及时施救。

第一千零六条 完全民事行为能力人有权依法自主决定无偿捐献其人体细胞、人体组织、人体器官、遗体。任何组织或者个人不得强迫、欺骗、利诱其捐献。

完全民事行为能力人依据前款规定同意捐献的，应当采用书面形式，也可以订立遗嘱。

自然人生前未表示不同意捐献的，该自然人死亡后，其配偶、成年子女、父母可以共同决定捐献，决定捐献应当采用书面形式。

第一千零七条 禁止以任何形式买卖人体细胞、人体组织、人体器官、遗体。

违反前款规定的买卖行为无效。

第一千零八条 为研制新药、医疗器械或者发展新的预防和治疗方法，需要进行临床试验的，应当依法经相关主管部门批准并经伦理委员会审查同意，向受试者或者受试者的监护人告知试验目的、用途和可能产生的风险等详细情况，并经其书面同意。

进行临床试验的，不得向受试者收取试验费用。

第一千零九条 从事与人体基因、人体胚胎等有关的医学和科研活动，应当遵守法律、行政法规和国家有关规定，不得危害人体健康，不得违背伦理道德，不得损害公共利益。

第一千零一十条 违背他人意愿，以言语、文字、图像、肢体行为等方式对他人实施性骚扰的，受害人有权依法请求行为人承担民事责任。

机关、企业、学校等单位应当采取合理的预防、受理投诉、调查处置等措施，防止和制止利用职权、从属关系等实施性骚扰。

第一千零一十一条 以非法拘禁等方式剥夺、限制他人的行动自由，或者非法搜查他人身体的，受害人有权依法请求行为人承担民事责任。

第三章 姓名权和名称权

第一千零一十二条 自然人享有姓名权，有权依法决定、使用、变更或者许可他人使用自己的姓名，但是不得违背公序良俗。

第一千零一十三条 法人、非法人组织享有名称权，有权依法决定、使用、变更、转让或者许可他人使用自己的名称。

第一千零一十四条 任何组织或者个人不得以干涉、盗用、假冒等方式侵害他人的姓名权或者名称权。

第一千零一十五条 自然人应当随父姓或者母姓，但是有下列情形之一的，可以在父姓和母姓之外选取姓氏：

（一）选取其他直系长辈血亲的姓氏；

（二）因由法定扶养人以外的人扶养而选取扶养人姓氏；

（三）有不违背公序良俗的其他正当理由。

少数民族自然人的姓氏可以遵从本民族的文化传统和风俗习惯。

第一千零一十六条 自然人决定、变更姓名，或者法人、非法人组织决定、变更、转让名称的，应当依法向有关机关办理登记手续，但是法律另有规定的除外。

民事主体变更姓名、名称的，变更前实施的民事法律行为对其具有法律约束力。

第一千零一十七条 具有一定社会知名度，被他人使用足以造成公众混淆的笔名、艺名、网名、译名、字号、姓名和名称的简称等，参照适用姓名权和名称权保护的有关规定。

第四章　肖　像　权

第一千零一十八条 自然人享有肖像权，有权依法制作、使用、公开或者许可他人使用自己的肖像。

肖像是通过影像、雕塑、绘画等方式在一定载体上所反映的特定自然人可以被识别的外部形象。

第一千零一十九条 任何组织或者个人不得以丑化、污损，或者利用信息技术手段伪造等方式侵害他人的肖像权。未经肖像权人同意，不得制作、使用、公开肖像权人的肖像，但是法律另有规定的除外。

未经肖像权人同意，肖像作品权利人不得以发表、复制、发行、出租、展览等方式使用或者公开肖像权人的肖像。

第一千零二十条 合理实施下列行为的，可以不经肖像权人同意：

（一）为个人学习、艺术欣赏、课堂教学或者科学研究，在必要范围内使用肖像权人已经公开的肖像；

（二）为实施新闻报道，不可避免地制作、使用、公开肖像权人的肖像；

（三）为依法履行职责，国家机关在必要范围内制作、使用、公开肖像权人的肖像；

（四）为展示特定公共环境，不可避免地制作、使用、公开肖像权人的肖像；

（五）为维护公共利益或者肖像权人合法权益，制作、使用、公开肖像权人的肖像的其他行为。

第一千零二十一条 当事人对肖像许可使用合同中关于肖像使用条款的理解有争议的，应当作出有利于肖像权人的解释。

第一千零二十二条 当事人对肖像许可使用期限没有约定或者约定不明确的，任何一方当事人可以随时解除肖像许可使用合同，但是应当在合理期限之前通知对方。

当事人对肖像许可使用期限有明确约定，肖像权人有正当理由的，可以解除肖像许可使用合同，但是应当在合理期限之前通知对方。因解除合同造成对方损失的，除不可归责于肖像权人的事由外，应当赔偿损失。

第一千零二十三条 对姓名等的许可使用，参照适用肖像许可使用的有关规定。

对自然人声音的保护，参照适用肖像权保护的有关规定。

第五章 名誉权和荣誉权

第一千零二十四条 民事主体享有名誉权。任何组织或者个人不得以侮辱、诽谤等方式侵害他人的名誉权。

名誉是对民事主体的品德、声望、才能、信用等的社会评价。

第一千零二十五条 行为人为公共利益实施新闻报道、舆论监督等行为，影响他人名誉的，不承担民事责任，但是有下列情形之一的除外：

（一）捏造、歪曲事实；

（二）对他人提供的严重失实内容未尽到合理核实义务；

（三）使用侮辱性言辞等贬损他人名誉。

第一千零二十六条 认定行为人是否尽到前条第二项规定的合理核实义务，应当考虑下列因素：

（一）内容来源的可信度；

（二）对明显可能引发争议的内容是否进行了必要的调查；

（三）内容的时限性；

（四）内容与公序良俗的关联性；

（五）受害人名誉受贬损的可能性；

（六）核实能力和核实成本。

第一千零二十七条 行为人发表的文学、艺术作品以真人真事或者特定人为描述对象，含有侮辱、诽谤内容，侵害他人名誉权的，受害人有权依法请求该行为人承担民事责任。

行为人发表的文学、艺术作品不以特定人为描述对象，仅其中的情节与该特定人的情况相似的，不承担民事责任。

第一千零二十八条 民事主体有证据证明报刊、网络等媒体报道的内容失实，侵害其名誉权的，有权请求该媒体及时采取更正或者删除等必要措施。

第一千零二十九条 民事主体可以依法查询自己的信用评价；发现信用评价不当的，有权提出异议并请求采取更正、删除等必要措施。信用评价人应当及时核查，经核查属实的，应当及时采取必要措施。

第一千零三十条 民事主体与征信机构等信用信息处理者之间的关系，适用本编有关个人信息保护的规定和其他法律、行政法规的有关规定。

第一千零三十一条 民事主体享有荣誉权。任何组织或者个人不得非法剥夺他人的荣誉称号，不得诋毁、贬损他人的荣誉。

获得的荣誉称号应当记载而没有记载的，民事主体可以请求记载；获得的荣誉称号记载错误的，民事主体可以请求更正。

第六章　隐私权和个人信息保护

第一千零三十二条　自然人享有隐私权。任何组织或者个人不得以刺探、侵扰、泄露、公开等方式侵害他人的隐私权。

隐私是自然人的私人生活安宁和不愿为他人知晓的私密空间、私密活动、私密信息。

第一千零三十三条　除法律另有规定或者权利人明确同意外，任何组织或者个人不得实施下列行为：

（一）以电话、短信、即时通讯工具、电子邮件、传单等方式侵扰他人的私人生活安宁；

（二）进入、拍摄、窥视他人的住宅、宾馆房间等私密空间；

（三）拍摄、窥视、窃听、公开他人的私密活动；

（四）拍摄、窥视他人身体的私密部位；

（五）处理他人的私密信息；

（六）以其他方式侵害他人的隐私权。

第一千零三十四条　自然人的个人信息受法律保护。

个人信息是以电子或者其他方式记录的能够单独或者与其他信息结合识别特定自然人的各种信息，包括自然人的姓名、出生日期、身份证件号码、生物识别信息、住址、电话号码、电子邮箱、健康信息、行踪信息等。

个人信息中的私密信息，适用有关隐私权的规定；没有规定的，适用有关个人信息保护的规定。

第一千零三十五条　处理个人信息的，应当遵循合法、正当、必要原则，不得过度处理，并符合下列条件：

（一）征得该自然人或者其监护人同意，但是法律、行政法规另有规定的除外；

（二）公开处理信息的规则；

（三）明示处理信息的目的、方式和范围；

（四）不违反法律、行政法规的规定和双方的约定。

个人信息的处理包括个人信息的收集、存储、使用、加工、传输、提供、公开等。

第一千零三十六条 处理个人信息，有下列情形之一的，行为人不承担民事责任：

（一）在该自然人或者其监护人同意的范围内合理实施的行为；

（二）合理处理该自然人自行公开的或者其他已经合法公开的信息，但是该自然人明确拒绝或者处理该信息侵害其重大利益的除外；

（三）为维护公共利益或者该自然人合法权益，合理实施的其他行为。

第一千零三十七条 自然人可以依法向信息处理者查阅或者复制其个人信息；发现信息有错误的，有权提出异议并请求及时采取更正等必要措施。

自然人发现信息处理者违反法律、行政法规的规定或者双方的约定处理其个人信息的，有权请求信息处理者及时删除。

第一千零三十八条 信息处理者不得泄露或者篡改其收集、存储的个人信息；未经自然人同意，不得向他人非法提供其个人信息，但是经过加工无法识别特定个人且不能复原的除外。

信息处理者应当采取技术措施和其他必要措施，确保其收集、存储的个人信息安全，防止信息泄露、篡改、丢失；发生或者可能发生个人信息泄露、篡改、丢失的，应当及时采取补救措施，按照规定告知自然人并向有关主管部门报告。

第一千零三十九条 国家机关、承担行政职能的法定机构及其工作人员对于履行职责过程中知悉的自然人的隐私和个人信息，应当予以保密，不得泄露或者向他人非法提供。

第五编 婚姻家庭

第一章 一般规定

第一千零四十条 本编调整因婚姻家庭产生的民事关系。

第一千零四十一条 婚姻家庭受国家保护。

实行婚姻自由、一夫一妻、男女平等的婚姻制度。

保护妇女、未成年人、老年人、残疾人的合法权益。

第一千零四十二条 禁止包办、买卖婚姻和其他干涉婚姻自由的行为。禁止借婚姻索取财物。

禁止重婚。禁止有配偶者与他人同居。

禁止家庭暴力。禁止家庭成员间的虐待和遗弃。

第一千零四十三条 家庭应当树立优良家风，弘扬家庭美德，重视家庭文明建设。

夫妻应当互相忠实，互相尊重，互相关爱；家庭成员应当敬老爱幼，互相帮助，维护平等、和睦、文明的婚姻家庭关系。

第一千零四十四条 收养应当遵循最有利于被收养人的原则，保障被收养人和收养人的合法权益。

禁止借收养名义买卖未成年人。

第一千零四十五条 亲属包括配偶、血亲和姻亲。

配偶、父母、子女、兄弟姐妹、祖父母、外祖父母、孙子女、外孙子女为近亲属。

配偶、父母、子女和其他共同生活的近亲属为家庭成员。

第二章 结 婚

第一千零四十六条 结婚应当男女双方完全自愿，禁止任何一方对另一方加以强迫，禁止任何组织或者个人加以干涉。

第一千零四十七条 结婚年龄，男不得早于二十二周岁，女不得早于二十周岁。

第一千零四十八条 直系血亲或者三代以内的旁系血亲禁止结婚。

第一千零四十九条 要求结婚的男女双方应当亲自到婚姻登记机关申请结婚登记。符合本法规定的，予以登记，发给结婚证。完成结婚登记，即确立婚姻关系。未办理结婚登记的，应当补办登记。

第一千零五十条 登记结婚后，按照男女双方约定，女方可以成为男方家庭的成员，男方可以成为女方家庭的成员。

第一千零五十一条 有下列情形之一的，婚姻无效：

（一）重婚；

（二）有禁止结婚的亲属关系；

（三）未到法定婚龄。

第一千零五十二条　因胁迫结婚的，受胁迫的一方可以向人民法院请求撤销婚姻。

请求撤销婚姻的，应当自胁迫行为终止之日起一年内提出。

被非法限制人身自由的当事人请求撤销婚姻的，应当自恢复人身自由之日起一年内提出。

第一千零五十三条　一方患有重大疾病的，应当在结婚登记前如实告知另一方；不如实告知的，另一方可以向人民法院请求撤销婚姻。

请求撤销婚姻的，应当自知道或者应当知道撤销事由之日起一年内提出。

第一千零五十四条　无效的或者被撤销的婚姻自始没有法律约束力，当事人不具有夫妻的权利和义务。同居期间所得的财产，由当事人协议处理；协议不成的，由人民法院根据照顾无过错方的原则判决。对重婚导致的无效婚姻的财产处理，不得侵害合法婚姻当事人的财产权益。当事人所生的子女，适用本法关于父母子女的规定。

婚姻无效或者被撤销的，无过错方有权请求损害赔偿。

第三章　家庭关系

第一节　夫妻关系

第一千零五十五条　夫妻在婚姻家庭中地位平等。

第一千零五十六条　夫妻双方都有各自使用自己姓名的权利。

第一千零五十七条　夫妻双方都有参加生产、工作、学习和社会活动的自由，一方不得对另一方加以限制或者干涉。

第一千零五十八条　夫妻双方平等享有对未成年子女抚养、教育和保护的权利，共同承担对未成年子女抚养、教育和保护的义务。

第一千零五十九条　夫妻有相互扶养的义务。

需要扶养的一方，在另一方不履行扶养义务时，有要求其给付扶养费的权利。

第一千零六十条　夫妻一方因家庭日常生活需要而实施的民事

法律行为,对夫妻双方发生效力,但是夫妻一方与相对人另有约定的除外。

夫妻之间对一方可以实施的民事法律行为范围的限制,不得对抗善意相对人。

第一千零六十一条 夫妻有相互继承遗产的权利。

第一千零六十二条 夫妻在婚姻关系存续期间所得的下列财产,为夫妻的共同财产,归夫妻共同所有:

(一)工资、奖金、劳务报酬;

(二)生产、经营、投资的收益;

(三)知识产权的收益;

(四)继承或者受赠的财产,但是本法第一千零六十三条第三项规定的除外;

(五)其他应当归共同所有的财产。

夫妻对共同财产,有平等的处理权。

第一千零六十三条 下列财产为夫妻一方的个人财产:

(一)一方的婚前财产;

(二)一方因受到人身损害获得的赔偿或者补偿;

(三)遗嘱或者赠与合同中确定只归一方的财产;

(四)一方专用的生活用品;

(五)其他应当归一方的财产。

第一千零六十四条 夫妻双方共同签名或者夫妻一方事后追认等共同意思表示所负的债务,以及夫妻一方在婚姻关系存续期间以个人名义为家庭日常生活需要所负的债务,属于夫妻共同债务。

夫妻一方在婚姻关系存续期间以个人名义超出家庭日常生活需要所负的债务,不属于夫妻共同债务;但是,债权人能够证明该债务用于夫妻共同生活、共同生产经营或者基于夫妻双方共同意思表示的除外。

第一千零六十五条 男女双方可以约定婚姻关系存续期间所得的财产以及婚前财产归各自所有、共同所有或者部分各自所有、部分共同所有。约定应当采用书面形式。没有约定或者约定不明确的,适用本法第一千零六十二条、第一千零六十三条的规定。

夫妻对婚姻关系存续期间所得的财产以及婚前财产的约定,对双方具有法律约束力。

夫妻对婚姻关系存续期间所得的财产约定归各自所有，夫或者妻一方对外所负的债务，相对人知道该约定的，以夫或者妻一方的个人财产清偿。

第一千零六十六条 婚姻关系存续期间，有下列情形之一的，夫妻一方可以向人民法院请求分割共同财产：

（一）一方有隐藏、转移、变卖、毁损、挥霍夫妻共同财产或者伪造夫妻共同债务等严重损害夫妻共同财产利益的行为；

（二）一方负有法定扶养义务的人患重大疾病需要医治，另一方不同意支付相关医疗费用。

第二节 父母子女关系和其他近亲属关系

第一千零六十七条 父母不履行抚养义务的，未成年子女或者不能独立生活的成年子女，有要求父母给付抚养费的权利。

成年子女不履行赡养义务的，缺乏劳动能力或者生活困难的父母，有要求成年子女给付赡养费的权利。

第一千零六十八条 父母有教育、保护未成年子女的权利和义务。未成年子女造成他人损害的，父母应当依法承担民事责任。

第一千零六十九条 子女应当尊重父母的婚姻权利，不得干涉父母离婚、再婚以及婚后的生活。子女对父母的赡养义务，不因父母的婚姻关系变化而终止。

第一千零七十条 父母和子女有相互继承遗产的权利。

第一千零七十一条 非婚生子女享有与婚生子女同等的权利，任何组织或者个人不得加以危害和歧视。

不直接抚养非婚生子女的生父或者生母，应当负担未成年子女或者不能独立生活的成年子女的抚养费。

第一千零七十二条 继父母与继子女间，不得虐待或者歧视。

继父或者继母和受其抚养教育的继子女间的权利义务关系，适用本法关于父母子女关系的规定。

第一千零七十三条 对亲子关系有异议且有正当理由的，父或者母可以向人民法院提起诉讼，请求确认或者否认亲子关系。

对亲子关系有异议且有正当理由的，成年子女可以向人民法院提起诉讼,请求确认亲子关系。

第一千零七十四条 有负担能力的祖父母、外祖父母,对于父母已经死亡或者父母无力抚养的未成年孙子女、外孙子女,有抚养的义务。

有负担能力的孙子女、外孙子女,对于子女已经死亡或者子女无力赡养的祖父母、外祖父母,有赡养的义务。

第一千零七十五条 有负担能力的兄、姐,对于父母已经死亡或者父母无力抚养的未成年弟、妹,有扶养的义务。

由兄、姐扶养长大的有负担能力的弟、妹,对于缺乏劳动能力又缺乏生活来源的兄、姐,有扶养的义务。

第四章 离 婚

第一千零七十六条 夫妻双方自愿离婚的,应当签订书面离婚协议,并亲自到婚姻登记机关申请离婚登记。

离婚协议应当载明双方自愿离婚的意思表示和对子女抚养、财产以及债务处理等事项协商一致的意见。

第一千零七十七条 自婚姻登记机关收到离婚登记申请之日起三十日内,任何一方不愿意离婚的,可以向婚姻登记机关撤回离婚登记申请。

前款规定期限届满后三十日内,双方应当亲自到婚姻登记机关申请发给离婚证;未申请的,视为撤回离婚登记申请。

第一千零七十八条 婚姻登记机关查明双方确实是自愿离婚,并已经对子女抚养、财产以及债务处理等事项协商一致的,予以登记,发给离婚证。

第一千零七十九条 夫妻一方要求离婚的,可以由有关组织进行调解或者直接向人民法院提起离婚诉讼。

人民法院审理离婚案件,应当进行调解;如果感情确已破裂,调解无效的,应当准予离婚。

有下列情形之一,调解无效的,应当准予离婚:

(一)重婚或者与他人同居;

(二)实施家庭暴力或者虐待、遗弃家庭成员;

（三）有赌博、吸毒等恶习屡教不改；

（四）因感情不和分居满二年；

（五）其他导致夫妻感情破裂的情形。

一方被宣告失踪，另一方提起离婚诉讼的，应当准予离婚。

经人民法院判决不准离婚后，双方又分居满一年，一方再次提起离婚诉讼的，应当准予离婚。

第一千零八十条 完成离婚登记，或者离婚判决书、调解书生效，即解除婚姻关系。

第一千零八十一条 现役军人的配偶要求离婚，应当征得军人同意，但是军人一方有重大过错的除外。

第一千零八十二条 女方在怀孕期间、分娩后一年内或者终止妊娠后六个月内，男方不得提出离婚；但是，女方提出离婚或者人民法院认为确有必要受理男方离婚请求的除外。

第一千零八十三条 离婚后，男女双方自愿恢复婚姻关系的，应当到婚姻登记机关重新进行结婚登记。

第一千零八十四条 父母与子女间的关系，不因父母离婚而消除。离婚后，子女无论由父或者母直接抚养，仍是父母双方的子女。

离婚后，父母对于子女仍有抚养、教育、保护的权利和义务。

离婚后，不满两周岁的子女，以由母亲直接抚养为原则。已满两周岁的子女，父母双方对抚养问题协议不成的，由人民法院根据双方的具体情况，按照最有利于未成年子女的原则判决。子女已满八周岁的，应当尊重其真实意愿。

第一千零八十五条 离婚后，子女由一方直接抚养的，另一方应当负担部分或者全部抚养费。负担费用的多少和期限的长短，由双方协议；协议不成的，由人民法院判决。

前款规定的协议或者判决，不妨碍子女在必要时向父母任何一方提出超过协议或者判决原定数额的合理要求。

第一千零八十六条 离婚后，不直接抚养子女的父或者母，有探望子女的权利，另一方有协助的义务。

行使探望权利的方式、时间由当事人协议；协议不成的，由人民法院判决。

父或者母探望子女，不利于子女身心健康的，由人民法院依法中止探望；中止的事由消失后，应当恢复探望。

第一千零八十七条 离婚时，夫妻的共同财产由双方协议处理；协议不成的，由人民法院根据财产的具体情况，按照照顾子女、女方和无过错方权益的原则判决。

对夫或者妻在家庭土地承包经营中享有的权益等，应当依法予以保护。

第一千零八十八条 夫妻一方因抚育子女、照料老年人、协助另一方工作等负担较多义务的，离婚时有权向另一方请求补偿，另一方应当给予补偿。具体办法由双方协议；协议不成的，由人民法院判决。

第一千零八十九条 离婚时，夫妻共同债务应当共同偿还。共同财产不足清偿或者财产归各自所有的，由双方协议清偿；协议不成的，由人民法院判决。

第一千零九十条 离婚时，如果一方生活困难，有负担能力的另一方应当给予适当帮助。具体办法由双方协议；协议不成的，由人民法院判决。

第一千零九十一条 有下列情形之一，导致离婚的，无过错方有权请求损害赔偿：

（一）重婚；

（二）与他人同居；

（三）实施家庭暴力；

（四）虐待、遗弃家庭成员；

（五）有其他重大过错。

第一千零九十二条 夫妻一方隐藏、转移、变卖、毁损、挥霍夫妻共同财产，或者伪造夫妻共同债务企图侵占另一方财产的，在离婚分割夫妻共同财产时，对该方可以少分或者不分。离婚后，另一方发现有上述行为的，可以向人民法院提起诉讼，请求再次分割夫妻共同财产。

第五章 收 养

第一节 收养关系的成立

第一千零九十三条 下列未成年人，可以被收养：

（一）丧失父母的孤儿；

（二）查找不到生父母的未成年人；

（三）生父母有特殊困难无力抚养的子女。

第一千零九十四条 下列个人、组织可以作送养人：

（一）孤儿的监护人；

（二）儿童福利机构；

（三）有特殊困难无力抚养子女的生父母。

第一千零九十五条 未成年人的父母均不具备完全民事行为能力且可能严重危害该未成年人的，该未成年人的监护人可以将其送养。

第一千零九十六条 监护人送养孤儿的，应当征得有抚养义务的人同意。有抚养义务的人不同意送养、监护人不愿意继续履行监护职责的，应当依照本法第一编的规定另行确定监护人。

第一千零九十七条 生父母送养子女，应当双方共同送养。生父母一方不明或者查找不到的，可以单方送养。

第一千零九十八条 收养人应当同时具备下列条件：

（一）无子女或者只有一名子女；

（二）有抚养、教育和保护被收养人的能力；

（三）未患有在医学上认为不应当收养子女的疾病；

（四）无不利于被收养人健康成长的违法犯罪记录；

（五）年满三十周岁。

第一千零九十九条 收养三代以内旁系同辈血亲的子女，可以不受本法第一千零九十三条第三项、第一千零九十四条第三项和第一千一百零二条规定的限制。

华侨收养三代以内旁系同辈血亲的子女，还可以不受本法第一千零九十八条第一项规定的限制。

第一千一百条 无子女的收养人可以收养两名子女；有子女的收养人只能收养一名子女。

收养孤儿、残疾未成年人或者儿童福利机构抚养的查找不到生父母的未成年人，可以不受前款和本法第一千零九十八条第一项规定的限制。

第一千一百零一条 有配偶者收养子女，应当夫妻共同收养。

第一千一百零二条　无配偶者收养异性子女的，收养人与被收养人的年龄应当相差四十周岁以上。

第一千一百零三条　继父或者继母经继子女的生父母同意，可以收养继子女，并可以不受本法第一千零九十三条第三项、第一千零九十四条第三项、第一千零九十八条和第一千一百条第一款规定的限制。

第一千一百零四条　收养人收养与送养人送养，应当双方自愿。收养八周岁以上未成年人的，应当征得被收养人的同意。

第一千一百零五条　收养应当向县级以上人民政府民政部门登记。收养关系自登记之日起成立。

收养查找不到生父母的未成年人的，办理登记的民政部门应当在登记前予以公告。

收养关系当事人愿意签订收养协议的，可以签订收养协议。

收养关系当事人各方或者一方要求办理收养公证的，应当办理收养公证。

县级以上人民政府民政部门应当依法进行收养评估。

第一千一百零六条　收养关系成立后，公安机关应当按照国家有关规定为被收养人办理户口登记。

第一千一百零七条　孤儿或者生父母无力抚养的子女，可以由生父母的亲属、朋友抚养；抚养人与被抚养人的关系不适用本章规定。

第一千一百零八条　配偶一方死亡，另一方送养未成年子女的，死亡一方的父母有优先抚养的权利。

第一千一百零九条　外国人依法可以在中华人民共和国收养子女。

外国人在中华人民共和国收养子女，应当经其所在国主管机关依照该国法律审查同意。收养人应当提供由其所在国有权机构出具的有关其年龄、婚姻、职业、财产、健康、有无受过刑事处罚等状况的证明材料，并与送养人签订书面协议，亲自向省、自治区、直辖市人民政府民政部门登记。

前款规定的证明材料应当经收养人所在国外交机关或者外交机关授权的机构认证，并经中华人民共和国驻该国使领馆认证，但是国家另有规定的除外。

第一千一百一十条 收养人、送养人要求保守收养秘密的，其他人应当尊重其意愿，不得泄露。

第二节 收养的效力

第一千一百一十一条 自收养关系成立之日起，养父母与养子女间的权利义务关系，适用本法关于父母子女关系的规定；养子女与养父母的近亲属间的权利义务关系，适用本法关于子女与父母的近亲属关系的规定。

养子女与生父母以及其他近亲属间的权利义务关系，因收养关系的成立而消除。

第一千一百一十二条 养子女可以随养父或者养母的姓氏，经当事人协商一致，也可以保留原姓氏。

第一千一百一十三条 有本法第一编关于民事法律行为无效规定情形或者违反本编规定的收养行为无效。

无效的收养行为自始没有法律约束力。

第三节 收养关系的解除

第一千一百一十四条 收养人在被收养人成年以前，不得解除收养关系，但是收养人、送养人双方协议解除的除外。养子女八周岁以上的，应当征得本人同意。

收养人不履行抚养义务，有虐待、遗弃等侵害未成年养子女合法权益行为的，送养人有权要求解除养父母与养子女间的收养关系。送养人、收养人不能达成解除收养关系协议的，可以向人民法院提起诉讼。

第一千一百一十五条 养父母与成年养子女关系恶化、无法共同生活的，可以协议解除收养关系。不能达成协议的，可以向人民法院提起诉讼。

第一千一百一十六条 当事人协议解除收养关系的，应当到民政部门办理解除收养关系登记。

第一千一百一十七条 收养关系解除后，养子女与养父母以及其他近亲属间的权利义务关系即行消除，与生父母以及其他近亲属间的权利义务关系自行恢复。但是,成年养子女与生父母以及其他近亲属间的权利义务关系是否恢复,可以协商确定。

第一千一百一十八条 收养关系解除后,经养父母抚养的成年养子女,对缺乏劳动能力又缺乏生活来源的养父母,应当给付生活费。因养子女成年后虐待、遗弃养父母而解除收养关系的,养父母可以要求养子女补偿收养期间支出的抚养费。

生父母要求解除收养关系的,养父母可以要求生父母适当补偿收养期间支出的抚养费;但是,因养父母虐待、遗弃养子女而解除收养关系的除外。

第六编 继 承

第一章 一般规定

第一千一百一十九条 本编调整因继承产生的民事关系。

第一千一百二十条 国家保护自然人的继承权。

第一千一百二十一条 继承从被继承人死亡时开始。

相互有继承关系的数人在同一事件中死亡,难以确定死亡时间的,推定没有其他继承人的人先死亡。都有其他继承人,辈份不同的,推定长辈先死亡;辈份相同的,推定同时死亡,相互不发生继承。

第一千一百二十二条 遗产是自然人死亡时遗留的个人合法财产。

依照法律规定或者根据其性质不得继承的遗产,不得继承。

第一千一百二十三条 继承开始后,按照法定继承办理;有遗嘱的,按照遗嘱继承或者遗赠办理;有遗赠扶养协议的,按照协议办理。

第一千一百二十四条 继承开始后,继承人放弃继承的,应当在遗产处理前,以书面形式作出放弃继承的表示;没有表示的,视为接受继承。

受遗赠人应当在知道受遗赠后六十日内,作出接受或者放弃受遗赠的表示;到期没有表示的,视为放弃受遗赠。

第一千一百二十五条 继承人有下列行为之一的,丧失继承权:

（一）故意杀害被继承人；

（二）为争夺遗产而杀害其他继承人；

（三）遗弃被继承人，或者虐待被继承人情节严重；

（四）伪造、篡改、隐匿或者销毁遗嘱，情节严重；

（五）以欺诈、胁迫手段迫使或者妨碍被继承人设立、变更或者撤回遗嘱，情节严重。

继承人有前款第三项至第五项行为，确有悔改表现，被继承人表示宽恕或者事后在遗嘱中将其列为继承人的，该继承人不丧失继承权。

受遗赠人有本条第一款规定行为的，丧失受遗赠权。

第二章　法定继承

第一千一百二十六条　继承权男女平等。

第一千一百二十七条　遗产按照下列顺序继承：

（一）第一顺序：配偶、子女、父母；

（二）第二顺序：兄弟姐妹、祖父母、外祖父母。

继承开始后，由第一顺序继承人继承，第二顺序继承人不继承；没有第一顺序继承人继承的，由第二顺序继承人继承。

本编所称子女，包括婚生子女、非婚生子女、养子女和有扶养关系的继子女。

本编所称父母，包括生父母、养父母和有扶养关系的继父母。

本编所称兄弟姐妹，包括同父母的兄弟姐妹、同父异母或者同母异父的兄弟姐妹、养兄弟姐妹、有扶养关系的继兄弟姐妹。

第一千一百二十八条　被继承人的子女先于被继承人死亡的，由被继承人的子女的直系晚辈血亲代位继承。

被继承人的兄弟姐妹先于被继承人死亡的，由被继承人的兄弟姐妹的子女代位继承。

代位继承人一般只能继承被代位继承人有权继承的遗产份额。

第一千一百二十九条　丧偶儿媳对公婆，丧偶女婿对岳父母，尽了主要赡养义务的，作为第一顺序继承人。

第一千一百三十条　同一顺序继承人继承遗产的份额，一般应当均等。

对生活有特殊困难又缺乏劳动能力的继承人，分配遗产时，应当予以照顾。

对被继承人尽了主要扶养义务或者与被继承人共同生活的继承人，分配遗产时，可以多分。

有扶养能力和有扶养条件的继承人，不尽扶养义务的，分配遗产时，应当不分或者少分。

继承人协商同意的，也可以不均等。

第一千一百三十一条 对继承人以外的依靠被继承人扶养的人，或者继承人以外的对被继承人扶养较多的人，可以分给适当的遗产。

第一千一百三十二条 继承人应当本着互谅互让、和睦团结的精神，协商处理继承问题。遗产分割的时间、办法和份额，由继承人协商确定；协商不成的，可以由人民调解委员会调解或者向人民法院提起诉讼。

第三章 遗嘱继承和遗赠

第一千一百三十三条 自然人可以依照本法规定立遗嘱处分个人财产，并可以指定遗嘱执行人。

自然人可以立遗嘱将个人财产指定由法定继承人中的一人或者数人继承。

自然人可以立遗嘱将个人财产赠与国家、集体或者法定继承人以外的组织、个人。

自然人可以依法设立遗嘱信托。

第一千一百三十四条 自书遗嘱由遗嘱人亲笔书写，签名，注明年、月、日。

第一千一百三十五条 代书遗嘱应当有两个以上见证人在场见证，由其中一人代书，并由遗嘱人、代书人和其他见证人签名，注明年、月、日。

第一千一百三十六条 打印遗嘱应当有两个以上见证人在场见证。遗嘱人和见证人应当在遗嘱每一页签名，注明年、月、日。

第一千一百三十七条 以录音录像形式立的遗嘱，应当有两个以上见证人在场见证。遗嘱人和见证人应当在录音录像中记录其姓名或者肖像，以及年、月、日。

第一千一百三十八条 遗嘱人在危急情况下，可以立口头遗嘱。口头遗嘱应当有两个以上见证人在场见证。危急情况消除后，遗嘱人能够以书面或者录音录像形式立遗嘱的，所立的口头遗嘱无效。

第一千一百三十九条 公证遗嘱由遗嘱人经公证机构办理。

第一千一百四十条 下列人员不能作为遗嘱见证人：

（一）无民事行为能力人、限制民事行为能力人以及其他不具有见证能力的人；

（二）继承人、受遗赠人；

（三）与继承人、受遗赠人有利害关系的人。

第一千一百四十一条 遗嘱应当为缺乏劳动能力又没有生活来源的继承人保留必要的遗产份额。

第一千一百四十二条 遗嘱人可以撤回、变更自己所立的遗嘱。

立遗嘱后，遗嘱人实施与遗嘱内容相反的民事法律行为的，视为对遗嘱相关内容的撤回。

立有数份遗嘱，内容相抵触的，以最后的遗嘱为准。

第一千一百四十三条 无民事行为能力人或者限制民事行为能力人所立的遗嘱无效。

遗嘱必须表示遗嘱人的真实意思，受欺诈、胁迫所立的遗嘱无效。

伪造的遗嘱无效。

遗嘱被篡改的，篡改的内容无效。

第一千一百四十四条 遗嘱继承或者遗赠附有义务的，继承人或者受遗赠人应当履行义务。没有正当理由不履行义务的，经利害关系人或者有关组织请求，人民法院可以取消其接受附义务部分遗产的权利。

第四章　遗产的处理

第一千一百四十五条 继承开始后，遗嘱执行人为遗产管理人；

没有遗嘱执行人的，继承人应当及时推选遗产管理人；继承人未推选的，由继承人共同担任遗产管理人；没有继承人或者继承人均放弃继承的，由被继承人生前住所地的民政部门或者村民委员会担任遗产管理人。

第一千一百四十六条 对遗产管理人的确定有争议的，利害关系人可以向人民法院申请指定遗产管理人。

第一千一百四十七条 遗产管理人应当履行下列职责：

（一）清理遗产并制作遗产清单；

（二）向继承人报告遗产情况；

（三）采取必要措施防止遗产毁损、灭失；

（四）处理被继承人的债权债务；

（五）按照遗嘱或者依照法律规定分割遗产；

（六）实施与管理遗产有关的其他必要行为。

第一千一百四十八条 遗产管理人应当依法履行职责，因故意或者重大过失造成继承人、受遗赠人、债权人损害的，应当承担民事责任。

第一千一百四十九条 遗产管理人可以依照法律规定或者按照约定获得报酬。

第一千一百五十条 继承开始后，知道被继承人死亡的继承人应当及时通知其他继承人和遗嘱执行人。继承人中无人知道被继承人死亡或者知道被继承人死亡而不能通知的，由被继承人生前所在单位或者住所地的居民委员会、村民委员会负责通知。

第一千一百五十一条 存有遗产的人，应当妥善保管遗产，任何组织或者个人不得侵吞或者争抢。

第一千一百五十二条 继承开始后，继承人于遗产分割前死亡，并没有放弃继承的，该继承人应当继承的遗产转给其继承人，但是遗嘱另有安排的除外。

第一千一百五十三条 夫妻共同所有的财产，除有约定的外，遗产分割时，应当先将共同所有的财产的一半分出为配偶所有，其余的为被继承人的遗产。

遗产在家庭共有财产之中的，遗产分割时，应当先分出他人的财产。

第一千一百五十四条 有下列情形之一的，遗产中的有关部分按照法定继承办理：

（一）遗嘱继承人放弃继承或者受遗赠人放弃受遗赠；

（二）遗嘱继承人丧失继承权或者受遗赠人丧失受遗赠权；

（三）遗嘱继承人、受遗赠人先于遗嘱人死亡或者终止；

（四）遗嘱无效部分所涉及的遗产；

（五）遗嘱未处分的遗产。

第一千一百五十五条 遗产分割时，应当保留胎儿的继承份额。胎儿娩出时是死体的，保留的份额按照法定继承办理。

第一千一百五十六条 遗产分割应当有利于生产和生活需要，不损害遗产的效用。

不宜分割的遗产，可以采取折价、适当补偿或者共有等方法处理。

第一千一百五十七条 夫妻一方死亡后另一方再婚的，有权处分所继承的财产，任何组织或者个人不得干涉。

第一千一百五十八条 自然人可以与继承人以外的组织或者个人签订遗赠扶养协议。按照协议，该组织或者个人承担该自然人生养死葬的义务，享有受遗赠的权利。

第一千一百五十九条 分割遗产，应当清偿被继承人依法应当缴纳的税款和债务；但是，应当为缺乏劳动能力又没有生活来源的继承人保留必要的遗产。

第一千一百六十条 无人继承又无人受遗赠的遗产，归国家所有，用于公益事业；死者生前是集体所有制组织成员的，归所在集体所有制组织所有。

第一千一百六十一条 继承人以所得遗产实际价值为限清偿被继承人依法应当缴纳的税款和债务。超过遗产实际价值部分，继承人自愿偿还的不在此限。

继承人放弃继承的，对被继承人依法应当缴纳的税款和债务可以不负清偿责任。

第一千一百六十二条 执行遗赠不得妨碍清偿遗赠人依法应当缴纳的税款和债务。

第一千一百六十三条 既有法定继承又有遗嘱继承、遗赠的，由法定继承人清偿被继承人依法应当缴纳的税款和债务;超过法定继承遗产实际价值部分,由遗嘱继承人和受遗赠人按比例以所得遗产清偿。

第七编　侵 权 责 任

第一章　一 般 规 定

第一千一百六十四条　本编调整因侵害民事权益产生的民事关系。

第一千一百六十五条　行为人因过错侵害他人民事权益造成损害的,应当承担侵权责任。

依照法律规定推定行为人有过错,其不能证明自己没有过错的,应当承担侵权责任。

第一千一百六十六条　行为人造成他人民事权益损害,不论行为人有无过错,法律规定应当承担侵权责任的,依照其规定。

第一千一百六十七条　侵权行为危及他人人身、财产安全的,被侵权人有权请求侵权人承担停止侵害、排除妨碍、消除危险等侵权责任。

第一千一百六十八条　二人以上共同实施侵权行为,造成他人损害的,应当承担连带责任。

第一千一百六十九条　教唆、帮助他人实施侵权行为的,应当与行为人承担连带责任。

教唆、帮助无民事行为能力人、限制民事行为能力人实施侵权行为的,应当承担侵权责任;该无民事行为能力人、限制民事行为能力人的监护人未尽到监护职责的,应当承担相应的责任。

第一千一百七十条　二人以上实施危及他人人身、财产安全的行为,其中一人或者数人的行为造成他人损害,能够确定具体侵权人的,由侵权人承担责任;不能确定具体侵权人的,行为人承担连带责任。

第一千一百七十一条　二人以上分别实施侵权行为造成同一损

害,每个人的侵权行为都足以造成全部损害的,行为人承担连带责任。

第一千一百七十二条 二人以上分别实施侵权行为造成同一损害,能够确定责任大小的,各自承担相应的责任;难以确定责任大小的,平均承担责任。

第一千一百七十三条 被侵权人对同一损害的发生或者扩大有过错的,可以减轻侵权人的责任。

第一千一百七十四条 损害是因受害人故意造成的,行为人不承担责任。

第一千一百七十五条 损害是因第三人造成的,第三人应当承担侵权责任。

第一千一百七十六条 自愿参加具有一定风险的文体活动,因其他参加者的行为受到损害的,受害人不得请求其他参加者承担侵权责任;但是,其他参加者对损害的发生有故意或者重大过失的除外。

活动组织者的责任适用本法第一千一百九十八条至第一千二百零一条的规定。

第一千一百七十七条 合法权益受到侵害,情况紧迫且不能及时获得国家机关保护,不立即采取措施将使其合法权益受到难以弥补的损害的,受害人可以在保护自己合法权益的必要范围内采取扣留侵权人的财物等合理措施;但是,应当立即请求有关国家机关处理。

受害人采取的措施不当造成他人损害的,应当承担侵权责任。

第一千一百七十八条 本法和其他法律对不承担责任或者减轻责任的情形另有规定的,依照其规定。

第二章 损害赔偿

第一千一百七十九条 侵害他人造成人身损害的,应当赔偿医疗费、护理费、交通费、营养费、住院伙食补助费等为治疗和康复支出的合理费用,以及因误工减少的收入。造成残疾的,还应当赔偿辅助器具费和残疾赔偿金;造成死亡的,还应当赔偿丧葬费和死亡赔偿金。

第一千一百八十条 因同一侵权行为造成多人死亡的，可以以相同数额确定死亡赔偿金。

第一千一百八十一条 被侵权人死亡的，其近亲属有权请求侵权人承担侵权责任。被侵权人为组织，该组织分立、合并的，承继权利的组织有权请求侵权人承担侵权责任。

被侵权人死亡的，支付被侵权人医疗费、丧葬费等合理费用的人有权请求侵权人赔偿费用，但是侵权人已经支付该费用的除外。

第一千一百八十二条 侵害他人人身权益造成财产损失的，按照被侵权人因此受到的损失或者侵权人因此获得的利益赔偿；被侵权人因此受到的损失以及侵权人因此获得的利益难以确定，被侵权人和侵权人就赔偿数额协商不一致，向人民法院提起诉讼的，由人民法院根据实际情况确定赔偿数额。

第一千一百八十三条 侵害自然人人身权益造成严重精神损害的，被侵权人有权请求精神损害赔偿。

因故意或者重大过失侵害自然人具有人身意义的特定物造成严重精神损害的，被侵权人有权请求精神损害赔偿。

第一千一百八十四条 侵害他人财产的，财产损失按照损失发生时的市场价格或者其他合理方式计算。

第一千一百八十五条 故意侵害他人知识产权，情节严重的，被侵权人有权请求相应的惩罚性赔偿。

第一千一百八十六条 受害人和行为人对损害的发生都没有过错的，依照法律的规定由双方分担损失。

第一千一百八十七条 损害发生后，当事人可以协商赔偿费用的支付方式。协商不一致的，赔偿费用应当一次性支付；一次性支付确有困难的，可以分期支付，但是被侵权人有权请求提供相应的担保。

第三章 责任主体的特殊规定

第一千一百八十八条 无民事行为能力人、限制民事行为能力人造成他人损害的，由监护人承担侵权责任。监护人尽到监护职责的，可以减轻其侵权责任。

有财产的无民事行为能力人、限制民事行为能力人造成他人损害的，从本人财产中支付赔偿费用；不足部分，由监护人赔偿。

第一千一百八十九条 无民事行为能力人、限制民事行为能力人造成他人损害，监护人将监护职责委托给他人的，监护人应当承担侵权责任；受托人有过错的，承担相应的责任。

第一千一百九十条 完全民事行为能力人对自己的行为暂时没有意识或者失去控制造成他人损害有过错的，应当承担侵权责任；没有过错的，根据行为人的经济状况对受害人适当补偿。

完全民事行为能力人因醉酒、滥用麻醉药品或者精神药品对自己的行为暂时没有意识或者失去控制造成他人损害的，应当承担侵权责任。

第一千一百九十一条 用人单位的工作人员因执行工作任务造成他人损害的，由用人单位承担侵权责任。用人单位承担侵权责任后，可以向有故意或者重大过失的工作人员追偿。

劳务派遣期间，被派遣的工作人员因执行工作任务造成他人损害的，由接受劳务派遣的用工单位承担侵权责任；劳务派遣单位有过错的，承担相应的责任。

第一千一百九十二条 个人之间形成劳务关系，提供劳务一方因劳务造成他人损害的，由接受劳务一方承担侵权责任。接受劳务一方承担侵权责任后，可以向有故意或者重大过失的提供劳务一方追偿。提供劳务一方因劳务受到损害的，根据双方各自的过错承担相应的责任。

提供劳务期间，因第三人的行为造成提供劳务一方损害的，提供劳务一方有权请求第三人承担侵权责任，也有权请求接受劳务一方给予补偿。接受劳务一方补偿后，可以向第三人追偿。

第一千一百九十三条 承揽人在完成工作过程中造成第三人损害或者自己损害的，定作人不承担侵权责任。但是，定作人对定作、指示或者选任有过错的，应当承担相应的责任。

第一千一百九十四条 网络用户、网络服务提供者利用网络侵害他人民事权益的，应当承担侵权责任。法律另有规定的，依照其规定。

第一千一百九十五条 网络用户利用网络服务实施侵权行为的，

权利人有权通知网络服务提供者采取删除、屏蔽、断开链接等必要措施。通知应当包括构成侵权的初步证据及权利人的真实身份信息。

网络服务提供者接到通知后，应当及时将该通知转送相关网络用户，并根据构成侵权的初步证据和服务类型采取必要措施；未及时采取必要措施的，对损害的扩大部分与该网络用户承担连带责任。

权利人因错误通知造成网络用户或者网络服务提供者损害的，应当承担侵权责任。法律另有规定的，依照其规定。

第一千一百九十六条 网络用户接到转送的通知后，可以向网络服务提供者提交不存在侵权行为的声明。声明应当包括不存在侵权行为的初步证据及网络用户的真实身份信息。

网络服务提供者接到声明后，应当将该声明转送发出通知的权利人，并告知其可以向有关部门投诉或者向人民法院提起诉讼。网络服务提供者在转送声明到达权利人后的合理期限内，未收到权利人已经投诉或者提起诉讼通知的，应当及时终止所采取的措施。

第一千一百九十七条 网络服务提供者知道或者应当知道网络用户利用其网络服务侵害他人民事权益，未采取必要措施的，与该网络用户承担连带责任。

第一千一百九十八条 宾馆、商场、银行、车站、机场、体育场馆、娱乐场所等经营场所、公共场所的经营者、管理者或者群众性活动的组织者，未尽到安全保障义务，造成他人损害的，应当承担侵权责任。

因第三人的行为造成他人损害的，由第三人承担侵权责任；经营者、管理者或者组织者未尽到安全保障义务的，承担相应的补充责任。经营者、管理者或者组织者承担补充责任后，可以向第三人追偿。

第一千一百九十九条 无民事行为能力人在幼儿园、学校或者其他教育机构学习、生活期间受到人身损害的，幼儿园、学校或者其他教育机构应当承担侵权责任；但是，能够证明尽到教育、管理职责的，不承担侵权责任。

第一千二百条 限制民事行为能力人在学校或者其他教育机构学习、生活期间受到人身损害，学校或者其他教育机构未尽到教育、管理职责的，应当承担侵权责任。

第一千二百零一条 无民事行为能力人或者限制民事行为能力人在幼儿园、学校或者其他教育机构学习、生活期间，受到幼儿园、学校或者其他教育机构以外的第三人人身损害的，由第三人承担侵权责任；幼儿园、学校或者其他教育机构未尽到管理职责的，承担相应的补充责任。幼儿园、学校或者其他教育机构承担补充责任后，可以向第三人追偿。

第四章　产品责任

第一千二百零二条　因产品存在缺陷造成他人损害的，生产者应当承担侵权责任。

第一千二百零三条　因产品存在缺陷造成他人损害的，被侵权人可以向产品的生产者请求赔偿，也可以向产品的销售者请求赔偿。

产品缺陷由生产者造成的，销售者赔偿后，有权向生产者追偿。因销售者的过错使产品存在缺陷的，生产者赔偿后，有权向销售者追偿。

第一千二百零四条　因运输者、仓储者等第三人的过错使产品存在缺陷，造成他人损害的，产品的生产者、销售者赔偿后，有权向第三人追偿。

第一千二百零五条　因产品缺陷危及他人人身、财产安全的，被侵权人有权请求生产者、销售者承担停止侵害、排除妨碍、消除危险等侵权责任。

第一千二百零六条　产品投入流通后发现存在缺陷的，生产者、销售者应当及时采取停止销售、警示、召回等补救措施；未及时采取补救措施或者补救措施不力造成损害扩大的，对扩大的损害也应当承担侵权责任。

依据前款规定采取召回措施的，生产者、销售者应当负担被侵权人因此支出的必要费用。

第一千二百零七条　明知产品存在缺陷仍然生产、销售，或者没有依据前条规定采取有效补救措施，造成他人死亡或者健康严重损害的，被侵权人有权请求相应的惩罚性赔偿。

第五章　机动车交通事故责任

第一千二百零八条　机动车发生交通事故造成损害的，依照道路交通安全法律和本法的有关规定承担赔偿责任。

第一千二百零九条 因租赁、借用等情形机动车所有人、管理人与使用人不是同一人时,发生交通事故造成损害,属于该机动车一方责任的,由机动车使用人承担赔偿责任;机动车所有人、管理人对损害的发生有过错的,承担相应的赔偿责任。

第一千二百一十条 当事人之间已经以买卖或者其他方式转让并交付机动车但是未办理登记,发生交通事故造成损害,属于该机动车一方责任的,由受让人承担赔偿责任。

第一千二百一十一条 以挂靠形式从事道路运输经营活动的机动车,发生交通事故造成损害,属于该机动车一方责任的,由挂靠人和被挂靠人承担连带责任。

第一千二百一十二条 未经允许驾驶他人机动车,发生交通事故造成损害,属于该机动车一方责任的,由机动车使用人承担赔偿责任;机动车所有人、管理人对损害的发生有过错的,承担相应的赔偿责任,但是本章另有规定的除外。

第一千二百一十三条 机动车发生交通事故造成损害,属于该机动车一方责任的,先由承保机动车强制保险的保险人在强制保险责任限额范围内予以赔偿;不足部分,由承保机动车商业保险的保险人按照保险合同的约定予以赔偿;仍然不足或者没有投保机动车商业保险的,由侵权人赔偿。

第一千二百一十四条 以买卖或者其他方式转让拼装或者已经达到报废标准的机动车,发生交通事故造成损害的,由转让人和受让人承担连带责任。

第一千二百一十五条 盗窃、抢劫或者抢夺的机动车发生交通事故造成损害的,由盗窃人、抢劫人或者抢夺人承担赔偿责任。盗窃人、抢劫人或者抢夺人与机动车使用人不是同一人,发生交通事故造成损害,属于该机动车一方责任的,由盗窃人、抢劫人或者抢夺人与机动车使用人承担连带责任。

保险人在机动车强制保险责任限额范围内垫付抢救费用的,有权向交通事故责任人追偿。

第一千二百一十六条 机动车驾驶人发生交通事故后逃逸,该机动车参加强制保险的,由保险人在机动车强制保险责任限额范围内予以赔偿;机动车不明、该机动车未参加强制保险或者抢救费用超过机动车强制保险责任限额,需要支付被侵权人人身伤亡的抢救、丧葬等费用的,由道路交通事故社会救助基金垫付。道路交通事故社会救助基金垫付后,其管理机构有权向交通事故责任人追偿。

第一千二百一十七条 非营运机动车发生交通事故造成无偿搭乘人损害,属于该机动车一方责任的,应当减轻其赔偿责任,但是机动车使用人有故意或者重大过失的除外。

第六章 医疗损害责任

第一千二百一十八条 患者在诊疗活动中受到损害,医疗机构或者其医务人员有过错的,由医疗机构承担赔偿责任。

第一千二百一十九条 医务人员在诊疗活动中应当向患者说明病情和医疗措施。需要实施手术、特殊检查、特殊治疗的,医务人员应当及时向患者具体说明医疗风险、替代医疗方案等情况,并取得其明确同意;不能或者不宜向患者说明的,应当向患者的近亲属说明,并取得其明确同意。

医务人员未尽到前款义务,造成患者损害的,医疗机构应当承担赔偿责任。

第一千二百二十条 因抢救生命垂危的患者等紧急情况,不能取得患者或者其近亲属意见的,经医疗机构负责人或者授权的负责人批准,可以立即实施相应的医疗措施。

第一千二百二十一条 医务人员在诊疗活动中未尽到与当时的医疗水平相应的诊疗义务,造成患者损害的,医疗机构应当承担赔偿责任。

第一千二百二十二条 患者在诊疗活动中受到损害,有下列情形之一的,推定医疗机构有过错:

(一)违反法律、行政法规、规章以及其他有关诊疗规范的规定;

(二)隐匿或者拒绝提供与纠纷有关的病历资料;

(三)遗失、伪造、篡改或者违法销毁病历资料。

第一千二百二十三条 因药品、消毒产品、医疗器械的缺陷,或者输入不合格的血液造成患者损害的,患者可以向药品上市许可持有人、生产者、血液提供机构请求赔偿，也可以向医疗机构请求赔偿。患者向医疗机构请求赔偿的，医疗机构赔偿后，有权向负有责任的药品上市许可持有人、生产者、血液提供机构追偿。

第一千二百二十四条 患者在诊疗活动中受到损害，有下列情形之一的，医疗机构不承担赔偿责任：

（一）患者或者其近亲属不配合医疗机构进行符合诊疗规范的诊疗；

（二）医务人员在抢救生命垂危的患者等紧急情况下已经尽到合理诊疗义务；

（三）限于当时的医疗水平难以诊疗。

前款第一项情形中，医疗机构或者其医务人员也有过错的，应当承担相应的赔偿责任。

第一千二百二十五条 医疗机构及其医务人员应当按照规定填写并妥善保管住院志、医嘱单、检验报告、手术及麻醉记录、病理资料、护理记录等病历资料。

患者要求查阅、复制前款规定的病历资料的，医疗机构应当及时提供。

第一千二百二十六条 医疗机构及其医务人员应当对患者的隐私和个人信息保密。泄露患者的隐私和个人信息，或者未经患者同意公开其病历资料的，应当承担侵权责任。

第一千二百二十七条 医疗机构及其医务人员不得违反诊疗规范实施不必要的检查。

第一千二百二十八条 医疗机构及其医务人员的合法权益受法律保护。

干扰医疗秩序，妨碍医务人员工作、生活，侵害医务人员合法权益的，应当依法承担法律责任。

第七章 环境污染和生态破坏责任

第一千二百二十九条 因污染环境、破坏生态造成他人损害的，侵权人应当承担侵权责任。

第一千二百三十条 因污染环境、破坏生态发生纠纷，行为人应当就法律规定的不承担责任或者减轻责任的情形及其行为与损害之间不存在因果关系承担举证责任。

第一千二百三十一条 两个以上侵权人污染环境、破坏生态的，承担责任的大小，根据污染物的种类、浓度、排放量，破坏生态的方式、范围、程度，以及行为对损害后果所起的作用等因素确定。

第一千二百三十二条 侵权人违反法律规定故意污染环境、破坏生态造成严重后果的，被侵权人有权请求相应的惩罚性赔偿。

第一千二百三十三条 因第三人的过错污染环境、破坏生态的，被侵权人可以向侵权人请求赔偿，也可以向第三人请求赔偿。侵权人赔偿后，有权向第三人追偿。

第一千二百三十四条 违反国家规定造成生态环境损害，生态环境能够修复的，国家规定的机关或者法律规定的组织有权请求侵权人在合理期限内承担修复责任。侵权人在期限内未修复的，国家规定的机关或者法律规定的组织可以自行或者委托他人进行修复，所需费用由侵权人负担。

第一千二百三十五条 违反国家规定造成生态环境损害的，国家规定的机关或者法律规定的组织有权请求侵权人赔偿下列损失和费用：

（一）生态环境受到损害至修复完成期间服务功能丧失导致的损失；

（二）生态环境功能永久性损害造成的损失；

（三）生态环境损害调查、鉴定评估等费用；

（四）清除污染、修复生态环境费用；

（五）防止损害的发生和扩大所支出的合理费用。

第八章　高度危险责任

第一千二百三十六条 从事高度危险作业造成他人损害的，应当承担侵权责任。

第一千二百三十七条 民用核设施或者运入运出核设施的核材料发生核事故造成他人损害的，民用核设施的营运单位应当承担侵权责任；但是，能够证明损害是因战争、武装冲突、暴乱等情形或者受害人故意造成的，不承担责任。

第一千二百三十八条 民用航空器造成他人损害的，民用航空器的经营者应当承担侵权责任；但是，能够证明损害是因受害人故意造成的，不承担责任。

第一千二百三十九条 占有或者使用易燃、易爆、剧毒、高放射性、强腐蚀性、高致病性等高度危险物造成他人损害的，占有人或者使用人应当承担侵权责任；但是，能够证明损害是因受害人故意或者不可抗力造成的，不承担责任。被侵权人对损害的发生有重大过失的，可以减轻占有人或者使用人的责任。

第一千二百四十条 从事高空、高压、地下挖掘活动或者使用高速轨道运输工具造成他人损害的，经营者应当承担侵权责任；但是，能够证明损害是因受害人故意或者不可抗力造成的，不承担责任。被侵权人对损害的发生有重大过失的，可以减轻经营者的责任。

第一千二百四十一条 遗失、抛弃高度危险物造成他人损害的，由所有人承担侵权责任。所有人将高度危险物交由他人管理的，由管理人承担侵权责任；所有人有过错的，与管理人承担连带责任。

第一千二百四十二条 非法占有高度危险物造成他人损害的，由非法占有人承担侵权责任。所有人、管理人不能证明对防止非法占有尽到高度注意义务的，与非法占有人承担连带责任。

第一千二百四十三条 未经许可进入高度危险活动区域或者高度危险物存放区域受到损害，管理人能够证明已经采取足够安全措施并尽到充分警示义务的，可以减轻或者不承担责任。

第一千二百四十四条 承担高度危险责任，法律规定赔偿限额的，依照其规定，但是行为人有故意或者重大过失的除外。

第九章　饲养动物损害责任

第一千二百四十五条 饲养的动物造成他人损害的，动物饲养人或者管理人应当承担侵权责任；但是，能够证明损害是因被侵权人故意或者重大过失造成的，可以不承担或者减轻责任。

第一千二百四十六条 违反管理规定，未对动物采取安全措施造成他人损害的，动物饲养人或者管理人应当承担侵权责任；但是，能够证明损害是因被侵权人故意造成的，可以减轻责任。

第一千二百四十七条 禁止饲养的烈性犬等危险动物造成他人损害的，动物饲养人或者管理人应当承担侵权责任。

第一千二百四十八条 动物园的动物造成他人损害的，动物园应当承担侵权责任；但是，能够证明尽到管理职责的，不承担侵权责任。

第一千二百四十九条 遗弃、逃逸的动物在遗弃、逃逸期间造成他人损害的，由动物原饲养人或者管理人承担侵权责任。

第一千二百五十条 因第三人的过错致使动物造成他人损害的，被侵权人可以向动物饲养人或者管理人请求赔偿，也可以向第三人请求赔偿。动物饲养人或者管理人赔偿后，有权向第三人追偿。

第一千二百五十一条 饲养动物应当遵守法律法规，尊重社会公德，不得妨碍他人生活。

第十章 建筑物和物件损害责任

第一千二百五十二条 建筑物、构筑物或者其他设施倒塌、塌陷造成他人损害的，由建设单位与施工单位承担连带责任，但是建设单位与施工单位能够证明不存在质量缺陷的除外。建设单位、施工单位赔偿后，有其他责任人的，有权向其他责任人追偿。

因所有人、管理人、使用人或者第三人的原因，建筑物、构筑物或者其他设施倒塌、塌陷造成他人损害的，由所有人、管理人、使用人或者第三人承担侵权责任。

第一千二百五十三条 建筑物、构筑物或者其他设施及其搁置物、悬挂物发生脱落、坠落造成他人损害，所有人、管理人或者使用人不能证明自己没有过错的，应当承担侵权责任。所有人、管理人或者使用人赔偿后，有其他责任人的，有权向其他责任人追偿。

第一千二百五十四条 禁止从建筑物中抛掷物品。从建筑物中抛掷物品或者从建筑物上坠落的物品造成他人损害的，由侵权人依法承担侵权责任；经调查难以确定具体侵权人的，除能够证明自己不是侵权人的外，由可能加害的建筑物使用人给予补偿。可能加害的建筑物使用人补偿后，有权向侵权人追偿。

物业服务企业等建筑物管理人应当采取必要的安全保障措施防止前款规定情形的发生；未采取必要的安全保障措施的，应当依法承担未履行安全保障义务的侵权责任。

发生本条第一款规定的情形的，公安等机关应当依法及时调查，查清责任人。

第一千二百五十五条 堆放物倒塌、滚落或者滑落造成他人损害，堆放人不能证明自己没有过错的，应当承担侵权责任。

第一千二百五十六条 在公共道路上堆放、倾倒、遗撒妨碍通行的物品造成他人损害的，由行为人承担侵权责任。公共道路管理人不能证明已经尽到清理、防护、警示等义务的，应当承担相应的责任。

第一千二百五十七条 因林木折断、倾倒或者果实坠落等造成他人损害，林木的所有人或者管理人不能证明自己没有过错的，应当承担侵权责任。

第一千二百五十八条 在公共场所或者道路上挖掘、修缮安装地下设施等造成他人损害，施工人不能证明已经设置明显标志和采取安全措施的，应当承担侵权责任。

窨井等地下设施造成他人损害，管理人不能证明尽到管理职责的，应当承担侵权责任。

附　　则

第一千二百五十九条 民法所称的“以上”、“以下”、“以内”、“届满”，包括本数；所称的“不满”、“超过”、“以外”，不包括本数。

第一千二百六十条 本法自2021年1月1日起施行。《中华人民共和国婚姻法》、《中华人民共和国继承法》、《中华人民共和国民法通则》、《中华人民共和国收养法》、《中华人民共和国担保法》、《中华人民共和国合同法》、《中华人民共和国物权法》、《中华人民共和国侵权责任法》、《中华人民共和国民法总则》同时废止。

知识产权

全国人民代表大会常务委员会关于修改《中华人民共和国专利法》的决定

（2020年10月17日第十三届全国人民代表大会常务委员会第二十二次会议通过　2020年10月17日中华人民共和国主席令第55号公布　自2021年6月1日起施行）

第十三届全国人民代表大会常务委员会第二十二次会议决定对《中华人民共和国专利法》作如下修改：

一、将第二条第四款修改为："外观设计，是指对产品的整体或者局部的形状、图案或者其结合以及色彩与形状、图案的结合所作出的富有美感并适于工业应用的新设计。"

二、将第六条第一款修改为："执行本单位的任务或者主要是利用本单位的物质技术条件所完成的发明创造为职务发明创造。职务发明创造申请专利的权利属于该单位，申请被批准后，该单位为专利权人。该单位可以依法处置其职务发明创造申请专利的权利和专利权，促进相关发明创造的实施和运用。"

三、将第十四条改为第四十九条。

四、将第十六条改为第十五条，增加一款，作为第二款："国家鼓励被授予专利权的单位实行产权激励，采取股权、期权、分红等方式，使发明人或者设计人合理分享创新收益。"

五、增加一条，作为第二十条："申请专利和行使专利权应当遵循诚实信用原则。不得滥用专利权损害公共利益或者他人合法权益。

“滥用专利权，排除或者限制竞争，构成垄断行为的，依照《中华人民共和国反垄断法》处理。”

六、删除第二十一条第一款中的“及其专利复审委员会”。

将第二款修改为：“国务院专利行政部门应当加强专利信息公共服务体系建设，完整、准确、及时发布专利信息，提供专利基础数据，定期出版专利公报，促进专利信息传播与利用。”

七、在第二十四条中增加一项，作为第一项：“（一）在国家出现紧急状态或者非常情况时，为公共利益目的首次公开的”。

八、将第二十五条第一款第五项修改为：“（五）原子核变换方法以及用原子核变换方法获得的物质”。

九、将第二十九条第二款修改为：“申请人自发明或者实用新型在中国第一次提出专利申请之日起十二个月内，或者自外观设计在中国第一次提出专利申请之日起六个月内，又向国务院专利行政部门就相同主题提出专利申请的，可以享有优先权。”

十、将第三十条修改为：“申请人要求发明、实用新型专利优先权的，应当在申请的时候提出书面声明，并且在第一次提出申请之日起十六个月内，提交第一次提出的专利申请文件的副本。

“申请人要求外观设计专利优先权的，应当在申请的时候提出书面声明，并且在三个月内提交第一次提出的专利申请文件的副本。

“申请人未提出书面声明或者逾期未提交专利申请文件副本的，视为未要求优先权。”

十一、将第四十一条修改为：“专利申请人对国务院专利行政部门驳回申请的决定不服的，可以自收到通知之日起三个月内向国务院专利行政部门请求复审。国务院专利行政部门复审后，作出决定，并通知专利申请人。

“专利申请人对国务院专利行政部门的复审决定不服的，可以自收到通知之日起三个月内向人民法院起诉。”

十二、将第四十二条修改为：“发明专利权的期限为二十年，实用新型专利权的期限为十年，外观设计专利权的期限为十五年，均自申请日起计算。

“自发明专利申请日起满四年，且自实质审查请求之日起满三年后授予发明专利权的，国务院专利行政部门应专利权人的请求，就发明专利在授权过程中的不合理延迟给予专利权期限补偿，但由申请人引起的不合理延迟除外。

“为补偿新药上市审评审批占用的时间，对在中国获得上市许可的新药相关发明专利，国务院专利行政部门应专利权人的请求给予专利权期限补偿。补偿期限不超过五年，新药批准上市后总有效专利权期限不超过十四年。”

十三、将第四十五条、第四十六条中的“专利复审委员会”修改为“国务院专利行政部门”。

十四、将第六章的章名修改为“专利实施的特别许可”。

十五、增加一条，作为第四十八条：“国务院专利行政部门、地方人民政府管理专利工作的部门应当会同同级相关部门采取措施，加强专利公共服务，促进专利实施和运用。”

十六、增加一条，作为第五十条：“专利权人自愿以书面方式向国务院专利行政部门声明愿意许可任何单位或者个人实施其专利，并明确许可使用费支付方式、标准的，由国务院专利行政部门予以公告，实行开放许可。就实用新型、外观设计专利提出开放许可声明的，应当提供专利权评价报告。

“专利权人撤回开放许可声明的，应当以书面方式提出，并由国务院专利行政部门予以公告。开放许可声明被公告撤回的，不影响在先给予的开放许可的效力。”

十七、增加一条，作为第五十一条：“任何单位或者个人有意愿实施开放许可的专利的，以书面方式通知专利权人，并依照公告的许可使用费支付方式、标准支付许可使用费后，即获得专利实施许可。

“开放许可实施期间，对专利权人缴纳专利年费相应给予减免。

“实行开放许可的专利权人可以与被许可人就许可使用费进行协商后给予普通许可，但不得就该专利给予独占或者排他许可。”

十八、增加一条，作为第五十二条：“当事人就实施开放许可发生纠纷的，由当事人协商解决；不愿协商或者协商不成的，可以请求国务院专利行政部门进行调解，也可以向人民法院起诉。”

十九、将第六十一条改为第六十六条，将第二款修改为：“专利侵权纠纷涉及实用新型专利或者外观设计专利的，人民法院或者管理专利工作的部门可以要求专利权人或者利害关系人出具由国务院专利行政部门对相关实用新型或者外观设计进行检索、分析和评价后作出的专利权评价报告，作为审理、处理专利侵权纠纷的证据；专利权人、利害关系人或者被控侵权人也可以主动出具专利权评价报告。”

二十、将第六十三条改为第六十八条，修改为：“假冒专利的，除依法承担民事责任外，由负责专利执法的部门责令改正并予公告，没收违法所得，可以处违法所得五倍以下的罚款；没有违法所得或者违法所得在五万元以下的，可以处二十五万元以下的罚款；构成犯罪的，依法追究刑事责任。”

二十一、将第六十四条改为第六十九条，修改为：“负责专利执法的部门根据已经取得的证据，对涉嫌假冒专利行为进行查处时，有权采取下列措施：

“（一）询问有关当事人，调查与涉嫌违法行为有关的情况；

“（二）对当事人涉嫌违法行为的场所实施现场检查；

“（三）查阅、复制与涉嫌违法行为有关的合同、发票、账簿以及其他有关资料；

“（四）检查与涉嫌违法行为有关的产品；

“（五）对有证据证明是假冒专利的产品，可以查封或者扣押。

“管理专利工作的部门应专利权人或者利害关系人的请求处理专利侵权纠纷时，可以采取前款第（一）项、第（二）项、第（四）项所列措施。

“负责专利执法的部门、管理专利工作的部门依法行使前两款规定的职权时，当事人应当予以协助、配合，不得拒绝、阻挠。”

二十二、增加一条，作为第七十条：“国务院专利行政部门可以应专利权人或者利害关系人的请求处理在全国有重大影响的专利侵权纠纷。

“地方人民政府管理专利工作的部门应专利权人或者利害关系人请求处理专利侵权纠纷，对在本行政区域内侵犯其同一专利权的案件可以合并处理；对跨区域侵犯其同一专利权的案件可以请求上级地方人民政府管理专利工作的部门处理。”

二十三、将第六十五条改为第七十一条，修改为：“侵犯专利权的赔偿数额按照权利人因被侵权所受到的实际损失或者侵权人因侵权所获得的利益确定；权利人的损失或者侵权人获得的利益难以确定的，参照该专利许可使用费的倍数合理确定。对故意侵犯专利权，情节严重的，可以在按照上述方法确定数额的一倍以上五倍以下确定赔偿数额。

“权利人的损失、侵权人获得的利益和专利许可使用费均难以确定的，人民法院可以根据专利权的类型、侵权行为的性质和情节等因素，确定给予三万元以上五百万元以下的赔偿。

“赔偿数额还应当包括权利人为制止侵权行为所支付的合理开支。

“人民法院为确定赔偿数额，在权利人已经尽力举证，而与侵权行为相关的账簿、资料主要由侵权人掌握的情况下，可以责令侵权人提供与侵权行为相关的账簿、资料；侵权人不提供或者提供虚假的账簿、资料的，人民法院可以参考权利人的主张和提供的证据判定赔偿数额。”

二十四、将第六十六条改为第七十二条，修改为：“专利权人或者利害关系人有证据证明他人正在实施或者即将实施侵犯专利权、妨碍其实现权利的行为，如不及时制止将会使其合法权益受到难以弥补的损害的，可以在起诉前依法向人民法院申请采取财产保全、责令作出一定行为或者禁止作出一定行为的措施。”

二十五、将第六十七条改为第七十三条，修改为：“为了制止专利侵权行为，在证据可能灭失或者以后难以取得的情况下，专利权人或者利害关系人可以在起诉前依法向人民法院申请保全证据。”

二十六、将第六十八条改为第七十四条，修改为：“侵犯专利权的诉讼时效为三年，自专利权人或者利害关系人知道或者应当知道侵权行为以及侵权人之日起计算。

“发明专利申请公布后至专利权授予前使用该发明未支付适当使用费的，专利权人要求支付使用费的诉讼时效为三年，自专利权人知道或者应当知道他人使用其发明之日起计算，但是，专利权人于专利权授予之日前即已知道或者应当知道的，自专利权授予之日起计算。”

二十七、增加一条，作为第七十六条：“药品上市审评审批过程中，药品上市许可申请人与有关专利权人或者利害关系人，因申请注册的药品相关的专利权产生纠纷的，相关当事人可以向人民法院起诉，请求就申请注册的药品相关技术方案是否落入他人药品专利权保护范围作出判决。国务院药品监督管理部门在规定的期限内，可以根据人民法院生效裁判作出是否暂停批准相关药品上市的决定。

“药品上市许可申请人与有关专利权人或者利害关系人也可以就申请注册的药品相关的专利权纠纷，向国务院专利行政部门请求行政裁决。

“国务院药品监督管理部门会同国务院专利行政部门制定药品上市许可审批与药品上市许可申请阶段专利权纠纷解决的具体衔接办法，报国务院同意后实施。”

二十八、删除第七十二条。

二十九、将第七十三条改为第七十九条，第七十四条改为第八十条，将其中的“行政处分”修改为“处分”。

本决定自2021年6月1日起施行。

《中华人民共和国专利法》根据本决定作相应修改并对条文顺序作相应调整，重新公布。

中华人民共和国专利法

（1984年3月12日第六届全国人民代表大会常务委员会第四次会议通过　根据1992年9月4日第七届全国人民代表大会常务委员会第二十七次会议《关于修改〈中华人民共和国专利法〉的决定》第一次修正　根据2000年8月25日第九届全国人民代表大会常务委员会第十七次会议《关于修改〈中华人民共和国专利法〉的决定》第二次修正　根据2008年12月27日第十一届全国人民代表大会常务委员会第六次会议《关于修改〈中华人民共和国专利法〉的决定》第三次修正　根据2020年10月17日第十三届全国人民代表大会常务委员会第二十二次会议《关于修改〈中华人民共和国专利法〉的决定》第四次修正）

目　　录

第一章　总　　则

第一条　为了保护专利权人的合法权益，鼓励发明创造，推动发明创造的应用，提高创新能力，促进科学技术进步和经济社会发展，制定本法。

第二条　本法所称的发明创造是指发明、实用新型和外观设计。

发明，是指对产品、方法或者其改进所提出的新的技术方案。

实用新型，是指对产品的形状、构造或者其结合所提出的适于实用的新的技术方案。

外观设计，是指对产品的整体或者局部的形状、图案或者其结合以及色彩与形状、图案的结合所作出的富有美感并适于工业应用的新设计。

第三条　国务院专利行政部门负责管理全国的专利工作；统一受理和审查专利申请，依法授予专利权。

省、自治区、直辖市人民政府管理专利工作的部门负责本行政区域内的专利管理工作。

第四条　申请专利的发明创造涉及国家安全或者重大利益需要保密的，按照国家有关规定办理。

第五条　对违反法律、社会公德或者妨害公共利益的发明创造，不授予专利权。

对违反法律、行政法规的规定获取或者利用遗传资源，并依赖该遗传资源完成的发明创造，不授予专利权。

第六条　执行本单位的任务或者主要是利用本单位的物质技术条件所完成的发明创造为职务发明创造。职务发明创造申请专利的权利属于该单位，申请被批准后，该单位为专利权人。该单位可以依法处置其职务发明创造申请专利的权利和专利权，促进相关发明创造的实施和运用。

非职务发明创造，申请专利的权利属于发明人或者设计人；申请被批准后，该发明人或者设计人为专利权人。

利用本单位的物质技术条件所完成的发明创造，单位与发明人或者设计人订有合同，对申请专利的权利和专利权的归属作出约定的，从其约定。

第七条 对发明人或者设计人的非职务发明创造专利申请，任何单位或者个人不得压制。

第八条 两个以上单位或者个人合作完成的发明创造、一个单位或者个人接受其他单位或者个人委托所完成的发明创造，除另有协议的以外，申请专利的权利属于完成或者共同完成的单位或者个人；申请被批准后，申请的单位或者个人为专利权人。

第九条 同样的发明创造只能授予一项专利权。但是，同一申请人同日对同样的发明创造既申请实用新型专利又申请发明专利，先获得的实用新型专利权尚未终止，且申请人声明放弃该实用新型专利权的，可以授予发明专利权。

两个以上的申请人分别就同样的发明创造申请专利的，专利权授予最先申请的人。

第十条 专利申请权和专利权可以转让。

中国单位或者个人向外国人、外国企业或者外国其他组织转让专利申请权或者专利权的，应当依照有关法律、行政法规的规定办理手续。

转让专利申请权或者专利权的，当事人应当订立书面合同，并向国务院专利行政部门登记，由国务院专利行政部门予以公告。专利申请权或者专利权的转让自登记之日起生效。

第十一条 发明和实用新型专利权被授予后，除本法另有规定的以外，任何单位或者个人未经专利权人许可，都不得实施其专利，即不得为生产经营目的制造、使用、许诺销售、销售、进口其专利产品，或者使用其专利方法以及使用、许诺销售、销售、进口依照该专利方法直接获得的产品。

外观设计专利权被授予后，任何单位或者个人未经专利权人许可，都不得实施其专利，即不得为生产经营目的制造、许诺销售、销售、进口其外观设计专利产品。

第十二条 任何单位或者个人实施他人专利的，应当与专利权人订立实施许可合同，向专利权人支付专利使用费。被许可人无权允许合同规定以外的任何单位或者个人实施该专利。

第十三条 发明专利申请公布后，申请人可以要求实施其发明的单位或者个人支付适当的费用。

第十四条 专利申请权或者专利权的共有人对权利的行使有约定的，从其约定。没有约定的，共有人可以单独实施或者以普通许可方式许可他人实施该专利；许可他人实施该专利的，收取的使用费应当在共有人之间分配。

除前款规定的情形外，行使共有的专利申请权或者专利权应当取得全体共有人的同意。

第十五条 被授予专利权的单位应当对职务发明创造的发明人或者设计人给予奖励；发明创造专利实施后，根据其推广应用的范围和取得的经济效益，对发明人或者设计人给予合理的报酬。

国家鼓励被授予专利权的单位实行产权激励，采取股权、期权、分红等方式，使发明人或者设计人合理分享创新收益。

第十六条 发明人或者设计人有权在专利文件中写明自己是发明人或者设计人。

专利权人有权在其专利产品或者该产品的包装上标明专利标识。

第十七条 在中国没有经常居所或者营业所的外国人、外国企业或者外国其他组织在中国申请专利的，依照其所属国同中国签订的协议或者共同参加的国际条约，或者依照互惠原则，根据本法办理。

第十八条 在中国没有经常居所或者营业所的外国人、外国企业或者外国其他组织在中国申请专利和办理其他专利事务的，应当委托依法设立的专利代理机构办理。

中国单位或者个人在国内申请专利和办理其他专利事务的，可以委托依法设立的专利代理机构办理。

专利代理机构应当遵守法律、行政法规，按照被代理人的委托办理专利申请或者其他专利事务;对被代理人发明创造的内容,除专利申请已经公布或者公告的以外,负有保密责任。专利代理机构的具体管理办法由国务院规定。

第十九条 任何单位或者个人将在中国完成的发明或者实用新型向外国申请专利的,应当事先报经国务院专利行政部门进行保密审查。保密审查的程序、期限等按照国务院的规定执行。

中国单位或者个人可以根据中华人民共和国参加的有关国际条约提出专利国际申请。申请人提出专利国际申请的,应当遵守前款规定。

国务院专利行政部门依照中华人民共和国参加的有关国际条约、本法和国务院有关规定处理专利国际申请。

对违反本条第一款规定向外国申请专利的发明或者实用新型,在中国申请专利的,不授予专利权。

第二十条 申请专利和行使专利权应当遵循诚实信用原则。不得滥用专利权损害公共利益或者他人合法权益。

滥用专利权,排除或者限制竞争,构成垄断行为的,依照《中华人民共和国反垄断法》处理。

第二十一条 国务院专利行政部门应当按照客观、公正、准确、及时的要求,依法处理有关专利的申请和请求。

国务院专利行政部门应当加强专利信息公共服务体系建设,完整、准确、及时发布专利信息,提供专利基础数据,定期出版专利公报,促进专利信息传播与利用。

在专利申请公布或者公告前,国务院专利行政部门的工作人员及有关人员对其内容负有保密责任。

第二章　授予专利权的条件

第二十二条 授予专利权的发明和实用新型,应当具备新颖性、创造性和实用性。

新颖性,是指该发明或者实用新型不属于现有技术;也没有任何单位或者个人就同样的发明或者实用新型在申请日以前向国务院专利行政部门提出过申请,并记载在申请日以后公布的专利申请文件或者公告的专利文件中。

创造性，是指与现有技术相比，该发明具有突出的实质性特点和显著的进步，该实用新型具有实质性特点和进步。

实用性，是指该发明或者实用新型能够制造或者使用，并且能够产生积极效果。

本法所称现有技术，是指申请日以前在国内外为公众所知的技术。

第二十三条 授予专利权的外观设计，应当不属于现有设计；也没有任何单位或者个人就同样的外观设计在申请日以前向国务院专利行政部门提出过申请，并记载在申请日以后公告的专利文件中。

授予专利权的外观设计与现有设计或者现有设计特征的组合相比，应当具有明显区别。

授予专利权的外观设计不得与他人在申请日以前已经取得的合法权利相冲突。

本法所称现有设计，是指申请日以前在国内外为公众所知的设计。

第二十四条 申请专利的发明创造在申请日以前六个月内，有下列情形之一的，不丧失新颖性：

（一）在国家出现紧急状态或者非常情况时，为公共利益目的首次公开的；

（二）在中国政府主办或者承认的国际展览会上首次展出的；

（三）在规定的学术会议或者技术会议上首次发表的；

（四）他人未经申请人同意而泄露其内容的。

第二十五条 对下列各项，不授予专利权：

（一）科学发现；

（二）智力活动的规则和方法；

（三）疾病的诊断和治疗方法；

（四）动物和植物品种；

（五）原子核变换方法以及用原子核变换方法获得的物质；

（六）对平面印刷品的图案、色彩或者二者的结合作出的主要起标识作用的设计。

对前款第（四）项所列产品的生产方法，可以依照本法规定授予专利权。

第三章　专利的申请

第二十六条　申请发明或者实用新型专利的，应当提交请求书、说明书及其摘要和权利要求书等文件。

请求书应当写明发明或者实用新型的名称，发明人的姓名，申请人姓名或者名称、地址，以及其他事项。

说明书应当对发明或者实用新型作出清楚、完整的说明，以所属技术领域的技术人员能够实现为准；必要的时候，应当有附图。摘要应当简要说明发明或者实用新型的技术要点。

权利要求书应当以说明书为依据，清楚、简要地限定要求专利保护的范围。

依赖遗传资源完成的发明创造，申请人应当在专利申请文件中说明该遗传资源的直接来源和原始来源；申请人无法说明原始来源的，应当陈述理由。

第二十七条　申请外观设计专利的，应当提交请求书、该外观设计的图片或者照片以及对该外观设计的简要说明等文件。

申请人提交的有关图片或者照片应当清楚地显示要求专利保护的产品的外观设计。

第二十八条　国务院专利行政部门收到专利申请文件之日为申请日。如果申请文件是邮寄的，以寄出的邮戳日为申请日。

第二十九条　申请人自发明或者实用新型在外国第一次提出专利申请之日起十二个月内，或者自外观设计在外国第一次提出专利申请之日起六个月内，又在中国就相同主题提出专利申请的，依照该外国同中国签订的协议或者共同参加的国际条约，或者依照相互承认优先权的原则，可以享有优先权。

申请人自发明或者实用新型在中国第一次提出专利申请之日起十二个月内，或者自外观设计在中国第一次提出专利申请之日起六个月内，又向国务院专利行政部门就相同主题提出专利申请的，可以享有优先权。

第三十条　申请人要求发明、实用新型专利优先权的，应当在申请的时候提出书面声明，并且在第一次提出申请之日起十六个月内，提交第一次提出的专利申请文件的副本。

申请人要求外观设计专利优先权的,应当在申请的时候提出书面声明,并且在三个月内提交第一次提出的专利申请文件的副本。

申请人未提出书面声明或者逾期未提交专利申请文件副本的,视为未要求优先权。

第三十一条 一件发明或者实用新型专利申请应当限于一项发明或者实用新型。属于一个总的发明构思的两项以上的发明或者实用新型,可以作为一件申请提出。

一件外观设计专利申请应当限于一项外观设计。同一产品两项以上的相似外观设计,或者用于同一类别并且成套出售或者使用的产品的两项以上外观设计,可以作为一件申请提出。

第三十二条 申请人可以在被授予专利权之前随时撤回其专利申请。

第三十三条 申请人可以对其专利申请文件进行修改,但是,对发明和实用新型专利申请文件的修改不得超出原说明书和权利要求书记载的范围,对外观设计专利申请文件的修改不得超出原图片或者照片表示的范围。

第四章 专利申请的审查和批准

第三十四条 国务院专利行政部门收到发明专利申请后,经初步审查认为符合本法要求的,自申请日起满十八个月,即行公布。国务院专利行政部门可以根据申请人的请求早日公布其申请。

第三十五条 发明专利申请自申请日起三年内,国务院专利行政部门可以根据申请人随时提出的请求,对其申请进行实质审查;申请人无正当理由逾期不请求实质审查的,该申请即被视为撤回。

国务院专利行政部门认为必要的时候,可以自行对发明专利申请进行实质审查。

第三十六条 发明专利的申请人请求实质审查的时候,应当提交在申请日前与其发明有关的参考资料。

发明专利已经在外国提出过申请的,国务院专利行政部门可以要求申请人在指定期限内提交该国为审查其申请进行检索的资料或者审查结果的资料;无正当理由逾期不提交的,该申请即被视为撤回。

第三十七条 国务院专利行政部门对发明专利申请进行实质审查后,认为不符合本法规定的,应当通知申请人,要求其在指定的期限内陈述意见,或者对其申请进行修改;无正当理由逾期不答复的,该申请即被视为撤回。

第三十八条 发明专利申请经申请人陈述意见或者进行修改后,国务院专利行政部门仍然认为不符合本法规定的,应当予以驳回。

第三十九条 发明专利申请经实质审查没有发现驳回理由的,由国务院专利行政部门作出授予发明专利权的决定,发给发明专利证书,同时予以登记和公告。发明专利权自公告之日起生效。

第四十条 实用新型和外观设计专利申请经初步审查没有发现驳回理由的,由国务院专利行政部门作出授予实用新型专利权或者外观设计专利权的决定,发给相应的专利证书,同时予以登记和公告。实用新型专利权和外观设计专利权自公告之日起生效。

第四十一条 专利申请人对国务院专利行政部门驳回申请的决定不服的,可以自收到通知之日起三个月内向国务院专利行政部门请求复审。国务院专利行政部门复审后,作出决定,并通知专利申请人。

专利申请人对国务院专利行政部门的复审决定不服的,可以自收到通知之日起三个月内向人民法院起诉。

第五章　专利权的期限、终止和无效

第四十二条 发明专利权的期限为二十年,实用新型专利权的期限为十年,外观设计专利权的期限为十五年,均自申请日起计算。

自发明专利申请日起满四年,且自实质审查请求之日起满三年后授予发明专利权的,国务院专利行政部门应专利权人的请求,就发明专利在授权过程中的不合理延迟给予专利权期限补偿,但由申请人引起的不合理延迟除外。

为补偿新药上市审评审批占用的时间,对在中国获得上市许可的新药相关发明专利，国务院专利行政部门应专利权人的请求给予专利权期限补偿。补偿期限不超过五年，新药批准上市后总有效专利权期限不超过十四年。

第四十三条 专利权人应当自被授予专利权的当年开始缴纳年费。

第四十四条 有下列情形之一的，专利权在期限届满前终止：

（一）没有按照规定缴纳年费的；

（二）专利权人以书面声明放弃其专利权的。

专利权在期限届满前终止的，由国务院专利行政部门登记和公告。

第四十五条 自国务院专利行政部门公告授予专利权之日起，任何单位或者个人认为该专利权的授予不符合本法有关规定的，可以请求国务院专利行政部门宣告该专利权无效。

第四十六条 国务院专利行政部门对宣告专利权无效的请求应当及时审查和作出决定，并通知请求人和专利权人。宣告专利权无效的决定，由国务院专利行政部门登记和公告。

对国务院专利行政部门宣告专利权无效或者维持专利权的决定不服的，可以自收到通知之日起三个月内向人民法院起诉。人民法院应当通知无效宣告请求程序的对方当事人作为第三人参加诉讼。

第四十七条 宣告无效的专利权视为自始即不存在。

宣告专利权无效的决定，对在宣告专利权无效前人民法院作出并已执行的专利侵权的判决、调解书，已经履行或者强制执行的专利侵权纠纷处理决定，以及已经履行的专利实施许可合同和专利权转让合同，不具有追溯力。但是因专利权人的恶意给他人造成的损失，应当给予赔偿。

依照前款规定不返还专利侵权赔偿金、专利使用费、专利权转让费，明显违反公平原则的，应当全部或者部分返还。

第六章　专利实施的特别许可

第四十八条 国务院专利行政部门、地方人民政府管理专利工作的部门应当会同同级相关部门采取措施，加强专利公共服务，促进专利实施和运用。

第四十九条 国有企业事业单位的发明专利，对国家利益或者公共利益具有重大意义的，国务院有关主管部门和省、自治区、直辖市人民政府报经国务院批准，可以决定在批准的范围内推广应用，允许指定的单位实施，由实施单位按照国家规定向专利权人支付使用费。

第五十条 专利权人自愿以书面方式向国务院专利行政部门声明愿意许可任何单位或者个人实施其专利，并明确许可使用费支付方式、标准的，由国务院专利行政部门予以公告，实行开放许可。就实用新型、外观设计专利提出开放许可声明的，应当提供专利权评价报告。

专利权人撤回开放许可声明的，应当以书面方式提出，并由国务院专利行政部门予以公告。开放许可声明被公告撤回的，不影响在先给予的开放许可的效力。

第五十一条 任何单位或者个人有意愿实施开放许可的专利的，以书面方式通知专利权人，并依照公告的许可使用费支付方式、标准支付许可使用费后，即获得专利实施许可。

开放许可实施期间，对专利权人缴纳专利年费相应给予减免。

实行开放许可的专利权人可以与被许可人就许可使用费进行协商后给予普通许可，但不得就该专利给予独占或者排他许可。

第五十二条 当事人就实施开放许可发生纠纷的，由当事人协商解决；不愿协商或者协商不成的，可以请求国务院专利行政部门进行调解，也可以向人民法院起诉。

第五十三条 有下列情形之一的，国务院专利行政部门根据具备实施条件的单位或者个人的申请，可以给予实施发明专利或者实用新型专利的强制许可：

（一）专利权人自专利权被授予之日起满三年，且自提出专利申请之日起满四年，无正当理由未实施或者未充分实施其专利的；

（二）专利权人行使专利权的行为被依法认定为垄断行为，为消除或者减少该行为对竞争产生的不利影响的。

第五十四条 在国家出现紧急状态或者非常情况时，或者为了公共利益的目的，国务院专利行政部门可以给予实施发明专利或者实用新型专利的强制许可。

第五十五条 为了公共健康目的，对取得专利权的药品，国务院专利行政部门可以给予制造并将其出口到符合中华人民共和国参加的有关国际条约规定的国家或者地区的强制许可。

第五十六条 一项取得专利权的发明或者实用新型比前已经取得专利权的发明或者实用新型具有显著经济意义的重大技术进步，其实施又有赖于前一发明或者实用新型的实施的，国务院专利行政部门根据后一专利权人的申请，可以给予实施前一发明或者实用新型的强制许可。

在依照前款规定给予实施强制许可的情形下，国务院专利行政部门根据前一专利权人的申请，也可以给予实施后一发明或者实用新型的强制许可。

第五十七条 强制许可涉及的发明创造为半导体技术的，其实施限于公共利益的目的和本法第五十三条第(二)项规定的情形。

第五十八条 除依照本法第五十三条第(二)项、第五十五条规定给予的强制许可外，强制许可的实施应当主要为了供应国内市场。

第五十九条 依照本法第五十三条第(一)项、第五十六条规定申请强制许可的单位或者个人应当提供证据，证明其以合理的条件请求专利权人许可其实施专利，但未能在合理的时间内获得许可。

第六十条 国务院专利行政部门作出的给予实施强制许可的决定，应当及时通知专利权人，并予以登记和公告。

给予实施强制许可的决定，应当根据强制许可的理由规定实施的范围和时间。强制许可的理由消除并不再发生时，国务院专利行政部门应当根据专利权人的请求，经审查后作出终止实施强制许可的决定。

第六十一条 取得实施强制许可的单位或者个人不享有独占的实施权，并且无权允许他人实施。

第六十二条 取得实施强制许可的单位或者个人应当付给专利权人合理的使用费，或者依照中华人民共和国参加的有关国际条约的规定处理使用费问题。付给使用费的，其数额由双方协商；双方不能达成协议的，由国务院专利行政部门裁决。

第六十三条 专利权人对国务院专利行政部门关于实施强制许

可的决定不服的，专利权人和取得实施强制许可的单位或者个人对国务院专利行政部门关于实施强制许可的使用费的裁决不服的，可以自收到通知之日起三个月内向人民法院起诉。

第七章　专利权的保护

第六十四条　发明或者实用新型专利权的保护范围以其权利要求的内容为准，说明书及附图可以用于解释权利要求的内容。

外观设计专利权的保护范围以表示在图片或者照片中的该产品的外观设计为准，简要说明可以用于解释图片或者照片所表示的该产品的外观设计。

第六十五条　未经专利权人许可，实施其专利，即侵犯其专利权，引起纠纷的，由当事人协商解决；不愿协商或者协商不成的，专利权人或者利害关系人可以向人民法院起诉，也可以请求管理专利工作的部门处理。管理专利工作的部门处理时，认定侵权行为成立的，可以责令侵权人立即停止侵权行为，当事人不服的，可以自收到处理通知之日起十五日内依照《中华人民共和国行政诉讼法》向人民法院起诉；侵权人期满不起诉又不停止侵权行为的，管理专利工作的部门可以申请人民法院强制执行。进行处理的管理专利工作的部门应当事人的请求，可以就侵犯专利权的赔偿数额进行调解；调解不成的，当事人可以依照《中华人民共和国民事诉讼法》向人民法院起诉。

第六十六条　专利侵权纠纷涉及新产品制造方法的发明专利的，制造同样产品的单位或者个人应当提供其产品制造方法不同于专利方法的证明。

专利侵权纠纷涉及实用新型专利或者外观设计专利的，人民法院或者管理专利工作的部门可以要求专利权人或者利害关系人出具由国务院专利行政部门对相关实用新型或者外观设计进行检索、分析和评价后作出的专利权评价报告，作为审理、处理专利侵权纠纷的证据；专利权人、利害关系人或者被控侵权人也可以主动出具专利权评价报告。

第六十七条　在专利侵权纠纷中，被控侵权人有证据证明其实施的技术或者设计属于现有技术或者现有设计的，不构成侵犯专利权。

第六十八条 假冒专利的，除依法承担民事责任外，由负责专利执法的部门责令改正并予公告，没收违法所得，可以处违法所得五倍以下的罚款；没有违法所得或者违法所得在五万元以下的，可以处二十五万元以下的罚款；构成犯罪的，依法追究刑事责任。

第六十九条 负责专利执法的部门根据已经取得的证据，对涉嫌假冒专利行为进行查处时，有权采取下列措施：

（一）询问有关当事人，调查与涉嫌违法行为有关的情况；

（二）对当事人涉嫌违法行为的场所实施现场检查；

（三）查阅、复制与涉嫌违法行为有关的合同、发票、账簿以及其他有关资料；

（四）检查与涉嫌违法行为有关的产品；

（五）对有证据证明是假冒专利的产品，可以查封或者扣押。

管理专利工作的部门应专利权人或者利害关系人的请求处理专利侵权纠纷时，可以采取前款第（一）项、第（二）项、第（四）项所列措施。

负责专利执法的部门、管理专利工作的部门依法行使前两款规定的职权时，当事人应当予以协助、配合，不得拒绝、阻挠。

第七十条 国务院专利行政部门可以应专利权人或者利害关系人的请求处理在全国有重大影响的专利侵权纠纷。

地方人民政府管理专利工作的部门应专利权人或者利害关系人请求处理专利侵权纠纷，对在本行政区域内侵犯其同一专利权的案件可以合并处理；对跨区域侵犯其同一专利权的案件可以请求上级地方人民政府管理专利工作的部门处理。

第七十一条 侵犯专利权的赔偿数额按照权利人因被侵权所受到的实际损失或者侵权人因侵权所获得的利益确定；权利人的损失或者侵权人获得的利益难以确定的，参照该专利许可使用费的倍数合理确定。对故意侵犯专利权，情节严重的，可以在按照上述方法确定数额的一倍以上五倍以下确定赔偿数额。

权利人的损失、侵权人获得的利益和专利许可使用费均难以确定的，人民法院可以根据专利权的类型、侵权行为的性质和情节等因素，确定给予三万元以上五百万元以下的赔偿。

赔偿数额还应当包括权利人为制止侵权行为所支付的合理开支。

人民法院为确定赔偿数额,在权利人已经尽力举证,而与侵权行为相关的账簿、资料主要由侵权人掌握的情况下,可以责令侵权人提供与侵权行为相关的账簿、资料;侵权人不提供或者提供虚假的账簿、资料的,人民法院可以参考权利人的主张和提供的证据判定赔偿数额。

第七十二条 专利权人或者利害关系人有证据证明他人正在实施或者即将实施侵犯专利权、妨碍其实现权利的行为,如不及时制止将会使其合法权益受到难以弥补的损害的,可以在起诉前依法向人民法院申请采取财产保全、责令作出一定行为或者禁止作出一定行为的措施。

第七十三条 为了制止专利侵权行为,在证据可能灭失或者以后难以取得的情况下,专利权人或者利害关系人可以在起诉前依法向人民法院申请保全证据。

第七十四条 侵犯专利权的诉讼时效为三年,自专利权人或者利害关系人知道或者应当知道侵权行为以及侵权人之日起计算。

发明专利申请公布后至专利权授予前使用该发明未支付适当使用费的,专利权人要求支付使用费的诉讼时效为三年,自专利权人知道或者应当知道他人使用其发明之日起计算,但是,专利权人于专利权授予之日前即已知道或者应当知道的,自专利权授予之日起计算。

第七十五条 有下列情形之一的,不视为侵犯专利权:

(一)专利产品或者依照专利方法直接获得的产品,由专利权人或者经其许可的单位、个人售出后,使用、许诺销售、销售、进口该产品的;

(二)在专利申请日前已经制造相同产品、使用相同方法或者已经作好制造、使用的必要准备,并且仅在原有范围内继续制造、使用的;

(三)临时通过中国领陆、领水、领空的外国运输工具,依照其所属国同中国签订的协议或者共同参加的国际条约,或者依照互惠原则,为运输工具自身需要而在其装置和设备中使用有关专利的;

(四)专为科学研究和实验而使用有关专利的;

(五)为提供行政审批所需要的信息,制造、使用、进口专利药品或者专利医疗器械的,以及专门为其制造、进口专利药品或者专利医疗器械的。

第七十六条　药品上市审评审批过程中，药品上市许可申请人与有关专利权人或者利害关系人，因申请注册的药品相关的专利权产生纠纷的，相关当事人可以向人民法院起诉，请求就申请注册的药品相关技术方案是否落入他人药品专利权保护范围作出判决。国务院药品监督管理部门在规定的期限内，可以根据人民法院生效裁判作出是否暂停批准相关药品上市的决定。

药品上市许可申请人与有关专利权人或者利害关系人也可以就申请注册的药品相关的专利权纠纷，向国务院专利行政部门请求行政裁决。

国务院药品监督管理部门会同国务院专利行政部门制定药品上市许可审批与药品上市许可申请阶段专利权纠纷解决的具体衔接办法，报国务院同意后实施。

第七十七条　为生产经营目的使用、许诺销售或者销售不知道是未经专利权人许可而制造并售出的专利侵权产品，能证明该产品合法来源的，不承担赔偿责任。

第七十八条　违反本法第十九条规定向外国申请专利，泄露国家秘密的，由所在单位或者上级主管机关给予行政处分；构成犯罪的，依法追究刑事责任。

第七十九条　管理专利工作的部门不得参与向社会推荐专利产品等经营活动。

管理专利工作的部门违反前款规定的，由其上级机关或者监察机关责令改正，消除影响，有违法收入的予以没收；情节严重的，对直接负责的主管人员和其他直接责任人员依法给予处分。

第八十条　从事专利管理工作的国家机关工作人员以及其他有关国家机关工作人员玩忽职守、滥用职权、徇私舞弊，构成犯罪的，依法追究刑事责任；尚不构成犯罪的，依法给予处分。

第八章　附　　则

第八十一条　向国务院专利行政部门申请专利和办理其他手续，应当按照规定缴纳费用。

第八十二条　本法自 1985 年 4 月 1 日起施行。

全国人民代表大会常务委员会关于修改《中华人民共和国著作权法》的决定

（2020年11月11日第十三届全国人民代表大会常务委员会第二十三次会议通过　2020年11月11日中华人民共和国主席令第62号公布　自2021年6月1日起施行）

第十三届全国人民代表大会常务委员会第二十三次会议决定对《中华人民共和国著作权法》作如下修改：

一、将第二条、第九条、第十一条、第十六条、第十九条、第二十二条中的“其他组织”修改为“非法人组织”。

将第九条、第十一条、第十六条、第十九条、第二十一条中的“公民”修改为“自然人”。

二、将第三条中的“包括以下列形式创作的文学、艺术和自然科学、社会科学、工程技术等作品”修改为“是指文学、艺术和科学领域内具有独创性并能以一定形式表现的智力成果，包括”。

将第六项修改为：“（六）视听作品”。

将第九项修改为：“（九）符合作品特征的其他智力成果”。

三、将第四条修改为：“著作权人和与著作权有关的权利人行使权利，不得违反宪法和法律，不得损害公共利益。国家对作品的出版、传播依法进行监督管理。”

四、将第五条第二项修改为：“（二）单纯事实消息”。

五、将第七条、第二十八条中的“国务院著作权行政管理部门”修改为“国家著作权主管部门”。

将第七条中的“主管”修改为“负责”，“各省、自治区、直辖市人民政府的著作权行政管理部门”修改为“县级以上地方主管著作权的部门”。

六、将第八条第一款中的“著作权集体管理组织被授权后，可以以自己的名义为著作权人和与著作权有关的权利人主张权利”修改为“依法设立的著作权集体管理组织是非营利法人，被授权后可以以自己的名义为著作权人和与著作权有关的权利人主张权利”；将“诉讼、仲裁活动”修改为“诉讼、仲裁、调解活动”。

增加两款，作为第二款、第三款：“著作权集体管理组织根据授权向使用者收取使用费。使用费的收取标准由著作权集体管理组织和使用者代表协商确定，协商不成的，可以向国家著作权主管部门申请裁决，对裁决不服的，可以向人民法院提起诉讼；当事人也可以直接向人民法院提起诉讼。

“著作权集体管理组织应当将使用费的收取和转付、管理费的提取和使用、使用费的未分配部分等总体情况定期向社会公布，并应当建立权利信息查询系统，供权利人和使用者查询。国家著作权主管部门应当依法对著作权集体管理组织进行监督、管理。”

将第二款改为第四款，修改为：“著作权集体管理组织的设立方式、权利义务、使用费的收取和分配，以及对其监督和管理等由国务院另行规定。”

七、在第十条第一款第五项中的“翻拍”后增加“数字化”。

将第一款第七项修改为：“（七）出租权，即有偿许可他人临时使用视听作品、计算机软件的原件或者复制件的权利，计算机软件不是出租的主要标的的除外”。

将第一款第十一项、第十二项修改为：“（十一）广播权，即以有线或者无线方式公开传播或者转播作品，以及通过扩音器或者其他传送符号、声音、图像的类似工具向公众传播广播的作品的权利，但不包括本款第十二项规定的权利；

“（十二）信息网络传播权，即以有线或者无线方式向公众提供，使公众可以在其选定的时间和地点获得作品的权利”。

将第十条第一款第十项中的“电影和以类似摄制电影的方法创作的作品”、第十三项中的“电影或者以类似摄制电影”，第四十七条第六项中的“电影和以类似摄制电影”，第五十三条中的“电影作品或者以类似摄制电影的方法创作的作品”修改为“视听作品”。

八、将第十一条第四款改为第十二条第一款，修改为：“在作品上署名的自然人、法人或者非法人组织为作者，且该作品上存在相应权利，但有相反证明的除外。”

增加两款，作为第二款、第三款：“作者等著作权人可以向国家著作权主管部门认定的登记机构办理作品登记。

“与著作权有关的权利参照适用前两款规定。”

九、将第十三条改为第十四条，增加一款，作为第二款：“合作作品的著作权由合作作者通过协商一致行使；不能协商一致，又无正当理由的，任何一方不得阻止他方行使除转让、许可他人专有使用、出质以外的其他权利，但是所得收益应当合理分配给所有合作作者。”

十、增加一条，作为第十六条：“使用改编、翻译、注释、整理、汇编已有作品而产生的作品进行出版、演出和制作录音录像制品，应当取得该作品的著作权人和原作品的著作权人许可，并支付报酬。”

十一、将第十五条改为第十七条，修改为：“视听作品中的电影作品、电视剧作品的著作权由制作者享有，但编剧、导演、摄影、作词、作曲等作者享有署名权，并有权按照与制作者签订的合同获得报酬。

“前款规定以外的视听作品的著作权归属由当事人约定；没有约定或者约定不明确的，由制作者享有，但作者享有署名权和获得报酬的权利。

“视听作品中的剧本、音乐等可以单独使用的作品的作者有权单独行使其著作权。”

十二、将第十六条改为第十八条，在第二款第一项中的“地图”后增加“示意图”。

第二款增加一项，作为第二项：“（二）报社、期刊社、通讯社、广播电台、电视台的工作人员创作的职务作品”。

十三、将第十八条改为第二十条，修改为：“作品原件所有权的转移，不改变作品著作权的归属，但美术、摄影作品原件的展览权由原件所有人享有。

“作者将未发表的美术、摄影作品的原件所有权转让给他人，受让人展览该原件不构成对作者发表权的侵犯。”

十四、将第十九条改为第二十一条，将第一款中的“依照继承法的规定转移”修改为“依法转移”。

十五、将第二十一条改为第二十三条，将第二款、第三款修改为：

“法人或者非法人组织的作品、著作权(署名权除外)由法人或者非法人组织享有的职务作品,其发表权的保护期为五十年,截止于作品创作完成后第五十年的12月31日;本法第十条第一款第五项至第十七项规定的权利的保护期为五十年,截止于作品首次发表后第五十年的12月31日,但作品自创作完成后五十年内未发表的,本法不再保护。

“视听作品,其发表权的保护期为五十年,截止于作品创作完成后第五十年的12月31日;本法第十条第一款第五项至第十七项规定的权利的保护期为五十年,截止于作品首次发表后第五十年的12月31日,但作品自创作完成后五十年内未发表的,本法不再保护。”

十六、将第二十二条改为第二十四条,在第一款中的“姓名”后增加“或者名称”;将“并且不得侵犯著作权人依照本法享有的其他权利”修改为“并且不得影响该作品的正常使用,也不得不合理地损害著作权人的合法权益”。

删去第一款第三项中的“时事”。

将第一款第四项中的“作者”修改为“著作权人”。

在第一款第六项中的“翻译”后增加“改编、汇编、播放”。

在第一款第八项中的“美术馆”后增加“文化馆”。

在第一款第九项中的“也未向表演者支付报酬”后增加“且不以营利为目的”。

删去第一款第十项中的“室外”。

将第一款第十一项中的“汉语言文字”修改为“国家通用语言文字”。

将第一款第十二项修改为:“(十二)以阅读障碍者能够感知的无障碍方式向其提供已经发表的作品”。

第一款增加一项,作为第十三项:“(十三)法律、行政法规规定的其他情形”。

将第二款修改为:“前款规定适用于对与著作权有关的权利的限制。”

十七、将第二十三条改为第二十五条,修改为:“为实施义务教育和国家教育规划而编写出版教科书,可以不经著作权人许可,在教科书中汇编已经发表的作品片段或者短小的文字作品、音乐作品或者单幅的美术作品、摄影作品、图形作品，但应当按照规定向著作权人支付报酬，指明作者姓名或者名称、作品名称，并且不得侵犯著作权人依照本法享有的其他权利。

“前款规定适用于对与著作权有关的权利的限制。”

十八、将第二十六条改为第二十八条，修改为：“以著作权中的财产权出质的，由出质人和质权人依法办理出质登记。”

十九、将第四章章名修改为“与著作权有关的权利”。

二十、将第三十七条改为第三十八条，删去第一款中的“（演员、演出单位）”和第二款。

二十一、将第三十八条改为第三十九条，在第一款第五项中的“发行”后增加“出租”。

二十二、增加一条，作为第四十条：“演员为完成本演出单位的演出任务进行的表演为职务表演，演员享有表明身份和保护表演形象不受歪曲的权利，其他权利归属由当事人约定。当事人没有约定或者约定不明确的，职务表演的权利由演出单位享有。

“职务表演的权利由演员享有的，演出单位可以在其业务范围内免费使用该表演。”

二十三、将第四十二条改为第四十四条，将第二款修改为：“被许可人复制、发行、通过信息网络向公众传播录音录像制品，应当同时取得著作权人、表演者许可，并支付报酬；被许可人出租录音录像制品，还应当取得表演者许可，并支付报酬。”

二十四、增加一条，作为第四十五条：“将录音制品用于有线或者无线公开传播，或者通过传送声音的技术设备向公众公开播送的，应当向录音制作者支付报酬。”

二十五、将第四十三条改为第四十六条，将第二款中的“但应当支付报酬”修改为“但应当按照规定支付报酬”。

二十六、将第四十五条改为第四十七条，修改为：“广播电台、电视台有权禁止未经其许可的下列行为：

“（一）将其播放的广播、电视以有线或者无线方式转播；

“（二）将其播放的广播、电视录制以及复制；

“（三）将其播放的广播、电视通过信息网络向公众传播。

“广播电台、电视台行使前款规定的权利，不得影响、限制或者侵害他人行使著作权或者与著作权有关的权利。

“本条第一款规定的权利的保护期为五十年,截止于该广播、电视首次播放后第五十年的12月31日。”

二十七、将第四十六条改为第四十八条,修改为:“电视台播放他人的视听作品、录像制品,应当取得视听作品著作权人或者录像制作者许可,并支付报酬;播放他人的录像制品,还应当取得著作权人许可,并支付报酬。”

二十八、将第五章章名修改为“著作权和与著作权有关的权利的保护”。

二十九、增加一条,作为第四十九条:“为保护著作权和与著作权有关的权利,权利人可以采取技术措施。

“未经权利人许可,任何组织或者个人不得故意避开或者破坏技术措施,不得以避开或者破坏技术措施为目的制造、进口或者向公众提供有关装置或者部件,不得故意为他人避开或者破坏技术措施提供技术服务。但是,法律、行政法规规定可以避开的情形除外。

“本法所称的技术措施,是指用于防止、限制未经权利人许可浏览、欣赏作品、表演、录音录像制品或者通过信息网络向公众提供作品、表演、录音录像制品的有效技术、装置或者部件。”

三十、增加一条,作为第五十条:“下列情形可以避开技术措施,但不得向他人提供避开技术措施的技术、装置或者部件,不得侵犯权利人依法享有的其他权利:

“(一)为学校课堂教学或者科学研究,提供少量已经发表的作品,供教学或者科研人员使用,而该作品无法通过正常途径获取;

“(二)不以营利为目的,以阅读障碍者能够感知的无障碍方式向其提供已经发表的作品,而该作品无法通过正常途径获取;

“(三)国家机关依照行政、监察、司法程序执行公务;

“(四)对计算机及其系统或者网络的安全性能进行测试;

“(五)进行加密研究或者计算机软件反向工程研究。

“前款规定适用于对与著作权有关的权利的限制。”

三十一、增加一条,作为第五十一条:“未经权利人许可,不得进行下列行为:

“(一)故意删除或者改变作品、版式设计、表演、录音录像制品或者广播、电视上的权利管理信息，但由于技术上的原因无法避免的除外；

“（二）知道或者应当知道作品、版式设计、表演、录音录像制品或者广播、电视上的权利管理信息未经许可被删除或者改变，仍然向公众提供。”

三十二、将第四十七条改为第五十二条，将第八项修改为：“（八）未经视听作品、计算机软件、录音录像制品的著作权人、表演者或者录音录像制作者许可，出租其作品或者录音录像制品的原件或者复制件的，本法另有规定的除外”。

将第十一项中的“权益”修改为“权利”。

三十三、将第四十八条改为第五十三条，修改为：“有下列侵权行为的，应当根据情况，承担本法第五十二条规定的民事责任；侵权行为同时损害公共利益的，由主管著作权的部门责令停止侵权行为，予以警告，没收违法所得，没收、无害化销毁处理侵权复制品以及主要用于制作侵权复制品的材料、工具、设备等，违法经营额五万元以上的，可以并处违法经营额一倍以上五倍以下的罚款；没有违法经营额、违法经营额难以计算或者不足五万元的，可以并处二十五万元以下的罚款；构成犯罪的，依法追究刑事责任：

“（一）未经著作权人许可，复制、发行、表演、放映、广播、汇编、通过信息网络向公众传播其作品的，本法另有规定的除外；

“（二）出版他人享有专有出版权的图书的；

“（三）未经表演者许可，复制、发行录有其表演的录音录像制品，或者通过信息网络向公众传播其表演的，本法另有规定的除外；

“（四）未经录音录像制作者许可，复制、发行、通过信息网络向公众传播其制作的录音录像制品的，本法另有规定的除外；

“（五）未经许可，播放、复制或者通过信息网络向公众传播广播、电视的，本法另有规定的除外；

“（六）未经著作权人或者与著作权有关的权利人许可，故意避开或者破坏技术措施的，故意制造、进口或者向他人提供主要用于避开、破坏技术措施的装置或者部件的，或者故意为他人避开或者破坏技术措施提供技术服务的，法律、行政法规另有规定的除外；

“（七）未经著作权人或者与著作权有关的权利人许可，故意删除或者改变作品、版式设计、表演、录音录像制品或者广播、电视上的权利管理信息的，知道或者应当知道作品、版式设计、表演、录音录像制品或者广播、电视上的权利管理信息未经许可被删除或者改变，仍然向公众提供的，法律、行政法规另有规定的除外；

“（八）制作、出售假冒他人署名的作品的。”

三十四、将第四十九条改为第五十四条，修改为：“侵犯著作权或者与著作权有关的权利的，侵权人应当按照权利人因此受到的实际损失或者侵权人的违法所得给予赔偿；权利人的实际损失或者侵权人的违法所得难以计算的，可以参照该权利使用费给予赔偿。对故意侵犯著作权或者与著作权有关的权利，情节严重的，可以在按照上述方法确定数额的一倍以上五倍以下给予赔偿。

“权利人的实际损失、侵权人的违法所得、权利使用费难以计算的，由人民法院根据侵权行为的情节，判决给予五百元以上五百万元以下的赔偿。

“赔偿数额还应当包括权利人为制止侵权行为所支付的合理开支。

“人民法院为确定赔偿数额，在权利人已经尽了必要举证责任，而与侵权行为相关的账簿、资料等主要由侵权人掌握的，可以责令侵权人提供与侵权行为相关的账簿、资料等；侵权人不提供，或者提供虚假的账簿、资料等的，人民法院可以参考权利人的主张和提供的证据确定赔偿数额。

“人民法院审理著作权纠纷案件，应权利人请求，对侵权复制品，除特殊情况外，责令销毁；对主要用于制造侵权复制品的材料、工具、设备等，责令销毁，且不予补偿；或者在特殊情况下，责令禁止前述材料、工具、设备等进入商业渠道，且不予补偿。”

三十五、增加一条，作为第五十五条：“主管著作权的部门对涉嫌侵犯著作权和与著作权有关的权利的行为进行查处时，可以询问有关当事人，调查与涉嫌违法行为有关的情况；对当事人涉嫌违法行为的场所和物品实施现场检查；查阅、复制与涉嫌违法行为有关的合同、发票、账簿以及其他有关资料；对于涉嫌违法行为的场所和物品，可以查封或者扣押。

“主管著作权的部门依法行使前款规定的职权时，当事人应当予以协助、配合,不得拒绝、阻挠。”

三十六、将第五十条改为第五十六条,修改为:“著作权人或者与著作权有关的权利人有证据证明他人正在实施或者即将实施侵犯其权利、妨碍其实现权利的行为,如不及时制止将会使其合法权益受到难以弥补的损害的,可以在起诉前依法向人民法院申请采取财产保全、责令作出一定行为或者禁止作出一定行为等措施。”

三十七、将第五十一条改为第五十七条,修改为:“为制止侵权行为,在证据可能灭失或者以后难以取得的情况下,著作权人或者与著作权有关的权利人可以在起诉前依法向人民法院申请保全证据。”

三十八、将第五十三条改为第五十九条,增加一款,作为第二款:“在诉讼程序中,被诉侵权人主张其不承担侵权责任的,应当提供证据证明已经取得权利人的许可,或者具有本法规定的不经权利人许可而可以使用的情形。”

三十九、增加一条,作为第六十一条:“当事人因不履行合同义务或者履行合同义务不符合约定而承担民事责任,以及当事人行使诉讼权利、申请保全等,适用有关法律的规定。”

四十、增加一条,作为第六十五条:“摄影作品,其发表权、本法第十条第一款第五项至第十七项规定的权利的保护期在 2021 年 6 月 1 日前已经届满,但依据本法第二十三条第一款的规定仍在保护期内的,不再保护。”

四十一、将第六十条改为第六十六条,删去第二款中的“和政策”。

四十二、删去第三十五条、第四十条第二款、第四十四条、第五十四条、第五十六条。

本决定自 2021 年 6 月 1 日起施行。

《中华人民共和国著作权法》根据本决定作相应修改并对条文顺序作相应调整,重新公布。

中华人民共和国著作权法

（1990年9月7日第七届全国人民代表大会常务委员会第十五次会议通过　根据2001年10月27日第九届全国人民代表大会常务委员会第二十四次会议《关于修改〈中华人民共和国著作权法〉的决定》第一次修正　根据2010年2月26日第十一届全国人民代表大会常务委员会第十三次会议《关于修改〈中华人民共和国著作权法〉的决定》第二次修正　根据2020年11月11日第十三届全国人民代表大会常务委员会第二十三次会议《关于修改〈中华人民共和国著作权法〉的决定》第三次修正）

目　　录

第一章　总　　则

第一条　为保护文学、艺术和科学作品作者的著作权,以及与著作权有关的权益,鼓励有益于社会主义精神文明、物质文明建设的作品的创作和传播,促进社会主义文化和科学事业的发展与繁荣,根据宪法制定本法。

第二条　中国公民、法人或者非法人组织的作品,不论是否发表,依照本法享有著作权。

外国人、无国籍人的作品根据其作者所属国或者经常居住地国同中国签订的协议或者共同参加的国际条约享有的著作权,受本法保护。

外国人、无国籍人的作品首先在中国境内出版的,依照本法享有著作权。

未与中国签订协议或者共同参加国际条约的国家的作者以及无国籍人的作品首次在中国参加的国际条约的成员国出版的,或者在成员国和非成员国同时出版的,受本法保护。

第三条　本法所称的作品,是指文学、艺术和科学领域内具有独创性并能以一定形式表现的智力成果,包括:

(一)文字作品;

(二)口述作品;

(三)音乐、戏剧、曲艺、舞蹈、杂技艺术作品;

(四)美术、建筑作品;

(五)摄影作品;

(六)视听作品;

(七)工程设计图、产品设计图、地图、示意图等图形作品和模型作品;

(八)计算机软件;

(九)符合作品特征的其他智力成果。

第四条　著作权人和与著作权有关的权利人行使权利,不得违反宪法和法律,不得损害公共利益。国家对作品的出版、传播依法进行监督管理。

第五条　本法不适用于：

（一）法律、法规，国家机关的决议、决定、命令和其他具有立法、行政、司法性质的文件，及其官方正式译文；

（二）单纯事实消息；

（三）历法、通用数表、通用表格和公式。

第六条　民间文学艺术作品的著作权保护办法由国务院另行规定。

第七条　国家著作权主管部门负责全国的著作权管理工作；县级以上地方主管著作权的部门负责本行政区域的著作权管理工作。

第八条　著作权人和与著作权有关的权利人可以授权著作权集体管理组织行使著作权或者与著作权有关的权利。依法设立的著作权集体管理组织是非营利法人，被授权后可以以自己的名义为著作权人和与著作权有关的权利人主张权利，并可以作为当事人进行涉及著作权或者与著作权有关的权利的诉讼、仲裁、调解活动。

著作权集体管理组织根据授权向使用者收取使用费。使用费的收取标准由著作权集体管理组织和使用者代表协商确定，协商不成的，可以向国家著作权主管部门申请裁决，对裁决不服的，可以向人民法院提起诉讼；当事人也可以直接向人民法院提起诉讼。

著作权集体管理组织应当将使用费的收取和转付、管理费的提取和使用、使用费的未分配部分等总体情况定期向社会公布，并应当建立权利信息查询系统，供权利人和使用者查询。国家著作权主管部门应当依法对著作权集体管理组织进行监督、管理。

著作权集体管理组织的设立方式、权利义务、使用费的收取和分配，以及对其监督和管理等由国务院另行规定。

第二章　著　作　权

第一节　著作权人及其权利

第九条　著作权人包括：

（一）作者；

（二）其他依照本法享有著作权的自然人、法人或者非法人组织。

第十条 著作权包括下列人身权和财产权：

（一）发表权，即决定作品是否公之于众的权利；

（二）署名权，即表明作者身份，在作品上署名的权利；

（三）修改权，即修改或者授权他人修改作品的权利；

（四）保护作品完整权，即保护作品不受歪曲、篡改的权利；

（五）复制权，即以印刷、复印、拓印、录音、录像、翻录、翻拍、数字化等方式将作品制作一份或者多份的权利；

（六）发行权，即以出售或者赠与方式向公众提供作品的原件或者复制件的权利；

（七）出租权，即有偿许可他人临时使用视听作品、计算机软件的原件或者复制件的权利，计算机软件不是出租的主要标的的除外；

（八）展览权，即公开陈列美术作品、摄影作品的原件或者复制件的权利；

（九）表演权，即公开表演作品，以及用各种手段公开播送作品的表演的权利；

（十）放映权，即通过放映机、幻灯机等技术设备公开再现美术、摄影、视听作品等的权利；

（十一）广播权，即以有线或者无线方式公开传播或者转播作品，以及通过扩音器或者其他传送符号、声音、图像的类似工具向公众传播广播的作品的权利，但不包括本款第十二项规定的权利；

（十二）信息网络传播权，即以有线或者无线方式向公众提供，使公众可以在其选定的时间和地点获得作品的权利；

（十三）摄制权，即以摄制视听作品的方法将作品固定在载体上的权利；

（十四）改编权，即改变作品，创作出具有独创性的新作品的权利；

（十五）翻译权，即将作品从一种语言文字转换成另一种语言文字的权利；

（十六）汇编权，即将作品或者作品的片段通过选择或者编排，汇集成新作品的权利；

（十七）应当由著作权人享有的其他权利。

著作权人可以许可他人行使前款第五项至第十七项规定的权

利，并依照约定或者本法有关规定获得报酬。

著作权人可以全部或者部分转让本条第一款第五项至第十七项规定的权利，并依照约定或者本法有关规定获得报酬。

第二节　著作权归属

第十一条　著作权属于作者，本法另有规定的除外。

创作作品的自然人是作者。

由法人或者非法人组织主持，代表法人或者非法人组织意志创作，并由法人或者非法人组织承担责任的作品，法人或者非法人组织视为作者。

第十二条　在作品上署名的自然人、法人或者非法人组织为作者，且该作品上存在相应权利，但有相反证明的除外。

作者等著作权人可以向国家著作权主管部门认定的登记机构办理作品登记。

与著作权有关的权利参照适用前两款规定。

第十三条　改编、翻译、注释、整理已有作品而产生的作品，其著作权由改编、翻译、注释、整理人享有，但行使著作权时不得侵犯原作品的著作权。

第十四条　两人以上合作创作的作品，著作权由合作作者共同享有。没有参加创作的人，不能成为合作作者。

合作作品的著作权由合作作者通过协商一致行使；不能协商一致，又无正当理由的，任何一方不得阻止他方行使除转让、许可他人专有使用、出质以外的其他权利，但是所得收益应当合理分配给所有合作作者。

合作作品可以分割使用的，作者对各自创作的部分可以单独享有著作权，但行使著作权时不得侵犯合作作品整体的著作权。

第十五条　汇编若干作品、作品的片段或者不构成作品的数据或者其他材料，对其内容的选择或者编排体现独创性的作品，为汇编作品，其著作权由汇编人享有，但行使著作权时，不得侵犯原作品的著作权。

第十六条　使用改编、翻译、注释、整理、汇编已有作品而产生的作品进行出版、演出和制作录音录像制品，应当取得该作品的著作权人和原作品的著作权人许可，并支付报酬。

第十七条 视听作品中的电影作品、电视剧作品的著作权由制作者享有，但编剧、导演、摄影、作词、作曲等作者享有署名权，并有权按照与制作者签订的合同获得报酬。

前款规定以外的视听作品的著作权归属由当事人约定；没有约定或者约定不明确的，由制作者享有，但作者享有署名权和获得报酬的权利。

视听作品中的剧本、音乐等可以单独使用的作品的作者有权单独行使其著作权。

第十八条 自然人为完成法人或者非法人组织工作任务所创作的作品是职务作品，除本条第二款的规定以外，著作权由作者享有，但法人或者非法人组织有权在其业务范围内优先使用。作品完成两年内，未经单位同意，作者不得许可第三人以与单位使用的相同方式使用该作品。

有下列情形之一的职务作品，作者享有署名权，著作权的其他权利由法人或者非法人组织享有，法人或者非法人组织可以给予作者奖励：

（一）主要是利用法人或者非法人组织的物质技术条件创作，并由法人或者非法人组织承担责任的工程设计图、产品设计图、地图、示意图、计算机软件等职务作品；

（二）报社、期刊社、通讯社、广播电台、电视台的工作人员创作的职务作品；

（三）法律、行政法规规定或者合同约定著作权由法人或者非法人组织享有的职务作品。

第十九条 受委托创作的作品，著作权的归属由委托人和受托人通过合同约定。合同未作明确约定或者没有订立合同的，著作权属于受托人。

第二十条 作品原件所有权的转移，不改变作品著作权的归属，但美术、摄影作品原件的展览权由原件所有人享有。

作者将未发表的美术、摄影作品的原件所有权转让给他人，受让人展览该原件不构成对作者发表权的侵犯。

第二十一条 著作权属于自然人的，自然人死亡后，其本法第十条第一款第五项至第十七项规定的权利在本法规定的保护期内，依法转移。

著作权属于法人或者非法人组织的，法人或者非法人组织变更、终止后，其本法第十条第一款第五项至第十七项规定的权利在本法规定的保护期内，由承受其权利义务的法人或者非法人组织享有；没有承受其权利义务的法人或者非法人组织的，由国家享有。

第三节　权利的保护期

第二十二条　作者的署名权、修改权、保护作品完整权的保护期不受限制。

第二十三条　自然人的作品，其发表权、本法第十条第一款第五项至第十七项规定的权利的保护期为作者终生及其死亡后五十年，截止于作者死亡后第五十年的12月31日；如果是合作作品，截止于最后死亡的作者死亡后第五十年的12月31日。

法人或者非法人组织的作品、著作权（署名权除外）由法人或者非法人组织享有的职务作品，其发表权的保护期为五十年，截止于作品创作完成后第五十年的12月31日；本法第十条第一款第五项至第十七项规定的权利的保护期为五十年，截止于作品首次发表后第五十年的12月31日，但作品自创作完成后五十年内未发表的，本法不再保护。

视听作品，其发表权的保护期为五十年，截止于作品创作完成后第五十年的12月31日；本法第十条第一款第五项至第十七项规定的权利的保护期为五十年，截止于作品首次发表后第五十年的12月31日，但作品自创作完成后五十年内未发表的，本法不再保护。

第四节　权利的限制

第二十四条　在下列情况下使用作品，可以不经著作权人许可，不向其支付报酬，但应当指明作者姓名或者名称、作品名称，并且不得影响该作品的正常使用，也不得不合理地损害著作权人的合法权益：

（一）为个人学习、研究或者欣赏，使用他人已经发表的作品；

（二）为介绍、评论某一作品或者说明某一问题，在作品中适当引用他人已经发表的作品；

（三）为报道新闻，在报纸、期刊、广播电台、电视台等媒体中不可避免地再现或者引用已经发表的作品；

（四）报纸、期刊、广播电台、电视台等媒体刊登或者播放其他报纸、期刊、广播电台、电视台等媒体已经发表的关于政治、经济、宗教问题的时事性文章，但著作权人声明不许刊登、播放的除外；

（五）报纸、期刊、广播电台、电视台等媒体刊登或者播放在公众集会上发表的讲话，但作者声明不许刊登、播放的除外；

（六）为学校课堂教学或者科学研究，翻译、改编、汇编、播放或者少量复制已经发表的作品，供教学或者科研人员使用，但不得出版发行；

（七）国家机关为执行公务在合理范围内使用已经发表的作品；

（八）图书馆、档案馆、纪念馆、博物馆、美术馆、文化馆等为陈列或者保存版本的需要，复制本馆收藏的作品；

（九）免费表演已经发表的作品，该表演未向公众收取费用，也未向表演者支付报酬，且不以营利为目的；

（十）对设置或者陈列在公共场所的艺术作品进行临摹、绘画、摄影、录像；

（十一）将中国公民、法人或者非法人组织已经发表的以国家通用语言文字创作的作品翻译成少数民族语言文字作品在国内出版发行；

（十二）以阅读障碍者能够感知的无障碍方式向其提供已经发表的作品；

（十三）法律、行政法规规定的其他情形。

前款规定适用于对与著作权有关的权利的限制。

第二十五条　为实施义务教育和国家教育规划而编写出版教科书，可以不经著作权人许可，在教科书中汇编已经发表的作品片段或者短小的文字作品、音乐作品或者单幅的美术作品、摄影作品、图形作品，但应当按照规定向著作权人支付报酬，指明作者姓名或者名称、作品名称，并且不得侵犯著作权人依照本法享有的其他权利。

前款规定适用于对与著作权有关的权利的限制。

第三章　著作权许可使用和转让合同

第二十六条　使用他人作品应当同著作权人订立许可使用合同，本法规定可以不经许可的除外。

许可使用合同包括下列主要内容：

（一）许可使用的权利种类；

（二）许可使用的权利是专有使用权或者非专有使用权；

（三）许可使用的地域范围、期间；

（四）付酬标准和办法；

（五）违约责任；

（六）双方认为需要约定的其他内容。

第二十七条　转让本法第十条第一款第五项至第十七项规定的权利，应当订立书面合同。

权利转让合同包括下列主要内容：

（一）作品的名称；

（二）转让的权利种类、地域范围；

（三）转让价金；

（四）交付转让价金的日期和方式；

（五）违约责任；

（六）双方认为需要约定的其他内容。

第二十八条　以著作权中的财产权出质的，由出质人和质权人依法办理出质登记。

第二十九条　许可使用合同和转让合同中著作权人未明确许可、转让的权利，未经著作权人同意，另一方当事人不得行使。

第三十条　使用作品的付酬标准可以由当事人约定，也可以按照国家著作权主管部门会同有关部门制定的付酬标准支付报酬。当事人约定不明确的，按照国家著作权主管部门会同有关部门制定的付酬标准支付报酬。

第三十一条　出版者、表演者、录音录像制作者、广播电台、电视台等依照本法有关规定使用他人作品的，不得侵犯作者的署名权、修改权、保护作品完整权和获得报酬的权利。

第四章　与著作权有关的权利

第一节　图书、报刊的出版

第三十二条　图书出版者出版图书应当和著作权人订立出版合同，并支付报酬。

第三十三条　图书出版者对著作权人交付出版的作品，按照合同约定享有的专有出版权受法律保护，他人不得出版该作品。

第三十四条　著作权人应当按照合同约定期限交付作品。图书出版者应当按照合同约定的出版质量、期限出版图书。

图书出版者不按照合同约定期限出版，应当依照本法第六十一条的规定承担民事责任。

图书出版者重印、再版作品的，应当通知著作权人，并支付报酬。图书脱销后，图书出版者拒绝重印、再版的，著作权人有权终止合同。

第三十五条　著作权人向报社、期刊社投稿的，自稿件发出之日起十五日内未收到报社通知决定刊登的，或者自稿件发出之日起三十日内未收到期刊社通知决定刊登的，可以将同一作品向其他报社、期刊社投稿。双方另有约定的除外。

作品刊登后，除著作权人声明不得转载、摘编的外，其他报刊可以转载或者作为文摘、资料刊登，但应当按照规定向著作权人支付报酬。

第三十六条　图书出版者经作者许可，可以对作品修改、删节。

报社、期刊社可以对作品作文字性修改、删节。对内容的修改，应当经作者许可。

第三十七条　出版者有权许可或者禁止他人使用其出版的图书、期刊的版式设计。

前款规定的权利的保护期为十年，截止于使用该版式设计的图书、期刊首次出版后第十年的 12 月 31 日。

第二节　表　　演

第三十八条　使用他人作品演出，表演者应当取得著作权人许可，并支付报酬。演出组织者组织演出，由该组织者取得著作权人许可，并支付报酬。

第三十九条　表演者对其表演享有下列权利：

（一）表明表演者身份；

（二）保护表演形象不受歪曲；

（三）许可他人从现场直播和公开传送其现场表演，并获得报酬；

（四）许可他人录音录像，并获得报酬；

（五）许可他人复制、发行、出租录有其表演的录音录像制品，并获得报酬；

（六）许可他人通过信息网络向公众传播其表演，并获得报酬。

被许可人以前款第三项至第六项规定的方式使用作品，还应当取得著作权人许可，并支付报酬。

第四十条　演员为完成本演出单位的演出任务进行的表演为职务表演，演员享有表明身份和保护表演形象不受歪曲的权利，其他权利归属由当事人约定。当事人没有约定或者约定不明确的，职务表演的权利由演出单位享有。

职务表演的权利由演员享有的，演出单位可以在其业务范围内免费使用该表演。

第四十一条　本法第三十九条第一款第一项、第二项规定的权利的保护期不受限制。

本法第三十九条第一款第三项至第六项规定的权利的保护期为五十年，截止于该表演发生后第五十年的12月31日。

第三节　录音录像

第四十二条　录音录像制作者使用他人作品制作录音录像制品，应当取得著作权人许可，并支付报酬。

录音制作者使用他人已经合法录制为录音制品的音乐作品制作录音制品，可以不经著作权人许可，但应当按照规定支付报酬；著作权人声明不许使用的不得使用。

第四十三条　录音录像制作者制作录音录像制品，应当同表演者订立合同，并支付报酬。

第四十四条　录音录像制作者对其制作的录音录像制品，享有许可他人复制、发行、出租、通过信息网络向公众传播并获得报酬的权利；权利的保护期为五十年，截止于该制品首次制作完成后第五十年的12月31日。

被许可人复制、发行、通过信息网络向公众传播录音录像制品，应当同时取得著作权人、表演者许可，并支付报酬；被许可人出租录音录像制品，还应当取得表演者许可，并支付报酬。

第四十五条 将录音制品用于有线或者无线公开传播，或者通过传送声音的技术设备向公众公开播送的，应当向录音制作者支付报酬。

第四节 广播电台、电视台播放

第四十六条 广播电台、电视台播放他人未发表的作品，应当取得著作权人许可，并支付报酬。

广播电台、电视台播放他人已发表的作品，可以不经著作权人许可，但应当按照规定支付报酬。

第四十七条 广播电台、电视台有权禁止未经其许可的下列行为：

（一）将其播放的广播、电视以有线或者无线方式转播；

（二）将其播放的广播、电视录制以及复制；

（三）将其播放的广播、电视通过信息网络向公众传播。

广播电台、电视台行使前款规定的权利，不得影响、限制或者侵害他人行使著作权或者与著作权有关的权利。

本条第一款规定的权利的保护期为五十年，截止于该广播、电视首次播放后第五十年的12月31日。

第四十八条 电视台播放他人的视听作品、录像制品，应当取得视听作品著作权人或者录像制作者许可，并支付报酬；播放他人的录像制品，还应当取得著作权人许可，并支付报酬。

第五章 著作权和与著作权有关的权利的保护

第四十九条 为保护著作权和与著作权有关的权利，权利人可以采取技术措施。

未经权利人许可，任何组织或者个人不得故意避开或者破坏技术措施，不得以避开或者破坏技术措施为目的制造、进口或者向公众提供有关装置或者部件，不得故意为他人避开或者破坏技术措施提供技术服务。但是，法律、行政法规规定可以避开的情形除外。

本法所称的技术措施，是指用于防止、限制未经权利人许可浏览、欣赏作品、表演、录音录像制品或者通过信息网络向公众提供作品、表演、录音录像制品的有效技术、装置或者部件。

第五十条 下列情形可以避开技术措施，但不得向他人提供避开技术措施的技术、装置或者部件，不得侵犯权利人依法享有的其他权利：

（一）为学校课堂教学或者科学研究，提供少量已经发表的作品，供教学或者科研人员使用，而该作品无法通过正常途径获取；

（二）不以营利为目的，以阅读障碍者能够感知的无障碍方式向其提供已经发表的作品，而该作品无法通过正常途径获取；

（三）国家机关依照行政、监察、司法程序执行公务；

（四）对计算机及其系统或者网络的安全性能进行测试；

（五）进行加密研究或者计算机软件反向工程研究。

前款规定适用于对与著作权有关的权利的限制。

第五十一条 未经权利人许可，不得进行下列行为：

（一）故意删除或者改变作品、版式设计、表演、录音录像制品或者广播、电视上的权利管理信息，但由于技术上的原因无法避免的除外；

（二）知道或者应当知道作品、版式设计、表演、录音录像制品或者广播、电视上的权利管理信息未经许可被删除或者改变，仍然向公众提供。

第五十二条 有下列侵权行为的，应当根据情况，承担停止侵害、消除影响、赔礼道歉、赔偿损失等民事责任：

（一）未经著作权人许可，发表其作品的；

（二）未经合作作者许可，将与他人合作创作的作品当作自己单独创作的作品发表的；

（三）没有参加创作，为谋取个人名利，在他人作品上署名的；

（四）歪曲、篡改他人作品的；

（五）剽窃他人作品的；

（六）未经著作权人许可，以展览、摄制视听作品的方法使用作品，或者以改编、翻译、注释等方式使用作品的，本法另有规定的除外；

（七）使用他人作品，应当支付报酬而未支付的；

（八）未经视听作品、计算机软件、录音录像制品的著作权人、表演者或者录音录像制作者许可，出租其作品或者录音录像制品的原件或者复制件的，本法另有规定的除外；

（九）未经出版者许可，使用其出版的图书、期刊的版式设计的；

（十）未经表演者许可，从现场直播或者公开传送其现场表演，或者录制其表演的；

（十一）其他侵犯著作权以及与著作权有关的权利的行为。

第五十三条　有下列侵权行为的，应当根据情况，承担本法第五十二条规定的民事责任；侵权行为同时损害公共利益的，由主管著作权的部门责令停止侵权行为，予以警告，没收违法所得，没收、无害化销毁处理侵权复制品以及主要用于制作侵权复制品的材料、工具、设备等，违法经营额五万元以上的，可以并处违法经营额一倍以上五倍以下的罚款；没有违法经营额、违法经营额难以计算或者不足五万元的，可以并处二十五万元以下的罚款；构成犯罪的，依法追究刑事责任：

（一）未经著作权人许可，复制、发行、表演、放映、广播、汇编、通过信息网络向公众传播其作品的，本法另有规定的除外；

（二）出版他人享有专有出版权的图书的；

（三）未经表演者许可，复制、发行录有其表演的录音录像制品，或者通过信息网络向公众传播其表演的，本法另有规定的除外；

（四）未经录音录像制作者许可，复制、发行、通过信息网络向公众传播其制作的录音录像制品的，本法另有规定的除外；

（五）未经许可，播放、复制或者通过信息网络向公众传播广播、电视的，本法另有规定的除外；

（六）未经著作权人或者与著作权有关的权利人许可，故意避开或者破坏技术措施的，故意制造、进口或者向他人提供主要用于避开、破坏技术措施的装置或者部件的，或者故意为他人避开或者破坏技术措施提供技术服务的，法律、行政法规另有规定的除外；

（七）未经著作权人或者与著作权有关的权利人许可，故意删除或者改变作品、版式设计、表演、录音录像制品或者广播、电视上的权利管理信息的，知道或者应当知道作品、版式设计、表演、录音录像制品或者广播、电视上的权利管理信息未经许可被删除或者改变，仍然向公众提供的，法律、行政法规另有规定的除外；

（八）制作、出售假冒他人署名的作品的。

第五十四条 侵犯著作权或者与著作权有关的权利的，侵权人应当按照权利人因此受到的实际损失或者侵权人的违法所得给予赔偿；权利人的实际损失或者侵权人的违法所得难以计算的，可以参照该权利使用费给予赔偿。对故意侵犯著作权或者与著作权有关的权利，情节严重的，可以在按照上述方法确定数额的一倍以上五倍以下给予赔偿。

权利人的实际损失、侵权人的违法所得、权利使用费难以计算的，由人民法院根据侵权行为的情节，判决给予五百元以上五百万元以下的赔偿。

赔偿数额还应当包括权利人为制止侵权行为所支付的合理开支。

人民法院为确定赔偿数额，在权利人已经尽了必要举证责任，而与侵权行为相关的账簿、资料等主要由侵权人掌握的，可以责令侵权人提供与侵权行为相关的账簿、资料等；侵权人不提供，或者提供虚假的账簿、资料等的，人民法院可以参考权利人的主张和提供的证据确定赔偿数额。

人民法院审理著作权纠纷案件，应权利人请求，对侵权复制品，除特殊情况外，责令销毁；对主要用于制造侵权复制品的材料、工具、设备等，责令销毁，且不予补偿；或者在特殊情况下，责令禁止前述材料、工具、设备等进入商业渠道，且不予补偿。

第五十五条 主管著作权的部门对涉嫌侵犯著作权和与著作权有关的权利的行为进行查处时，可以询问有关当事人，调查与涉嫌违法行为有关的情况；对当事人涉嫌违法行为的场所和物品实施现场检查；查阅、复制与涉嫌违法行为有关的合同、发票、账簿以及其他有关资料；对于涉嫌违法行为的场所和物品，可以查封或者扣押。

主管著作权的部门依法行使前款规定的职权时，当事人应当予以协助、配合，不得拒绝、阻挠。

第五十六条　著作权人或者与著作权有关的权利人有证据证明他人正在实施或者即将实施侵犯其权利、妨碍其实现权利的行为，如不及时制止将会使其合法权益受到难以弥补的损害的，可以在起诉前依法向人民法院申请采取财产保全、责令作出一定行为或者禁止作出一定行为等措施。

第五十七条　为制止侵权行为，在证据可能灭失或者以后难以取得的情况下，著作权人或者与著作权有关的权利人可以在起诉前依法向人民法院申请保全证据。

第五十八条　人民法院审理案件，对于侵犯著作权或者与著作权有关的权利的，可以没收违法所得、侵权复制品以及进行违法活动的财物。

第五十九条　复制品的出版者、制作者不能证明其出版、制作有合法授权的，复制品的发行者或者视听作品、计算机软件、录音录像制品的复制品的出租者不能证明其发行、出租的复制品有合法来源的，应当承担法律责任。

在诉讼程序中，被诉侵权人主张其不承担侵权责任的，应当提供证据证明已经取得权利人的许可，或者具有本法规定的不经权利人许可而可以使用的情形。

第六十条　著作权纠纷可以调解，也可以根据当事人达成的书面仲裁协议或者著作权合同中的仲裁条款，向仲裁机构申请仲裁。

当事人没有书面仲裁协议，也没有在著作权合同中订立仲裁条款的，可以直接向人民法院起诉。

第六十一条　当事人因不履行合同义务或者履行合同义务不符合约定而承担民事责任，以及当事人行使诉讼权利、申请保全等，适用有关法律的规定。

第六章　附　　则

第六十二条　本法所称的著作权即版权。

第六十三条　本法第二条所称的出版，指作品的复制、发行。

第六十四条 计算机软件、信息网络传播权的保护办法由国务院另行规定。

第六十五条 摄影作品,其发表权、本法第十条第一款第五项至第十七项规定的权利的保护期在2021年6月1日前已经届满,但依据本法第二十三条第一款的规定仍在保护期内的,不再保护。

第六十六条 本法规定的著作权人和出版者、表演者、录音录像制作者、广播电台、电视台的权利,在本法施行之日尚未超过本法规定的保护期的,依照本法予以保护。

本法施行前发生的侵权或者违约行为,依照侵权或者违约行为发生时的有关规定处理。

第六十七条 本法自1991年6月1日起施行。

行政法

总　类

中华人民共和国档案法

（1987年9月5日第六届全国人民代表大会常务委员会第二十二次会议通过　根据1996年7月5日第八届全国人民代表大会常务委员会第二十次会议《关于修改〈中华人民共和国档案法〉的决定》第一次修正　根据2016年11月7日第十二届全国人民代表大会常务委员会第二十四次会议《关于修改〈中华人民共和国对外贸易法〉等十二部法律的决定》第二次修正　2020年6月20日第十三届全国人民代表大会常务委员会第十九次会议修订　2020年6月20日中华人民共和国主席令第47号公布　自2021年1月1日起施行）

目　　录

第一章　总　　则

第一条　为了加强档案管理，规范档案收集、整理工作，有效保护和利用档案，提高档案信息化建设水平，推进国家治理体系和治理能力现代化，为中国特色社会主义事业服务，制定本法。

第二条　从事档案收集、整理、保护、利用及其监督管理活动，适用本法。

本法所称档案，是指过去和现在的机关、团体、企业事业单位和其他组织以及个人从事经济、政治、文化、社会、生态文明、军事、外事、科技等方面活动直接形成的对国家和社会具有保存价值的各种文字、图表、声像等不同形式的历史记录。

第三条　坚持中国共产党对档案工作的领导。各级人民政府应当加强档案工作，把档案事业纳入国民经济和社会发展规划，将档案事业发展经费列入政府预算，确保档案事业发展与国民经济和社会发展水平相适应。

第四条　档案工作实行统一领导、分级管理的原则，维护档案完整与安全，便于社会各方面的利用。

第五条　一切国家机关、武装力量、政党、团体、企业事业单位和公民都有保护档案的义务，享有依法利用档案的权利。

第六条　国家鼓励和支持档案科学研究和技术创新，促进科技成果在档案收集、整理、保护、利用等方面的转化和应用，推动档案科技进步。

国家采取措施，加强档案宣传教育，增强全社会档案意识。

国家鼓励和支持在档案领域开展国际交流与合作。

第七条　国家鼓励社会力量参与和支持档案事业的发展。

对在档案收集、整理、保护、利用等方面做出突出贡献的单位和个人，按照国家有关规定给予表彰、奖励。

第二章　档案机构及其职责

第八条　国家档案主管部门主管全国的档案工作，负责全国档案事业的统筹规划和组织协调，建立统一制度，实行监督和指导。

县级以上地方档案主管部门主管本行政区域内的档案工作，对本行政区域内机关、团体、企业事业单位和其他组织的档案工作实行监督和指导。

乡镇人民政府应当指定人员负责管理本机关的档案，并对所属单位、基层群众性自治组织等的档案工作实行监督和指导。

第九条　机关、团体、企业事业单位和其他组织应当确定档案机构或者档案工作人员负责管理本单位的档案，并对所属单位的档案工作实行监督和指导。

中央国家机关根据档案管理需要，在职责范围内指导本系统的档案业务工作。

第十条　中央和县级以上地方各级各类档案馆，是集中管理档案的文化事业机构，负责收集、整理、保管和提供利用各自分管范围内的档案。

第十一条　国家加强档案工作人才培养和队伍建设，提高档案工作人员业务素质。

档案工作人员应当忠于职守，遵纪守法，具备相应的专业知识与技能，其中档案专业人员可以按照国家有关规定评定专业技术职称。

第三章　档案的管理

第十二条　按照国家规定应当形成档案的机关、团体、企业事业单位和其他组织，应当建立档案工作责任制，依法健全档案管理制度。

第十三条　直接形成的对国家和社会具有保存价值的下列材料，应当纳入归档范围：

（一）反映机关、团体组织沿革和主要职能活动的；

（二）反映国有企业事业单位主要研发、建设、生产、经营和服务活动，以及维护国有企业事业单位权益和职工权益的；

（三）反映基层群众性自治组织城乡社区治理、服务活动的；

（四）反映历史上各时期国家治理活动、经济科技发展、社会历史面貌、文化习俗、生态环境的；

（五）法律、行政法规规定应当归档的。

非国有企业、社会服务机构等单位依照前款第二项所列范围保存本单位相关材料。

第十四条 应当归档的材料，按照国家有关规定定期向本单位档案机构或者档案工作人员移交，集中管理，任何个人不得拒绝归档或者据为己有。

国家规定不得归档的材料，禁止擅自归档。

第十五条 机关、团体、企业事业单位和其他组织应当按照国家有关规定，定期向档案馆移交档案，档案馆不得拒绝接收。

经档案馆同意，提前将档案交档案馆保管的，在国家规定的移交期限届满前，该档案所涉及政府信息公开事项仍由原制作或者保存政府信息的单位办理。移交期限届满的，涉及政府信息公开事项的档案按照档案利用规定办理。

第十六条 机关、团体、企业事业单位和其他组织发生机构变动或者撤销、合并等情形时，应当按照规定向有关单位或者档案馆移交档案。

第十七条 档案馆除按照国家有关规定接收移交的档案外，还可以通过接受捐献、购买、代存等方式收集档案。

第十八条 博物馆、图书馆、纪念馆等单位保存的文物、文献信息同时是档案的，依照有关法律、行政法规的规定，可以由上述单位自行管理。

档案馆与前款所列单位应当在档案的利用方面互相协作，可以相互交换重复件、复制件或者目录，联合举办展览，共同研究、编辑出版有关史料。

第十九条 档案馆以及机关、团体、企业事业单位和其他组织的档案机构应当建立科学的管理制度，便于对档案的利用；按照国家有关规定配置适宜档案保存的库房和必要的设施、设备，确保档案的安全;采用先进技术,实现档案管理的现代化。

档案馆和机关、团体、企业事业单位以及其他组织应当建立健全档案安全工作机制,加强档案安全风险管理,提高档案安全应急处置能力。

第二十条 涉及国家秘密的档案的管理和利用,密级的变更和解密,应当依照有关保守国家秘密的法律、行政法规规定办理。

第二十一条 鉴定档案保存价值的原则、保管期限的标准以及销毁档案的程序和办法,由国家档案主管部门制定。

禁止篡改、损毁、伪造档案。禁止擅自销毁档案。

第二十二条 非国有企业、社会服务机构等单位和个人形成的档案,对国家和社会具有重要保存价值或者应当保密的,档案所有者应当妥善保管。对保管条件不符合要求或者存在其他原因可能导致档案严重损毁和不安全的,省级以上档案主管部门可以给予帮助,或者经协商采取指定档案馆代为保管等确保档案完整和安全的措施;必要时,可以依法收购或者征购。

前款所列档案,档案所有者可以向国家档案馆寄存或者转让。严禁出卖、赠送给外国人或者外国组织。

向国家捐献重要、珍贵档案的,国家档案馆应当按照国家有关规定给予奖励。

第二十三条 禁止买卖属于国家所有的档案。

国有企业事业单位资产转让时,转让有关档案的具体办法,由国家档案主管部门制定。

档案复制件的交换、转让,按照国家有关规定办理。

第二十四条 档案馆和机关、团体、企业事业单位以及其他组织委托档案整理、寄存、开发利用和数字化等服务的,应当与符合条件的档案服务企业签订委托协议,约定服务的范围、质量和技术标准等内容,并对受托方进行监督。

受托方应当建立档案服务管理制度,遵守有关安全保密规定,确保档案的安全。

第二十五条 属于国家所有的档案和本法第二十二条规定的档案及其复制件,禁止擅自运送、邮寄、携带出境或者通过互联网传输出境。确需出境的,按照国家有关规定办理审批手续。

第二十六条 国家档案主管部门应当建立健全突发事件应对活动相关档案收集、整理、保护、利用工作机制。

档案馆应当加强对突发事件应对活动相关档案的研究整理和开发利用,为突发事件应对活动提供文献参考和决策支持。

第四章 档案的利用和公布

第二十七条 县级以上各级档案馆的档案,应当自形成之日起满二十五年向社会开放。经济、教育、科技、文化等类档案,可以少于二十五年向社会开放;涉及国家安全或者重大利益以及其他到期不宜开放的档案,可以多于二十五年向社会开放。国家鼓励和支持其他档案馆向社会开放档案。档案开放的具体办法由国家档案主管部门制定,报国务院批准。

第二十八条 档案馆应当通过其网站或者其他方式定期公布开放档案的目录,不断完善利用规则,创新服务形式,强化服务功能,提高服务水平,积极为档案的利用创造条件,简化手续,提供便利。

单位和个人持有合法证明,可以利用已经开放的档案。档案馆不按规定开放利用的,单位和个人可以向档案主管部门投诉,接到投诉的档案主管部门应当及时调查处理并将处理结果告知投诉人。

利用档案涉及知识产权、个人信息的,应当遵守有关法律、行政法规的规定。

第二十九条 机关、团体、企业事业单位和其他组织以及公民根据经济建设、国防建设、教学科研和其他工作的需要,可以按照国家有关规定,利用档案馆未开放的档案以及有关机关、团体、企业事业单位和其他组织保存的档案。

第三十条 馆藏档案的开放审核,由档案馆会同档案形成单位或者移交单位共同负责。尚未移交进馆档案的开放审核,由档案形成单位或者保管单位负责,并在移交时附具意见。

第三十一条 向档案馆移交、捐献、寄存档案的单位和个人,可以优先利用该档案,并可以对档案中不宜向社会开放的部分提出限制利用的意见,档案馆应当予以支持,提供便利。

第三十二条 属于国家所有的档案,由国家授权的档案馆或者有关机关公布；未经档案馆或者有关机关同意，任何单位和个人无权公布。非国有企业、社会服务机构等单位和个人形成的档案，档案所有者有权公布。

公布档案应当遵守有关法律、行政法规的规定，不得损害国家安全和利益，不得侵犯他人的合法权益。

第三十三条 档案馆应当根据自身条件，为国家机关制定法律、法规、政策和开展有关问题研究，提供支持和便利。

档案馆应当配备研究人员，加强对档案的研究整理，有计划地组织编辑出版档案材料，在不同范围内发行。

档案研究人员研究整理档案，应当遵守档案管理的规定。

第三十四条 国家鼓励档案馆开发利用馆藏档案，通过开展专题展览、公益讲座、媒体宣传等活动，进行爱国主义、集体主义、中国特色社会主义教育，传承发展中华优秀传统文化，继承革命文化，发展社会主义先进文化，增强文化自信，弘扬社会主义核心价值观。

第五章 档案信息化建设

第三十五条 各级人民政府应当将档案信息化纳入信息化发展规划，保障电子档案、传统载体档案数字化成果等档案数字资源的安全保存和有效利用。

档案馆和机关、团体、企业事业单位以及其他组织应当加强档案信息化建设，并采取措施保障档案信息安全。

第三十六条 机关、团体、企业事业单位和其他组织应当积极推进电子档案管理信息系统建设，与办公自动化系统、业务系统等相互衔接。

第三十七条 电子档案应当来源可靠、程序规范、要素合规。

电子档案与传统载体档案具有同等效力，可以以电子形式作为凭证使用。

电子档案管理办法由国家档案主管部门会同有关部门制定。

第三十八条 国家鼓励和支持档案馆和机关、团体、企业事业单位以及其他组织推进传统载体档案数字化。已经实现数字化的，应当对档案原件妥善保管。

第三十九条 电子档案应当通过符合安全管理要求的网络或者存储介质向档案馆移交。

档案馆应当对接收的电子档案进行检测,确保电子档案的真实性、完整性、可用性和安全性。

档案馆可以对重要电子档案进行异地备份保管。

第四十条 档案馆负责档案数字资源的收集、保存和提供利用。有条件的档案馆应当建设数字档案馆。

第四十一条 国家推进档案信息资源共享服务平台建设,推动档案数字资源跨区域、跨部门共享利用。

第六章 监督检查

第四十二条 档案主管部门依照法律、行政法规有关档案管理的规定,可以对档案馆和机关、团体、企业事业单位以及其他组织的下列情况进行检查:

(一)档案工作责任制和管理制度落实情况;

(二)档案库房、设施、设备配置使用情况;

(三)档案工作人员管理情况;

(四)档案收集、整理、保管、提供利用等情况;

(五)档案信息化建设和信息安全保障情况;

(六)对所属单位等的档案工作监督和指导情况。

第四十三条 档案主管部门根据违法线索进行检查时,在符合安全保密要求的前提下,可以检查有关库房、设施、设备,查阅有关材料,询问有关人员,记录有关情况,有关单位和个人应当配合。

第四十四条 档案馆和机关、团体、企业事业单位以及其他组织发现本单位存在档案安全隐患的,应当及时采取补救措施,消除档案安全隐患。发生档案损毁、信息泄露等情形的,应当及时向档案主管部门报告。

第四十五条 档案主管部门发现档案馆和机关、团体、企业事业单位以及其他组织存在档案安全隐患的,应当责令限期整改,消除档案安全隐患。

第四十六条 任何单位和个人对档案违法行为,有权向档案主管部门和有关机关举报。

接到举报的档案主管部门或者有关机关应当及时依法处理。

第四十七条 档案主管部门及其工作人员应当按照法定的职权和程序开展监督检查工作,做到科学、公正、严格、高效,不得利用职权牟取利益,不得泄露履职过程中知悉的国家秘密、商业秘密或者个人隐私。

第七章 法律责任

第四十八条 单位或者个人有下列行为之一,由县级以上档案主管部门、有关机关对直接负责的主管人员和其他直接责任人员依法给予处分:

(一)丢失属于国家所有的档案的;

(二)擅自提供、抄录、复制、公布属于国家所有的档案的;

(三)买卖或者非法转让属于国家所有的档案的;

(四)篡改、损毁、伪造档案或者擅自销毁档案的;

(五)将档案出卖、赠送给外国人或者外国组织的;

(六)不按规定归档或者不按期移交档案,被责令改正而拒不改正的;

(七)不按规定向社会开放、提供利用档案的;

(八)明知存在档案安全隐患而不采取补救措施,造成档案损毁、灭失,或者存在档案安全隐患被责令限期整改而逾期未整改的;

(九)发生档案安全事故后,不采取抢救措施或者隐瞒不报、拒绝调查的;

(十)档案工作人员玩忽职守,造成档案损毁、灭失的。

第四十九条 利用档案馆的档案,有本法第四十八条第一项、第二项、第四项违法行为之一的,由县级以上档案主管部门给予警告,并对单位处一万元以上十万元以下的罚款,对个人处五百元以上五千元以下的罚款。

档案服务企业在服务过程中有本法第四十八条第一项、第二项、第四项违法行为之一的,由县级以上档案主管部门给予警告,并处二万元以上二十万元以下的罚款。

单位或者个人有本法第四十八条第三项、第五项违法行为之一的，由县级以上档案主管部门给予警告，没收违法所得，并对单位处一万元以上十万元以下的罚款，对个人处五百元以上五千元以下的罚款；并可以依照本法第二十二条的规定征购所出卖或者赠送的档案。

第五十条 违反本法规定，擅自运送、邮寄、携带或者通过互联网传输禁止出境的档案或者其复制件出境的，由海关或者有关部门予以没收、阻断传输，并对单位处一万元以上十万元以下的罚款，对个人处五百元以上五千元以下的罚款；并将没收、阻断传输的档案或者其复制件移交档案主管部门。

第五十一条 违反本法规定，构成犯罪的，依法追究刑事责任；造成财产损失或者其他损害的，依法承担民事责任。

第八章 附 则

第五十二条 中国人民解放军和中国人民武装警察部队的档案工作，由中央军事委员会依照本法制定管理办法。

第五十三条 本法自2021年1月1日起施行。

政府督查工作条例

（2020年12月1日国务院第116次常务会议通过
2020年12月26日中华人民共和国国务院令第733号公布
自2021年2月1日起施行）

第一条 为了加强和规范政府督查工作，保障政令畅通，提高行政效能，推进廉政建设，健全行政监督制度，制定本条例。

第二条 本条例所称政府督查，是指县级以上人民政府在法定职权范围内根据工作需要组织开展的监督检查。

第三条 政府督查工作应当坚持和加强党的领导，以人民为中心，服务大局、实事求是，推进依法行政，推动政策落实和问题解决，力戒形式主义、官僚主义。

第四条 政府督查内容包括：

（一）党中央、国务院重大决策部署落实情况；

（二）上级和本级人民政府重要工作部署落实情况；

（三）督查对象法定职责履行情况；

（四）本级人民政府所属部门和下级人民政府的行政效能。

第五条 政府督查对象包括：

（一）本级人民政府所属部门；

（二）下级人民政府及其所属部门；

（三）法律、法规授权的具有管理公共事务职能的组织；

（四）受行政机关委托管理公共事务的组织。

上级人民政府可以对下一级人民政府及其所属部门开展督查，必要时可以对所辖各级人民政府及其所属部门开展督查。

第六条 国务院办公厅指导全国政府督查工作，组织实施国务院督查工作。国务院办公厅督查机构承担国务院督查有关具体工作。

县级以上地方人民政府督查机构组织实施本级人民政府督查工作。县级以上地方人民政府督查机构设置的形式和规格，按照机构编制管理有关规定办理。

国务院办公厅督查机构和县级以上地方人民政府督查机构统称政府督查机构。

第七条 县级以上人民政府可以指定所属部门按照指定的事项、范围、职责、期限开展政府督查。

县级以上人民政府所属部门未经本级人民政府指定，不得开展政府督查。

第八条 县级以上人民政府根据工作需要，可以派出督查组。督查组按照本级人民政府确定的督查事项、范围、职责、期限开展政府督查。督查组对本级人民政府负责。

督查组实行组长负责制，组长由本级人民政府确定。

可以邀请人大代表、政协委员、政府参事和专家学者等参加督查组。

第九条 督查人员应当具备与其从事的督查工作相适应的政治素质、工作作风、专业知识、业务能力和法律素养，遵守宪法和法律，忠于职守、秉公持正,清正廉洁、保守秘密,自觉接受监督。

政府督查机构应当对督查人员进行政治、理论和业务培训。

第十条 政府督查机构履行职责所必需的经费,应当列入本级预算。

第十一条 政府督查机构根据本级人民政府的决定或者本级人民政府行政首长在职权范围内作出的指令,确定督查事项。

政府督查机构根据党中央、国务院重大决策部署,上级和本级人民政府重要工作部署,以及掌握的线索,可以提出督查工作建议,经本级人民政府行政首长批准后,确定督查事项。

第十二条 政府督查可以采取以下方式:

(一)要求督查对象自查、说明情况;

(二)听取督查对象汇报;

(三)开展检查、访谈、暗访;

(四)组织座谈、听证、统计、评估;

(五)调阅、复制与督查事项有关的资料;

(六)通过信函、电话、媒体等渠道收集线索;

(七)约谈督查对象负责人或者相关责任人;

(八)运用现代信息技术手段开展"互联网+督查"。

第十三条 政府督查工作需要协助的,有关行政机关应当在职权范围内予以协助。

第十四条 县级以上人民政府可以组织开展综合督查、专项督查、事件调查、日常督办、线索核查等政府督查工作。

第十五条 开展政府督查工作应当制定督查方案,明确督查内容、对象和范围;应当严格控制督查频次和时限,科学运用督查方式,严肃督查纪律,提前培训督查人员。

政府督查工作应当严格执行督查方案,不得随意扩大督查范围、变更督查对象和内容,不得干预督查对象的正常工作,严禁重复督查、多头督查、越权督查。

第十六条 县级以上人民政府在政府督查工作结束后应当作出督查结论。与督查对象有关的督查结论应当向督查对象反馈。

督查结论应当事实清楚,证据充分,客观公正。

第十七条 督查对象对督查结论有异议的,可以自收到该督查结论之日起30日内,向作出该督查结论的人民政府申请复核。收到申请的人民政府应当在30日内作出复核决定。参与作出督查结论的工作人员在复核中应当回避。

第十八条　对于督查结论中要求整改的事项,督查对象应当按要求整改。政府督查机构可以根据工作需要,对整改情况进行核查。

第十九条　政府督查机构可以根据督查结论,提出改变或者撤销本级或者下级人民政府及其所属部门不适当的决定、命令等规范性文件的建议,报本级人民政府或者本级人民政府行政首长。

第二十条　政府督查机构可以针对督查结论中反映的突出问题开展调查研究,真实准确地向本级人民政府或者本级人民政府行政首长报告调查研究情况。

第二十一条　政府督查机构可以根据督查结论或者整改核查结果,提出对督查对象依法依规进行表扬、激励、批评等建议,经本级人民政府或者本级人民政府行政首长批准后组织实施。

政府督查机构可以根据督查结论或者整改核查结果,提出对督查对象依法依规追究责任的建议,经本级人民政府或者本级人民政府行政首长批准后,交有权机关调查处理。

第二十二条　政府督查应当加强与行政执法监督、备案审查监督等的协调衔接。

第二十三条　督查工作中发现公职人员涉嫌贪污贿赂、失职渎职等职务违法或者职务犯罪的问题线索,政府督查机构应当移送监察机关,由监察机关依法调查处置;发现涉嫌其他犯罪的问题线索,移送司法机关依法处理。

第二十四条　政府督查机构及督查人员违反本条例规定,滥用职权、徇私舞弊、玩忽职守的,泄露督查过程中所知悉的国家秘密、商业秘密、个人隐私的,或者违反廉政规定的,对负有责任的领导人员和直接责任人员依法依规给予处理;构成犯罪的,依法追究刑事责任。

第二十五条　督查对象及其工作人员不得阻碍督查工作,不得隐瞒实情、弄虚作假,不得伪造、隐匿、毁灭证据。有上述情形的,由政府督查机构责令改正;情节严重的,依法依规追究责任。

第二十六条　对督查人员或者提供线索、反映情况的单位和个人进行威胁、打击、报复、陷害的，依法依规追究责任。

第二十七条 县级以上人民政府及其所属部门依照有关法律法规开展的其他监督检查，按照有关法律法规规定执行。

第二十八条 本条例自2021年2月1日起施行。

国务院关于修改和废止部分行政法规的决定

（2020年3月27日中华人民共和国国务院令第726号公布 自公布之日起施行）

为了依法推进简政放权、放管结合、优化服务改革，国务院对取消和下放行政许可项目涉及的行政法规，以及实践中不再适用的行政法规进行了清理。经过清理，国务院决定：

一、对7部行政法规的部分条款予以修改。（附件1）

二、对10部行政法规予以废止。（附件2）

本决定自公布之日起施行。

附件：1. 国务院决定修改的行政法规

2. 国务院决定废止的行政法规

附件1

国务院决定修改的行政法规

一、删去《中华人民共和国渔业法实施细则》第二十二条第一款中的“在‘机动渔船底拖网禁渔区线’外侧建造人工鱼礁的，必须经国务院渔业行政主管部门批准”。

二、删去《城市供水条例》第三十五条第一款第一项。第二款修改为：“有前款第（一）项、第（三）项、第（四）项、第（五）项、第（六）项所列行为之一，情节严重的，经县级以上人民政府批准，还可以在一定时间内停止供水。”

三、删去《城市房地产开发经营管理条例》第八条第三项。

四、将《人工影响天气管理条例》第十条第一款修改为：“人工影响天气作业单位应当按照国务院气象主管机构制定的人工影响天气作业人员培训标准对从事人工影响天气作业的人员进行岗前培训。人工影响天气作业人员应当掌握相关作业规范和操作规程后，方可实施人工影响天气作业。”

第十三条第二款修改为：“农业农村、水利、自然资源、应急管理、林业和草原等有关部门应当及时无偿提供实施人工影响天气作业所需的灾情、水文、火情等资料。”

第十八条第二款修改为：“人工影响天气作业单位之间转让人工影响天气作业设备的，应当自转让之日起三十日内向有关省、自治区、直辖市气象主管机构备案。”

第十九条中的“情节严重的，取消作业资格”修改为“情节严重的，禁止从事人工影响天气作业”。第四项修改为：“（四）人工影响天气作业单位之间转让人工影响天气作业设备，未按照规定备案的”。

五、将《兽药管理条例》第八条第一款修改为：“研制新兽药，应当在临床试验前向临床试验场所所在地省、自治区、直辖市人民政府兽医行政管理部门备案，并附具该新兽药实验室阶段安全性评价报告及其他临床前研究资料。”

第三十五条第二款修改为：“进口在中国已取得进口兽药注册证书的兽药的，中国境内代理机构凭进口兽药注册证书到口岸所在地人民政府兽医行政管理部门办理进口兽药通关单。海关凭进口兽药通关单放行。兽药进口管理办法由国务院兽医行政管理部门会同海关总署制定。”

第五十九条增加一款，作为第三款：“违反本条例规定，开展新兽药临床试验应当备案而未备案的，责令其立即改正，给予警告，并处5万元以上10万元以下罚款；给他人造成损失的，依法承担赔偿责任。”

第七十条第一款修改为：“本条例规定的行政处罚由县级以上人

民政府兽医行政管理部门决定；其中吊销兽药生产许可证、兽药经营许可证，撤销兽药批准证明文件或者责令停止兽药研究试验的，由发证、批准、备案部门决定。”

删去第七十二条第七项中的“允许进口兽用生物制品证明文件”。

六、将《中华人民共和国船员条例》第四条第一款修改为：“本条例所称船员，是指依照本条例的规定取得船员适任证书的人员，包括船长、高级船员、普通船员。”

删去第五条、第六条、第七条、第八条。

第九条改为第五条，修改为：“船员应当依照本条例的规定取得相应的船员适任证书。

“申请船员适任证书，应当具备下列条件：

“（一）年满18周岁（在船实习、见习人员年满16周岁）且初次申请不超过60周岁；

“（二）符合船员任职岗位健康要求；

“（三）经过船员基本安全培训。

“参加航行和轮机值班的船员还应当经过相应的船员适任培训、特殊培训，具备相应的船员任职资历，并且任职表现和安全记录良好。

“国际航行船舶的船员申请适任证书的，还应当通过船员专业外语考试。”

第十条改为第六条，修改为：“申请船员适任证书，可以向任何有相应船员适任证书签发权限的海事管理机构提出书面申请，并附送申请人符合本条例第五条规定条件的证明材料。对符合规定条件并通过国家海事管理机构组织的船员任职考试的，海事管理机构应当发给相应的船员适任证书及船员服务簿。”

第十一条改为第七条，修改为：“船员适任证书应当注明船员适任的航区（线）、船舶类别和等级、职务以及有效期限等事项。

“参加航行和轮机值班的船员适任证书的有效期不超过5年。

“船员服务簿应当载明船员的姓名、住所、联系人、联系方式、履职情况以及其他有关事项。

“船员服务簿记载的事项发生变更的，船员应当向海事管理机构办理变更手续。”

第二十二条改为第十八条、第五十七条改为第五十三条，将其中的"服务资历和任职表现"修改为"履职情况"。

第四十六条改为第四十二条、第五十二条改为第四十八条、第六十五条改为第六十一条、第六十七条改为第六十三条，删去其中的"船员服务簿"。

第五十六条改为第五十二条，删去其中的"船员服务簿"。第四项修改为："（四）未如实填写或者记载有关船舶、船员法定文书的"。第五项修改为："（五）隐匿、篡改或者销毁有关船舶、船员法定证书、文书的"。

七、将《护士条例》第八条第一款中的"拟执业地省、自治区、直辖市人民政府卫生主管部门"修改为"批准设立拟执业医疗机构或者为该医疗机构备案的卫生主管部门"。

第九条中的"拟执业地省、自治区、直辖市人民政府卫生主管部门"修改为"批准设立拟执业医疗机构或者为该医疗机构备案的卫生主管部门"，"原执业地省、自治区、直辖市人民政府卫生主管部门"修改为"原注册部门"。

第十条第一款中的"执业地省、自治区、直辖市人民政府卫生主管部门"修改为"批准设立执业医疗机构或者为该医疗机构备案的卫生主管部门"。

此外，对相关行政法规中的条文序号作相应调整。

附件 2

国务院决定废止的行政法规

一、防治布氏杆菌病暂行办法（1979 年 12 月 22 日国务院批准　1980 年 1 月 31 日卫生部、农业部发布）

二、中华人民共和国公民出境入境管理法实施细则（1986 年 12 月 3 日国务院批准　1986 年 12 月 26 日公安部、外交部、交通部发布　1994 年 7 月 13 日国务院批准第一次修订　1994 年 7 月 15 日公安部、外交部、交通部发布　根据 2011 年 1 月 8 日《国务院关于废止和修改部分行政法规的决定》第二次修订）

三、开发建设晋陕蒙接壤地区水土保持规定（1988年9月1日国务院批准　1988年10月1日国家计划委员会、水利部发布　根据2011年1月8日《国务院关于废止和修改部分行政法规的决定》修订）

四、药品行政保护条例（1992年12月12日国务院批准　1992年12月19日国家医药管理局发布）

五、卖淫嫖娼人员收容教育办法（1993年9月4日中华人民共和国国务院令第127号公布　根据2011年1月8日《国务院关于废止和修改部分行政法规的决定》修订）

六、外国公司船舶运输收入征税办法（1996年9月18日国务院批准　1996年10月24日财政部、国家税务总局发布　根据2011年1月8日《国务院关于废止和修改部分行政法规的决定》修订）

七、中华人民共和国中医药条例（2003年4月7日中华人民共和国国务院令第374号公布）

八、中华人民共和国行政监察法实施条例（2004年9月17日中华人民共和国国务院令第419号公布）

九、疫苗流通和预防接种管理条例（2005年3月24日中华人民共和国国务院令第434号公布　根据2016年4月23日《国务院关于修改〈疫苗流通和预防接种管理条例〉的决定》修订）

十、行政学院工作条例（2009年12月22日中华人民共和国国务院令第568号公布）

国务院关于修改和废止部分行政法规的决定

（2020年11月29日中华人民共和国国务院令第732号公布　自公布之日起施行）

为了贯彻实施《中华人民共和国外商投资法》（以下简称外商投资法），国务院对与外商投资法不符的行政法规进行了清理。经过清理，国务院决定：

一、对22部行政法规的部分条款予以修改。

二、废止《外国企业或者个人在中国境内设立合伙企业管理办法》(2009年11月25日中华人民共和国国务院令第567号公布)。

本决定自公布之日起施行。

附件:国务院决定修改的行政法规

附件

国务院决定修改的行政法规

一、删去《中华人民共和国国家金库条例》第十六条第二款。

二、将《外债统计监测暂行规定》第三条第二款、第三款中的“外资银行和中外合资银行”修改为“外资银行”。

第五条第一款中的“中外合资经营企业、中外合作经营企业和外资企业”修改为“外商投资企业”。

三、将《旅馆业治安管理办法》第二条中的“中外合资、中外合作”修改为“外商投资”。

四、将《中华人民共和国渔业法实施细则》第十六条、第三十六条中的“中外合资、中外合作经营”修改为“外商投资”。

五、删去《中华人民共和国城镇国有土地使用权出让和转让暂行条例》第五十二条。

六、将《国有资产评估管理办法》第三条第三项中的“中外合资经营企业或者中外合作经营企业”修改为“外商投资企业”。

七、删去《关于外商参与打捞中国沿海水域沉船沉物管理办法》第三条第四项、第六条第二项、第七条、第八条、第十二条第一项中的“中外合作”。

第五条、第八条、第十四条第二款中的“中华人民共和国交通部”修改为“国务院交通运输主管部门”。

第九条第一款中的“工商行政管理部门”修改为“市场监督管理部门”,删去第二款。

删去第十九条。

八、将《实施国际著作权条约的规定》第四条第三项中的“中外合资经营企业、中外合作经营企业和外资企业”修改为“外商投资企业”。

九、将《农业化学物质产品行政保护条例》第八条第四项中的“中国企业法人（包括外资企业、中外合资经营企业和中外合作经营企业）”修改为“中国企业”。

十、将《城市房地产开发经营管理条例》第六条中的“还应当依照外商投资企业法律、行政法规的规定，办理有关审批手续”修改为“还应当符合外商投资法律、行政法规的规定”。

十一、将《广播电视管理条例》第十条第二款中的“外资经营、中外合资经营和中外合作经营”修改为“外商投资”。

第十三条第一款修改为：“设区的市、自治州以上人民政府广播电视行政部门设立的广播电台、电视台或者设区的市、自治州以上人民政府教育行政部门设立的电视台变更台名、节目设置范围或者节目套数，省级以上人民政府广播电视行政部门设立的广播电台、电视台或者省级以上人民政府教育行政部门设立的电视台变更台标的，应当经国务院广播电视行政部门批准。县、不设区的市人民政府广播电视行政部门设立的广播电台、电视台变更台名、节目设置范围或者节目套数的，应当经省级人民政府广播电视行政部门批准。”

十二、删去《中华人民共和国民用航空器国籍登记条例》第二条第一款第二项中的“企业法人的注册资本中有外商出资的，外商在该企业法人的注册资本或者实收资本中所占比例不超过35%，其代表在董事会、股东大会（股东会）的表决权不超过35%，该企业法人的董事长由中国公民担任”。

十三、将《中华人民共和国台湾同胞投资保护法实施细则》第八条第一项修改为：“（一）举办全部或者部分由台湾同胞投资者投资的企业（以下简称台湾同胞投资企业）”。

删去第十条、第十一条。

第十八条改为第十六条，第一款修改为：“台湾同胞投资企业依法享有经营管理的自主权。”

十四、将《印刷业管理条例》第十条第一款修改为：“企业申请从事出版物印刷经营活动，应当持营业执照向所在地省、自治区、直辖市人民政府出版行政部门提出申请，经审核批准的，发给印刷经营许可证。”

第十四条修改为:“国家允许外国投资者与中国投资者共同投资设立从事出版物印刷经营活动的企业,允许设立从事包装装潢印刷品和其他印刷品印刷经营活动的外商投资企业。”

十五、删去《中华人民共和国技术进出口管理条例》第二十二条。

第三十九条改为第三十八条,将其中的“本条例第三十八条规定的文件”修改为“本条例第三十七条规定的文件”。

十六、将《音像制品管理条例》第三十五条中的“中外合作经营企业”修改为“外商投资企业”。

十七、将《出版管理条例》第三十九条中的“中外合资经营企业、中外合作经营企业、外资企业”修改为“外商投资企业”。

十八、删去《中华人民共和国认证认可条例》第十一条。

第十三条改为第十二条,将第一款中的“工商行政管理部门”修改为“市场监督管理部门”。

删去第三十二条、第三十五条第一款、第三十六条、第五十二条、第六十四条第一款、第六十五条第一款、第七十条第三项中的“检查机构”。

第三十三条改为第三十二条,删去第一款中的“检查机构”,第二款修改为:“未经指定的认证机构、实验室不得从事列入目录产品的认证以及与认证有关的检查、检测活动。”

第五十五条改为第五十四条,修改为:“县级以上地方人民政府市场监督管理部门在国务院认证认可监督管理部门的授权范围内,依照本条例的规定对认证活动实施监督管理。

“国务院认证认可监督管理部门授权的县级以上地方人民政府市场监督管理部门,以下称地方认证监督管理部门。”

十九、将《营业性演出管理条例》第十条第一款修改为:“外国投资者可以依法在中国境内设立演出经纪机构、演出场所经营单位;不得设立文艺表演团体。”删去第二款、第三款,第四款改为第二款,修改为:“外商投资的演出经纪机构申请从事营业性演出经营活动、外商投资的演出场所经营单位申请从事演出场所经营活动,应当向国务院文化主管部门提出申请。国务院文化主管部门应当自收到申请之日起20日内作出决定。批准的,颁发营业性演出许可证;不批准的,应当书面通知申请人并说明理由。”

第十一条第一款中的“设立合资、合作、独资经营的演出经纪机构、演出场所经营单位”修改为“设立演出经纪机构、演出场所经营单位以及由内地方控股的文艺表演团体”，第二款修改为：“台湾地区的投资者可以在大陆投资设立演出经纪机构、演出场所经营单位，不得设立文艺表演团体。”第三款中的“演出经纪机构申请从事营业性演出经营活动”修改为“演出经纪机构、文艺表演团体申请从事营业性演出经营活动”。

二十、将《娱乐场所管理条例》第六条修改为：“外国投资者可以依法在中国境内设立娱乐场所。”

第九条第一款中的“中外合资经营、中外合作经营”修改为“外商投资”。

二十一、删去《旅行社条例》第二十一条第二款。

二十二、将《保安服务管理条例》第二十二条中的“外商独资、中外合资、中外合作”修改为“外商投资”。

此外，对相关行政法规中的条文序号作相应调整。

国务院办公厅关于对2019年落实有关重大政策措施真抓实干成效明显地方予以督查激励的通报

（2020年5月5日　国办发〔2020〕9号）

为进一步强化正向激励，更好调动和发挥地方推进改革发展的积极性、主动性和创造性，促进形成担当作为、干事创业的良好局面，根据《国务院办公厅关于对真抓实干成效明显地方进一步加大激励支持力度的通知》（国办发〔2018〕117号），结合国务院大督查、专项督查和部门日常督查情况，经国务院同意，对2019年落实打好三大攻坚战和实施乡村振兴战略、深化“放管服”改革优化营商环境、持续扩大内需、推动创新驱动发展、保障和改善民生等有关重大政策措施真抓实干、取得明显成效的213个地方予以督查激励，相应采取30

项奖励支持措施。希望受到督查激励的地方珍惜荣誉，再接再厉，继续大胆探索，争取新的更大成绩。

今年是全面建成小康社会和“十三五”规划收官之年，改革发展稳定任务艰巨繁重。新冠肺炎疫情带来新的挑战，做好经济社会发展工作难度更大、任务更重、要求更高，更需要调动各方面积极性，沉下心来，扑下身子，苦干实干，把工作落到实处。各地区各部门要切实将思想认识和行动统一到党中央、国务院决策部署上来，坚定信心、迎难而上、主动作为，统筹推进疫情防控和经济社会发展工作，在疫情防控常态化前提下，坚持稳中求进工作总基调，坚定不移贯彻新发展理念，加大改革开放力度，深化供给侧结构性改革，打好三大攻坚战，扩大有效需求，扎实做好“六稳”工作，落实“六保”任务，力戒形式主义、官僚主义，以钉钉子精神抓紧抓实抓细各项工作，确保完成决战决胜脱贫攻坚目标任务，全面建成小康社会。

附件：

2019 年落实有关重大政策措施真抓实干成效明显的地方名单及激励措施

附件

2019 年落实有关重大政策措施
真抓实干成效明显的地方名单及激励措施

一、在 2019 年脱贫攻坚成效考核中认定为完成年度计划、减贫成效显著、综合评价好的地方

河北省，内蒙古自治区，吉林省，安徽省，江西省，湖北省，湖南省，广西壮族自治区，海南省，重庆市，四川省，贵州省，西藏自治区，新疆维吾尔自治区。（按行政区划排列，下同）

2020 年对上述地方在中央财政专项扶贫资金分配中给予一定奖励。（财政部、国务院扶贫办组织实施）

二、易地扶贫搬迁工作积极主动、成效明显的地方

山西省，河南省，湖南省，四川省，贵州省。

2020年对上述地方进一步加大易地扶贫搬迁工作支持力度，并在以工代赈资金安排上予以倾斜，支持贫困地区改善基础设施条件。（国家发展改革委组织实施）

三、环境治理工程项目推进快，重点区域大气、重点流域水环境质量明显改善的地方

吉林省通化市，黑龙江省七台河市，江苏省常州市，广东省韶关市，四川省成都市。

2020年中央财政年度污染防治资金下达后，由有关省统筹中央财政切块下达的资金，安排一定比例对上述地方给予奖励。（生态环境部、财政部组织实施）

四、河长制湖长制工作推进力度大、河湖管理保护成效明显的地方

黑龙江省佳木斯市、肇源县，江苏省宿迁市，浙江省金华市、衢州市柯城区，安徽省黄山市，福建省三明市、永春县，江西省宜春市，山东省潍坊市、沂水县，河南省息县，湖北省宜昌市，湖南省湘潭市，广东省江门市、广州市白云区，四川省成都市金牛区，贵州省兴义市，青海省贵德县，宁夏回族自治区隆德县。

2020年对上述地方在安排中央财政水利发展资金时适当倾斜，给予每个市4000万元、每个县（市、区）1000万元奖励，用于河长制湖长制及河湖管理保护工作。（水利部、财政部组织实施）

五、防范化解金融风险、营造诚实守信金融生态环境、维护良好金融秩序、健全金融消费者权益保护机制成效较好的地方

上海市，浙江省，江西省，广东省，四川省。

2020年支持上述地方或其辖内地区开展金融改革创新先行先试，在同等条件下对其申报金融改革试验区等给予重点考虑和支持，在相关领域加大再贷款、再贴现的支持力度，鼓励符合条件的全国性股份制银行在上述地方开设分支机构，支持符合条件的企业发行"双创"公司债券、绿色公司债券等金融创新产品。（人民银行、银保监会、证监会组织实施）

六、开展农村人居环境整治成效明显的地方

北京市门头沟区，河北省正定县，内蒙古自治区五原县，吉林省图们市，上海市青浦区，江苏省昆山市，浙江省长兴县，安徽省巢湖市，福建省永泰县，江西省全南县，山东省荣成市，河南省长垣市，湖南省宁乡市，重庆市南岸区，四川省丹棱县，云南省澄江市，陕西省西安市高陵区，甘肃省康县，青海省贵德县，宁夏回族自治区银川市西夏区。

2020年对上述地方在中央财政分配年度农村综合改革转移支付时，各给予2000万元激励支持，主要用于“厕所革命”整村推进、村容村貌整治提升等农村人居环境整治相关建设。（农业农村部、财政部组织实施）

七、深化商事制度改革成效显著、落实事中事后监管等相关政策措施社会反映好的地方

北京市石景山区，天津市静海区，河北省秦皇岛市抚宁区，山西省泽州县，辽宁省沈阳市，上海市虹口区，江苏省苏州市，浙江省杭州市，安徽省合肥市，福建省云霄县，河南省开封市，湖北省鄂州市，湖南省常德市，广东省广州市南沙区，广西壮族自治区东兴市，海南省海口市，四川省成都市，贵州省毕节市，云南省昭通市。

2020年对上述地方优先选择为企业登记注册便利化改革、企业年报制度改革、社会共治、企业信用风险监管、大数据监管、信用修复等商事制度改革、事中事后监管工作的试点地区；优先授予外商投资企业登记注册权限；在国家广告产业园区认定中优先给予支持。（市场监管总局组织实施）

八、促进外贸、外资稳定增长，积极优化营商环境成效明显的地方

上海市，浙江省，湖北省，湖南省，广东省，广西壮族自治区。

2020年对上述地方培育国家外贸转型升级基地给予优先支持。（商务部组织实施）

九、促进社会投资健康发展、企业债券发行、债券品种创新与风险防范等工作成效明显的地方

北京市石景山区，天津市滨海新区，浙江省绍兴市，福建省厦门市思明区，湖北省宜昌市，湖南省郴州市，广东省广州市，广西壮族自治区南宁市，四川省绵阳市，云南省大理白族自治州。

从2020年起两年内，对上述地方行政区域内企业申请企业债券实行“直通车”机制（企业直接向国家发展改革委指定的受理机构申报，实行“即报即审”，审核时间由15个工作日缩短到5个工作日）。（国家发展改革委组织实施）

十、年度固定资产投资保持稳定增长，中央预算内投资项目开工、投资完成等情况较好的地方

天津市，安徽省，湖南省，广西壮族自治区，云南省。

2020 年对上述地方在中央预算内投资既有专项中安排投资，用于奖励支持其相关专项项目建设。（国家发展改革委组织实施）

十一、财政预算执行、盘活财政存量资金、国库库款管理、推进财政资金统筹使用、预算公开等财政管理工作完成情况好的地方

北京市房山区，浙江省衢州市、瑞安市，安徽省合肥市、广德市，河南省郑州市、滑县，湖北省荆门市、随州市曾都区，湖南省长沙市、石门县，广东省广州市、广州市南沙区、深圳市龙华区，云南省昆明市、镇雄县，陕西省西安市、富平县。

2020 年对上述地方利用年度预算中单独安排的资金等予以奖励，每个市奖励资金不低于 2000 万元，每个县（市、区）奖励资金不低于 1000 万元，适当体现向中、西部地区倾斜。（财政部组织实施）

十二、公路水路交通建设年度目标任务完成情况好、地方投资落实到位、促进社会资本进入交通建设领域措施有力、交通债务风险防控工作落实有力的地方

浙江省，河南省，湖北省，广东省，广西壮族自治区，四川省。

2020 年对上述地方申报的具备条件的交通建设项目，优先列入三年滚动投资计划、优先安排中央交通建设资金；对上述地方各新增安排中央资金 5000 万元，用于交通项目建设。（交通运输部、财政部组织实施）

十三、地方水利建设投资落实好、中央水利建设投资计划完成率高的地方

安徽省，福建省，山东省，湖北省，广西壮族自治区。

2020 年对上述地方在安排年度中央预算内水利投资计划时给予适当奖励，各增加安排中央预算内投资 1000 万元，相应减少地方配套投资。（水利部、国家发展改革委组织实施）

十四、土地节约集约利用成效好、闲置土地少且用地需求量较大的地方

河北省衡水市，上海市长宁区、浦东新区，江苏省张家港市、泗阳县，浙江省杭州市，安徽省合肥市蜀山区，福建省龙岩市，江西省赣州市赣县区、安福县，湖北省武汉市，湖南省资兴市、道县，云南省昆明市。

2020年对上述地方按照每个市2000亩、每个县(市、区)1000亩的标准奖励用地计划指标，在安排全国土地利用计划时单独列出。(自然资源部组织实施)

十五、按时完成高标准农田建设任务且成效显著的地方

黑龙江省，江西省，山东省，河南省，广东省。

2020年对上述地方在分配中央财政资金时予以倾斜支持(原则上不低于上年激励力度)，用于高标准农田建设。(农业农村部组织实施)

十六、推进农产品流通现代化、积极发展农村电商和产销对接成效明显的地方

黑龙江省五常市，江苏省沭阳县，浙江省义乌市，山东省寿光市，河南省正阳县，湖北省潜江市，湖南省湘潭县，广东省遂溪县，四川省蒲江县，陕西省眉县。

2020年对上述地方在电子商务进农村综合示范中优先支持，并给予专项资金扶持。(商务部、财政部组织实施)

十七、实施创新驱动发展战略、推进自主创新和发展高新技术产业成效明显的地方

上海市，浙江省，山东省，湖南省，陕西省。

2020年对上述地方优先支持其行政区域内1家符合条件的国家自主创新示范区或国家高新技术产业开发区扩区或调整区位，优先支持其行政区域内1家符合条件且发展基础较好的省级高新技术产业开发区升级为国家高新技术产业开发区。(科技部组织实施)

十八、改善地方科研基础条件、优化科技创新环境、促进科技成果转移转化以及落实国家科技改革与发展重大政策成效较好的地方

江苏省，浙江省，湖南省，广东省，甘肃省。

2020年对上述地方在中央引导地方科技发展资金分配中的绩效目标完成情况权重按满分计算，加大资金倾斜支持力度。(科技部、财政部组织实施)

十九、在推动“双创”政策落地、促进创业带动就业、加强融通创新、扶持“双创”支撑平台、构建“双创”发展生态、打造“双创”升级版等方面大胆探索、勇于尝试、成效明显的区域“双创”示范基地

北京市海淀区，天津经济技术开发区，吉林长春新区，上海市杨浦区，江苏省南京市雨花台区，浙江省杭州市余杭区浙江杭州未来科技城，安徽省合肥高新技术产业开发区，福建省厦门火炬高技术产业开发区，山东省青岛高新技术产业开发区，河南省鹿邑县，湖北省武汉市江岸区，广东省广州高新技术产业开发区科学城园区，重庆市永川区，四川天府新区，陕西省杨凌农业高新技术产业示范区。

2020 年对上述区域“双创”示范基地优先支持创新创业支撑平台建设，在中央预算内投资安排等方面予以重点倾斜；对区域内符合条件的创新创业项目，优先推介与国家新兴产业创业投资引导基金、国家级战略性新兴产业发展基金、国家中小企业发展基金等对接；优先支持区域内创新创业成果在全国“双创”活动周主会场重点展示；优先支持举办“创响中国”等重大活动，宣传推广形成的好经验好做法。（国家发展改革委组织实施）

二十、促进工业稳增长和转型升级、实施技术改造成效明显的地方

辽宁省沈阳市，江苏省苏州市，浙江省湖州市，福建省厦门市，江西省吉安市，河南省洛阳市，湖南省常德市，广东省广州市、深圳市，四川省绵阳市。

2020 年对上述地方在新型工业化产业示范基地、工业企业技术改造升级导向计划安排，制造业单项冠军及其他示范项目、示范企业、示范平台评定等方面予以优先支持。（工业和信息化部组织实施）

二十一、大力培育发展战略性新兴产业、产业特色优势明显、技术创新能力较强、产业基础雄厚的地方

天津市滨海新区，辽宁省大连市，上海市徐汇区，江苏省苏州市，浙江省宁波市，安徽省合肥市，福建省厦门市，湖北省武汉市，湖南省长沙市，广东省广州市。

2020 年对上述地方战略性新兴产业集群建设，优先将重点项目纳入国家重大建设项目储备库、给予较大额度和较长期优质信贷支持，在国家认定企业技术中心等创新平台申报中给予名额倾斜，推动国家级战略性新兴产业发展基金优先在上述地方设立子基金。（国家发展改革委会同有关部门组织实施）

二十二、老工业基地调整改造力度较大，支持传统产业改造、培育新产业新业态新模式、承接产业转移和产业合作等工作成效突出的地方

北京市石景山区，黑龙江省齐齐哈尔市，江苏省常州市，江西省萍乡市，山东省淄博市，河南省平顶山市，湖北省襄阳市，湖南省株洲市，广东省韶关市，四川省宜宾市。

2020年对上述地方优先支持在老工业基地振兴有关重大改革和重大政策方面先行先试，支持创建国家创新型产业集群和新型工业化产业示范基地，在安排产业转型升级示范区和重点园区建设中央预算内资金时各奖励2000万元。（国家发展改革委会同有关部门组织实施）

二十三、培育壮大接续替代产业、保障和改善民生、加强生态环境整治、着力解决历史遗留问题等转型成效突出的地方

江苏省徐州市贾汪区，江西省萍乡市，山东省淄博市淄川区，河南省焦作市，四川省泸州市。

2020年对上述地方在资源型地区经济转型重大改革和重大政策方面先行先试，在安排资源型地区转型发展中央预算内投资专项资金时增加资金分配系数；中央财政在安排资源枯竭城市转移支付时予以倾斜支持。（国家发展改革委、财政部会同有关部门组织实施）

二十四、推进质量工作成效突出的地方

河北省迁安市，上海市奉贤区，江苏省泰州市，浙江省台州市，安徽省滁州市，福建省福州市，江西省赣州市，湖南省株洲市，广东省广州市，四川省成都市青羊区。

2020年对上述地方在质量工作改革创新先行先试、国家质量基础设施协同服务及应用示范基地建设、质量技术机构优先布局建设等方面，予以激励支持。（市场监管总局组织实施）

二十五、校企合作推进力度大、职业教育发展环境好、推进职业教育改革成效明显的地方

河北省，福建省，江西省，甘肃省。

2020年对上述地方优先纳入职业教育改革、产教融合建设试点，在中国特色高水平高职学校和专业建设、现代职业教育质量提升计划资金中予以倾斜支持。（教育部会同有关部门组织实施）

二十六、落实鼓励和支持就业创业政策措施工作力度大，促进失业人员、就业困难人员及各类重点群体就业创业等任务完成较好的地方

江苏省，河南省，广东省，广西壮族自治区，贵州省。

2020年对上述地方在安排中央财政就业补助资金时予以倾斜支持。(财政部、人力资源社会保障部组织实施)

二十七、棚户区改造、农村危房改造工作积极主动、成效明显的地方

河北省石家庄市,内蒙古自治区巴彦淖尔市,江苏省徐州市,浙江省绍兴市,安徽省合肥市,江西省宜春市,山东省济南市,河南省平顶山市,湖北省武汉市,湖南省常德市(棚户区改造);河北省康保县,山西省石楼县,吉林省通榆县,黑龙江省青冈县,江苏省南京市六合区,安徽省霍邱县,福建省惠安县,江西省于都县,河南省鲁山县,湖北省长阳土家族自治县,湖南省通道侗族自治县,海南省琼海市,重庆市荣昌区,贵州省关岭布依族苗族自治县,云南省江城哈尼族彝族自治县,西藏自治区芒康县,陕西省安康市汉滨区,甘肃省环县,新疆维吾尔自治区于田县(农村危房改造)。

2020年对棚户区改造工作成效明显的地方,在安排保障性安居工程中央预算内投资和中央财政城镇保障性安居工程专项资金时,给予适当奖励或倾斜支持;对农村危房改造工作成效明显的地方,在安排中央财政农村危房改造补助资金时,给予适当奖励或倾斜支持。(住房城乡建设部、国家发展改革委、财政部组织实施)

二十八、公立医院综合改革成效较为明显的地方

北京市海淀区,河北省秦皇岛市,山西省万荣县,内蒙古自治区赤峰市,辽宁省沈阳市,上海市静安区,江苏省南京市,浙江省湖州市,福建省三明市,江西省赣州市,山东省日照市,河南省郸城县,湖北省枣阳市,湖南省长沙市,广东省广州市,广西壮族自治区鹿寨县,贵州省长顺县,云南省祥云县。

2020年对上述地方在公立医院综合改革中央财政补助资金分配中予以倾斜,各单独安排奖励资金500万元。(国家卫生健康委、财政部组织实施)

二十九、落实养老服务业支持政策积极主动、养老服务体系建设成效明显的地方

江苏省,江西省(推进养老项目建设);上海市,湖北省,宁夏回族自治区(健全养老服务体系)。

2020年对推进养老项目建设成效明显的地方,在安排年度养老服务体系建设中央预算内投资计划时，在原有投资分配基础上增加5%的奖励；对健全养老服务体系成效明显的地方，在安排年度福利彩票公益金补助地方老年人福利类项目资金时，通过工作绩效因素予以资金倾斜。（国家发展改革委、财政部、民政部组织实施）

三十、落实有关重大政策措施成效明显、创造典型经验做法且受到国务院督查表扬的地方

天津市静海区，安徽省亳州市，江西省抚州市，山东省潍坊市，广西壮族自治区东兴市，重庆市荣昌区，四川省绵阳市，宁夏回族自治区隆德县。

2020年对上述地方在国务院办公厅组织开展的国务院大督查及专项督查中予以“免督查”。（国务院办公厅组织实施）

国务院关于落实《政府工作报告》重点工作部门分工的意见

（2020年6月6日　国发〔2020〕6号）

为全面贯彻党的十九大和十九届二中、三中、四中全会精神，深入落实中央经济工作会议精神和十三届全国人大三次会议通过的《政府工作报告》部署，做好今年政府工作，实现经济社会发展目标任务，现就《政府工作报告》确定的重点工作，提出部门分工意见如下：

一、落实2020年发展主要目标和下一阶段工作总体部署

（一）总体要求和主要预期目标。

1. 在以习近平同志为核心的党中央坚强领导下，以习近平新时代中国特色社会主义思想为指导，全面贯彻党的十九大和十九届二中、三中、四中全会精神，坚决贯彻党的基本理论、基本路线、基本方略，增强“四个意识”、坚定“四个自信”、做到“两个维护”，紧扣全面建成小康社会目标任务，统筹推进疫情防控和经济社会发展工作，在疫情防控常态化前提下，坚持稳中求进工作总基调，坚持新发展理念，坚持以供给侧结构性改革为主线，坚持以改革开放为动力推动高质量发展，坚决打好三大攻坚战，加大“六稳”工作力度，保居民就业、保基本民生、保市场主体、保粮食能源安全、保产业链供应链稳定、保基层运转，坚定实施扩大内需战略，维护经济发展和社会稳定大局，确保完成决战决胜脱贫攻坚目标任务，全面建成小康社会。（国务院各部门分别负责，年内持续推进）

2. 优先稳就业保民生，坚决打赢脱贫攻坚战，努力实现全面建成小康社会目标任务；城镇新增就业 900 万人以上，城镇调查失业率 6%左右，城镇登记失业率 5.5%左右；居民消费价格涨幅 3.5%左右；进出口促稳提质，国际收支基本平衡；居民收入增长与经济增长基本同步；现行标准下农村贫困人口全部脱贫、贫困县全部摘帽；重大金融风险有效防控；单位国内生产总值能耗和主要污染物排放量继续下降，努力完成“十三五”规划目标任务。（国家发展改革委、财政部、人力资源社会保障部、生态环境部、商务部、人民银行、海关总署、银保监会、证监会、国家外汇局、国务院扶贫办等按职责分工负责，12 月底前完成）

（二）积极的财政政策要更加积极有为。

3. 今年赤字率拟按 3.6%以上安排，财政赤字规模比去年增加 1 万亿元，同时发行 1 万亿元抗疫特别国债。上述 2 万亿元全部转给地方，建立特殊转移支付机制，资金直达市县基层、直接惠企利民，主要用于保就业、保基本民生、保市场主体，包括支持减税降费、减租降息、扩大消费和投资等，强化公共财政属性，决不允许截留挪用。要大力优化财政支出结构，基本民生支出只增不减，重点领域支出要切实保障，一般性支出要坚决压减，严禁新建楼堂馆所，严禁铺张浪费。各级政府必须真正过紧日子，中央政府要带头，中央本级支出安排负增长，其中非急需非刚性支出压减 50%以上。各类结余、沉淀资金要应收尽收、重新安排。要大力提质增效，各项支出务必精打细算，一定要把每一笔钱都用在刀刃上、紧要处，一定要让市场主体和人民群众有真真切切的感受。（财政部牵头，国家发展改革委、人力资源社会保障部、人民银行、税务总局等按职责分工负责，12 月底前完成）

（三）稳健的货币政策要更加灵活适度。

4. 综合运用降准降息、再贷款等手段，引导广义货币供应量和社会融资规模增速明显高于去年。保持人民币汇率在合理均衡水平上基本稳定。(人民银行、国家外汇局牵头,年内持续推进)创新直达实体经济的货币政策工具,务必推动企业便利获得贷款,推动利率持续下行。(人民银行、银保监会、国家发展改革委、财政部等按职责分工负责,年内持续推进)

(四)就业优先政策要全面强化。

5. 财政、货币和投资等政策要聚力支持稳就业。努力稳定现有就业,积极增加新的就业,促进失业人员再就业。各地要清理取消对就业的不合理限制,促就业举措要应出尽出,拓岗位办法要能用尽用。(人力资源社会保障部、国家发展改革委、财政部、人民银行等按职责分工负责,年内持续推进)

(五)继续打好三大攻坚战。

6. 脱贫是全面建成小康社会必须完成的硬任务,要坚持现行脱贫标准,增加扶贫投入,强化扶贫举措落实,确保剩余贫困人口全部脱贫,健全和执行好返贫人口监测帮扶机制,巩固脱贫成果。(国务院扶贫办牵头,年内持续推进)

7. 要打好蓝天、碧水、净土保卫战,实现污染防治攻坚战阶段性目标。(生态环境部牵头,年内持续推进)

8. 加强金融等领域重大风险防控,坚决守住不发生系统性风险底线。(人民银行、银保监会、证监会、国家发展改革委、财政部、国家外汇局等按职责分工负责,年内持续推进)

二、加大宏观政策实施力度,着力稳企业保就业

(六)加大减税降费力度。

9. 强化阶段性政策,与制度性安排相结合,放水养鱼,助力市场主体纾困发展。继续执行去年出台的下调增值税税率和企业养老保险费率政策,新增减税降费约5000亿元。前期出台6月前到期的减税降费政策,包括免征中小微企业养老、失业和工伤保险单位缴费,减免小规模纳税人增值税,免征公共交通运输、餐饮住宿、旅游娱乐、文化体育等服务增值税,减免民航发展基金、港口建设费,执行期限全部延长到今年年底。小微企业、个体工商户所得税缴纳一律延缓到明年。预计全年为企业新增减负超过2.5万亿元。要坚决把减税降费政策落到企业,尽力帮助企业特别是中小微企业、个体工商户渡过难关。(财政部、国家发展改革委、工业和信息化部、人力资源社会保障部、住房城乡建

设部、交通运输部、商务部、文化和旅游部、税务总局、市场监管总局、国家医保局、中国民航局等按职责分工负责，年内持续推进）

（七）推动降低企业生产经营成本。

10. 降低工商业电价5%政策延长到今年年底。宽带和专线平均资费降低15%。减免国有房产租金，鼓励各类业主减免或缓收房租，并予政策支持。坚决整治涉企违规收费。（国家发展改革委、工业和信息化部、财政部、住房城乡建设部、国务院国资委、市场监管总局等按职责分工负责，6月底前出台相关政策，年内持续推进）

（八）强化对稳企业的金融支持。

11. 中小微企业贷款延期还本付息政策再延长至明年3月底，对普惠型小微企业贷款应延尽延，对其他困难企业贷款协商延期。（人民银行、银保监会牵头，6月底前出台相关政策，年内持续推进）完善考核激励机制，鼓励银行敢贷、愿贷、能贷，大幅增加小微企业信用贷、首贷、无还本续贷，利用金融科技和大数据降低服务成本，提高服务精准性。（人民银行、银保监会、国家发展改革委牵头，6月底前出台相关政策，年内持续推进）大幅拓展政府性融资担保覆盖面并明显降低费率。（财政部、银保监会牵头，年内持续推进）大型商业银行普惠型小微企业贷款增速要高于40%。（银保监会、人民银行牵头，12月底前完成）促进涉企信用信息共享。（国家发展改革委、人民银行、市场监管总局等按职责分工负责，年内持续推进）支持企业扩大债券融资。（人民银行、国家发展改革委、证监会等按职责分工负责，8月底前出台相关政策，年内持续推进）加强监管，防止资金“空转”套利，打击恶意逃废债。金融机构与贷款企业共生共荣，鼓励银行合理让利。（国家发展改革委、财政部、人民银行、银保监会、证监会等按职责分工负责，年内持续推进）为保市场主体，一定要让中小微企业贷款可获得性明显提高，一定要让综合融资成本明显下降。（人民银行、银保监会、财政部等按职责分工负责，适时出台相关政策，年内持续推进）

（九）千方百计稳定和扩大就业。

12. 加强对重点行业、重点群体就业支持。（人力资源社会保障部牵头，年内持续推进）今年高校毕业生达874万人，要促进市场化社会化就业，高校和属地政府都要提供不断线的就业服务，扩大基层服务项目招聘。（人力资源社会保障部、教育部、财政部等按职责分工负责，年内持续推进）做好退役军人安置和就业保障。（退役军人部牵头，年内持续推进）实行农民工在就业地平等享受就业服务政策。（人力资源社会保障部牵头，年内持续推进）帮扶残疾人、零就业家庭等困难群体就业。（人力资源社会保障部、中国残联等按职责分工负责，年内持续推进）今年对低收入人员实行社保费自愿缓缴政策，涉及就业的行政事业性收费全部取消，合理设定流动摊贩经营场所。（人力资源社会保障部、财政部、国家发展改革委、住房城乡建设部、税务总局等按职责分工负责，7 月底前出台相关政策）资助以训稳岗拓岗，加强面向市场的技能培训，鼓励以工代训，共建共享生产性实训基地，今明两年职业技能培训 3500 万人次以上，高职院校扩招 200 万人，要使更多劳动者长技能、好就业。（人力资源社会保障部、教育部、国家发展改革委、财政部等按职责分工负责，12 月底前完成当年任务）

三、依靠改革激发市场主体活力，增强发展新动能

（十）深化"放管服"改革。

13. 在常态化疫情防控下，要调整措施、简化手续，促进全面复工复产、复市复业。（国家发展改革委、国务院办公厅牵头，有关部门按职责分工负责，年内持续推进）推动更多服务事项一网通办。（国务院办公厅牵头，有关部门按职责分工负责，年内持续推进）做到企业开办全程网上办理。放宽小微企业、个体工商户登记经营场所限制，便利各类创业者注册经营、及时享受扶持政策。（市场监管总局牵头，12 月底前完成）支持大中小企业融通发展。（工业和信息化部牵头，年内持续推进）完善社会信用体系。（国家发展改革委、人民银行牵头，适时出台相关政策，年内持续推进）以公正监管维护公平竞争，持续打造市场化、法治化、国际化营商环境。（国务院办公厅、国家发展改革委、司法部、财政部、住房城乡建设部、市场监管总局等按职责分工负责，年内持续推进）

（十一）推进要素市场化配置改革。

14. 推动中小银行补充资本和完善治理，更好服务中小微企业。（银保监会、财政部、人民银行、证监会等按职责分工负责，适时出台相关政策，年内持续推进）改革创业板并试点注册制，发展多层次资本市场。（证监会牵头，6 月底前出台相关政策，年内落地）强化保险保障功能。（银保监会牵头，年内持续推进）赋予省级政府建设用地更大自主权。（自然资源部牵头，6月底前完成）促进人才流动。（人力资源社会保障部牵头，年内持续推进）培育技术和数据市场，激活各类要素潜能。（国家发展改革委、科技部、工业和信息化部等按职责分工负责，年内持续推进）

（十二）提升国资国企改革成效。

15. 实施国企改革三年行动。（国务院国资委牵头，10月底前出台相关政策）健全现代企业制度，完善国资监管体制。（国务院国资委、财政部等按职责分工负责，年内持续推进）深化混合所有制改革。（国家发展改革委、国务院国资委牵头，年内持续推进）基本完成剥离办社会职能和解决历史遗留问题。（国务院国资委牵头，12月底前完成）国企要聚焦主责主业，健全市场化经营机制，提高核心竞争力。（国务院国资委牵头，年内持续推进）

（十三）优化民营经济发展环境。

16. 保障民营企业平等获取生产要素和政策支持，清理废除与企业性质挂钩的不合理规定。构建亲清政商关系，促进非公有制经济健康发展。（国家发展改革委、工业和信息化部、财政部、市场监管总局、全国工商联等按职责分工负责，年内持续推进）限期完成清偿政府机构、国有企业拖欠民营和中小企业款项的任务。（工业和信息化部牵头，有关部门按职责分工负责，逐月调度通报清欠情况）

（十四）推动制造业升级和新兴产业发展。

17. 支持制造业高质量发展。（工业和信息化部、国家发展改革委等按职责分工负责，年内持续推进）大幅增加制造业中长期贷款。（人民银行、银保监会、国家发展改革委牵头，年内持续推进）发展工业互联网，推进智能制造，培育新兴产业集群。发展研发设计、现代物流、检验检测认证等生产性服务业。电商网购、在线服务等新业态在抗疫中发挥了重要作用，要继续出台支持政策，全面推进“互联网+”，打造数字经济新优势。（国家发展改革委、工业和信息化部、商务部、国家邮政局等按职责分工负责，9月底前出台相关政策，年内持续推进）

（十五）提高科技创新支撑能力。

18. 稳定支持基础研究和应用基础研究，引导企业增加研发投入，促进产学研融通创新。加快建设国家实验室，重组国家重点实验室体系，发展社会研发机构，加强关键核心技术攻关。发展民生科技。深化国际科技合作。改革科技成果转化机制，畅通创新链，营造鼓励创新、宽容失败的科研环境。实行重点项目攻关“揭榜挂帅”，谁能干就让谁干。（科技部、国家发展改革委、工业和信息化部、教育部、财政部、外交部、国家卫生健康委、农业农村部、国务院国资委、中科院、工程院、国家能源局、国家国防科工局等按职责分工负责，年内持续推进）加强知识产权保护。（国家知识产权局牵头，年内持续推进）

（十六）深入推进大众创业万众创新。

19. 发展创业投资和股权投资，增加创业担保贷款。（国家发展改革委、财政部、人力资源社会保障部、人民银行、银保监会、证监会等按职责分工负责，年内持续推进）深化新一轮全面创新改革试验。（国家发展改革委、科技部牵头，年内持续推进）新建一批双创示范基地。（国家发展改革委牵头，年内持续推进）坚持包容审慎监管，发展平台经济、共享经济，更大激发社会创造力。（国务院办公厅、国家发展改革委、科技部、工业和信息化部、商务部、市场监管总局等按职责分工负责，年内持续推进）

四、实施扩大内需战略，推动经济发展方式加快转变

（十七）推动消费回升。

20. 通过稳就业促增收保民生，提高居民消费意愿和能力。（国家发展改革委、人力资源社会保障部、民政部、商务部、国家医保局等按职责分工负责，年内持续推进）支持餐饮、商场、文化、旅游、家政等生活服务业恢复发展，推动线上线下融合。促进汽车消费，大力解决停车难问题。发展养老、托幼服务。发展大健康产业。改造提升步行街。支持电商、快递进农村，拓展农村消费。要多措并举扩消费，适应群众多元化需求。（国家发展改革委、教育部、科技部、工业和信息化部、民政部、财政部、住房城乡建设部、农业农村部、商务部、文化和旅游部、国家卫生健康委、市场监管总局、体育总局、国家医保局、国家邮政局、国家中医药局、国家药监局、全国老龄办、全国妇联等按职责分工负责，年内持续推进）

（十八）扩大有效投资。

21. 今年拟安排地方政府专项债券 3.75 万亿元，比去年增加

1.6万亿元，提高专项债券可用作项目资本金的比例，中央预算内投资安排6000亿元。重点支持既促消费惠民生又调结构增后劲的“两新一重”建设，主要是：加强新型基础设施建设，发展新一代信息网络，拓展5G应用，建设数据中心，增加充电桩、换电站等设施，推广新能源汽车，激发新消费需求、助力产业升级。加强新型城镇化建设，大力提升县城公共设施和服务能力，以适应农民日益增加的到县城就业安家需求。新开工改造城镇老旧小区3.9万个，支持管网改造、加装电梯等，发展居家养老、用餐、保洁等多样社区服务。加强交通、水利等重大工程建设。增加国家铁路建设资本金1000亿元。健全市场化投融资机制，支持民营企业平等参与。要优选项目，不留后遗症，让投资持续发挥效益。（国家发展改革委、财政部、工业和信息化部、住房城乡建设部、交通运输部、水利部、农业农村部、民政部、商务部、国家卫生健康委、人民银行、银保监会、国家能源局、中国国家铁路集团有限公司、开发银行、进出口银行、农业发展银行等按职责分工负责，年内持续推进）

（十九）深入推进新型城镇化。

22. 发挥中心城市和城市群综合带动作用，培育产业、增加就业。（国家发展改革委牵头，年内持续推进）坚持房子是用来住的、不是用来炒的定位，因城施策，促进房地产市场平稳健康发展。完善便民、无障碍设施，让城市更宜业宜居。（住房城乡建设部牵头，年内持续推进）

（二十）加快落实区域发展战略。

23. 继续推动西部大开发、东北全面振兴、中部地区崛起、东部率先发展。深入推进京津冀协同发展、粤港澳大湾区建设、长三角一体化发展。推进长江经济带共抓大保护。编制黄河流域生态保护和高质量发展规划纲要。推动成渝地区双城经济圈建设。促进革命老区、民族地区、边疆地区、贫困地区加快发展。发展海洋经济。（国家发展改革委牵头，年内持续推进）

24. 实施好支持湖北发展一揽子政策，支持保就业、保民生、保运转，促进经济社会秩序全面恢复。（国家发展改革委牵头，年内持续推进）

（二十一）提高生态环境治理成效。

25. 突出依法、科学、精准治污。深化重点地区大气污染治理攻坚。（生态环境部牵头，年内持续推进）加强污水、垃圾处置设施建设，推进生活垃圾分类。（国家发展改革委、住房城乡建设部、生态环境部等按职责分工负责，年内持续推进）加快人口密集区危化品生产企业搬迁改造。（工业和信息化部牵头，年内持续推进）壮大节能环保产业。（国家发展改革委、工业和信息化部、生态环境部等按职责分工负责，年内持续推进）

26. 严惩非法捕杀、交易、食用野生动物行为。（国家林草局、农业农村部、市场监管总局、公安部、海关总署等按职责分工负责，年内持续推进）实施重要生态系统保护和修复重大工程，促进生态文明建设。（国家发展改革委、财政部、自然资源部、生态环境部、国家林草局等按职责分工负责，年内持续推进）

（二十二）保障能源安全。

27. 推动煤炭清洁高效利用，发展可再生能源，完善石油、天然气、电力产供销体系，提升能源储备能力。（国家发展改革委、财政部、国家能源局牵头，年内持续推进）

五、确保实现脱贫攻坚目标，促进农业丰收农民增收

（二十三）坚决打赢脱贫攻坚战。

28. 加大剩余贫困县和贫困村攻坚力度，对外出务工劳动力，要在就业地稳岗就业。开展消费扶贫行动，支持扶贫产业恢复发展。继续执行对摘帽县的主要扶持政策。接续推进脱贫与乡村振兴有效衔接，全力让脱贫群众迈向富裕。（国务院扶贫办、国家发展改革委、人力资源社会保障部、农业农村部、人民银行、开发银行、农业发展银行等按职责分工负责，年内持续推进）加强易地扶贫搬迁后续扶持。（国家发展改革委、国务院扶贫办牵头，年内持续推进）深化东西部扶贫协作和中央单位定点扶贫。（国务院扶贫办牵头，年内持续推进）强化对特殊贫困人口兜底保障。（民政部牵头，年内持续推进）搞好脱贫攻坚普查。（国家统计局、国务院扶贫办牵头，7 月开始对第 1 批普查对象进行现场登记）

（二十四）着力抓好农业生产。

29. 稳定粮食播种面积和产量，提高复种指数，提高稻谷最低收购价，增加产粮大县奖励，大力防治重大病虫害。支持大豆等油料生产。（农业农村部、国家发展改革委、财政部等按职责分工负责，12

月底前完成)惩处违法违规侵占耕地行为。(自然资源部、农业农村部等按职责分工负责,年内持续推进)新建高标准农田8000万亩。培育推广优良品种。(农业农村部牵头,12月底前完成)完善农机补贴政策。(农业农村部、财政部等按职责分工负责,年内持续推进)深化农村改革。(农业农村部牵头,年内持续推进)加强非洲猪瘟等疫病防控,恢复生猪生产,发展畜禽水产养殖。(农业农村部牵头,年内持续推进)健全农产品流通体系。(商务部、国家发展改革委、农业农村部等按职责分工负责,年内持续推进)压实"米袋子"省长负责制和"菜篮子"市长负责制。14亿中国人的饭碗,务必牢牢端在自己手中。(国家发展改革委、农业农村部、国家粮食和储备局等按职责分工负责,12月底前完成)

(二十五)拓展农民就业增收渠道。

30. 支持农民就近就业创业,促进一二三产业融合发展,扩大以工代赈规模,让返乡农民工能打工、有收入。加强农民职业技能培训。依法根治拖欠农民工工资问题。(国家发展改革委、财政部、人力资源社会保障部、农业农村部等按职责分工负责,年内持续推进)扶持适度规模经营主体,加强农户社会化服务。(农业农村部牵头,年内持续推进)支持农产品深加工。(工业和信息化部、农业农村部等按职责分工负责,年内持续推进)完善乡村产业发展用地保障政策。(自然资源部、农业农村部牵头,年内持续推进)增强集体经济实力。(农业农村部牵头,年内持续推进)增加专项债券投入,支持现代农业设施、饮水安全工程和人居环境整治,持续改善农民生产生活条件。(国家发展改革委、财政部、农业农村部、水利部、住房城乡建设部、生态环境部、农业发展银行等按职责分工负责,12月底前完成)

六、推进更高水平对外开放,稳住外贸外资基本盘

(二十六)稳定产业链供应链。

31. 面对外部环境变化,要坚定不移扩大对外开放,稳定产业链供应链,以开放促改革促发展。(国家发展改革委、商务部牵头,年内持续推进)

(二十七)促进外贸基本稳定。

32. 围绕支持企业增订单稳岗位保就业,加大信贷投放,扩大出口信用保险覆盖面,降低进出口合规成本,支持出口产品转内销。

（商务部、财政部、人民银行、银保监会、进出口银行等按职责分工负责，6月底前出台相关政策，年内持续推进）加快跨境电商等新业态发展，提升国际货运能力。（商务部、国家发展改革委、交通运输部、海关总署、国家邮政局等按职责分工负责，9月底前出台相关政策，年内持续推进）推进新一轮服务贸易创新发展试点。（商务部牵头，8月底前完成）筹办好第三届进博会，积极扩大进口，发展更高水平面向世界的大市场。（商务部牵头，11月底前完成）

（二十八）积极利用外资。

33. 大幅缩减外资准入负面清单。（国家发展改革委、商务部等按职责分工负责，6月底前完成）出台跨境服务贸易负面清单。（商务部牵头，12月底前完成）深化经济特区改革开放。（国家发展改革委牵头，年内持续推进）赋予自贸试验区更大改革开放自主权。（商务部牵头，年内持续推进）在中西部地区增设自贸试验区、综合保税区，增加服务业扩大开放综合试点。（商务部、海关总署等按职责分工负责，12月底前完成）加快海南自由贸易港建设。（国家发展改革委牵头，商务部等有关部门按职责分工负责，年内持续推进）营造内外资企业一视同仁、公平竞争的市场环境。（国家发展改革委、商务部、市场监管总局等按职责分工负责，年内持续推进）

（二十九）高质量共建"一带一路"。

34. 坚持共商共建共享，遵循市场原则和国际通行规则，发挥企业主体作用，开展互惠互利合作。引导对外投资健康发展。（国家发展改革委、商务部、外交部等按职责分工负责，年内持续推进）

（三十）推动贸易和投资自由化便利化。

35. 坚定维护多边贸易体制，积极参与世贸组织改革。推动签署区域全面经济伙伴关系协定，推进中日韩等自贸谈判。（商务部牵头，年内持续推进）共同落实中美第一阶段经贸协议。（财政部、国家发展改革委、农业农村部、商务部、人民银行、海关总署等按职责分工负责，年内持续推进）致力于加强与各国经贸合作，实现互利共赢。（商务部牵头，年内持续推进）

七、围绕保障和改善民生，推动社会事业改革发展

（三十一）加强公共卫生体系建设。

36. 坚持生命至上，改革疾病预防控制体制，加强传染病防治能力建设，完善传染病直报和预警系统，坚持及时公开透明发布疫情信息。（国家卫生健康委牵头，12 月底前出台相关政策）用好抗疫特别国债，加大疫苗、药物和快速检测技术研发投入，增加防疫救治医疗设施，增加移动实验室，强化应急物资保障，强化基层卫生防疫。加快公共卫生人才队伍建设。（国家发展改革委、教育部、科技部、工业和信息化部、财政部、人力资源社会保障部、交通运输部、商务部、国家卫生健康委、市场监管总局、国家中医药局、国家药监局等按职责分工负责，年内持续推进）深入开展爱国卫生运动。普及卫生健康知识，倡导健康文明生活方式。（国家卫生健康委牵头，教育部、民政部、生态环境部、住房城乡建设部、农业农村部、市场监管总局等按职责分工负责，10 月底前出台相关政策）要大幅提升防控能力，坚决防止疫情反弹，坚决守护人民健康。（国家卫生健康委牵头，年内持续推进）

（三十二）提高基本医疗服务水平。

37. 居民医保人均财政补助标准增加 30 元。（财政部、国家医保局牵头，7 月底前出台相关政策）开展门诊费用跨省直接结算试点。（国家医保局牵头，年内持续推进）对受疫情影响的医疗机构给予扶持。（国家发展改革委、财政部、人力资源社会保障部、国家卫生健康委、国家医保局等按职责分工负责，年内持续推进）深化公立医院综合改革。（国家卫生健康委、财政部牵头，12 月底前出台相关政策）建设区域医疗中心。（国家发展改革委、国家卫生健康委、国家中医药局牵头，年内持续推进）发展“互联网+医疗健康”。提高城乡社区医疗服务能力。推进分级诊疗。构建和谐医患关系。（国家卫生健康委牵头，年内持续推进）促进中医药振兴发展，加强中西医结合。（国家卫生健康委、国家中医药局、国家发展改革委牵头，教育部、科技部、财政部、农业农村部、国家医保局、国家药监局等按职责分工负责，7 月底前出台相关政策，年内持续推进）严格食品药品监管，确保安全。（市场监管总局、国家药监局、海关总署等按职责分工负责，年内持续推进）

（三十三）推动教育公平发展和质量提升。

38. 坚持立德树人。有序组织中小学教育教学和中高考工作。加强乡镇寄宿制学校、乡村小规模学校和县城学校建设。完善随迁子女义务教育入学政策。办好特殊教育、继续教育，支持和规范民办教育。发展普惠性学前教育，帮助民办幼儿园纾困。推动高等教育内涵式发展，推进一流大学和一流学科建设，支持中西部高校发展。扩大高校面向农村和贫困地区招生规模。发展职业教育。加强教师队伍建设。推进教育信息化。要稳定教育投入，优化投入结构，缩小城乡、区域、校际差距，让教育资源惠及所有家庭和孩子，让他们有更光明未来。（教育部牵头，国家发展改革委、工业和信息化部、司法部、财政部、人力资源社会保障部、中国残联等按职责分工负责，年内持续推进）

（三十四）加大基本民生保障力度。

39. 上调退休人员基本养老金，提高城乡居民基础养老金最低标准。实现企业职工基本养老保险基金省级统收统支，提高中央调剂比例。全国近 3 亿人领取养老金，必须确保按时足额发放。扩大失业保险保障范围，将参保不足 1 年的农民工等失业人员都纳入常住地保障。（人力资源社会保障部、财政部牵头，7 月底前出台相关政策）落实退役军人优抚政策。（退役军人部牵头，12 月底前出台相关政策）做好因公殉职人员抚恤。（人力资源社会保障部、财政部、退役军人部等按职责分工负责，年内持续推进）

40. 完善社会救助制度。扩大低保保障范围，对城乡困难家庭应保尽保，将符合条件的城镇失业和返乡人员及时纳入低保。对因灾因病因残遭遇暂时困难的人员，都要实施救助。要切实保障所有困难群众基本生活，保民生也必将助力更多失业人员再就业敢创业。（民政部牵头，财政部、人力资源社会保障部、中国残联等按职责分工负责，6 月底前出台相关政策，年内持续推进）

（三十五）丰富群众精神文化生活。

41. 培育和践行社会主义核心价值观，发展哲学社会科学、新闻出版、广播影视等事业。加强文物保护利用和非物质文化遗产传承。（文化和旅游部、广电总局、国家文物局等按职责分工负责，年内持续推进）加强公共文化服务，倡导全民健身和全民阅读，使全社会充满活力、向上向善。（文化和旅游部、体育总局等按职责分工负责，年内持续推进）筹办北京冬奥会、冬残奥会。（有关部门按职责分工负责，年内持续推进）

（三十六）加强和创新社会治理。

42. 健全社区管理和服务机制。加强乡村治理。支持社会组织、人道救助、志愿服务、慈善事业等健康发展。保障妇女、儿童、老人、残疾人合法权益。（民政部、国务院妇儿工委办公室、全国老龄办、全国妇联、中国残联、中国红十字会总会等按职责分工负责，年内持续推进）完善信访制度，化解信访突出矛盾。（国家信访局牵头，有关部门按职责分工负责，年内持续推进）加强法律援助，及时解决群众合理诉求，妥善化解矛盾纠纷。（司法部牵头，年内持续推进）开展第七次全国人口普查。（国家统计局牵头，普查标准时点是2020年11月1日零时）加强国家安全能力建设。（安全部牵头，年内持续推进）完善社会治安防控体系，依法打击各类犯罪，建设更高水平的平安中国。（公安部牵头，年内持续推进）

（三十七）强化安全生产责任。

43. 加强洪涝、火灾、地震等灾害防御，做好气象服务，提高应急管理、抢险救援和防灾减灾能力。实施安全生产专项整治。坚决遏制重特大事故发生。（应急部、工业和信息化部、公安部、自然资源部、生态环境部、住房城乡建设部、交通运输部、水利部、中国地震局、中国气象局、国家粮食和储备局、国家林草局等按职责分工负责，年内持续推进）

八、加强政府自身建设，做好"十四五"规划编制

（三十八）坚持依法行政，建设廉洁政府。

44. 各级政府要自觉在思想上政治上行动上同以习近平同志为核心的党中央保持高度一致，践行以人民为中心的发展思想，落实全面从严治党要求，坚持依法行政，建设法治政府，坚持政务公开，提高治理能力。要依法接受同级人大及其常委会的监督，自觉接受人民政协的民主监督，主动接受社会和舆论监督。发挥好工会、共青团、妇联等群团组织作用。政府工作人员要自觉接受法律、监察和人民监督。加强廉洁政府建设，坚决惩治腐败。（国务院各部门分别负责，年内持续推进）强化审计监督。（审计署牵头，年内持续推进）

（三十九）突出求真务实，主动担当作为。

45. 各级政府要始终坚持实事求是，牢牢把握社会主义初级阶段这个基本国情,遵循客观规律,一切从实际出发,立足办好自己的事。要大力纠治“四风”,力戒形式主义、官僚主义,把广大基层干部干事创业的手脚从形式主义的束缚中解脱出来,为担当者担当,让履职者尽责。要紧紧依靠人民群众,尊重基层首创精神,以更大力度推进改革开放,激发社会活力,凝聚亿万群众的智慧和力量。广大干部应临难不避、实干为要,凝心聚力抓发展、保民生。(国务院各部门分别负责,年内持续推进)

(四十)做好“十四五”规划编制工作。

46. 今年要编制好“十四五”规划,为开启第二个百年奋斗目标新征程擘画蓝图。(国家发展改革委牵头,年内持续推进)

九、做好民族、宗教、侨务、国防、港澳台、外交工作

(四十一)全面贯彻党的民族政策和宗教工作基本方针,认真落实侨务政策。

47. 要坚持和完善民族区域自治制度,支持少数民族和民族地区加快发展,铸牢中华民族共同体意识。(国家民委牵头,年内持续推进)全面贯彻党的宗教工作基本方针,发挥宗教界人士和信教群众在促进经济社会发展中的积极作用。(有关部门按职责分工负责,年内持续推进)要发挥好侨胞侨眷的独特优势,不断增强中华儿女凝聚力,同心共创辉煌。(有关部门按职责分工负责,年内持续推进)

(四十二)扎实推进国防和军队建设。

48. 要深入贯彻习近平强军思想,深入贯彻新时代军事战略方针,坚持政治建军、改革强军、科技强军、人才强军、依法治军。坚持党对人民军队的绝对领导,严格落实军委主席负责制。全力加强练兵备战,坚定维护国家主权、安全、发展利益。打好军队建设发展“十三五”规划落实攻坚战,编制军队建设“十四五”规划。深化国防和军队改革,提高后勤和装备保障能力。完善国防动员体系,始终让军政军民团结坚如磐石。(有关部门按职责分工负责,年内持续推进)推动国防科技创新发展。(国家国防科工局等按职责分工负责,年内持续推进)

(四十三)全面准确贯彻“一国两制”、“港人治港”、“澳人治澳”、高度自治的方针。

49. 建立健全特别行政区维护国家安全的法律制度和执行机制,

落实特区政府的宪制责任。支持港澳发展经济、改善民生,更好融入国家发展大局,保持香港、澳门长期繁荣稳定。(国务院港澳办牵头,年内持续推进)

(四十四)坚持对台工作大政方针。

50. 坚持一个中国原则,在“九二共识”基础上推动两岸关系和平发展。坚决反对和遏制“台独”分裂行径。完善促进两岸交流合作、深化两岸融合发展、保障台湾同胞福祉的制度安排和政策措施,团结广大台湾同胞共同反对“台独”、促进统一,开创民族复兴的美好未来。(有关部门按职责分工负责,年内持续推进)

(四十五)坚定不移走和平发展道路。

51. 同各国携手共进,应对公共卫生危机、经济严重衰退等全球性挑战。加强防疫合作,促进世界经济稳定,推进全球治理,维护以联合国为核心的国际体系和以国际法为基础的国际秩序,推动构建人类命运共同体。坚定不移走和平发展道路,在扩大开放中深化与各国友好合作。(外交部、科技部、商务部、国家卫生健康委、国际发展合作署、国家中医药局、国家药监局等按职责分工负责,年内持续推进)

今年是决胜全面小康、决战脱贫攻坚的收官之年,也是实现“两个一百年”奋斗目标的历史交汇之年。我们要更加紧密地团结在以习近平同志为核心的党中央周围,高举中国特色社会主义伟大旗帜,以习近平新时代中国特色社会主义思想为指导,认真贯彻党中央、国务院决策部署,迎难而上,锐意进取,统筹推进疫情防控和经济社会发展,努力完成全年目标任务。一是加强组织领导。各部门主要负责同志要切实履职尽责,抓紧组织制定本部门贯彻实施方案,于6月20日前报国务院。要对照分工逐项建立工作台账,明确时间表、责任人和成果形式,确保各项任务有措施、可量化、能落实。二是强化协同配合。各部门要切实加大工作力度,加快工作进度,任务牵头部门和协办部门要立足大局,协同配合,形成合力,不推诿扯皮。三是注重统筹兼顾。各部门要加强形势研判,统筹国内和国际,兼顾当前和长远,坚定发展信心,增强发展动力。要深入实际、深入基层、深入群众,及时推动解决实际困难和问题,根据形势变化调整完善政策。四是抓好督查督办。各部门要增强责任感和紧迫感,主动担当、积极作为,狠抓工作落实,做好日常跟踪督办。要切实加强对各地的指导服务，减轻基层负担。各省（自治区、直辖市）人民政府要主动对接国务院有关部门，结合本地实际进一步明确工作重点，细化措施，抓好落实。国务院办公厅建立《政府工作报告》督查总台账，定期对账督办，对进度慢、办事敷衍、成效不明显的开展专项督查，对不作为、乱作为的坚决追责问责，切实推动各项重点工作落地见效。

国务院办公厅关于印发 2020 年政务公开工作要点的通知

（2020 年 6 月 21 日　国办发〔2020〕17 号）

《2020 年政务公开工作要点》已经国务院同意，现印发给你们，请结合实际认真贯彻落实。

2020 年政务公开工作要点

做好今年政务公开工作，要以习近平新时代中国特色社会主义思想为指导，全面贯彻党的十九大和十九届二中、三中、四中全会精神，坚持以人民为中心的发展思想，认真落实党中央、国务院关于政务公开工作的决策部署，准确执行新修订的《中华人民共和国政府信息公开条例》，以更高质量公开助力推进国家治理体系和治理能力现代化，聚焦做好“六稳”工作、落实“六保”任务，着眼深化“放管服”改革优化营商环境，以公开促落实、促规范、促服务，为实现今年经济社会发展目标任务提供有力支撑。

一、围绕贯彻落实党的十九届四中全会精神加强用权公开

（一）以权责清单为依托，加强权力配置信息公开。要对照法律法规规章，全面梳理本机关依法行使的行政权力和依法承担的公共服务职责，更新完善权责清单并按要求公开。地方各级政府信息公开工作主管部门要按权限督促行政机关依法公开工作职能、机构设置等信息，在此基础上组织编写本级政府行政机关机构职能目录并向社会公开，全面展现政府机构权力配置情况。

（二）以基层政务公开标准化规范化为抓手，加强权力运行过程信息公开。抓紧构建基层行政决策公众参与机制，凡是直接涉及相对人权益的重大行政决策，都应以适当方式听取利益相关方和社会公众意见。以用权公开为导向，重点聚焦权力运行关键环节、关键岗位，按照有关文件要求于2020年底前编制完成基层政务公开事项标准目录，确保权力运行到哪里，公开和监督就延伸到哪里。

（三）以行政法规规章规范性文件为重点，加强政务信息管理。国务院司法行政工作主管部门要在2020年底前集中统一对外公开现行有效行政法规，并提供在线查阅、检索、下载等服务。各级政府部门要系统梳理本机关制发的规章和规范性文件，按照"放管服"改革要求及时立改废，集中统一对外公开并动态更新，2020年底前初步解决底数不清、体系不完善等问题。各政府信息公开工作主管部门要加强统筹指导，逐步整理形成本级政府和本系统制度文件汇编并集中统一对外公开，服务国家治理体系和治理能力现代化。

二、围绕"六稳"、"六保"加强政策发布解读

（一）助力做好"六稳"工作。围绕中央经济工作会议精神和《政府工作报告》要求，加大政策解读力度，加强舆论引导，全面阐释稳就业、稳金融、稳外贸、稳外资、稳投资、稳预期各项政策举措及其效果，主动回应经济社会热点问题，释放更多积极信号，为有效克服新冠肺炎疫情影响、努力实现今年经济社会发展目标任务营造良好舆论环境。拓宽发布渠道，丰富内容形式，增强传播力影响力，充分阐释经济运行总体平稳、稳中有进、长期向好态势，有效提振市场信心。

（二）助力落实"六保"任务。实时发布保居民就业、保基本民生、保市场主体、保粮食能源安全、保产业链供应链稳定、保基层运转等相关政策信息。紧紧围绕着力稳企业保就业、增强发展新动能、实施扩大内需战略、确保实现脱贫攻坚目标、稳住外贸外资基本盘、保障和改善民生等重大部署和重点工作任务，解读好相关政策措施、执行情况和工作成效。尤其要加大纾困和激发市场活力规模性政策的公开力度，确保政策资金流向、使用公开透明，让政策资金直达市县基层、直接惠企利民。

三、围绕优化营商环境加强政务信息公开

（一）提高市场监管规则和标准公开质量。贯彻落实党中央、国务院关于深化“放管服”改革优化营商环境的决策部署，向市场主体全面公开市场监管规则和标准，以监管规则和标准的确定性保障市场监管的公正性。各级市场监管部门要加强窗口服务，为市场主体提供更加精准、便捷的政策咨询。

（二）提高政务服务透明度便利度。全面优化办事流程，通过互联网等技术手段让办事人动态掌握办事进展，最大限度实现网络化、透明化办事。根据“放管服”改革进程，及时更新并公开办事方式、办事条件等信息。加强“一件事”、“一类事”等综合办事信息公开，进一步提升办事便利度。

（三）提高经济政策发布解读针对性精准性。提升经济政策发布质量，注重对基层一线政策执行人员开展政策解读和培训，确保减税降费等各项经济政策在实际执行环节不遗漏、不走样，全面及时惠及市场主体。注重提升经济政策解读回应渠道的权威性，增强解读回应实际效果。

四、围绕突发事件应对加强公共卫生信息公开

（一）及时准确发布疫情信息。坚持做好疫情防控常态化下疫情信息发布工作，依法做到及时、准确、公开、透明，让公众实时了解最新疫情动态和应对处置工作进展。融合各类信息发布渠道，有效运用新闻发布会、政府网站、政务新媒体和各类新闻媒体，全方位解读党中央、国务院重大决策部署和本地区、本部门重要工作举措，为疫情防控工作提供有力支撑。密切关注涉及疫情的舆情动态，针对相关舆情热点问题，快速反应、正面回应。有关地方和部门主要负责人要带头主动发声，以权威信息引导社会舆论。

（二）加强各级各类应急预案公开和公共卫生知识普及。严格落实政府信息公开条例关于主动公开突发公共事件应急预案的要求，有针对性地加强宣传培训，增强社会公众特别是应急预案执行人员的风险防范意识和能力，切实发挥应急预案实际效用。大力加强公共卫生知识日常普及工作，特别是对公众在新冠肺炎疫情防控过程中养成的好习惯好做法，通过科普作品等形式加强宣传推广，提高公众对传染病的防治意识和应对能力。

（三）严格依法保护各项法定权利。妥善办理涉及公共卫生事件的政府信息公开申请，除公开后将损害公共利益、侵犯他人合法权益等法定禁止公开情形外，最大限度向申请人提供相关信息，更好满足人民群众知情权，维护政府公信力。加强个人信息保护，对因新冠肺炎疫情防控工作需要收集的个人信息，要严格落实个人信息保护有关规定，采取有效措施保管并妥善处理。

五、围绕落实新修订的政府信息公开条例加强制度执行

（一）落实政府信息主动公开新要求。正确执行关于主动公开的新规定，以政府信息公开平台为依托，推动公开内容进一步聚焦重点政务信息，公开方式更加统一规范。2020 年底前，各级政府及其部门建设完成政府信息公开平台，法定主动公开内容全部公开到位。

（二）规范政府信息公开申请办理工作。以完善内部制度为抓手，以规范答复文书格式为重点，全面提升政府信息公开申请办理工作质量，依法保障公众合理信息需求。准确适用依申请公开各项规定，从严把握不予公开范围，对法定不予公开条款坚持最小化适用原则，切实做到以公开为常态、不公开为例外。

（三）加强政府网站与政务新媒体建设。加强政府网站和政务新媒体内容保障，更多发布权威准确、通俗易懂、形式多样、易于传播的政策解读产品，不断提高政策知晓度。做好政府网站集约化试点工作，推进政府网站、政务新媒体、在线政务服务平台的数据融通、服务融通、应用融通，提升大数据分析能力、辅助决策能力、整体发声能力和服务公众水平。强化网络安全责任，抓好政府网站和政务新媒体安全防护。2020 年底前，省级和地市级政府门户网站全部支持互联网协议第 6 版。

（四）建立健全公共企事业单位信息公开制度。国务院有关主管部门要根据政府信息公开条例的要求和授权，按照全国政府信息公开工作主管部门统一安排，着手研究制定或者修订教育、卫生健康、供水、供电、供气、供热、环境保护、公共交通等领域企事业单位信息公开专门规定，加快构建具有中国特色的公共企事业单位信息公开制度体系。通过推进公共企事业单位信息公开，助力监管效能提升。

六、强化做好政务公开工作的各项保障措施

（一）明确领导责任。各级政府部门要依法确定一名负责同志，履行本机关政府信息公开工作领导职责，报同级政府信息公开工作主管部门备案，实行垂直管理的政府部门向其上级政府信息公开工作主管部门备案。各政府信息公开工作主管部门要加强日常指导监督，帮助解决实际问题，及时纠正不当行为。上级政府信息公开工作主管部门要加强对下级政府信息公开工作主管部门的业务指导，全面依法履职。

（二）加强机构队伍建设。县级以上地方政府要严格落实政府信息公开条例要求，明确政府办公厅（室）为本地区政府信息公开工作主管部门。各行政机关的政府信息公开工作机构，原则上应在本机关内设机构中指定，并配齐配强工作力量。

（三）强化培训工作。要把政府信息公开条例作为落实领导干部学法制度的重要内容，并列入公务员初任培训必修课程，稳步提升政府工作人员的政务公开意识和能力。各政府信息公开工作主管部门要切实改进培训工作，增强培训的针对性、系统性，科学设置培训课程，提升培训效果。

（四）规范考核评估。地方各级政府信息公开工作主管部门要认真梳理本级政府绩效考核体系中政务公开各项指标，根据新形势新要求予以调整完善。优化第三方评估，清理规范以行政机关名义参加社会上各类政务公开评估颁奖活动。

各地区、各部门贯彻落实本要点的主要情况，要纳入政府信息公开工作年度报告予以公开，接受社会监督。

国务院办公厅关于印发国务院2020年立法工作计划的通知

（2020年6月26日　国办发〔2020〕18号）

《国务院2020年立法工作计划》已经党中央、国务院同意，现印发给你们，请认真贯彻执行。

（本文有删减）

国务院2020年立法工作计划

2020年是决胜全面建成小康社会和“十三五”规划收官之年。国务院2020年立法工作的总体要求是:在以习近平同志为核心的党中央坚强领导下,以习近平新时代中国特色社会主义思想为指导,全面贯彻党的十九大和十九届二中、三中、四中全会精神,认真贯彻习近平总书记全面依法治国新理念新思想新战略,增强“四个意识”、坚定“四个自信”、做到“两个维护”,坚持党的领导、人民当家作主、依法治国有机统一,围绕坚持和完善中国特色社会主义制度、推进国家治理体系和治理能力现代化,紧扣全面建成小康社会目标任务,助力统筹推进新冠肺炎疫情防控和经济社会发展工作,坚持稳中求进工作总基调,加强党对立法工作的领导,坚持底线思维,完善立法体制机制,提高立法质量,加快立法步伐,为全面建成小康社会和“十三五”规划圆满收官奠定坚实法律基础,为开启全面建设社会主义现代化国家新征程提供有力法治保障。

一、围绕坚持和完善中国特色社会主义制度、推进国家治理体系和治理能力现代化,科学合理安排立法项目

中国特色社会主义制度是党和人民在长期实践探索中形成的科学制度体系,具有强大生命力和巨大优越性,是当代中国发展进步的根本保障。坚持和完善中国特色社会主义法治体系,对于坚持和完善中国特色社会主义制度、推进国家治理体系和治理能力现代化具有重大意义。建设中国特色社会主义法治体系,必须加强和改进立法工作,发挥立法的引领和推动作用,抓紧制定国家治理体系和治理能力现代化急需的制度、满足人民对美好生活新期待必备的制度,推动中国特色社会主义制度不断自我完善和发展、永葆生机活力。要突出坚持和完善支撑中国特色社会主义制度的根本制度、基本制度、重要制度,着力固根基、扬优势、补短板、强弱项,构建系统完备、科学规范、运行有效的制度体系。要全面贯彻实施宪法,深化宪法学习宣传教育,以完备的制度推动和保证宪法实施,维护宪法权威。要完善立法体制机制,坚持科学立法、民主立法、依法立法,完善党委领导、人大主导、政府依托、各方参与的立法工作格局，坚持立改废释并举，不断提高立法质量和效率。要完善以宪法为核心的中国特色社会主义法律体系，加强重要领域立法，加快我国法域外适用的法律体系建设，以良法推动发展、保障善治。要处理好改革与法治的辩证关系，以立法引领和保障改革，确保党中央关于全面深化改革的各项决策部署落到实处。为此，对国务院 2020 年立法项目作出如下安排：

——围绕坚持和完善社会主义基本经济制度，推动经济高质量发展，提请全国人大常委会审议印花税法草案，制定保障中小企业款项支付条例、私募投资基金管理暂行条例、非存款类放贷组织条例、城市公共交通条例、农作物病虫害防治条例，修订企业信息公示暂行条例、国家科学技术奖励条例、粮食流通管理条例，修订与外商投资法不符的行政法规。中国人民银行法修订草案、商业银行法修订草案、反洗钱法修订草案、保险法修订草案、公路法修订草案预备提请全国人大常委会审议。

——围绕坚持和完善繁荣发展社会主义先进文化的制度，巩固全体人民团结奋斗的共同思想基础，提请全国人大常委会审议著作权法修订草案，制定未成年人网络保护条例，修订水下文物保护管理条例。文化产业促进法草案预备提请全国人大常委会审议。

——围绕坚持和完善统筹城乡的民生保障制度，满足人民日益增长的美好生活需要，提请全国人大常委会审议退役军人保障法草案、社会救助法草案、教育法修正草案、农产品质量安全法修订草案，制定消费者权益保护法实施条例、医疗保障基金使用监督管理条例、生物技术研究开发安全管理条例、生物医学新技术临床研究和转化应用管理条例、化妆品监督管理条例、建设工程抗震管理条例，修订民办教育促进法实施条例、医疗器械监督管理条例。

——围绕坚持和完善共建共治共享的社会治理制度，保持社会稳定、维护国家安全，提请全国人大常委会审议治安管理处罚法修订草案、安全生产法修正草案、海上交通安全法修订草案、监狱法修订草案，制定社会组织登记管理条例、关键信息基础设施安全保护条例、无人驾驶航空器飞行管理暂行条例，修订地名管理条例。

——围绕坚持和完善生态文明制度体系，促进人与自然和谐共生，制定地下水管理条例，修订土地管理法实施条例。

——围绕坚持和完善党对人民军队的绝对领导制度，确保人民军队忠实履行新时代使命任务，提请全国人大常委会审议兵役法修订草案。深化国防和军队改革需要提请全国人大常委会审议的其他法律草案，以及需要制定、修订的行政法规，适时提请国务院、中央军委审议。

——围绕坚持和完善独立自主的和平外交政策，推动构建人类命运共同体，制定领事保护与协助条例，开展有关国际条约审核工作。

——围绕坚持和完善党和国家监督体系，强化对权力运行的制约和监督，提请全国人大常委会审议审计法修订草案。

——围绕坚持和完善中国特色社会主义行政体制，构建职责明确、依法行政的政府治理体系，提请全国人大常委会审议行政复议法修订草案，制定政府督查工作条例。

为健全国家公共卫生应急管理体系、强化公共卫生法治保障，保护人民群众生命安全和身体健康，着力完善疫情防控相关立法，加强配套制度建设，构建系统完备、科学规范、运行有效的疫情防控法律体系。提请全国人大常委会审议国境卫生检疫法修订草案、传染病防治法修订草案、突发事件应对法修订草案。进出境动植物检疫法修正草案预备提请全国人大常委会审议。配合全国人大常委会制定生物安全法等法律，修改野生动物保护法、动物防疫法、畜牧法、执业医师法等法律，修改相关配套行政法规。

抓紧做好政府职能转变和“放管服”改革、优化营商环境等涉及的法律法规清理工作。

对于党中央、国务院交办的其他立法项目，抓紧办理，尽快完成起草和审查任务。

对于其他正在研究但未列入立法工作计划的立法项目，由有关部门继续研究论证。

二、完善立法体制机制，加强和改进新时代行政立法工作

牢牢坚持党中央对立法工作的集中统一领导。中国共产党领导是中国特色社会主义最本质的特征，是中国特色社会主义制度的最大优势，党是最高政治领导力量。要增强“四个意识”、坚定“四个自信”、做到“两个维护”，自觉在思想上政治上行动上同以习近平同志为核心的党中央保持高度一致。要严格执行立法工作向党中央请示报告制度，凡重大立法事项，立法涉及的重大体制、重大政策调整，以及需要由党中央研究的立法中的重大问题，按照规定向党中央请示报告。立法工作计划、重要立法项目按照要求提交中央全面依法治国委员会审议或审批。要推进党的领导入法入规，以立法推动完善党领导各项事业的具体制度，把党的领导落实到统筹推进“五位一体”总体布局和协调推进“四个全面”战略布局各方面。

建立健全立法风险防范机制。立法工作与国家安全、政治安全、社会稳定息息相关，必须坚持总体国家安全观，坚持底线思维，高度重视、预先防范立法可能带来的重大风险隐患。要加强立法战略研究，对立法时机和各环节工作推进时机进行综合考虑和评估论证。要将党建工作与立法工作高度融合，筑牢党员干部思想防线，提升防范化解重大风险的本领和能力。

深入推进科学立法、民主立法、依法立法。建设中国特色社会主义法治体系，发挥立法的引领和推动作用，必须抓住提高立法质量这个关键。要把好立法入口关，加强对立法项目的评估论证，起草部门报国务院的制定类立法项目送审稿需附立法前评估报告，修改类立法项目送审稿需附立法后评估报告，充分考虑立法的必要性、可行性和潜在风险。要坚持立改废释并举，加强涉及人民群众生命安全和身体健康的立法修法工作，切实解决相关规定该硬的不硬、该严的不严、该重的不重等问题。在立法过程中，要科学评估拟设立制度对各类企业、行业可能产生的影响，充分听取有代表性的企业和行业协会商会以及律师协会的意见。要探索开展基层立法联系点建设，充分发挥基层立法联系点接地气、聚民智的作用，畅通民意反映渠道，丰富民主立法形式。要严格依法立法，确保立法符合宪法精神和上位法规定，确保权限合法、程序合法、内容合法。

切实做好法规规章备案审查工作。备案审查工作是维护国家法制统一、政令畅通的重要方式。要健全完善备案审查制度，提高法规规章备案审查工作科学化、制度化、规范化水平。要综合运用依职权审查、依申请审查等方式，着重对地方性法规、地方政府规章、部门规章是否超越权限、是否违反上位法的规定等进行审查，对发现的问题坚决依法作出处理。要提高信息化水平，探索运用信息技术手段提高审查精准度，提升工作质效。

大力加强行政立法宣传工作。立法宣传是普及法律法规、凝聚社会共识、推动全民守法的有效途径。要把法治宣传教育嵌入到立法工作当中，通过新闻发布、专家解读、媒体宣传、公开征求意见等丰富多样的形式，解读法律法规，回应群众关切，弘扬法治精神，把立法和修法的过程变成普法的过程。要探索建立年度重点新法专项宣传制度，配合立法进程开展集中普法宣传。要建立健全重点法律法规规章公布时同步解读机制，作为法律法规规章出台的必备配套环节。要积极开展我国法律法规规章对外宣传和翻译工作，讲好中国立法故事。

三、抓好立法工作计划的贯彻执行

国务院各部门要深刻认识做好立法工作对于坚持和完善中国特色社会主义制度、推进国家治理体系和治理能力现代化的重大意义，高度重视立法工作计划的贯彻执行。要加强组织领导、完善工作机制、压紧压实责任、加强沟通协调，集中精力高质高效按时完成重点立法项目。

起草部门要重视法制工作机构建设，配齐配强立法工作人员，提高立法工作能力和水平。要提高送审稿质量，严格按照立法法、行政法规制定程序条例等规定，做好向社会公开征求意见工作，及时上报送审稿、立法评估报告等相关材料，为审查、审议等工作预留合理时间。送审稿涉及其他部门的职责或者与其他部门关系紧密的，起草部门应当与有关部门充分协商，涉及部门职责分工、行政许可、财政支持、税收优惠政策的，应当征得机构编制、审改、财政、税务等相关部门同意。报送送审稿前，起草部门应当与司法部做好沟通，如实说明征求意见、协调分歧等情况。未沟通就报送送审稿的，司法部可以就是否启动审查工作向国务院提出意见和建议。

司法部要加强与起草部门的沟通，及时跟踪了解立法工作计划执行情况，加强组织协调和督促指导。有关部门报送的送审稿存在行政法规制定程序条例规定的退件情形的，司法部可以按照规定将送审稿退回起草部门重新研究。对于争议较大的立法事项，司法部要加大协调力度，提高协调层级，妥善处理分歧，敢于在矛盾焦点问题上“切一刀”。经过充分协调仍不能达成一致意见的，司法部、起草部门应当将争议的主要问题、有关部门的意见以及司法部的意见及时按程序请示报告。

附件:《国务院2020年立法工作计划》明确的立法项目及负责起草的单位

附件

《国务院2020年立法工作计划》明确的立法项目及负责起草的单位

一、拟提请全国人大常委会审议的法律案(16件)

1. 印花税法草案(财政部、税务总局起草)

2. 退役军人保障法草案(退役军人部、中央军委政治工作部起草)

3. 社会救助法草案(民政部、财政部起草)

4. 著作权法修订草案(版权局起草)

5. 教育法修正草案(教育部起草)

6. 农产品质量安全法修订草案(农业农村部起草)

7. 治安管理处罚法修订草案(公安部起草)

8. 安全生产法修正草案(应急部起草)

9. 海上交通安全法修订草案(交通运输部起草)

10. 监狱法修订草案(司法部起草)

11. 兵役法修订草案(中央军委国防动员部等起草)

12. 审计法修订草案(审计署起草)

13. 行政复议法修订草案(司法部起草)

14. 国境卫生检疫法修订草案(海关总署起草)

15. 传染病防治法修订草案(卫生健康委起草)

16. 突发事件应对法修订草案(司法部组织起草)

此外,中国人民银行法修订草案、商业银行法修订草案、反洗钱法修订草案、保险法修订草案、文化产业促进法草案、公路法修订草案、进出境动植物检疫法修正草案等预备提请全国人大常委会审议。

二、拟制定、修订的行政法规(26 件)

1. 保障中小企业款项支付条例(工业和信息化部起草)

2. 私募投资基金管理暂行条例(证监会起草)

3. 非存款类放贷组织条例(人民银行起草)

4. 城市公共交通条例(交通运输部起草)

5. 农作物病虫害防治条例(农业农村部起草)

6. 未成年人网络保护条例(网信办起草)

7. 消费者权益保护法实施条例(市场监管总局起草)

8. 医疗保障基金使用监督管理条例(医保局起草)

9. 生物技术研究开发安全管理条例(科技部起草)

10. 生物医学新技术临床研究和转化应用管理条例(卫生健康委起草)

11. 化妆品监督管理条例(市场监管总局、药监局起草)

12. 建设工程抗震管理条例(住房城乡建设部起草)

13. 社会组织登记管理条例(民政部起草)

14. 关键信息基础设施安全保护条例(网信办、工业和信息化部、公安部起草)

15. 无人驾驶航空器飞行管理暂行条例(中央军委联合参谋部、交通运输部起草)

16. 地下水管理条例(水利部起草)

17. 领事保护与协助条例(外交部起草)

18. 政府督查工作条例(国务院办公厅、司法部起草)

19. 企业信息公示暂行条例(修订)(市场监管总局起草)

20. 国家科学技术奖励条例(修订)(科技部起草)

21. 粮食流通管理条例(修订)(发展改革委、粮食和储备局起草)

22. 水下文物保护管理条例(修订)(文化和旅游部、文物局起草)

23. 民办教育促进法实施条例(修订)(教育部起草)

24. 医疗器械监督管理条例(修订)(市场监管总局、药监局起草)

25. 地名管理条例(修订)(民政部起草)

26. 土地管理法实施条例(修订)(自然资源部起草)

三、拟完成的其他立法项目

1. 深化国防和军队改革需要提请全国人大常委会审议的其他法律草案，以及需要制定、修订的行政法规

2. 完善疫情防控相关立法

3. 政府职能转变和“放管服”改革、优化营商环境等涉及的法律法规清理项目

4. 修订与外商投资法不符的行政法规

5. 党中央、国务院交办的其他立法项目

国务院办公厅关于进一步优化营商环境更好服务市场主体的实施意见

（2020年7月15日　国办发〔2020〕24号）

党中央、国务院高度重视深化“放管服”改革优化营商环境工作。近年来，我国营商环境明显改善，但仍存在一些短板和薄弱环节，特别是受新冠肺炎疫情等影响，企业困难凸显，亟需进一步聚焦市场主体关切，对标国际先进水平，既立足当前又着眼长远，更多采取改革的办法破解企业生产经营中的堵点痛点，强化为市场主体服务，加快打造市场化法治化国际化营商环境，这是做好“六稳”工作、落实“六保”任务的重要抓手。为持续深化“放管服”改革优化营商环境，更大激发市场活力，增强发展内生动力，经国务院同意，现提出以下意见。

一、持续提升投资建设便利度

（一）优化再造投资项目前期审批流程。从办成项目前期“一件事”出发，健全部门协同工作机制，加强项目立项与用地、规划等建设条件衔接，推动有条件的地方对项目可行性研究、用地预审、选址、环境影响评价、安全评价、水土保持评价、压覆重要矿产资源评估等事项，实行项目单位编报一套材料，政府部门统一受理、同步评估、同步审批、统一反馈，加快项目落地。优化全国投资项目在线审批监管平

台审批流程,实现批复文件等在线打印。(国家发展改革委牵头,国务院相关部门及各地区按职责分工负责)

(二)进一步提升工程建设项目审批效率。全面推行工程建设项目分级分类管理,在确保安全前提下,对社会投资的小型低风险新建、改扩建项目,由政府部门发布统一的企业开工条件,企业取得用地、满足开工条件后作出相关承诺,政府部门直接发放相关证书,项目即可开工。加快推动工程建设项目全流程在线审批,推进工程建设项目审批管理系统与投资审批、规划、消防等管理系统数据实时共享,实现信息一次填报、材料一次上传、相关评审意见和审批结果即时推送。2020 年底前将工程建设项目审批涉及的行政许可、备案、评估评审、中介服务、市政公用服务等纳入线上平台,公开办理标准和费用。(住房城乡建设部牵头,国务院相关部门及各地区按职责分工负责)

(三)深入推进"多规合一"。抓紧统筹各类空间性规划,积极推进各类相关规划数据衔接或整合,推动尽快消除规划冲突和"矛盾图斑"。统一测绘技术标准和规则,在用地、规划、施工、验收、不动产登记等各阶段,实现测绘成果共享互认,避免重复测绘。(自然资源部牵头,住房城乡建设部等国务院相关部门及各地区按职责分工负责)

二、进一步简化企业生产经营审批和条件

(四)进一步降低市场准入门槛。围绕工程建设、教育、医疗、体育等领域,集中清理有关部门和地方在市场准入方面对企业资质、资金、股比、人员、场所等设置的不合理条件,列出台账并逐项明确解决措施、责任主体和完成时限。研究对诊所设置、诊所执业实行备案管理,扩大医疗服务供给。对于海事劳工证书,推动由政府部门直接受理申请、开展检查和签发,不再要求企业为此接受船检机构检查,且不收取企业办证费用。通过在线审批等方式简化跨地区巡回演出审批程序。(国家发展改革委、教育部、住房城乡建设部、交通运输部、商务部、文化和旅游部、国家卫生健康委、体育总局等国务院相关部门及各地区按职责分工负责)

(五)精简优化工业产品生产流通等环节管理措施。2020 年底前将保留的重要工业产品生产许可证管理权限全部下放给省级人民政府市场监督管理部门。加强机动车生产、销售、登记、维修、保险、

报废等信息的共享和应用，提升机动车流通透明度。督促地方取消对二手车经销企业登记注册地设置的不合理规定，简化二手车经销企业购入机动车交易登记手续。2020年底前优化新能源汽车免征车辆购置税的车型目录和享受车船税减免优惠的车型目录发布程序，实现与道路机动车辆生产企业及产品公告“一次申报、一并审查、一批发布”，企业依据产品公告即可享受相关税收减免政策。（工业和信息化部、公安部、财政部、交通运输部、商务部、税务总局、市场监管总局、银保监会等国务院相关部门按职责分工负责）

（六）降低小微企业等经营成本。支持地方开展“一照多址”改革，简化企业设立分支机构的登记手续。在确保食品安全前提下，鼓励有条件的地方合理放宽对连锁便利店制售食品在食品处理区面积等方面的审批要求，探索将食品经营许可（仅销售预包装食品）改为备案，合理制定并公布商户牌匾、照明设施等标准。鼓励引导平台企业适当降低向小微商户收取的平台佣金等服务费用和条码支付、互联网支付等手续费，严禁平台企业滥用市场支配地位收取不公平的高价服务费。在保障劳动者职业健康前提下，对职业病危害一般的用人单位适当降低职业病危害因素检测频次。在工程建设、政府采购等领域，推行以保险、保函等替代现金缴纳涉企保证金，减轻企业现金流压力。（市场监管总局、中央网信办、工业和信息化部、财政部、住房城乡建设部、交通运输部、水利部、国家卫生健康委、人民银行、银保监会等相关部门及各地区按职责分工负责）

三、优化外贸外资企业经营环境

（七）进一步提高进出口通关效率。推行进出口货物“提前申报”，企业提前办理申报手续，海关在货物运抵海关监管作业场所后即办理货物查验、放行手续。优化进口“两步申报”通关模式，企业进行“概要申报”且海关完成风险排查处置后，即允许企业将货物提离。在符合条件的监管作业场所开展进口货物“船边直提”和出口货物“抵港直装”试点。推行查验作业全程监控和留痕，允许有条件的地方实行企业自主选择是否陪同查验，减轻企业负担。严禁口岸为压缩通关时间简单采取单日限流、控制报关等不合理措施。（海关总署牵头，国务院相关部门及各地区按职责分工负责）

（八）拓展国际贸易“单一窗口”功能。加快“单一窗口”功能由口岸通关执法向口岸物流、贸易服务等全链条拓展，实现港口、船代、理货等收费标准线上公开、在线查询。除涉密等特殊情况外，进出口环节涉及的监管证件原则上都应通过“单一窗口”一口受理，由相关部门在后台分别办理并实施监管，推动实现企业在线缴费、自主打印证件。（海关总署牵头，生态环境部、交通运输部、农业农村部、商务部、市场监管总局、国家药监局等国务院相关部门及各地区按职责分工负责）

（九）进一步减少外资外贸企业投资经营限制。支持外贸企业出口产品转内销，推行以外贸企业自我声明等方式替代相关国内认证，对已经取得相关国际认证且认证标准不低于国内标准的产品，允许外贸企业作出符合国内标准的书面承诺后直接上市销售，并加强事中事后监管。授权全国所有地级及以上城市开展外商投资企业注册登记。（商务部、市场监管总局等国务院相关部门及各地区按职责分工负责）

四、进一步降低就业创业门槛

（十）优化部分行业从业条件。推动取消除道路危险货物运输以外的道路货物运输驾驶员从业资格考试，并将相关考试培训内容纳入相应等级机动车驾驶证培训，驾驶员凭培训结业证书和机动车驾驶证申领道路货物运输驾驶员从业资格证。改革执业兽医资格考试制度，便利兽医相关专业高校在校生报名参加考试。加快推动劳动者入职体检结果互认，减轻求职者负担。（人力资源社会保障部、交通运输部、农业农村部等国务院相关部门及各地区按职责分工负责）

（十一）促进人才流动和灵活就业。2021 年 6 月底前实现专业技术人才职称信息跨地区在线核验，鼓励地区间职称互认。引导有需求的企业开展“共享用工”，通过用工余缺调剂提高人力资源配置效率。统一失业保险转移办理流程，简化失业保险申领程序。各地要落实属地管理责任，在保障安全卫生、不损害公共利益等条件下，坚持放管结合，合理设定流动摊贩经营场所。（人力资源社会保障部、市场监管总局、住房城乡建设部等国务院相关部门及各地区按职责分工负责）

（十二）完善对新业态的包容审慎监管。加快评估已出台的新业态准入和监管政策，坚决清理各类不合理管理措施。在保证医疗安全和质量前提下，进一步放宽互联网诊疗范围，将符合条件的互联网医疗服务纳入医保报销范围，制定公布全国统一的互联网医疗审批标准，加快创新型医疗器械审评审批并推进临床应用。统一智能网联汽车自动驾驶功能测试标准，推动实现封闭场地测试结果全国通用互认，督促封闭场地向社会公开测试服务项目及收费标准，简化测试通知书申领及异地换发手续，对测试通知书到期但车辆状态未改变的无需重复测试、直接延长期限。降低导航电子地图制作测绘资质申请条件，压减资质延续和信息变更的办理时间。（工业和信息化部、公安部、自然资源部、交通运输部、国家卫生健康委、国家医保局、国家药监局等国务院相关部门及各地区按职责分工负责）

（十三）增加新业态应用场景等供给。围绕城市治理、公共服务、政务服务等领域，鼓励地方通过搭建供需对接平台等为新技术、新产品提供更多应用场景。在条件成熟的特定路段及有需求的机场、港口、园区等区域探索开展智能网联汽车示范应用。建立健全政府及公共服务机构数据开放共享规则，推动公共交通、路政管理、医疗卫生、养老等公共服务领域和政府部门数据有序开放。（国家发展改革委牵头，中央网信办、工业和信息化部、公安部、民政部、住房城乡建设部、交通运输部、国家卫生健康委等相关部门及各地区按职责分工负责）

五、提升涉企服务质量和效率

（十四）推进企业开办经营便利化。全面推行企业开办全程网上办，提升企业名称自主申报系统核名智能化水平，在税务、人力资源社会保障、公积金、商业银行等服务领域加快实现电子营业执照、电子印章应用。放宽小微企业、个体工商户登记经营场所限制。探索推进“一业一证”改革，将一个行业准入涉及的多张许可证整合为一张许可证，实现“一证准营”、跨地互认通用。梳理各类强制登报公告事项，研究推动予以取消或调整为网上免费公告。加快推进政务服务事项跨省通办。（市场监管总局、国务院办公厅、司法部、人力资源社会保障部、住房城乡建设部、人民银行、税务总局、银保监会、证监会等国务院相关部门及各地区按职责分工负责）

（十五）持续提升纳税服务水平。2020 年底前基本实现增值税专用发票电子化，主要涉税服务事项基本实现网上办理。简化增值税等税收优惠政策申报程序，原则上不再设置审批环节。强化税务、海关、人民银行等部门数据共享，加快出口退税进度，推行无纸化单证备案。（税务总局牵头，人民银行、海关总署等国务院相关部门按职责分工负责）

（十六）进一步提高商标注册效率。提高商标网上服务系统数据更新频率，提升系统智能检索功能，推动实现商标图形在线自动比对。进一步压缩商标异议、驳回复审的审查审理周期，及时反馈审查审理结果。2020年底前将商标注册平均审查周期压缩至4个月以内。（国家知识产权局负责）

（十七）优化动产担保融资服务。鼓励引导商业银行支持中小企业以应收账款、生产设备、产品、车辆、船舶、知识产权等动产和权利进行担保融资。推动建立以担保人名称为索引的电子数据库，实现对担保品登记状态信息的在线查询、修改或撤销。（人民银行牵头，国家发展改革委、公安部、交通运输部、市场监管总局、银保监会、国家知识产权局等国务院相关部门按职责分工负责）

六、完善优化营商环境长效机制

（十八）建立健全政策评估制度。研究制定建立健全政策评估制度的指导意见，以政策效果评估为重点，建立对重大政策开展事前、事后评估的长效机制，推进政策评估工作制度化、规范化，使政策更加科学精准、务实管用。（国务院办公厅牵头，各地区、各部门负责）

（十九）建立常态化政企沟通联系机制。加强与企业和行业协会商会的常态化联系，完善企业服务体系，加快建立营商环境诉求受理和分级办理"一张网"，更多采取"企业点菜"方式推进"放管服"改革。加快推进政务服务热线整合，进一步规范政务服务热线受理、转办、督办、反馈、评价流程，及时回应企业和群众诉求。（国务院办公厅牵头，国务院相关部门和单位及各地区按职责分工负责）

（二十）抓好惠企政策兑现。各地要梳理公布惠企政策清单，根据企业所属行业、规模等主动精准推送政策，县级政府出台惠企措施时要公布相关负责人及联系方式，实行政策兑现"落实到人"。鼓励推行惠企政策"免申即享"，通过政府部门信息共享等方式，实现符合条件的企业免予申报、直接享受政策。对确需企业提出申请的惠企政策，要合理设置并公开申请条件，简化申报手续，加快实现一次申

报、全程网办、快速兑现。(各地区、各部门负责)

各地区、各部门要认真贯彻落实本意见提出的各项任务和要求,围绕市场主体需求,研究推出更多务实管用的改革举措,相关落实情况年底前报国务院。有关改革事项涉及法律法规调整的,要按照重大改革于法有据的要求,抓紧推动相关法律法规的立改废释。国务院办公厅要加强对深化“放管服”改革和优化营商环境工作的业务指导,强化统筹协调和督促落实,确保改革措施落地见效。

国务院关于公布第三批国家级抗战纪念设施、遗址名录的通知

(2020 年 9 月 1 日　国发〔2020〕11 号)

为隆重纪念中国人民抗日战争暨世界反法西斯战争胜利 75 周年,经党中央、国务院批准,现将第三批 80 处国家级抗战纪念设施、遗址名录予以公布。

各地区、各有关部门要进一步加强抗战纪念设施、遗址的保护管理,做好抗战史料文物和英烈事迹的发掘整理、宣传陈展工作,广泛组织开展群众性拜谒、参观活动,教育引导广大群众特别是青少年充分认清日本法西斯侵略者犯下的罪行,牢记中华民族抵御侵略、奋勇抗争的历史以及中国人民为世界反法西斯战争胜利作出的巨大民族牺牲和重要历史贡献,学习宣传抗日英烈的英雄事迹,大力弘扬伟大的民族精神和抗战精神,进一步增强民族凝聚力、向心力,为实现中华民族伟大复兴的中国梦不懈奋斗。

第三批国家级抗战纪念设施、遗址名录

北京市

冀热察挺进军司令部旧址陈列馆　位于北京市门头沟区斋堂镇马栏村

白乙化烈士陵园　位于北京市密云区石城镇河北村

天津市

中共中央北方局旧址纪念馆　位于天津市和平区黑龙江路隆泰里19号

河北省

陈庄歼灭战旧址　位于河北省石家庄市灵寿县岔头镇横山岭水库东岸

遵化市长城抗战烈士陵园　位于河北省唐山市遵化市石门镇石门四村

冀南山底抗日地道遗址　位于河北省邯郸市峰峰矿区义井镇山底村

中国人民抗日军政大学陈列馆　位于河北省邢台市信都区浆水镇前南峪村

冀南烈士陵园　位于河北省邢台市南宫市南大街103号

白洋淀雁翎队纪念馆　位于河北省保定市安新县白洋淀景区

冀中烈士陵园　位于河北省沧州市河间市曙光西路66号

山西省

山西国民师范旧址革命活动纪念馆　位于山西省太原市杏花岭区五一北路245号

八路军总司令部北村旧址　位于山西省长治市潞城区店上镇北村

武乡县八路军烈士陵园　位于山西省长治市武乡县故县乡里庄村

町店战斗纪念园　位于山西省晋城市阳城县町店镇町店村

左权烈士陵园　位于山西省晋中市左权县辽阳镇北街村陵园街

白求恩模范病室旧址　位于山西省忻州市五台县耿镇镇松岩口村

雁门关伏击战遗址　位于山西省忻州市代县雁门关镇太和岭口村

内蒙古自治区

华北军第五十九军抗日阵亡将士公墓　位于内蒙古自治区呼和浩特市新城区海拉尔大街54号

绥蒙抗日救国会旧址纪念馆　位于内蒙古自治区呼和浩特市玉泉区玉泉二巷 11 号

乌不浪口抗日烈士陵园　位于内蒙古自治区巴彦淖尔市乌拉特中旗德岭山镇四义堂村

辽宁省

东北抗日义勇军纪念馆　位于辽宁省本溪市桓仁满族自治县桓仁镇东关村

虎石沟万人坑纪念馆　位于辽宁省营口市大石桥市南楼经济开发区圣水寺村

侵华日本关东军护路守备队盘山分队旧址陈列馆　位于辽宁省盘锦市双台子区胜利街东段 13 号

吉林省

丰满万人坑遗址　位于吉林省吉林市丰满区江南乡孟家村

辽源市二战盟军高级战俘营旧址展览馆　位于吉林省辽源市西安区人民大街 4907 号

东北沦陷时期辽源矿工墓陈列馆　位于吉林省辽源市西安区泰安大路 5048 号

杨靖宇将军殉国地　位于吉林省白山市靖宇县濛江乡靖宇村东

敦化市烈士陵园　位于吉林省延边朝鲜族自治州敦化市翰章乡翰章村

黑龙江省

尚志烈士陵园　位于黑龙江省哈尔滨市尚志市北环街 92 号

汤原烈士陵园　位于黑龙江省佳木斯市汤原县京抚路中段

上海市

侵华日军罗泾大烧杀遇难同胞纪念地　位于上海市宝山区罗泾镇海星村水源涵养林内

江苏省

侵华日军南京利济巷慰安所旧址　位于江苏省南京市秦淮区利济巷

云台山抗日烈士陵园　位于江苏省南京市江宁区横溪街道云台村鸭塘自然村

车桥战役烈士陵园　位于江苏省淮安市淮安区车桥镇车北村

阜宁县芦蒲烈士陵园　位于江苏省盐城市阜宁县芦蒲镇芦蒲村

茅山新四军纪念馆　位于江苏省镇江市句容市茅山风景区万福路

浙江省

新四军浙东游击纵队司令部旧址　位于浙江省宁波市余姚市梁弄镇晓岭街

新四军苏浙军区旧址　位于浙江省湖州市长兴县煤山镇

安徽省

野寨抗日阵亡将士公墓　位于安徽省安庆市潜山市天柱山镇野寨街 50 号

大别山烈士陵园　位于安徽省安庆市岳西县天堂镇老街路 1 号

岩寺新四军军部旧址纪念馆　位于安徽省黄山市徽州区滨河南路 39 号

新四军第四支队纪念馆　位于安徽省六安市舒城县高峰乡东港村

福建省

大田“第二集美学村”旧址　位于福建省三明市大田县均溪镇玉田村

江西省

老虎山抗日英烈陵园　位于江西省宜春市高安市龙潭镇龙潭村

山东省

鲁中抗日战争展览馆　位于山东省济南市莱芜区汶阳东大街 43 号

黑铁山抗日武装起义纪念馆　位于山东省淄博市张店区四宝山街道太平村

马鞍山抗战遗址　位于山东省淄博市淄川区太河镇小口头村

玉皇顶抗日武装起义遗址　位于山东省烟台市莱州市文昌北路 29 号

牛头镇抗日武装起义纪念碑和陈列馆　位于山东省潍坊市寿光市台头镇巨淀湖畔

徂徕山抗日武装起义磨山峪旧址　位于山东省泰安市岱岳区房村镇磨山峪村

大青山革命烈士陵园　位于山东省临沂市沂南县双堠镇东梭庄村

渊子崖烈士纪念塔　位于山东省临沂市莒南县板泉镇渊子崖村

苏村烈士陵园　位于山东省聊城市莘县张寨镇苏村

湖西革命烈士陵园　位于山东省菏泽市单县南城街道健康路 1 号

河南省

杜八联革命纪念馆　位于河南省济源市坡头镇泰山村

湖北省

宜昌市夷陵区南边抗日将士陵园　位于湖北省宜昌市夷陵区黄花镇张家口村

鄂南抗日根据地指挥中心旧址　位于湖北省鄂州市鄂城区沙窝乡麻羊垴

赵家棚抗日烈士陵园　位于湖北省孝感市安陆市赵棚镇振兴街 2 号

新四军第五师纪念馆　位于湖北省孝感市大悟县芳畈镇白果树湾

湖南省

岳麓山忠烈祠　位于湖南省长沙市岳麓区岳麓山赫石坡

广东省

中国文化名人大营救纪念馆　位于广东省深圳市龙华区民治街道白石龙社区

广东人民抗日游击队珠江纵队司令部旧址　位于广东省中山市五桂山街道南桥村槟榔山 14 号

广西壮族自治区

三将军殉职纪念塔和八百壮士墓　位于广西壮族自治区桂林市七星区七星公园内

重庆市

特园　位于重庆市渝中区上清寺街道嘉陵桥东村 35 号

张自忠烈士陵园　位于重庆市北碚区双柏路 516 号

四川省

川军抗日阵亡将士纪念碑　位于四川省成都市青羊区少城街道祠堂街

贵州省

独山深河桥抗战遗址　位于贵州省黔南布依族苗族自治州独山县麻万镇

云南省

施甸县抗日江防遗迹群　位于云南省保山市施甸县

滇缅公路惠通桥　位于云南省保山市龙陵县腊勐镇腊勐社区

滇西抗日战争纪念碑　位于云南省德宏傣族景颇族自治州芒市仙池路雷牙让山

陕西省

安吴堡战时青年训练班革命旧址　位于陕西省咸阳市泾阳县安吴镇安吴堡村

中共中央西北局旧址　位于陕西省延安市宝塔区光华路

延安凤凰山麓革命旧址　位于陕西省延安市宝塔区凤凰大街20号

国立西北联合大学旧址　位于陕西省汉中市城固县

甘肃省

八路军驻兰办事处纪念馆　位于甘肃省兰州市城关区酒泉路314号、甘南路700号

香港特别行政区

斩竹湾抗日英烈纪念碑　位于香港特别行政区西贡区斩竹湾

澳门特别行政区

澳门冼星海纪念馆　位于澳门特别行政区俾利喇街151—153号

缅甸

仁安羌大捷纪念碑　位于缅甸马圭省仁安羌市伊洛瓦底江畔

巴布亚新几内亚

中国抗战将士和遇难同胞陵园　位于巴布亚新几内亚东新不列颠省拉包尔市郊

俄罗斯

中国东北抗日联军教导旅与红军远东第2方面军第88独立步兵旅英烈纪念设施　位于俄罗斯哈巴罗夫斯克边疆区叶拉布加镇维亚茨克耶村

国务院关于取消和下放一批行政许可事项的决定

（2020年9月13日　国发〔2020〕13号）

经研究论证，国务院决定取消29项行政许可事项，下放4项行政许可事项的审批层级，现予公布。另有20项有关法律设定的行政许可事项，国务院将依照法定程序提请全国人民代表大会常务委员会修订相关法律规定。

各地区、各有关部门要抓紧做好取消和下放行政许可事项的贯彻落实工作，进一步细化改革配套措施，加强和创新事中事后监管，确保放得开、接得住、管得好。自本决定发布之日起20个工作日内，国务院有关部门要向社会公布事中事后监管细则，并加强宣传解读和督促落实。

附件：1. 国务院决定取消的行政许可事项目录（共29项）

2. 国务院决定下放审批层级的行政许可事项目录（共4项）

附件 1

国务院决定取消的行政许可事项目录

（共 29 项）

序号	事项名称	审批部门	设定依据	加强事中事后监管措施
1	外商投资经营电信业务审定意见书核发	工业和信息化部	《外商投资电信企业管理规定》	取消许可后，工业和信息化部、省级通信管理局要通过以下措施加强监管： 1. 在办理“电信业务经营许可”时，对外商投资电信企业落实股比限制要求情况进行严格把关。 2. 加强对外商投资电信企业日常经营活动的监测，督促其按要求报送有关信息。 3. 通过“双随机、一公开”监管等方式加强监管，发现违法违规行为要依法查处并向社会公开结果。 4. 依法实施信用监管，如实记录违法失信行为，实施差异化监管等措施。
2	铬化合物生产建设项目审批	省级工业和信息化部门	《国务院对确需保留的行政审批项目设定行政许可的决定》 《国务院办公厅关于印发工业和信息化部主要职责内设机构和人员编制规定的通知》（国办发〔2008〕72 号） 《国务院关于取消和调整一批行政审批项目等事项的决定》（国发〔2015〕11 号）	取消许可后，工业和信息化部门要通过以下措施加强监管： 1. 严格执行铬化合物生产的产业政策，发现铬化合物生产建设项目属于禁止或者限制类项目的，要按照规定及时处置。 2. 按照《国务院办公厅关于推进城镇人口密集区危险化学品生产企业搬迁改造的指导意见》（国办发〔2017〕77 号）规定，对位于城镇人口密集区的铬化合物生产企业严格评估安全和卫生防护距离，评估不达标的企业要进行搬迁改造。 3. 支持和鼓励铬渣资源综合利用，制定相关产品标准，推动钢铁企业消纳铬渣。

续表

序号	事项名称	审批部门	设定依据	加强事中事后监管措施
3	典当业特种行业许可证核发	县级以上地方公安机关	《国务院对确需保留的行政审批项目设定行政许可的决定》	取消许可后,公安机关和有关部门要通过以下措施加强监管: 1. 省级地方金融监管部门应当将办理“设立典当行及分支机构审批”(含设立、变更、注销)的信息在作出审批决定后5个工作日内推送至省级公安机关,公安机关据此将典当行及分支机构纳入监管范围,依法实施监管。 2. 通过“双随机、一公开”监管等方式,加强对典当行的治安管理,及时化解风险隐患,发现违法犯罪活动要依法查处。
4	通航建筑物设计文件和施工方案审批	省级交通运输部门或航道管理机构	《中华人民共和国航道管理条例》	取消许可后,交通运输部门、航道管理机构要通过以下措施加强监管: 1. 要求通航建筑物建设单位完成通航建筑物设计后报请有关交通运输部门办理“水运工程建设项目设计文件审批”。 2. 加强对水运工程建设市场的监管,督促建设单位严格落实经审批同意的水运工程建设项目设计文件,发现违法违规行为要依法查处并向社会公开结果。 3. 依法实施信用监管,如实记录违法失信行为,实施差异化监管等措施。
5	新农药登记试验审查	农业农村部	《农药管理条例》	取消许可,改为备案。农业农村部门要通过以下措施加强监管: 1. 建立健全新农药登记试验备案制度,建设全国统一的在线备案平台,方便有关企业快捷办理备案手续,对不按要求备案的要依法设定并追究法律责任。 2. 严格实施“农药登记试验单位认定”许可,把牢农药登记试验单位准入关口。 3. 对备案的新农药登记试验活动进行抽查监管,督促有关单位落实风险防控措施,发现违法违规行为要依法查处并向社会公开结果。 4. 在“农药登记”许可环节,对新农药登记试验活动有关情况进行审查把关。

续表

序号	事项名称	审批部门	设定依据	加强事中事后监管措施
6	七类肥料(含大量元素水溶肥料、中量元素水溶肥料、微量元素水溶肥料、农用氯化钾镁、农用硫酸钾镁、复混肥料、掺混肥料)登记	农业农村部、省级农业农村部门	《中华人民共和国农业法》 《中华人民共和国农产品质量安全法》 《中华人民共和国土壤污染防治法》	取消许可,改为备案。农业农村部门要通过以下措施加强监管: 1. 建立健全部分肥料产品备案制度,建立网上备案平台,对不按要求备案的要依法设定并追究法律责任。 2. 开展"双随机、一公开"监管,对市场流通的七类肥料产品开展抽检,发现违法违规行为要依法查处并向社会公开结果。 3. 依法实施信用监管,如实记录违法失信行为,实施差异化监管等措施。
7	乡村兽医登记许可	县级农业农村(兽医)部门	《中华人民共和国动物防疫法》 《乡村兽医管理办法》(原农业部令第17号)	取消许可,改为备案。农业农村(兽医)部门要通过以下措施加强监管: 1. 建立健全乡村兽医服务人员备案制度,对不按要求备案的要依法设定并追究法律责任。要向社会公开备案情况,方便查询、就医,并发挥社会监督作用。 2. 开展"双随机、一公开"监管,畅通投诉举报渠道,发现违法违规行为要依法查处并向社会公开结果。 3. 依法实施信用监管,如实记录违法失信行为,实施差异化监管等措施。
8	兴建可能导致重点保护野生动植物生存环境污染和破坏的海岸工程建设项目审批	设区的市级农业农村(渔业)部门	《中华人民共和国防治海岸工程建设项目污染损害海洋环境管理条例》	取消许可后,农业农村(渔业)部门和有关部门要通过以下措施加强监管: 1. 对可能导致重点保护野生动植物生存环境污染和破坏的海岸工程建设项目,生态环境部门在审批环境影响评价文件时应征求农业农村(渔业)部门意见,科学分析建设项目对重点保护野生动植物生存环境的影响并提出相应保护要求。 2. 加强对建设项目环境保护措施落实情况的监管,发现违法违规行为要依法查处并向社会公开结果。

续表

序号	事项名称	审批部门	设定依据	加强事中事后监管措施
9	石油成品油批发、仓储经营资格审批	商务部、省级商务部门	《国务院对确需保留的行政审批项目设定行政许可的决定》	取消许可后，商务部门要会同有关部门通过以下措施加强监管： 1. 商务部门严格落实石油成品油流通行业监管职责。要求石油成品油批发、仓储企业建立购销和出入库台账制度，完善油品来源、销售去向、检验报告、检查记录等凭证材料档案。开展"双随机、一公开"监管，重点检查企业台账制度建立执行情况，发现违法违规行为依法处理或者提请有关部门予以查处。结合企业诚信经营和风险状况依法实施差异化监管。支持行业协会发挥行业自律作用。 2. 地方政府严格落实属地监管职责。建立跨部门联合监管机制，按照综合行政执法改革精神，统筹配置行政处罚职能和执法资源，加强协同监管。建立投诉举报制度，定期组织开展对石油成品油批发、仓储企业的专项检查，发现违法违规行为由各有关部门按职责依法依规查处。建立企业信用记录并纳入全国信用信息共享平台，对违法失信企业依法实施失信惩戒。 3. 相关部门严格落实专项监管职责。从事石油成品油批发、仓储经营活动的企业必须符合自然资源、规划、建设、质量计量、环保、安全生产、消防、治安反恐、商务、税务、交通运输、气象等方面法律法规和标准要求，依法依规开展经营。公安、自然资源、生态环境、住房城乡建设、交通运输、商务、应急管理、税务、市场监管、能源等部门按职责依法依规加强监管，承担安全生产监管责任的部门切实履行监管责任、守牢安全底线。 4. 加强石油成品油批发、仓储行业监管信息共享运用。市场监管部门要及时将新登记经营范围涉及石油成品油批发、仓储的企业信息推送至有关主管部门。商务部门要将改革前已取得相应许可的石油成品油批发、仓储企业信

续表

序号	事项名称	审批部门	设定依据	加强事中事后监管措施
				息,以及行业监管中发现的超经营范围经营企业信息或者无照经营信息及时推送至有关主管部门。各有关主管部门要充分运用共享的监管信息,有针对性地加强监管执法。
10	部分医疗机构(除三级医院、三级妇幼保健院、急救中心、急救站、临床检验中心、中外合资合作医疗机构、港澳台独资医疗机构外)《设置医疗机构批准书》核发	县级以上地方卫生健康部门	《医疗机构管理条例》	取消许可后,卫生健康部门要通过以下措施加强监管: 1. 完善医疗机构设置规划方式,对社会办医疗机构实行指导性规划。加强对社会资本投资医疗机构的服务,同时注意防止以服务之名行审批之实。 2. 严格实施"医疗机构执业登记",并将审批结果向社会公开。 3. 开展"双随机、一公开"监管、重点监管等,畅通投诉举报渠道,依法处理医患纠纷和医疗事故,加大对医疗机构的监督检查力度,发现违法违规行为要依法查处并向社会公开结果。 4. 依法实施信用监管,如实记录违法失信行为,实施差异化监管措施,对严重违法的医疗机构及其从业人员实行行业禁入。
11	职业卫生技术服务机构丙级资质认可	设区的市级卫生健康部门	《中华人民共和国职业病防治法》 《职业卫生技术服务机构监督管理暂行办法》(原国家安全监管总局令第50号)	取消许可,整合至"职业卫生技术服务机构乙级资质认可"。卫生健康部门要通过以下措施加强监管: 1. 适当降低职业卫生技术服务机构乙级资质条件要求,完善职业卫生技术服务标准。引导现有职业卫生技术服务丙级机构换领新的乙级资质证书,拓宽业务范围和业务地域范围。 2. 开展"双随机、一公开"监管,畅通投诉举报渠道,发现违法违规行为要依法查处并向社会公开结果。 3. 对存在职业病危害因素的企业,依法开展职业病危害因素监督检查。发现职业卫生技术服务机构出具虚假报告的,依法追究法律责任。 4. 依法实施信用监管,如实记录违法失信行为,实施差异化监管等措施。

续表

序号	事项名称	审批部门	设定依据	加强事中事后监管措施
12	银行间债券市场双边报价商审批	中国人民银行总行	《国务院对确需保留的行政审批项目设定行政许可的决定》	取消许可后,人民银行要通过以下措施加强监管: 1. 建立健全做市业务激励约束机制,引导做市机构提升服务质量。 2. 建立交易报告库,强化交易信息统计。发现虚假交易、对倒冲量等行为要采取必要的惩戒措施。 3. 加强行业自律管理,支持银行间交易商协会以市场需求为导向,持续优化做市业务分层分类考评,并及时向市场披露。
13	企业银行账户开户许可证核发	中国人民银行总行及其分支行	《国务院对确需保留的行政审批项目设定行政许可的决定》	取消许可后,人民银行要通过以下措施加强监管: 1. 压实商业银行账户管理主体责任,督促商业银行在线核验企业登记注册、相关人员、纳税等信息,并按要求向人民银行及时、全面、准确推送企业银行账户信息。 2. 通过"双随机、一公开"监管、重点监管等方式,加大对商业银行的执法检查力度,发现违法违规行为要依法查处并向社会公开结果。发现相关企业和个人买卖企业银行账户等违法违规行为的,要实施禁止新开户、暂停非柜面业务等惩戒措施,提高违法成本。 3. 健全跨部门信息共享机制,探索运用高科技手段,提升事中事后监管效能。
14	出口食品生产企业备案核准	直属海关、隶属海关	《中华人民共和国食品安全法》	取消许可,改为备案。海关要通过以下措施加强监管: 1. 健全出口食品生产企业备案制度,实现网上备案,方便企业办事。 2. 加强海关与市场监管等部门之间的信息共享,充分利用海关通关数据和相关部门数据对备案信息进行校验核查。 3. 做好与出口目的地国指定主管部门的衔接配合,通过"双随机、一公开"监管、信用监管等方式加强监管。

续表

序号	事项名称	审批部门	设定依据	加强事中事后监管措施
15	从事进出境动植物检疫处理业务的人员资格许可	直属海关、隶属海关	《中华人民共和国进出境动植物检疫法实施条例》	取消许可后,海关要通过以下措施加强监管: 1. 压实从事进出境动植物检疫处理业务单位的主体责任,由单位负责对从业人员进行培训和考核,确保从业人员掌握熏蒸、消毒技术规范和操作规程后方可上岗。 2. 严格执行有关法律法规和标准,对检疫处理过程加强监督和指导,并出具相关证书。 3. 依法实施信用监管,如实记录违法失信行为,实施差异化监管等措施,对发生严重违法行为的单位和人员实行行业禁入。
16	与强制性认证有关的检查机构指定	市场监管总局	《中华人民共和国认证认可条例》	取消许可后,市场监管总局要通过以下措施加强监管: 1. 完善与强制性认证有关的检查活动的标准和规范,落实认证机构主体责任,充分发挥其对检查活动的监督作用。 2. 通过投诉举报、日常监测、专项检查等方式,及时发现和纠正检查活动中的违法违规行为,依法追究法律责任。 3. 依法实施信用监管,如实记录违法失信行为,实施差异化监管等措施。
17	中央储备粮代储资格审批	国家粮食和储备局	《中央储备粮管理条例》	取消许可,改变管理方式,禁止中储粮集团公司直属企业以外的市场主体承储中央储备粮。粮食和储备部门要通过以下措施加强监管: 1. 对于已取得中央储备粮代储资格的企业,许可证到期后自动失效。 2. 开展"中央事权粮食政策执行和中央储备粮管理情况年度考核",做好年度库存检查,确保中央储备粮数量真实、质量达标、储存安全。 3. 开展"双随机、一公开"监管,利用信息化手段提升监管精准度和有效性,畅通投诉举报渠道,强化对中储粮集团公司及其直属企业的日常监管。发现违法违规行为要依法查处并向社会公开结果,发现涉嫌犯罪活动要及时移交有关机关处理。

续表

序号	事项名称	审批部门	设定依据	加强事中事后监管措施
18	林业质检机构资质认定	国家林草局	《中华人民共和国标准化法实施条例》	取消许可后,林草部门和市场监管部门要通过以下措施加强监管: 1. 市场监管总局规定或调整检验检测机构准入条件时,应征求国家林草局意见,体现林草部门关于林业质检机构的特别准入要求。新增或续期的林业质检机构直接向市场监管部门申请办理有关许可,市场监管部门审批时应征求同级林草部门意见。 2. 市场监管部门通过"双随机、一公开"监管、重点监管、信用监管等方式,对检验检测机构实施日常管理,发现违法违规行为要依法查处并向社会公开结果,涉及林业质检机构的还要及时推送至同级林草部门。 3. 林草部门依法委托有关检验检测机构从事检验检测活动,并对检验检测活动进行监管,指导有关检验检测机构提升业务能力和管理水平。发现违法违规行为要及时通报有关市场监管部门,有关市场监管部门应当依法查处。
19	林木种子质量检验机构资质认定	国家林草局、省级林草部门	《中华人民共和国种子法》	取消许可后,林草部门和市场监管部门要通过以下措施加强监管: 1. 市场监管总局规定或调整检验检测机构准入条件时,应征求国家林草局意见,体现林草部门关于林木种子质量检验机构的特别准入要求。新增或续期的林木种子质量检验机构直接向市场监管部门申请办理有关许可,市场监管部门审批时应征求同级林草部门意见。 2. 市场监管部门通过"双随机、一公开"监管、重点监管、信用监管等方式,对检验检测机构实施日常管理,发现违法违规行为要依法查处并向社会公开结果,涉及林木种子质量检验机构的还要及时推送至同级林草部门。

续表

序号	事项名称	审批部门	设定依据	加强事中事后监管措施
				3. 林草部门依法委托有关检验检测机构从事检验检测活动,并对检验检测活动进行监管,指导有关检验检测机构提升业务能力和管理水平。发现违法违规行为要及时通报有关市场监管部门,有关市场监管部门应当依法查处。
20	草种质量检验机构资质认定	省级林草部门	《中华人民共和国种子法》	取消许可后,林草部门和市场监管部门要通过以下措施加强监管: 1. 市场监管总局规定或调整检验检测机构准入条件时,要征求国家林草局意见,体现林草部门关于草种质量检验机构的特别准入要求。新增草种质量检验机构直接向市场监管部门申请办理有关许可,市场监管部门审批时应征求同级林草部门意见。 2. 市场监管部门通过"双随机、一公开"监管、重点监管、信用监管等方式,对检验检测机构实施日常管理,发现违法违规行为要依法查处并向社会公开结果,涉及草种质量检验机构的还要及时推送至同级林草部门。 3. 林草部门依法委托有关检验检测机构从事检验检测活动,并对检验检测活动进行监管,指导有关检验检测机构提升业务能力和管理水平。发现违法违规行为要及时通报有关市场监管部门,有关市场监管部门应当依法查处。
21	草种进出口经营许可证审核(初审)	省级林草部门	《中华人民共和国种子法》	取消初审后,林草部门要通过以下措施加强监管: 1. 国家林草局严格实施"草种进出口经营许可证核发",重新公布审批服务指南,推动实现网上办理,方便企业办事。 2. 开展"双随机、一公开"监管,督促草种进出口企业落实标签、档案、质量管理等制度,畅通投诉举报渠道,发现违法违规行为要依法查处并向社会公开结果。 3. 依法实施信用监管,如实记录违法失信行为,实施差异化监管等措施。

续表

序号	事项名称	审批部门	设定依据	加强事中事后监管措施
22	外国人进入国家级环境保护自然保护区审批	省级林草部门	《中华人民共和国自然保护区条例》	取消许可后，林草部门要通过以下措施加强监管： 1. 加强对国家级自然保护区的日常监管，指导国家级自然保护区管理机构对进入保护区的外国人加强管理。发现违法违规行为要依法查处并向社会公开结果，发现涉嫌犯罪活动要及时移交有关机关处理。 2. 严格实施猎捕野生动物、采伐或采集野生植物、出口野生动植物及其产品等方面的许可管理，防止资源流失。
23	外国人进入国家级海洋自然保护区审批	省级林草部门	《中华人民共和国自然保护区条例》	取消许可后，林草部门和有关单位要通过以下措施加强监管： 1. 加强对国家级自然保护区的日常监管，指导国家级自然保护区管理机构对进入保护区的外国人加强管理。发现外国人进入国家级海洋自然保护区从事违法违规活动的，由林草部门、中国海警局按职责分工依法查处并向社会公开结果，发现涉嫌犯罪活动要及时移交有关机关处理。 2. 严格实施猎捕野生动物、采伐或采集野生植物、出口野生动植物及其产品等方面的许可管理，防止资源流失。
24	外国人进入国家级渔业自然保护区审批	省级林草部门	《中华人民共和国自然保护区条例》	取消许可后，林草部门要通过以下措施加强监管： 1. 加强对国家级自然保护区的日常监管，指导国家级自然保护区管理机构对进入保护区的外国人加强管理。发现违法违规行为要依法查处并向社会公开结果，发现涉嫌犯罪活动要及时移交有关机关处理。 2. 严格实施猎捕野生动物、采伐或采集野生植物、出口野生动植物及其产品等方面的许可管理，防止资源流失。

续表

序号	事项名称	审批部门	设定依据	加强事中事后监管措施
25	在国家级自然保护区建立机构和修筑设施初审	省级林草部门	《森林和野生动物类型自然保护区管理办法》《在国家级自然保护区修筑设施审批管理暂行办法》（原国家林业局令第50号）	取消初审后，林草部门要通过以下措施加强监管： 1. 国家林草局严格实施“在国家级自然保护区建立机构和修筑设施审批”，推动实现网上办理，方便企业办事。 2. 国家林草局派出机构、省级林草部门、国家级自然保护区管理机构加大抽查、巡查力度，畅通投诉举报渠道，发现违法违规行为要依法查处并向社会公开结果。
26	非经营性通用航空登记核准	中国民航局	《国务院关于通用航空管理的暂行规定》	取消许可，改为备案。民航部门和有关部门要通过以下措施加强监管： 1. 建立健全非经营性通用航空备案制度。依法严格实施航空器适航管理和国籍登记、航空器驾驶员资质管理、航空电台执照管理、飞行计划管理、飞行过程监控管理等。健全安全监管体系，完善有关管理系统，推进低空飞行服务保障体系建设，加强跨部门信息共享。 2. 通过“双随机、一公开”监管、重点监管等方式加强监管，督促落实非经营性通用航空保险制度。加强民航部门与空管部门、公安机关的工作衔接，联合实施低空飞行安全监管，发现违法违规行为要依法查处并向社会公开结果。 3. 依法实施信用监管，如实记录违法失信行为，实施差异化监管、行业禁入等措施。
27	限额以下外商投资民航项目建议书和可行性研究报告审批	中国民航局	《国务院对确需保留的行政审批项目设定行政许可的决定》	取消许可后，民航部门和有关部门要通过以下措施加强监管： 1. 依法严格实施“规定权限内对新建、改建和扩建民用运输机场的审批和审核”、“民用机场使用许可证核发”、“公共航空运输企业经营许可”、“通用航空企业经营许可”等行政许可。

续表

序号	事项名称	审批部门	设定依据	加强事中事后监管措施
				2. 依法对影响或可能影响国家安全的外商投资项目进行外商投资安全审查，严格落实《外商投资准入特别管理措施（负面清单）》关于外商投资民用机场、公共航空运输公司、通用航空公司、机场塔台等的特别管理措施。
28	经营境内邮政通信业务审批	国家邮政局、省级邮政管理局	《国务院对确需保留的行政审批项目设定行政许可的决定》	取消许可后，邮政部门要通过以下措施加强监管： 1. 完善邮政企业委托第三方提供服务的管理制度，督促邮政企业落实主体责任，明确业务委托范围，保障邮件安全。 2. 对邮政企业委托的第三方企业开展"双随机、一公开"监管，畅通投诉举报渠道，发现违法违规行为要依法查处并向社会公开结果。 3. 依法实施信用监管，如实记录违法失信行为，发现严重违法行为要依法对有关企业和人员实行行业禁入。 4. 如将来需要批准中国邮政集团公司以外的企业经营境内邮政通信业务，由国家邮政局按照党中央、国务院决策部署办理，并提出修改完善有关法律规定的建议。
29	合格境外机构投资者投资额度、账户、资金汇出审批及外汇登记证核发	国家外汇局	《国务院对确需保留的行政审批项目设定行政许可的决定》	取消许可后，外汇部门要会同有关部门通过以下措施加强监管： 1. 优化宏观审慎管理，探索完善价格型宏观审慎管理手段，逆周期调控相关资金跨境流动。 2. 强化外汇登记和监管，实现境外机构投资者汇兑行为全过程留痕，加强资金跨境流动风险监测和预警，完善风险应对预案，防范异常跨境资金大规模集中流动风险。 3. 加强多部门协同配合的市场监测和管理，及时发现和处置跨市场异常交易行为，对情节严重的要依法采取限制账户交易、限制资金进出等措施。发现违法违规行为要依法查处并向社会公开结果。

附件2

国务院决定下放审批层级的行政许可事项目录

（共4项）

序号	事项名称	审批部门	设定依据	下放后审批部门	加强事中事后监管措施
1	出口国家重点保护的农业野生植物或进出口中国参加的国际公约限制进出口的农业野生植物审批	农业农村部	《中华人民共和国野生植物保护条例》	省级农业农村部门	下放后，取消省级农业农村部门负责实施的初审。农业农村部门要通过以下措施加强监管： 1. 省级农业农村部门严格实施许可，加强对出口国家重点保护的农业野生植物和进出口我国参加的国际公约限制进出口的农业野生植物的监管。农业农村部要加强对省级农业农村部门有关工作的指导和监督。 2. 加强跨部门、跨层级的信息共享，省级农业农村部门要及时将许可信息推送至农业农村部、国家林草局（国家濒危物种进出口管理机构）、海关等部门。 3. 通过“双随机、一公开”监管、信用监管等方式加大执法监督力度，发现违法违规行为要依法查处并向社会公开结果。
2	成品油零售经营资格审批	省级商务部门	《国务院对确需保留的行政审批项目设定行政许可的决定》	设区的市级人民政府指定部门	下放后，设区的市级人民政府指定部门（以下简称指定部门）要会同有关部门通过以下措施加强监管： 1. 指定部门严格落实成品油流通行业监管职责。要求成品油零售企业建立购销台账制度，完善油品来源、检验报告、检查记录等凭证

续表

序号	事项名称	审批部门	设定依据	下放后审批部门	加强事中事后监管措施
					材料档案。指定部门开展“双随机、一公开”监管，重点检查企业台账制度建立执行情况，发现违法违规行为依法处理或者提请有关部门予以查处。结合企业诚信经营和风险状况依法实施差异化监管。支持行业协会发挥行业自律作用。 2. 地方政府严格落实属地监管职责。设区的市级人民政府要建立跨部门联合监管机制，按照综合行政执法改革精神，统筹配置行政处罚职能和执法资源，加强协同监管。建立投诉举报制度，定期组织开展对成品油零售企业的专项检查，发现违法违规行为由各有关部门按职责依法依规查处。建立企业信用记录并纳入全国信用信息共享平台，对违法失信企业依法实施失信惩戒。 3. 相关部门严格落实专项监管职责。从事成品油零售经营活动的企业必须符合自然资源、规划、建设、质量计量、环保、安全生产、消防、治安反恐、商务、税务、交通运输、气象等方面法律法规和标准要求，依法依规开展经营。公安、自然资源、生态环境、住房城乡建设、交通运输、商务、应急管理、税务、市场监管、能源等部门按职责依法依规加强监管，承担安全生产监管责任的部门切实履行监管责任、守牢安全底线。

续表

序号	事项名称	审批部门	设定依据	下放后审批部门	加强事中事后监管措施
					4. 加强成品油零售行业监管信息共享运用。市场监管部门要及时将新登记经营范围涉及成品油零售的企业信息推送至有关主管部门。商务部门要将改革前已取得相应许可的成品油零售企业信息推送至有关主管部门。指定部门要将行业监管中发现的超经营范围经营企业信息或者无照经营信息及时推送至有关主管部门。各有关主管部门要充分运用共享的监管信息,有针对性地加强监管执法。
3	县级广播电台、电视台变更台名、节目设置范围或节目套数审批	广电总局	《广播电视管理条例》	省级广电部门	下放后,广电部门要通过以下措施加强监管: 1. 省级广电部门在规定时限内将审批情况推送至广电总局,并向社会公示辖区内县级广播电台、电视台频道开办情况。广电总局要加强对省级广电部门的工作指导和监督。 2. 完善技术监管措施,对广播电台、电视台节目播出情况进行实时监管,制定应急预案并及时处理突发事件。 3. 通过“双随机、一公开”监管、信用监管等方式,加大执法监督力度,发现违法违规行为要依法查处并向社会公开结果。

续表

序号	事项名称	审批部门	设定依据	下放后审批部门	加强事中事后监管措施
4	设区的市、县级地方新闻单位的信息网络传播视听节目许可证核发	广电总局	《国务院对确需保留的行政审批项目设定行政许可的决定》	省级广电部门	下放后,广电部门要通过以下措施加强监管: 1. 建立健全审批情况信息共享、节目报备和重大事项报告等制度,将设区的市、县级地方新闻单位播出的网络视听节目纳入网络视听节目管理系统。 2. 指导督促新闻单位建立健全总编辑负责、节目播前审查、重要节目播出管理等制度。将有关节目纳入各级广播电视和网络视听监测监管平台,加强内容监管。发现违反规定造成重大事故的要严肃处理。

国务院办公厅关于加快推进政务服务"跨省通办"的指导意见

(2020年9月24日　国办发〔2020〕35号)

推进政务服务"跨省通办",是转变政府职能、提升政务服务能力的重要途径,是畅通国民经济循环、促进要素自由流动的重要支撑,对于提升国家治理体系和治理能力现代化水平具有重要作用。近年来,党中央、国务院陆续出台审批服务便民化、"互联网+政务服务"、优化营商环境等一系列政策文件,全国一体化政务服务平台初步建成并发挥作用,政务服务"一网通办"深入推进,各地区各部门积极开展政务服务改革探索和创新实践,政务服务便捷度和群众获得感显著提升。但企业(包括个体工商户、农民专业合作社,下同)和群众异地办事仍面临不少堵点难点问题,“多地跑”、“折返跑”等现象仍然存在。为深化“放管服”改革,进一步优化政务服务,经国务院同意,现就加快推进政务服务“跨省通办”提出以下意见。

一、总体要求

(一)指导思想。

以习近平新时代中国特色社会主义思想为指导,全面贯彻落实党的十九大和十九届二中、三中、四中全会精神,按照党中央、国务院决策部署,坚持以人民为中心的发展思想,坚持新发展理念,适应统筹推进疫情防控和经济社会发展形势要求,有效服务人口流动、生产要素自由流动和产业链高效协同,纵深推进“放管服”改革,优化政务服务,完善事中事后监管,加快推动政务服务从政府部门供给导向向企业和群众需求导向转变,依托全国一体化政务服务平台和各级政务服务机构,着力打通业务链条和数据共享堵点,推动更多政务服务事项“跨省通办”,为建设人民满意的服务型政府提供有力保障。

(二)基本原则。

坚持需求导向。聚焦企业和群众普遍关切的异地办事事项,围绕保障改善民生、促进就业创业和便利企业跨地区生产经营,促进政务服务供给与企业、群众需求有效对接,推动政务服务绩效由企业和群众评判。

坚持改革创新。紧扣政务服务“跨省通办”全环节,创新工作理念和制度机制,充分运用大数据、人工智能、区块链等新技术手段,优化再造业务流程,强化业务协同,打破地域阻隔和部门壁垒,促进条块联通和上下联动。

坚持便民高效。优化服务方式,丰富办事渠道,大力推进政务服务“跨省通办”减时间、减环节、减材料、减跑动,实现企业和群众异地办事“马上办、网上办、就近办、一地办”。

坚持依法监管。加强政务服务“跨省通办”业务流程改革后的事中事后监管,防止出现监管真空,推行“互联网+监管”和信用监管,确保事有人管、责有人负,实现无缝衔接,对失信和欺诈行为“零容忍”,保障市场主体公平参与市场竞争,切实维护人民群众合法权益。

(三)工作目标。

从高频政务服务事项入手,2020 年底前实现第一批事项“跨省通办”，2021年底前基本实现高频政务服务事项“跨省通办”，同步建立清单化管理制度和更新机制，逐步纳入其他办事事项，有效满足各类市场主体和广大人民群众异地办事需求。

二、重点任务

（一）聚焦保障改善民生，推动个人服务高频事项“跨省通办”。围绕教育、就业、社保、医疗、养老、居住、婚育、出行等与群众生活密切相关的异地办事需求，推动社会保障卡申领、异地就医登记备案和结算、养老保险关系转移接续、户口迁移、住房公积金转移接续、就业创业、婚姻登记、生育登记等事项加快实现“跨省通办”，便利群众异地办事，提升人民群众获得感。

（二）聚焦助力惠企利企，推动企业生产经营高频事项“跨省通办”。围绕生产要素自由流动、企业跨地区生产经营、产业链供应链协同和建立全国统一大市场，推动企业等各类市场主体登记注册和涉企经营许可等事项“跨省通办”，简化优化各类跨地区投资项目审批、工程建设项目审批等流程手续，方便企业开展生产经营活动，提升跨区域政务服务水平，激发市场主体活力。

（三）鼓励区域“跨省通办”先行探索和“省内通办”拓展深化。在全国高频政务服务“跨省通办”事项清单基础上，支持京津冀、粤港澳大湾区、长三角、成渝等地区，进一步拓展“跨省通办”范围和深度，为区域协调发展提供支撑保障。支持劳动力输出输入、东西部协作等省区市点对点开展“跨省通办”。支持各地区拓展深化，推动更多政务服务事项“省内通办”。有关行业主管部门要加强对本行业承担公共服务职能企事业单位的指导、监督，鼓励将有需求、有条件的服务事项纳入“跨省通办”范围。

三、优化政务服务“跨省通办”业务模式

（一）深化“全程网办”。除法律法规规定必须到现场办理的事项外，按照“应上尽上”的原则，政务服务事项全部纳入全国一体化政务服务平台，提供申请受理、审查决定、颁证送达等全流程全环节网上服务，实现申请人“单点登录、全国漫游、无感切换”，由业务属地为申请人远程办理。进一步改革制约全流程网上办理的规章制度和业务流程，不得强制要求申请人到现场办理。政府部门核发的证照批文，能通过数据共享查询、核验的，不再要求申请人到现场核验原件。

（二）拓展“异地代收代办”。对法律法规明确要求必须到现场办理的政务服务事项，在不改变各省区市原有办理事权的基础上，通过“收受分离”模式，打破事项办理的属地化管理限制，申请人可在政务服务大厅设置的“跨省通办”窗口提交申请材料，窗口收件后对申请材料进行形式审查、身份核验，通过邮件寄递至业务属地部门完成办理，业务属地部门寄递纸质结果或网络送达办理结果。同步建立异地收件、问题处理、监督管理、责任追溯机制，明确收件地和办理地的工作职责、业务流转程序等，确保收件、办理两地权责清晰、高效协同。支持各地进一步深化“异地受理、无差别办理”服务。

（三）优化“多地联办”。对需要申请人分别到不同地方现场办理的政务服务事项，减少申请人办理手续和跑动次数，改革原有业务规则，整合申请人多地办理流程，改由一地受理申请、各地政府部门内部协同，申请材料和档案材料通过全国一体化政务服务平台共享，实现申请人只需到一地即可完成办理。建立多地协同办理工作机制，明确办理流程和责任。

四、加强政务服务“跨省通办”服务支撑

（一）加强全国一体化政务服务平台“跨省通办”服务能力。在国家政务服务平台建设全国“跨省通办”专区，作为全国“跨省通办”服务总入口，建立个人和企业专属空间，精准推送“跨省通办”服务。充分发挥全国一体化政务服务平台公共入口、公共通道、公共支撑作用，完善统一身份认证、电子证照、电子印章等支撑能力，推动高频电子证照标准化和跨区域互认共享。国务院各部门要按照全国一体化政务服务平台统一标准和要求，建设完善“跨省通办”相关业务系统，与国家政务服务平台全面对接、深度融合，并通过全国一体化政务服务平台，加快推动本部门垂直业务系统与地方政务服务平台互联互通、协同办理，面向各级政府部门提供跨区域查询和在线核验服务。进一步加强市县政务服务平台建设，加快实现网上政务服务省、市、县、乡镇（街道）、村（社区）五级全覆盖，提升基层在线服务能力。加强全国一体化政务服务平台移动端建设和应用，推动“跨省通办”事项“掌上办”、“指尖办”。

（二）提升“跨省通办”数据共享支撑能力。建立权威高效的数据共享协调机制，明确数据共享供需对接、规范使用、争议处理、安全管理、监督考核、技术支撑等制度流程,满足"跨省通办"数据需求。除现行法律法规另有规定或涉及国家秘密和安全等外,一律面向各级政府部门提供履行职责需要的数据共享服务。依托全国一体化政务服务平台统一受理"跨省通办"数据共享需求并提供服务,加强数据共享运行监测,提升数据质量和协同效率,保障数据的及时性、准确性和安全性。结合推进政务服务"跨省通办",将更多直接关系企业和群众办事、应用频次高的数据纳入共享范围,依法有序推进政务数据向公证处等公共服务机构共享。

(三)统一"跨省通办"业务规则和标准。各地区各部门要按照"应减尽减"的原则,优化调整"跨省通办"事项业务规则,明确申请条件、申报方式、受理模式、审核程序、办理时限、发证方式、收费标准等内容,统一办理流程和办事指南。提升政务服务事项标准化程度,基于国家政务服务平台政务服务事项基本目录,持续推进名称、编码、依据、类型等基本要素"四级四同",完善业务分类、办理层级、前置环节等业务要素,推动事项办理规范化运行,实现同一事项在不同地域无差别受理、同标准办理。

(四)加强政务服务机构"跨省通办"能力建设。强化政务服务机构"跨省通办"管理和服务功能,优化政务服务资源配置,原则上县级以上政务服务大厅要设置"跨省通办"窗口、政务服务平台要按照全国一体化政务服务平台相关标准规范设置"跨省通办"专区,配备相应的设备和人员,有条件的地方可延伸到乡镇(街道)、村(社区)和园区。加强政务服务队伍建设,开展窗口人员"跨省通办"业务培训,提高"跨省通办"服务能力和水平。为"跨省通办"提供便利快捷的物流和支付渠道。依托全国一体化政务服务平台,推动政务服务大厅和政务服务平台对接融合,为企业和群众提供线上线下多样化办事渠道,满足不同群体的差异化需求。

五、保障措施

(一)加强组织领导和统筹协调。国务院办公厅负责全国政务服务"跨省通办"的统筹协调,组织编制并发布全国高频政务服务"跨省通办"事项清单,建立工作台账,明确责任单位、时间表、路线图,协调解决有关重大问题。各地区各部门要高度重视,切实加强组织领导,层层压实责任,强化经费保障,在推进政务服务"跨省通办"的同时,加快实现相关高频政务服务事项“省内通办”，确保改革任务尽快落地见效。国务院各部门要按照职责分工，加大对主管行业领域政务服务“跨省通办”的政策、业务、系统、数据支持力度，加强部门间协同配合。

（二）加强法治保障和政策支持。聚焦政务服务“跨省通办”流程优化再造面临的政策制度障碍，及时清理和修改完善与政务服务“跨省通办”中“全程网办”、“异地代收代办”、“多地联办”等不相适应的有关法规规章和规范性文件，细化制定相关配套政策和规则标准。针对政务服务“跨省通办”后可能出现的新情况新问题，及时调整完善监管政策。数据共享要注重保护国家秘密、商业秘密和个人隐私，防止滥用或泄露。

（三）加强督促指导和服务评价。国务院办公厅加强对各地区各部门政务服务“跨省通办”工作的跟踪督促和业务指导，及时推动优化调整相关政策。对改革措施不到位、工作落实不到位、企业和群众反映问题仍然突出的，给予通报批评等处理。推进政务服务“跨省通办”的“好差评”工作，完善评价规则，加强评价结果运用，改进提升政务服务质量。

（四）加强宣传推广和解读引导。各地区各部门要统筹政务服务与政务公开，及时公开政务服务“跨省通办”工作进展及成效。中国政府网、各地区各部门政府网站及政务新媒体要做好有关政策汇聚、宣传解读、服务推广和精准推送。要通过全国一体化政务服务平台“好差评”系统、各级政府门户网站、“12345”热线等倾听收集企业和群众意见建议，及时解决突出问题。

各地区各部门要根据本意见抓紧制定具体工作方案，明确责任单位和进度安排，加强衔接配合，认真抓好落实。有关情况及时报送国务院办公厅。

附件：全国高频政务服务“跨省通办”事项清单

附件

全国高频政务服务“跨省通办”事项清单
（共 140 项）

一、2020 年底前实现“跨省通办”的事项（58 项）

序号	“跨省通办”事项	应用场景	牵头单位	配合单位
1	学历公证	申请人可异地申请博士研究生、硕士研究生、大学本科、大学专科学历公证，不受户籍地或学校所在地限制。	司法部	教育部
2	学位公证	申请人可异地申请博士、硕士、学士学位公证，不受户籍地或学校所在地限制。	司法部	教育部
3	机动车驾驶证公证	申请人可异地申请机动车驾驶证公证，不受户籍地或驾驶证领取地限制。	司法部	公安部
4	应届毕业生法律职业资格认定（享受放宽条件政策的除外）	申请人可选择在居住地、户籍地或工作地申请授予法律职业资格，不受考试报名地限制。	司法部	
5	失业登记	申请人可在居住地、工作地、参保地或户籍地申请失业登记，不受地域限制。	人力资源社会保障部	
6	社会保险个人权益记录单查询打印（养老保险、工伤保险、失业保险等）	申请人可异地查询、打印本人名下各地、各年度社会保险个人权益记录单，不受地域限制。	人力资源社会保障部	
7	企业职工基本养老保险关系转移接续	申请人可向转入地申请，转入地与转出地协同办理企业职工基本养老保险关系转移接续，申请人不再需要到转出地办理（不符合转出条件的除外）。	人力资源社会保障部	

续表

序号	“跨省通办”事项	应用场景	牵头单位	配合单位
8	城乡居民基本养老保险关系转移接续	申请人可向转入地申请，转入地与转出地协同办理城乡居民基本养老保险关系转移接续，申请人不再需要到转出地办理（不符合转出条件的除外）。	人力资源社会保障部	
9	机关事业单位基本养老保险关系转移接续（含职业年金）	申请人可向转入地申请，转入地与转出地协同办理机关事业单位基本养老保险关系转移接续（含职业年金），申请人不再需要到转出地办理（不符合转出条件的除外）。	人力资源社会保障部	
10	机关事业单位基本养老保险与企业职工基本养老保险互转	申请人可向转入地申请，转入地与转出地协同办理机关事业单位基本养老保险与企业职工基本养老保险互转，申请人不再需要到转出地办理（不符合转出条件的除外）。	人力资源社会保障部	
11	企业职工基本养老保险与城乡居民基本养老保险互转	申请人可向转入地申请，转入地与转出地协同办理企业职工基本养老保险与城乡居民基本养老保险互转，申请人不再需要到转出地办理（不符合转出条件的除外）。	人力资源社会保障部	
12	退役军人养老保险关系转移接续	申请人可向转入地申请，转入地与军队经办机构协同办理退役军人养老保险关系转移接续。	人力资源社会保障部	
13	领取养老金人员待遇资格认证	领取养老金的申请人，可异地自助办理领取待遇资格认证，不受地域限制。	人力资源社会保障部	
14	养老保险供养亲属领取待遇资格认证	申请人属于养老保险供养亲属的，可异地自助办理领取待遇资格认证（生存认证），不受地域限制。	人力资源社会保障部	
15	电子社会保障卡申领	申请人可网上申领电子社会保障卡，不受发卡地限制。	人力资源社会保障部	
16	失业保险金申领	申请人可异地申领失业保险金，不受地域限制。	人力资源社会保障部	

续表

序号	“跨省通办”事项	应用场景	牵头单位	配合单位
17	就业创业证查询、核验	申请人可异地查询或核验本人就业创业证信息，不受地域限制。	人力资源社会保障部	
18	技工院校毕业证书查询、核验	申请人可异地查询或核验本人技工院校毕业证书信息，不受地域限制。	人力资源社会保障部	
19	技能人员职业资格证书查询、核验	申请人可异地查询或核验本人技能人员职业资格证书信息，不受地域限制。	人力资源社会保障部	
20	专业技术人员职业资格证书查询、核验	申请人可异地查询或核验本人专业技术人员职业资格证书信息，不受地域限制。	人力资源社会保障部	
21	商品房预售、抵押涉及的不动产预告登记（省会城市及计划单列市）	申请人可异地网上申请商品房预售、抵押涉及的不动产预告登记，不受商品房所在地限制。	自然资源部	公安部、民政部、国家卫生健康委、市场监管总局
22	不动产登记资料查询（省会城市及计划单列市）	申请人可异地网上查询不动产登记资料，不受不动产登记地限制。	自然资源部	最高人民法院、公安部、民政部、司法部、国家卫生健康委、市场监管总局
23	不动产抵押登记（省会城市及计划单列市）	申请人可异地网上申请不动产抵押登记，不受不动产登记地限制。	自然资源部	公安部、民政部、国家卫生健康委、市场监管总局
24	排污许可	申请人可异地网上提交申请材料，由排污企业所在地生态环境部门审核并发证。	生态环境部	

续表

序号	“跨省通办”事项	应用场景	牵头单位	配合单位
25	个人住房公积金缴存贷款等信息查询	申请人可异地查询个人住房公积金缴存贷款等信息，不受住房公积金缴存地限制。	住房城乡建设部	
26	出具贷款职工住房公积金缴存使用证明	申请人在非住房公积金缴存地贷款购房，可向购房地住房公积金管理中心申请出具贷款职工住房公积金缴存使用证明，不受住房公积金缴存地限制。	住房城乡建设部	
27	正常退休提取住房公积金	申请人正常退休，可异地提取住房公积金，不受住房公积金缴存地限制。	住房城乡建设部	公安部、人力资源社会保障部
28	小型非营运二手车交易登记	申请人异地交易小型非营运二手车，车辆转入地可为小型非营运二手车交易开具发票并办理转移登记手续。	商务部	公安部、税务总局
29	义诊活动备案	申请人可异地网上提交义诊活动备案申请，不受义诊组织所在地限制。	国家卫生健康委	
30	消毒产品卫生安全评价报告备案	申请人可异地网上申请消毒产品卫生安全评价报告备案，不受企业所在地限制。	国家卫生健康委	
31	内资企业及分支机构设立登记	申请人可异地网上申请内资企业及分支机构设立登记，不受企业住所地限制。	市场监管总局	
32	内资企业及分支机构变更登记	申请人可异地网上申请内资企业及分支机构变更登记，不受企业登记地限制。	市场监管总局	
33	内资企业及分支机构注销登记	申请人可异地网上申请内资企业及分支机构注销登记，不受企业登记地限制。	市场监管总局	
34	外资企业及分支机构设立登记	申请人可异地网上申请外资企业及分支机构设立登记，不受企业住所地限制。	市场监管总局	商务部
35	外资企业及分支机构变更登记	申请人可异地网上申请外资企业及分支机构变更登记，不受企业登记地限制。	市场监管总局	商务部
36	外资企业及分支机构注销登记	申请人可异地网上申请外资企业及分支机构注销登记，不受企业登记地限制。	市场监管总局	商务部

续表

序号	“跨省通办”事项	应用场景	牵头单位	配合单位
37	个体工商户设立登记	申请人可异地网上申请个体工商户设立登记，不受住所地限制。	市场监管总局	
38	个体工商户变更登记	申请人可异地网上申请个体工商户变更登记，不受登记地限制。	市场监管总局	
39	个体工商户注销登记	申请人可异地网上申请个体工商户注销登记，不受登记地限制。	市场监管总局	
40	农民专业合作社设立登记	申请人可异地网上申请农民专业合作社设立登记，不受住所地限制。	市场监管总局	
41	农民专业合作社变更登记	申请人可异地网上申请农民专业合作社变更登记，不受登记地限制。	市场监管总局	
42	农民专业合作社注销登记	申请人可异地网上申请农民专业合作社注销登记，不受登记地限制。	市场监管总局	
43	营业执照遗失补领、换发	申请人营业执照遗失的，可异地网上申请补领、换发，不受登记地限制。	市场监管总局	
44	特种设备检验、检测人员资格认定	申请人可异地申请特种设备检验、检测人员资格认定，不受地域限制。	市场监管总局	
45	国产保健食品备案	申请人可异地申请国产保健食品备案，不受企业所在地限制。	市场监管总局	
46	特种设备检验检测机构核准	申请人可异地向规定的许可机关申请特种设备检验检测机构核准，不受所在地限制。	市场监管总局	
47	特种设备生产单位许可	申请人可异地向规定的许可机关申请特种设备生产单位许可，不受所在地限制。	市场监管总局	
48	医保电子凭证申领	申请人可网上申领医保电子凭证，不受地域限制。	国家医保局	
49	航空安全员资格认定	申请人可异地申请办理航空安全员执照，不受提交申请地点限制。	中国民航局	
50	申请撤销提供邮政普遍服务的邮政营业场所	申请人可异地申请撤销提供邮政普遍服务的邮政营业场所，不受提交申请地点限制，不影响法定经营地域。	国家邮政局	

续表

序号	“跨省通办”事项	应用场景	牵头单位	配合单位
51	邮政企业申请停止办理或者限制办理邮政普遍服务和邮政特殊服务业务审批	申请人可异地申请停止办理或者限制办理邮政普遍服务业务、邮政特殊服务业务，不受提交申请地点限制，不影响法定经营地域。	国家邮政局	
52	快递业务经营许可	申请人可异地申请经营快递业务，不受提交申请地点限制，不影响法定经营地域。	国家邮政局	
53	国产药品再注册	申请人可异地向注册地省级药品监管部门申请办理国产药品再注册，不受所在地限制。	国家药监局	
54	不涉及技术内容的国产药品变更备案	申请人可异地向注册地省级药品监管部门申请不涉及技术内容的国产药品变更备案，不受所在地限制。	国家药监局	
55	执业药师注册	申请人可异地向注册地管理机构申请执业药师注册，不受所在地限制。	国家药监局	人力资源社会保障部
56	执业药师延续注册	申请人可异地向注册地管理机构申请执业药师延续注册，不受所在地限制。	国家药监局	人力资源社会保障部
57	执业药师变更注册	申请人可异地向注册地管理机构申请执业药师变更注册，不受所在地限制。	国家药监局	人力资源社会保障部
58	执业药师注销注册	申请人可异地向注册地管理机构申请执业药师注销注册，不受所在地限制。	国家药监局	人力资源社会保障部

二、2021年底前实现“跨省通办”的事项（74项）

序号	“跨省通办”事项	应用场景	牵头单位	配合单位
1	开具有无犯罪记录证明	申请人可异地申请开具有无犯罪记录证明，不受户籍地限制。	公安部	
2	开具户籍类证明	因家庭矛盾等原因无法取得居民户口簿的，申请人可异地申请开具户籍类证明，由户籍地公安部门开具相关证明，不受户籍地限制。	公安部	
3	工作调动户口迁移	申请人因工作调动需要迁移户口的，只需在迁入地申请，迁入地和迁出地公安部门协同办理户口迁移，申请人不再需要到转出地办理相关手续。	公安部	教育部、人力资源社会保障部
4	大中专院校录取学生户口迁移	申请人因大中专院校录取需要迁移户口的，只需在迁入地申请，迁入地和迁出地公安部门协同办理户口迁移，申请人不再需要到转出地办理相关手续。	公安部	教育部、人力资源社会保障部
5	大中专学生毕业户口迁移	申请人因大中专毕业后需要迁移户口的，只需在迁入地申请，迁入地和迁出地公安部门协同办理户口迁移，申请人不再需要到转出地办理相关手续。	公安部	教育部、人力资源社会保障部
6	夫妻投靠户口迁移	申请人因投靠配偶需要迁移户口的，只需在迁入地申请，迁入地和迁出地公安部门协同办理户口迁移，申请人不再需要到转出地办理相关手续。	公安部	民政部
7	父母投靠子女户口迁移	申请人因投靠子女需要迁移户口的，只需在迁入地申请，迁入地和迁出地公安部门协同办理户口迁移，申请人不再需要到转出地办理相关手续。	公安部	民政部
8	孤儿救助资格认定	申请人可异地申请孤儿救助资格认定，不受户籍地限制。	民政部	
9	事实无人抚养儿童认定	申请人可异地申请事实无人抚养儿童认定，不受户籍地限制。	民政部	

续表

序号	“跨省通办”事项	应用场景	牵头单位	配合单位
10	困难残疾人生活补贴和重度残疾人护理补贴资格认定	申请人可异地申请困难残疾人生活补贴和重度残疾人护理补贴资格认定，不受户籍地限制。	民政部	中国残联
11	法律职业资格认定(享受放宽条件政策的除外)	申请人可选择在居住地、户籍地或工作地申请授予法律职业资格，不受考试报名地限制。	司法部	
12	纳税状况公证	申请人可异地申请办理纳税状况公证，不受缴税地限制。	司法部	税务总局
13	职业年金个人权益记录单查询打印	申请人可异地查询、打印职业年金个人权益记录单，不受地域限制。	人力资源社会保障部	
14	个人社保参保证明查询打印	申请人可异地查询、打印个人社保参保证明信息，不受地域限制。	人力资源社会保障部	
15	单位社保参保证明查询打印	申请人可异地查询、打印单位社保参保证明信息，不受地域限制。	人力资源社会保障部	
16	失业保险关系转移接续	申请人可向转入地申请，转入地与转出地经办机构协同办理失业保险关系转移接续，申请人不再需要到转出地办理(不符合转出条件的除外)。	人力资源社会保障部	
17	领取一级至四级伤残职工工伤保险长期待遇资格认证	申请人可异地自助办理一级至四级伤残职工工伤保险长期待遇资格认证(生存认证)，不受地域限制。	人力资源社会保障部	
18	领取因工死亡职工供养亲属待遇资格认证	申请人可异地自助办理因工死亡职工供养亲属待遇资格认证(生存认证)，不受地域限制。	人力资源社会保障部	
19	工伤事故备案	申请人异地发生工伤事故后，可异地向参保地社保经办机构及时报告工伤事故情况，不受地域限制。	人力资源社会保障部	

续表

序号	“跨省通办”事项	应用场景	牵头单位	配合单位
20	工伤异地居住(就医)申请	申请人需要在异地就医的,可申请工伤异地居住(就医)备案,不再需要到参保地办理。	人力资源社会保障部	国家医保局
21	社会保障卡申领	申请人可异地申领社会保障卡,不受发卡地限制。	人力资源社会保障部	
22	社会保障卡启用	申请人可异地启用社会保障卡社会保障功能,不受发卡地限制。	人力资源社会保障部	
23	社会保障卡补领、换领、换发	申请人可异地申请社会保障卡补领、换领、换发,不受发卡地限制。	人力资源社会保障部	
24	社会保障卡临时挂失	申请人可异地办理社会保障卡临时挂失,不受发卡地限制。	人力资源社会保障部	
25	职业技能等级证书查询、核验	申请人可异地查询或核验本人职业技能等级证书信息,不受地域限制。	人力资源社会保障部	
26	流动人员人事档案接收、转递	申请人可向人事档案转入地申请,转入地与转出地协同办理流动人员人事档案接收、转递,申请人不再需要到转出地办理相关手续。	人力资源社会保障部	
27	商品房预售、抵押涉及的不动产预告登记	申请人可异地网上申请商品房预售、抵押涉及的不动产预告登记,不受商品房所在地限制。	自然资源部	公安部、民政部、国家卫生健康委、市场监管总局
28	不动产登记资料查询	申请人可异地网上查询不动产登记资料,不受不动产登记地限制。	自然资源部	最高人民法院、公安部、民政部、司法部、国家卫生健康委、市场监管总局

续表

序号	“跨省通办”事项	应用场景	牵头单位	配合单位
29	不动产抵押登记	申请人可异地网上申请不动产抵押登记，不受不动产登记地限制。	自然资源部	公安部、民政部、国家卫生健康委、市场监管总局
30	测绘作业证办理	申请人可异地申请办理测绘作业证，不受测绘作业地限制。	自然资源部	
31	新设探矿权登记	申请人可异地申请新设探矿权登记，不受地域限制。	自然资源部	
32	探矿权保留登记	申请人可异地申请探矿权保留登记，不受地域限制。	自然资源部	
33	探矿权延续登记	申请人可异地申请探矿权延续登记，不受地域限制。	自然资源部	
34	探矿权变更登记	申请人可异地申请探矿权变更登记，不受地域限制。	自然资源部	
35	探矿权注销登记	申请人可异地申请探矿权注销登记，不受地域限制。	自然资源部	
36	新设采矿权登记	申请人可异地申请新设采矿权登记，不受地域限制。	自然资源部	
37	采矿权变更登记	申请人可异地申请采矿权变更登记，不受地域限制。	自然资源部	
38	采矿权抵押备案	申请人可异地申请采矿权抵押备案，不受地域限制。	自然资源部	
39	采矿权延续登记	申请人可异地申请采矿权延续登记，不受地域限制。	自然资源部	
40	采矿权注销登记	申请人可异地申请采矿权注销登记，不受地域限制。	自然资源部	
41	测绘成果目录汇交	汇交人可网上汇交测绘成果目录，不受地域限制。	自然资源部	
42	建立相对独立平面坐标系统审批	申请人可异地申请建立相对独立平面坐标系统审批，不受地域限制。	自然资源部	

续表

序号	“跨省通办”事项	应用场景	牵头单位	配合单位
43	住房公积金单位登记开户	申请人可异地向注册地住房公积金管理中心申请住房公积金单位登记开户，不受地域限制。	住房城乡建设部	公安部、人力资源社会保障部、市场监管总局
44	住房公积金单位及个人缴存信息变更	申请人可异地向缴存地住房公积金管理中心申请变更单位及个人住房公积金缴存信息，不受地域限制。	住房城乡建设部	公安部、人力资源社会保障部、市场监管总局
45	购房提取住房公积金	申请人在非缴存地购房的，可向购房地住房公积金管理中心提出申请，从缴存地住房公积金管理中心提取住房公积金。	住房城乡建设部	公安部、民政部、人力资源社会保障部、自然资源部、税务总局、中国人民银行
46	开具住房公积金个人住房贷款全部还清证明	申请人可异地向贷款地住房公积金管理中心申请开具住房公积金个人住房贷款全部还清证明，不受地域限制。	住房城乡建设部	
47	提前还清住房公积金贷款	申请人可异地向贷款地住房公积金管理中心申请提前还清住房公积金贷款，不受地域限制。	住房城乡建设部	
48	道路客运驾驶员从业资格证换证	申请人可异地申请道路客运驾驶员从业资格证换证，不受地域限制。	交通运输部	
49	生育登记（一孩/二孩）	申请人可异地网上申请生育登记（一孩/二孩），不受户籍地限制。	国家卫生健康委	
50	再生育审批（三孩及以上）	申请人可异地网上申请再生育审批（三孩及以上），不受户籍地限制（西藏的完成时间可适当延后）。	国家卫生健康委	

续表

序号	“跨省通办”事项	应用场景	牵头单位	配合单位
51	医疗广告审查	申请人可异地网上申请发布医疗广告，不受企业所在地限制。	国家卫生健康委	
52	工业产品生产许可证发证	申请人可异地申请工业产品生产许可证，不受企业所在地限制。	市场监管总局	
53	工业产品生产许可证注销	申请人可异地申请工业产品生产许可证注销，不受企业所在地限制。	市场监管总局	
54	保健食品广告审查	申请人可异地网上申请保健食品广告审查，不受申请人所在地限制。	市场监管总局	
55	特殊医学用途配方食品广告审查	申请人可异地网上申请特殊医学用途配方食品广告审查，不受申请人所在地限制。	市场监管总局	
56	计量器具型式批准（国产计量器具）	申请人可异地申请计量器具型式批准（国产计量器具），不受企业所在地限制。	市场监管总局	
57	医疗器械广告审查	申请人可异地网上申请医疗器械广告审查，不受申请人所在地限制。	市场监管总局	
58	基本医疗保险参保信息变更	申请人可异地申请变更基本医疗保险参保信息，不受参保地限制。	国家医保局	公安部、民政部、人力资源社会保障部、税务总局
59	城乡居民基本医疗保险参保登记	申请人可异地申请城乡居民基本医疗保险参保登记，不受参保地限制。	国家医保局	公安部、民政部、人力资源社会保障部、税务总局
60	基本医疗保险关系转移接续	申请人可在转入地申请，转入地与转出地经办机构协同办理基本医疗保险关系转移接续，申请人不再需要到转出地办理相关手续。	国家医保局	公安部、人力资源社会保障部、税务总局
61	异地就医结算备案	申请人可跨省申请异地就医结算备案，不受参保地限制。	国家医保局	公安部

续表

序号	“跨省通办”事项	应用场景	牵头单位	配合单位
62	门诊费用跨省直接结算	申请人在异地门诊就医时可凭社会保障卡、身份证或医保电子凭证直接结算医疗费用。	国家医保局	
63	医保定点医疗机构基础信息变更	申请人可异地申请医保定点医疗机构基础信息变更,不受医保定点医疗机构所在地限制。	国家医保局	国家卫生健康委、国家药监局
64	非《进出口野生动植物种商品目录》物种证明核发	申请人可异地申请非《进出口野生动植物种商品目录》物种证明核发,不受地域限制。	国家林草局	海关总署
65	经营邮政通信业务审批	申请人可异地申请办理经营邮政通信业务审批,不受提交申请地点限制,不影响法定经营地域。	国家邮政局	
66	仿印邮票图案及其制品审批	申请人因工作需要,可异地申请办理仿印邮票图案及其制品审批,不受提交申请地点限制。	国家邮政局	
67	申请停止使用邮资凭证审批	申请人可异地申请办理停止使用邮资凭证审批,不受提交申请地点限制。	国家邮政局	
68	残疾人证新办	申请人可异地申请新办残疾人证,不受户籍地限制。	中国残联	公安部、国家卫生健康委
69	残疾人证换领	申请人可异地申请换领残疾人证,不受户籍地限制。	中国残联	公安部
70	残疾人证迁移	申请人可异地申请迁移残疾人证,不受户籍地限制。	中国残联	公安部
71	残疾人证挂失补办	申请人可异地申请挂失补办残疾人证,不受户籍地限制。	中国残联	公安部
72	残疾人证注销	申请人可异地申请注销残疾人证,不受户籍地限制。	中国残联	公安部
73	残疾类别/等级变更	申请人可异地申请变更残疾类别/等级,不受户籍地限制。	中国残联	公安部、国家卫生健康委

续表

序号	“跨省通办”事项	应用场景	牵头单位	配合单位
74	全国残疾人按比例就业情况联网认证	申请人可异地申请“安排残疾人就业比例”认证，不受地域限制。	中国残联	人力资源社会保障部、税务总局、国家医保局

三、2021年以后实现“跨省通办”的事项（8项）

序号	“跨省通办”事项	应用场景	牵头单位	完成时限
1	新生儿入户	申请人可异地向新生儿（其父母为境内人士，父母同民族，婚内、境内生育小孩，父母非集体户，且随父亲或母亲报出生）出生地公安部门申请办理新生儿入户，不受父母户籍地限制。	公安部	2021年在京津冀、长三角等地区开展“跨省通办”试点，在总结试点经验基础上逐步推开
2	首次申领居民身份证（监护人代办的除外）	申请人可异地首次申领居民身份证，由所在地公安部门线下取指纹和拍照，不受户籍地限制。	公安部	2021年在京津冀、长三角等地区开展“跨省通办”试点，在总结试点经验基础上逐步推开
3	结婚登记	申请人可在所在地婚姻登记机关办理结婚登记，不受户籍地限制。	民政部	2020年至2022年10月进行“省内通办”试点，2022年10月至2024年底进行“跨省通办”试点，力争2025年底前在县级以上婚姻登记机关全面实行全国“跨省通办”
4	离婚登记	申请人可在所在地婚姻登记机关办理离婚登记，不受户籍地限制。	民政部	在开展结婚登记“跨省通办”试点基础上，条件成熟时实施离婚登记“跨省通办”试点

续表

序号	“跨省通办”事项	应用场景	牵头单位	完成时限
5	灵活就业人员申请企业职工基本养老保险参保登记	申请人可异地申请企业职工基本养老保险参保登记，不受地域限制。	人力资源社会保障部	2022年6月底前
6	社会保险参保缴费记录查询	申请人可异地查询本人在各地的每月社会保险参保缴费记录，不受地域限制。	人力资源社会保障部	2022年6月底前
7	工伤职工异地就医结算	申请人可持社会保障卡直接结算工伤医疗费、辅助器具配置费、工伤康复费。	人力资源社会保障部（配合单位：国家医保局）	2022年底前
8	生育保险待遇核定与支付	申请人可异地申请报销生育医疗费用，申领生育津贴，不受参保地限制。	国家医保局	2022年底前

注：1. 根据企业、群众需求和业务工作实际，可通过“全程网办”、“异地代收代办”、“多地联办”等一种方式或多种方式组合，实现政务服务事项“跨省通办”。

2. 对2021年以后实现“跨省通办”的事项，请相关部门于每年12月底前将工作进展情况报送国务院办公厅。

国务院办公厅关于对国务院第七次大督查发现的典型经验做法给予表扬的通报

（2020年11月19日　国办发〔2020〕46号）

为进一步推动中央经济工作会议部署和《政府工作报告》提出的目标任务落到实处，国务院部署开展了第七次大督查。从督查情况看，各有关地区在以习近平同志为核心的党中央坚强领导下，以习近平新时代中国特色社会主义思想为指导，认真贯彻党中央、国务院重大决策部署，迎难而上、担当作为，统筹推进新冠肺炎疫情防控和经济社会发展，做好“六稳”工作、落实“六保”任务，全力稳住经济基本盘，着力保障和改善民生，各项工作取得积极成效。在对 14 个省（自治区、直辖市）和新疆生产建设兵团开展实地督查时发现，有关地区围绕稳就业保民生、保市场主体、深化“放管服”改革优化营商环境、扩大内需和稳外贸稳外资、秋冬季新冠肺炎疫情防控等方面，结合本地实际，勇于担当、真抓实干，形成了一批具有代表性、典型性的经验做法。

为表扬先进，宣传典型，进一步激励各地区各部门主动作为、狠抓落实，推动形成开拓创新、比学赶超的生动局面，经国务院同意，对北京市做实做细做好深化“放管服”改革工作打造国际一流营商环境等 43 项典型经验做法予以通报表扬。希望受到表扬的地方珍惜荣誉，再接再厉，充分发挥示范引领和带动作用，取得新的更大成绩。

各地区各部门要全面贯彻党的十九大和十九届二中、三中、四中、五中全会精神，统筹推进“五位一体”总体布局，协调推进“四个全面”战略布局，坚持稳中求进工作总基调，坚持新发展理念，按照推动高质量发展、构建新发展格局的要求，抓好新冠肺炎疫情常态化防控，持续做好“六稳”工作、落实“六保”任务，积极应对各种风险挑战。要学习借鉴典型经验做法，发扬实干精神，勇于攻坚克难，增强抓落实的主动性和自觉性，力戒形式主义、官僚主义，确保完成全年经济社会发展主要目标任务，为决胜全面建成小康社会、顺利开启全面建设社会主义现代化国家新征程作出应有贡献。

附件：国务院第七次大督查发现的典型经验做法（共 43 项）

附件

国务院第七次大督查发现的典型经验做法

（共 43 项）

1. 北京市做实做细做好深化“放管服”改革工作打造国际一流营商环境。

2. 北京市建立完善“接诉即办”机制提升城市治理效能。

3. 北京市出口退税全程网上办理和实地核查容缺办理成效明显。

4. 河北省石家庄市打出金融“组合拳”助力实体经济发展。

5. 河北省张家口市加快推动氢能产业全链条发展。

6. 河北省唐山市开展“春雨金服”行动助企惠企。

7. 黑龙江省坚持科技创新模式创新全力稳住粮食生产基本盘。

8. 黑龙江省哈尔滨市积极推动信用体系建设法治化规范化标准化。

9. 黑龙江省齐齐哈尔市实施零售药店“证照联办、许可合一”做到准入即准营。

10. 上海市为新设企业免费同步发放电子营业执照和电子印章积极拓展相关应用领域。

11. 上海市推出线上“点单式”服务平台便利企业申领就业补贴。

12. 上海市徐汇区运用“一网统管”平台实现精准救助。

13. 江苏省大力推动公共资源领域“不见面”交易。

14. 江苏省常州市打造智慧“五云”就业服务新体系。

15. 江苏省苏州市开发“政策计算器”变企业找政策为政策找企业。

16. 浙江省构建“一图一码一库一平台一指数”新冠肺炎疫情防控机制。

17. 浙江省优化企业投资项目审批流程大幅压缩审批时间。

18. 浙江省杭州市依托“城市大脑”提升政府数字治理能力。

19. 福建省构建生态环境亲清服务平台助力企业“绿色领跑”。

20. 福建省创新“1234”稳就业工作法保持就业形势总体平稳。

21. 福建省将乐县打造“绿水青山”赢得“金山银山”。

22. 河南省水利厅、濮阳市探索供水“四化”新路径保障农村饮水安全。

23. 河南省漯河市坚持“三链同构”推动食品产业向纵深发展。

24. 河南省鹤壁市建立“五位一体”服务机制为企业保驾护航。

25. 湖北省开展“大培训、大练兵、大督导”活动提升新冠肺炎疫情防控能力。

26. 湖北省加大稳岗返还力度降门槛简程序惠企业稳就业。

27. 湖北省宜昌市推行“六多合一”改革破解项目审批和企业开办难点堵点。

28. 湖南省实现施工图审查“零跑腿、零接触、零付费”。

29. 湖南省长沙市以产业链建设为抓手推动先进制造业高质量发展。

30. 湖南省湘潭市开展“送政策、送岗位、送服务”活动实现企业稳行业稳重点人群稳。

31. 广东省广州市越秀区推动“四个结合”释放北京路步行街消费升级新活力。

32. 广东省深圳市推进产学研资深度融合激发创新创业活力。

33. 广东省东莞市全面提升服务企业水平有效稳住外贸基本盘。

34. 陕西省咸阳市多措并举为市场主体减负让利。

35. 陕西省商洛市精准施策力保重点群体就业。

36. 陕西省紫阳县开展“五窗联动”实现政务服务快捷高效。

37. 青海省综合施策促进就业形势稳定向好。

38. 青海省西宁市推进居家和社区养老服务改革打造高原幸福养老之城。

39. 青海省尖扎县通过产业帮扶让易地扶贫搬迁群众捧上“金饭碗”。

40. 新疆维吾尔自治区优化税务服务实现监管“无事不扰、无处不在”。

41. 新疆维吾尔自治区助力南疆贫困人口脱贫增收。

42. 新疆维吾尔自治区克拉玛依市深化商事制度改革做到便民利民可复制。

43. 新疆生产建设兵团全力推动高校毕业生就业创业培育新时代戍边人。

国务院办公厅关于进一步完善失信约束制度构建诚信建设长效机制的指导意见

（2020年12月7日　国办发〔2020〕49号）

为深入贯彻落实党中央、国务院关于推进诚信建设的要求，认真落实《优化营商环境条例》等相关规定，进一步明确信用信息范围，依法依规实施失信惩戒，完善失信主体信用修复机制，提高社会信用体系建设法治化、规范化水平，经国务院同意，现提出如下意见。

一、总体要求

以习近平新时代中国特色社会主义思想为指导，全面贯彻落实党的十九大和十九届二中、三中、四中、五中全会精神，坚持稳中求进工作总基调，坚持遵循法治轨道，着力构建诚信建设长效机制，按照依法依规、保护权益、审慎适度、清单管理的总体思路，进一步规范和健全失信行为认定、记录、归集、共享、公开、惩戒和信用修复等机制，推动社会信用体系迈入高质量发展的新阶段，更好发挥社会信用体系在支撑“放管服”改革和政府职能转变、营造公平诚信的市场环境和社会环境等方面的积极作用。

在社会信用体系建设工作推进和实践探索中，要把握好以下重要原则：一是严格依法依规，失信行为记录、严重失信主体名单认定和失信惩戒等事关个人、企业等各类主体切身利益，必须严格在法治轨道内运行。二是准确界定范围，准确界定信用信息和严重失信主体名单认定范围，合理把握失信惩戒措施，坚决防止不当使用甚至滥用。三是确保过惩相当，按照失信行为发生的领域、情节轻重、影响程度等，严格依法分别实施不同类型、不同力度的惩戒措施，切实保护信用主体合法权益。四是借鉴国际经验，既立足我国国情，又充分参考国际惯例,在社会关注度高、认识尚不统一的领域慎重推进信用体系建设,推动相关措施与国际接轨。

二、科学界定公共信用信息纳入范围和程序

(一)明确界定公共信用信息范围。将行政机关及法律、法规授权的具有管理公共事务职能的组织等(以下统称行政机关)掌握的特定行为信息纳入公共信用信息,必须严格以法律、法规或者党中央、国务院政策文件为依据,并实行目录制管理。社会信用体系建设部际联席会议(以下简称部际联席会议)牵头单位会同有关部门依法依规编制并定期更新全国公共信用信息基础目录,部际联席会议成员单位和其他有关部门可依法依规提出拟纳入目录信息的建议,部际联席会议牵头单位梳理汇总目录,征求各地区、各有关部门和相关市场主体、行业协会商会、法律服务机构、专家学者和社会公众意见,提请部际联席会议审定后向社会公布并组织实施。各地可依据地方性法规,参照全国公共信用信息基础目录的制定程序,制定适用于本地的公共信用信息补充目录。

(二)严格规范失信行为认定依据。行政机关认定失信行为必须以具有法律效力的文书为依据。可认定失信行为的依据包括:生效的司法裁判文书和仲裁文书、行政处罚和行政裁决等行政行为决定文书,以及法律、法规或者党中央、国务院政策文件规定可作为失信行为认定依据的其他文书。行政机关认定失信行为后应当如实记录失信信息。

三、规范公共信用信息共享公开范围和程序

(三)规范公共信用信息共享范围和程序。公共信用信息是否可共享及在何种范围内共享,应当根据合法、必要原则确定,并在编制公共信用信息目录时一并明确。完善信息共享机制,推动全国信用信息共享平台与国家企业信用信息公示系统以及相关部门信用信息系统实现互联互通、数据共享,对于可共享数据要明确采集部门,做到“一口采集、充分共享”。

(四)依法依规确定公共信用信息公开范围。公共信用信息是否可公开应当根据合法、必要原则确定,并在编制公共信用信息目录时一并明确。公共信用信息公开不得侵犯商业秘密和个人隐私,法律、法规另有规定的从其规定。公开个人相关信息的,必须有明确的法律、法规或者国务院决定、命令作为依据或经本人同意,并进行必要脱敏处理。

(五)加强对公共信用信息公开渠道的统筹管理。公共信用信息的认定部门应当按照政府信息公开或其他有关规定,在本部门门户网站、本级政府门户网站或其他指定的网站公开相关信息。“信用中国”网站、国家企业信用信息公示系统要按照有关规定,将所归集的应当公开的公共信用信息进行统一公开,并与公共信用信息认定部门公开的内容、期限保持一致。

四、规范严重失信主体名单认定标准和程序

(六)严格限定严重失信主体名单设列领域范围。设列严重失信主体名单的领域,必须以法律、法规或者党中央、国务院政策文件为依据,任何部门(单位)不得擅自增加或扩展。设列严重失信主体名单的范围,严格按照《国务院关于建立完善守信联合激励和失信联合惩戒制度加快推进社会诚信建设的指导意见》(国发〔2016〕33号)规定,限制为严重危害人民群众身体健康和生命安全、严重破坏市场公平竞争秩序和社会正常秩序、拒不履行法定义务严重影响司法机关和行政机关公信力、拒不履行国防义务等严重违法失信行为的责任主体。

(七)严格规范严重失信主体名单认定标准。在全国范围内实施的严重失信主体名单制度,其名单认定标准应当以法律、行政法规或者党中央、国务院政策文件形式确定,暂不具备条件的可由该领域主管(监管)部门以部门规章形式确定,认定标准应当充分征求部际联席会议牵头单位及其他有关部门、相关市场主体、行业协会商会、法律服务机构、专家学者和社会公众意见,公开征求意见期限不少于30日。认定标准应当通过“信用中国”网站及该领域主管(监管)部门指定的网站公开。认定标准应当一并明确名单移出条件、程序以及救济措施。认定标准制定部门应当定期组织对标准执行效果进行第三方评估并及时修订。仅在地方范围内实施的严重失信主体名单制度,其名单认定标准应当由地方性法规规定。

(八)严格履行严重失信主体名单认定程序。行政机关在作出认定严重失信主体名单决定前,应当告知当事人作出决定的事由、依据和当事人依法享有的权利;当事人提出异议的,应当予以核实并在规定时限内反馈结果。将市场主体列入严重失信主体名单,应当由认定部门依托相应的行政决定文书,载明事由、依据、失信惩戒措施提示、移出条件和程序以及救济措施等,必要时也可由认定部门单独制作认定严重失信主体名单的决定文书。严重失信主体名单原则上应当由县级以上(含县级)人民政府有关部门按照相关标准认定,法律、法规和部门规章另有规定的从其规定。

五、依法依规开展失信惩戒

(九)依法依规确定失信惩戒措施。对失信主体采取减损权益或增加义务的惩戒措施,必须基于具体的失信行为事实,直接援引法律、法规或者党中央、国务院政策文件为依据,并实行清单制管理。部际联席会议牵头单位会同有关部门依法依规编制并定期更新全国失信惩戒措施基础清单,部际联席会议成员单位和其他有关部门可依法依规提出拟纳入清单失信惩戒措施的建议,部际联席会议牵头单位梳理汇总清单,征求各地区、各有关部门和相关市场主体、行业协会商会、法律服务机构、专家学者和社会公众意见,提请部际联席会议审定后向社会公布并组织实施。各地可依据地方性法规,参照全国失信惩戒措施基础清单的制定程序,制定适用于本地的失信惩戒措施补充清单。任何部门(单位)不得强制要求金融机构、信用服务机构、行业协会商会、新闻媒体等惩戒失信主体。

(十)确保过惩相当。按照合法、关联、比例原则,依照失信惩戒措施清单,根据失信行为的性质和严重程度,采取轻重适度的惩戒措施,防止小过重惩。任何部门(单位)不得以现行规定对失信行为惩戒力度不足为由,在法律、法规或者党中央、国务院政策文件规定外增设惩戒措施或在法定惩戒标准上加重惩戒。

六、健全和完善信用修复机制

(十一)建立健全信用修复配套机制。相关行业主管(监管)部门应当建立有利于自我纠错、主动自新的信用修复机制。除法律、法规和党中央、国务院政策文件明确规定不可修复的失信信息外,失信主体按要求纠正失信行为、消除不良影响的,均可申请信用修复。相关部门(单位)应当制定信用修复的具体规定,明确修复方式和程序。符合修复条件的,要按照有关规定及时将其移出严重失信主体名单,终止共享公开相关失信信息,或者对相关失信信息进行标注、屏蔽或删除。

(十二)提高信用修复效率。加强信用修复信息共享,加快建立完善协同联动、“一网通办”机制,切实解决“信用修复难”问题。相关行业主管(监管)部门以及全国信用信息共享平台、“信用中国”网站应当明确专门人员负责信用修复工作,在规定时限内办结符合条件的信用修复申请,不得以任何形式向申请信用修复的主体收取费用。

七、加强信息安全和隐私保护

(十三)加强信用信息安全管理。各级公共信用信息系统要按照保护市场主体权益的要求,明确信息查询使用权限和程序,建立完善信息查询使用登记和审查制度,防止信息泄露,对故意或因工作失误泄露信息的,要依法依规严格追究相关单位和人员责任。严肃查处泄露、篡改、毁损、窃取信用信息或利用信用信息谋私等行为,严厉打击借社会信用体系建设名义非法收集、买卖信用信息的违法行为。

(十四)加大个人隐私保护力度。各地区、各有关部门应当遵循合法、正当、必要、最小化原则,严格按照公共信用信息目录收集使用个人信用信息,明示收集使用信息的目的、方式和范围并经本人同意,法律、法规另有规定的从其规定。禁止任何单位和个人未经授权、强制授权或一次授权终身收集使用个人信用信息。加大对非法获取、传播、利用以及泄露、篡改、毁损、窃取、出售个人信息等行为的查处力度。相关部门要对金融机构、征信机构、互联网企业、大数据企业、移动应用程序运营企业实施重点监管,严格规范其收集、存储、使用、加工、传输、提供和公开个人信息等行为。

八、着力加强信用法治建设

(十五)加快推动信用法律法规建设。坚持遵循法治轨道,加快研究推进社会信用方面法律法规的立法进程,理顺失信惩戒与行政管理措施的关系,夯实法治基础。现行法律、法规对失信行为惩戒力度不足、确有必要加大惩戒力度的,各地区、各有关部门应当及时提出修法建议,确保失信惩戒严格依法依规开展。

(十六)严格依法依规推动社会信用体系建设。依法依规严格规范信用信息采集、共享、公开范围,严格规范严重失信主体名单认定、失信惩戒和信用修复工作,确保社会信用体系建设各项工作在法治轨道运行。对未成年人失信行为、受自然灾害或疫情等不可抗力影响导致的失信行为以及非主观故意、轻微失信行为，应宽容审慎进行认定、记录和惩戒。坚决查处和打击各类侵权行为，依法依规保护信用信息安全、商业秘密和个人隐私，依法依规保护各类信用主体合法权益。

九、加强组织实施保障

*落实主体责任。*各行业主管（监管）部门要切实履行本行业信用监管主体责任，依法依规做好失信行为认定、记录、归集、共享、公开、惩戒和信用修复等工作，部际联席会议牵头单位要协调司法机关以及其他已获明确授权的责任单位做好相关工作。地方各级社会信用体系建设牵头单位要切实履行统筹协调职责，对本区域内社会信用体系建设工作加强规范指导。

*强化追责问责。*对在公共信用信息目录外违法违规记录、共享、公开信用信息，在失信惩戒措施清单外违法违规实施惩戒措施，以及不按标准和程序擅自认定严重失信主体名单、不按规定及时办理信用修复等行为，要依法依规追究相关单位和人员责任。

*加强宣传解读。*鼓励各类媒体积极开展诚信宣传教育，深入报道诚实守信的先进典型，对失信行为和事件开展建设性舆论监督，倡导诚实守信。充分发挥有关部门、行业协会商会、专家学者、新闻媒体等作用，及时阐释和解读信用政策，积极回应各界关切，强化正面引导，营造良好舆论环境。

*把握时间节点。*各地区、各有关部门要按照本意见要求，对已经出台的失信行为认定、记录、归集、共享、公开、惩戒和信用修复等措施进行梳理评估，对不符合本意见要求的要及时规范。对有明确依据可继续保留的严重失信主体名单制度设置过渡期，在 2021 年底前按本意见要求对需要调整的名单认定标准和程序进行更新，过渡期后与本意见要求不符的一律废止。

国务院办公厅关于印发《公共企事业单位信息公开规定制定办法》的通知

（2020年12月7日　国办发〔2020〕50号）

《公共企事业单位信息公开规定制定办法》已经国务院同意，现印发给你们，请认真贯彻执行。

公共企事业单位信息公开规定制定办法

第一条　为了建立健全公共企事业单位信息公开制度，深入推进公共企事业单位信息公开，加强对公共企事业单位的监督管理，提升公共企事业单位服务水平，更好维护人民群众切身利益，助力优化营商环境，根据《中华人民共和国政府信息公开条例》有关规定，制定本办法。

第二条　国务院有关主管部门应当根据《中华人民共和国政府信息公开条例》第五十五条和本办法的要求，制定或者修订教育、卫生健康、供水、供电、供气、供热、环境保护、公共交通等领域的公共企事业单位信息公开规定。

全国政府信息公开工作主管部门根据经济社会发展情况和工作实际，逐步扩大本办法适用范围。

第三条　制定公共企事业单位信息公开规定，要以习近平新时代中国特色社会主义思想为指导，坚持以人民为中心的发展思想，坚持依法依规、便民实用、稳步推进的原则。

第四条　公共企事业单位信息公开规定应当对适用主体作出界定，可以普遍适用于本领域所有公共企事业单位，也可以只适用于本领域部分公共企事业单位。条件具备的，可以列出适用主体清单。

公共企事业单位信息公开规定适用主体重点包括:具有市场支配地位、公共属性较强、直接关系人民群众身体健康和生命安全的公共企事业单位,或者与服务对象之间信息不对称问题突出、需要重点加强监管的公共企事业单位。

第五条　公共企事业单位信息公开的方式,以主动公开为主,原则上不采取依申请公开的方式。公共企事业单位信息公开规定对依申请公开作出规定的,应当明确办理期限、处理方式、监督救济渠道等内容,确保依申请公开程序具备可操作性。

公共企事业单位信息公开规定应当要求公共企事业单位设置信息公开咨询窗口,建立健全相应工作机制,加强沟通协商,限时回应关切,优化咨询服务,满足服务对象以及社会公众的个性化信息需求。信息公开咨询窗口设置方式,以开通热线电话或者网站互动交流平台、接受现场咨询等为主,注重与公共企事业单位客户服务热线、移动客户端等的融合,避免不当增加公共企事业单位负担。

第六条　公共企事业单位信息公开规定应当根据实际情况灵活确定公开渠道,并对加强日常管理维护提出要求。在确定公开渠道时,应当坚持务实管用、因地因事制宜的原则,防止"一刀切"。

第七条　公共企事业单位信息公开规定应当以清单方式明确列出公开内容及时限要求,并根据实际情况动态调整。

在确定公开内容时,应当坚持既尽力而为又量力而行,重点包括下列信息:

(一)与人民群众日常生产生活密切相关的办事服务信息;

(二)对营商环境影响较大的信息;

(三)直接关系服务对象切身利益的信息;

(四)事关生产安全和消费者人身财产安全的信息;

(五)社会舆论关注度高、反映问题较多的信息;

(六)其他应当公开的重要信息。

公开内容原则上以长期公开为主,如果涉及公示等阶段性公开的内容,应当予以区分并作出专门规定。

第八条　公共企事业单位信息公开的监督方式,以向各级主管部门申诉为主,原则上不包括申请行政复议或者提起行政诉讼。法律、行政法规另有规定的,从其规定。

各级主管部门应当建立专门工作制度，明确处理期限，依法及时处理对有关公共企事业单位信息公开的申诉。

第九条 公共企事业单位信息公开规定应当包括专门的责任条款，通过通报批评、责令整改、行政处罚等方式强化责任落实。公共企事业单位信息公开规定设定的行政处罚，以相关法律、行政法规授予有关主管部门的行政处罚权为依据。

第十条 制定公共企事业单位信息公开规定，应当坚持科学立法、民主立法，充分听取服务对象、公共企事业单位、行业协会、群众代表、专家学者等各方面意见，积极采纳合理建议。

第十一条 公共企事业单位信息公开规定应当妥善处理好信息公开与国家秘密、公共安全、产业安全、商业秘密、个人信息保护等其他重要利益的关系，注意区分信息公开与业务查询服务事项。

第十二条 公共企事业单位信息公开规定应当加强与上市公司信息披露、企业信息公示等相关制度的衔接，综合考虑法律、行政法规、规章关于本领域公共企事业单位信息公开的规定。

第十三条 公共企事业单位信息公开规定应当以规章的形式制定。制定规章条件暂不成熟的，可以先制定规范性文件，并在条件成熟后尽快制定规章。

第十四条 本办法由全国政府信息公开工作主管部门负责解释。

第十五条 本办法自 2021 年 1 月 1 日起施行。

国务院办公厅关于进一步优化地方政务服务便民热线的指导意见

（2020 年 12 月 28 日 国办发〔2020〕53 号）

政务服务便民热线直接面向企业和群众，是反映问题建议、推动解决政务服务问题的重要渠道。优化政务服务便民热线，对于有效利用政务资源、提高服务效率、加强监督考核、提升企业和群众满意度具有重要作用。近年来，一些地区率先探索，对本地的政务服务便民热线进行归并，依托一个号码开展服务，在为企为民排忧解难上发挥了积极作用。同时，地方政务服务便民热线号码仍过多、记不住，热线服务资源分散，电话难接通、群众办事多头找等现象还较为普遍。为进一步优化地方政务服务便民热线，提高政府为企便民服务水平，经国务院同意，现提出以下意见。

一、总体要求

（一）指导思想。

以习近平新时代中国特色社会主义思想为指导，深入贯彻落实党的十九大和十九届二中、三中、四中、五中全会精神，坚持以人民为中心，加快转变政府职能，深化"放管服"改革，持续优化营商环境，以一个号码服务企业和群众为目标，推动地方政务服务便民热线归并优化，进一步畅通政府与企业和群众互动渠道，提高政务服务水平，建设人民满意的服务型政府，推进国家治理体系和治理能力现代化，不断增强人民群众的获得感、幸福感、安全感。

（二）工作目标。

加快推进除110、119、120、122等紧急热线外的政务服务便民热线归并，2021年底前，各地区设立的政务服务便民热线以及国务院有关部门设立并在地方接听的政务服务便民热线实现一个号码服务，各地区归并后的热线统一为"12345政务服务便民热线"（以下简称12345热线），语音呼叫号码为"12345"，提供"7×24小时"全天候人工服务。同时，优化流程和资源配置，实现热线受理与后台办理服务紧密衔接，确保企业和群众反映的问题和合理诉求及时得到处置和办理，使政务服务便民热线接得更快、分得更准、办得更实，打造便捷、高效、规范、智慧的政务服务"总客服"。

（三）基本原则。

坚持属地管理和部门指导相统筹。充分发挥各地区在热线归并和管理服务工作中的主导作用，压实地方特别是市县责任，加强部门政策支持和配合衔接，一个号码、各地归并。

坚持诉求受理和业务办理相衔接。明确12345热线与业务部门的职责，加强工作衔接，12345热线负责受理企业和群众诉求、回答一般性咨询，不代替部门职能，部门按职责分工办理相关业务、实施监管执法和应急处置等，涉及行政执法案件和投诉举报的，12345 热线第一时间转至相关部门办理，形成高效协同机制。

坚持便民高效和专业支撑相结合。以切实便利企业和群众为出发点和落脚点，拓展受理渠道，完善知识库共享、专家支持、分中心联动等机制，提高热线接通率和专业化服务水平。

坚持互联互通和协同发展相促进。强化 12345 热线平台与部门业务系统互联互通和信息共享，推动 12345 热线与各类线上线下政务服务平台、政府网站联动融合。相关部门要加强对普遍性诉求的研究分析，解决共性问题。

二、加快各地政务服务便民热线归并

（一）归并方式。

1. 整体并入。企业和群众拨打频率较低的政务服务便民热线，取消号码，将话务座席统一归并到各地区 12345 热线。

2. 双号并行。话务量大、社会知晓度高的政务服务便民热线，保留号码，将话务座席并入 12345 热线统一管理。对于不具备归并条件的热线，可以保留话务座席，与 12345 热线建立电话转接机制，按照 12345 热线标准统一提供服务，具体由各地区根据实际情况决定。热线号码在一些地区已经取消的，原则上不再恢复。

3. 设分中心。实行垂直管理的国务院部门在各地区设立的政务服务便民热线，以分中心形式归并到所在地 12345 热线，保留号码和话务座席，与 12345 热线建立电话转接机制，提供“7×24 小时”全天候人工服务。同时，纳入所在地热线考核督办工作体系和跨部门协调机制，共建共享知识库，相关数据实时向 12345 热线平台归集。12345 热线可按知识库解答一般性咨询，相对专业的问题和需由部门办理的事项通过三方转接、派发工单等方式，转至分中心办理。支持各地区对设分中心的热线进行整体并入、双号并行等实质性归并探索。

（二）归并要求。

1. 分级分类推进热线归并。各地区设立的政务服务便民热线，要全部取消号码，整体并入 12345 热线。国务院有关部门设立并在地方接听的政务服务便民热线，按照以上三种方式归并到各地区 12345 热线。

2. 确保热线归并平稳过渡。各地区要统筹各类政务服务便民热线的人员座席、设施设备、工作流程、业务指标、知识库、服务能力等情况，分类制定实施方案，切实做好话务人员衔接安排，以及场地、系统、经费等各项保障，设置过渡期电话语音提示，有序做好12345热线平台与部门业务系统的衔接，保障热线服务水平不降低、业务有序办理。国务院有关部门要支持本行业领域内的热线纳入12345热线，指导做好专业知识库开放共享、系统对接、数据归集、驻场培训、专家座席设置以及相关业务依职责办理等工作。

三、优化12345热线运行机制

（一）建立健全热线工作管理体系。各地区要建立健全政务服务便民热线工作统筹协调机制，负责本地区12345热线工作统筹规划、重大事项决策以及重点难点问题协调解决。明确12345热线管理机构，负责本级热线平台的规划建设和运行管理，建立和完善各项制度和工作流程，指导和监督本地区政务服务便民热线工作。对设置专家座席的，各级部门要建立本行业专家选派和管理长效机制。逐步建立12345热线与110、119、120、122等紧急热线和水电气热等公共事业服务热线的联动机制。支持京津冀、长三角、成渝等地区建立区域内12345热线联动机制。

（二）明确热线受理范围。受理企业和群众各类非紧急诉求，包括经济调节、市场监管、社会管理、公共服务、生态环境保护等领域的咨询、求助、投诉、举报和意见建议等。不受理须通过诉讼、仲裁、纪检监察、行政复议、政府信息公开等程序解决的事项和已进入信访渠道的事项，以及涉及国家秘密、商业秘密、个人隐私和违反社会公序良俗的事项。

（三）优化热线工作流程。各地区12345热线要依法依规完善包括受理、派单、办理、答复、督办、办结、回访、评价等环节的工作流程，实现企业和群众诉求办理的闭环运行。建立诉求分级分类办理机制，明确规范受理、即时转办、限时办理、满意度测评等要求，完善事项按职能职责、管辖权限分办和多部门协办的规则，优化办理进度自助查询、退单争议审核、无理重复诉求处置、延期申请和事项办结等关键步骤处理规则。健全对企业和群众诉求高效办理的接诉即办工作机制。

（四）建立热线信息共享机制。各地区要建立统一的12345热线信息共享规则，加快推进各级12345热线平台与部门业务系统互联互通和信息共享，向同级有关部门实时推送受理信息、工单记录、回访评价等所需的全量数据，加强研判分析，为部门履行职责、事中事后监管、解决普遍性诉求、科学决策提供数据支撑。国务院有关部门要加强业务指导，推动地方部门的业务系统查询权限、专业知识库等向12345热线平台开放。

（五）强化信息安全保障。各地区要建立12345热线信息安全保障机制，落实信息安全责任，依法依规严格保护国家秘密、商业秘密和个人隐私，按照"谁管理、谁使用、谁负责"的原则，加强业务系统访问查询、共享信息使用的全过程安全管理。

（六）建立热线工作督办问责机制。各地区要建立健全12345热线督办、考核和问责机制。加强对诉求办理单位的问题解决率、企业和群众满意率等指标的综合评价，完善绩效考核，不断提升热线归并后的服务质量和办理效率。12345热线管理机构要运用督办单、专题协调、约谈提醒等多种方式，压实诉求办理单位责任，督促履职尽责。行政调解类、执法办案类事项应依法依规处置，不片面追求满意率。各地区要对企业和群众诉求办理质量差、推诿扯皮或谎报瞒报、不当退单等情形，按照有关规定进行问责和通报。

四、加强12345热线能力建设

（一）拓展受理渠道。各地区要做好热线接通能力保障建设，提供与需求相适应的人工服务，同时拓展互联网渠道，丰富受理方式，满足企业和群众个性化、多样化需求。加强自助下单、智能文本客服、智能语音等智能化应用，方便企业和群众反映诉求建议。

（二）加强热线知识库建设和应用。各地区要建立和维护"权威准确、标准统一、实时更新、共建共享"的12345热线知识库，完善多方校核、查漏纠错等制度。建立各部门向同级12345热线平台推送最新政策和热点问题答复口径、及时更新专业知识库的责任机制。加强与政务服务平台、政府网站知识库互联共享和同步更新，推动热线知识库向基层工作人员和社会开放，拓展自助查询服务。

（三）加强热线队伍建设。各地区要加强对一线人员的业务培训，提升热线服务质量和水平。各级部门要加大对热线工作的支撑力度，明确部门内部热线办理工作职责和人员，做好热线归并后的工作衔接和业务延续。

五、保障措施

（一）加强组织领导。国务院办公厅负责全国政务服务便民热线工作的统筹协调，指导督促各地区优化政务服务便民热线工作，制定发布地方 12345 热线归并清单，及时研究解决热线建设发展中的重大问题。各地区各部门要切实加强组织领导，各级政府办公厅（室）牵头负责本地区的政务服务便民热线优化工作，对照地方 12345 热线归并清单细化工作步骤，确保按期完成热线归并任务。

（二）加强制度保障。加快建立健全政务服务便民热线国家标准体系。各地区各部门要根据实际情况制定和完善相关管理规范，建立经费保障机制，为政务服务便民热线的规范运行提供制度保障。原则上各地区各部门不得再新设政务服务便民热线（包括新设号码和变更原有号码名称、用途）。

（三）加强社会参与。健全 12345 热线社会监督机制，推动开展 12345 热线服务效能“好差评”工作。各地区各部门要广泛宣传 12345 热线的功能作用，及时总结推广好经验好做法，更大程度方便企业和群众记忆和使用。

各地区要根据本意见抓紧制定具体工作方案，明确责任单位和进度安排，加强衔接配合，认真抓好落实。

附件：地方 12345 热线归并清单

附件

地方 12345 热线归并清单

（共 32 条）

一、整体并入

序号	名称	号码	责任单位	备注
1	全国统一科技公益服务电话	12396	科技部	
2	全国电信用户申诉渠道咨询电话	12300	工业和信息化部	

续表

序号	名　　称	号码	责任单位	备注
3	全国统一民政服务电话	12349	民政部	
4	全国统一自然资源违法举报电话	12336	自然资源部	
5	全国统一商务领域举报投诉咨询服务电话	12312	商务部	
6	全国统一旅游资讯服务电话	12301	文化和旅游部	
7	人口和计划生育法律法规咨询及举报投诉服务专用电话	12356	国家卫生健康委	
8	火灾隐患举报投诉电话	96119	应急部	
9	全国统一知识产权维权援助公益服务电话	12330	市场监管总局	
10	全国统一食品药品监督举报服务电话	12331	市场监管总局	
11	全国价格投诉举报统一电话	12358	市场监管总局	
12	全国质量技术监督系统和出入境检验检疫统一电话	12365	市场监管总局	
13	全国防震减灾公益服务电话	12322	中国地震局	

二、双号并行

序号	名　　称	号码	责任单位	备　注
1	全国公共法律服务专用电话	12348	司法部	设专家座席
2	全国人力资源和社会保障服务电话	12333	人力资源社会保障部	设专家座席
3	环境保护投诉举报电话	12369	生态环境部	
4	全国住房和城乡建设服务电话	12319	住房城乡建设部	
5	全国统一住房公积金热线服务电话	12329	住房城乡建设部	设专家座席
6	全国交通运输服务监督电话	12328	交通运输部	
7	全国农业系统公益服务电话	12316	农业农村部	设专家座席
8	全国文化市场举报电话	12318	文化和旅游部	
9	全国统一公共卫生公益服务电话	12320	国家卫生健康委	设专家座席
10	全国统一安全生产举报投诉电话	12350	应急部	
11	12315 市场监管投诉举报热线	12315	市场监管总局	

续表

序号	名　称	号码	责任单位	备　注
12	医疗保障服务热线	12393	国家医保局	
13	全国扶贫监督举报平台电话	12317	国家乡村振兴局	
14	全国残疾人维权服务电话	12385	中国残联	

三、设分中心

序号	名　称	号码	责任单位	备　注
1	全国统一海关公益服务电话	12360	海关总署	
2	全国税务系统统一电话	12366	税务总局	
3	全国烟草专卖品市场监管举报电话	12313	国家烟草局	
4	国家移民管理局 12367 咨询服务热线	12367	国家移民局	
5	全国邮政业用户申诉电话	12305	国家邮政局	

国　防

中华人民共和国国防法

（1997年3月14日第八届全国人民代表大会第五次会议通过　根据2009年8月27日第十一届全国人民代表大会常务委员会第十次会议《关于修改部分法律的决定》修正　2020年12月26日第十三届全国人民代表大会常务委员会第二十四次会议修订　2020年12月26日中华人民共和国主席令第67号公布　自2021年1月1日起施行）

目　录

第一章　总　　则

第一条　为了建设和巩固国防，保障改革开放和社会主义现代化建设的顺利进行，实现中华民族伟大复兴，根据宪法，制定本法。

第二条　国家为防备和抵抗侵略，制止武装颠覆和分裂，保卫国家主权、统一、领土完整、安全和发展利益所进行的军事活动，以及与军事有关的政治、经济、外交、科技、教育等方面的活动，适用本法。

第三条　国防是国家生存与发展的安全保障。

国家加强武装力量建设，加强边防、海防、空防和其他重大安全领域防卫建设，发展国防科研生产，普及全民国防教育，完善国防动员体系，实现国防现代化。

第四条　国防活动坚持以马克思列宁主义、毛泽东思想、邓小平理论、“三个代表”重要思想、科学发展观、习近平新时代中国特色社会主义思想为指导，贯彻习近平强军思想，坚持总体国家安全观，贯彻新时代军事战略方针，建设与我国国际地位相称、与国家安全和发展利益相适应的巩固国防和强大武装力量。

第五条　国家对国防活动实行统一的领导。

第六条　中华人民共和国奉行防御性国防政策，独立自主、自力更生地建设和巩固国防，实行积极防御，坚持全民国防。

国家坚持经济建设和国防建设协调、平衡、兼容发展，依法开展国防活动，加快国防和军队现代化，实现富国和强军相统一。

第七条　保卫祖国、抵抗侵略是中华人民共和国每一个公民的神圣职责。

中华人民共和国公民应当依法履行国防义务。

一切国家机关和武装力量、各政党和各人民团体、企业事业组织、社会组织和其他组织，都应当支持和依法参与国防建设，履行国防职责，完成国防任务。

第八条　国家和社会尊重、优待军人，保障军人的地位和合法权益，开展各种形式的拥军优属活动，让军人成为全社会尊崇的职业。

中国人民解放军和中国人民武装警察部队开展拥政爱民活动，巩固军政军民团结。

第九条 中华人民共和国积极推进国际军事交流与合作,维护世界和平,反对侵略扩张行为。

第十条 对在国防活动中作出贡献的组织和个人,依照有关法律、法规的规定给予表彰和奖励。

第十一条 任何组织和个人违反本法和有关法律,拒绝履行国防义务或者危害国防利益的,依法追究法律责任。

公职人员在国防活动中,滥用职权、玩忽职守、徇私舞弊的,依法追究法律责任。

第二章 国家机构的国防职权

第十二条 全国人民代表大会依照宪法规定,决定战争和和平的问题,并行使宪法规定的国防方面的其他职权。

全国人民代表大会常务委员会依照宪法规定,决定战争状态的宣布,决定全国总动员或者局部动员,并行使宪法规定的国防方面的其他职权。

第十三条 中华人民共和国主席根据全国人民代表大会的决定和全国人民代表大会常务委员会的决定,宣布战争状态,发布动员令,并行使宪法规定的国防方面的其他职权。

第十四条 国务院领导和管理国防建设事业,行使下列职权:

(一)编制国防建设的有关发展规划和计划;

(二)制定国防建设方面的有关政策和行政法规;

(三)领导和管理国防科研生产;

(四)管理国防经费和国防资产;

(五)领导和管理国民经济动员工作和人民防空、国防交通等方面的建设和组织实施工作;

(六)领导和管理拥军优属工作和退役军人保障工作;

(七)与中央军事委员会共同领导民兵的建设,征兵工作,边防、海防、空防和其他重大安全领域防卫的管理工作;

(八)法律规定的与国防建设事业有关的其他职权。

第十五条 中央军事委员会领导全国武装力量,行使下列职权:

(一)统一指挥全国武装力量;

（二）决定军事战略和武装力量的作战方针；

（三）领导和管理中国人民解放军、中国人民武装警察部队的建设，制定规划、计划并组织实施；

（四）向全国人民代表大会或者全国人民代表大会常务委员会提出议案；

（五）根据宪法和法律，制定军事法规，发布决定和命令；

（六）决定中国人民解放军、中国人民武装警察部队的体制和编制，规定中央军事委员会机关部门、战区、军兵种和中国人民武装警察部队等单位的任务和职责；

（七）依照法律、军事法规的规定，任免、培训、考核和奖惩武装力量成员；

（八）决定武装力量的武器装备体制，制定武器装备发展规划、计划，协同国务院领导和管理国防科研生产；

（九）会同国务院管理国防经费和国防资产；

（十）领导和管理人民武装动员、预备役工作；

（十一）组织开展国际军事交流与合作；

（十二）法律规定的其他职权。

第十六条 中央军事委员会实行主席负责制。

第十七条 国务院和中央军事委员会建立协调机制，解决国防事务的重大问题。

中央国家机关与中央军事委员会机关有关部门可以根据情况召开会议，协调解决有关国防事务的问题。

第十八条 地方各级人民代表大会和县级以上地方各级人民代表大会常务委员会在本行政区域内，保证有关国防事务的法律、法规的遵守和执行。

地方各级人民政府依照法律规定的权限，管理本行政区域内的征兵、民兵、国民经济动员、人民防空、国防交通、国防设施保护，以及退役军人保障和拥军优属等工作。

第十九条 地方各级人民政府和驻地军事机关根据需要召开军地联席会议，协调解决本行政区域内有关国防事务的问题。

军地联席会议由地方人民政府的负责人和驻地军事机关的负责人共同召集。军地联席会议的参加人员由会议召集人确定。

军地联席会议议定的事项，由地方人民政府和驻地军事机关根据各自职责和任务分工办理，重大事项应当分别向上级报告。

第三章　武装力量

第二十条　中华人民共和国的武装力量属于人民。它的任务是巩固国防，抵抗侵略，保卫祖国，保卫人民的和平劳动，参加国家建设事业，全心全意为人民服务。

第二十一条　中华人民共和国的武装力量受中国共产党领导。武装力量中的中国共产党组织依照中国共产党章程进行活动。

第二十二条　中华人民共和国的武装力量，由中国人民解放军、中国人民武装警察部队、民兵组成。

中国人民解放军由现役部队和预备役部队组成，在新时代的使命任务是为巩固中国共产党领导和社会主义制度，为捍卫国家主权、统一、领土完整，为维护国家海外利益，为促进世界和平与发展，提供战略支撑。现役部队是国家的常备军，主要担负防卫作战任务，按照规定执行非战争军事行动任务。预备役部队按照规定进行军事训练、执行防卫作战任务和非战争军事行动任务；根据国家发布的动员令，由中央军事委员会下达命令转为现役部队。

中国人民武装警察部队担负执勤、处置突发社会安全事件、防范和处置恐怖活动、海上维权执法、抢险救援和防卫作战以及中央军事委员会赋予的其他任务。

民兵在军事机关的指挥下，担负战备勤务、执行非战争军事行动任务和防卫作战任务。

第二十三条　中华人民共和国的武装力量必须遵守宪法和法律。

第二十四条　中华人民共和国武装力量建设坚持走中国特色强军之路，坚持政治建军、改革强军、科技强军、人才强军、依法治军，加强军事训练，开展政治工作，提高保障水平，全面推进军事理论、军队组织形态、军事人员和武器装备现代化，构建中国特色现代作战体系，全面提高战斗力，努力实现党在新时代的强军目标。

第二十五条　中华人民共和国武装力量的规模应当与保卫国家

主权、安全、发展利益的需要相适应。

第二十六条 中华人民共和国的兵役分为现役和预备役。军人和预备役人员的服役制度由法律规定。

中国人民解放军、中国人民武装警察部队依照法律规定实行衔级制度。

第二十七条 中国人民解放军、中国人民武装警察部队在规定岗位实行文职人员制度。

第二十八条 中国人民解放军军旗、军徽是中国人民解放军的象征和标志。中国人民武装警察部队旗、徽是中国人民武装警察部队的象征和标志。

公民和组织应当尊重中国人民解放军军旗、军徽和中国人民武装警察部队旗、徽。

中国人民解放军军旗、军徽和中国人民武装警察部队旗、徽的图案、样式以及使用管理办法由中央军事委员会规定。

第二十九条 国家禁止任何组织或者个人非法建立武装组织，禁止非法武装活动，禁止冒充军人或者武装力量组织。

第四章 边防、海防、空防和其他重大安全领域防卫

第三十条 中华人民共和国的领陆、领水、领空神圣不可侵犯。国家建设强大稳固的现代边防、海防和空防，采取有效的防卫和管理措施，保卫领陆、领水、领空的安全，维护国家海洋权益。

国家采取必要的措施，维护在太空、电磁、网络空间等其他重大安全领域的活动、资产和其他利益的安全。

第三十一条 中央军事委员会统一领导边防、海防、空防和其他重大安全领域的防卫工作。

中央国家机关、地方各级人民政府和有关军事机关，按照规定的职权范围，分工负责边防、海防、空防和其他重大安全领域的管理和防卫工作，共同维护国家的安全和利益。

第三十二条 国家根据边防、海防、空防和其他重大安全领域防卫的需要，加强防卫力量建设，建设作战、指挥、通信、测控、导航、防

护、交通、保障等国防设施。各级人民政府和军事机关应当依照法律、法规的规定，保障国防设施的建设，保护国防设施的安全。

第五章　国防科研生产和军事采购

第三十三条　国家建立和完善国防科技工业体系，发展国防科研生产，为武装力量提供性能先进、质量可靠、配套完善、便于操作和维修的武器装备以及其他适用的军用物资，满足国防需要。

第三十四条　国防科技工业实行军民结合、平战结合、军品优先、创新驱动、自主可控的方针。

国家统筹规划国防科技工业建设，坚持国家主导、分工协作、专业配套、开放融合，保持规模适度、布局合理的国防科研生产能力。

第三十五条　国家充分利用全社会优势资源，促进国防科学技术进步，加快技术自主研发，发挥高新技术在武器装备发展中的先导作用，增加技术储备，完善国防知识产权制度，促进国防科技成果转化，推进科技资源共享和协同创新，提高国防科研能力和武器装备技术水平。

第三十六条　国家创造有利的环境和条件，加强国防科学技术人才培养，鼓励和吸引优秀人才进入国防科研生产领域，激发人才创新活力。

国防科学技术工作者应当受到全社会的尊重。国家逐步提高国防科学技术工作者的待遇，保护其合法权益。

第三十七条　国家依法实行军事采购制度，保障武装力量所需武器装备和物资、工程、服务的采购供应。

第三十八条　国家对国防科研生产实行统一领导和计划调控；注重发挥市场机制作用，推进国防科研生产和军事采购活动公平竞争。

国家为承担国防科研生产任务和接受军事采购的组织和个人依法提供必要的保障条件和优惠政策。地方各级人民政府应当依法对承担国防科研生产任务和接受军事采购的组织和个人给予协助和支持。

承担国防科研生产任务和接受军事采购的组织和个人应当保守

秘密，及时高效完成任务，保证质量，提供相应的服务保障。

国家对供应武装力量的武器装备和物资、工程、服务，依法实行质量责任追究制度。

第六章　国防经费和国防资产

第三十九条　国家保障国防事业的必要经费。国防经费的增长应当与国防需求和国民经济发展水平相适应。

国防经费依法实行预算管理。

第四十条　国家为武装力量建设、国防科研生产和其他国防建设直接投入的资金、划拨使用的土地等资源，以及由此形成的用于国防目的的武器装备和设备设施、物资器材、技术成果等属于国防资产。

国防资产属于国家所有。

第四十一条　国家根据国防建设和经济建设的需要，确定国防资产的规模、结构和布局，调整和处分国防资产。

国防资产的管理机构和占有、使用单位，应当依法管理国防资产，充分发挥国防资产的效能。

第四十二条　国家保护国防资产不受侵害，保障国防资产的安全、完整和有效。

禁止任何组织或者个人破坏、损害和侵占国防资产。未经国务院、中央军事委员会或者国务院、中央军事委员会授权的机构批准，国防资产的占有、使用单位不得改变国防资产用于国防的目的。国防资产中的技术成果，在坚持国防优先、确保安全的前提下，可以根据国家有关规定用于其他用途。

国防资产的管理机构或者占有、使用单位对不再用于国防目的的国防资产，应当按照规定报批，依法改作其他用途或者进行处置。

第七章　国防教育

第四十三条　国家通过开展国防教育，使全体公民增强国防观念、强化忧患意识、掌握国防知识、提高国防技能、发扬爱国主义精神，依法履行国防义务。

普及和加强国防教育是全社会的共同责任。

第四十四条 国防教育贯彻全民参与、长期坚持、讲求实效的方针，实行经常教育与集中教育相结合、普及教育与重点教育相结合、理论教育与行为教育相结合的原则。

第四十五条 国防教育主管部门应当加强国防教育的组织管理，其他有关部门应当按照规定的职责做好国防教育工作。

军事机关应当支持有关机关和组织开展国防教育工作，依法提供有关便利条件。

一切国家机关和武装力量、各政党和各人民团体、企业事业组织、社会组织和其他组织，都应当组织本地区、本部门、本单位开展国防教育。

学校的国防教育是全民国防教育的基础。各级各类学校应当设置适当的国防教育课程，或者在有关课程中增加国防教育的内容。普通高等学校和高中阶段学校应当按照规定组织学生军事训练。

公职人员应当积极参加国防教育，提升国防素养，发挥在全民国防教育中的模范带头作用。

第四十六条 各级人民政府应当将国防教育纳入国民经济和社会发展计划，保障国防教育所需的经费。

第八章 国防动员和战争状态

第四十七条 中华人民共和国的主权、统一、领土完整、安全和发展利益遭受威胁时，国家依照宪法和法律规定，进行全国总动员或者局部动员。

第四十八条 国家将国防动员准备纳入国家总体发展规划和计划，完善国防动员体制，增强国防动员潜力，提高国防动员能力。

第四十九条 国家建立战略物资储备制度。战略物资储备应当规模适度、储存安全、调用方便、定期更换，保障战时的需要。

第五十条 国家国防动员领导机构、中央国家机关、中央军事委员会机关有关部门按照职责分工，组织国防动员准备和实施工作。

一切国家机关和武装力量、各政党和各人民团体、企业事业组织、社会组织、其他组织和公民，都必须依照法律规定完成国防动员准备工作；在国家发布动员令后，必须完成规定的国防动员任务。

第五十一条 国家根据国防动员需要，可以依法征收、征用组织和个人的设备设施、交通工具、场所和其他财产。

县级以上人民政府对被征收、征用者因征收、征用所造成的直接经济损失，按照国家有关规定给予公平、合理的补偿。

第五十二条 国家依照宪法规定宣布战争状态，采取各种措施集中人力、物力和财力，领导全体公民保卫祖国、抵抗侵略。

第九章 公民、组织的国防义务和权利

第五十三条 依照法律服兵役和参加民兵组织是中华人民共和国公民的光荣义务。

各级兵役机关和基层人民武装机构应当依法办理兵役工作，按照国务院和中央军事委员会的命令完成征兵任务，保证兵员质量。有关国家机关、人民团体、企业事业组织、社会组织和其他组织，应当依法完成民兵和预备役工作，协助完成征兵任务。

第五十四条 企业事业组织和个人承担国防科研生产任务或者接受军事采购，应当按照要求提供符合质量标准的武器装备或者物资、工程、服务。

企业事业组织和个人应当按照国家规定在与国防密切相关的建设项目中贯彻国防要求，依法保障国防建设和军事行动的需要。车站、港口、机场、道路等交通设施的管理、运营单位应当为军人和军用车辆、船舶的通行提供优先服务，按照规定给予优待。

第五十五条 公民应当接受国防教育。

公民和组织应当保护国防设施，不得破坏、危害国防设施。

公民和组织应当遵守保密规定，不得泄露国防方面的国家秘密，不得非法持有国防方面的秘密文件、资料和其他秘密物品。

第五十六条 公民和组织应当支持国防建设，为武装力量的军事训练、战备勤务、防卫作战、非战争军事行动等活动提供便利条件或者其他协助。

国家鼓励和支持符合条件的公民和企业投资国防事业，保障投

资者的合法权益并依法给予政策优惠。

第五十七条 公民和组织有对国防建设提出建议的权利，有对危害国防利益的行为进行制止或者检举的权利。

第五十八条 民兵、预备役人员和其他公民依法参加军事训练，担负战备勤务、防卫作战、非战争军事行动等任务时，应当履行自己的职责和义务；国家和社会保障其享有相应的待遇，按照有关规定对其实行抚恤优待。

公民和组织因国防建设和军事活动在经济上受到直接损失的，可以依照国家有关规定获得补偿。

第十章　军人的义务和权益

第五十九条 军人必须忠于祖国，忠于中国共产党，履行职责，英勇战斗，不怕牺牲，捍卫祖国的安全、荣誉和利益。

第六十条 军人必须模范地遵守宪法和法律，遵守军事法规，执行命令，严守纪律。

第六十一条 军人应当发扬人民军队的优良传统，热爱人民，保护人民，积极参加社会主义现代化建设，完成抢险救灾等任务。

第六十二条 军人应当受到全社会的尊崇。

国家建立军人功勋荣誉表彰制度。

国家采取有效措施保护军人的荣誉、人格尊严，依照法律规定对军人的婚姻实行特别保护。

军人依法履行职责的行为受法律保护。

第六十三条 国家和社会优待军人。

国家建立与军事职业相适应、与国民经济发展相协调的军人待遇保障制度。

第六十四条 国家建立退役军人保障制度，妥善安置退役军人，维护退役军人的合法权益。

第六十五条 国家和社会抚恤优待残疾军人，对残疾军人的生活和医疗依法给予特别保障。

因战、因公致残或者致病的残疾军人退出现役后，县级以上人民政府应当及时接收安置，并保障其生活不低于当地的平均生活水平。

第六十六条 国家和社会优待军人家属，抚恤优待烈士家属和因公牺牲、病故军人的家属。

第十一章 对外军事关系

第六十七条 中华人民共和国坚持互相尊重主权和领土完整、互不侵犯、互不干涉内政、平等互利、和平共处五项原则，维护以联合国为核心的国际体系和以国际法为基础的国际秩序，坚持共同、综合、合作、可持续的安全观，推动构建人类命运共同体，独立自主地处理对外军事关系，开展军事交流与合作。

第六十八条 中华人民共和国遵循以联合国宪章宗旨和原则为基础的国际关系基本准则，依照国家有关法律运用武装力量，保护海外中国公民、组织、机构和设施的安全，参加联合国维和、国际救援、海上护航、联演联训、打击恐怖主义等活动，履行国际安全义务，维护国家海外利益。

第六十九条 中华人民共和国支持国际社会实施的有利于维护世界和地区和平、安全、稳定的与军事有关的活动，支持国际社会为公正合理地解决国际争端以及国际军备控制、裁军和防扩散所做的努力，参与安全领域多边对话谈判，推动制定普遍接受、公正合理的国际规则。

第七十条 中华人民共和国在对外军事关系中遵守同外国、国际组织缔结或者参加的有关条约和协定。

第十二章 附 则

第七十一条 本法所称军人，是指在中国人民解放军服现役的军官、军士、义务兵等人员。

本法关于军人的规定，适用于人民武装警察。

第七十二条 中华人民共和国特别行政区的防务，由特别行政区基本法和有关法律规定。

第七十三条 本法自 2021 年 1 月 1 日起施行。

公　安

中华人民共和国人民武装警察法

（2009年8月27日第十一届全国人民代表大会常务委员会第十次会议通过　2020年6月20日第十三届全国人民代表大会常务委员会第十九次会议修订　2020年6月20日中华人民共和国主席令第48号公布　自2020年6月21日起施行）

目　录

第一章　总　　则

第一条　为了规范和保障人民武装警察部队履行职责，建设强大的现代化人民武装警察部队，维护国家安全和社会稳定，保护公民、法人和其他组织的合法权益，制定本法。

第二条 人民武装警察部队是中华人民共和国武装力量的重要组成部分，由党中央、中央军事委员会集中统一领导。

第三条 人民武装警察部队坚持中国共产党的绝对领导，贯彻习近平强军思想，贯彻新时代军事战略方针，按照多能一体、维稳维权的战略要求，加强练兵备战、坚持依法从严、加快建设发展，有效履行职责。

第四条 人民武装警察部队担负执勤、处置突发社会安全事件、防范和处置恐怖活动、海上维权执法、抢险救援和防卫作战以及中央军事委员会赋予的其他任务。

第五条 人民武装警察部队应当遵守宪法和法律，忠于职守，依照本法和其他法律的有关规定履行职责。

人民武装警察部队依法履行职责的行为受法律保护。

第六条 对在执行任务中做出突出贡献的人民武装警察，依照有关法律和中央军事委员会的规定给予表彰和奖励。

对协助人民武装警察执行任务有突出贡献的个人和组织，依照有关法律、法规的规定给予表彰和奖励。

第七条 人民武装警察部队实行衔级制度，衔级制度的具体内容由法律另行规定。

第八条 人民武装警察享有法律、法规规定的现役军人的权益。

第二章　组织和指挥

第九条 人民武装警察部队由内卫部队、机动部队、海警部队和院校、研究机构等组成。

内卫部队按照行政区划编设，机动部队按照任务编设，海警部队在沿海地区按照行政区划和任务区域编设。具体编设由中央军事委员会确定。

第十条 人民武装警察部队平时执行任务，由中央军事委员会或者中央军事委员会授权人民武装警察部队组织指挥。

人民武装警察部队平时与人民解放军共同参加抢险救援、维稳处突、联合训练演习等非战争军事行动，由中央军事委员会授权战区指挥。

人民武装警察部队战时执行任务，由中央军事委员会或者中央军事委员会授权战区组织指挥。

组织指挥具体办法由中央军事委员会规定。

第十一条 中央国家机关、县级以上地方人民政府应当与人民武装警察部队建立任务需求和工作协调机制。

中央国家机关、县级以上地方人民政府因重大活动安全保卫、处置突发社会安全事件、防范和处置恐怖活动、抢险救援等需要人民武装警察部队协助的，应当按照国家有关规定提出需求。

执勤目标单位可以向负责执勤任务的人民武装警察部队提出需求。

第十二条 调动人民武装警察部队执行任务，坚持依法用兵、严格审批的原则，按照指挥关系、职责权限和运行机制组织实施。批准权限和程序由中央军事委员会规定。

遇有重大灾情、险情或者暴力恐怖事件等严重威胁公共安全或者公民人身财产安全的紧急情况，人民武装警察部队应当依照中央军事委员会有关规定采取行动并同时报告。

第十三条 人民武装警察部队根据执行任务需要，参加中央国家机关、县级以上地方人民政府设立的指挥机构，在指挥机构领导下，依照中央军事委员会有关规定实施组织指挥。

第十四条 中央国家机关、县级以上地方人民政府对人民武装警察部队执勤、处置突发社会安全事件、防范和处置恐怖活动、抢险救援工作进行业务指导。

人民武装警察部队执行武装警卫、武装守卫、武装守护、武装警戒、押解、押运等任务，执勤目标单位可以对在本单位担负执勤任务的人民武装警察部队进行执勤业务指导。

第三章　任务和权限

第十五条 人民武装警察部队主要担负下列执勤任务：

（一）警卫对象、重要警卫目标的武装警卫；

（二）重大活动的安全保卫；

（三）重要的公共设施、核设施、企业、仓库、水源地、水利工程、电力设施、通信枢纽等目标的核心要害部位的武装守卫；

（四）重要的桥梁和隧道的武装守护；

（五）监狱、看守所等场所的外围武装警戒；

（六）直辖市，省、自治区人民政府所在地的市和其他重要城市（镇）的重点区域、特殊时期以及特定内陆边界的武装巡逻；

（七）协助公安机关、国家安全机关依法执行逮捕、追捕任务，协助监狱、看守所等执勤目标单位执行押解、追捕任务，协助中国人民银行、国防军工单位等执勤目标单位执行押运任务。

前款规定的执勤任务的具体范围，依照国家有关规定执行。

第十六条 人民武装警察部队参与处置动乱、暴乱、骚乱、非法聚集事件、群体性事件等突发事件，主要担负下列任务：

（一）保卫重要目标安全；

（二）封锁、控制有关场所和道路；

（三）实施隔离、疏导、带离、驱散行动，制止违法犯罪行为；

（四）营救和救护受困人员；

（五）武装巡逻，协助开展群众工作，恢复社会秩序。

第十七条 人民武装警察部队参与防范和处置恐怖活动，主要担负下列任务：

（一）实施恐怖事件现场控制、救援、救护，以及武装巡逻、重点目标警戒；

（二）协助公安机关逮捕、追捕恐怖活动人员；

（三）营救人质、排除爆炸物；

（四）参与处置劫持航空器等交通工具事件。

第十八条 人民武装警察部队参与自然灾害、事故灾难、公共卫生事件等突发事件的抢险救援，主要担负下列任务：

（一）参与搜寻、营救、转移或者疏散受困人员；

（二）参与危险区域、危险场所和警戒区的外围警戒；

（三）参与排除、控制灾情和险情，防范次生和衍生灾害；

（四）参与核生化救援、医疗救护、疫情防控、交通设施抢修抢建等专业抢险；

（五）参与抢救、运送、转移重要物资。

第十九条 人民武装警察执行任务时，可以依法采取下列措施：

（一）对进出警戒区域、通过警戒哨卡的人员、物品、交通工具等

按照规定进行检查;对不允许进出、通过的,予以阻止;对强行进出、通过的,采取必要措施予以制止;

（二）在武装巡逻中,经现场指挥员同意并出示人民武装警察证件,对有违法犯罪嫌疑的人员当场进行盘问并查验其证件,对可疑物品和交通工具进行检查;

（三）协助执行交通管制或者现场管制;

（四）对聚众扰乱社会治安秩序、危及公民人身财产安全、危害公共安全或者执勤目标安全的,采取必要措施予以制止、带离、驱散;

（五）根据执行任务的需要,向相关单位和人员了解有关情况或者在现场以及与执行任务相关的场所实施必要的侦察。

第二十条 人民武装警察执行任务时,发现有下列情形的人员,经现场指挥员同意,应当及时予以控制并移交公安机关、国家安全机关或者其他有管辖权的机关处理:

（一）正在实施犯罪的;

（二）通缉在案的;

（三）违法携带危及公共安全物品的;

（四）正在实施危害执勤目标安全行为的;

（五）以暴力、威胁等方式阻碍人民武装警察执行任务的。

第二十一条 人民武装警察部队协助公安机关、国家安全机关和监狱等执行逮捕、追捕任务,根据所协助机关的决定,协助搜查犯罪嫌疑人、被告人、罪犯的人身和住所以及涉嫌藏匿犯罪嫌疑人、被告人、罪犯或者违法物品的场所、交通工具等。

第二十二条 人民武装警察执行执勤、处置突发社会安全事件、防范和处置恐怖活动任务使用警械和武器,依照人民警察使用警械和武器的规定以及其他有关法律、法规的规定执行。

第二十三条 人民武装警察执行任务,遇有妨碍、干扰的,可以采取必要措施排除阻碍、强制实施。

人民武装警察执行任务需要采取措施的,应当严格控制在必要限度内,有多种措施可供选择的,应当选择有利于最大程度地保护个人和组织权益的措施。

第二十四条 人民武装警察因执行任务的紧急需要,经出示人民武装警察证件,可以优先乘坐公共交通工具;遇交通阻碍时,优先通行。

第二十五条 人民武装警察因执行任务的需要，在紧急情况下，经现场指挥员出示人民武装警察证件，可以优先使用或者依法征用个人和组织的设备、设施、场地、建筑物、交通工具以及其他物资、器材，任务完成后应当及时归还或者恢复原状，并按照国家有关规定支付费用；造成损失的，按照国家有关规定给予补偿。

第二十六条 人民武装警察部队出境执行防范和处置恐怖活动等任务，依照有关法律、法规和中央军事委员会的规定执行。

第四章 义务和纪律

第二十七条 人民武装警察应当服从命令、听从指挥，依法履职尽责，坚决完成任务。

第二十八条 人民武装警察遇有公民的人身财产安全受到侵犯或者处于其他危难情形，应当及时救助。

第二十九条 人民武装警察不得有下列行为：

（一）违抗上级决定和命令、行动消极或者临阵脱逃；

（二）违反规定使用警械、武器；

（三）非法剥夺、限制他人人身自由，非法检查、搜查人身、物品、交通工具、住所、场所；

（四）体罚、虐待、殴打监管羁押、控制的对象；

（五）滥用职权、徇私舞弊，擅离职守或者玩忽职守；

（六）包庇、纵容违法犯罪活动；

（七）泄露国家秘密、军事秘密；

（八）其他违法违纪行为。

第三十条 人民武装警察执行任务，应当按照规定着装，持有人民武装警察证件，按照规定使用摄录器材录像取证、出示证件。

第三十一条 人民武装警察应当举止文明，礼貌待人，遵守社会公德，尊重公民的宗教信仰和民族风俗习惯。

第五章 保障措施

第三十二条 为了保障人民武装警察部队执行任务，中央国家机关、县级以上地方人民政府及其有关部门应当依据职责及时向人民武装警察部队通报下列情报信息：

（一）社会安全信息；

（二）恐怖事件、突发事件的情报信息；

（三）气象、水文、海洋环境、地理空间、灾害预警等信息；

（四）其他与执行任务相关的情报信息。

中央国家机关、县级以上地方人民政府应当与人民武装警察部队建立情报信息共享机制，可以采取联通安全信息网络和情报信息系统以及数据库等方式，提供与执行任务相关的情报信息及数据资源。

人民武装警察部队对获取的相关信息，应当严格保密、依法运用。

第三十三条 国家建立与经济社会发展相适应、与人民武装警察部队担负任务和建设发展相协调的经费保障机制。所需经费按照国家有关规定列入预算。

第三十四条 执勤目标单位及其上级主管部门应当按照国家有关规定，为担负执勤任务的人民武装警察部队提供执勤设施、生活设施等必要的保障。

第三十五条 在有毒、粉尘、辐射、噪声等严重污染或者高温、低温、缺氧以及其他恶劣环境下的执勤目标单位执行任务的人民武装警察，享有与执勤目标单位工作人员同等的保护条件和福利补助，由执勤目标单位或者其上级主管部门给予保障。

第三十六条 人民武装警察部队的专用标志、制式服装、警械装备、证件、印章，按照中央军事委员会有关规定监制和配备。

第三十七条 人民武装警察部队应当根据执行任务的需要，加强对所属人民武装警察的教育和训练，提高依法执行任务的能力。

第三十八条 人民武装警察因执行任务牺牲、伤残的，按照国家有关军人抚恤优待的规定给予抚恤优待。

第三十九条 人民武装警察部队依法执行任务，公民、法人和其他组织应当给予必要的支持和协助。

公民、法人和其他组织对人民武装警察部队执行任务给予协助的行为受法律保护。

公民、法人和其他组织因协助人民武装警察部队执行任务牺牲、伤残或者遭受财产损失的，按照国家有关规定给予抚恤优待或者相应补偿。

第六章　监督检查

第四十条　人民武装警察部队应当对所属单位和人员执行法律、法规和遵守纪律的情况进行监督检查。

第四十一条　人民武装警察受中央军事委员会监察委员会、人民武装警察部队各级监察委员会的监督。

人民武装警察执行执勤、处置突发社会安全事件、防范和处置恐怖活动、海上维权执法、抢险救援任务，接受人民政府及其有关部门、公民、法人和其他组织的监督。

第四十二条　中央军事委员会监察委员会、人民武装警察部队各级监察委员会接到公民、法人和其他组织的检举、控告，或者接到县级以上人民政府及其有关部门对人民武装警察违法违纪行为的情况通报后，应当依法及时查处，按照有关规定将处理结果反馈检举人、控告人或者通报县级以上人民政府及其有关部门。

第七章　法律责任

第四十三条　人民武装警察在执行任务中不履行职责，或者有本法第二十九条所列行为之一的，按照中央军事委员会的有关规定给予处分。

第四十四条　妨碍人民武装警察依法执行任务，有下列行为之一的，由公安机关依法给予治安管理处罚：

（一）侮辱、威胁、围堵、拦截、袭击正在执行任务的人民武装警察的；

（二）强行冲闯人民武装警察部队设置的警戒带、警戒区的；

（三）拒绝或者阻碍人民武装警察执行追捕、检查、搜查、救险、警戒等任务的；

（四）阻碍执行任务的人民武装警察部队的交通工具和人员通行的；

（五）其他严重妨碍人民武装警察执行任务的行为。

第四十五条 非法制造、买卖、持有、使用人民武装警察部队专用标志、警械装备、证件、印章的，由公安机关处十五日以下拘留或者警告，可以并处违法所得一倍以上五倍以下的罚款。

第四十六条 违反本法规定，构成犯罪的，依法追究刑事责任。

第八章 附 则

第四十七条 人民武装警察部队执行海上维权执法任务，由法律另行规定。

第四十八条 人民武装警察部队执行防卫作战任务，依照中央军事委员会的命令执行。

第四十九条 人民武装警察部队执行戒严任务，依照《中华人民共和国戒严法》的有关规定执行。

第五十条 人民武装警察部队文职人员在执行本法规定的任务时，依法履行人民武装警察的有关职责和义务，享有相应权益。

第五十一条 本法自2020年6月21日起施行。

国务院关于修改《行政执法机关移送涉嫌犯罪案件的规定》的决定

（2020年8月7日中华人民共和国国务院令第730号公布 自公布之日起施行）

国务院决定对《行政执法机关移送涉嫌犯罪案件的规定》作如下修改：

一、第三条增加一款，作为第二款："知识产权领域的违法案件，行政执法机关根据调查收集的证据和查明的案件事实，认为存在犯罪的合理嫌疑，需要公安机关采取措施进一步获取证据以判断是否达到刑事案件立案追诉标准的，应当向公安机关移送。"

二、将第十五条、第十六条、第十七条中的"行政处分"修改为"处分"。

三、增加一条,作为第十八条:"有关机关存在本规定第十五条、第十六条、第十七条所列违法行为,需要由监察机关依法给予违法的公职人员政务处分的,该机关及其上级主管机关或者有关人民政府应当依照有关规定将相关案件线索移送监察机关处理。"

四、将第十八条改为第十九条,修改为:"行政执法机关在依法查处违法行为过程中,发现公职人员有贪污贿赂、失职渎职或者利用职权侵犯公民人身权利和民主权利等违法行为,涉嫌构成职务犯罪的,应当依照刑法、刑事诉讼法、监察法等法律规定及时将案件线索移送监察机关或者人民检察院处理。"

本决定自公布之日起施行。

《行政执法机关移送涉嫌犯罪案件的规定》根据本决定作相应修改并对条文序号作相应调整,重新公布。

行政执法机关移送涉嫌犯罪案件的规定

(2001 年 7 月 9 日中华人民共和国国务院令第 310 号公布　根据 2020 年 8 月 7 日《国务院关于修改〈行政执法机关移送涉嫌犯罪案件的规定〉的决定》修订)

第一条　为了保证行政执法机关向公安机关及时移送涉嫌犯罪案件,依法惩罚破坏社会主义市场经济秩序罪、妨害社会管理秩序罪以及其他罪,保障社会主义建设事业顺利进行,制定本规定。

第二条　本规定所称行政执法机关,是指依照法律、法规或者规章的规定,对破坏社会主义市场经济秩序、妨害社会管理秩序以及其他违法行为具有行政处罚权的行政机关,以及法律、法规授权的具有管理公共事务职能、在法定授权范围内实施行政处罚的组织。

第三条　行政执法机关在依法查处违法行为过程中,发现违法事实涉及的金额、违法事实的情节、违法事实造成的后果等,根据刑法关于破坏社会主义市场经济秩序罪、妨害社会管理秩序罪等罪的规定和最高人民法院、最高人民检察院关于破坏社会主义市场经济秩序罪、妨害社会管理秩序罪等罪的司法解释以及最高人民检察院、公安部关于经济犯罪案件的追诉标准等规定，涉嫌构成犯罪，依法需要追究刑事责任的，必须依照本规定向公安机关移送。

知识产权领域的违法案件，行政执法机关根据调查收集的证据和查明的案件事实，认为存在犯罪的合理嫌疑，需要公安机关采取措施进一步获取证据以判断是否达到刑事案件立案追诉标准的，应当向公安机关移送。

第四条 行政执法机关在查处违法行为过程中，必须妥善保存所收集的与违法行为有关的证据。

行政执法机关对查获的涉案物品，应当如实填写涉案物品清单，并按照国家有关规定予以处理。对易腐烂、变质等不宜或者不易保管的涉案物品，应当采取必要措施，留取证据；对需要进行检验、鉴定的涉案物品，应当由法定检验、鉴定机构进行检验、鉴定，并出具检验报告或者鉴定结论。

第五条 行政执法机关对应当向公安机关移送的涉嫌犯罪案件，应当立即指定 2 名或者 2 名以上行政执法人员组成专案组专门负责，核实情况后提出移送涉嫌犯罪案件的书面报告，报经本机关正职负责人或者主持工作的负责人审批。

行政执法机关正职负责人或者主持工作的负责人应当自接到报告之日起 3 日内作出批准移送或者不批准移送的决定。决定批准的，应当在 24 小时内向同级公安机关移送；决定不批准的，应当将不予批准的理由记录在案。

第六条 行政执法机关向公安机关移送涉嫌犯罪案件，应当附有下列材料：

（一）涉嫌犯罪案件移送书；

（二）涉嫌犯罪案件情况的调查报告；

（三）涉案物品清单；

（四）有关检验报告或者鉴定结论；

（五）其他有关涉嫌犯罪的材料。

第七条 公安机关对行政执法机关移送的涉嫌犯罪案件，应当在涉嫌犯罪案件移送书的回执上签字；其中，不属于本机关管辖的，应当在24小时内转送有管辖权的机关,并书面告知移送案件的行政执法机关。

第八条 公安机关应当自接受行政执法机关移送的涉嫌犯罪案件之日起3日内,依照刑法、刑事诉讼法以及最高人民法院、最高人民检察院关于立案标准和公安部关于公安机关办理刑事案件程序的规定,对所移送的案件进行审查。认为有犯罪事实,需要追究刑事责任,依法决定立案的,应当书面通知移送案件的行政执法机关;认为没有犯罪事实,或者犯罪事实显著轻微,不需要追究刑事责任,依法不予立案的,应当说明理由,并书面通知移送案件的行政执法机关,相应退回案卷材料。

第九条 行政执法机关接到公安机关不予立案的通知书后,认为依法应当由公安机关决定立案的,可以自接到不予立案通知书之日起3日内,提请作出不予立案决定的公安机关复议,也可以建议人民检察院依法进行立案监督。

作出不予立案决定的公安机关应当自收到行政执法机关提请复议的文件之日起3日内作出立案或者不予立案的决定,并书面通知移送案件的行政执法机关。移送案件的行政执法机关对公安机关不予立案的复议决定仍有异议的,应当自收到复议决定通知书之日起3日内建议人民检察院依法进行立案监督。

公安机关应当接受人民检察院依法进行的立案监督。

第十条 行政执法机关对公安机关决定不予立案的案件,应当依法作出处理;其中,依照有关法律、法规或者规章的规定应当给予行政处罚的,应当依法实施行政处罚。

第十一条 行政执法机关对应当向公安机关移送的涉嫌犯罪案件,不得以行政处罚代替移送。

行政执法机关向公安机关移送涉嫌犯罪案件前已经作出的警告,责令停产停业,暂扣或者吊销许可证、暂扣或者吊销执照的行政处罚决定,不停止执行。

依照行政处罚法的规定,行政执法机关向公安机关移送涉嫌犯罪案件前,已经依法给予当事人罚款的,人民法院判处罚金时,依法折抵相应罚金。

第十二条 行政执法机关对公安机关决定立案的案件,应当自接到立案通知书之日起3日内将涉案物品以及与案件有关的其他材料移交公安机关，并办结交接手续；法律、行政法规另有规定的，依照其规定。

第十三条 公安机关对发现的违法行为，经审查，没有犯罪事实，或者立案侦查后认为犯罪事实显著轻微，不需要追究刑事责任，但依法应当追究行政责任的，应当及时将案件移送同级行政执法机关，有关行政执法机关应当依法作出处理。

第十四条 行政执法机关移送涉嫌犯罪案件，应当接受人民检察院和监察机关依法实施的监督。

任何单位和个人对行政执法机关违反本规定，应当向公安机关移送涉嫌犯罪案件而不移送的，有权向人民检察院、监察机关或者上级行政执法机关举报。

第十五条 行政执法机关违反本规定，隐匿、私分、销毁涉案物品的，由本级或者上级人民政府，或者实行垂直管理的上级行政执法机关，对其正职负责人根据情节轻重，给予降级以上的处分；构成犯罪的，依法追究刑事责任。

对前款所列行为直接负责的主管人员和其他直接责任人员，比照前款的规定给予处分；构成犯罪的，依法追究刑事责任。

第十六条 行政执法机关违反本规定，逾期不将案件移送公安机关的，由本级或者上级人民政府，或者实行垂直管理的上级行政执法机关，责令限期移送，并对其正职负责人或者主持工作的负责人根据情节轻重，给予记过以上的处分；构成犯罪的，依法追究刑事责任。

行政执法机关违反本规定，对应当向公安机关移送的案件不移送，或者以行政处罚代替移送的，由本级或者上级人民政府，或者实行垂直管理的上级行政执法机关，责令改正，给予通报；拒不改正的，对其正职负责人或者主持工作的负责人给予记过以上的处分；构成犯罪的，依法追究刑事责任。

对本条第一款、第二款所列行为直接负责的主管人员和其他直接责任人员，分别比照前两款的规定给予处分；构成犯罪的，依法追究刑事责任。

第十七条 公安机关违反本规定，不接受行政执法机关移送的涉嫌犯罪案件，或者逾期不作出立案或者不予立案的决定的，除由人民检察院依法实施立案监督外，由本级或者上级人民政府责令改正，对其正职负责人根据情节轻重,给予记过以上的处分;构成犯罪的,依法追究刑事责任。

对前款所列行为直接负责的主管人员和其他直接责任人员,比照前款的规定给予处分;构成犯罪的,依法追究刑事责任。

第十八条 有关机关存在本规定第十五条、第十六条、第十七条所列违法行为,需要由监察机关依法给予违法的公职人员政务处分的,该机关及其上级主管机关或者有关人民政府应当依照有关规定将相关案件线索移送监察机关处理。

第十九条 行政执法机关在依法查处违法行为过程中,发现公职人员有贪污贿赂、失职渎职或者利用职权侵犯公民人身权利和民主权利等违法行为,涉嫌构成职务犯罪的,应当依照刑法、刑事诉讼法、监察法等法律规定及时将案件线索移送监察机关或者人民检察院处理。

第二十条 本规定自公布之日起施行。

民　政

国务院办公厅关于开展国家脱贫攻坚普查的通知

（2020年4月8日　国办发〔2020〕7号）

根据《中共中央　国务院关于打赢脱贫攻坚战三年行动的指导意见》部署，经国务院同意，定于2020年至2021年年初开展国家脱贫攻坚普查。现将有关事项通知如下：

一、普查目的和意义

脱贫攻坚是党中央、国务院作出的重大决策部署，是全面建成小康社会、实现第一个百年奋斗目标的标志性工程和底线任务。国家脱贫攻坚普查是精准扶贫精准脱贫的重要基础性工作，是对脱贫攻坚成效的一次全面检验。普查重点围绕脱贫结果的真实性和准确性，全面了解贫困人口脱贫实现情况，为分析判断脱贫攻坚成效、总结发布脱贫攻坚成果提供真实准确的统计信息，为党中央适时宣布打赢脱贫攻坚战、全面建成小康社会提供数据支撑，确保经得起历史和人民检验。

二、普查范围和对象

普查范围是832个国家扶贫开发工作重点县和集中连片特困地区县，享受片区政策的新疆维吾尔自治区阿克苏地区7个市县，以及在中西部22个省（区、市）抽取的部分其他县。

普查对象为普查范围内的全部行政村（包括有建档立卡户的居委会、社区）和全部建档立卡户。

三、普查内容和标准时点

普查内容包括建档立卡户基本情况、“两不愁三保障”实现情况、主要收入来源、获得帮扶和参与脱贫攻坚项目情况，以及县和行政村基本公共服务情况等。

普查标准时点为 2020 年 12 月 31 日。

四、普查组织和实施

为加强组织领导，国务院成立了国家脱贫攻坚普查领导小组，负责国家脱贫攻坚普查组织和实施，协调解决普查中的重大问题。领导小组办公室设在国家统计局，具体负责普查的组织和实施。各成员单位要按照职能分工，各负其责、通力协作、密切配合。

中西部 22 个省（区、市）普查领导小组及其办公室要加强领导，精心组织，及时解决普查工作中遇到的困难和问题，地方有关部门要积极配合做好普查工作。地方普查机构根据工作需要，选调符合条件的普查指导员和普查员。要保证选调人员在原单位的工资、福利及其他待遇不变，稳定普查工作队伍，确保普查工作顺利进行。

五、普查经费保障

国家脱贫攻坚普查所需经费，由中央和地方各级财政按规定予以保障，列入相应年度政府预算，按时拨付、确保到位。

六、普查工作要求

（一）提高思想认识。要深入贯彻落实习近平总书记关于脱贫攻坚普查的重要指示精神，提高政治站位，把思想和行动统一到党中央、国务院决策部署上来，高度重视，周密部署，分工协作，分级负责，坚决克服新冠肺炎疫情影响，扎实做好普查各项工作，确保高质量完成普查任务。

（二）坚持依法普查。普查工作应当严格遵守执行《中华人民共和国统计法》、《中华人民共和国统计法实施条例》和国家脱贫攻坚普查方案。普查对象要真实、准确、完整、及时地提供普查所需的资料，不得虚报、瞒报、迟报、拒报。普查机构和普查人员应当如实搜集、报送普查资料，不得伪造、篡改普查资料，不得以任何方式要求普查对象提供不真实的普查资料。地方各级人民政府及有关部门和单位不得自行修改普查机构和普查人员依法搜集的普查资料，不得以任何方式要求普查机构、普查人员及其他机构人员伪造、篡改普查资料。普查取得的资料严格限定用于普查目的，各级普查机构及其工作人员必须严格履行保密义务。

（三）确保数据质量。充分利用先进信息技术直接采集上报源头数据，严格普查全流程数据质量管理，加强对普查指导员和普查员的管理和培训，建立数据质量保障和管理机制。加大统计执法和违纪违法行为惩戒力度，坚决杜绝人为干扰普查工作的现象。对于依纪依法应当给予党纪政务处分或组织处理的，由统计机构及时移送任免机关、纪检监察机关或组织（人事）部门处理。

（四）做好宣传引导。各级普查机构要会同宣传部门认真做好普查宣传的策划和组织工作。教育广大普查人员依法开展普查，引导广大普查对象依法配合普查，为普查工作顺利实施创造良好的舆论环境。要及时向社会公布脱贫攻坚普查有关情况，接受社会监督，提高普查透明度和公信力。

国务院办公厅关于建立健全养老服务综合监管制度促进养老服务高质量发展的意见

（2020 年 11 月 26 日　国办发〔2020〕48 号）

党中央、国务院高度重视发展养老服务，着力构建居家社区机构相协调、医养康养相结合的养老服务体系，取得明显成效。为深入贯彻落实党的十九大和十九届二中、三中、四中、五中全会精神，深化“放管服”改革，加快形成高效规范、公平竞争的养老服务统一市场，建立健全养老服务综合监管制度，坚持公正监管、规范执法，不断优化营商环境，引导和激励养老服务机构诚信守法经营、积极转型升级、持续优化服务，更好适应养老服务高质量发展要求，更好满足人民群众日益增长的养老服务需求，经国务院同意，现提出以下意见。

一、明确监管重点

（一）加强质量安全监管。按照“谁审批谁监管、谁主管谁监管”

原则，引导养老服务机构（包括养老机构、居家社区养老服务机构。居家社区养老服务机构的认定办法由民政部另行制定）立足长期安全运营，落实安全责任，主动防范消除本机构在建筑、消防、食品、医疗卫生等方面的安全风险和隐患。民政部门会同住房城乡建设部门加强养老服务机构建筑使用安全检查，及时发现安全隐患，督促养老服务机构采取修缮、更换等措施整改消除。民政部门会同消防救援机构、住房城乡建设等有关部门抓好养老服务机构消防安全整治，摸清消防安全状况，建立隐患、整改、责任“三个清单”，对重大火灾隐患要提请政府挂牌督办、推动整改。督促指导养老服务机构落实食品安全责任，加强食品安全日常监督管理，开展养老服务机构食品安全风险监测。加强对养老机构内设医疗机构依法执业医疗，服务质量安全，采购和使用药品、耗材、医疗器械等相关产品的监督管理。

（二）加强从业人员监管。引导从业人员（包括养老服务机构的法定代表人、主要负责人、管理人员以及养老护理员等相关人员）自觉养成良好品行、掌握专业技能，提升服务质量和水平。养老服务机构应当制定员工守则，定期组织从业人员进行职业道德教育培训，提升从业人员职业道德水平。养老服务机构中从事医疗护理、康复治疗、消防管理等服务的专业技术人员，应当具备相关资格。加强养老护理员岗前职业技能培训及岗位职业技能提升培训，积极开展养老护理员职业技能等级认定工作。加强院校内老年服务与管理人才培养，实施职业技能水平评价。严格末端监督执法，依法依规加强对有关培训评价组织和职业技能等级证书的监管，防止出现乱培训、滥发证现象。依法依规从严惩处养老服务机构欺老、虐老等侵害老年人合法权益的行为，对相关责任人实施行业禁入措施。

（三）加强涉及资金监管。引导养老服务机构以合法合规方式筹集和使用养老服务涉及资金。加强对养老服务机构申领使用政府提供的建设运营补贴资金的监督管理，定期对养老服务机构申领使用补贴资金信息的真实性、准确性进行抽查、核查，依法打击以虚报冒领等方式骗取补贴资金的行为。加大对涉及使用财政资金的养老服务重点建设项目实施过程的真实性、合法性、效益性跟踪审计问效力度。加强对政府购买养老服务的监督管理，依法查处弄虚作假、挤占挪用等违法违规行为。加大对养老机构医保基金使用情况的监督管理力度，保障医保基金安全。加强对养老服务机构预收服务费用的规范管理。加强对金融机构开展养老服务领域金融产品、服务方式创新的监管。加大对以养老服务为名非法集资的风险排查力度，做好政策宣传和风险提示，依法打击养老服务机构以养老服务为名的非法集资活动。

（四）加强运营秩序监管。引导养老服务机构不断优化内部管理、规范服务行为，合理规避风险、妥善处置纠纷。养老机构应当在各出入口、接待大厅、值班室、楼道、食堂等公共场所和部位安装视频监控。养老机构应当建立健全内部管理档案，妥善保管异常事件报告、紧急呼叫记录、值班记录、交接班记录、门卫记录、视频监控记录等原始资料。严禁利用养老服务机构设施和场地开展与养老服务无关的活动，依法查处向老年人欺诈销售各类产品和服务的违法行为。依法查处养老服务设施用地单位未经批准改变规划确定的土地用途，以及非营利性养老服务机构擅自转让、出租、抵押划拨土地使用权的行为。指导养老机构按照国家有关规定和当事方协议约定提供服务，建立纠纷协商调解机制，引导老年人及其代理人依法维权。完善养老服务市场主体退出机制，指导退出的养老服务机构妥善做好老年人的服务协议解除、安置等工作，切实保障老年人合法权益。加强对民办非营利性养老服务机构退出财产处置的监管，防止因关联关系、利益输送、内部人控制等造成财产流失或者转移。依法打击无证无照从事养老服务的行为，对未依法取得营业执照以市场主体名义从事养老服务经营活动的，按照《无证无照经营查处办法》的有关规定查处；未经登记擅自以社会服务机构名义开展养老服务活动的，由民政部门依法查处；未经登记管理机关核准登记，擅自以事业单位法人名义开展养老服务活动的，由事业单位登记管理机关依法采取措施予以制止，并给予行政处罚。

（五）加强突发事件应对。引导养老服务机构增强风险防范意识和应对处置能力，尽可能减少突发事件造成的损失。建立完善养老服务机构突发事件的预防与应急准备、监测与预警、应急处置与救援、事后恢复与重建等工作机制。养老服务机构要依法制定自然灾害、事故灾难、公共卫生事件等突发事件应急预案，在场所内配备报警装置和必要的应急救援设备、设施，开展有关突发事件应急知识的宣传普及活动和必要的应急演练。养老服务机构要全面落实传染病疫情防控要求，坚持预防为主，指导老年人做好个人防护。养老服务机构发生或者可能发生传染病暴发或者流行、不明原因的群体性疾病、重大食物中毒事件的，应当依照《中华人民共和国突发事件应对法》、《中华人民共和国传染病防治法》、《突发公共卫生事件应急条例》等相关要求，向所在地县级卫生健康主管部门、疾病预防控制机构和民政部门报告，并在有关部门和机构指导下采取卫生处理、隔离等预防控制措施。养老服务机构发生生产安全事故的，应当依照生产安全事故报告和调查处理相关要求，向事故发生地县级以上应急管理部门和民政部门报告。

二、落实监管责任

（六）强化政府主导责任。优化政府职责体系，深化养老服务领域"放管服"改革，充分发挥政府在制度建设、行业规划、行政执法等方面的主导作用。深化行政执法体制改革，最大限度减少不必要的行政执法事项。各相关部门要按照职责分工依法履行业务指导和监管职责，实行清单式监管，明确监管事项、监管措施、监管依据、监管流程，监管结果要及时、准确、规范向社会公开。

（七）压实机构主体责任。养老服务机构要坚持党的领导、加强党的建设，符合条件的要按照应建尽建原则及时建立党组织，充分发挥基层党组织战斗堡垒作用和党员先锋模范作用。养老服务机构对依法登记、备案承诺、履约服务、质量安全、应急管理、消防安全等承担主体责任，其主要负责人是第一责任人。养老服务机构应当不断提高养老服务、安全管理、风险防控、纠纷解决的能力和水平。

（八）发挥行业自律和社会监督作用。养老服务领域行业组织要积极推行行业信用承诺制度，健全行业自律规约，规范会员生产和经营行为，加强会员信用管理，推动行业自律体系建设；制定行业职业道德准则，规范从业人员职业行为，积极协调解决养老服务纠纷。加大养老服务领域信息公开力度，建立养老服务质量信息公开清单制度，督促养老服务机构通过书面告知、在机构显要位置设置公示栏等方式，主动公开其基本信息、规章制度、服务项目、收费标准等事项，畅通群众监督渠道。优化养老服务投诉举报受理流程，实现"民政牵头、归口负责"。坚持正面宣传和舆论监督相结合，宣传报道应实事求是、表述严谨，对捏造事实、制造谣言、造成严重社会影响的，依法追究有关人员责任。

三、创新监管方式

（九）加强协同监管。健全各部门协调配合机制，实现违法线索互联、监管标准互通、处理结果互认，避免多头多层重复执法，切实减轻养老服务机构和从业人员负担。民政部门在监督检查中发现养老服务机构存在建筑、消防、食品、医疗卫生、环境保护、特种设备等方面安全隐患，应当立即督促养老服务机构采取措施消除隐患，并书面告知相关部门；对安全隐患突出或者情况紧急需要立即处置的，应当依法责令养老服务机构停业整顿或者采取紧急措施处置，并通知相关部门到场处理；对应当采取行政强制措施或者行政强制执行的，应当通知具备相应执法权限的部门或者申请人民法院依法处理。探索乡镇综合执法有效形式，将养老服务综合监管纳入由省级政府统一制定的赋权清单，建立健全乡镇政府与县级执法部门的协作机制。建立以"双随机、一公开"监管为基本手段、以重点监管为补充、以信用监管为基础的新型监管机制。省级相关部门要制定养老服务随机抽查事项清单，结合监管特点和需要，制定完善抽查工作细则，就抽查比例和频次、抽查方式、检查内容、检查流程等事项作出规定；统筹建立检查对象名录库和执法检查人员名录库，必要时可以吸纳检测机构、科研院所等参与。

（十）加强信用监管。依法依规实施守信联合激励和失信联合惩戒，引导养老服务机构诚信守法经营。以加强信用监管为着力点，创新监管理念、监管制度和监管方式，建立健全贯穿养老服务机构全生命周期，衔接事前、事中、事后全监管环节的新型监管机制。建立养老机构备案信用承诺制度，推动形成标准公开、规则公平、预期明确、各负其责的治理模式。备案申请人应当就养老机构按照建筑、消防、食品、医疗卫生等法律法规和国家有关标准开展服务活动提交书面承诺并向社会公开，将书面承诺履约情况记入信用记录；对违反承诺的，依法依规实施惩戒。全面建立养老服务市场主体信用记录，以统一社会信用代码为标识，整合形成完整的市场主体信用记录，并通过"信用中国"网站、国家企业信用信息公示系统或中国政府网及相关部门门户网站等渠道依法依规向社会公开，实现对违法失信行为信息的在线披露和信息共享。探索开展养老服务机构公共信用综合评价，相关部门要将“双随机、一公开”监管与评价结果相结合，根据养老服务机构信用等级高低采取差异化监管措施。

（十一）加强信息共享。大力推行“互联网+监管”，充分运用大数据等新技术手段，实现监管规范化、精准化、智能化，减少人为因素，实现公正监管，减少对监管对象的扰动。统筹运用养老服务领域政务数据资源和社会数据资源，推进数据统一和开放共享。民政部门要依托“金民工程”，及时采集养老服务机构基本信息、服务质量、运营情况、安全管理、补贴发放，以及养老护理员等从业人员职业技能等级、从业经历、职业信用等数据信息，形成养老服务机构组织信息基本数据集和养老从业人员基本数据集。卫生健康部门要依托基本公共卫生服务老年人健康管理项目，及时采集老年人健康管理信息，形成健康档案基本数据集。各部门要将涉及老年人相关信息向国家人口基础信息库汇聚，公安部门要依托国家人口基础信息库，形成老年人基本信息数据集。人力资源社会保障部门要依托社会保障卡应用推广工作，实现老年人社会保障信息在养老服务领域共享复用。加强养老服务机构信息联动机制，有关部门要将养老服务机构登记、备案、抽查检查结果、行政处罚、奖惩情况等信息，按照经营性质分别在中国社会组织公共服务平台、国家企业信用信息公示系统、事业单位在线网进行公示，形成养老服务主体登记和行政监管基本数据集。依托全国一体化政务服务平台和国家“互联网+监管”系统推进有关基本数据集共享，推动技术对接、数据汇聚和多场景使用，实现跨地区互通互认、信息一站式查询和综合监管“一张网”。

（十二）发挥标准规范引领作用。建立健全养老服务标准和评价体系，实施养老机构服务质量、安全基本规范等标准，引领养老服务高质量发展。养老服务设施应严格执行国家工程建设技术标准规范。养老机构内设医疗机构的，应当遵守《养老机构医务室基本标准（试行）》等相关要求。加快完善居家上门服务规范，提高社区养老设施设备配置和服务标准化水平。健全养老服务标准化组织体系，推进民政部门组建养老服务标准化技术委员会，加快研究制定养老服务质量、安全基本规范等方面地方标准。推动建立政府主导制定的标准与市场主体制定的标准协同发展、协调配套的新型标准体系，鼓励行业组织等社会团体制定发布养老服务和产品的团体标准，鼓励养老服务机构制定具有竞争力的企业标准，向高品质、多样化升级，助力培育养老服务新业态。

四、加强保障和落实

（十三）加强组织领导。坚持党对养老服务工作的全面领导，把党的领导贯穿到养老服务综合监管全过程。各地区、各相关部门要认真落实党中央、国务院相关决策部署，按照本意见提出的各项措施和要求，制定配套措施，科学配置监管资源、统筹部署抓好落实。依托养老服务部际联席会议制度加强部门统筹协调，民政部要会同有关部门跟踪了解、督促检查本意见落实情况，确保各项措施落地见效。

（十四）提升执法水平。全面推行行政执法三项制度，强化对行政执法权力的制约和监督。加强行政执法人员业务培训，规范执法检查、立案、调查、审查、决定等程序和行为，提高行政执法人员的业务能力和执法水平。推动人财物等监管资源向基层下沉，加强依法履职所需的技术、设备、经费等方面的保障，推进执法装备标准化建设，提高现代科技手段在执法办案中的应用水平。

（十五）加大宣传力度。按照“谁执法谁普法”普法责任制要求，积极开展养老服务法治宣传教育。加强舆论引导，把推动养老服务综合监管工作与保障老年人合法权益和实现养老服务高质量发展相结合，积极营造敬老、爱老、助老社会氛围。各地区各部门要通过多种途径、采取多种形式宣传监管职责、措施、工作进展情况和成效，鼓励和引导全社会参与，推动形成关心、支持养老服务综合监管、促进养老服务高质量发展的良好氛围。

附件：养老服务综合监管相关部门职责分工

附件

养老服务综合监管相关部门职责分工

发展改革部门依法负责对中央预算内投资支持的养老服务项目建设资金实施管理，对普惠性养老项目实施评估。

教育部门依照权限负责管理监督考核院校内(技工院校除外)职业技能等级证书的实施。

公安部门依法负责查处扰乱养老服务机构工作秩序,故意伤害、虐待老年人等侵犯老年人人身权利,以及以养老服务为名实施非法集资和诈骗等侵犯老年人财产权利的违法犯罪行为。加强人口管理信息的共享应用,提升行业监管能力和服务管理效率。

民政部门依法负责对养老服务机构服务质量、安全、运营的监督管理,推进养老服务标准化体系建设,开展养老服务机构信用监管,以及对社会服务机构性质的养老服务机构和养老服务领域行业组织的登记管理和业务指导监督工作。

财政部门负责会同发展改革部门、民政部门依法对养老服务机构建设补贴和运营补贴资金使用情况、政府购买养老服务进行监督管理。

人力资源社会保障部依法负责会同民政部建立完善养老护理员国家职业技能标准,依照职责权限做好院校外和技工院校的职业技能等级证书的监督管理。推动社会保障卡在养老服务领域应用,加强老年人社会保障公共服务的信息共享。

自然资源部门依法负责对养老服务机构规划用地等进行监督检查。

生态环境部门依法负责对养老服务机构环境影响评价的审批或者备案,对养老服务机构污染物排放情况进行监督检查。

住房城乡建设部门依法负责对养老服务设施工程建设质量安全的监督管理,依法负责养老服务设施工程建设标准规范的执行监督。

卫生健康部门依法负责养老机构设立医疗机构的审批或者备案,对医疗机构的执业活动和医疗卫生服务质量进行监督管理。依法负责指导养老服务机构聚集性传染病处置、突发公共卫生事件的医疗卫生救援和应急工作。依法负责采集、汇聚、存储、应用、共享老年人基本健康医疗数据。

应急管理部门负责按程序提请本级安全生产委员会将养老服务安全生产监督管理工作纳入对本级政府有关部门和下级人民政府年度安全生产考核。消防救援机构依法负责对养老服务机构实施消防监督检查。

审计部门依法负责对财政资金的使用情况、政府购买养老服务进行监督检查。

市场监管部门依法负责查处养老服务机构不执行政府定价、政府指导价和不按规定明码标价等价格违法行为,推动养老服务标准化工作,对营利性养老机构进行登记管理,对养老服务机构的特种设备安全、食品安全进行监督检查。

医疗保障部门依法负责对纳入医保定点的养老机构内设医疗机构医保基金的使用进行监督管理。

银保监部门依法负责对银行业、保险业金融机构参与养老服务市场相关行为进行监督管理。指导和督促银行、保险机构做好对涉嫌非法集资风险的排查。

事业单位登记管理机关依法负责对公办养老机构进行登记管理。

应急管理

国务院办公厅关于开展第一次全国自然灾害综合风险普查的通知

（2020 年 5 月 31 日　国办发〔2020〕12 号）

按照党中央、国务院决策部署，为全面掌握我国自然灾害风险隐患情况，提升全社会抵御自然灾害的综合防范能力，经国务院同意，定于 2020 年至 2022 年开展第一次全国自然灾害综合风险普查工作。现将有关事项通知如下：

一、普查目的和意义

全国自然灾害综合风险普查是一项重大的国情国力调查，是提升自然灾害防治能力的基础性工作。通过开展普查，摸清全国自然灾害风险隐患底数，查明重点地区抗灾能力，客观认识全国和各地区自然灾害综合风险水平，为中央和地方各级人民政府有效开展自然灾害防治工作、切实保障经济社会可持续发展提供权威的灾害风险信息和科学决策依据。

二、普查对象和内容

普查对象包括与自然灾害相关的自然和人文地理要素，省、市、县各级人民政府及有关部门，乡镇人民政府和街道办事处，村民委员会和居民委员会，重点企事业单位和社会组织，部分居民等。普查覆盖各省、自治区、直辖市和新疆生产建设兵团。

根据我国自然灾害种类的分布、影响程度和特征，本次普查涉及的自然灾害类型主要有地震灾害、地质灾害、气象灾害、水旱灾害、海洋灾害、森林和草原火灾等。普查内容包括主要自然灾害致灾调查与评估，人口、房屋、基础设施、公共服务系统、三次产业、资源和环境等承灾体调查与评估，历史灾害调查与评估，综合减灾资源（能力）调查与评估，重点隐患调查与评估，主要灾害风险评估与区划以及灾害综合风险评估与区划。

三、普查时间安排

本次普查标准时点为 2020 年 12 月 31 日。2020 年为普查前期准备与试点阶段，建立各级普查工作机制，落实普查人员和队伍，开展普查培训，开发普查软件系统，组织开展普查试点工作。2021 年至 2022 年为全面调查、评估与区划阶段，完成全国自然灾害风险调查和灾害风险评估，编制灾害综合防治区划图，汇总普查成果。

四、普查组织和实施

全国自然灾害综合风险普查涉及范围广、参与部门多、协同任务重、工作难度大。为加强组织领导，成立国务院第一次全国自然灾害综合风险普查领导小组，负责普查组织实施中重大问题的研究和决策。领导小组办公室设在应急部，承担领导小组的日常工作，负责普查业务指导和监督检查。领导小组成员因工作变动需要调整的，由所在单位向领导小组办公室提出，报领导小组组长审批。领导小组属于阶段性工作机制，不属于新设立的议事协调机构，任务完成后即撤销。

普查工作要按照“全国统一领导、部门分工协作、地方分级负责、各方共同参与”的原则组织实施。领导小组各成员单位要各司其职、各负其责、通力协作、密切配合，共同做好普查工作。应急部会同有关部门制定普查总体方案，建立普查的技术和标准体系，做好技术指导、培训、质量控制、信息汇总和分析，充分利用专业第三方力量和已有信息资源，建设全国自然灾害风险基础数据库，形成全国普查系列成果。

县级以上地方各级人民政府要设立相应的普查领导小组及其办公室，充分整合已有资源，配强人员队伍，做好本地区普查各项工作。各省级人民政府要按照普查总体方案，结合实际制定本地区普查实施方案。

五、普查经费保障

全国自然灾害综合风险普查工作经费以地方保障为主，地方各级人民政府要确保经费按时落实到位。中央负责中央本级相关支出和中央部门承担的跨省（自治区、直辖市）普查工作相关支出，并通过专项转移支付给予地方适当补助。

六、普查工作要求

全国自然灾害综合风险普查工作人员和普查对象必须严格按照《中华人民共和国统计法》的有关规定和本次普查的具体要求，如实反映情况，提供有关数据，按时填报普查表，确保数据完整、真实、可靠。任何地方、部门、单位和个人不得虚报、瞒报、拒报、迟报，不得伪造、篡改普查数据。普查结果要逐级上报，按规定程序报批后对外发布。各级普查机构及其工作人员对在普查中所知悉的涉密资料和数据，必须严格履行保密义务。

各地区各有关部门要充分利用报刊、广播、电视和网络等媒体，广泛深入宣传全国自然灾害综合风险普查工作的重要意义和要求，为开展普查创造良好的舆论环境。

附件：国务院第一次全国自然灾害综合风险普查领导小组组成人员名单（略）

司法行政

全国人民代表大会常务委员会关于授权国务院在粤港澳大湾区内地九市开展香港法律执业者和澳门执业律师取得内地执业资质和从事律师职业试点工作的决定

（2020年8月11日第十三届全国人民代表大会常务委员会第二十一次会议通过）

为促进粤港澳大湾区建设，发挥香港法律执业者和澳门执业律师的专业作用，第十三届全国人民代表大会常务委员会第二十一次会议决定：授权国务院在广东省广州市、深圳市、珠海市、佛山市、惠州市、东莞市、中山市、江门市、肇庆市开展试点工作，符合条件的香港法律执业者和澳门执业律师通过粤港澳大湾区律师执业考试，取得内地执业资质的，可以从事一定范围内的内地法律事务。具体试点办法由国务院制定，报全国人民代表大会常务委员会备案。试点期限为三年，自试点办法印发之日起算。试点期间，国务院要依法加强对试点工作的组织指导和监督检查，就试点情况向全国人大常委会作出报告。试点期满后，对实践证明可行的，修改完善有关法律。

本决定自公布之日起施行。

国务院办公厅关于印发香港法律执业者和澳门执业律师在粤港澳大湾区内地九市取得内地执业资质和从事律师职业试点办法的通知

（2020年10月5日　国办发〔2020〕37号）

《香港法律执业者和澳门执业律师在粤港澳大湾区内地九市取得内地执业资质和从事律师职业试点办法》已经国务院同意，现予印发。

在粤港澳大湾区内地九市开展香港法律执业者和澳门执业律师取得内地执业资质和从事律师职业试点工作，对于促进粤港澳大湾区建设，发挥香港法律执业者和澳门执业律师的专业作用，具有重要意义。各有关地区要按照试点办法要求，做好相关工作。司法部要加强组织指导，稳妥有序推进试点工作，重大情况和问题及时报告国务院。

香港法律执业者和澳门执业律师在粤港澳大湾区内地九市取得内地执业资质和从事律师职业试点办法

根据《全国人民代表大会常务委员会关于授权国务院在粤港澳大湾区内地九市开展香港法律执业者和澳门执业律师取得内地执业资质和从事律师职业试点工作的决定》，在广东省广州市、深圳市、珠海市、佛山市、惠州市、东莞市、中山市、江门市、肇庆市开展试点工作，符合条件的香港法律执业者和澳门执业律师通过粤港澳大湾区律师执业考试，取得内地执业资质的，可以从事一定范围内的内地法律事务。现就做好试点工作制定本办法。

一、报名

符合以下条件的人员，可以报名参加粤港澳大湾区律师执业考试：

（一）香港特别行政区、澳门特别行政区永久性居民中的中国公民；

（二）拥护《中华人民共和国宪法》，拥护《中华人民共和国香港特别行政区基本法》、《中华人民共和国澳门特别行政区基本法》；

（三）依据香港特别行政区有关法律，经香港特别行政区高等法院认许，在律师、大律师登记册上登记，且未被暂时吊销执业资格的律师、大律师，或者在澳门律师公会有效确定注册的执业律师；

（四）具有累计五年以上律师执业经历；

（五）职业道德良好，未有因不良名誉或者违反职业道德受惩处的记录；

（六）能用中文书写法律文书，能用普通话进行业务活动。

二、考试

报名参加粤港澳大湾区律师执业考试的人员应当参加由司法部组织的有关法律知识培训，经培训后方可参加考试。

具体考试时间、考查科目和相关安排由司法部在考试前公布。通过考试的人员，由司法部发出考试合格的通知。

三、申请执业

考试合格的人员，经广东省律师协会集中培训并考核合格后，可以向广东省司法厅申请粤港澳大湾区律师执业，由广东省司法厅颁发律师执业证书（粤港澳大湾区）。

四、业务范围

取得律师执业证书（粤港澳大湾区）的人员，可以在粤港澳大湾区内地九市内，办理适用内地法律的部分民商事法律事务（含诉讼业务和非诉讼业务）。其中，诉讼案件为位于大湾区内地九市的高级、中级、基层人民法院和有关专门人民法院受理的民商事案件，案件范围参照取得国家统一法律职业资格并获得内地律师执业证书的港澳居民可以在内地人民法院代理的民事案件范围执行；非诉讼业务应当满足以下条件之一：

（一）当事人为自然人的，户籍地或者经常居所地在大湾区内地九市内；

（二）当事人为法人或者其他组织的，住所地或者登记地在大湾区内地九市内；

（三）标的物在大湾区内地九市内；

（四）合同履行地在大湾区内地九市内；

（五）产生、变更或者消灭民商事关系的法律事实发生在大湾区内地九市内；

（六）大湾区内地九市内仲裁委员会受理的商事仲裁案件。

持有律师执业证书（粤港澳大湾区）人员办理上述法律事务，与内地律师享有相同的权利，履行相同的义务。

五、执业管理

取得律师执业证书（粤港澳大湾区）的人员，可以受聘于粤港澳大湾区内地九市的内地律师事务所或者大湾区内地九市的香港、澳门与内地合伙联营律师事务所，不得受聘于外国律师事务所驻华代表机构或者香港、澳门律师事务所驻内地代表机构。取得律师执业证书（粤港澳大湾区）的人员，可以成为大湾区内地九市的内地律师事务所合伙人。

取得律师执业证书（粤港澳大湾区）的人员，依照《中华人民共和国律师法》接受广东省司法厅及所在地司法行政机关的监督管理，加入所在地的地方律师协会，参加年度考核，同时是中华全国律师协会会员，接受律师协会的行业管理。

取得律师执业证书（粤港澳大湾区）的人员，不能保持报名条件或者申请律师执业条件的，由广东省司法厅注销其律师执业证书（粤港澳大湾区）；有违法违纪行为的，由有关司法行政机关、律师协会依法依规给予行政处罚、行业处分。

六、组织实施

司法部负责组织实施粤港澳大湾区律师执业考试，做好命题、评卷等工作，加强对考试工作的监督，确保考试公平公正和组织严密；指导广东省司法厅认真做好组织实施报名、报名资格初审、培训、考务等具体工作。培训地点和考场设在广东省深圳市，视澳门报名人员规模，也可以同时在广东省珠海市设立考场。

考试经费来源为财政经费和考试收费。考试收费项目和标准，按照有关规定确定后执行。

试点期限为三年，自本办法印发之日起算。

人　事

中华人民共和国
公职人员政务处分法

（2020 年 6 月 20 日第十三届全国人民代表大会常务委员会第十九次会议通过　2020 年 6 月 20 日中华人民共和国主席令第 46 号公布　自 2020 年 7 月 1 日起施行）

目　　录

第一章　总　　则

第一条　为了规范政务处分，加强对所有行使公权力的公职人员的监督，促进公职人员依法履职、秉公用权、廉洁从政从业、坚持道德操守，根据《中华人民共和国监察法》，制定本法。

第二条　本法适用于监察机关对违法的公职人员给予政务处分

的活动。

本法第二章、第三章适用于公职人员任免机关、单位对违法的公职人员给予处分。处分的程序、申诉等适用其他法律、行政法规、国务院部门规章和国家有关规定。

本法所称公职人员，是指《中华人民共和国监察法》第十五条规定的人员。

第三条　监察机关应当按照管理权限，加强对公职人员的监督，依法给予违法的公职人员政务处分。

公职人员任免机关、单位应当按照管理权限，加强对公职人员的教育、管理、监督，依法给予违法的公职人员处分。

监察机关发现公职人员任免机关、单位应当给予处分而未给予，或者给予的处分违法、不当的，应当及时提出监察建议。

第四条　给予公职人员政务处分，坚持党管干部原则，集体讨论决定；坚持法律面前一律平等，以事实为根据，以法律为准绳，给予的政务处分与违法行为的性质、情节、危害程度相当；坚持惩戒与教育相结合，宽严相济。

第五条　给予公职人员政务处分，应当事实清楚、证据确凿、定性准确、处理恰当、程序合法、手续完备。

第六条　公职人员依法履行职责受法律保护，非因法定事由、非经法定程序，不受政务处分。

第二章　政务处分的种类和适用

第七条　政务处分的种类为：

（一）警告；

（二）记过；

（三）记大过；

（四）降级；

（五）撤职；

（六）开除。

第八条　政务处分的期间为：

（一）警告，六个月；

（二）记过，十二个月；

（三）记大过，十八个月；

（四）降级、撤职，二十四个月。

政务处分决定自作出之日起生效，政务处分期自政务处分决定生效之日起计算。

第九条　公职人员二人以上共同违法，根据各自在违法行为中所起的作用和应当承担的法律责任，分别给予政务处分。

第十条　有关机关、单位、组织集体作出的决定违法或者实施违法行为的，对负有责任的领导人员和直接责任人员中的公职人员依法给予政务处分。

第十一条　公职人员有下列情形之一的，可以从轻或者减轻给予政务处分：

（一）主动交代本人应当受到政务处分的违法行为的；

（二）配合调查，如实说明本人违法事实的；

（三）检举他人违纪违法行为，经查证属实的；

（四）主动采取措施，有效避免、挽回损失或者消除不良影响的；

（五）在共同违法行为中起次要或者辅助作用的；

（六）主动上交或者退赔违法所得的；

（七）法律、法规规定的其他从轻或者减轻情节。

第十二条　公职人员违法行为情节轻微，且具有本法第十一条规定的情形之一的，可以对其进行谈话提醒、批评教育、责令检查或者予以诫勉，免予或者不予政务处分。

公职人员因不明真相被裹挟或者被胁迫参与违法活动，经批评教育后确有悔改表现的，可以减轻、免予或者不予政务处分。

第十三条　公职人员有下列情形之一的，应当从重给予政务处分：

（一）在政务处分期内再次故意违法，应当受到政务处分的；

（二）阻止他人检举、提供证据的；

（三）串供或者伪造、隐匿、毁灭证据的；

（四）包庇同案人员的；

（五）胁迫、唆使他人实施违法行为的；

（六）拒不上交或者退赔违法所得的；

（七）法律、法规规定的其他从重情节。

第十四条 公职人员犯罪，有下列情形之一的，予以开除：

（一）因故意犯罪被判处管制、拘役或者有期徒刑以上刑罚（含宣告缓刑）的；

（二）因过失犯罪被判处有期徒刑，刑期超过三年的；

（三）因犯罪被单处或者并处剥夺政治权利的。

因过失犯罪被判处管制、拘役或者三年以下有期徒刑的，一般应当予以开除；案件情况特殊，予以撤职更为适当的，可以不予开除，但是应当报请上一级机关批准。

公职人员因犯罪被单处罚金，或者犯罪情节轻微，人民检察院依法作出不起诉决定或者人民法院依法免予刑事处罚的，予以撤职；造成不良影响的，予以开除。

第十五条 公职人员有两个以上违法行为的，应当分别确定政务处分。应当给予两种以上政务处分的，执行其中最重的政务处分；应当给予撤职以下多个相同政务处分的，可以在一个政务处分期以上、多个政务处分期之和以下确定政务处分期，但是最长不得超过四十八个月。

第十六条 对公职人员的同一违法行为，监察机关和公职人员任免机关、单位不得重复给予政务处分和处分。

第十七条 公职人员有违法行为，有关机关依照规定给予组织处理的，监察机关可以同时给予政务处分。

第十八条 担任领导职务的公职人员有违法行为，被罢免、撤销、免去或者辞去领导职务的，监察机关可以同时给予政务处分。

第十九条 公务员以及参照《中华人民共和国公务员法》管理的人员在政务处分期内，不得晋升职务、职级、衔级和级别；其中，被记过、记大过、降级、撤职的，不得晋升工资档次。被撤职的，按照规定降低职务、职级、衔级和级别，同时降低工资和待遇。

第二十条 法律、法规授权或者受国家机关依法委托管理公共事务的组织中从事公务的人员，以及公办的教育、科研、文化、医疗卫生、体育等单位中从事管理的人员，在政务处分期内，不得晋升职务、岗位和职员等级、职称；其中，被记过、记大过、降级、撤职的，不得晋升薪酬待遇等级。被撤职的，降低职务、岗位或者职员等级，同时降低薪酬待遇。

第二十一条 国有企业管理人员在政务处分期内，不得晋升职务、岗位等级和职称；其中，被记过、记大过、降级、撤职的，不得晋升薪酬待遇等级。被撤职的，降低职务或者岗位等级，同时降低薪酬待遇。

第二十二条 基层群众性自治组织中从事管理的人员有违法行为的，监察机关可以予以警告、记过、记大过。

基层群众性自治组织中从事管理的人员受到政务处分的，应当由县级或者乡镇人民政府根据具体情况减发或者扣发补贴、奖金。

第二十三条 《中华人民共和国监察法》第十五条第六项规定的人员有违法行为的，监察机关可以予以警告、记过、记大过。情节严重的，由所在单位直接给予或者监察机关建议有关机关、单位给予降低薪酬待遇、调离岗位、解除人事关系或者劳动关系等处理。

《中华人民共和国监察法》第十五条第二项规定的人员，未担任公务员、参照《中华人民共和国公务员法》管理的人员、事业单位工作人员或者国有企业人员职务的，对其违法行为依照前款规定处理。

第二十四条 公职人员被开除，或者依照本法第二十三条规定，受到解除人事关系或者劳动关系处理的，不得录用为公务员以及参照《中华人民共和国公务员法》管理的人员。

第二十五条 公职人员违法取得的财物和用于违法行为的本人财物，除依法应当由其他机关没收、追缴或者责令退赔的，由监察机关没收、追缴或者责令退赔；应当退还原所有人或者原持有人的，依法予以退还；属于国家财产或者不应当退还以及无法退还的，上缴国库。

公职人员因违法行为获得的职务、职级、衔级、级别、岗位和职员等级、职称、待遇、资格、学历、学位、荣誉、奖励等其他利益，监察机关应当建议有关机关、单位、组织按规定予以纠正。

第二十六条 公职人员被开除的，自政务处分决定生效之日起，应当解除其与所在机关、单位的人事关系或者劳动关系。

公职人员受到开除以外的政务处分，在政务处分期内有悔改表现，并且没有再发生应当给予政务处分的违法行为的，政务处分期满后自动解除，晋升职务、职级、衔级、级别、岗位和职员等级、职称、薪酬待遇不再受原政务处分影响。但是,解除降级、撤职的,不恢复原职务、职级、衔级、级别、岗位和职员等级、职称、薪酬待遇。

第二十七条 已经退休的公职人员退休前或者退休后有违法行为的,不再给予政务处分,但是可以对其立案调查;依法应当予以降级、撤职、开除的,应当按照规定相应调整其享受的待遇,对其违法取得的财物和用于违法行为的本人财物依照本法第二十五条的规定处理。

已经离职或者死亡的公职人员在履职期间有违法行为的,依照前款规定处理。

第三章 违法行为及其适用的政务处分

第二十八条 有下列行为之一的,予以记过或者记大过;情节较重的,予以降级或者撤职;情节严重的,予以开除:

(一)散布有损宪法权威、中国共产党领导和国家声誉的言论的;

(二)参加旨在反对宪法、中国共产党领导和国家的集会、游行、示威等活动的;

(三)拒不执行或者变相不执行中国共产党和国家的路线方针政策、重大决策部署的;

(四)参加非法组织、非法活动的;

(五)挑拨、破坏民族关系,或者参加民族分裂活动的;

(六)利用宗教活动破坏民族团结和社会稳定的;

(七)在对外交往中损害国家荣誉和利益的。

有前款第二项、第四项、第五项和第六项行为之一的,对策划者、组织者和骨干分子,予以开除。

公开发表反对宪法确立的国家指导思想,反对中国共产党领导,反对社会主义制度,反对改革开放的文章、演说、宣言、声明等的,予以开除。

第二十九条 不按照规定请示、报告重大事项,情节较重的,予以警告、记过或者记大过;情节严重的,予以降级或者撤职。

违反个人有关事项报告规定,隐瞒不报,情节较重的,予以警告、记过或者记大过。

篡改、伪造本人档案资料的，予以记过或者记大过；情节严重的，予以降级或者撤职。

第三十条 有下列行为之一的，予以警告、记过或者记大过；情节严重的，予以降级或者撤职：

（一）违反民主集中制原则，个人或者少数人决定重大事项，或者拒不执行、擅自改变集体作出的重大决定的；

（二）拒不执行或者变相不执行、拖延执行上级依法作出的决定、命令的。

第三十一条 违反规定出境或者办理因私出境证件的，予以记过或者记大过；情节严重的，予以降级或者撤职。

违反规定取得外国国籍或者获取境外永久居留资格、长期居留许可的，予以撤职或者开除。

第三十二条 有下列行为之一的，予以警告、记过或者记大过；情节较重的，予以降级或者撤职；情节严重的，予以开除：

（一）在选拔任用、录用、聘用、考核、晋升、评选等干部人事工作中违反有关规定的；

（二）弄虚作假，骗取职务、职级、衔级、级别、岗位和职员等级、职称、待遇、资格、学历、学位、荣誉、奖励或者其他利益的；

（三）对依法行使批评、申诉、控告、检举等权利的行为进行压制或者打击报复的；

（四）诬告陷害，意图使他人受到名誉损害或者责任追究等不良影响的；

（五）以暴力、威胁、贿赂、欺骗等手段破坏选举的。

第三十三条 有下列行为之一的，予以警告、记过或者记大过；情节较重的，予以降级或者撤职；情节严重的，予以开除：

（一）贪污贿赂的；

（二）利用职权或者职务上的影响为本人或者他人谋取私利的；

（三）纵容、默许特定关系人利用本人职权或者职务上的影响谋取私利的。

拒不按照规定纠正特定关系人违规任职、兼职或者从事经营活动，且不服从职务调整的，予以撤职。

第三十四条 收受可能影响公正行使公权力的礼品、礼金、有价证券等财物的，予以警告、记过或者记大过；情节较重的，予以降级或者撤职；情节严重的，予以开除。

向公职人员及其特定关系人赠送可能影响公正行使公权力的礼品、礼金、有价证券等财物，或者接受、提供可能影响公正行使公权力的宴请、旅游、健身、娱乐等活动安排，情节较重的，予以警告、记过或者记大过；情节严重的，予以降级或者撤职。

第三十五条 有下列行为之一，情节较重的，予以警告、记过或者记大过；情节严重的，予以降级或者撤职：

（一）违反规定设定、发放薪酬或者津贴、补贴、奖金的；

（二）违反规定，在公务接待、公务交通、会议活动、办公用房以及其他工作生活保障等方面超标准、超范围的；

（三）违反规定公款消费的。

第三十六条 违反规定从事或者参与营利性活动，或者违反规定兼任职务、领取报酬的，予以警告、记过或者记大过；情节较重的，予以降级或者撤职；情节严重的，予以开除。

第三十七条 利用宗族或者黑恶势力等欺压群众，或者纵容、包庇黑恶势力活动的，予以撤职；情节严重的，予以开除。

第三十八条 有下列行为之一，情节较重的，予以警告、记过或者记大过；情节严重的，予以降级或者撤职：

（一）违反规定向管理服务对象收取、摊派财物的；

（二）在管理服务活动中故意刁难、吃拿卡要的；

（三）在管理服务活动中态度恶劣粗暴，造成不良后果或者影响的；

（四）不按照规定公开工作信息，侵犯管理服务对象知情权，造成不良后果或者影响的；

（五）其他侵犯管理服务对象利益的行为，造成不良后果或者影响的。

有前款第一项、第二项和第五项行为，情节特别严重的，予以开除。

第三十九条 有下列行为之一，造成不良后果或者影响的，予以警告、记过或者记大过；情节较重的，予以降级或者撤职；情节严重的，予以开除：

（一）滥用职权，危害国家利益、社会公共利益或者侵害公民、法人、其他组织合法权益的；

（二）不履行或者不正确履行职责，玩忽职守，贻误工作的；

（三）工作中有形式主义、官僚主义行为的；

（四）工作中有弄虚作假，误导、欺骗行为的；

（五）泄露国家秘密、工作秘密，或者泄露因履行职责掌握的商业秘密、个人隐私的。

第四十条 有下列行为之一的，予以警告、记过或者记大过；情节较重的，予以降级或者撤职；情节严重的，予以开除：

（一）违背社会公序良俗，在公共场所有不当行为，造成不良影响的；

（二）参与或者支持迷信活动，造成不良影响的；

（三）参与赌博的；

（四）拒不承担赡养、抚养、扶养义务的；

（五）实施家庭暴力，虐待、遗弃家庭成员的；

（六）其他严重违反家庭美德、社会公德的行为。

吸食、注射毒品，组织赌博，组织、支持、参与卖淫、嫖娼、色情淫乱活动的，予以撤职或者开除。

第四十一条 公职人员有其他违法行为，影响公职人员形象，损害国家和人民利益的，可以根据情节轻重给予相应政务处分。

第四章 政务处分的程序

第四十二条 监察机关对涉嫌违法的公职人员进行调查，应当由二名以上工作人员进行。监察机关进行调查时，有权依法向有关单位和个人了解情况，收集、调取证据。有关单位和个人应当如实提供情况。

严禁以威胁、引诱、欺骗及其他非法方式收集证据。以非法方式收集的证据不得作为给予政务处分的依据。

第四十三条 作出政务处分决定前，监察机关应当将调查认定的违法事实及拟给予政务处分的依据告知被调查人，听取被调查人的陈述和申辩，并对其陈述的事实、理由和证据进行核实，记录在案。

被调查人提出的事实、理由和证据成立的，应予采纳。不得因被调查人的申辩而加重政务处分。

第四十四条 调查终结后，监察机关应当根据下列不同情况，分别作出处理：

（一）确有应受政务处分的违法行为的，根据情节轻重，按照政务处分决定权限，履行规定的审批手续后，作出政务处分决定；

（二）违法事实不能成立的，撤销案件；

（三）符合免予、不予政务处分条件的，作出免予、不予政务处分决定；

（四）被调查人涉嫌其他违法或者犯罪行为的，依法移送主管机关处理。

第四十五条 决定给予政务处分的，应当制作政务处分决定书。

政务处分决定书应当载明下列事项：

（一）被处分人的姓名、工作单位和职务；

（二）违法事实和证据；

（三）政务处分的种类和依据；

（四）不服政务处分决定，申请复审、复核的途径和期限；

（五）作出政务处分决定的机关名称和日期。

政务处分决定书应当盖有作出决定的监察机关的印章。

第四十六条 政务处分决定书应当及时送达被处分人和被处分人所在机关、单位，并在一定范围内宣布。

作出政务处分决定后，监察机关应当根据被处分人的具体身份书面告知相关的机关、单位。

第四十七条 参与公职人员违法案件调查、处理的人员有下列情形之一的，应当自行回避，被调查人、检举人及其他有关人员也有权要求其回避：

（一）是被调查人或者检举人的近亲属的；

（二）担任过本案的证人的；

（三）本人或者其近亲属与调查的案件有利害关系的；

（四）可能影响案件公正调查、处理的其他情形。

第四十八条 监察机关负责人的回避，由上级监察机关决定；其他参与违法案件调查、处理人员的回避，由监察机关负责人决定。

监察机关或者上级监察机关发现参与违法案件调查、处理人员有应当回避情形的，可以直接决定该人员回避。

第四十九条　公职人员依法受到刑事责任追究的，监察机关应当根据司法机关的生效判决、裁定、决定及其认定的事实和情节，依照本法规定给予政务处分。

公职人员依法受到行政处罚，应当给予政务处分的，监察机关可以根据行政处罚决定认定的事实和情节，经立案调查核实后，依照本法给予政务处分。

监察机关根据本条第一款、第二款的规定作出政务处分后，司法机关、行政机关依法改变原生效判决、裁定、决定等，对原政务处分决定产生影响的，监察机关应当根据改变后的判决、裁定、决定等重新作出相应处理。

第五十条　监察机关对经各级人民代表大会、县级以上各级人民代表大会常务委员会选举或者决定任命的公职人员予以撤职、开除的，应当先依法罢免、撤销或者免去其职务，再依法作出政务处分决定。

监察机关对经中国人民政治协商会议各级委员会全体会议或者其常务委员会选举或者决定任命的公职人员予以撤职、开除的，应当先依章程免去其职务，再依法作出政务处分决定。

监察机关对各级人民代表大会代表、中国人民政治协商会议各级委员会委员给予政务处分的，应当向有关的人民代表大会常务委员会，乡、民族乡、镇的人民代表大会主席团或者中国人民政治协商会议委员会常务委员会通报。

第五十一条　下级监察机关根据上级监察机关的指定管辖决定进行调查的案件，调查终结后，对不属于本监察机关管辖范围内的监察对象，应当交有管理权限的监察机关依法作出政务处分决定。

第五十二条　公职人员涉嫌违法，已经被立案调查，不宜继续履行职责的，公职人员任免机关、单位可以决定暂停其履行职务。

公职人员在被立案调查期间，未经监察机关同意，不得出境、辞去公职；被调查公职人员所在机关、单位及上级机关、单位不得对其交流、晋升、奖励、处分或者办理退休手续。

第五十三条　监察机关在调查中发现公职人员受到不实检举、

控告或者诬告陷害，造成不良影响的，应当按照规定及时澄清事实，恢复名誉，消除不良影响。

第五十四条 公职人员受到政务处分的，应当将政务处分决定书存入其本人档案。对于受到降级以上政务处分的，应当由人事部门按照管理权限在作出政务处分决定后一个月内办理职务、工资及其他有关待遇等的变更手续；特殊情况下，经批准可以适当延长办理期限，但是最长不得超过六个月。

第五章 复审、复核

第五十五条 公职人员对监察机关作出的涉及本人的政务处分决定不服的，可以依法向作出决定的监察机关申请复审；公职人员对复审决定仍不服的，可以向上一级监察机关申请复核。

监察机关发现本机关或者下级监察机关作出的政务处分决定确有错误的，应当及时予以纠正或者责令下级监察机关及时予以纠正。

第五十六条 复审、复核期间，不停止原政务处分决定的执行。

公职人员不因提出复审、复核而被加重政务处分。

第五十七条 有下列情形之一的，复审、复核机关应当撤销原政务处分决定，重新作出决定或者责令原作出决定的监察机关重新作出决定：

（一）政务处分所依据的违法事实不清或者证据不足的；

（二）违反法定程序，影响案件公正处理的；

（三）超越职权或者滥用职权作出政务处分决定的。

第五十八条 有下列情形之一的，复审、复核机关应当变更原政务处分决定，或者责令原作出决定的监察机关予以变更：

（一）适用法律、法规确有错误的；

（二）对违法行为的情节认定确有错误的；

（三）政务处分不当的。

第五十九条 复审、复核机关认为政务处分决定认定事实清楚，适用法律正确的，应当予以维持。

第六十条 公职人员的政务处分决定被变更，需要调整该公职人员的职务、职级、衔级、级别、岗位和职员等级或者薪酬待遇等的，应当按照规定予以调整。政务处分决定被撤销的，应当恢复该公职人员的级别、薪酬待遇，按照原职务、职级、衔级、岗位和职员等级安排相应的职务、职级、衔级、岗位和职员等级，并在原政务处分决定公布范围内为其恢复名誉。没收、追缴财物错误的，应当依法予以返还、赔偿。

公职人员因有本法第五十七条、第五十八条规定的情形被撤销政务处分或者减轻政务处分的，应当对其薪酬待遇受到的损失予以补偿。

第六章　法律责任

第六十一条　有关机关、单位无正当理由拒不采纳监察建议的，由其上级机关、主管部门责令改正，对该机关、单位给予通报批评，对负有责任的领导人员和直接责任人员依法给予处理。

第六十二条　有关机关、单位、组织或者人员有下列情形之一的，由其上级机关，主管部门，任免机关、单位或者监察机关责令改正，依法给予处理：

（一）拒不执行政务处分决定的；

（二）拒不配合或者阻碍调查的；

（三）对检举人、证人或者调查人员进行打击报复的；

（四）诬告陷害公职人员的；

（五）其他违反本法规定的情形。

第六十三条　监察机关及其工作人员有下列情形之一的，对负有责任的领导人员和直接责任人员依法给予处理：

（一）违反规定处置问题线索的；

（二）窃取、泄露调查工作信息，或者泄露检举事项、检举受理情况以及检举人信息的；

（三）对被调查人或者涉案人员逼供、诱供，或者侮辱、打骂、虐待、体罚或者变相体罚的；

（四）收受被调查人或者涉案人员的财物以及其他利益的；

（五）违反规定处置涉案财物的；

（六）违反规定采取调查措施的；

（七）利用职权或者职务上的影响干预调查工作、以案谋私的；

（八）违反规定发生办案安全事故，或者发生安全事故后隐瞒不报、报告失实、处置不当的；

（九）违反回避等程序规定，造成不良影响的；

（十）不依法受理和处理公职人员复审、复核的；

（十一）其他滥用职权、玩忽职守、徇私舞弊的行为。

第六十四条 违反本法规定，构成犯罪的，依法追究刑事责任。

第七章 附 则

第六十五条 国务院及其相关主管部门根据本法的原则和精神，结合事业单位、国有企业等的实际情况，对事业单位、国有企业等的违法的公职人员处分事宜作出具体规定。

第六十六条 中央军事委员会可以根据本法制定相关具体规定。

第六十七条 本法施行前，已结案的案件如果需要复审、复核，适用当时的规定。尚未结案的案件，如果行为发生时的规定不认为是违法的，适用当时的规定；如果行为发生时的规定认为是违法的，依照当时的规定处理，但是如果本法不认为是违法或者根据本法处理较轻的，适用本法。

第六十八条 本法自 2020 年 7 月 1 日起施行。

教　育

国务院办公厅关于加快医学教育创新发展的指导意见

（2020年9月17日　国办发〔2020〕34号）

医学教育是卫生健康事业发展的重要基石。党的十八大以来，我国医学教育蓬勃发展，为卫生健康事业输送了大批高素质医学人才。在新冠肺炎疫情防控中，我国医学教育培养的医务工作者发挥了重要作用。但同时，面对疫情提出的新挑战、实施健康中国战略的新任务、世界医学发展的新要求，我国医学教育还存在人才培养结构亟需优化、培养质量亟待提高、医药创新能力有待提升等问题。为加快医学教育创新发展，经国务院同意，现提出以下意见。

一、总体要求

（一）指导思想。以习近平新时代中国特色社会主义思想为指导，全面贯彻党的十九大和十九届二中、三中、四中全会精神，按照党中央、国务院决策部署，落实立德树人根本任务，把医学教育摆在关系教育和卫生健康事业优先发展的重要地位，立足基本国情，以服务需求为导向，以新医科建设为抓手，着力创新体制机制，分类培养研究型、复合型和应用型人才，全面提高人才培养质量，为推进健康中国建设、保障人民健康提供强有力的人才保障。

（二）基本原则。

——以新理念谋划医学发展。将医学发展理念从疾病诊疗提升拓展为预防、诊疗和康养，加快以疾病治疗为中心向以健康促进为中心转变，服务生命全周期、健康全过程。

——*以新定位推进医学教育发展*。以“大国计、大民生、大学科、大专业”的新定位推进医学教育改革创新发展，服务健康中国建设和教育强国建设。

——*以新内涵强化医学生培养*。加强救死扶伤的道术、心中有爱的仁术、知识扎实的学术、本领过硬的技术、方法科学的艺术的教育，培养医德高尚、医术精湛的人民健康守护者。

——*以新医科统领医学教育创新*。优化学科专业结构，体现“大健康”理念和新科技革命内涵，对现有专业建设提出理念内容、方法技术、标准评价的新要求，建设一批新的医学相关专业，强力推进医科与多学科深度交叉融合。

（三）*工作目标*。到2025年，医学教育学科专业结构更加优化，管理体制机制更加科学高效；医科与多学科深度交叉融合、高水平的医学人才培养体系基本建立，培养质量进一步提升；医学人才使用激励机制更加健全。到2030年，建成具有中国特色、更高水平的医学人才培养体系，医学科研创新能力显著提高，服务卫生健康事业的能力显著增强。

二、全面优化医学人才培养结构

（四）*提升医学专业学历教育层次*。严格控制高职（专科）临床医学类专业招生规模，大力发展高职护理专业教育，加大护理专业人才供给。稳步发展本科临床医学类、中医学类专业教育，缩减临床医学、中医学专业招生规模过大的医学院校招生计划。适度扩大研究生招生规模，调整研究生招生结构，新增招生计划重点向紧缺人才倾斜。坚持以需定招，合理确定招生结构和规模。高校要结合人才需求和教育资源状况，科学合理设置医学院。

（五）*着力加强医学学科建设*。在一流大学和一流学科建设中，加大医学及相关学科建设布局和支持力度。2020年临床医学博士专业学位授权单位均须设置麻醉、感染、重症、儿科学科，大幅度扩大麻醉、感染、重症、儿科研究生招生规模。优化学科结构，2021年完成医学二级学科目录编制调整，将麻醉、感染、重症学科纳入临床医学指导性二级学科目录并加大建设力度。统筹研究医学相关一级学科设置。修订临床医学博士、硕士研究生培养方案，加强麻醉、感染、重症学科研究生课程建设，强化实践能力和科研思维能力培养。在医学领域新建一批教育部重点实验室。

（六）加大全科医学人才培养力度。提升基层医疗卫生行业职业吸引力。逐步扩大订单定向免费医学生培养规模，中央财政继续支持为中西部乡镇卫生院培养本科定向医学生，各地要结合实际为村卫生室和边远贫困地区乡镇卫生院培养一批高职定向医学生，加快培养“小病善治、大病善识、重病善转、慢病善管”的防治结合全科医学人才。系统规划全科医学教学体系，3 年内推动医学院校普遍成立全科医学教学组织机构，加强面向全体医学生的全科医学教育，建设 100 个左右国家全科医学实践教学示范基地，加强师资培训。2021 年起开展临床医学（全科医学）博士专业学位研究生招生培养工作，扩大临床医学（全科医学）硕士专业学位研究生招生规模。加快推进全科医生薪酬制度改革，拓展全科医生职业发展前景。

（七）加快高水平公共卫生人才培养体系建设。提高公共卫生教育在高等教育体系中的定位，依托高水平大学布局建设一批高水平公共卫生学院。加强培养体系建设，强化预防医学本科专业学生实践能力培养，加强医学院校与疾病预防控制中心、传染病医院的医教研合作，3 年内建设 30 个左右公共卫生实训示范基地。将公共卫生硕士专业学位培养计划作为公共卫生研究生教育的主体培养计划，创立发展公共卫生博士专业学位教育，开展多学科背景下的公共卫生高层次人才培养改革试点。加大高层次专业人才供给，将公共卫生与预防医学相关学科专业纳入“国家关键领域急需高层次人才培养专项招生计划”支持范围，增加专项研究生招生计划数量，在“十四五”期间持续扩大培养规模。

（八）加快高层次复合型医学人才培养。健全以职业需求为导向的人才培养体系，设置交叉学科，促进医工、医理、医文学科交叉融合。推进“医学+X”多学科背景的复合型创新拔尖人才培养；深化基础医学人才培养模式改革；推进基础与临床融通的整合式八年制临床医学教育改革，加大政策保障力度，支持八年制医学专业毕业生进入博士后流动站；深化临床药学高层次人才培养改革；扩大学术型医学博士研究生培养规模，开展医师科学家培养改革试点。在“基础学科拔尖学生培养计划 2.0”中，强化高端基础医学人才和药学人才培养。加强与国际高水平大学、科研机构的交流合作，培养具有国际视野的高层次拔尖创新医学人才。

三、全力提升院校医学人才培养质量

（九）提高入口生源质量。积极采取措施吸引优质生源报考医学专业。依托高水平大学建设一批一流医学院。举办医学教育的中央部门所属高校要深挖潜力，着力提升培养能力，积极扩大本科医学专业招生规模。在基础学科招生改革试点工作中加大对医学人才培养支持力度，将基础医学等医学学科纳入改革试点。研究将护理（学）专业纳入国家控制布点专业。

（十）培养仁心仁术的医学人才。深化本科医学教育教学内容、课程体系和教学方法改革，推进“卓越医生教育培养计划 2.0”，到 2021 年建设 600 个左右医学本科一流专业建设点。强化医学生职业素养教育，加强医学伦理、科研诚信教育，发挥课程思政作用，着力培养医学生救死扶伤精神。推进医学教育课堂教学改革，着力提高教学水平，加强教研室等基层教学组织建设，完善管理制度，激发组织活力；强化对医学生的公共卫生与预防医学、传染病防控知识等教育，组织编写传染病学等医学类精品教材，将中医药课程列入临床医学类专业必修课程。强化现代信息技术与医学教育教学的深度融合，探索智能医学教育新形态，建设 400 门左右国家级医学虚拟仿真实验教学一流课程，推出 1500 门左右国家级医学线上线下精品课程；建设国家临床医学、中医学、公共卫生等教学案例共享资源库。加快基于器官系统的基础与临床整合式教学改革，研究建立医学生临床实践保障政策机制，强化临床实习过程管理，加快以能力为导向的学生考试评价改革。加强护理专业人才培养，构建理论、实践教学与临床护理实际有效衔接的课程体系，加快建设高水平“双师型”护理教师队伍，提升学生的评判性思维和临床实践能力。推进高职医药类高水平专业群建设。建设国家及区域院校医学教育发展基地，带动院校医学教育水平整体提升。医学院校在临床医学类专业学位硕士研究生考试招生中，进一步加强对考生职业素质和临床实践技能的考查。研究发布研究生核心课程指南，不断完善临床医学、口腔医学、中医硕士专业学位研究生教育与住院医师规范化培训（以下简称住培）的有机衔接。

（十一）传承创新发展中医药教育。强化中医药专业在中医药院校中的主体地位，集中优势资源做大做强中医药主干专业。支持中医药院校加强对中医药传统文化功底深厚、热爱中医的优秀学生的选拔培养。强化传承，把中医药经典能力培养作为重点，提高中医类专业经典课程比重，将中医药经典融入中医基础与临床课程，强化学生中医思维培养。建立早跟师、早临床学习制度，将师承教育贯穿临床实践教学全过程。支持编写一批符合中医药教育规律的核心课程教材。注重创新，试点开展九年制中西医结合教育，培养少而精、高层次、高水平的中西医结合人才；探索多学科交叉创新型中医药人才培养。

（十二）夯实高校附属医院医学人才培养主阵地。教育、卫生健康、中医药部门要医教协同加强和规范高校附属医院管理；抓紧制定完善高校附属医院等临床教学基地标准，将人才培养质量纳入临床教学基地绩效考核和卫生专业技术人员医疗卫生职称晋升评价的重要内容。高校要把附属医院教学、科研建设纳入学校发展整体规划，根据人才培养规模、科学研究和医学生临床实践教学需求，科学规划设置附属医院的数量，防止盲目增设附属医院；强化附属医院临床教学主体职能，增加对附属医院教学工作的经费投入。高校附属医院要健全临床教学组织机构、稳定教学管理队伍，围绕人才培养整合优化临床科室设置，设立专门的教学门诊和教学病床，着力推进医学生早临床、多临床、反复临床。

（十三）系统推进综合性大学医学教育统筹管理。实化医学院（部）职能，完善大学、医学院（部）、附属医院医学教育管理运行机制，保障医学教育的完整性；配齐配强医学教育各级管理干部，在现有领导职数限额内，加快实现有医学专业背景的高校负责人分管医学教育或兼任医学院（部）主要负责人。教育部、国家卫生健康委加快推进与省级人民政府共建综合性大学医学院（部），完善管理体制机制，加大支持力度，提升共建院校办学能力和水平。

（十四）建立健全医学教育质量评估认证制度。加快推进医学教育专业认证，构建医学专业全覆盖的医学教育认证体系，建立具有中国特色、国际实质等效的院校医学教育专业认证制度。逐步将认证结果向社会公布，对认证不合格的医学院校限期整改，整改后仍不达标的取消相关专业招生资格。将医师资格和护士执业资格考试通过率作为评价医学人才培养质量的重要内容，对资格考试通过率连续3年低于50%的高校予以减招。推进毕业后医学教育基地认证和继续医学教育学分认证，将住培结业考核通过率、年度业务水平测试结果等作为住培基地质量评估的核心指标，对住培结业理论考核通过率连续2年排名全国后5%位次的专业基地予以减招。

（十五）加快建立医药基础研究创新基地。发挥综合性大学学科综合优势，建立“医学+X”多学科交叉融合平台和机制。围绕生命健康、临床诊疗、生物安全、药物创新、疫苗攻关等领域，建设临床诊疗、生命科学、药物研发高度融合，医学与人工智能、材料等工科以及生物、化学等理科交叉融合，产学研融通创新、基础研究支撑临床诊疗创新的具有中国特色、世界水平的医药基础研究创新基地。

四、深化住院医师培训和继续医学教育改革

（十六）健全住院医师规范化培训制度。夯实住院医师医学理论基础，强化临床思维、临床实践能力培养，将医德医风相关课程作为必修课程，提高外语文献阅读与应用能力。加大全科等紧缺专业住院医师培训力度。加强公共卫生医师规范化培训，加快培养一批防治复合型公共卫生人才。保障住院医师合理待遇，住培基地综合考虑经济发展、物价变动、所在地城镇职工平均工资等因素，结合实际制定培训对象薪酬待遇发放标准，鼓励承担培训任务的公立医疗卫生机构对全科、儿科等紧缺专业培训对象的薪酬待遇予以倾斜，发挥示范引领作用，具体办法由国家卫生健康委会同财政部、人力资源社会保障部等制定。对面向社会招收的培训对象，住培基地依法与其签订劳动合同，明确培训期间双方权利义务，劳动合同到期后依法终止，培训对象自主择业。面向社会招收的普通高校应届毕业生培训对象培训合格当年在医疗卫生机构就业的，在招聘、派遣、落户等方面，按当年应届毕业生同等对待。对经住培合格的本科学历临床医师，在人员招聘、职称晋升、岗位聘用、薪酬待遇等方面，与临床医学、中医专业学位硕士研究生同等对待。依托现有资源实施毕业后医学教育质量提升工程，加强信息化建设，择优建设一批国家住培示范基地、重点专业基地、骨干师资培训基地和标准化住培实践技能考核基地。

（十七）推进继续医学教育创新发展。将医德医风、法律法规、急诊和重症抢救、感染和自我防护，以及传染病防控、健康教育等公共卫生知识与技能作为医务人员必修课。创新继续教育方式，逐步推广可验证的自学模式。大力发展远程教育，健全远程继续医学教育网络。将医务人员接受继续医学教育的情况纳入其年度绩效考核的必备内容。用人单位要加大投入，依法依规提取和使用职工教育经费，保证所有在职在岗医务人员接受继续教育和职业再培训。在卫生专业技术人员职称评价中，突出品德、能力、业绩导向，强调临床实践等业务工作能力，破除唯论文倾向。

五、完善保障措施

（十八）加强组织领导。教育部、国家卫生健康委、国家中医药局等部门要进一步加强医学教育综合管理和统筹，协调解决医学教育创新发展有关问题。各地、各有关部门要加强领导、周密部署、统筹资源、落实责任，把医学教育创新发展纳入本地区经济社会发展规划和本部门重点工作计划，制定实施方案和配套政策措施。各省、自治区、直辖市要在 2020 年 12 月底前出台具体实施方案。充分发挥行业组织协助政府服务管理毕业后医学教育、继续医学教育工作的作用和优势。

（十九）实施国家重大战略工程。统筹各方资金资源，加强对医学教育投入保障。推进人才培养、科学研究改革创新，支持国家及区域院校医学教育发展基地、一流医学院、高水平公共卫生学院、医药基础研究创新基地等建设，支持“卓越医生教育培养计划 2. 0”、“基础学科拔尖学生培养计划 2. 0”等重大改革。支持国家住培示范基地、标准化住培实践技能考核基地、毕业后医学教育和继续医学教育信息化等建设。中央预算内投资加大对医学院校支持力度。

（二十）保障经费投入。积极支持医学教育创新发展，优化培养结构，提升培养质量。根据财力、物价变动水平、培养成本等情况，合理确定并适时调整医学门类专业生均定额拨款标准、住培补助标准。支持相关高校优化支出结构，加大医学人才培养和医学学科建设投入力度。充分调动社会、医疗卫生机构、个人出资的积极性，健全多元化、可持续的医学教育经费保障机制和政府投入动态调整机制。地方各级人民政府要按照规定落实投入责任。

科学技术

国家科学技术奖励条例

（1999 年 5 月 23 日中华人民共和国国务院令第 265 号发布　根据 2003 年 12 月 20 日《国务院关于修改〈国家科学技术奖励条例〉的决定》第一次修订　根据 2013 年 7 月 18 日《国务院关于废止和修改部分行政法规的决定》第二次修订　2020 年 10 月 7 日中华人民共和国国务院令第 731 号第三次修订）

第一章　总　　则

第一条　为了奖励在科学技术进步活动中做出突出贡献的个人、组织，调动科学技术工作者的积极性和创造性，建设创新型国家和世界科技强国，根据《中华人民共和国科学技术进步法》，制定本条例。

第二条　国务院设立下列国家科学技术奖：

（一）国家最高科学技术奖；

（二）国家自然科学奖；

（三）国家技术发明奖；

（四）国家科学技术进步奖；

（五）中华人民共和国国际科学技术合作奖。

第三条　国家科学技术奖应当与国家重大战略需要和中长期科技发展规划紧密结合。国家加大对自然科学基础研究和应用基础研究的奖励。国家自然科学奖应当注重前瞻性、理论性，国家技术发明奖应当注重原创性、实用性，国家科学技术进步奖应当注重创新性、效益性。

第四条 国家科学技术奖励工作坚持中国共产党领导，实施创新驱动发展战略，贯彻尊重劳动、尊重知识、尊重人才、尊重创造的方针，培育和践行社会主义核心价值观。

第五条 国家维护国家科学技术奖的公正性、严肃性、权威性和荣誉性，将国家科学技术奖授予追求真理、潜心研究、学有所长、研有所专、敢于超越、勇攀高峰的科技工作者。

国家科学技术奖的提名、评审和授予，不受任何组织或者个人干涉。

第六条 国务院科学技术行政部门负责国家科学技术奖的相关办法制定和评审活动的组织工作。对涉及国家安全的项目，应当采取严格的保密措施。

国家科学技术奖励应当实施绩效管理。

第七条 国家设立国家科学技术奖励委员会。国家科学技术奖励委员会聘请有关方面的专家、学者等组成评审委员会和监督委员会，负责国家科学技术奖的评审和监督工作。

国家科学技术奖励委员会的组成人员人选由国务院科学技术行政部门提出，报国务院批准。

第二章 国家科学技术奖的设置

第八条 国家最高科学技术奖授予下列中国公民：

（一）在当代科学技术前沿取得重大突破或者在科学技术发展中有卓越建树的；

（二）在科学技术创新、科学技术成果转化和高技术产业化中，创造巨大经济效益、社会效益、生态环境效益或者对维护国家安全做出巨大贡献的。

国家最高科学技术奖不分等级，每次授予人数不超过 2 名。

第九条 国家自然科学奖授予在基础研究和应用基础研究中阐明自然现象、特征和规律，做出重大科学发现的个人。

前款所称重大科学发现，应当具备下列条件：

（一）前人尚未发现或者尚未阐明；

（二）具有重大科学价值；

（三）得到国内外自然科学界公认。

第十条 国家技术发明奖授予运用科学技术知识做出产品、工艺、材料、器件及其系统等重大技术发明的个人。

前款所称重大技术发明，应当具备下列条件：

（一）前人尚未发明或者尚未公开；

（二）具有先进性、创造性、实用性；

（三）经实施，创造显著经济效益、社会效益、生态环境效益或者对维护国家安全做出显著贡献，且具有良好的应用前景。

第十一条 国家科学技术进步奖授予完成和应用推广创新性科学技术成果，为推动科学技术进步和经济社会发展做出突出贡献的个人、组织。

前款所称创新性科学技术成果，应当具备下列条件：

（一）技术创新性突出，技术经济指标先进；

（二）经应用推广，创造显著经济效益、社会效益、生态环境效益或者对维护国家安全做出显著贡献；

（三）在推动行业科学技术进步等方面有重大贡献。

第十二条 国家自然科学奖、国家技术发明奖、国家科学技术进步奖分为一等奖、二等奖2个等级；对做出特别重大的科学发现、技术发明或者创新性科学技术成果的，可以授予特等奖。

第十三条 中华人民共和国国际科学技术合作奖授予对中国科学技术事业做出重要贡献的下列外国人或者外国组织：

（一）同中国的公民或者组织合作研究、开发，取得重大科学技术成果的；

（二）向中国的公民或者组织传授先进科学技术、培养人才，成效特别显著的；

（三）为促进中国与外国的国际科学技术交流与合作，做出重要贡献的。

中华人民共和国国际科学技术合作奖不分等级。

第三章　国家科学技术奖的提名、评审和授予

第十四条 国家科学技术奖实行提名制度，不受理自荐。候选

者由下列单位或者个人提名：

（一）符合国务院科学技术行政部门规定的资格条件的专家、学者、组织机构；

（二）中央和国家机关有关部门，中央军事委员会科学技术部门，省、自治区、直辖市、计划单列市人民政府。

香港特别行政区、澳门特别行政区、台湾地区的有关个人、组织的提名资格条件，由国务院科学技术行政部门规定。

中华人民共和国驻外使馆、领馆可以提名中华人民共和国国际科学技术合作奖的候选者。

第十五条 提名者应当严格按照提名办法提名，提供提名材料，对材料的真实性和准确性负责，并按照规定承担相应责任。

提名办法由国务院科学技术行政部门制定。

第十六条 在科学技术活动中有下列情形之一的，相关个人、组织不得被提名或者授予国家科学技术奖：

（一）危害国家安全、损害社会公共利益、危害人体健康、违反伦理道德的；

（二）有科研不端行为，按照国家有关规定被禁止参与国家科学技术奖励活动的；

（三）有国务院科学技术行政部门规定的其他情形的。

第十七条 国务院科学技术行政部门应当建立覆盖各学科、各领域的评审专家库，并及时更新。评审专家应当精通所从事学科、领域的专业知识，具有较高的学术水平和良好的科学道德。

第十八条 评审活动应当坚持公开、公平、公正的原则。评审专家与候选者有重大利害关系，可能影响评审公平、公正的，应当回避。

评审委员会的评审委员和参与评审活动的评审专家应当遵守评审工作纪律，不得有利用评审委员、评审专家身份牟取利益或者与其他评审委员、评审专家串通表决等可能影响评审公平、公正的行为。

评审办法由国务院科学技术行政部门制定。

第十九条 评审委员会设立评审组进行初评，评审组负责提出初评建议并提交评审委员会。

参与初评的评审专家从评审专家库中抽取产生。

第二十条 评审委员会根据相关办法对初评建议进行评审，并向国家科学技术奖励委员会提出各奖种获奖者和奖励等级的建议。

监督委员会根据相关办法对提名、评审和异议处理工作全程进行监督，并向国家科学技术奖励委员会报告监督情况。

国家科学技术奖励委员会根据评审委员会的建议和监督委员会的报告，作出各奖种获奖者和奖励等级的决议。

第二十一条 国务院科学技术行政部门对国家科学技术奖励委员会作出的各奖种获奖者和奖励等级的决议进行审核，报国务院批准。

第二十二条 国家最高科学技术奖报请国家主席签署并颁发奖章、证书和奖金。

国家自然科学奖、国家技术发明奖、国家科学技术进步奖由国务院颁发证书和奖金。

中华人民共和国国际科学技术合作奖由国务院颁发奖章和证书。

第二十三条 国家科学技术奖提名和评审的办法、奖励总数、奖励结果等信息应当向社会公布，接受社会监督。

涉及国家安全的保密项目，应当严格遵守国家保密法律法规的有关规定，加强项目内容的保密管理，在适当范围内公布。

第二十四条 国家科学技术奖励工作实行科研诚信审核制度。国务院科学技术行政部门负责建立提名专家、学者、组织机构和评审委员、评审专家、候选者的科研诚信严重失信行为数据库。

禁止任何个人、组织进行可能影响国家科学技术奖提名和评审公平、公正的活动。

第二十五条 国家最高科学技术奖的奖金数额由国务院规定。

国家自然科学奖、国家技术发明奖、国家科学技术进步奖的奖金数额由国务院科学技术行政部门会同财政部门规定。

国家科学技术奖的奖励经费列入中央预算。

第二十六条 宣传国家科学技术奖获奖者的突出贡献和创新精神，应当遵守法律法规的规定，做到安全、保密、适度、严谨。

第二十七条 禁止使用国家科学技术奖名义牟取不正当利益。

第四章　法 律 责 任

第二十八条 候选者进行可能影响国家科学技术奖提名和评审

公平、公正的活动的，由国务院科学技术行政部门给予通报批评，取消其参评资格，并由所在单位或者有关部门依法给予处分。

其他个人或者组织进行可能影响国家科学技术奖提名和评审公平、公正的活动的，由国务院科学技术行政部门给予通报批评；相关候选者有责任的，取消其参评资格。

第二十九条　评审委员、评审专家违反国家科学技术奖评审工作纪律的，由国务院科学技术行政部门取消其评审委员、评审专家资格，并由所在单位或者有关部门依法给予处分。

第三十条　获奖者剽窃、侵占他人的发现、发明或者其他科学技术成果的，或者以其他不正当手段骗取国家科学技术奖的，由国务院科学技术行政部门报国务院批准后撤销奖励，追回奖章、证书和奖金，并由所在单位或者有关部门依法给予处分。

第三十一条　提名专家、学者、组织机构提供虚假数据、材料，协助他人骗取国家科学技术奖的，由国务院科学技术行政部门给予通报批评；情节严重的，暂停或者取消其提名资格，并由所在单位或者有关部门依法给予处分。

第三十二条　违反本条例第二十七条规定的，由有关部门依照相关法律、行政法规的规定予以查处。

第三十三条　对违反本条例规定，有科研诚信严重失信行为的个人、组织，记入科研诚信严重失信行为数据库，并共享至全国信用信息共享平台，按照国家有关规定实施联合惩戒。

第三十四条　国家科学技术奖的候选者、获奖者、评审委员、评审专家和提名专家、学者涉嫌违反其他法律、行政法规的，国务院科学技术行政部门应当通报有关部门依法予以处理。

第三十五条　参与国家科学技术奖评审组织工作的人员在评审活动中滥用职权、玩忽职守、徇私舞弊的，依法给予处分；构成犯罪的，依法追究刑事责任。

第五章　附　　则

第三十六条　有关部门根据国家安全领域的特殊情况，可以设立部级科学技术奖；省、自治区、直辖市、计划单列市人民政府可以设立一项省级科学技术奖。具体办法由设奖部门或者地方人民政府制定,并报国务院科学技术行政部门及有关单位备案。

设立省部级科学技术奖,应当按照精简原则,严格控制奖励数量,提高奖励质量,优化奖励程序。其他国家机关、群众团体,以及参照公务员法管理的事业单位,不得设立科学技术奖。

第三十七条 国家鼓励社会力量设立科学技术奖。社会力量设立科学技术奖的,在奖励活动中不得收取任何费用。

国务院科学技术行政部门应当对社会力量设立科学技术奖的有关活动进行指导服务和监督管理,并制定具体办法。

第三十八条 本条例自 2020 年 12 月 1 日起施行。

国务院关于 2019 年度国家科学技术奖励的决定

(2020 年 1 月 7 日 国发〔2020〕2 号)

为深入贯彻落实习近平新时代中国特色社会主义思想,全面贯彻党的十九大和十九届二中、三中、四中全会精神,坚定实施科教兴国战略、人才强国战略和创新驱动发展战略,国务院决定,对为我国科学技术进步、经济社会发展、国防现代化建设作出突出贡献的科学技术人员和组织给予奖励。

根据《国家科学技术奖励条例》的规定,经国家科学技术奖励评审委员会评审、国家科学技术奖励委员会审定和科技部审核,国务院批准并报请国家主席习近平签署,授予黄旭华院士、曾庆存院士国家最高科学技术奖;国务院批准,授予“高效手性螺环催化剂的发现”国家自然科学奖一等奖,授予“电化学表面增强拉曼光谱学研究”等 45 项成果国家自然科学奖二等奖,授予“复杂机场高精度飞行校验技术及装备”等 3 项成果国家技术发明奖一等奖,授予“农产品中典型化学污染物精准识别与检测关键技术”等 62 项成果国家技术发明奖二等奖,授予“海上大型绞吸疏浚装备的自主研发与产业化”等 3 项成果国家科学技术进步奖特等奖，授予“高品质特殊钢绿色高效电渣重熔关键技术的开发和应用”等22项成果国家科学技术进步奖一等奖，授予“优质早熟抗寒抗赤霉病小麦新品种西农979的选育与应用”等160项成果国家科学技术进步奖二等奖，授予马丁·波利亚科夫教授等10名外国专家中华人民共和国国际科学技术合作奖。

全国科学技术工作者要向黄旭华院士、曾庆存院士及全体获奖者学习，不忘初心、牢记使命，继续发扬服务国家、造福人民的光荣传统和追求真理、勇攀高峰的科学精神，坚持新发展理念，深入实施创新驱动发展战略，坚定不移走中国特色自主创新道路，着力实现原始创新重大突破，攻克关键核心技术，推动科技成果转化应用，加强科技创新开放合作，为建成创新型国家、加快建设世界科技强国，夺取全面建成小康社会伟大胜利、实现“两个一百年”奋斗目标和中华民族伟大复兴的中国梦作出新的更大贡献。

国务院关于促进国家高新技术产业开发区高质量发展的若干意见

（2020年7月13日　国发〔2020〕7号）

国家高新技术产业开发区（以下简称国家高新区）经过30多年发展，已经成为我国实施创新驱动发展战略的重要载体，在转变发展方式、优化产业结构、增强国际竞争力等方面发挥了重要作用，走出了一条具有中国特色的高新技术产业化道路。为进一步促进国家高新区高质量发展，发挥好示范引领和辐射带动作用，现提出以下意见。

一、总体要求

（一）指导思想。

以习近平新时代中国特色社会主义思想为指导，贯彻落实党的十九大和十九届二中、三中、四中全会精神，牢固树立新发展理念，继续坚持“发展高科技、实现产业化”方向，以深化体制机制改革和营造良好创新创业生态为抓手,以培育发展具有国际竞争力的企业和产业为重点,以科技创新为核心着力提升自主创新能力,围绕产业链部署创新链,围绕创新链布局产业链,培育发展新动能,提升产业发展现代化水平,将国家高新区建设成为创新驱动发展示范区和高质量发展先行区。

(二)基本原则。

坚持创新驱动,引领发展。以创新驱动发展为根本路径,优化创新生态,集聚创新资源,提升自主创新能力,引领高质量发展。

坚持高新定位,打造高地。牢牢把握"高"和"新"发展定位,抢占未来科技和产业发展制高点,构建开放创新、高端产业集聚、宜创宜业宜居的增长极。

坚持深化改革,激发活力。以转型升级为目标,完善竞争机制,加强制度创新,营造公开、公正、透明和有利于促进优胜劣汰的发展环境,充分释放各类创新主体活力。

坚持合理布局,示范带动。加强顶层设计,优化整体布局,强化示范带动作用,推动区域协调可持续发展。

坚持突出特色,分类指导。根据地区资源禀赋与发展水平,探索各具特色的高质量发展模式,建立分类评价机制,实行动态管理。

(三)发展目标。

到2025年,国家高新区布局更加优化,自主创新能力明显增强,体制机制持续创新,创新创业环境明显改善,高新技术产业体系基本形成,建立高新技术成果产出、转化和产业化机制,攻克一批支撑产业和区域发展的关键核心技术,形成一批自主可控、国际领先的产品,涌现一批具有国际竞争力的创新型企业和产业集群,建成若干具有世界影响力的高科技园区和一批创新型特色园区。到2035年,建成一大批具有全球影响力的高科技园区,主要产业进入全球价值链中高端,实现园区治理体系和治理能力现代化。

二、着力提升自主创新能力

(四)大力集聚高端创新资源。国家高新区要面向国家战略和产业发展需求,通过支持设立分支机构、联合共建等方式,积极引入境内外高等学校、科研院所等创新资源。支持国家高新区以骨干企业为主体,联合高等学校、科研院所建设市场化运行的高水平实验设施、创新基地。积极培育新型研发机构等产业技术创新组织。对符合条件纳入国家重点实验室、国家技术创新中心的,给予优先支持。

(五)吸引培育一流创新人才。支持国家高新区面向全球招才引智。支持园区内骨干企业等与高等学校共建共管现代产业学院,培养高端人才。在国家高新区内企业工作的境外高端人才,经市级以上人民政府科技行政部门(外国人来华工作管理部门)批准,申请工作许可的年龄可放宽至65岁。国家高新区内企业邀请的外籍高层次管理和专业技术人才,可按规定申办多年多次的相应签证;在园区内企业工作的外国人才,可按规定申办5年以内的居留许可。对在国内重点高等学校获得本科以上学历的优秀留学生以及国际知名高校毕业的外国学生,在国家高新区从事创新创业活动的,提供办理居留许可便利。

(六)加强关键核心技术创新和成果转移转化。国家高新区要加大基础和应用研究投入,加强关键共性技术、前沿引领技术、现代工程技术、颠覆性技术联合攻关和产业化应用,推动技术创新、标准化、知识产权和产业化深度融合。支持国家高新区内相关单位承担国家和地方科技计划项目,支持重大创新成果在园区落地转化并实现产品化、产业化。支持在国家高新区内建设科技成果中试工程化服务平台,并探索风险分担机制。探索职务科技成果所有权改革。加强专业化技术转移机构和技术成果交易平台建设,培育科技咨询师、技术经纪人等专业人才。

三、进一步激发企业创新发展活力

(七)支持高新技术企业发展壮大。引导国家高新区内企业进一步加大研发投入,建立健全研发和知识产权管理体系,加强商标品牌建设,提升创新能力。建立健全政策协调联动机制,落实好研发费用加计扣除、高新技术企业所得税减免、小微企业普惠性税收减免等政策。持续扩大高新技术企业数量,培育一批具有国际竞争力的创新型企业。进一步发挥高新区的发展潜力,培育一批独角兽企业。

(八)积极培育科技型中小企业。支持科技人员携带科技成果在国家高新区内创新创业,通过众创、众包、众扶、众筹等途径,孵化和培育科技型创业团队和初创企业。扩大首购、订购等非招标方式的应用,加大对科技型中小企业重大创新技术、产品和服务采购力度。

将科技型中小企业培育孵化情况列入国家高新区高质量发展评价指标体系。

（九）加强对科技创新创业的服务支持。强化科技资源开放和共享，鼓励园区内各类主体加强开放式创新，围绕优势专业领域建设专业化众创空间和科技企业孵化器。发展研究开发、技术转移、检验检测认证、创业孵化、知识产权、科技咨询等科技服务机构，提升专业化服务能力。继续支持国家高新区打造科技资源支撑型、高端人才引领型等创新创业特色载体，完善园区创新创业基础设施。

四、推进产业迈向中高端

（十）大力培育发展新兴产业。加强战略前沿领域部署，实施一批引领型重大项目和新技术应用示范工程，构建多元化应用场景，发展新技术、新产品、新业态、新模式。推动数字经济、平台经济、智能经济和分享经济持续壮大发展，引领新旧动能转换。引导企业广泛应用新技术、新工艺、新材料、新设备，推进互联网、大数据、人工智能同实体经济深度融合，促进产业向智能化、高端化、绿色化发展。探索实行包容审慎的新兴产业市场准入和行业监管模式。

（十一）做大做强特色主导产业。国家高新区要立足区域资源禀赋和本地基础条件，发挥比较优势，因地制宜、因园施策，聚焦特色主导产业，加强区域内创新资源配置和产业发展统筹，优先布局相关重大产业项目，推动形成集聚效应和品牌优势，做大做强特色主导产业，避免趋同化。发挥主导产业战略引领作用，带动关联产业协同发展，形成各具特色的产业生态。支持以领军企业为龙头，以产业链关键产品、创新链关键技术为核心，推动建立专利导航产业发展工作机制，集成大中小企业、研发和服务机构等，加强资源高效配置，培育若干世界级创新型产业集群。

五、加大开放创新力度

（十二）推动区域协同发展。支持国家高新区发挥区域创新的重要节点作用，更好服务于京津冀协同发展、长江经济带发展、粤港澳大湾区建设、长三角一体化发展、黄河流域生态保护和高质量发展等国家重大区域发展战略实施。鼓励东部国家高新区按照市场导向原则，加强与中西部国家高新区对口合作和交流。探索异地孵化、飞地经济、伙伴园区等多种合作机制。

（十三）打造区域创新增长极。鼓励以国家高新区为主体整合或托管区位相邻、产业互补的省级高新区或各类工业园区等，打造更多集中连片、协同互补、联合发展的创新共同体。支持符合条件的地区依托国家高新区按相关规定程序申请设立综合保税区。支持国家高新区跨区域配置创新要素，提升周边区域市场主体活力，深化区域经济和科技一体化发展。鼓励有条件的地方整合国家高新区资源，打造国家自主创新示范区，在更高层次探索创新驱动发展新路径。

（十四）融入全球创新体系。面向未来发展和国际市场竞争，在符合国际规则和通行惯例的前提下，支持国家高新区通过共建海外创新中心、海外创业基地和国际合作园区等方式，加强与国际创新产业高地联动发展，加快引进集聚国际高端创新资源，深度融合国际产业链、供应链、价值链。服务园区内企业“走出去”，参与国际标准和规则制定，拓展新兴市场。鼓励国家高新区开展多种形式的国际园区合作，支持国家高新区与“一带一路”沿线国家开展人才交流、技术交流和跨境协作。

六、营造高质量发展环境

（十五）深化管理体制机制改革。建立授权事项清单制度，赋予国家高新区相应的科技创新、产业促进、人才引进、市场准入、项目审批、财政金融等省级和市级经济管理权限。建立国家高新区与省级有关部门直通车制度。优化内部管理架构，实行扁平化管理，整合归并内设机构，实行大部门制，合理配置内设机构职能。鼓励有条件的国家高新区探索岗位管理制度，实行聘用制，并建立完善符合实际的分配激励和考核机制。支持国家高新区探索新型治理模式。

（十六）优化营商环境。进一步深化“放管服”改革，加快国家高新区投资项目审批改革，实行企业投资项目承诺制、容缺受理制，减少不必要的行政干预和审批备案事项。进一步深化商事制度改革，放宽市场准入，简化审批程序，加快推进企业简易注销登记改革。在国家高新区复制推广自由贸易试验区、国家自主创新示范区等相关改革试点政策，加强创新政策先行先试。

（十七）加强金融服务。鼓励商业银行在国家高新区设立科技支行。支持金融机构在国家高新区开展知识产权投融资服务，支持开展知识产权质押融资，开发完善知识产权保险，落实首台（套）重大技术装备保险等相关政策。大力发展市场化股权投资基金。引导创业投资、私募股权、并购基金等社会资本支持高成长企业发展。鼓励金融机构创新投贷联动模式,积极探索开展多样化的科技金融服务。创新国有资本创投管理机制,允许园区内符合条件的国有创投企业建立跟投机制。支持国家高新区内高成长企业利用科创板等多层次资本市场挂牌上市。支持符合条件的国家高新区开发建设主体上市融资。

(十八)优化土地资源配置。强化国家高新区建设用地开发利用强度、投资强度、人均用地指标整体控制,提高平均容积率,促进园区紧凑发展。符合条件的国家高新区可以申请扩大区域范围和面积。省级人民政府在安排土地利用年度计划时,应统筹考虑国家高新区用地需求,优先安排创新创业平台建设用地。鼓励支持国家高新区加快消化批而未供土地,处置闲置土地。鼓励地方人民政府在国家高新区推行支持新产业、新业态发展用地政策,依法依规利用集体经营性建设用地,建设创新创业等产业载体。

(十九)建设绿色生态园区。支持国家高新区创建国家生态工业示范园区,严格控制高污染、高耗能、高排放企业入驻。加大国家高新区绿色发展的指标权重。加快产城融合发展,鼓励各类社会主体在国家高新区投资建设信息化等基础设施,加强与市政建设接轨,完善科研、教育、医疗、文化等公共服务设施,推进安全、绿色、智慧科技园区建设。

七、加强分类指导和组织管理

(二十)加强组织领导。坚持党对国家高新区工作的统一领导。国务院科技行政部门要会同有关部门,做好国家高新区规划引导、布局优化和政策支持等相关工作。省级人民政府要将国家高新区作为实施创新驱动发展战略的重要载体,加强对省内国家高新区规划建设、产业发展和创新资源配置的统筹。所在地市级人民政府要切实承担国家高新区建设的主体责任,加强国家高新区领导班子配备和干部队伍建设,并给予国家高新区充分的财政、土地等政策保障。加强分类指导,坚持高质量发展标准,根据不同地区、不同阶段、不同发展基础和创新资源等情况,对符合条件、有优势、有特色的省级高新区加快“以升促建”。

（二十一）强化动态管理。制定国家高新区高质量发展评价指标体系，突出研发经费投入、成果转移转化、创新创业质量、科技型企业培育发展、经济运行效率、产业竞争能力、单位产出能耗等内容。加强国家高新区数据统计、运行监测和绩效评价。建立国家高新区动态管理机制，对评价考核结果好的国家高新区予以通报表扬，统筹各类资金、政策等加大支持力度；对评价考核结果较差的通过约谈、通报等方式予以警告；对整改不力的予以撤销，退出国家高新区序列。

文化、旅游

国务院办公厅关于加强石窟寺保护利用工作的指导意见

（2020 年 10 月 23 日　国办发〔2020〕41 号）

为深入贯彻习近平总书记关于石窟寺保护利用工作的重要批示精神，落实党中央、国务院决策部署，切实加强新时代石窟寺保护利用工作，经国务院同意，现提出以下意见。

一、重大意义

我国石窟寺分布广泛、规模宏大、体系完整，集建筑、雕塑、壁画、书法等艺术于一体，充分体现了中华民族的审美追求、价值理念、文化精神。加强石窟寺保护利用工作，事关中华优秀传统文化传承发展，事关社会主义文化强国建设，事关高质量共建“一带一路”和促进文明交流互鉴，具有重大意义。

党中央、国务院高度重视石窟寺保护利用工作。党的十八大以来，各级党委和政府支持开展石窟寺抢救保护、考古研究、展示利用等工作，取得明显成效，但也面临一些突出问题：石窟寺文物安全风险高，容易受地质灾害、生物病害影响和人为破坏；保护基础薄弱，中小石窟寺保护管理机构和相关专业人员不足；应对岩体风化、渗水、结构失稳等病害的关键保护技术尚未突破；系统考古研究不足，价值发掘阐释和展示利用水平不高等。各地区、各部门要深刻认识做好石窟寺保护利用工作的重要性和紧迫性，牢固树立保护文物也是政绩的科学理念，切实做好各项相关工作。

二、总体要求

（一）指导思想。

以习近平新时代中国特色社会主义思想为指导，深入贯彻落实习近平总书记关于文物工作系列重要论述精神，坚持统筹规划，不断完善体制机制；坚持保护第一，运用先进科学技术提高保护水平；坚持广聚人才，建设高素质、专业化的科研和文物修复队伍；坚持传承创新，挖掘弘扬石窟寺文化艺术魅力；坚持交流互鉴，服务"一带一路"建设，走出一条具有示范意义的石窟寺保护利用之路。

（二）总体目标。

到 2022 年，石窟寺管理体制机制创新取得重要进展，石窟寺重大险情全面消除，石窟寺"四有"（有保护范围、有标志说明、有记录档案、有专门机构或专人负责管理）工作基本健全，重点石窟寺安防设施全覆盖。到"十四五"末，中央和地方协同推进、部门间密切合作、社会力量积极参与的石窟寺保护长效机制基本形成；人才培养体系基本完善，保护管理机构和队伍更加健全；保护传承、研究阐发、科技攻关、传播交流协同推进，石窟寺保护利用水平显著提升，石窟寺文化影响力日益增强。

三、主要任务

（一）加大石窟寺抢救性保护力度。开展全国石窟寺保护情况调查，2021 年上半年完成石窟寺保护利用专项规划编制工作，并推动有关内容与国民经济和社会发展规划衔接。实施石窟寺保护重大工程，分级压实政府责任，分类开展中小石窟寺抢救性保护、重要石窟寺保护示范、石窟寺安全防护设施建设，2022 年底前全面消除石窟寺重大险情。坚持抢救性保护与预防性保护并重，加强日常养护和监测工作，定期开展文物健康评估，全面提升石窟寺保护能力。（国家文物局牵头，国家发展改革委、财政部、文化和旅游部、各省级人民政府按职责分工负责）

（二）建立石窟寺安全长效机制。落实文物安全主体责任、监管责任，实施石窟寺安全直接责任人公示公告制度。加强文物安全工作力量，推动实现石窟寺安全守护员和重点石窟寺安防设施全覆盖，并在石窟寺分布密集地区设置安全防护综合控制平台。将包括石窟寺在内的各类文物安全防范工作纳入立体化社会治安防控体系建设框架中推进落实，坚持群防群治，建立完善联合执法巡查制度，加强巡逻防控，及时严厉打击损坏、损毁石窟寺本体及其历史环境风貌等违法犯罪行为。（各省级人民政府牵头，公安部、国家文物局按职责分工负责）进一步完善打击文物犯罪联合长效机制，2022 年底前开展一次以石窟寺文物盗窃盗割犯罪为重点的全国打击文物犯罪专项行动，有效遏制文物犯罪。坚决追缴被盗石窟寺文物，追索流失文物。开展石窟寺违规妆彩、涂画、燃香专项整治工作。（公安部、国家文物局、各省级人民政府按职责分工负责）

（三）深化学术研究和价值挖掘。建立完善中国石窟寺考古学研究体系，形成多学科合作研究模式，整合人文社会科学和自然科学研究力量，建设稳定的石窟寺学术科研队伍。有序开展考古调查、价值阐释、艺术研究和成果普及，2021 年底前制定出台石窟寺考古中长期计划，2022 年底前确定全国重要石窟寺考古报告编写体例并完成样稿，2035 年底前完成全国重要石窟寺考古报告出版。（国家文物局牵头，中央宣传部、教育部、中国社科院等按职责分工负责）

（四）加强石窟寺数字化保护利用。加快制定石窟寺数据采集、加工、存储、管理等方面的标准规范。持续开展石窟寺壁画、彩塑、雕像、洞窟、摩崖石刻和海外中国石窟寺文物、敦煌文书等数字化工作。加强全国和区域性石窟寺数字资源管理和共享共用。（国家文物局牵头，科技部等按职责分工负责）

（五）提升石窟寺综合展示水平。实施石窟寺展示陈列提质工程，打造精品陈列展览，完善开放石窟寺的展示标识解说系统、游客服务设施，鼓励有条件的石窟寺建设遗址博物馆。推动形成联合办展、巡回展览、云展览等线上线下相融合的石窟寺展示模式。整合河西走廊、川渝的石窟寺资源建设国家文化遗产线路、国家遗址公园。（国家文物局牵头，中央宣传部、国家发展改革委、文化和旅游部等按职责分工负责）

（六）规范石窟寺旅游开发活动。坚持发展旅游以保护为前提，避免过度商业化、娱乐化。2020 年底前核定、公布石窟寺景区游客承载量和重点洞窟的最大瞬时容量。鼓励采用限时限流、定制服务等方式规范引导参观活动。2022 年底前制定公布石窟寺开放管理导则。在石窟寺类世界文化遗产、全国重点文物保护单位全面推广预约参观制。提升石窟寺讲解服务质量，编制专门培训教材及工作手

册,加强对讲解员、导游的职业技能考核和上岗培训,规范讲解服务。(文化和旅游部、国家文物局按职责分工负责)

(七)深化石窟寺文化交流合作。加强与丝绸之路沿线国家的文化遗产保护合作,开展亚洲文化遗产保护行动,推动建立中外石窟寺结好关系。搭建高端学术平台,举办国际学术论坛,主动设置议题,促进石窟寺保护利用国际学术交流。在文物援助与合作项目中重点安排石窟寺考古研究、文物保护等项目。策划一批石窟寺文物外展精品项目,塑造中国石窟寺文化传播品牌,共同保护和传承人类优秀文明成果。(国家文物局牵头,外交部、文化和旅游部、国家国际发展合作署、中国社科院等按职责分工负责)

(八)发挥科技支撑和引领作用。强化石窟寺保护技术集成和系统解决方案供给能力,完善石窟寺保护科学技术体系。组织文博机构、高校、科研院所加快石窟寺病害检测、岩体稳定性评估、壁画和石刻保护修复新材料、无人智能监控等关键技术攻关,加强岩性地质特征、壁画制作工艺和各类病害发育机制等基础研究,传承创新传统技术和营造工艺,2022 年底前安排一批国家重点研发计划、国家自然科学基金项目。统筹考虑建设相关领域跨学科国家重点实验室,发挥科技资源共享服务平台作用。(科技部牵头,教育部、国家自然科学基金委、国家文物局等按职责分工负责)

(九)完善人才教育培养体系。弘扬“莫高精神”,加强人才培养和队伍建设。依托高校、科研院所培养石窟寺考古、文物保护、数字化技术人才,2022 年底前在北京大学、浙江大学、兰州大学、敦煌研究院初步建立以研究生教育为主的专门人才联合培养基地。健全职业教育体系,设立文物保护职业教育与培训基地,实现高技能人才素质提升和结构优化。(教育部牵头,中央宣传部、科技部、人力资源社会保障部、国家文物局等按职责分工负责)在事业单位改革中稳定基层文博队伍,加强石窟寺管理人员定期轮训,推动建立完善文物修复领域职业技能等级制度。优化绩效工资内部分配制度,落实文物考古职工野外工作津贴。扩大志愿者队伍。(国家文物局牵头,教育部、人力资源社会保障部、财政部、文化和旅游部等按职责分工负责)

(十)推进体制机制改革创新。健全国家和区域两级石窟寺协调保护研究机制,建设国家考古研究平台、国家文化遗产科技创新平台和区域级重点保护研究基地,符合条件的及时纳入国家级科技创新基地范围;支持将敦煌研究院建设成为世界文化遗产保护典范和敦煌学研究高地。创新中小石窟寺管理模式,提升中小石窟寺管理与专业水平。(国家文物局牵头,科技部、人力资源社会保障部、财政部、文化和旅游部、各省级人民政府等按职责分工负责)根据文物保护工作规律和特点,完善石窟寺保护利用项目政府采购管理方式。加强项目需求管理和履约验收,保证项目质量。针对石窟寺考古、本体修复等服务类项目特点和资质单位数量等,合理选择适当采购方式,综合评价并择优确定专业保护机构。涉及采购方式变更审批的,财政部门要简化审批程序,保障项目有序实施。(财政部牵头,国家发展改革委、国家文物局等按职责分工负责)优化工程管理,科学合理审慎确定工程内容和规模,鼓励采取设计施工一体化方式;中小石窟寺保护项目可选择专业保护机构作为项目管理单位。(国家发展改革委牵头,财政部、国家文物局等按职责分工负责)

四、实施保障

(一)加强组织领导。各地区、各部门要增强"四个意识"、坚定"四个自信"、做到"两个维护",将石窟寺保护作为重要内容提上议事日程。要落实政府主体责任,将文物工作纳入地方领导干部政绩考核综合评价体系。要建立多部门协调机制,研究解决石窟寺保护利用工作中的重大问题。

(二)强化投入保障。充分发挥地方政府区域管理优势和积极性,落实地方财政支出责任。规范石窟寺保护利用项目经费和中央预算内投资管理,完善支出标准,加快预算执行。严格按照核定后的项目预算控制数推进项目实施,不得重复评审,不得截留、挤占、挪用资金或擅自调整项目实施方案、采购需求、采购合同。不足两年的结转资金可由同级财政部门按规定统筹用于其他石窟寺保护项目。加强资金使用事中事后监管,提高资金使用效益。

(三)加强督促落实。强化石窟寺保护利用项目实施情况的事中事后评估,推行"双随机、一公开"监管,实行石窟寺保护情况通报制度。各地区要按照本意见要求,结合实际研究制定具体落实举措。文化和旅游部、国家文物局要加强对各地区贯彻落实情况的跟踪评估,重大问题向党中央、国务院报告。

卫生医药、计划生育

化妆品监督管理条例

（2020年1月3日国务院第77次常务会议通过　2020年6月16日中华人民共和国国务院令第727号公布　自2021年1月1日起施行）

第一章　总　　则

第一条　为了规范化妆品生产经营活动，加强化妆品监督管理，保证化妆品质量安全，保障消费者健康，促进化妆品产业健康发展，制定本条例。

第二条　在中华人民共和国境内从事化妆品生产经营活动及其监督管理，应当遵守本条例。

第三条　本条例所称化妆品，是指以涂擦、喷洒或者其他类似方法，施用于皮肤、毛发、指甲、口唇等人体表面，以清洁、保护、美化、修饰为目的的日用化学工业产品。

第四条　国家按照风险程度对化妆品、化妆品原料实行分类管理。

化妆品分为特殊化妆品和普通化妆品。国家对特殊化妆品实行注册管理，对普通化妆品实行备案管理。

化妆品原料分为新原料和已使用的原料。国家对风险程度较高的化妆品新原料实行注册管理，对其他化妆品新原料实行备案管理。

第五条　国务院药品监督管理部门负责全国化妆品监督管理工作。国务院有关部门在各自职责范围内负责与化妆品有关的监督管理工作。

县级以上地方人民政府负责药品监督管理的部门负责本行政区域的化妆品监督管理工作。县级以上地方人民政府有关部门在各自职责范围内负责与化妆品有关的监督管理工作。

第六条 化妆品注册人、备案人对化妆品的质量安全和功效宣称负责。

化妆品生产经营者应当依照法律、法规、强制性国家标准、技术规范从事生产经营活动,加强管理,诚信自律,保证化妆品质量安全。

第七条 化妆品行业协会应当加强行业自律,督促引导化妆品生产经营者依法从事生产经营活动,推动行业诚信建设。

第八条 消费者协会和其他消费者组织对违反本条例规定损害消费者合法权益的行为,依法进行社会监督。

第九条 国家鼓励和支持开展化妆品研究、创新,满足消费者需求,推进化妆品品牌建设,发挥品牌引领作用。国家保护单位和个人开展化妆品研究、创新的合法权益。

国家鼓励和支持化妆品生产经营者采用先进技术和先进管理规范,提高化妆品质量安全水平;鼓励和支持运用现代科学技术,结合我国传统优势项目和特色植物资源研究开发化妆品。

第十条 国家加强化妆品监督管理信息化建设,提高在线政务服务水平,为办理化妆品行政许可、备案提供便利,推进监督管理信息共享。

第二章　原料与产品

第十一条 在我国境内首次使用于化妆品的天然或者人工原料为化妆品新原料。具有防腐、防晒、着色、染发、祛斑美白功能的化妆品新原料,经国务院药品监督管理部门注册后方可使用;其他化妆品新原料应当在使用前向国务院药品监督管理部门备案。国务院药品监督管理部门可以根据科学研究的发展,调整实行注册管理的化妆品新原料的范围,经国务院批准后实施。

第十二条 申请化妆品新原料注册或者进行化妆品新原料备案,应当提交下列资料:

(一)注册申请人、备案人的名称、地址、联系方式;

(二)新原料研制报告;

（三）新原料的制备工艺、稳定性及其质量控制标准等研究资料；

（四）新原料安全评估资料。

注册申请人、备案人应当对所提交资料的真实性、科学性负责。

第十三条 国务院药品监督管理部门应当自受理化妆品新原料注册申请之日起3个工作日内将申请资料转交技术审评机构。技术审评机构应当自收到申请资料之日起90个工作日内完成技术审评，向国务院药品监督管理部门提交审评意见。国务院药品监督管理部门应当自收到审评意见之日起20个工作日内作出决定。对符合要求的，准予注册并发给化妆品新原料注册证；对不符合要求的，不予注册并书面说明理由。

化妆品新原料备案人通过国务院药品监督管理部门在线政务服务平台提交本条例规定的备案资料后即完成备案。

国务院药品监督管理部门应当自化妆品新原料准予注册之日起、备案人提交备案资料之日起5个工作日内向社会公布注册、备案有关信息。

第十四条 经注册、备案的化妆品新原料投入使用后3年内，新原料注册人、备案人应当每年向国务院药品监督管理部门报告新原料的使用和安全情况。对存在安全问题的化妆品新原料，由国务院药品监督管理部门撤销注册或者取消备案。3年期满未发生安全问题的化妆品新原料，纳入国务院药品监督管理部门制定的已使用的化妆品原料目录。

经注册、备案的化妆品新原料纳入已使用的化妆品原料目录前，仍然按照化妆品新原料进行管理。

第十五条 禁止用于化妆品生产的原料目录由国务院药品监督管理部门制定、公布。

第十六条 用于染发、烫发、祛斑美白、防晒、防脱发的化妆品以及宣称新功效的化妆品为特殊化妆品。特殊化妆品以外的化妆品为普通化妆品。

国务院药品监督管理部门根据化妆品的功效宣称、作用部位、产品剂型、使用人群等因素，制定、公布化妆品分类规则和分类目录。

第十七条 特殊化妆品经国务院药品监督管理部门注册后方可生产、进口。国产普通化妆品应当在上市销售前向备案人所在地省、自治区、直辖市人民政府药品监督管理部门备案。进口普通化妆品应当在进口前向国务院药品监督管理部门备案。

第十八条 化妆品注册申请人、备案人应当具备下列条件:

(一)是依法设立的企业或者其他组织;

(二)有与申请注册、进行备案的产品相适应的质量管理体系;

(三)有化妆品不良反应监测与评价能力。

第十九条 申请特殊化妆品注册或者进行普通化妆品备案,应当提交下列资料:

(一)注册申请人、备案人的名称、地址、联系方式;

(二)生产企业的名称、地址、联系方式;

(三)产品名称;

(四)产品配方或者产品全成分;

(五)产品执行的标准;

(六)产品标签样稿;

(七)产品检验报告;

(八)产品安全评估资料。

注册申请人首次申请特殊化妆品注册或者备案人首次进行普通化妆品备案的,应当提交其符合本条例第十八条规定条件的证明资料。申请进口特殊化妆品注册或者进行进口普通化妆品备案的,应当同时提交产品在生产国(地区)已经上市销售的证明文件以及境外生产企业符合化妆品生产质量管理规范的证明资料;专为向我国出口生产、无法提交产品在生产国(地区)已经上市销售的证明文件的,应当提交面向我国消费者开展的相关研究和试验的资料。

注册申请人、备案人应当对所提交资料的真实性、科学性负责。

第二十条 国务院药品监督管理部门依照本条例第十三条第一款规定的化妆品新原料注册审查程序对特殊化妆品注册申请进行审查。对符合要求的,准予注册并发给特殊化妆品注册证;对不符合要求的,不予注册并书面说明理由。已经注册的特殊化妆品在生产工艺、功效宣称等方面发生实质性变化的,注册人应当向原注册部门申请变更注册。

普通化妆品备案人通过国务院药品监督管理部门在线政务服务平台提交本条例规定的备案资料后即完成备案。

省级以上人民政府药品监督管理部门应当自特殊化妆品准予注

册之日起、普通化妆品备案人提交备案资料之日起5个工作日内向社会公布注册、备案有关信息。

第二十一条 化妆品新原料和化妆品注册、备案前，注册申请人、备案人应当自行或者委托专业机构开展安全评估。

从事安全评估的人员应当具备化妆品质量安全相关专业知识，并具有5年以上相关专业从业经历。

第二十二条 化妆品的功效宣称应当有充分的科学依据。化妆品注册人、备案人应当在国务院药品监督管理部门规定的专门网站公布功效宣称所依据的文献资料、研究数据或者产品功效评价资料的摘要，接受社会监督。

第二十三条 境外化妆品注册人、备案人应当指定我国境内的企业法人办理化妆品注册、备案，协助开展化妆品不良反应监测、实施产品召回。

第二十四条 特殊化妆品注册证有效期为5年。有效期届满需要延续注册的，应当在有效期届满30个工作日前提出延续注册的申请。除有本条第二款规定情形外，国务院药品监督管理部门应当在特殊化妆品注册证有效期届满前作出准予延续的决定；逾期未作决定的，视为准予延续。

有下列情形之一的，不予延续注册：

（一）注册人未在规定期限内提出延续注册申请；

（二）强制性国家标准、技术规范已经修订，申请延续注册的化妆品不能达到修订后标准、技术规范的要求。

第二十五条 国务院药品监督管理部门负责化妆品强制性国家标准的项目提出、组织起草、征求意见和技术审查。国务院标准化行政部门负责化妆品强制性国家标准的立项、编号和对外通报。

化妆品国家标准文本应当免费向社会公开。

化妆品应当符合强制性国家标准。鼓励企业制定严于强制性国家标准的企业标准。

第三章　生产经营

第二十六条 从事化妆品生产活动，应当具备下列条件：

（一）是依法设立的企业；

（二）有与生产的化妆品相适应的生产场地、环境条件、生产设施设备；

（三）有与生产的化妆品相适应的技术人员；

（四）有能对生产的化妆品进行检验的检验人员和检验设备；

（五）有保证化妆品质量安全的管理制度。

第二十七条 从事化妆品生产活动，应当向所在地省、自治区、直辖市人民政府药品监督管理部门提出申请，提交其符合本条例第二十六条规定条件的证明资料，并对资料的真实性负责。

省、自治区、直辖市人民政府药品监督管理部门应当对申请资料进行审核，对申请人的生产场所进行现场核查，并自受理化妆品生产许可申请之日起30个工作日内作出决定。对符合规定条件的，准予许可并发给化妆品生产许可证；对不符合规定条件的，不予许可并书面说明理由。

化妆品生产许可证有效期为5年。有效期届满需要延续的，依照《中华人民共和国行政许可法》的规定办理。

第二十八条 化妆品注册人、备案人可以自行生产化妆品，也可以委托其他企业生产化妆品。

委托生产化妆品的，化妆品注册人、备案人应当委托取得相应化妆品生产许可的企业，并对受委托企业（以下称受托生产企业）的生产活动进行监督，保证其按照法定要求进行生产。受托生产企业应当依照法律、法规、强制性国家标准、技术规范以及合同约定进行生产，对生产活动负责，并接受化妆品注册人、备案人的监督。

第二十九条 化妆品注册人、备案人、受托生产企业应当按照国务院药品监督管理部门制定的化妆品生产质量管理规范的要求组织生产化妆品，建立化妆品生产质量管理体系，建立并执行供应商遴选、原料验收、生产过程及质量控制、设备管理、产品检验及留样等管理制度。

化妆品注册人、备案人、受托生产企业应当按照化妆品注册或者备案资料载明的技术要求生产化妆品。

第三十条 化妆品原料、直接接触化妆品的包装材料应当符合强制性国家标准、技术规范。

不得使用超过使用期限、废弃、回收的化妆品或者化妆品原料生产化妆品。

第三十一条 化妆品注册人、备案人、受托生产企业应当建立并执行原料以及直接接触化妆品的包装材料进货查验记录制度、产品销售记录制度。进货查验记录和产品销售记录应当真实、完整,保证可追溯,保存期限不得少于产品使用期限届满后 1 年;产品使用期限不足 1 年的,记录保存期限不得少于 2 年。

化妆品经出厂检验合格后方可上市销售。

第三十二条 化妆品注册人、备案人、受托生产企业应当设质量安全负责人,承担相应的产品质量安全管理和产品放行职责。

质量安全负责人应当具备化妆品质量安全相关专业知识,并具有 5 年以上化妆品生产或者质量安全管理经验。

第三十三条 化妆品注册人、备案人、受托生产企业应当建立并执行从业人员健康管理制度。患有国务院卫生主管部门规定的有碍化妆品质量安全疾病的人员不得直接从事化妆品生产活动。

第三十四条 化妆品注册人、备案人、受托生产企业应当定期对化妆品生产质量管理规范的执行情况进行自查;生产条件发生变化,不再符合化妆品生产质量管理规范要求的,应当立即采取整改措施;可能影响化妆品质量安全的,应当立即停止生产并向所在地省、自治区、直辖市人民政府药品监督管理部门报告。

第三十五条 化妆品的最小销售单元应当有标签。标签应当符合相关法律、行政法规、强制性国家标准,内容真实、完整、准确。

进口化妆品可以直接使用中文标签,也可以加贴中文标签;加贴中文标签的,中文标签内容应当与原标签内容一致。

第三十六条 化妆品标签应当标注下列内容:

(一)产品名称、特殊化妆品注册证编号;

(二)注册人、备案人、受托生产企业的名称、地址;

(三)化妆品生产许可证编号;

(四)产品执行的标准编号;

(五)全成分;

(六)净含量;

(七)使用期限、使用方法以及必要的安全警示;

（八）法律、行政法规和强制性国家标准规定应当标注的其他内容。

第三十七条 化妆品标签禁止标注下列内容：

（一）明示或者暗示具有医疗作用的内容；

（二）虚假或者引人误解的内容；

（三）违反社会公序良俗的内容；

（四）法律、行政法规禁止标注的其他内容。

第三十八条 化妆品经营者应当建立并执行进货查验记录制度，查验供货者的市场主体登记证明、化妆品注册或者备案情况、产品出厂检验合格证明，如实记录并保存相关凭证。记录和凭证保存期限应当符合本条例第三十一条第一款的规定。

化妆品经营者不得自行配制化妆品。

第三十九条 化妆品生产经营者应当依照有关法律、法规的规定和化妆品标签标示的要求贮存、运输化妆品，定期检查并及时处理变质或者超过使用期限的化妆品。

第四十条 化妆品集中交易市场开办者、展销会举办者应当审查入场化妆品经营者的市场主体登记证明，承担入场化妆品经营者管理责任，定期对入场化妆品经营者进行检查；发现入场化妆品经营者有违反本条例规定行为的，应当及时制止并报告所在地县级人民政府负责药品监督管理的部门。

第四十一条 电子商务平台经营者应当对平台内化妆品经营者进行实名登记，承担平台内化妆品经营者管理责任，发现平台内化妆品经营者有违反本条例规定行为的，应当及时制止并报告电子商务平台经营者所在地省、自治区、直辖市人民政府药品监督管理部门；发现严重违法行为的，应当立即停止向违法的化妆品经营者提供电子商务平台服务。

平台内化妆品经营者应当全面、真实、准确、及时披露所经营化妆品的信息。

第四十二条 美容美发机构、宾馆等在经营中使用化妆品或者为消费者提供化妆品的，应当履行本条例规定的化妆品经营者义务。

第四十三条 化妆品广告的内容应当真实、合法。

化妆品广告不得明示或者暗示产品具有医疗作用，不得含有虚假或者引人误解的内容,不得欺骗、误导消费者。

第四十四条 化妆品注册人、备案人发现化妆品存在质量缺陷或者其他问题,可能危害人体健康的,应当立即停止生产,召回已经上市销售的化妆品,通知相关化妆品经营者和消费者停止经营、使用,并记录召回和通知情况。化妆品注册人、备案人应当对召回的化妆品采取补救、无害化处理、销毁等措施,并将化妆品召回和处理情况向所在地省、自治区、直辖市人民政府药品监督管理部门报告。

受托生产企业、化妆品经营者发现其生产、经营的化妆品有前款规定情形的,应当立即停止生产、经营,通知相关化妆品注册人、备案人。化妆品注册人、备案人应当立即实施召回。

负责药品监督管理的部门在监督检查中发现化妆品有本条第一款规定情形的,应当通知化妆品注册人、备案人实施召回,通知受托生产企业、化妆品经营者停止生产、经营。

化妆品注册人、备案人实施召回的,受托生产企业、化妆品经营者应当予以配合。

化妆品注册人、备案人、受托生产企业、经营者未依照本条规定实施召回或者停止生产、经营的,负责药品监督管理的部门责令其实施召回或者停止生产、经营。

第四十五条 出入境检验检疫机构依照《中华人民共和国进出口商品检验法》的规定对进口的化妆品实施检验;检验不合格的,不得进口。

进口商应当对拟进口的化妆品是否已经注册或者备案以及是否符合本条例和强制性国家标准、技术规范进行审核;审核不合格的,不得进口。进口商应当如实记录进口化妆品的信息,记录保存期限应当符合本条例第三十一条第一款的规定。

出口的化妆品应当符合进口国(地区)的标准或者合同要求。

第四章 监督管理

第四十六条 负责药品监督管理的部门对化妆品生产经营进行监督检查时,有权采取下列措施:

(一)进入生产经营场所实施现场检查;

（二）对生产经营的化妆品进行抽样检验；

（三）查阅、复制有关合同、票据、账簿以及其他有关资料；

（四）查封、扣押不符合强制性国家标准、技术规范或者有证据证明可能危害人体健康的化妆品及其原料、直接接触化妆品的包装材料，以及有证据证明用于违法生产经营的工具、设备；

（五）查封违法从事生产经营活动的场所。

第四十七条 负责药品监督管理的部门对化妆品生产经营进行监督检查时，监督检查人员不得少于2人，并应当出示执法证件。监督检查人员对监督检查中知悉的被检查单位的商业秘密，应当依法予以保密。被检查单位对监督检查应当予以配合，不得隐瞒有关情况。

负责药品监督管理的部门应当对监督检查情况和处理结果予以记录，由监督检查人员和被检查单位负责人签字；被检查单位负责人拒绝签字的，应当予以注明。

第四十八条 省级以上人民政府药品监督管理部门应当组织对化妆品进行抽样检验；对举报反映或者日常监督检查中发现问题较多的化妆品，负责药品监督管理的部门可以进行专项抽样检验。

进行抽样检验，应当支付抽取样品的费用，所需费用纳入本级政府预算。

负责药品监督管理的部门应当按照规定及时公布化妆品抽样检验结果。

第四十九条 化妆品检验机构按照国家有关认证认可的规定取得资质认定后，方可从事化妆品检验活动。化妆品检验机构的资质认定条件由国务院药品监督管理部门、国务院市场监督管理部门制定。

化妆品检验规范以及化妆品检验相关标准品管理规定，由国务院药品监督管理部门制定。

第五十条 对可能掺杂掺假或者使用禁止用于化妆品生产的原料生产的化妆品，按照化妆品国家标准规定的检验项目和检验方法无法检验的，国务院药品监督管理部门可以制定补充检验项目和检验方法，用于对化妆品的抽样检验、化妆品质量安全案件调查处理和不良反应调查处置。

第五十一条 对依照本条例规定实施的检验结论有异议的，化妆品生产经营者可以自收到检验结论之日起7个工作日内向实施抽样检验的部门或者其上一级负责药品监督管理的部门提出复检申请，由受理复检申请的部门在复检机构名录中随机确定复检机构进行复检。复检机构出具的复检结论为最终检验结论。复检机构与初检机构不得为同一机构。复检机构名录由国务院药品监督管理部门公布。

第五十二条 国家建立化妆品不良反应监测制度。化妆品注册人、备案人应当监测其上市销售化妆品的不良反应，及时开展评价，按照国务院药品监督管理部门的规定向化妆品不良反应监测机构报告。受托生产企业、化妆品经营者和医疗机构发现可能与使用化妆品有关的不良反应的，应当报告化妆品不良反应监测机构。鼓励其他单位和个人向化妆品不良反应监测机构或者负责药品监督管理的部门报告可能与使用化妆品有关的不良反应。

化妆品不良反应监测机构负责化妆品不良反应信息的收集、分析和评价，并向负责药品监督管理的部门提出处理建议。

化妆品生产经营者应当配合化妆品不良反应监测机构、负责药品监督管理的部门开展化妆品不良反应调查。

化妆品不良反应是指正常使用化妆品所引起的皮肤及其附属器官的病变，以及人体局部或者全身性的损害。

第五十三条 国家建立化妆品安全风险监测和评价制度，对影响化妆品质量安全的风险因素进行监测和评价，为制定化妆品质量安全风险控制措施和标准、开展化妆品抽样检验提供科学依据。

国家化妆品安全风险监测计划由国务院药品监督管理部门制定、发布并组织实施。国家化妆品安全风险监测计划应当明确重点监测的品种、项目和地域等。

国务院药品监督管理部门建立化妆品质量安全风险信息交流机制，组织化妆品生产经营者、检验机构、行业协会、消费者协会以及新闻媒体等就化妆品质量安全风险信息进行交流沟通。

第五十四条 对造成人体伤害或者有证据证明可能危害人体健康的化妆品，负责药品监督管理的部门可以采取责令暂停生产、经营的紧急控制措施，并发布安全警示信息；属于进口化妆品的，国家出入境检验检疫部门可以暂停进口。

第五十五条 根据科学研究的发展，对化妆品、化妆品原料的安全性有认识上的改变的，或者有证据表明化妆品、化妆品原料可能存在缺陷的，省级以上人民政府药品监督管理部门可以责令化妆品、化妆品新原料的注册人、备案人开展安全再评估或者直接组织开展安全再评估。再评估结果表明化妆品、化妆品原料不能保证安全的，由原注册部门撤销注册、备案部门取消备案，由国务院药品监督管理部门将该化妆品原料纳入禁止用于化妆品生产的原料目录，并向社会公布。

第五十六条 负责药品监督管理的部门应当依法及时公布化妆品行政许可、备案、日常监督检查结果、违法行为查处等监督管理信息。公布监督管理信息时，应当保守当事人的商业秘密。

负责药品监督管理的部门应当建立化妆品生产经营者信用档案。对有不良信用记录的化妆品生产经营者，增加监督检查频次；对有严重不良信用记录的生产经营者，按照规定实施联合惩戒。

第五十七条 化妆品生产经营过程中存在安全隐患，未及时采取措施消除的，负责药品监督管理的部门可以对化妆品生产经营者的法定代表人或者主要负责人进行责任约谈。化妆品生产经营者应当立即采取措施，进行整改，消除隐患。责任约谈情况和整改情况应当纳入化妆品生产经营者信用档案。

第五十八条 负责药品监督管理的部门应当公布本部门的网站地址、电子邮件地址或者电话，接受咨询、投诉、举报，并及时答复或者处理。对查证属实的举报，按照国家有关规定给予举报人奖励。

第五章　法律责任

第五十九条 有下列情形之一的，由负责药品监督管理的部门没收违法所得、违法生产经营的化妆品和专门用于违法生产经营的原料、包装材料、工具、设备等物品；违法生产经营的化妆品货值金额不足1万元的，并处5万元以上15万元以下罚款；货值金额1万元以上的，并处货值金额15倍以上30倍以下罚款；情节严重的，责令停产停业、由备案部门取消备案或者由原发证部门吊销化妆品许可证件,10 年内不予办理其提出的化妆品备案或者受理其提出的化妆品行政许可申请,对违法单位的法定代表人或者主要负责人、直接负责的主管人员和其他直接责任人员处以其上一年度从本单位取得收入的 3 倍以上 5 倍以下罚款,终身禁止其从事化妆品生产经营活动;构成犯罪的,依法追究刑事责任:

(一)未经许可从事化妆品生产活动,或者化妆品注册人、备案人委托未取得相应化妆品生产许可的企业生产化妆品;

(二)生产经营或者进口未经注册的特殊化妆品;

(三)使用禁止用于化妆品生产的原料、应当注册但未经注册的新原料生产化妆品,在化妆品中非法添加可能危害人体健康的物质,或者使用超过使用期限、废弃、回收的化妆品或者原料生产化妆品。

第六十条 有下列情形之一的,由负责药品监督管理的部门没收违法所得、违法生产经营的化妆品和专门用于违法生产经营的原料、包装材料、工具、设备等物品;违法生产经营的化妆品货值金额不足 1 万元的,并处 1 万元以上 5 万元以下罚款;货值金额 1 万元以上的,并处货值金额 5 倍以上 20 倍以下罚款;情节严重的,责令停产停业、由备案部门取消备案或者由原发证部门吊销化妆品许可证件,对违法单位的法定代表人或者主要负责人、直接负责的主管人员和其他直接责任人员处以其上一年度从本单位取得收入的 1 倍以上 3 倍以下罚款,10 年内禁止其从事化妆品生产经营活动;构成犯罪的,依法追究刑事责任:

(一)使用不符合强制性国家标准、技术规范的原料、直接接触化妆品的包装材料,应当备案但未备案的新原料生产化妆品,或者不按照强制性国家标准或者技术规范使用原料;

(二)生产经营不符合强制性国家标准、技术规范或者不符合化妆品注册、备案资料载明的技术要求的化妆品;

(三)未按照化妆品生产质量管理规范的要求组织生产;

(四)更改化妆品使用期限;

(五)化妆品经营者擅自配制化妆品,或者经营变质、超过使用期限的化妆品;

(六)在负责药品监督管理的部门责令其实施召回后拒不召回,或者在负责药品监督管理的部门责令停止或者暂停生产、经营后拒不停止或者暂停生产、经营。

第六十一条 有下列情形之一的，由负责药品监督管理的部门没收违法所得、违法生产经营的化妆品，并可以没收专门用于违法生产经营的原料、包装材料、工具、设备等物品；违法生产经营的化妆品货值金额不足1万元的，并处1万元以上3万元以下罚款；货值金额1万元以上的，并处货值金额3倍以上10倍以下罚款；情节严重的，责令停产停业、由备案部门取消备案或者由原发证部门吊销化妆品许可证件，对违法单位的法定代表人或者主要负责人、直接负责的主管人员和其他直接责任人员处以其上一年度从本单位取得收入的1倍以上2倍以下罚款，5年内禁止其从事化妆品生产经营活动：

（一）上市销售、经营或者进口未备案的普通化妆品；

（二）未依照本条例规定设质量安全负责人；

（三）化妆品注册人、备案人未对受托生产企业的生产活动进行监督；

（四）未依照本条例规定建立并执行从业人员健康管理制度；

（五）生产经营标签不符合本条例规定的化妆品。

生产经营的化妆品的标签存在瑕疵但不影响质量安全且不会对消费者造成误导的，由负责药品监督管理的部门责令改正；拒不改正的，处2000元以下罚款。

第六十二条 有下列情形之一的，由负责药品监督管理的部门责令改正，给予警告，并处1万元以上3万元以下罚款；情节严重的，责令停产停业，并处3万元以上5万元以下罚款，对违法单位的法定代表人或者主要负责人、直接负责的主管人员和其他直接责任人员处1万元以上3万元以下罚款：

（一）未依照本条例规定公布化妆品功效宣称依据的摘要；

（二）未依照本条例规定建立并执行进货查验记录制度、产品销售记录制度；

（三）未依照本条例规定对化妆品生产质量管理规范的执行情况进行自查；

（四）未依照本条例规定贮存、运输化妆品；

（五）未依照本条例规定监测、报告化妆品不良反应，或者对化妆品不良反应监测机构、负责药品监督管理的部门开展的化妆品不良反应调查不予配合。

进口商未依照本条例规定记录、保存进口化妆品信息的，由出入境检验检疫机构依照前款规定给予处罚。

第六十三条 化妆品新原料注册人、备案人未依照本条例规定报告化妆品新原料使用和安全情况的，由国务院药品监督管理部门责令改正，处 5 万元以上 20 万元以下罚款；情节严重的，吊销化妆品新原料注册证或者取消化妆品新原料备案，并处 20 万元以上 50 万元以下罚款。

第六十四条 在申请化妆品行政许可时提供虚假资料或者采取其他欺骗手段的，不予行政许可，已经取得行政许可的，由作出行政许可决定的部门撤销行政许可，5 年内不受理其提出的化妆品相关许可申请，没收违法所得和已经生产、进口的化妆品；已经生产、进口的化妆品货值金额不足 1 万元的，并处 5 万元以上 15 万元以下罚款；货值金额 1 万元以上的，并处货值金额 15 倍以上 30 倍以下罚款；对违法单位的法定代表人或者主要负责人、直接负责的主管人员和其他直接责任人员处以其上一年度从本单位取得收入的 3 倍以上 5 倍以下罚款，终身禁止其从事化妆品生产经营活动。

伪造、变造、出租、出借或者转让化妆品许可证件的，由负责药品监督管理的部门或者原发证部门予以收缴或者吊销，没收违法所得；违法所得不足 1 万元的，并处 5 万元以上 10 万元以下罚款；违法所得 1 万元以上的，并处违法所得 10 倍以上 20 倍以下罚款；构成违反治安管理行为的，由公安机关依法给予治安管理处罚；构成犯罪的，依法追究刑事责任。

第六十五条 备案时提供虚假资料的，由备案部门取消备案，3 年内不予办理其提出的该项备案，没收违法所得和已经生产、进口的化妆品；已经生产、进口的化妆品货值金额不足 1 万元的，并处 1 万元以上 3 万元以下罚款；货值金额 1 万元以上的，并处货值金额 3 倍以上 10 倍以下罚款；情节严重的，责令停产停业直至由原发证部门吊销化妆品生产许可证，对违法单位的法定代表人或者主要负责人、直接负责的主管人员和其他直接责任人员处以其上一年度从本单位取得收入的 1 倍以上 2 倍以下罚款，5 年内禁止其从事化妆品生产经营活动。

已经备案的资料不符合要求的，由备案部门责令限期改正，其中，与化妆品、化妆品新原料安全性有关的备案资料不符合要求的，备案部门可以同时责令暂停销售、使用；逾期不改正的，由备案部门取消备案。

备案部门取消备案后，仍然使用该化妆品新原料生产化妆品或者仍然上市销售、进口该普通化妆品的，分别依照本条例第六十条、第六十一条的规定给予处罚。

第六十六条 化妆品集中交易市场开办者、展销会举办者未依照本条例规定履行审查、检查、制止、报告等管理义务的，由负责药品监督管理的部门处 2 万元以上 10 万元以下罚款；情节严重的，责令停业，并处 10 万元以上 50 万元以下罚款。

第六十七条 电子商务平台经营者未依照本条例规定履行实名登记、制止、报告、停止提供电子商务平台服务等管理义务的，由省、自治区、直辖市人民政府药品监督管理部门依照《中华人民共和国电子商务法》的规定给予处罚。

第六十八条 化妆品经营者履行了本条例规定的进货查验记录等义务，有证据证明其不知道所采购的化妆品是不符合强制性国家标准、技术规范或者不符合化妆品注册、备案资料载明的技术要求的，收缴其经营的不符合强制性国家标准、技术规范或者不符合化妆品注册、备案资料载明的技术要求的化妆品，可以免除行政处罚。

第六十九条 化妆品广告违反本条例规定的，依照《中华人民共和国广告法》的规定给予处罚；采用其他方式对化妆品作虚假或者引人误解的宣传的，依照有关法律的规定给予处罚；构成犯罪的，依法追究刑事责任。

第七十条 境外化妆品注册人、备案人指定的在我国境内的企业法人未协助开展化妆品不良反应监测、实施产品召回的，由省、自治区、直辖市人民政府药品监督管理部门责令改正，给予警告，并处 2 万元以上 10 万元以下罚款；情节严重的，处 10 万元以上 50 万元以下罚款，5 年内禁止其法定代表人或者主要负责人、直接负责的主管人员和其他直接责任人员从事化妆品生产经营活动。

境外化妆品注册人、备案人拒不履行依据本条例作出的行政处罚决定的，10 年内禁止其化妆品进口。

第七十一条 化妆品检验机构出具虚假检验报告的，由认证认可监督管理部门吊销检验机构资质证书，10 年内不受理其资质认定申请，没收所收取的检验费用，并处 5 万元以上 10 万元以下罚款；对其法定代表人或者主要负责人、直接负责的主管人员和其他直接责任人员处以其上一年度从本单位取得收入的 1 倍以上 3 倍以下罚款，依法给予或者责令给予降低岗位等级、撤职或者开除的处分，受到开除处分的，10 年内禁止其从事化妆品检验工作；构成犯罪的，依法追究刑事责任。

第七十二条 化妆品技术审评机构、化妆品不良反应监测机构和负责化妆品安全风险监测的机构未依照本条例规定履行职责，致使技术审评、不良反应监测、安全风险监测工作出现重大失误的，由负责药品监督管理的部门责令改正，给予警告，通报批评；造成严重后果的，对其法定代表人或者主要负责人、直接负责的主管人员和其他直接责任人员，依法给予或者责令给予降低岗位等级、撤职或者开除的处分。

第七十三条 化妆品生产经营者、检验机构招用、聘用不得从事化妆品生产经营活动的人员或者不得从事化妆品检验工作的人员从事化妆品生产经营或者检验的，由负责药品监督管理的部门或者其他有关部门责令改正，给予警告；拒不改正的，责令停产停业直至吊销化妆品许可证件、检验机构资质证书。

第七十四条 有下列情形之一，构成违反治安管理行为的，由公安机关依法给予治安管理处罚；构成犯罪的，依法追究刑事责任：

（一）阻碍负责药品监督管理的部门工作人员依法执行职务；

（二）伪造、销毁、隐匿证据或者隐藏、转移、变卖、损毁依法查封、扣押的物品。

第七十五条 负责药品监督管理的部门工作人员违反本条例规定，滥用职权、玩忽职守、徇私舞弊的，依法给予警告、记过或者记大过的处分；造成严重后果的，依法给予降级、撤职或者开除的处分；构成犯罪的，依法追究刑事责任。

第七十六条 违反本条例规定，造成人身、财产或者其他损害的，依法承担赔偿责任。

第六章　附　　则

第七十七条　牙膏参照本条例有关普通化妆品的规定进行管理。牙膏备案人按照国家标准、行业标准进行功效评价后，可以宣称牙膏具有防龋、抑牙菌斑、抗牙本质敏感、减轻牙龈问题等功效。牙膏的具体管理办法由国务院药品监督管理部门拟订，报国务院市场监督管理部门审核、发布。

香皂不适用本条例，但是宣称具有特殊化妆品功效的适用本条例。

第七十八条　对本条例施行前已经注册的用于育发、脱毛、美乳、健美、除臭的化妆品自本条例施行之日起设置5年的过渡期，过渡期内可以继续生产、进口、销售，过渡期满后不得生产、进口、销售该化妆品。

第七十九条　本条例所称技术规范，是指尚未制定强制性国家标准、国务院药品监督管理部门结合监督管理工作需要制定的化妆品质量安全补充技术要求。

第八十条　本条例自2021年1月1日起施行。《化妆品卫生监督条例》同时废止。

国务院办公厅转发国家卫生健康委、人力资源社会保障部、财政部关于改善一线医务人员工作条件切实关心医务人员身心健康若干措施的通知

（2020年2月10日　国办发〔2020〕4号）

国家卫生健康委、人力资源社会保障部、财政部《关于改善一线医务人员工作条件切实关心医务人员身心健康的若干措施》已经国

务院同意，现转发给你们，请认真贯彻执行。

关于改善一线医务人员工作条件切实关心医务人员身心健康的若干措施

新冠肺炎疫情发生以来，广大医务人员积极响应党中央号召，不顾个人安危，迎难而上，英勇奋战在抗击疫情的最前线，为保护人民生命健康作出了重大贡献，用实际行动践行了“敬佑生命、救死扶伤、甘于奉献、大爱无疆”的崇高精神。当前，全国疫情防控进入关键时期，医务人员面临着工作任务重、感染风险高、工作和休息条件有限、心理压力大等困难。保护关爱医务人员是打赢疫情防控阻击战的重要保障，为改善一线医务人员工作条件，切实关心医务人员身心健康，使他们更好地投入疫情防控工作，现提出以下工作措施：

一、改善医务人员工作和休息条件

加强医疗卫生机构硬件设施改造，加强医务人员职业暴露的防护设施建设和设备配置，使收治病人的医疗卫生机构满足传染病诊疗和防控要求。要重点改造医生办公室、值班室和休息室，营造有利于医务人员工作的良好环境。要为医务人员提供良好后勤服务，保障医务人员充足的睡眠和饮食。县级以上地方人民政府可依法征用医院周边酒店作为医务人员休息场所，以满足一线医务人员单人单间休息条件，并对基本生活用品保证供应。

二、维护医务人员身心健康

（一）要合理安排医务人员作息时间。根据疫情防控实际，科学测算医务人员工作负荷，合理配置医务人员，既满足医疗服务需求，又保障医务人员休息时间。对于因执行疫情防控不能休假的医务人员，在防控任务结束后，由所在医疗卫生机构优先安排补休。允许需要紧急补充医护人员等疫情防控工作人员的相关医疗卫生机构简化招聘程序。

（二）加强医务人员个人防护，最大限度减少院内感染。要尽一切可能配齐防护物资和防护设备，防护用品调配要向临床一线倾斜。

（三）组织做好一线医务人员健康体检，发现医务人员感染及时隔离，尽最大可能减少医务人员之间、医务人员与病人之间交叉感染。

（四）加强医务人员心理危机干预和心理疏导。开展医务人员心理健康评估，强化心理援助措施，有针对性地开展干预和心理疏导，减轻医务人员心理压力。

三、落实医务人员待遇

（一）各地要按照《人力资源社会保障部 财政部关于建立传染病疫情防治人员临时性工作补助的通知》（人社部规〔2016〕4 号）和《财政部 国家卫生健康委关于新型冠状病毒感染肺炎疫情防控有关经费保障政策的通知》（财社〔2020〕2 号）有关要求，统计疫情防控一线医务人员和防疫工作者工作情况，由同级卫生健康部门会同人力资源社会保障、财政部门按月审核，报经国家卫生健康委审核并报人力资源社会保障部、财政部审定后，由同级财政部门在次月垫付临时性工作补助经费，中央财政据实结算。

（二）各级人力资源社会保障、财政部门要会同卫生健康部门，在同级政府领导下，根据实际情况，因地制宜及时向防控任务重、风险程度高的医疗卫生机构核增不纳入基数的一次性绩效工资总量，并指导有关单位搞好内部分配，向加班加点特别是作出突出贡献的一线人员倾斜。

（三）各地要落实好《人力资源社会保障部 财政部 国家卫生健康委关于因履行工作职责感染新型冠状病毒肺炎的医护及相关工作人员有关保障问题的通知》（人社部函〔2020〕11 号），开通工伤认定绿色通道，切实保障好医务人员合法权益。

四、提高卫生防疫津贴标准

为进一步保障新冠肺炎疫情防疫人员权益，根据《国务院办公厅关于加强传染病防治人员安全防护的意见》（国办发〔2015〕1 号），出台提高卫生防疫津贴标准的政策。各地要按照政策规定及时抓好落实，特别是对参与新冠肺炎疫情防疫人员，要及时足额发放到位。

五、加强对医务人员的人文关怀

各地要动员组织社会力量，发动志愿者或专门人员，对一线医务人员展开慰问，定期了解他们的需求和困难，建立台账，积极协调解决。加大对参与疫情防控工作医务人员的关怀力度，为一线医务人员和家属建立沟通联络渠道，尽量不安排双职工的医务人员同时到一线工作，对家有老人和孩子需要照顾的医务人员要尽可能创造条件使其兼顾家庭。要安排志愿者或专门人员对有家庭困难的一线医务人员家属进行对口帮扶。

六、创造更加安全的执业环境

严格落实国家卫生健康委、最高人民法院、最高人民检察院、公安部《关于做好新型冠状病毒肺炎疫情防控期间保障医务人员安全维护良好医疗秩序的通知》（国卫医函〔2020〕43号）的各项安全防范措施，加大警力投入，完善问责机制，对发现有歧视孤立一线医务人员及其家属行为的，要及时进行批评教育，情节严重的依法予以处理。对在疫情防控工作中伤害医务人员的，要坚决依法严肃查处，维护正常医疗卫生秩序。

七、弘扬职业精神做好先进表彰工作

利用多种形式加大对医务人员职业精神的宣传力度，深入挖掘宣传在抗击疫情工作中作出突出贡献的医务团队和个人，共同营造尊医重卫的良好氛围。将医务人员在重大自然灾害或突发公共卫生事件中的表现作为职称评审中医德医风考核的重要内容。可根据《事业单位工作人员奖励规定》开展及时奖励，并结合疫情防控工作进展，做好对作出突出贡献的医务团队和个人的及时性表彰工作，为做好疫情防控工作增强信心、凝聚力量。

各地卫生健康、人力资源社会保障和财政等相关部门要按照党中央、国务院决策部署，密切配合，全力做好各项工作，以高度负责的态度、务实到位的举措，切实改善一线医务人员工作条件，关心医务人员身心健康，保障医务人员权益，为坚决打赢疫情防控阻击战提供有力保障。

国务院办公厅关于推进医疗保障基金监管制度体系改革的指导意见

（2020年6月30日　国办发〔2020〕20号）

医疗保障基金（以下简称医保基金）是人民群众的“看病钱”、“救命钱”，党中央、国务院高度重视医保基金安全。基本医疗保障制度建立以来，覆盖范围不断扩大，保障水平稳步提升，对维护人民群众健康权益、缓解因病致贫、推动医药卫生体制改革发挥了积极作用。特别是在抗击新冠肺炎疫情过程中，及时出台有关政策，把新冠肺炎诊疗救治纳入医保基金支付范围并预付部分资金，确保患者不因费用问题影响就医、收治医院不因支付政策影响救治，体现了我国社会主义制度的优越性。但也要看到，受监管制度体系不健全、激励约束机制不完善等因素制约，医保基金使用效率不高，欺诈骗保问题普发频发，基金监管形势较为严峻。为全面提升医保治理能力，深度净化制度运行环境，严守基金安全红线，经国务院同意，现就推进医保基金监管制度体系改革提出如下意见。

一、总体要求

（一）指导思想。以习近平新时代中国特色社会主义思想为指导，全面贯彻党的十九大和十九届二中、三中、四中全会精神，按照党中央、国务院决策部署，加快推进医保基金监管制度体系改革，构建全领域、全流程的基金安全防控机制，严厉打击欺诈骗保行为，维护社会公平正义，不断提高人民群众获得感，促进我国医疗保障制度健康持续发展。

（二）基本原则。坚持完善法治、依法监管，保证基金监管合法合规、公平公正。坚持政府主导、社会共治，开创基金监管工作新格局。坚持改革创新、协同高效，不断提升基金监管能力与绩效。坚持惩戒失信、激励诚信，引导监管对象增强自律意识，营造良好氛围。

（三）主要目标。到2025年，基本建成医保基金监管制度体系和执法体系，形成以法治为保障，信用管理为基础，多形式检查、大数据监管为依托，党委领导、政府监管、社会监督、行业自律、个人守信相结合的全方位监管格局，实现医保基金监管法治化、专业化、规范化、常态化，并在实践中不断发展完善。

二、明确监管责任

（四）加强党的领导。坚持和加强党的全面领导，不断完善医保基金监管党建工作领导体制和工作机制。督促医疗保障部门、定点医药机构切实加强基层党组织建设，充分发挥党组织战斗堡垒作用和党员先锋模范作用。完善公立定点医药机构领导班子和领导人员特别是主要负责人监督约束机制，加强对其履行政治责任、基金监管责任的监督考核与执纪问责，筑牢监管底线。

（五）强化政府监管。充分发挥政府在基金监管法治建设、标准制定、行政执法、信息共享等方面的主导作用，依法监督管理纳入医保支付范围的医疗服务行为和医疗费用，规范医保经办业务，依法查处违法违规行为，严格法律责任，加大处罚力度。强化医疗保障部门对基金监管的责任，切实发挥监管作用。建立由医疗保障部门牵头、有关部门参加的基金监管工作机制，统筹协调基金监管重大行动、重大案件查处等工作。制定权责清单，明确医保基金监管职责。

（六）推进行业自律管理。积极推动医药卫生行业组织发展，引导和支持其在制定管理规范和技术标准、规范执业行为和管理服务、促进行业自律等方面更好发挥作用。定点医药机构要切实落实自我管理主体责任，建立健全医保服务、人力资源、财务、系统安全等内部管理机制，履行行业自律公约，自觉接受医保监管和社会监督。

三、推进监管制度体系改革

（七）建立健全监督检查制度。推行“双随机、一公开”监管机制，建立和完善日常巡查、专项检查、飞行检查、重点检查、专家审查等相结合的多形式检查制度，明确检查对象、检查重点和检查内容。规范启动条件、工作要求和工作流程，明确各方权利义务，确保公开、公平、公正。建立部门联动机制，开展联合检查，形成监管合力。积极引入信息技术服务机构、会计师事务所、商业保险机构等第三方力量参与医保基金监管，建立和完善政府购买服务制度，推行按服务绩效付费，提升监管的专业性、精准性、效益性。

（八）全面建立智能监控制度。加快推进医保标准化和信息化建设，严格落实政务信息系统整合共享要求，做好与原有相关系统的衔接，加强部门间信息交换和共享，避免重复建设。建立和完善医保智能监控系统，加强大数据应用。加强对定点医疗机构临床诊疗行为的引导和审核，强化事前、事中监管。针对欺诈骗保行为特点，不断完善药品、诊疗项目和医疗服务设施等基础信息标准库和临床指南等医学知识库，完善智能监控规则，提升智能监控功能。开展药品、医用耗材进销存实时管理。推广视频监控、生物特征识别等技术应用。推进异地就医、购药即时结算，实现结算数据全部上线。加快建立省级乃至全国集中统一的智能监控系统，实现基金监管从人工抽单审核向大数据全方位、全流程、全环节智能监控转变。

（九）建立和完善举报奖励制度。统筹地区及以上医疗保障和财政部门应当建立并不断完善医疗保障违法违规违约行为举报奖励制度，依照相关规定对举报人予以奖励。畅通投诉举报渠道，规范受理、检查、处理、反馈等工作流程和机制，加强隐私保护，切实保障举报人信息安全。完善举报奖励标准，及时兑现奖励资金，促进群众和社会各方积极参与监督。

（十）建立信用管理制度。建立定点医药机构信息报告制度。建立医药机构和参保人员医保信用记录、信用评价制度和积分管理制度。创新定点医药机构综合绩效考评机制，将信用评价结果、综合绩效考评结果与预算管理、检查稽核、定点协议管理等相关联。加强和规范医疗保障领域守信联合激励对象和失信联合惩戒对象名单管理工作，依法依规实施守信联合激励和失信联合惩戒。鼓励行业协会开展行业规范和自律建设，制定并落实自律公约，促进行业规范和自我约束。

（十一）建立综合监管制度。适应医保管理服务特点，建立和完善部门间相互配合、协同监管的综合监管制度，推行网格化管理。推进信息共享和互联互通，健全协同执法工作机制。对查实的欺诈骗保行为，各相关部门要按照法律法规规定和职责权限对有关单位和个人从严从重处理。建立健全打击欺诈骗保行刑衔接工作机制。医疗保障部门负责监督管理纳入医保支付范围的医疗服务行为和医疗费用,规范医保经办业务,依法依规查处医疗保障领域违法违规行为。卫生健康部门负责加强医疗机构和医疗服务行业监管,规范医疗机构及其医务人员医疗服务行为。市场监管部门负责医疗卫生行业价格监督检查,药品监管部门负责执业药师管理,市场监管部门、药品监管部门按照职责分工负责药品流通监管、规范药品经营行为。审计机关负责加强医保基金监管相关政策措施落实情况跟踪审计,督促相关部门履行监管职责,持续关注各类欺诈骗保问题,并及时移送相关部门查处。公安部门负责依法查处打击各类欺诈骗保等犯罪行为,对移送的涉嫌犯罪案件及时开展侦查。其他有关部门按照职责做好相关工作。

(十二)完善社会监督制度。鼓励和支持社会各界参与医保基金监督,实现政府监管和社会监督、舆论监督良性互动。建立信息披露制度。经办机构定期向社会公告基金收支、结余和收益情况,接受社会监督。建立医保基金社会监督员制度,聘请人大代表、政协委员、群众和新闻媒体代表等担任社会监督员,对定点医药机构、经办机构、参保人员等进行广泛深入监督。主动邀请新闻媒体参与飞行检查、明察暗访等工作,通过新闻发布会、媒体通气会等形式,发布打击欺诈骗保成果及典型案件。

四、完善保障措施

(十三)强化医保基金监管法治及规范保障。制定医疗保障基金使用监督管理条例及其配套办法。完善定点医药机构协议管理制度,建立和完善定点医药机构动态管理和退出机制。完善医保对医疗服务行为的监控机制,将监管对象由医疗机构延伸至医务人员,将监管重点从医疗费用控制转向医疗费用和医疗服务绩效双控制。出台并落实医疗卫生行业诊疗标准,逐步开展临床路径管理,完善并落实临床药师制度、处方点评制度,强化临床应用和评价等标准规范运用。

(十四)加强医保基金监督检查能力保障。加强基金监督检查能力建设,建立健全基金监管执法体系,加强人员力量,强化技术手段。理顺医保行政监管与经办协议管理的关系,明确行政监管与经办稽核的职责边界,加强工作衔接。落实经办机构协议管理、费用监控、稽查审核工作责任。建立健全经办机构内部控制制度,定期聘请第三方机构对经办机构内控风险进行评估，筑牢基金监管内控防线。加强各级财政资金保障，通过政府购买服务加强基金监管力量。保障医药机构提供医疗保障服务所必需的人员、设备和相关设施。

（十五）加大对欺诈骗保行为的惩处力度。综合运用司法、行政、协议等手段，严惩重罚欺诈骗保的单位和个人。严格落实全国人大常委会关于欺诈骗保行为的立法解释，对涉嫌犯罪的案件，依法移交司法机关追究刑事责任。医疗保障部门依法依规加大行政处罚力度。积极发挥部门联动处罚作用，对经医疗保障部门查实、欺诈骗保情节特别严重的定点医药机构，卫生健康、药品监管部门应依法作出停业整顿、吊销执业（经营）资格、从业限制等处罚，提升惩处威慑力。对欺诈骗保情节严重的定点医药机构和个人，纳入失信联合惩戒对象名单，实施联合惩戒。

（十六）统筹推进相关医疗保障制度改革。深化医保支付方式改革，加强基金预算管理和风险预警。建立医疗保障待遇清单管理制度，确定基本保障内涵，厘清待遇支付边界，明确政策调整权限。加强医保对医疗和医药的激励约束作用，强化统筹地区监管职责，优化基金监管工作基础。

（十七）协同推进医药服务体系改革。深化医药服务供给侧改革。加快推进公立医院综合改革，建立健全现代医院管理制度，规范诊疗行为。围绕常见病和健康问题，规范推广适宜医疗技术。不断完善以市场为主导的药品、医用耗材价格形成机制，完善医保支付与招标采购价格联动机制。加强医药行业会计信息质量监督检查，深入开展药品、高值医用耗材价格虚高专项治理。

五、工作要求

（十八）加强组织领导。地方各级人民政府要充分认识推进医保基金监管制度体系改革的重要性，加强领导、统一部署、协调推进。医疗保障行政部门是医保基金监管的主要负责部门，发展改革、公安、司法、财政、人力资源社会保障、卫生健康、审计、税务、市场监管、银保监、中医药管理、药品监管等部门依法履行相应职责，协同推进改革。要加强信息交流，实现联动响应，推进综合监管结果协同运用。

（十九）建立工作机制。各省级人民政府要建立激励问责机制，将打击欺诈骗保工作纳入相关工作考核。要强化责任担当，积极主动发现问题，依法依规严肃查处问题，对欺诈骗保行为零容忍，公开曝光典型案件。切实落实监管职责，做好工作衔接，确保人员到位、责任到位、措施到位。

（二十）做好宣传引导。各地区各有关部门要大力宣传加强医保基金监管的重要意义，动员社会各方共同推进监管制度体系改革，结合实际创新监管方式方法，对有效的监管方法和模式，及时总结推广。要加强舆论引导，积极回应社会关切，广泛宣传先进典型，努力营造改革的良好氛围。

国务院办公厅关于印发深化医药卫生体制改革2020年下半年重点工作任务的通知

（2020年7月16日　国办发〔2020〕25号）

《深化医药卫生体制改革2020年下半年重点工作任务》已经国务院同意，现印发给你们，请结合实际，认真组织实施。

深化医药卫生体制改革2020年下半年重点工作任务

近年来特别是党的十八届三中全会以来，我国医药卫生体制改革不断深化，人民健康状况和基本医疗卫生服务的公平性可及性持续改善。新冠肺炎疫情发生以来，医药卫生体系经受住了考验，为打赢新冠肺炎疫情防控阻击战发挥了重要作用。2020年下半年深化医药卫生体制改革，要以习近平新时代中国特色社会主义思想为指导，全面贯彻党的十九大和十九届二中、三中、四中全会精神，落实党中央、国务院决策部署，坚持以人民为中心的发展思想，坚持保基本、强基层、建机制，统筹推进深化医改与新冠肺炎疫情防治相关工作，把预防为主摆在更加突出位置，补短板、堵漏洞、强弱项，继续着力推动把以治病为中心转变为以人民健康为中心，深化医疗、医保、医药联动改革，继续着力解决看病难、看病贵问题，为打赢疫情防控的人民战争、总体战、阻击战，保障人民生命安全和身体健康提供有力支撑。

一、加强公共卫生体系建设

（一）改革完善疾病预防控制体系。优化完善疾病预防控制机构职能设置，改善疾病预防控制基础条件。完善医防协同机制，强化各级医疗机构疾病预防控制职责，增强公立医院传染病救治能力，推动医防机构人员通、信息通、资源通。加强乡镇卫生院和社区卫生服务中心疾病预防控制职责，健全疾病预防控制机构与城乡社区联动工作机制。加强口岸传染病防控能力建设。（国家卫生健康委、海关总署分别负责，国家发展改革委、财政部、人力资源社会保障部、国家中医药局等参与。分别负责为各部门按职责分别牵头，下同）

（二）完善传染病监测预警系统。实行传染病报告首诊负责制，改进不明原因疾病和异常健康事件监测机制，推进建立智慧化预警多点触发机制，加强军地间和部门间传染病监测预警信息通报，推动健全多渠道监测预警机制。（国家卫生健康委、海关总署、国家中医药局、中央军委后勤保障部卫生局等分别负责，各相关部门参与）

（三）健全公共卫生应急物资保障体系。增加防疫救治医疗设施和移动实验室。坚持中西医并重，加强突发公共卫生事件防控和突发事件紧急医学救援能力建设。加强药品和医疗防护物资储备，提升核酸检测能力，推进医疗机构发热门诊改造，推动落实“三区两通道”要求。加大疫苗、药物和快速检测技术研发投入。（国家发展改革委、科技部、工业和信息化部、财政部、国家卫生健康委、国务院国资委、海关总署、国家中医药局等分别负责，各相关部门参与）

（四）做好秋冬季新冠肺炎疫情防控。指导各地提早制定具体方案，加强人员培训和应急演练，压实“四方责任”，做好“五有三严”（有防护指南、有防控管理制度和责任人、有防护物资设备、有医护力量支持、有隔离转运安排，严格发热门诊设置管理、严肃流行病学调查、严防医院院内感染）等工作。建立健全分级、分层、分流的传染病等重大疫情救治机制。推动地方做好为慢性病患者开具长期处方服务工作。(国家卫生健康委、国家发展改革委、财政部、国家中医药局等负责。排在第一位的为牵头部门,下同)

(五)加强公共卫生队伍建设。加强公共卫生相关学科建设和后备人才培养。强化对包括全科医生在内的临床医生的流行病等公共卫生知识培训。综合医改试点省份等有条件的地方要在完善公共卫生人员准入使用、待遇保障、考核评价、激励机制等方面加大探索力度。(教育部、人力资源社会保障部、国家卫生健康委、国家中医药局、国务院医改领导小组秘书处分别负责,财政部等参与)

二、深入实施健康中国行动

(六)持续改善生产生活环境,倡导健康文明生活方式。完善健康科普工作机制。深入开展农村人居环境整治。完善农贸市场新冠肺炎疫情防控技术指南。推进农贸市场标准化建设,规范功能分区和布局,加大规范化管理和监督执法力度。推进修订预包装食品营养标签通则。制定深入开展新时代爱国卫生运动的指导性文件。(生态环境部、农业农村部、商务部、国家卫生健康委、市场监管总局分别负责)

(七)加强重点人群健康促进。开展全国综合防控儿童青少年近视评议考核。全面加强和改进学校体育、卫生与健康教育工作。推动妇幼保健机构机制创新试点扩面。制定医养结合机构管理指南。加强为老年人提供上门医疗卫生服务工作。实施社区医养结合能力提升工程。(教育部、国家卫生健康委分别负责,国家发展改革委、民政部、体育总局、国家中医药局参与)

(八)提升慢性病防治水平。完善公共卫生服务项目。以高血压、糖尿病等慢性病管理为突破口,强化基层防治结合。以心脑血管疾病、癌症、尘肺病早期筛查干预为切入点,推进疾病预防控制机构与医疗机构业务融合。制定癌症预防与筛查指南(科普版)。推进社会心理服务体系建设试点工作。(国家卫生健康委、财政部、国家中医药局等负责)

(九)加大传染病、地方病、职业病等防治力度。做好冬春季流感防控工作。实现消除疟疾目标,控制和消除大骨节病等重点地方病和血吸虫病危害,基本控制包虫病流行。推进职业健康达人工作。

（国家卫生健康委、国家中医药局负责）

三、深化公立医院综合改革

（十）健全医疗卫生机构和医务人员绩效考核机制。完善三级公立医院绩效考核，启动二级公立医院绩效考核，推进妇幼保健机构绩效考核。将疾病预防控制、公共卫生应急、健康促进与教育等纳入考核范围。推进公立医院经济运行信息公开。推进建立健全现代医院管理制度试点，深入开展公立医院综合改革示范和绩效评价工作。制定推进公立医院高质量发展的政策文件。（国家卫生健康委、国家中医药局分别负责，人力资源社会保障部等参与）

（十一）建立和完善医疗服务价格动态调整机制。指导各省份按照设置启动条件、评估触发实施、有升有降调价、医保支付衔接、跟踪监测考核的基本路径，整体设计动态调整机制，抓住药品耗材集中采购、取消医用耗材加成等降低药品耗材费用的窗口期，及时进行调价评估，达到启动条件的要稳妥有序调整价格。推动完善医疗服务项目准入制度，加快审核新增医疗服务价格项目。监测公立医疗机构医疗服务价格、成本、费用、收入分配及改革运行情况等，作为实施医疗服务价格动态调整的基础。强化公立医疗机构医疗服务成本核算。（国家卫生健康委、国家医保局、国家中医药局分别负责）

（十二）深化薪酬制度和编制管理改革。落实“两个允许”要求，全面推开公立医院薪酬制度改革，指导地方完善公立医院薪酬总量核定、内部绩效考核和收入分配办法，建立健全医疗卫生机构保障与激励相结合的运行机制。统筹盘活用好医疗卫生领域编制资源，重点用于加强公立医院、基层医疗卫生机构、各级疾病预防控制等公共卫生机构编制配备。（中央编办、人力资源社会保障部分别负责，财政部、国家卫生健康委、国家医保局、国家中医药局参与）

（十三）落实政府对符合区域卫生规划的公立医院基本建设和设备购置等投入政策，加大对中医医院、传染病医院的支持力度。积极稳妥推进化解公立医院符合规定的长期债务，严禁举债建设和超标准装修，对公立医院违规举债行为严肃问责。（国家发展改革委、财政部、国家卫生健康委、国家中医药局分别负责）

四、深化医疗保障制度改革

（十四）提高基本医疗保障水平。城乡居民医保人均财政补助标准增加30元,稳步提高个人缴费标准。完善重大疫情医疗救治费用保障机制。开展门诊费用跨省直接结算试点。(国家医保局、财政部负责)

(十五)推进医保支付方式改革。推进按疾病诊断相关分组付费国家试点和按病种付费。健全医保经办机构与医疗机构之间的协商谈判机制,合理确定、动态调整医保基金总额预算指标,有条件的地方可加大周转金预拨力度,减轻医疗机构垫付压力。探索紧密型医疗联合体实行总额付费,加强监督考核,结余留用、合理超支分担。制定建立医保药品支付标准的指导意见。(国家医保局、国家卫生健康委、国家中医药局负责)

(十六)加强医保基金管理,健全监管机制。开展基于大数据的医保智能监控,推广视频监控、人脸识别等技术应用,探索实行省级集中监控。推进"互联网+医疗保障",加快建设全国统一的医疗保障信息平台,并做好与全国一体化政务服务平台的对接。(国家医保局负责)

(十七)加快发展商业健康保险。鼓励商业保险机构提供包括医疗、疾病、康复、照护、生育等多重保障的综合性健康保险产品和服务。积极引入社会力量参与医疗保障经办服务。(国家医保局、银保监会分别负责)

五、健全药品供应保障体系

(十八)完善药品耗材采购政策。有序扩大国家组织集中采购和使用药品品种范围,开展高值医用耗材集中采购试点。鼓励由医保经办机构直接与药品生产或流通企业结算药品货款。指导地方全面执行中选药品和高值医用耗材的采购、配送和使用政策。制定改革完善药品采购机制的政策文件。指导地方完善新冠病毒检测相关集中采购、医保支付等政策。(国家医保局、国家卫生健康委分别负责,财政部、国家药监局参与)

(十九)促进科学合理用药。实施合理用药监测,定期公布监测情况,推动医疗机构优化和规范用药结构,促进优先配备使用国家基本药物,落实"能口服不肌注、能肌注不输液"等要求。加强国家药品使用监测平台建设。推进药品临床综合评价工作,组织开展重大疾病基本用药临床综合评价试点。制定第二批鼓励仿制药品目录。

(国家卫生健康委、国家中医药局负责)

(二十)加强药品耗材使用监管。逐步建立完善药品信息化追溯机制,实现疫苗以及国家组织集中采购和使用药品"一物一码",选取部分高值医用耗材等重点品种实施医疗器械唯一标识。建设全国统一开放的药品集中采购市场,统一标准和功能规范,推进医保药品编码的使用。逐步统一全国医保高值医用耗材分类与编码,探索实施高值医用耗材注册、采购、使用等环节规范编码的衔接应用。(国家医保局、国家药监局分别负责,国家卫生健康委等参与)

(二十一)做好短缺药品保供稳价工作。推进短缺药品多源信息采集平台和部门协同监测机制建设。实施短缺药品停产报告制度和清单管理制度。建立健全药品耗材价格常态化监测预警机制,加强国内采购价格动态监测和国外价格追踪。加大对原料药、进口药等垄断违法行为的执法力度。(工业和信息化部、国家卫生健康委、市场监管总局、国家医保局、国家药监局分别负责,国家中医药局参与)

六、统筹推进相关重点改革

(二十二)继续推进区域医疗中心建设,推动优质医疗资源扩容下沉和均衡布局,建立与区域医疗中心相适应的管理体制和运行机制。(国家发展改革委、国家卫生健康委、国家中医药局、国务院医改领导小组秘书处分别负责)

(二十三)推进分级诊疗和医药卫生信息化建设。全面推进社区医院建设,做细做实家庭医生签约服务,提升城乡社区医疗服务能力,健全分级诊疗制度,强化基层卫生防疫。深化县域综合医改,推进紧密型县域医共体试点,促进"县乡一体、乡村一体"。推动落实对乡村医疗卫生人员的服务收入多渠道补助政策。加快"互联网+医疗健康"发展,完善国家级全民健康信息平台,推进新一代信息技术在医药卫生领域的应用,促进医药卫生管理和服务模式的重塑。支持社会办医持续健康规范发展。对受疫情影响的医疗机构给予扶持。制定全面建立中国特色优质高效医疗卫生服务体系的意见。(国家发展改革委、财政部、人力资源社会保障部、国家卫生健康委、国家医保局、国家中医药局、国务院医改领导小组秘书处等分别负责)

(二十四)促进中医药振兴发展。在综合医院、传染病医院、专科医院等大力推广中西医结合医疗模式,并将实行情况纳入医院等级评审和绩效考核。加快建设中医药循证医学中心,启动国家中医医学中心和区域中医医疗中心建设,开展中医经典病房建设试点,提高中医医院应急和救治能力,发挥中医药在重大疫情救治中的独特作用。遴选发布一批中医优势病种和诊疗项目,鼓励引导医疗卫生机构提供中医药服务。加强县(市)中医医疗服务能力和队伍建设,推进县办中医医疗机构全覆盖。医疗服务价格调整时重点考虑体现技术劳务价值的医疗服务价格,支持中医药传承创新发展。制定加快中医药特色发展政策措施。(国家中医药局、国家发展改革委、国家卫生健康委、国家医保局分别负责)

(二十五)扎实做好健康扶贫。全面解决基本医疗有保障突出问题,强化贫困地区卫生健康人才培养、技术能力提升等方面的政策支持。按规定做好农村贫困人口医疗保障工作。加大对"三区三州"等深度贫困地区的指导支持力度,加强防控重大传染病、地方病攻坚工作。改善贫困地区营养不良等问题。(国家卫生健康委、国家发展改革委、教育部、财政部、国家医保局、国家中医药局、国务院扶贫办等负责)

(二十六)完善医疗卫生行业综合监管协调和督察机制。开展"信用+综合监管"试点工作。制定医疗卫生行业综合监管责任追究及督察机制政策文件。制订加强卫生健康监督体系建设若干规定,推进监督机构规范化建设。进一步规范医疗行为,促进合理医疗检查。(国家卫生健康委、国家中医药局等负责)

各地各有关部门要强化大卫生大健康理念,切实加强深化医改系统谋划和组织领导,将医改任务完成情况作为政府目标管理绩效考核的重要内容,统筹做好常态化疫情防控和深化医改各项工作。进一步推广福建省和三明市医改经验。建立综合医改试点省份评估和调整机制。国务院医改领导小组秘书处要加强统筹协调,开展监测评估,建立任务台账并按季度通报,开展"十三五"医改规划评估。加强医改宣传引导,及时解读政策措施,凝聚改革共识。

国务院关于深入开展爱国卫生运动的意见

（2020 年 11 月 14 日　国发〔2020〕15 号）

爱国卫生运动是我们党把群众路线运用于卫生防病工作的成功实践，是贯彻预防为主方针的伟大创举。党的十八大以来，爱国卫生运动进一步强化党和政府领导，组织发动群众开展了一系列活动，有效改善了城乡环境卫生状况，群众健康素养显著提升，疾病防控取得显著成效。当前，爱国卫生工作仍存在一些薄弱环节，城乡区域发展不平衡不充分的问题仍然突出，工作方式方法比较单一，信息化程度还不高，基层机构和能力弱化。新冠肺炎疫情防控暴露出爱国卫生工作在环境卫生长效管理、群众组织动员和健康素养提升等方面仍存在短板。为深入贯彻习近平总书记关于爱国卫生工作的重要指示精神，落实党中央、国务院决策部署，继承和发扬爱国卫生运动优良传统，充分发挥爱国卫生运动的制度优势、组织优势、文化优势和群众优势，将爱国卫生运动与传染病、慢性病防控等紧密结合，全面改善人居环境，加快形成文明健康、绿色环保的生活方式，有效保障人民群众健康，提出以下意见。

一、总体要求

（一）指导思想。以习近平新时代中国特色社会主义思想为指导，全面贯彻党的十九大和十九届二中、三中、四中、五中全会精神，坚持以人民健康为中心，政府主导、跨部门协作、全社会动员，预防为主、群防群控，丰富工作内涵，创新方式方法，总结推广新冠肺炎疫情防控中的有效经验做法，突出问题和结果导向，强化大数据应用和法治化建设，着力改善人居环境，有效防控传染病和慢性病，提高群众健康素养和全民健康水平，为实现健康中国目标奠定坚实基础。

（二）总体目标。公共卫生设施不断完善，城乡环境面貌全面改善，文明健康、绿色环保的生活方式广泛普及，卫生城镇覆盖率持续提升，健康城市建设深入推进，健康细胞建设广泛开展，爱祖国、讲卫生、树文明、重健康的浓厚文化氛围普遍形成，爱国卫生运动传统深入全民，从部门到地方、从社会到个人、全方位多层次推进爱国卫生运动的整体联动新格局基本建立，社会健康综合治理能力全面提高。

二、完善公共卫生设施，改善城乡人居环境

（三）推进城乡环境卫生综合整治。以重点场所、薄弱环节为重点，全面推进城乡环境卫生综合整治，建立健全环境卫生管理长效机制，补齐公共卫生环境短板。推进农贸市场合理布局和标准化建设，规范市场功能分区设置，逐步取消市场活禽交易，维护好市场及周边环境卫生。加强小餐饮店、小作坊等食品生产经营场所环境卫生整治，推进餐饮业“明厨亮灶”。持续抓好城市老旧小区、城中村、城乡结合部、背街小巷、建筑工地等环境卫生管理。推进村庄清洁行动，深入持久开展农村人居环境整治。加强大气、水、土壤污染治理，严格实行污染物排放总量控制，严厉打击违法排污行为。逐步建立环境与健康调查、监测和风险评估制度，定期开展城乡环境卫生状况评价。

（四）加快垃圾污水治理。加强城市生活垃圾和污水处理设施建设，做好生活垃圾分类投放、分类收集、分类运输、分类处理，逐步实现城市生活垃圾减量化和资源化、无害化处理。通过政策鼓励、宣传教育等，引导群众主动参与垃圾分类。持续推进县域生活垃圾和污水统筹治理，有条件的地方垃圾污水处理设施和服务向农村延伸。因地制宜加强农村生活污水处理设施建设，确保污水不乱排。建立完善农村垃圾收运处置体系，开展垃圾源头减量、就地分类和资源化利用。积极开展农业面源污染治理，推进农药化肥减量增效、农膜回收利用、畜禽粪污和农作物秸秆资源化利用。加快医疗废物处置设施建设，完善医疗废物和污水处理。

（五）全面推进厕所革命。扎实推进农村户用卫生厕所建设改造，引导农村新建住房配套建设卫生厕所，人口规模较大村庄配套建设公共卫生厕所，强化管理维护，逐步扩大厕所粪污无害化处理和资源化利用覆盖面。推进学校厕所改造建设，提升规范化卫生管理水平，抓好粪污无害化处理。深入推进旅游厕所提档升级，提升管理维护水平。大力开展农贸市场、医疗卫生机构、客运站等重点公共场所厕所环境整治，有效改善厕所环境卫生状况。

（六）切实保障饮用水安全。依法严格饮用水水源保护区管理。完善水源保护、自来水生产、安全供水全过程监管体系，加强对饮用水水源、水厂供水和用水点的水质监测。推进规模化供水工程建设以及人口分散区域的小型供水工程规范化改造，不断提高农村供水保障水平。加快城市供水设施建设改造，提高供水能力，扩大供水范围。加强城市二次供水规范化管理。

（七）强化病媒生物防制。健全病媒生物监测网络，加强病媒生物监测，发生传染病疫情时增加监测频率、扩大监测范围，及时掌握病媒生物密度、种属和孳生情况，科学制定防制方案。坚持日常防制和集中防制、专业防制和常规防制相结合，积极开展以环境治理为主、药物防制为辅的病媒生物防制工作。消除病媒生物孳生环境，切断传染病传播途径，有效防控登革热、寨卡病毒病等媒介传染病。强化病媒消杀队伍建设，提升病媒生物防制能力。

三、开展健康知识科普，倡导文明健康、绿色环保的生活方式

（八）培养文明卫生习惯。广泛开展健康科普进村镇、进社区、进机关、进企业、进学校、进家庭活动，宣传公共卫生安全、重大疾病防控及不同季节重点流行疾病防控等卫生健康知识，引导群众践行健康强国理念，推广不随地吐痰、正确规范洗手、室内经常通风、科学佩戴口罩、保持社交距离、注重咳嗽礼仪、推广分餐公筷、看病网上预约等新冠肺炎疫时好习惯，筑牢传染病防控第一道防线。树立良好的饮食风尚，深入开展减油、减盐、减糖行动，革除滥食野生动物陋习，在机关、企事业单位和餐饮行业积极推广分餐制，倡导聚餐使用公勺公筷。将健康教育纳入国民教育体系，作为中小学素质教育的重要内容，以“小手拉大手”促进全社会形成文明卫生习惯。通过设立文明引导员、开展“随手拍”等方式，形成约束有力的社会监督机制，促进文明卫生习惯长效化。及时借鉴推广有关地方经验，通过出台法规规章强化落实个人公共卫生责任。

（九）倡导自主自律健康生活。充分利用爱国卫生月等各类活动，发挥权威专家作用，加大健康生活方式科普力度，引导群众主动学习掌握健康技能，养成戒烟限酒、适量运动、合理膳食、心理平衡的健康生活方式，有效预防高血压、糖尿病等慢性病。针对妇女、儿童青少年、职业人群、老年人等人群及其关注的健康问题，做好精准宣传和健康干预。以多种教育教学形式对学生进行健康干预，科学指导学生有效防控近视、肥胖等。利用人工智能、可穿戴设备等新技术手段，开展参与式健康活动，推广使用家庭健康工具包。加快无烟机关、无烟家庭、无烟医院、无烟学校等无烟环境建设。健全全民健身公共服务体系，完善体育健身设施，实施国家体育锻炼标准，广泛开展全民健身赛事活动，加强科学健身指导服务，营造良好的全民健身氛围。

（十）践行绿色环保生活理念。积极开展生态道德宣传教育，引导群众尊重自然、顺应自然、保护自然，切实增强节约意识、环保意识和生态意识。大力开展节约型机关、绿色家庭、绿色学校、绿色社区创建等行动，倡导简约适度、绿色低碳生活，引导群众争做生态环境的保护者、建设者。倡导珍惜水、电等资源能源，树立爱粮节粮等意识，拒绝"舌尖上的浪费"。完善城市慢行系统，优先发展公共交通，加快构建绿色低碳交通体系，大力倡导绿色出行。倡导使用环保用品，推动塑料产品替代和限制使用，加快推进不可降解塑料袋、一次性餐具等的限制禁止工作，解决过度包装问题。

（十一）促进群众心理健康。加强心理健康科普宣传，传播自尊自信、理性平和、乐观积极的理念和相关知识，引导形成和谐向上的家庭和社会氛围。健全传染病、地震、洪涝灾害等突发公共事件处置中的社会心理健康监测预警机制，强化心理健康促进和心理疏导、危机干预。建立健全政府、社会组织、专业机构、高等院校和科研院所共同参与的心理健康咨询服务机制，充分发挥"互联网+"作用，为群众提供方便可及的心理健康服务。加强心理健康服务志愿者队伍建设，支持拓展心理健康宣传疏导等志愿服务。

四、加强社会健康管理，协同推进健康中国建设

（十二）大力推进卫生城镇创建。完善国家卫生城镇创建标准，引导各地全面提升公共卫生环境设施建设和管理水平，营造干净整洁舒适的宜居环境。优化国家卫生城镇评审流程，完善长效化动态管理机制，探索建立定期抽查制度。充分利用信息化技术手段开展国家卫生城镇评审工作，切实提升工作效率，减轻基层负担。按照国家有关规定，采取评比、表彰等措施鼓励各地积极主动创建国家卫生城镇，有效破解环境卫生管理难题，打造良好生活环境。

（十三）全面开展健康城市建设。适应经济社会发展和健康中国建设需要，因地制宜开展健康城市建设，打造卫生城市升级版，建成一批健康城市建设样板。修订完善健康城市建设评价指标体系，将健康中国行动相关要求纳入评价范围，探索开展基于大数据的第三方评价，推动健康中国行动落地见效。推动各地把全生命周期健康管理理念贯穿城市规划、建设、管理全过程各环节，健全完善相关法规规章，制订出台并不断完善城市卫生健康、法治、教育、社会保障、交通、食品、药品、体育健身、养老服务等各领域的综合策略和干预措施。加快建设适应城镇化快速发展、城市人口密集集中特点的公共卫生体系，强化健康风险防控，从源头上消除影响健康的各种隐患。建立健康影响评估制度，推动各地系统评估各项经济社会发展规划、政策法规及重大工程项目对健康的影响，全力推动将健康融入所有政策。

（十四）加快健康细胞建设。制订健康村镇、健康社区、健康单位（企业）、健康学校、健康家庭等健康细胞建设标准，引导和规范各地健康细胞建设。鼓励各地根据自身经济发展水平、文化特点等，以整洁宜居的环境、便民优质的服务、和谐文明的文化为主要内容，培育一批健康细胞建设特色样板，发挥辐射带动作用。有针对性采取措施，着力推动全社会健康环境改善、健康服务优化、健康教育普及和健康行为养成，推动公共卫生服务下沉，筑牢健康中国建设的微观基础。

五、创新工作方式方法，提升科学管理水平

（十五）加强法治化保障。推进实施基本医疗卫生与健康促进法、传染病防治法等法律法规，落实相关工作要求。制定出台全国层面的爱国卫生法规，将实践证明行之有效的好经验、好做法凝练提升为法律制度，进一步明确爱国卫生工作的目标任务、工作方法、管理措施和各方责任，指导各地及时修订完善地方爱国卫生法规规章。完善爱国卫生工作相关技术标准，推进工作规范化、标准化。

（十六）强化社会动员。加快爱国卫生与基层治理工作融合，推动形成自上而下行政动员与自下而上主动参与结合、平战结合的群众动员机制。推进村(居)民委员会公共卫生委员会建设和社区网格化管理,以基层爱国卫生工作人员为主,以家庭医生、计生专干、专业社会工作者、物业服务人员、志愿者等组成的兼职爱国卫生队伍为辅,推动组建居民健康管理互助小组,提高基层公共卫生工作能力水平。依托乡镇人民政府(街道办事处)、村(居)民委员会等基层组织及机关、企事业单位,发挥工会、共青团、妇联等群团组织作用,推广周末大扫除、卫生清洁日活动及制定村规民约、居民公约等有效经验,推动爱国卫生运动融入群众日常生活。通过政府购买服务等方式,支持社会组织、专业社会工作者和志愿者积极参与。

(十七)加强政策研究和技术支撑。深入开展环境卫生治理、社会健康管理等爱国卫生政策理论研究,充分发挥社会组织、专业机构、高等院校和科研院所等作用,加强爱国卫生工作技术指导、政策咨询和宣传引导。建立健全专家咨询制度,开展政策效果分析,推进爱国卫生专业技术开发,建立健全规范化的技术培训制度。加强爱国卫生信息化建设,充分利用大数据、人工智能等新技术开展爱国卫生工作,提高科学决策和精细管理能力。

六、强化组织实施

(十八)加强组织领导。各地要进一步统一思想、提高认识,把爱国卫生工作列入政府重要议事日程,纳入政府绩效考核指标,常抓不懈推动工作落实。各部门要加强工作协调联动,按照职责分工扎实部署推进本领域相关工作。各级爱国卫生运动委员会要把爱国卫生运动与群众性精神文明创建活动有机结合,制订具体工作方案和计划,明确责任分工、细化目标任务,确保各项工作取得实效。要及时总结和推广各地各部门典型经验和做法,建立定期通报机制,对工作突出、成效明显的给予表扬,对作出重要贡献的按照国家有关规定予以表彰,对措施不力、工作滑坡的给予批评并督促整改。

(十九)加强工作保障。各地要进一步强化爱国卫生工作体系建设,在部门设置、职能调整、人员配备、经费投入等方面予以保障,街道(乡镇)、社区(村)、机关、企事业单位要明确专兼职爱国卫生工作人员,推动爱国卫生各项工作落实到城乡基层。加强爱国卫生工作人员能力建设,提高统筹谋划、协调动员、科学管理等能力水平。

(二十)加强宣传引导。充分利用各类媒体特别是互联网、移动客户端等新媒体，全方位、多层次宣传爱国卫生运动，提升宣传效果，凝聚全社会共识，引导群众关心关注、积极参与。畅通监督渠道，主动接受社会和群众监督，及时回应社会关切，认真解决群众反映的问题，不断提高群众满意度和获得感，营造良好的社会氛围。

（二十一）加强国际合作。积极参与全球卫生治理，围绕全球公共卫生面临的问题和挑战，开展多层面国际交流合作，推动构建人类卫生健康共同体。加强与有关国际组织、世界各国的沟通交流与合作，学习借鉴健康城市、控烟等领域工作理念和经验做法，讲好爱国卫生运动的中国故事，不断促进爱国卫生运动深入开展。

体 育

国务院办公厅关于加强全民健身场地设施建设发展群众体育的意见

（2020年9月30日　国办发〔2020〕36号）

加强全民健身场地设施（以下简称健身设施）建设，发展群众体育，是各级人民政府的重要公共服务职能，是贯彻全民健身国家战略、实施健康中国行动的必然要求。为推进健身设施建设，推动群众体育蓬勃开展，提升全民健身公共服务水平，经国务院同意，现提出以下意见。

一、总体要求

以习近平新时代中国特色社会主义思想为指导，深入贯彻党的十九大和十九届二中、三中、四中全会精神，完善健身设施建设顶层设计，增加健身设施有效供给，补齐群众身边的健身设施短板，大力开展群众体育活动，统筹推进新冠肺炎疫情防控和全民健身促进工作。争取到2025年，有效解决制约健身设施规划建设的瓶颈问题，相关部门联动工作机制更加健全高效，健身设施配置更加合理，健身环境明显改善，形成群众普遍参加体育健身的良好氛围。

二、完善顶层设计

（一）摸清底数短板。各地区要抓紧启动本地区健身设施现状调查，评估健身设施布局和开放使用情况，对照相关标准规范和群众需求，摸清健身设施建设短板。与此同时，要系统梳理可用于建设健身设施的城市空闲地、边角地、公园绿地、城市路桥附属用地、厂房、建筑屋顶等空间资源，以及可复合利用的城市文化娱乐、养老、教育、商业等其他设施资源，制定并向社会公布可用于建设健身设施的非体育用地、非体育建筑目录或指引。

（二）制定行动计划。各地区要结合相关规划，于1年内编制健身设施建设补短板五年行动计划，明确各年度目标任务，聚焦群众就近健身需要，优先规划建设贴近社区、方便可达的全民健身中心、多功能运动场、体育公园、健身步道、健身广场、小型足球场等健身设施，并统筹考虑增加应急避难（险）功能设置。对确有必要建设的大型体育场馆，要从严审批、合理布局，兼顾社区使用。

（三）规范审核程序。各地区在组织编制涉及健身设施建设的相关规划时，要就有关健身设施建设的内容征求同级体育主管部门意见；在审查审批建设工程设计方案时，要按照国家关于健身设施规划建设的标准规范严格把关。对于已建成交付和新建改建的健身设施，要严格用途管理，防止挪作他用。

三、挖掘存量建设用地潜力

（四）盘活城市空闲土地。各地区在不影响相关规划实施及交通、市容、安全等前提下，可应社会主体申请，提供城市空闲土地建设健身设施，并可依法按照兼容用途、依据地方关于临时建设的办法进行管理。

（五）用好城市公益性建设用地。鼓励依法依规利用城市公益性建设用地建设健身设施，并统筹考虑应急避难（险）需要。在不妨碍防洪、供水安全等前提下，可依法依规在河道湖泊沿岸、滩地建设健身步道等。

（六）支持以租赁方式供地。鼓励各地区在符合城市规划的前提下，以租赁方式向社会力量提供用于建设健身设施的土地，租期不超过20年。以先租后让方式供地的，健身设施建成开放并达到约定条件和年限后，可采取协议方式办理土地出让手续，出让的土地应继续用于健身设施建设运营。对按用途需要采取招标拍卖挂牌方式出让的土地，依照有关规定办理。依法必须以招标拍卖挂牌方式出让国有建设用地使用权的土地实行先租后让、租让结合的，招标拍卖挂牌程序可在租赁供应时实施。

（七）倡导复合用地模式。支持对健身设施和其他公共服务设施进行功能整合。在不改变、不影响建设用地主要用途的前提下，鼓励复合利用土地建设健身设施，通过与具有相容性用途土地产权人达成使用协议的方式促进健身设施项目落地。在养老设施规划建设中，要安排充足的健身空间。

四、提升建设运营水平

（八）简化审批程序。各地区要加大健身设施建设审批领域放管服改革力度，协调本地区发展改革、财政、自然资源、生态环境、住房城乡建设、体育、水务、应急管理、园林、城市管理等相关职能部门，简化、优化审批程序，提高健身设施项目审批效率。

（九）鼓励改造建设。各地区要统筹体育和公共卫生、应急避难（险）设施建设，推广公共体育场馆平战两用改造，在公共体育场馆新建或改建过程中预留改造条件，强化其在重大疫情防控、避险避灾方面的功能。有关改造应符合工程建设相关法律法规和技术标准，具体要求由体育总局、住房城乡建设部、国家卫生健康委、应急管理部等部门另行制定。支持建设符合环保和安全等要求的气膜结构健身馆、装配式健身馆。"十四五"期间，在全国新建或改扩建 1000 个左右体育公园，打造全民健身新载体。

（十）落实社区配套要求。新建居住小区要按照有关要求和规定配建社区健身设施，并与住宅同步规划、同步建设、同步验收、同步交付，不得挪用或侵占。支持房地产开发企业结合新建小区实际和应急避难（险）需求配建健身馆等设施。社区健身设施未达到规划要求或建设标准的既有居住小区，要紧密结合城镇老旧小区改造，统筹建设社区健身设施。不具备标准健身设施建设条件的，鼓励灵活建设非标准健身设施。

（十一）支持社会参与。社会力量投资建设的室外健身设施在符合相关规划要求的前提下，由各相关方协商依法确定健身设施产权归属，建成后 5 年内不得擅自改变其产权归属和功能用途。社会力量可申请利用尚未明确用途的城市空闲土地、储备建设用地或者已明确为文化体育用地但尚未完成供地的地块建设临时性室外健身设施，使用时间一般不超过 2 年，且不能影响土地供应。

（十二）推广委托运营。推进公共体育场馆"改造功能、改革机制"工程。规范委托经营模式，编制和推广政府委托社会力量运营公共体育场馆示范合同文本。鼓励采取公开招标方式筛选运营团队，鼓励将公共体育场馆预订、赛事信息发布、经营服务统计等工作委托社会力量承担，提高运营效率。

（十三）推动设施开放。完善大型体育场馆免费或低收费开放补助政策，支持体育场馆向社会免费或低收费开放。挖掘学校体育场地设施开放潜力，在政策范围内采取必要激励机制，鼓励各地区委托专业机构集中运营本地区符合对外开放条件的学校体育场馆，促进学校体育场馆开放。推动公共体育场馆为学校开展体育活动提供免费或低收费服务。充分挖潜利用现有城市公共体育设施，加强对公共体育场馆开放使用的评估督导，对开放程度低、使用率低、服务对象满意度低的，要求其限期整改。加强对公共场所室外健身器材配建工作的监管，确保健身设施符合应急、疏散和消防安全标准，保障各类健身设施使用安全。

（十四）加强信息化建设。公共体育场馆管理运营方要积极执行场馆信息化建设标准规范，建立完善预约制度，通过即时通讯工具、手机客户端、官方网站、电话等多种渠道开放预约并做好信息登记，确保进出馆人员可追溯，并根据疫情防控要求及时调整入馆限额。对开放式室外健身设施，其管理者要进行必要的人流监测，发现人员过度聚集时及时疏导。

五、实施群众体育提升行动

（十五）丰富社区体育赛事活动。体育总局要加强统筹指导和顶层设计，结合开展“我要上全运”群众体育赛事活动，打造线上与线下比赛相结合、全社会参与、多项目覆盖、多层级联动的“全国社区运动会”，充分发挥社区体育赛事在激发拼搏精神、促进邻里交往、增强社区认同感等方面的积极作用。强化项目推动和综合保障，激发社区组织协办赛事活动的积极性，支持有条件的学校体育俱乐部承办社区体育赛事。通过政府购买服务等方式，引导社会力量承接社区体育赛事活动和培训项目。赛事组织方要严格落实防疫等安全管理要求，制定相关预案。

（十六）推进“互联网+健身”。依托现有平台和资源，委托专业机构开发基于PC端、移动端和第三方平台的国家社区体育活动管理服务系统，集成全国公共健身设施布局、科学健身知识、社会体育指导员情况等内容，实现健身设施查询预订、社会体育指导员咨询、体育培训报名等功能，并作为“全国社区运动会”的总服务保障平台。依托该平台，运用市场化方式打造“全国社区运动会”品牌，鼓励各地区正在开展或拟开展的线上、线下社区赛事活动自愿加入平台，为相关活动提供组织管理、人才技术等方面支撑，提高全民健身公共服务智能化、信息化、数字化水平。

（十七）推动居家健身。按照常态化疫情防控要求，大力推广居家健身和全民健身网络赛事活动，充分发挥全民健身在提升全民健康和免疫水平方面的积极作用。在健康中国行动系列工作中大力推进居家健身促进计划，鼓励各地区与线上运动平台合作开办居家健身课程。鼓励体育明星等体育专业技术人才参加健身直播活动，普及运动健身知识、提供科学健身指导、激发群众健身热情。

（十八）夯实组织人才基础。各地区要加快制定完善社区体育相关标准和制度规范。培育发展社会体育指导员协会、社区体育俱乐部等基层体育组织。加强社会体育指导员队伍建设，优化社会体育指导员等级制度，在组织社区体育活动、指导科学健身方面充分发挥作用。

六、加强组织领导

体育总局要会同有关部门制定落实本意见的工作计划和工作台账，对各省（自治区、直辖市）政府贯彻落实本意见情况进行跟踪评估并做好督促指导。各有关部门要加强沟通协调，抓紧细化健身设施规划、用地、开放运营等政策和标准，完善开展社区体育和居家健身的措施，指导地方做好有关工作。各地区要将健身设施规划建设、开放利用和开展群众体育纳入重点工作安排，建立健全责任明确、分工合理、齐抓共管的工作机制，提出符合本地区实际的具体贯彻落实措施。

城乡建设

国务院办公厅关于全面推进城镇老旧小区改造工作的指导意见

（2020年7月10日　国办发〔2020〕23号）

城镇老旧小区改造是重大民生工程和发展工程，对满足人民群众美好生活需要、推动惠民生扩内需、推进城市更新和开发建设方式转型、促进经济高质量发展具有十分重要的意义。为全面推进城镇老旧小区改造工作，经国务院同意，现提出以下意见：

一、总体要求

（一）指导思想。以习近平新时代中国特色社会主义思想为指导，全面贯彻党的十九大和十九届二中、三中、四中全会精神，按照党中央、国务院决策部署，坚持以人民为中心的发展思想，坚持新发展理念，按照高质量发展要求，大力改造提升城镇老旧小区，改善居民居住条件，推动构建“纵向到底、横向到边、共建共治共享”的社区治理体系，让人民群众生活更方便、更舒心、更美好。

（二）基本原则。

——坚持以人为本，把握改造重点。从人民群众最关心最直接最现实的利益问题出发，征求居民意见并合理确定改造内容，重点改造完善小区配套和市政基础设施，提升社区养老、托育、医疗等公共服务水平，推动建设安全健康、设施完善、管理有序的完整居住社区。

——坚持因地制宜，做到精准施策。科学确定改造目标，既尽力而为又量力而行，不搞“一刀切”、不层层下指标；合理制定改造方案，体现小区特点，杜绝政绩工程、形象工程。

——坚持居民自愿，调动各方参与。广泛开展“美好环境与幸福生活共同缔造”活动，激发居民参与改造的主动性、积极性，充分调动小区关联单位和社会力量支持、参与改造，实现决策共谋、发展共建、建设共管、效果共评、成果共享。

——坚持保护优先，注重历史传承。兼顾完善功能和传承历史，落实历史建筑保护修缮要求，保护历史文化街区，在改善居住条件、提高环境品质的同时，展现城市特色，延续历史文脉。

——坚持建管并重，加强长效管理。以加强基层党建为引领，将社区治理能力建设融入改造过程，促进小区治理模式创新，推动社会治理和服务重心向基层下移，完善小区长效管理机制。

（三）工作目标。2020 年新开工改造城镇老旧小区 3.9 万个，涉及居民近 700 万户；到 2022 年，基本形成城镇老旧小区改造制度框架、政策体系和工作机制；到“十四五”期末，结合各地实际，力争基本完成 2000 年底前建成的需改造城镇老旧小区改造任务。

二、明确改造任务

（一）明确改造对象范围。城镇老旧小区是指城市或县城（城关镇）建成年代较早、失养失修失管、市政配套设施不完善、社区服务设施不健全、居民改造意愿强烈的住宅小区（含单栋住宅楼）。各地要结合实际，合理界定本地区改造对象范围，重点改造 2000 年底前建成的老旧小区。

（二）合理确定改造内容。城镇老旧小区改造内容可分为基础类、完善类、提升类 3 类。

1. 基础类。为满足居民安全需要和基本生活需求的内容，主要是市政配套基础设施改造提升以及小区内建筑物屋面、外墙、楼梯等公共部位维修等。其中，改造提升市政配套基础设施包括改造提升小区内部及与小区联系的供水、排水、供电、弱电、道路、供气、供热、消防、安防、生活垃圾分类、移动通信等基础设施，以及光纤入户、架空线规整（入地）等。

2. 完善类。为满足居民生活便利需要和改善型生活需求的内容，主要是环境及配套设施改造建设、小区内建筑节能改造、有条件的楼栋加装电梯等。其中，改造建设环境及配套设施包括拆除违法建设，整治小区及周边绿化、照明等环境，改造或建设小区及周边适老设施、无障碍设施、停车库（场）、电动自行车及汽车充电设施、智能快件箱、智能信包箱、文化休闲设施、体育健身设施、物业用房等配套设施。

3. 提升类。为丰富社区服务供给、提升居民生活品质、立足小区及周边实际条件积极推进的内容，主要是公共服务设施配套建设及其智慧化改造，包括改造或建设小区及周边的社区综合服务设施、卫生服务站等公共卫生设施、幼儿园等教育设施、周界防护等智能感知设施，以及养老、托育、助餐、家政保洁、便民市场、便利店、邮政快递末端综合服务站等社区专项服务设施。

各地可因地制宜确定改造内容清单、标准和支持政策。

（三）编制专项改造规划和计划。各地要进一步摸清既有城镇老旧小区底数，建立项目储备库。区分轻重缓急，切实评估财政承受能力，科学编制城镇老旧小区改造规划和年度改造计划，不得盲目举债铺摊子。建立激励机制，优先对居民改造意愿强、参与积极性高的小区（包括移交政府安置的军队离退休干部住宅小区）实施改造。养老、文化、教育、卫生、托育、体育、邮政快递、社会治安等有关方面涉及城镇老旧小区的各类设施增设或改造计划，以及电力、通信、供水、排水、供气、供热等专业经营单位的相关管线改造计划，应主动与城镇老旧小区改造规划和计划有效对接，同步推进实施。国有企事业单位、军队所属城镇老旧小区按属地原则纳入地方改造规划和计划统一组织实施。

三、建立健全组织实施机制

（一）建立统筹协调机制。各地要建立健全政府统筹、条块协作、各部门齐抓共管的专门工作机制，明确各有关部门、单位和街道（镇）、社区职责分工，制定工作规则、责任清单和议事规程，形成工作合力，共同破解难题，统筹推进城镇老旧小区改造工作。

（二）健全动员居民参与机制。城镇老旧小区改造要与加强基层党组织建设、居民自治机制建设、社区服务体系建设有机结合。建立和完善党建引领城市基层治理机制，充分发挥社区党组织的领导作用，统筹协调社区居民委员会、业主委员会、产权单位、物业服务企业等共同推进改造。搭建沟通议事平台，利用“互联网+共建共治共享”等线上线下手段，开展小区党组织引领的多种形式基层协商，主动了解居民诉求，促进居民形成共识，发动居民积极参与改造方案制定、配合施工、参与监督和后续管理、评价和反馈小区改造效果等。组织引导社区内机关、企事业单位积极参与改造。

（三）建立改造项目推进机制。区县人民政府要明确项目实施主体，健全项目管理机制，推进项目有序实施。积极推动设计师、工程师进社区，辅导居民有效参与改造。为专业经营单位的工程实施提供支持便利，禁止收取不合理费用。鼓励选用经济适用、绿色环保的技术、工艺、材料、产品。改造项目涉及历史文化街区、历史建筑的，应严格落实相关保护修缮要求。落实施工安全和工程质量责任，组织做好工程验收移交，杜绝安全隐患。充分发挥社会监督作用，畅通投诉举报渠道。结合城镇老旧小区改造，同步开展绿色社区创建。

（四）完善小区长效管理机制。结合改造工作同步建立健全基层党组织领导，社区居民委员会配合，业主委员会、物业服务企业等参与的联席会议机制，引导居民协商确定改造后小区的管理模式、管理规约及业主议事规则，共同维护改造成果。建立健全城镇老旧小区住宅专项维修资金归集、使用、续筹机制，促进小区改造后维护更新进入良性轨道。

四、建立改造资金政府与居民、社会力量合理共担机制

（一）合理落实居民出资责任。按照谁受益、谁出资原则，积极推动居民出资参与改造，可通过直接出资、使用（补建、续筹）住宅专项维修资金、让渡小区公共收益等方式落实。研究住宅专项维修资金用于城镇老旧小区改造的办法。支持小区居民提取住房公积金，用于加装电梯等自住住房改造。鼓励居民通过捐资捐物、投工投劳等支持改造。鼓励有需要的居民结合小区改造进行户内改造或装饰装修、家电更新。

（二）加大政府支持力度。将城镇老旧小区改造纳入保障性安居工程，中央给予资金补助，按照“保基本”的原则，重点支持基础类改造内容。中央财政资金重点支持改造2000年底前建成的老旧小区，可以适当支持2000年后建成的老旧小区，但需要限定年限和比例。省级人民政府要相应做好资金支持。市县人民政府对城镇老旧小区改造给予资金支持，可以纳入国有住房出售收入存量资金使用范围；

要统筹涉及住宅小区的各类资金用于城镇老旧小区改造，提高资金使用效率。支持各地通过发行地方政府专项债券筹措改造资金。

（三）持续提升金融服务力度和质效。支持城镇老旧小区改造规模化实施运营主体采取市场化方式，运用公司信用类债券、项目收益票据等进行债券融资，但不得承担政府融资职能，杜绝新增地方政府隐性债务。国家开发银行、农业发展银行结合各自职能定位和业务范围，按照市场化、法治化原则，依法合规加大对城镇老旧小区改造的信贷支持力度。商业银行加大产品和服务创新力度，在风险可控、商业可持续前提下，依法合规对实施城镇老旧小区改造的企业和项目提供信贷支持。

（四）推动社会力量参与。鼓励原产权单位对已移交地方的原职工住宅小区改造给予资金等支持。公房产权单位应出资参与改造。引导专业经营单位履行社会责任，出资参与小区改造中相关管线设施设备的改造提升；改造后专营设施设备的产权可依照法定程序移交给专业经营单位，由其负责后续维护管理。通过政府采购、新增设施有偿使用、落实资产权益等方式，吸引各类专业机构等社会力量投资参与各类需改造设施的设计、改造、运营。支持规范各类企业以政府和社会资本合作模式参与改造。支持以“平台+创业单元”方式发展养老、托育、家政等社区服务新业态。

（五）落实税费减免政策。专业经营单位参与政府统一组织的城镇老旧小区改造，对其取得所有权的设施设备等配套资产改造所发生的费用，可以作为该设施设备的计税基础，按规定计提折旧并在企业所得税前扣除；所发生的维护管理费用，可按规定计入企业当期费用税前扣除。在城镇老旧小区改造中，为社区提供养老、托育、家政等服务的机构，提供养老、托育、家政服务取得的收入免征增值税，并减按90%计入所得税应纳税所得额；用于提供社区养老、托育、家政服务的房产、土地，可按现行规定免征契税、房产税、城镇土地使用税和城市基础设施配套费、不动产登记费等。

五、完善配套政策

（一）加快改造项目审批。各地要结合审批制度改革，精简城镇老旧小区改造工程审批事项和环节，构建快速审批流程，积极推行网上审批，提高项目审批效率。可由市县人民政府组织有关部门联合审查改造方案，认可后由相关部门直接办理立项、用地、规划审批。不涉及土地权属变化的项目，可用已有用地手续等材料作为土地证明文件，无需再办理用地手续。探索将工程建设许可和施工许可合并为一个阶段，简化相关审批手续。不涉及建筑主体结构变动的低风险项目，实行项目建设单位告知承诺制的，可不进行施工图审查。鼓励相关各方进行联合验收。

（二）完善适应改造需要的标准体系。各地要抓紧制定本地区城镇老旧小区改造技术规范，明确智能安防建设要求，鼓励综合运用物防、技防、人防等措施满足安全需要。及时推广应用新技术、新产品、新方法。因改造利用公共空间新建、改建各类设施涉及影响日照间距、占用绿化空间的，可在广泛征求居民意见基础上一事一议予以解决。

（三）建立存量资源整合利用机制。各地要合理拓展改造实施单元，推进相邻小区及周边地区联动改造，加强服务设施、公共空间共建共享。加强既有用地集约混合利用，在不违反规划且征得居民等同意的前提下，允许利用小区及周边存量土地建设各类环境及配套设施和公共服务设施。其中，对利用小区内空地、荒地、绿地及拆除违法建设腾空土地等加装电梯和建设各类设施的，可不增收土地价款。整合社区服务投入和资源，通过统筹利用公有住房、社区居民委员会办公用房和社区综合服务设施、闲置锅炉房等存量房屋资源，增设各类服务设施，有条件的地方可通过租赁住宅楼底层商业用房等其他符合条件的房屋发展社区服务。

（四）明确土地支持政策。城镇老旧小区改造涉及利用闲置用房等存量房屋建设各类公共服务设施的，可在一定年期内暂不办理变更用地主体和土地使用性质的手续。增设服务设施需要办理不动产登记的，不动产登记机构应依法积极予以办理。

六、强化组织保障

（一）明确部门职责。住房城乡建设部要切实担负城镇老旧小区改造工作的组织协调和督促指导责任。各有关部门要加强政策协调、工作衔接、调研督导，及时发现新情况新问题，完善相关政策措施。研究对城镇老旧小区改造工作成效显著的地区给予有关激励政策。

（二）落实地方责任。省级人民政府对本地区城镇老旧小区改造工作负总责，要加强统筹指导，明确市县人民政府责任，确保工作有序推进。市县人民政府要落实主体责任，主要负责同志亲自抓，把推进城镇老旧小区改造摆上重要议事日程，以人民群众满意度和受益程度、改造质量和财政资金使用效率为衡量标准，调动各方面资源抓好组织实施，健全工作机制，落实好各项配套支持政策。

（三）做好宣传引导。加大对优秀项目、典型案例的宣传力度，提高社会各界对城镇老旧小区改造的认识，着力引导群众转变观念，变“要我改”为“我要改”，形成社会各界支持、群众积极参与的浓厚氛围。要准确解读城镇老旧小区改造政策措施，及时回应社会关切。

环境保护

中华人民共和国
固体废物污染环境防治法

（1995 年 10 月 30 日第八届全国人民代表大会常务委员会第十六次会议通过　2004 年 12 月 29 日第十届全国人民代表大会常务委员会第十三次会议第一次修订　根据 2013 年 6 月 29 日第十二届全国人民代表大会常务委员会第三次会议《关于修改〈中华人民共和国文物保护法〉等十二部法律的决定》第一次修正　根据 2015 年 4 月 24 日第十二届全国人民代表大会常务委员会第十四次会议《关于修改〈中华人民共和国港口法〉等七部法律的决定》第二次修正　根据 2016 年 11 月 7 日第十二届全国人民代表大会常务委员会第二十四次会议《关于修改〈中华人民共和国对外贸易法〉等十二部法律的决定》第三次修正　2020 年 4 月 29 日第十三届全国人民代表大会常务委员会第十七次会议第二次修订　2020 年 4 月 29 日中华人民共和国主席令第 43 号公布　自 2020 年 9 月 1 日起施行）

目　　录

第一章　总　　则

第一条　为了保护和改善生态环境，防治固体废物污染环境，保障公众健康，维护生态安全，推进生态文明建设，促进经济社会可持续发展，制定本法。

第二条　固体废物污染环境的防治适用本法。

固体废物污染海洋环境的防治和放射性固体废物污染环境的防治不适用本法。

第三条　国家推行绿色发展方式，促进清洁生产和循环经济发展。

国家倡导简约适度、绿色低碳的生活方式，引导公众积极参与固体废物污染环境防治。

第四条　固体废物污染环境防治坚持减量化、资源化和无害化的原则。

任何单位和个人都应当采取措施，减少固体废物的产生量，促进固体废物的综合利用，降低固体废物的危害性。

第五条　固体废物污染环境防治坚持污染担责的原则。

产生、收集、贮存、运输、利用、处置固体废物的单位和个人，应当采取措施，防止或者减少固体废物对环境的污染，对所造成的环境污染依法承担责任。

第六条　国家推行生活垃圾分类制度。

生活垃圾分类坚持政府推动、全民参与、城乡统筹、因地制宜、简便易行的原则。

第七条　地方各级人民政府对本行政区域固体废物污染环境防治负责。

国家实行固体废物污染环境防治目标责任制和考核评价制度，将固体废物污染环境防治目标完成情况纳入考核评价的内容。

第八条 各级人民政府应当加强对固体废物污染环境防治工作的领导，组织、协调、督促有关部门依法履行固体废物污染环境防治监督管理职责。

省、自治区、直辖市之间可以协商建立跨行政区域固体废物污染环境的联防联控机制，统筹规划制定、设施建设、固体废物转移等工作。

第九条 国务院生态环境主管部门对全国固体废物污染环境防治工作实施统一监督管理。国务院发展改革、工业和信息化、自然资源、住房城乡建设、交通运输、农业农村、商务、卫生健康、海关等主管部门在各自职责范围内负责固体废物污染环境防治的监督管理工作。

地方人民政府生态环境主管部门对本行政区域固体废物污染环境防治工作实施统一监督管理。地方人民政府发展改革、工业和信息化、自然资源、住房城乡建设、交通运输、农业农村、商务、卫生健康等主管部门在各自职责范围内负责固体废物污染环境防治的监督管理工作。

第十条 国家鼓励、支持固体废物污染环境防治的科学研究、技术开发、先进技术推广和科学普及，加强固体废物污染环境防治科技支撑。

第十一条 国家机关、社会团体、企业事业单位、基层群众性自治组织和新闻媒体应当加强固体废物污染环境防治宣传教育和科学普及，增强公众固体废物污染环境防治意识。

学校应当开展生活垃圾分类以及其他固体废物污染环境防治知识普及和教育。

第十二条 各级人民政府对在固体废物污染环境防治工作以及相关的综合利用活动中做出显著成绩的单位和个人，按照国家有关规定给予表彰、奖励。

第二章 监督管理

第十三条 县级以上人民政府应当将固体废物污染环境防治工

作纳入国民经济和社会发展规划、生态环境保护规划，并采取有效措施减少固体废物的产生量、促进固体废物的综合利用、降低固体废物的危害性，最大限度降低固体废物填埋量。

第十四条 国务院生态环境主管部门应当会同国务院有关部门根据国家环境质量标准和国家经济、技术条件，制定固体废物鉴别标准、鉴别程序和国家固体废物污染环境防治技术标准。

第十五条 国务院标准化主管部门应当会同国务院发展改革、工业和信息化、生态环境、农业农村等主管部门，制定固体废物综合利用标准。

综合利用固体废物应当遵守生态环境法律法规，符合固体废物污染环境防治技术标准。使用固体废物综合利用产物应当符合国家规定的用途、标准。

第十六条 国务院生态环境主管部门应当会同国务院有关部门建立全国危险废物等固体废物污染环境防治信息平台，推进固体废物收集、转移、处置等全过程监控和信息化追溯。

第十七条 建设产生、贮存、利用、处置固体废物的项目，应当依法进行环境影响评价，并遵守国家有关建设项目环境保护管理的规定。

第十八条 建设项目的环境影响评价文件确定需要配套建设的固体废物污染环境防治设施，应当与主体工程同时设计、同时施工、同时投入使用。建设项目的初步设计，应当按照环境保护设计规范的要求，将固体废物污染环境防治内容纳入环境影响评价文件，落实防治固体废物污染环境和破坏生态的措施以及固体废物污染环境防治设施投资概算。

建设单位应当依照有关法律法规的规定，对配套建设的固体废物污染环境防治设施进行验收，编制验收报告，并向社会公开。

第十九条 收集、贮存、运输、利用、处置固体废物的单位和其他生产经营者，应当加强对相关设施、设备和场所的管理和维护，保证其正常运行和使用。

第二十条 产生、收集、贮存、运输、利用、处置固体废物的单位和其他生产经营者，应当采取防扬散、防流失、防渗漏或者其他防止污染环境的措施，不得擅自倾倒、堆放、丢弃、遗撒固体废物。

禁止任何单位或者个人向江河、湖泊、运河、渠道、水库及其最高水位线以下的滩地和岸坡以及法律法规规定的其他地点倾倒、堆放、贮存固体废物。

第二十一条 在生态保护红线区域、永久基本农田集中区域和其他需要特别保护的区域内，禁止建设工业固体废物、危险废物集中贮存、利用、处置的设施、场所和生活垃圾填埋场。

第二十二条 转移固体废物出省、自治区、直辖市行政区域贮存、处置的，应当向固体废物移出地的省、自治区、直辖市人民政府生态环境主管部门提出申请。移出地的省、自治区、直辖市人民政府生态环境主管部门应当及时商经接受地的省、自治区、直辖市人民政府生态环境主管部门同意后，在规定期限内批准转移该固体废物出省、自治区、直辖市行政区域。未经批准的，不得转移。

转移固体废物出省、自治区、直辖市行政区域利用的，应当报固体废物移出地的省、自治区、直辖市人民政府生态环境主管部门备案。移出地的省、自治区、直辖市人民政府生态环境主管部门应当将备案信息通报接受地的省、自治区、直辖市人民政府生态环境主管部门。

第二十三条 禁止中华人民共和国境外的固体废物进境倾倒、堆放、处置。

第二十四条 国家逐步实现固体废物零进口，由国务院生态环境主管部门会同国务院商务、发展改革、海关等主管部门组织实施。

第二十五条 海关发现进口货物疑似固体废物的，可以委托专业机构开展属性鉴别，并根据鉴别结论依法管理。

第二十六条 生态环境主管部门及其环境执法机构和其他负有固体废物污染环境防治监督管理职责的部门，在各自职责范围内有权对从事产生、收集、贮存、运输、利用、处置固体废物等活动的单位和其他生产经营者进行现场检查。被检查者应当如实反映情况，并提供必要的资料。

实施现场检查，可以采取现场监测、采集样品、查阅或者复制与固体废物污染环境防治相关的资料等措施。检查人员进行现场检查，应当出示证件。对现场检查中知悉的商业秘密应当保密。

第二十七条 有下列情形之一，生态环境主管部门和其他负有固体废物污染环境防治监督管理职责的部门,可以对违法收集、贮存、运输、利用、处置的固体废物及设施、设备、场所、工具、物品予以查封、扣押:

(一)可能造成证据灭失、被隐匿或者非法转移的;

(二)造成或者可能造成严重环境污染的。

第二十八条 生态环境主管部门应当会同有关部门建立产生、收集、贮存、运输、利用、处置固体废物的单位和其他生产经营者信用记录制度,将相关信用记录纳入全国信用信息共享平台。

第二十九条 设区的市级人民政府生态环境主管部门应当会同住房城乡建设、农业农村、卫生健康等主管部门,定期向社会发布固体废物的种类、产生量、处置能力、利用处置状况等信息。

产生、收集、贮存、运输、利用、处置固体废物的单位,应当依法及时公开固体废物污染环境防治信息,主动接受社会监督。

利用、处置固体废物的单位,应当依法向公众开放设施、场所,提高公众环境保护意识和参与程度。

第三十条 县级以上人民政府应当将工业固体废物、生活垃圾、危险废物等固体废物污染环境防治情况纳入环境状况和环境保护目标完成情况年度报告,向本级人民代表大会或者人民代表大会常务委员会报告。

第三十一条 任何单位和个人都有权对造成固体废物污染环境的单位和个人进行举报。

生态环境主管部门和其他负有固体废物污染环境防治监督管理职责的部门应当将固体废物污染环境防治举报方式向社会公布,方便公众举报。

接到举报的部门应当及时处理并对举报人的相关信息予以保密;对实名举报并查证属实的,给予奖励。

举报人举报所在单位的,该单位不得以解除、变更劳动合同或者其他方式对举报人进行打击报复。

第三章　工业固体废物

第三十二条 国务院生态环境主管部门应当会同国务院发展改

革、工业和信息化等主管部门对工业固体废物对公众健康、生态环境的危害和影响程度等作出界定，制定防治工业固体废物污染环境的技术政策，组织推广先进的防治工业固体废物污染环境的生产工艺和设备。

第三十三条 国务院工业和信息化主管部门应当会同国务院有关部门组织研究开发、推广减少工业固体废物产生量和降低工业固体废物危害性的生产工艺和设备，公布限期淘汰产生严重污染环境的工业固体废物的落后生产工艺、设备的名录。

生产者、销售者、进口者、使用者应当在国务院工业和信息化主管部门会同国务院有关部门规定的期限内分别停止生产、销售、进口或者使用列入前款规定名录中的设备。生产工艺的采用者应当在国务院工业和信息化主管部门会同国务院有关部门规定的期限内停止采用列入前款规定名录中的工艺。

列入限期淘汰名录被淘汰的设备，不得转让给他人使用。

第三十四条 国务院工业和信息化主管部门应当会同国务院发展改革、生态环境等主管部门，定期发布工业固体废物综合利用技术、工艺、设备和产品导向目录，组织开展工业固体废物资源综合利用评价，推动工业固体废物综合利用。

第三十五条 县级以上地方人民政府应当制定工业固体废物污染环境防治工作规划，组织建设工业固体废物集中处置等设施，推动工业固体废物污染环境防治工作。

第三十六条 产生工业固体废物的单位应当建立健全工业固体废物产生、收集、贮存、运输、利用、处置全过程的污染环境防治责任制度，建立工业固体废物管理台账，如实记录产生工业固体废物的种类、数量、流向、贮存、利用、处置等信息，实现工业固体废物可追溯、可查询，并采取防治工业固体废物污染环境的措施。

禁止向生活垃圾收集设施中投放工业固体废物。

第三十七条 产生工业固体废物的单位委托他人运输、利用、处置工业固体废物的，应当对受托方的主体资格和技术能力进行核实，依法签订书面合同，在合同中约定污染防治要求。

受托方运输、利用、处置工业固体废物，应当依照有关法律法规的规定和合同约定履行污染防治要求，并将运输、利用、处置情况告知产生工业固体废物的单位。

产生工业固体废物的单位违反本条第一款规定的，除依照有关法律法规的规定予以处罚外，还应当与造成环境污染和生态破坏的受托方承担连带责任。

第三十八条 产生工业固体废物的单位应当依法实施清洁生产审核，合理选择和利用原材料、能源和其他资源，采用先进的生产工艺和设备，减少工业固体废物的产生量，降低工业固体废物的危害性。

第三十九条 产生工业固体废物的单位应当取得排污许可证。排污许可的具体办法和实施步骤由国务院规定。

产生工业固体废物的单位应当向所在地生态环境主管部门提供工业固体废物的种类、数量、流向、贮存、利用、处置等有关资料，以及减少工业固体废物产生、促进综合利用的具体措施，并执行排污许可管理制度的相关规定。

第四十条 产生工业固体废物的单位应当根据经济、技术条件对工业固体废物加以利用；对暂时不利用或者不能利用的，应当按照国务院生态环境等主管部门的规定建设贮存设施、场所，安全分类存放，或者采取无害化处置措施。贮存工业固体废物应当采取符合国家环境保护标准的防护措施。

建设工业固体废物贮存、处置的设施、场所，应当符合国家环境保护标准。

第四十一条 产生工业固体废物的单位终止的，应当在终止前对工业固体废物的贮存、处置的设施、场所采取污染防治措施，并对未处置的工业固体废物作出妥善处置，防止污染环境。

产生工业固体废物的单位发生变更的，变更后的单位应当按照国家有关环境保护的规定对未处置的工业固体废物及其贮存、处置的设施、场所进行安全处置或者采取有效措施保证该设施、场所安全运行。变更前当事人对工业固体废物及其贮存、处置的设施、场所的污染防治责任另有约定的，从其约定；但是，不得免除当事人的污染防治义务。

对 2005 年 4 月 1 日前已经终止的单位未处置的工业固体废物及其贮存、处置的设施、场所进行安全处置的费用，由有关人民政府承担；但是，该单位享有的土地使用权依法转让的，应当由土地使用权受让人承担处置费用。当事人另有约定的，从其约定；但是，不得免除当事人的污染防治义务。

第四十二条 矿山企业应当采取科学的开采方法和选矿工艺，减少尾矿、煤矸石、废石等矿业固体废物的产生量和贮存量。

国家鼓励采取先进工艺对尾矿、煤矸石、废石等矿业固体废物进行综合利用。

尾矿、煤矸石、废石等矿业固体废物贮存设施停止使用后，矿山企业应当按照国家有关环境保护等规定进行封场，防止造成环境污染和生态破坏。

第四章 生活垃圾

第四十三条 县级以上地方人民政府应当加快建立分类投放、分类收集、分类运输、分类处理的生活垃圾管理系统，实现生活垃圾分类制度有效覆盖。

县级以上地方人民政府应当建立生活垃圾分类工作协调机制，加强和统筹生活垃圾分类管理能力建设。

各级人民政府及其有关部门应当组织开展生活垃圾分类宣传，教育引导公众养成生活垃圾分类习惯，督促和指导生活垃圾分类工作。

第四十四条 县级以上地方人民政府应当有计划地改进燃料结构，发展清洁能源，减少燃料废渣等固体废物的产生量。

县级以上地方人民政府有关部门应当加强产品生产和流通过程管理，避免过度包装，组织净菜上市，减少生活垃圾的产生量。

第四十五条 县级以上人民政府应当统筹安排建设城乡生活垃圾收集、运输、处理设施，确定设施厂址，提高生活垃圾的综合利用和无害化处置水平，促进生活垃圾收集、处理的产业化发展，逐步建立和完善生活垃圾污染环境防治的社会服务体系。

县级以上地方人民政府有关部门应当统筹规划，合理安排回收、分拣、打包网点，促进生活垃圾的回收利用工作。

第四十六条 地方各级人民政府应当加强农村生活垃圾污染环

境的防治，保护和改善农村人居环境。

国家鼓励农村生活垃圾源头减量。城乡结合部、人口密集的农村地区和其他有条件的地方，应当建立城乡一体的生活垃圾管理系统；其他农村地区应当积极探索生活垃圾管理模式，因地制宜，就近就地利用或者妥善处理生活垃圾。

第四十七条 设区的市级以上人民政府环境卫生主管部门应当制定生活垃圾清扫、收集、贮存、运输和处理设施、场所建设运行规范，发布生活垃圾分类指导目录，加强监督管理。

第四十八条 县级以上地方人民政府环境卫生等主管部门应当组织对城乡生活垃圾进行清扫、收集、运输和处理，可以通过招标等方式选择具备条件的单位从事生活垃圾的清扫、收集、运输和处理。

第四十九条 产生生活垃圾的单位、家庭和个人应当依法履行生活垃圾源头减量和分类投放义务，承担生活垃圾产生者责任。

任何单位和个人都应当依法在指定的地点分类投放生活垃圾。禁止随意倾倒、抛撒、堆放或者焚烧生活垃圾。

机关、事业单位等应当在生活垃圾分类工作中起示范带头作用。

已经分类投放的生活垃圾，应当按照规定分类收集、分类运输、分类处理。

第五十条 清扫、收集、运输、处理城乡生活垃圾，应当遵守国家有关环境保护和环境卫生管理的规定，防止污染环境。

从生活垃圾中分类并集中收集的有害垃圾，属于危险废物的，应当按照危险废物管理。

第五十一条 从事公共交通运输的经营单位，应当及时清扫、收集运输过程中产生的生活垃圾。

第五十二条 农贸市场、农产品批发市场等应当加强环境卫生管理，保持环境卫生清洁，对所产生的垃圾及时清扫、分类收集、妥善处理。

第五十三条 从事城市新区开发、旧区改建和住宅小区开发建设、村镇建设的单位，以及机场、码头、车站、公园、商场、体育场馆等公共设施、场所的经营管理单位，应当按照国家有关环境卫生的规定，配套建设生活垃圾收集设施。

县级以上地方人民政府应当统筹生活垃圾公共转运、处理设施与前款规定的收集设施的有效衔接，并加强生活垃圾分类收运体系和再生资源回收体系在规划、建设、运营等方面的融合。

第五十四条 从生活垃圾中回收的物质应当按照国家规定的用途、标准使用，不得用于生产可能危害人体健康的产品。

第五十五条 建设生活垃圾处理设施、场所，应当符合国务院生态环境主管部门和国务院住房城乡建设主管部门规定的环境保护和环境卫生标准。

鼓励相邻地区统筹生活垃圾处理设施建设，促进生活垃圾处理设施跨行政区域共建共享。

禁止擅自关闭、闲置或者拆除生活垃圾处理设施、场所；确有必要关闭、闲置或者拆除的，应当经所在地的市、县级人民政府环境卫生主管部门商所在地生态环境主管部门同意后核准，并采取防止污染环境的措施。

第五十六条 生活垃圾处理单位应当按照国家有关规定，安装使用监测设备，实时监测污染物的排放情况，将污染排放数据实时公开。监测设备应当与所在地生态环境主管部门的监控设备联网。

第五十七条 县级以上地方人民政府环境卫生主管部门负责组织开展厨余垃圾资源化、无害化处理工作。

产生、收集厨余垃圾的单位和其他生产经营者，应当将厨余垃圾交由具备相应资质条件的单位进行无害化处理。

禁止畜禽养殖场、养殖小区利用未经无害化处理的厨余垃圾饲喂畜禽。

第五十八条 县级以上地方人民政府应当按照产生者付费原则，建立生活垃圾处理收费制度。

县级以上地方人民政府制定生活垃圾处理收费标准，应当根据本地实际，结合生活垃圾分类情况，体现分类计价、计量收费等差别化管理，并充分征求公众意见。生活垃圾处理收费标准应当向社会公布。

生活垃圾处理费应当专项用于生活垃圾的收集、运输和处理等，不得挪作他用。

第五十九条 省、自治区、直辖市和设区的市、自治州可以结合实际，制定本地方生活垃圾具体管理办法。

第五章　建筑垃圾、农业固体废物等

第六十条　县级以上地方人民政府应当加强建筑垃圾污染环境的防治，建立建筑垃圾分类处理制度。

县级以上地方人民政府应当制定包括源头减量、分类处理、消纳设施和场所布局及建设等在内的建筑垃圾污染环境防治工作规划。

第六十一条　国家鼓励采用先进技术、工艺、设备和管理措施，推进建筑垃圾源头减量，建立建筑垃圾回收利用体系。

县级以上地方人民政府应当推动建筑垃圾综合利用产品应用。

第六十二条　县级以上地方人民政府环境卫生主管部门负责建筑垃圾污染环境防治工作，建立建筑垃圾全过程管理制度，规范建筑垃圾产生、收集、贮存、运输、利用、处置行为，推进综合利用，加强建筑垃圾处置设施、场所建设，保障处置安全，防止污染环境。

第六十三条　工程施工单位应当编制建筑垃圾处理方案，采取污染防治措施，并报县级以上地方人民政府环境卫生主管部门备案。

工程施工单位应当及时清运工程施工过程中产生的建筑垃圾等固体废物，并按照环境卫生主管部门的规定进行利用或者处置。

工程施工单位不得擅自倾倒、抛撒或者堆放工程施工过程中产生的建筑垃圾。

第六十四条　县级以上人民政府农业农村主管部门负责指导农业固体废物回收利用体系建设，鼓励和引导有关单位和其他生产经营者依法收集、贮存、运输、利用、处置农业固体废物，加强监督管理，防止污染环境。

第六十五条　产生秸秆、废弃农用薄膜、农药包装废弃物等农业固体废物的单位和其他生产经营者，应当采取回收利用和其他防止污染环境的措施。

从事畜禽规模养殖应当及时收集、贮存、利用或者处置养殖过程中产生的畜禽粪污等固体废物，避免造成环境污染。

禁止在人口集中地区、机场周围、交通干线附近以及当地人民政府划定的其他区域露天焚烧秸秆。

国家鼓励研究开发、生产、销售、使用在环境中可降解且无害的农用薄膜。

第六十六条 国家建立电器电子、铅蓄电池、车用动力电池等产品的生产者责任延伸制度。

电器电子、铅蓄电池、车用动力电池等产品的生产者应当按照规定以自建或者委托等方式建立与产品销售量相匹配的废旧产品回收体系，并向社会公开，实现有效回收和利用。

国家鼓励产品的生产者开展生态设计，促进资源回收利用。

第六十七条 国家对废弃电器电子产品等实行多渠道回收和集中处理制度。

禁止将废弃机动车船等交由不符合规定条件的企业或者个人回收、拆解。

拆解、利用、处置废弃电器电子产品、废弃机动车船等，应当遵守有关法律法规的规定，采取防止污染环境的措施。

第六十八条 产品和包装物的设计、制造，应当遵守国家有关清洁生产的规定。国务院标准化主管部门应当根据国家经济和技术条件、固体废物污染环境防治状况以及产品的技术要求，组织制定有关标准，防止过度包装造成环境污染。

生产经营者应当遵守限制商品过度包装的强制性标准，避免过度包装。县级以上地方人民政府市场监督管理部门和有关部门应当按照各自职责，加强对过度包装的监督管理。

生产、销售、进口依法被列入强制回收目录的产品和包装物的企业，应当按照国家有关规定对该产品和包装物进行回收。

电子商务、快递、外卖等行业应当优先采用可重复使用、易回收利用的包装物，优化物品包装，减少包装物的使用，并积极回收利用包装物。县级以上地方人民政府商务、邮政等主管部门应当加强监督管理。

国家鼓励和引导消费者使用绿色包装和减量包装。

第六十九条 国家依法禁止、限制生产、销售和使用不可降解塑料袋等一次性塑料制品。

商品零售场所开办单位、电子商务平台企业和快递企业、外卖企业应当按照国家有关规定向商务、邮政等主管部门报告塑料袋等一次性塑料制品的使用、回收情况。

国家鼓励和引导减少使用、积极回收塑料袋等一次性塑料制品，推广应用可循环、易回收、可降解的替代产品。

第七十条 旅游、住宿等行业应当按照国家有关规定推行不主动提供一次性用品。

机关、企业事业单位等的办公场所应当使用有利于保护环境的产品、设备和设施，减少使用一次性办公用品。

第七十一条 城镇污水处理设施维护运营单位或者污泥处理单位应当安全处理污泥，保证处理后的污泥符合国家有关标准，对污泥的流向、用途、用量等进行跟踪、记录，并报告城镇排水主管部门、生态环境主管部门。

县级以上人民政府城镇排水主管部门应当将污泥处理设施纳入城镇排水与污水处理规划，推动同步建设污泥处理设施与污水处理设施，鼓励协同处理，污水处理费征收标准和补偿范围应当覆盖污泥处理成本和污水处理设施正常运营成本。

第七十二条 禁止擅自倾倒、堆放、丢弃、遗撒城镇污水处理设施产生的污泥和处理后的污泥。

禁止重金属或者其他有毒有害物质含量超标的污泥进入农用地。

从事水体清淤疏浚应当按照国家有关规定处理清淤疏浚过程中产生的底泥，防止污染环境。

第七十三条 各级各类实验室及其设立单位应当加强对实验室产生的固体废物的管理，依法收集、贮存、运输、利用、处置实验室固体废物。实验室固体废物属于危险废物的，应当按照危险废物管理。

第六章 危险废物

第七十四条 危险废物污染环境的防治，适用本章规定；本章未作规定的，适用本法其他有关规定。

第七十五条 国务院生态环境主管部门应当会同国务院有关部门制定国家危险废物名录，规定统一的危险废物鉴别标准、鉴别方法、识别标志和鉴别单位管理要求。国家危险废物名录应当动态调整。

国务院生态环境主管部门根据危险废物的危害特性和产生数

量，科学评估其环境风险，实施分级分类管理，建立信息化监管体系，并通过信息化手段管理、共享危险废物转移数据和信息。

第七十六条 省、自治区、直辖市人民政府应当组织有关部门编制危险废物集中处置设施、场所的建设规划，科学评估危险废物处置需求，合理布局危险废物集中处置设施、场所，确保本行政区域的危险废物得到妥善处置。

编制危险废物集中处置设施、场所的建设规划，应当征求有关行业协会、企业事业单位、专家和公众等方面的意见。

相邻省、自治区、直辖市之间可以开展区域合作，统筹建设区域性危险废物集中处置设施、场所。

第七十七条 对危险废物的容器和包装物以及收集、贮存、运输、利用、处置危险废物的设施、场所，应当按照规定设置危险废物识别标志。

第七十八条 产生危险废物的单位，应当按照国家有关规定制定危险废物管理计划；建立危险废物管理台账，如实记录有关信息，并通过国家危险废物信息管理系统向所在地生态环境主管部门申报危险废物的种类、产生量、流向、贮存、处置等有关资料。

前款所称危险废物管理计划应当包括减少危险废物产生量和降低危险废物危害性的措施以及危险废物贮存、利用、处置措施。危险废物管理计划应当报产生危险废物的单位所在地生态环境主管部门备案。

产生危险废物的单位已经取得排污许可证的，执行排污许可管理制度的规定。

第七十九条 产生危险废物的单位，应当按照国家有关规定和环境保护标准要求贮存、利用、处置危险废物，不得擅自倾倒、堆放。

第八十条 从事收集、贮存、利用、处置危险废物经营活动的单位，应当按照国家有关规定申请取得许可证。许可证的具体管理办法由国务院制定。

禁止无许可证或者未按照许可证规定从事危险废物收集、贮存、利用、处置的经营活动。

禁止将危险废物提供或者委托给无许可证的单位或者其他生产经营者从事收集、贮存、利用、处置活动。

第八十一条 收集、贮存危险废物，应当按照危险废物特性分类进行。禁止混合收集、贮存、运输、处置性质不相容而未经安全性处置的危险废物。

贮存危险废物应当采取符合国家环境保护标准的防护措施。禁止将危险废物混入非危险废物中贮存。

从事收集、贮存、利用、处置危险废物经营活动的单位，贮存危险废物不得超过一年；确需延长期限的，应当报经颁发许可证的生态环境主管部门批准；法律、行政法规另有规定的除外。

第八十二条 转移危险废物的，应当按照国家有关规定填写、运行危险废物电子或者纸质转移联单。

跨省、自治区、直辖市转移危险废物的，应当向危险废物移出地省、自治区、直辖市人民政府生态环境主管部门申请。移出地省、自治区、直辖市人民政府生态环境主管部门应当及时商经接受地省、自治区、直辖市人民政府生态环境主管部门同意后，在规定期限内批准转移该危险废物，并将批准信息通报相关省、自治区、直辖市人民政府生态环境主管部门和交通运输主管部门。未经批准的，不得转移。

危险废物转移管理应当全程管控、提高效率，具体办法由国务院生态环境主管部门会同国务院交通运输主管部门和公安部门制定。

第八十三条 运输危险废物，应当采取防止污染环境的措施，并遵守国家有关危险货物运输管理的规定。

禁止将危险废物与旅客在同一运输工具上载运。

第八十四条 收集、贮存、运输、利用、处置危险废物的场所、设施、设备和容器、包装物及其他物品转作他用时，应当按照国家有关规定经过消除污染处理，方可使用。

第八十五条 产生、收集、贮存、运输、利用、处置危险废物的单位，应当依法制定意外事故的防范措施和应急预案，并向所在地生态环境主管部门和其他负有固体废物污染环境防治监督管理职责的部门备案；生态环境主管部门和其他负有固体废物污染环境防治监督管理职责的部门应当进行检查。

第八十六条 因发生事故或者其他突发性事件，造成危险废物严重污染环境的单位，应当立即采取有效措施消除或者减轻对环境的污染危害，及时通报可能受到污染危害的单位和居民，并向所在地生态环境主管部门和有关部门报告,接受调查处理。

第八十七条 在发生或者有证据证明可能发生危险废物严重污染环境、威胁居民生命财产安全时,生态环境主管部门或者其他负有固体废物污染环境防治监督管理职责的部门应当立即向本级人民政府和上一级人民政府有关部门报告,由人民政府采取防止或者减轻危害的有效措施。有关人民政府可以根据需要责令停止导致或者可能导致环境污染事故的作业。

第八十八条 重点危险废物集中处置设施、场所退役前,运营单位应当按照国家有关规定对设施、场所采取污染防治措施。退役的费用应当预提,列入投资概算或者生产成本,专门用于重点危险废物集中处置设施、场所的退役。具体提取和管理办法,由国务院财政部门、价格主管部门会同国务院生态环境主管部门规定。

第八十九条 禁止经中华人民共和国过境转移危险废物。

第九十条 医疗废物按照国家危险废物名录管理。县级以上地方人民政府应当加强医疗废物集中处置能力建设。

县级以上人民政府卫生健康、生态环境等主管部门应当在各自职责范围内加强对医疗废物收集、贮存、运输、处置的监督管理,防止危害公众健康、污染环境。

医疗卫生机构应当依法分类收集本单位产生的医疗废物,交由医疗废物集中处置单位处置。医疗废物集中处置单位应当及时收集、运输和处置医疗废物。

医疗卫生机构和医疗废物集中处置单位,应当采取有效措施,防止医疗废物流失、泄漏、渗漏、扩散。

第九十一条 重大传染病疫情等突发事件发生时,县级以上人民政府应当统筹协调医疗废物等危险废物收集、贮存、运输、处置等工作,保障所需的车辆、场地、处置设施和防护物资。卫生健康、生态环境、环境卫生、交通运输等主管部门应当协同配合,依法履行应急处置职责。

第七章　保障措施

第九十二条 国务院有关部门、县级以上地方人民政府及其有关部门在编制国土空间规划和相关专项规划时，应当统筹生活垃圾、建筑垃圾、危险废物等固体废物转运、集中处置等设施建设需求，保障转运、集中处置等设施用地。

第九十三条 国家采取有利于固体废物污染环境防治的经济、技术政策和措施，鼓励、支持有关方面采取有利于固体废物污染环境防治的措施，加强对从事固体废物污染环境防治工作人员的培训和指导，促进固体废物污染环境防治产业专业化、规模化发展。

第九十四条 国家鼓励和支持科研单位、固体废物产生单位、固体废物利用单位、固体废物处置单位等联合攻关，研究开发固体废物综合利用、集中处置等的新技术，推动固体废物污染环境防治技术进步。

第九十五条 各级人民政府应当加强固体废物污染环境的防治，按照事权划分的原则安排必要的资金用于下列事项：

（一）固体废物污染环境防治的科学研究、技术开发；

（二）生活垃圾分类；

（三）固体废物集中处置设施建设；

（四）重大传染病疫情等突发事件产生的医疗废物等危险废物应急处置；

（五）涉及固体废物污染环境防治的其他事项。

使用资金应当加强绩效管理和审计监督，确保资金使用效益。

第九十六条 国家鼓励和支持社会力量参与固体废物污染环境防治工作，并按照国家有关规定给予政策扶持。

第九十七条 国家发展绿色金融，鼓励金融机构加大对固体废物污染环境防治项目的信贷投放。

第九十八条 从事固体废物综合利用等固体废物污染环境防治工作的，依照法律、行政法规的规定，享受税收优惠。

国家鼓励并提倡社会各界为防治固体废物污染环境捐赠财产，并依照法律、行政法规的规定，给予税收优惠。

第九十九条 收集、贮存、运输、利用、处置危险废物的单位，应当按照国家有关规定，投保环境污染责任保险。

第一百条 国家鼓励单位和个人购买、使用综合利用产品和可重复使用产品。

县级以上人民政府及其有关部门在政府采购过程中，应当优先采购综合利用产品和可重复使用产品。

第八章 法律责任

第一百零一条 生态环境主管部门或者其他负有固体废物污染环境防治监督管理职责的部门违反本法规定，有下列行为之一，由本级人民政府或者上级人民政府有关部门责令改正，对直接负责的主管人员和其他直接责任人员依法给予处分：

（一）未依法作出行政许可或者办理批准文件的；

（二）对违法行为进行包庇的；

（三）未依法查封、扣押的；

（四）发现违法行为或者接到对违法行为的举报后未予查处的；

（五）有其他滥用职权、玩忽职守、徇私舞弊等违法行为的。

依照本法规定应当作出行政处罚决定而未作出的，上级主管部门可以直接作出行政处罚决定。

第一百零二条 违反本法规定，有下列行为之一，由生态环境主管部门责令改正，处以罚款，没收违法所得；情节严重的，报经有批准权的人民政府批准，可以责令停业或者关闭：

（一）产生、收集、贮存、运输、利用、处置固体废物的单位未依法及时公开固体废物污染环境防治信息的；

（二）生活垃圾处理单位未按照国家有关规定安装使用监测设备、实时监测污染物的排放情况并公开污染排放数据的；

（三）将列入限期淘汰名录被淘汰的设备转让给他人使用的；

（四）在生态保护红线区域、永久基本农田集中区域和其他需要特别保护的区域内，建设工业固体废物、危险废物集中贮存、利用、处置的设施、场所和生活垃圾填埋场的；

（五）转移固体废物出省、自治区、直辖市行政区域贮存、处置未经批准的；

（六）转移固体废物出省、自治区、直辖市行政区域利用未报备案的；

（七）擅自倾倒、堆放、丢弃、遗撒工业固体废物，或者未采取相应

防范措施,造成工业固体废物扬散、流失、渗漏或者其他环境污染的;

(八)产生工业固体废物的单位未建立固体废物管理台账并如实记录的;

(九)产生工业固体废物的单位违反本法规定委托他人运输、利用、处置工业固体废物的;

(十)贮存工业固体废物未采取符合国家环境保护标准的防护措施的;

(十一)单位和其他生产经营者违反固体废物管理其他要求,污染环境、破坏生态的。

有前款第一项、第八项行为之一,处五万元以上二十万元以下的罚款;有前款第二项、第三项、第四项、第五项、第六项、第九项、第十项、第十一项行为之一,处十万元以上一百万元以下的罚款;有前款第七项行为,处所需处置费用一倍以上三倍以下的罚款,所需处置费用不足十万元的,按十万元计算。对前款第十一项行为的处罚,有关法律、行政法规另有规定的,适用其规定。

第一百零三条 违反本法规定,以拖延、围堵、滞留执法人员等方式拒绝、阻挠监督检查,或者在接受监督检查时弄虚作假的,由生态环境主管部门或者其他负有固体废物污染环境防治监督管理职责的部门责令改正,处五万元以上二十万元以下的罚款;对直接负责的主管人员和其他直接责任人员,处二万元以上十万元以下的罚款。

第一百零四条 违反本法规定,未依法取得排污许可证产生工业固体废物的,由生态环境主管部门责令改正或者限制生产、停产整治,处十万元以上一百万元以下的罚款;情节严重的,报经有批准权的人民政府批准,责令停业或者关闭。

第一百零五条 违反本法规定,生产经营者未遵守限制商品过度包装的强制性标准的,由县级以上地方人民政府市场监督管理部门或者有关部门责令改正;拒不改正的,处二千元以上二万元以下的罚款;情节严重的,处二万元以上十万元以下的罚款。

第一百零六条 违反本法规定,未遵守国家有关禁止、限制使用不可降解塑料袋等一次性塑料制品的规定,或者未按照国家有关规定报告塑料袋等一次性塑料制品的使用情况的,由县级以上地方人民政府商务、邮政等主管部门责令改正,处一万元以上十万元以下的罚款。

第一百零七条 从事畜禽规模养殖未及时收集、贮存、利用或者处置养殖过程中产生的畜禽粪污等固体废物的，由生态环境主管部门责令改正，可以处十万元以下的罚款；情节严重的，报经有批准权的人民政府批准，责令停业或者关闭。

第一百零八条 违反本法规定，城镇污水处理设施维护运营单位或者污泥处理单位对污泥流向、用途、用量等未进行跟踪、记录，或者处理后的污泥不符合国家有关标准的，由城镇排水主管部门责令改正，给予警告；造成严重后果的，处十万元以上二十万元以下的罚款；拒不改正的，城镇排水主管部门可以指定有治理能力的单位代为治理，所需费用由违法者承担。

违反本法规定，擅自倾倒、堆放、丢弃、遗撒城镇污水处理设施产生的污泥和处理后的污泥的，由城镇排水主管部门责令改正，处二十万元以上二百万元以下的罚款，对直接负责的主管人员和其他直接责任人员处二万元以上十万元以下的罚款；造成严重后果的，处二百万元以上五百万元以下的罚款，对直接负责的主管人员和其他直接责任人员处五万元以上五十万元以下的罚款；拒不改正的，城镇排水主管部门可以指定有治理能力的单位代为治理，所需费用由违法者承担。

第一百零九条 违反本法规定，生产、销售、进口或者使用淘汰的设备，或者采用淘汰的生产工艺的，由县级以上地方人民政府指定的部门责令改正，处十万元以上一百万元以下的罚款，没收违法所得；情节严重的，由县级以上地方人民政府指定的部门提出意见，报经有批准权的人民政府批准，责令停业或者关闭。

第一百一十条 尾矿、煤矸石、废石等矿业固体废物贮存设施停止使用后，未按照国家有关环境保护规定进行封场的，由生态环境主管部门责令改正，处二十万元以上一百万元以下的罚款。

第一百一十一条 违反本法规定，有下列行为之一，由县级以上地方人民政府环境卫生主管部门责令改正，处以罚款，没收违法所得：

（一）随意倾倒、抛撒、堆放或者焚烧生活垃圾的；

（二）擅自关闭、闲置或者拆除生活垃圾处理设施、场所的；

（三）工程施工单位未编制建筑垃圾处理方案报备案，或者未及时清运施工过程中产生的固体废物的；

（四）工程施工单位擅自倾倒、抛撒或者堆放工程施工过程中产生的建筑垃圾，或者未按照规定对施工过程中产生的固体废物进行利用或者处置的；

（五）产生、收集厨余垃圾的单位和其他生产经营者未将厨余垃圾交由具备相应资质条件的单位进行无害化处理的；

（六）畜禽养殖场、养殖小区利用未经无害化处理的厨余垃圾饲喂畜禽的；

（七）在运输过程中沿途丢弃、遗撒生活垃圾的。

单位有前款第一项、第七项行为之一，处五万元以上五十万元以下的罚款；单位有前款第二项、第三项、第四项、第五项、第六项行为之一，处十万元以上一百万元以下的罚款；个人有前款第一项、第五项、第七项行为之一，处一百元以上五百元以下的罚款。

违反本法规定，未在指定的地点分类投放生活垃圾的，由县级以上地方人民政府环境卫生主管部门责令改正；情节严重的，对单位处五万元以上五十万元以下的罚款，对个人依法处以罚款。

第一百一十二条 违反本法规定，有下列行为之一，由生态环境主管部门责令改正，处以罚款，没收违法所得；情节严重的，报经有批准权的人民政府批准，可以责令停业或者关闭：

（一）未按照规定设置危险废物识别标志的；

（二）未按照国家有关规定制定危险废物管理计划或者申报危险废物有关资料的；

（三）擅自倾倒、堆放危险废物的；

（四）将危险废物提供或者委托给无许可证的单位或者其他生产经营者从事经营活动的；

（五）未按照国家有关规定填写、运行危险废物转移联单或者未经批准擅自转移危险废物的；

（六）未按照国家环境保护标准贮存、利用、处置危险废物或者将危险废物混入非危险废物中贮存的；

（七）未经安全性处置，混合收集、贮存、运输、处置具有不相容性质的危险废物的；

（八）将危险废物与旅客在同一运输工具上载运的；

（九）未经消除污染处理，将收集、贮存、运输、处置危险废物的场所、设施、设备和容器、包装物及其他物品转作他用的；

（十）未采取相应防范措施，造成危险废物扬散、流失、渗漏或者其他环境污染的；

（十一）在运输过程中沿途丢弃、遗撒危险废物的；

（十二）未制定危险废物意外事故防范措施和应急预案的；

（十三）未按照国家有关规定建立危险废物管理台账并如实记录的。

有前款第一项、第二项、第五项、第六项、第七项、第八项、第九项、第十二项、第十三项行为之一，处十万元以上一百万元以下的罚款；有前款第三项、第四项、第十项、第十一项行为之一，处所需处置费用三倍以上五倍以下的罚款，所需处置费用不足二十万元的，按二十万元计算。

第一百一十三条 违反本法规定，危险废物产生者未按照规定处置其产生的危险废物被责令改正后拒不改正的，由生态环境主管部门组织代为处置，处置费用由危险废物产生者承担；拒不承担代为处置费用的，处代为处置费用一倍以上三倍以下的罚款。

第一百一十四条 无许可证从事收集、贮存、利用、处置危险废物经营活动的，由生态环境主管部门责令改正，处一百万元以上五百万元以下的罚款，并报经有批准权的人民政府批准，责令停业或者关闭；对法定代表人、主要负责人、直接负责的主管人员和其他责任人员，处十万元以上一百万元以下的罚款。

未按照许可证规定从事收集、贮存、利用、处置危险废物经营活动的，由生态环境主管部门责令改正，限制生产、停产整治，处五十万元以上二百万元以下的罚款；对法定代表人、主要负责人、直接负责的主管人员和其他责任人员，处五万元以上五十万元以下的罚款；情节严重的，报经有批准权的人民政府批准，责令停业或者关闭，还可以由发证机关吊销许可证。

第一百一十五条 违反本法规定，将中华人民共和国境外的固体废物输入境内的，由海关责令退运该固体废物，处五十万元以上五百万元以下的罚款。

承运人对前款规定的固体废物的退运、处置，与进口者承担连带责任。

第一百一十六条 违反本法规定，经中华人民共和国过境转移危险废物的，由海关责令退运该危险废物，处五十万元以上五百万元以下的罚款。

第一百一十七条 对已经非法入境的固体废物，由省级以上人民政府生态环境主管部门依法向海关提出处理意见，海关应当依照本法第一百一十五条的规定作出处罚决定；已经造成环境污染的，由省级以上人民政府生态环境主管部门责令进口者消除污染。

第一百一十八条 违反本法规定，造成固体废物污染环境事故的，除依法承担赔偿责任外，由生态环境主管部门依照本条第二款的规定处以罚款，责令限期采取治理措施；造成重大或者特大固体废物污染环境事故的，还可以报经有批准权的人民政府批准，责令关闭。

造成一般或者较大固体废物污染环境事故的，按照事故造成的直接经济损失的一倍以上三倍以下计算罚款；造成重大或者特大固体废物污染环境事故的，按照事故造成的直接经济损失的三倍以上五倍以下计算罚款，并对法定代表人、主要负责人、直接负责的主管人员和其他责任人员处上一年度从本单位取得的收入百分之五十以下的罚款。

第一百一十九条 单位和其他生产经营者违反本法规定排放固体废物，受到罚款处罚，被责令改正的，依法作出处罚决定的行政机关应当组织复查，发现其继续实施该违法行为的，依照《中华人民共和国环境保护法》的规定按日连续处罚。

第一百二十条 违反本法规定，有下列行为之一，尚不构成犯罪的，由公安机关对法定代表人、主要负责人、直接负责的主管人员和其他责任人员处十日以上十五日以下的拘留；情节较轻的，处五日以上十日以下的拘留：

（一）擅自倾倒、堆放、丢弃、遗撒固体废物，造成严重后果的；

（二）在生态保护红线区域、永久基本农田集中区域和其他需要特别保护的区域内，建设工业固体废物、危险废物集中贮存、利用、处置的设施、场所和生活垃圾填埋场的；

（三）将危险废物提供或者委托给无许可证的单位或者其他生产

经营者堆放、利用、处置的；

（四）无许可证或者未按照许可证规定从事收集、贮存、利用、处置危险废物经营活动的；

（五）未经批准擅自转移危险废物的；

（六）未采取防范措施，造成危险废物扬散、流失、渗漏或者其他严重后果的。

第一百二十一条 固体废物污染环境、破坏生态，损害国家利益、社会公共利益的，有关机关和组织可以依照《中华人民共和国环境保护法》、《中华人民共和国民事诉讼法》、《中华人民共和国行政诉讼法》等法律的规定向人民法院提起诉讼。

第一百二十二条 固体废物污染环境、破坏生态给国家造成重大损失的，由设区的市级以上地方人民政府或者其指定的部门、机构组织与造成环境污染和生态破坏的单位和其他生产经营者进行磋商，要求其承担损害赔偿责任；磋商未达成一致的，可以向人民法院提起诉讼。

对于执法过程中查获的无法确定责任人或者无法退运的固体废物，由所在地县级以上地方人民政府组织处理。

第一百二十三条 违反本法规定，构成违反治安管理行为的，由公安机关依法给予治安管理处罚；构成犯罪的，依法追究刑事责任；造成人身、财产损害的，依法承担民事责任。

第九章 附　　则

第一百二十四条 本法下列用语的含义：

（一）固体废物，是指在生产、生活和其他活动中产生的丧失原有利用价值或者虽未丧失利用价值但被抛弃或者放弃的固态、半固态和置于容器中的气态的物品、物质以及法律、行政法规规定纳入固体废物管理的物品、物质。经无害化加工处理，并且符合强制性国家产品质量标准，不会危害公众健康和生态安全，或者根据固体废物鉴别标准和鉴别程序认定为不属于固体废物的除外。

（二）工业固体废物，是指在工业生产活动中产生的固体废物。

（三）生活垃圾，是指在日常生活中或者为日常生活提供服务的活动中产生的固体废物，以及法律、行政法规规定视为生活垃圾的固体废物。

（四）建筑垃圾，是指建设单位、施工单位新建、改建、扩建和拆除各类建筑物、构筑物、管网等，以及居民装饰装修房屋过程中产生的弃土、弃料和其他固体废物。

（五）农业固体废物，是指在农业生产活动中产生的固体废物。

（六）危险废物，是指列入国家危险废物名录或者根据国家规定的危险废物鉴别标准和鉴别方法认定的具有危险特性的固体废物。

（七）贮存，是指将固体废物临时置于特定设施或者场所中的活动。

（八）利用，是指从固体废物中提取物质作为原材料或者燃料的活动。

（九）处置，是指将固体废物焚烧和用其他改变固体废物的物理、化学、生物特性的方法，达到减少已产生的固体废物数量、缩小固体废物体积、减少或者消除其危险成分的活动，或者将固体废物最终置于符合环境保护规定要求的填埋场的活动。

第一百二十五条　液态废物的污染防治，适用本法；但是，排入水体的废水的污染防治适用有关法律，不适用本法。

第一百二十六条　本法自2020年9月1日起施行。

中华人民共和国生物安全法

（2020年10月17日第十三届全国人民代表大会常务委员会第二十二次会议通过　2020年10月17日中华人民共和国主席令第56号公布　自2021年4月15日起施行）

目　　录

第一章　总　　则

第一条　为了维护国家安全,防范和应对生物安全风险,保障人民生命健康,保护生物资源和生态环境,促进生物技术健康发展,推动构建人类命运共同体,实现人与自然和谐共生,制定本法。

第二条　本法所称生物安全,是指国家有效防范和应对危险生物因子及相关因素威胁,生物技术能够稳定健康发展,人民生命健康和生态系统相对处于没有危险和不受威胁的状态,生物领域具备维护国家安全和持续发展的能力。

从事下列活动,适用本法:

(一)防控重大新发突发传染病、动植物疫情;

(二)生物技术研究、开发与应用;

(三)病原微生物实验室生物安全管理;

(四)人类遗传资源与生物资源安全管理;

(五)防范外来物种入侵与保护生物多样性;

(六)应对微生物耐药;

(七)防范生物恐怖袭击与防御生物武器威胁;

(八)其他与生物安全相关的活动。

第三条　生物安全是国家安全的重要组成部分。维护生物安全应当贯彻总体国家安全观,统筹发展和安全,坚持以人为本、风险预防、分类管理、协同配合的原则。

第四条　坚持中国共产党对国家生物安全工作的领导,建立健全国家生物安全领导体制,加强国家生物安全风险防控和治理体系建设,提高国家生物安全治理能力。

第五条 国家鼓励生物科技创新,加强生物安全基础设施和生物科技人才队伍建设,支持生物产业发展,以创新驱动提升生物科技水平,增强生物安全保障能力。

第六条 国家加强生物安全领域的国际合作,履行中华人民共和国缔结或者参加的国际条约规定的义务,支持参与生物科技交流合作与生物安全事件国际救援,积极参与生物安全国际规则的研究与制定,推动完善全球生物安全治理。

第七条 各级人民政府及其有关部门应当加强生物安全法律法规和生物安全知识宣传普及工作,引导基层群众性自治组织、社会组织开展生物安全法律法规和生物安全知识宣传,促进全社会生物安全意识的提升。

相关科研院校、医疗机构以及其他企业事业单位应当将生物安全法律法规和生物安全知识纳入教育培训内容,加强学生、从业人员生物安全意识和伦理意识的培养。

新闻媒体应当开展生物安全法律法规和生物安全知识公益宣传,对生物安全违法行为进行舆论监督,增强公众维护生物安全的社会责任意识。

第八条 任何单位和个人不得危害生物安全。

任何单位和个人有权举报危害生物安全的行为;接到举报的部门应当及时依法处理。

第九条 对在生物安全工作中做出突出贡献的单位和个人,县级以上人民政府及其有关部门按照国家规定予以表彰和奖励。

第二章 生物安全风险防控体制

第十条 中央国家安全领导机构负责国家生物安全工作的决策和议事协调,研究制定、指导实施国家生物安全战略和有关重大方针政策,统筹协调国家生物安全的重大事项和重要工作,建立国家生物安全工作协调机制。

省、自治区、直辖市建立生物安全工作协调机制,组织协调、督促推进本行政区域内生物安全相关工作。

第十一条 国家生物安全工作协调机制由国务院卫生健康、农业农村、科学技术、外交等主管部门和有关军事机关组成，分析研判国家生物安全形势，组织协调、督促推进国家生物安全相关工作。国家生物安全工作协调机制设立办公室，负责协调机制的日常工作。

国家生物安全工作协调机制成员单位和国务院其他有关部门根据职责分工，负责生物安全相关工作。

第十二条 国家生物安全工作协调机制设立专家委员会，为国家生物安全战略研究、政策制定及实施提供决策咨询。

国务院有关部门组织建立相关领域、行业的生物安全技术咨询专家委员会，为生物安全工作提供咨询、评估、论证等技术支撑。

第十三条 地方各级人民政府对本行政区域内生物安全工作负责。

县级以上地方人民政府有关部门根据职责分工，负责生物安全相关工作。

基层群众性自治组织应当协助地方人民政府以及有关部门做好生物安全风险防控、应急处置和宣传教育等工作。

有关单位和个人应当配合做好生物安全风险防控和应急处置等工作。

第十四条 国家建立生物安全风险监测预警制度。国家生物安全工作协调机制组织建立国家生物安全风险监测预警体系，提高生物安全风险识别和分析能力。

第十五条 国家建立生物安全风险调查评估制度。国家生物安全工作协调机制应当根据风险监测的数据、资料等信息，定期组织开展生物安全风险调查评估。

有下列情形之一的，有关部门应当及时开展生物安全风险调查评估，依法采取必要的风险防控措施：

（一）通过风险监测或者接到举报发现可能存在生物安全风险；

（二）为确定监督管理的重点领域、重点项目，制定、调整生物安全相关名录或者清单；

（三）发生重大新发突发传染病、动植物疫情等危害生物安全的事件；

（四）需要调查评估的其他情形。

第十六条 国家建立生物安全信息共享制度。国家生物安全工作协调机制组织建立统一的国家生物安全信息平台，有关部门应当将生物安全数据、资料等信息汇交国家生物安全信息平台，实现信息共享。

第十七条 国家建立生物安全信息发布制度。国家生物安全总体情况、重大生物安全风险警示信息、重大生物安全事件及其调查处理信息等重大生物安全信息，由国家生物安全工作协调机制成员单位根据职责分工发布；其他生物安全信息由国务院有关部门和县级以上地方人民政府及其有关部门根据职责权限发布。

任何单位和个人不得编造、散布虚假的生物安全信息。

第十八条 国家建立生物安全名录和清单制度。国务院及其有关部门根据生物安全工作需要，对涉及生物安全的材料、设备、技术、活动、重要生物资源数据、传染病、动植物疫病、外来入侵物种等制定、公布名录或者清单，并动态调整。

第十九条 国家建立生物安全标准制度。国务院标准化主管部门和国务院其他有关部门根据职责分工，制定和完善生物安全领域相关标准。

国家生物安全工作协调机制组织有关部门加强不同领域生物安全标准的协调和衔接，建立和完善生物安全标准体系。

第二十条 国家建立生物安全审查制度。对影响或者可能影响国家安全的生物领域重大事项和活动，由国务院有关部门进行生物安全审查，有效防范和化解生物安全风险。

第二十一条 国家建立统一领导、协同联动、有序高效的生物安全应急制度。

国务院有关部门应当组织制定相关领域、行业生物安全事件应急预案，根据应急预案和统一部署开展应急演练、应急处置、应急救援和事后恢复等工作。

县级以上地方人民政府及其有关部门应当制定并组织、指导和督促相关企业事业单位制定生物安全事件应急预案，加强应急准备、人员培训和应急演练，开展生物安全事件应急处置、应急救援和事后恢复等工作。

中国人民解放军、中国人民武装警察部队按照中央军事委员会的命令，依法参加生物安全事件应急处置和应急救援工作。

第二十二条 国家建立生物安全事件调查溯源制度。发生重大新发突发传染病、动植物疫情和不明原因的生物安全事件，国家生物安全工作协调机制应当组织开展调查溯源，确定事件性质，全面评估事件影响，提出意见建议。

第二十三条 国家建立首次进境或者暂停后恢复进境的动植物、动植物产品、高风险生物因子国家准入制度。

进出境的人员、运输工具、集装箱、货物、物品、包装物和国际航行船舶压舱水排放等应当符合我国生物安全管理要求。

海关对发现的进出境和过境生物安全风险，应当依法处置。经评估为生物安全高风险的人员、运输工具、货物、物品等，应当从指定的国境口岸进境，并采取严格的风险防控措施。

第二十四条 国家建立境外重大生物安全事件应对制度。境外发生重大生物安全事件的，海关依法采取生物安全紧急防控措施，加强证件核验，提高查验比例，暂停相关人员、运输工具、货物、物品等进境。必要时经国务院同意，可以采取暂时关闭有关口岸、封锁有关国境等措施。

第二十五条 县级以上人民政府有关部门应当依法开展生物安全监督检查工作，被检查单位和个人应当配合，如实说明情况，提供资料，不得拒绝、阻挠。

涉及专业技术要求较高、执法业务难度较大的监督检查工作，应当有生物安全专业技术人员参加。

第二十六条 县级以上人民政府有关部门实施生物安全监督检查，可以依法采取下列措施：

（一）进入被检查单位、地点或者涉嫌实施生物安全违法行为的场所进行现场监测、勘查、检查或者核查；

（二）向有关单位和个人了解情况；

（三）查阅、复制有关文件、资料、档案、记录、凭证等；

（四）查封涉嫌实施生物安全违法行为的场所、设施；

（五）扣押涉嫌实施生物安全违法行为的工具、设备以及相关物品；

（六）法律法规规定的其他措施。

有关单位和个人的生物安全违法信息应当依法纳入全国信用信

息共享平台。

第三章 防控重大新发突发传染病、动植物疫情

第二十七条 国务院卫生健康、农业农村、林业草原、海关、生态环境主管部门应当建立新发突发传染病、动植物疫情、进出境检疫、生物技术环境安全监测网络，组织监测站点布局、建设，完善监测信息报告系统，开展主动监测和病原检测，并纳入国家生物安全风险监测预警体系。

第二十八条 疾病预防控制机构、动物疫病预防控制机构、植物病虫害预防控制机构（以下统称专业机构）应当对传染病、动植物疫病和列入监测范围的不明原因疾病开展主动监测，收集、分析、报告监测信息，预测新发突发传染病、动植物疫病的发生、流行趋势。

国务院有关部门、县级以上地方人民政府及其有关部门应当根据预测和职责权限及时发布预警，并采取相应的防控措施。

第二十九条 任何单位和个人发现传染病、动植物疫病的，应当及时向医疗机构、有关专业机构或者部门报告。

医疗机构、专业机构及其工作人员发现传染病、动植物疫病或者不明原因的聚集性疾病的，应当及时报告，并采取保护性措施。

依法应当报告的，任何单位和个人不得瞒报、谎报、缓报、漏报，不得授意他人瞒报、谎报、缓报，不得阻碍他人报告。

第三十条 国家建立重大新发突发传染病、动植物疫情联防联控机制。

发生重大新发突发传染病、动植物疫情，应当依照有关法律法规和应急预案的规定及时采取控制措施；国务院卫生健康、农业农村、林业草原主管部门应当立即组织疫情会商研判，将会商研判结论向中央国家安全领导机构和国务院报告，并通报国家生物安全工作协调机制其他成员单位和国务院其他有关部门。

发生重大新发突发传染病、动植物疫情，地方各级人民政府统一履行本行政区域内疫情防控职责，加强组织领导，开展群防群控、医疗救治，动员和鼓励社会力量依法有序参与疫情防控工作。

第三十一条 国家加强国境、口岸传染病和动植物疫情联合防

控能力建设，建立传染病、动植物疫情防控国际合作网络，尽早发现、控制重大新发突发传染病、动植物疫情。

第三十二条 国家保护野生动物，加强动物防疫，防止动物源性传染病传播。

第三十三条 国家加强对抗生素药物等抗微生物药物使用和残留的管理，支持应对微生物耐药的基础研究和科技攻关。

县级以上人民政府卫生健康主管部门应当加强对医疗机构合理用药的指导和监督，采取措施防止抗微生物药物的不合理使用。县级以上人民政府农业农村、林业草原主管部门应当加强对农业生产中合理用药的指导和监督，采取措施防止抗微生物药物的不合理使用，降低在农业生产环境中的残留。

国务院卫生健康、农业农村、林业草原、生态环境等主管部门和药品监督管理部门应当根据职责分工，评估抗微生物药物残留对人体健康、环境的危害，建立抗微生物药物污染物指标评价体系。

第四章 生物技术研究、开发与应用安全

第三十四条 国家加强对生物技术研究、开发与应用活动的安全管理，禁止从事危及公众健康、损害生物资源、破坏生态系统和生物多样性等危害生物安全的生物技术研究、开发与应用活动。

从事生物技术研究、开发与应用活动，应当符合伦理原则。

第三十五条 从事生物技术研究、开发与应用活动的单位应当对本单位生物技术研究、开发与应用的安全负责，采取生物安全风险防控措施，制定生物安全培训、跟踪检查、定期报告等工作制度，强化过程管理。

第三十六条 国家对生物技术研究、开发活动实行分类管理。根据对公众健康、工业农业、生态环境等造成危害的风险程度，将生物技术研究、开发活动分为高风险、中风险、低风险三类。

生物技术研究、开发活动风险分类标准及名录由国务院科学技术、卫生健康、农业农村等主管部门根据职责分工，会同国务院其他有关部门制定、调整并公布。

第三十七条 从事生物技术研究、开发活动，应当遵守国家生物

技术研究开发安全管理规范。

从事生物技术研究、开发活动，应当进行风险类别判断，密切关注风险变化，及时采取应对措施。

第三十八条 从事高风险、中风险生物技术研究、开发活动，应当由在我国境内依法成立的法人组织进行，并依法取得批准或者进行备案。

从事高风险、中风险生物技术研究、开发活动，应当进行风险评估，制定风险防控计划和生物安全事件应急预案，降低研究、开发活动实施的风险。

第三十九条 国家对涉及生物安全的重要设备和特殊生物因子实行追溯管理。购买或者引进列入管控清单的重要设备和特殊生物因子，应当进行登记，确保可追溯，并报国务院有关部门备案。

个人不得购买或者持有列入管控清单的重要设备和特殊生物因子。

第四十条 从事生物医学新技术临床研究，应当通过伦理审查，并在具备相应条件的医疗机构内进行；进行人体临床研究操作的，应当由符合相应条件的卫生专业技术人员执行。

第四十一条 国务院有关部门依法对生物技术应用活动进行跟踪评估，发现存在生物安全风险的，应当及时采取有效补救和管控措施。

第五章 病原微生物实验室生物安全

第四十二条 国家加强对病原微生物实验室生物安全的管理，制定统一的实验室生物安全标准。病原微生物实验室应当符合生物安全国家标准和要求。

从事病原微生物实验活动，应当严格遵守有关国家标准和实验室技术规范、操作规程，采取安全防范措施。

第四十三条 国家根据病原微生物的传染性、感染后对人和动物的个体或者群体的危害程度，对病原微生物实行分类管理。

从事高致病性或者疑似高致病性病原微生物样本采集、保藏、运输活动，应当具备相应条件，符合生物安全管理规范。具体办法由国务院卫生健康、农业农村主管部门制定。

第四十四条 设立病原微生物实验室，应当依法取得批准或者进行备案。

个人不得设立病原微生物实验室或者从事病原微生物实验活动。

第四十五条 国家根据对病原微生物的生物安全防护水平，对病原微生物实验室实行分等级管理。

从事病原微生物实验活动应当在相应等级的实验室进行。低等级病原微生物实验室不得从事国家病原微生物目录规定应当在高等级病原微生物实验室进行的病原微生物实验活动。

第四十六条 高等级病原微生物实验室从事高致病性或者疑似高致病性病原微生物实验活动，应当经省级以上人民政府卫生健康或者农业农村主管部门批准，并将实验活动情况向批准部门报告。

对我国尚未发现或者已经宣布消灭的病原微生物，未经批准不得从事相关实验活动。

第四十七条 病原微生物实验室应当采取措施，加强对实验动物的管理，防止实验动物逃逸，对使用后的实验动物按照国家规定进行无害化处理，实现实验动物可追溯。禁止将使用后的实验动物流入市场。

病原微生物实验室应当加强对实验活动废弃物的管理，依法对废水、废气以及其他废弃物进行处置，采取措施防止污染。

第四十八条 病原微生物实验室的设立单位负责实验室的生物安全管理，制定科学、严格的管理制度，定期对有关生物安全规定的落实情况进行检查，对实验室设施、设备、材料等进行检查、维护和更新，确保其符合国家标准。

病原微生物实验室设立单位的法定代表人和实验室负责人对实验室的生物安全负责。

第四十九条 病原微生物实验室的设立单位应当建立和完善安全保卫制度，采取安全保卫措施，保障实验室及其病原微生物的安全。

国家加强对高等级病原微生物实验室的安全保卫。高等级病原微生物实验室应当接受公安机关等部门有关实验室安全保卫工作的监督指导,严防高致病性病原微生物泄漏、丢失和被盗、被抢。

国家建立高等级病原微生物实验室人员进入审核制度。进入高等级病原微生物实验室的人员应当经实验室负责人批准。对可能影响实验室生物安全的,不予批准;对批准进入的,应当采取安全保障措施。

第五十条 病原微生物实验室的设立单位应当制定生物安全事件应急预案,定期组织开展人员培训和应急演练。发生高致病性病原微生物泄漏、丢失和被盗、被抢或者其他生物安全风险的,应当按照应急预案的规定及时采取控制措施,并按照国家规定报告。

第五十一条 病原微生物实验室所在地省级人民政府及其卫生健康主管部门应当加强实验室所在地感染性疾病医疗资源配置,提高感染性疾病医疗救治能力。

第五十二条 企业对涉及病原微生物操作的生产车间的生物安全管理,依照有关病原微生物实验室的规定和其他生物安全管理规范进行。

涉及生物毒素、植物有害生物及其他生物因子操作的生物安全实验室的建设和管理,参照有关病原微生物实验室的规定执行。

第六章 人类遗传资源与生物资源安全

第五十三条 国家加强对我国人类遗传资源和生物资源采集、保藏、利用、对外提供等活动的管理和监督,保障人类遗传资源和生物资源安全。

国家对我国人类遗传资源和生物资源享有主权。

第五十四条 国家开展人类遗传资源和生物资源调查。

国务院科学技术主管部门组织开展我国人类遗传资源调查,制定重要遗传家系和特定地区人类遗传资源申报登记办法。

国务院科学技术、自然资源、生态环境、卫生健康、农业农村、林业草原、中医药主管部门根据职责分工,组织开展生物资源调查,制定重要生物资源申报登记办法。

第五十五条 采集、保藏、利用、对外提供我国人类遗传资源,应当符合伦理原则,不得危害公众健康、国家安全和社会公共利益。

第五十六条 从事下列活动，应当经国务院科学技术主管部门批准：

（一）采集我国重要遗传家系、特定地区人类遗传资源或者采集国务院科学技术主管部门规定的种类、数量的人类遗传资源；

（二）保藏我国人类遗传资源；

（三）利用我国人类遗传资源开展国际科学研究合作；

（四）将我国人类遗传资源材料运送、邮寄、携带出境。

前款规定不包括以临床诊疗、采供血服务、查处违法犯罪、兴奋剂检测和殡葬等为目的采集、保藏人类遗传资源及开展的相关活动。

为了取得相关药品和医疗器械在我国上市许可，在临床试验机构利用我国人类遗传资源开展国际合作临床试验、不涉及人类遗传资源出境的，不需要批准；但是，在开展临床试验前应当将拟使用的人类遗传资源种类、数量及用途向国务院科学技术主管部门备案。

境外组织、个人及其设立或者实际控制的机构不得在我国境内采集、保藏我国人类遗传资源，不得向境外提供我国人类遗传资源。

第五十七条 将我国人类遗传资源信息向境外组织、个人及其设立或者实际控制的机构提供或者开放使用的，应当向国务院科学技术主管部门事先报告并提交信息备份。

第五十八条 采集、保藏、利用、运输出境我国珍贵、濒危、特有物种及其可用于再生或者繁殖传代的个体、器官、组织、细胞、基因等遗传资源，应当遵守有关法律法规。

境外组织、个人及其设立或者实际控制的机构获取和利用我国生物资源，应当依法取得批准。

第五十九条 利用我国生物资源开展国际科学研究合作，应当依法取得批准。

利用我国人类遗传资源和生物资源开展国际科学研究合作，应当保证中方单位及其研究人员全过程、实质性地参与研究，依法分享相关权益。

第六十条 国家加强对外来物种入侵的防范和应对，保护生物多样性。国务院农业农村主管部门会同国务院其他有关部门制定外来入侵物种名录和管理办法。

国务院有关部门根据职责分工，加强对外来入侵物种的调查、监测、预警、控制、评估、清除以及生态修复等工作。

任何单位和个人未经批准，不得擅自引进、释放或者丢弃外来物种。

第七章　防范生物恐怖与生物武器威胁

第六十一条　国家采取一切必要措施防范生物恐怖与生物武器威胁。

禁止开发、制造或者以其他方式获取、储存、持有和使用生物武器。

禁止以任何方式唆使、资助、协助他人开发、制造或者以其他方式获取生物武器。

第六十二条　国务院有关部门制定、修改、公布可被用于生物恐怖活动、制造生物武器的生物体、生物毒素、设备或者技术清单，加强监管，防止其被用于制造生物武器或者恐怖目的。

第六十三条　国务院有关部门和有关军事机关根据职责分工，加强对可被用于生物恐怖活动、制造生物武器的生物体、生物毒素、设备或者技术进出境、进出口、获取、制造、转移和投放等活动的监测、调查，采取必要的防范和处置措施。

第六十四条　国务院有关部门、省级人民政府及其有关部门负责组织遭受生物恐怖袭击、生物武器攻击后的人员救治与安置、环境消毒、生态修复、安全监测和社会秩序恢复等工作。

国务院有关部门、省级人民政府及其有关部门应当有效引导社会舆论科学、准确报道生物恐怖袭击和生物武器攻击事件，及时发布疏散、转移和紧急避难等信息，对应急处置与恢复过程中遭受污染的区域和人员进行长期环境监测和健康监测。

第六十五条　国家组织开展对我国境内战争遗留生物武器及其危害结果、潜在影响的调查。

国家组织建设存放和处理战争遗留生物武器设施，保障对战争遗留生物武器的安全处置。

第八章　生物安全能力建设

第六十六条　国家制定生物安全事业发展规划，加强生物安全能力建设，提高应对生物安全事件的能力和水平。

县级以上人民政府应当支持生物安全事业发展，按照事权划分，将支持下列生物安全事业发展的相关支出列入政府预算：

（一）监测网络的构建和运行；

（二）应急处置和防控物资的储备；

（三）关键基础设施的建设和运行；

（四）关键技术和产品的研究、开发；

（五）人类遗传资源和生物资源的调查、保藏；

（六）法律法规规定的其他重要生物安全事业。

第六十七条　国家采取措施支持生物安全科技研究，加强生物安全风险防御与管控技术研究，整合优势力量和资源，建立多学科、多部门协同创新的联合攻关机制，推动生物安全核心关键技术和重大防御产品的成果产出与转化应用，提高生物安全的科技保障能力。

第六十八条　国家统筹布局全国生物安全基础设施建设。国务院有关部门根据职责分工，加快建设生物信息、人类遗传资源保藏、菌（毒）种保藏、动植物遗传资源保藏、高等级病原微生物实验室等方面的生物安全国家战略资源平台，建立共享利用机制，为生物安全科技创新提供战略保障和支撑。

第六十九条　国务院有关部门根据职责分工，加强生物基础科学研究人才和生物领域专业技术人才培养，推动生物基础科学学科建设和科学研究。

国家生物安全基础设施重要岗位的从业人员应当具备符合要求的资格，相关信息应当向国务院有关部门备案，并接受岗位培训。

第七十条　国家加强重大新发突发传染病、动植物疫情等生物安全风险防控的物资储备。

国家加强生物安全应急药品、装备等物资的研究、开发和技术储备。国务院有关部门根据职责分工，落实生物安全应急药品、装备等物资研究、开发和技术储备的相关措施。

国务院有关部门和县级以上地方人民政府及其有关部门应当保障生物安全事件应急处置所需的医疗救护设备、救治药品、医疗器械等物资的生产、供应和调配；交通运输主管部门应当及时组织协调运输经营单位优先运送。

第七十一条 国家对从事高致病性病原微生物实验活动、生物安全事件现场处置等高风险生物安全工作的人员，提供有效的防护措施和医疗保障。

第九章 法律责任

第七十二条 违反本法规定，履行生物安全管理职责的工作人员在生物安全工作中滥用职权、玩忽职守、徇私舞弊或者有其他违法行为的，依法给予处分。

第七十三条 违反本法规定，医疗机构、专业机构或者其工作人员瞒报、谎报、缓报、漏报，授意他人瞒报、谎报、缓报，或者阻碍他人报告传染病、动植物疫病或者不明原因的聚集性疾病的，由县级以上人民政府有关部门责令改正，给予警告；对法定代表人、主要负责人、直接负责的主管人员和其他直接责任人员，依法给予处分，并可以依法暂停一定期限的执业活动直至吊销相关执业证书。

违反本法规定，编造、散布虚假的生物安全信息，构成违反治安管理行为的，由公安机关依法给予治安管理处罚。

第七十四条 违反本法规定，从事国家禁止的生物技术研究、开发与应用活动的，由县级以上人民政府卫生健康、科学技术、农业农村主管部门根据职责分工，责令停止违法行为，没收违法所得、技术资料和用于违法行为的工具、设备、原材料等物品，处一百万元以上一千万元以下的罚款，违法所得在一百万元以上的，处违法所得十倍以上二十倍以下的罚款，并可以依法禁止一定期限内从事相应的生物技术研究、开发与应用活动，吊销相关许可证件；对法定代表人、主要负责人、直接负责的主管人员和其他直接责任人员，依法给予处分，处十万元以上二十万元以下的罚款，十年直至终身禁止从事相应的生物技术研究、开发与应用活动，依法吊销相关执业证书。

第七十五条 违反本法规定，从事生物技术研究、开发活动未遵守国家生物技术研究开发安全管理规范的，由县级以上人民政府有关部门根据职责分工，责令改正，给予警告，可以并处二万元以上二十万元以下的罚款；拒不改正或者造成严重后果的，责令停止研究、开发活动，并处二十万元以上二百万元以下的罚款。

第七十六条 违反本法规定，从事病原微生物实验活动未在相应等级的实验室进行，或者高等级病原微生物实验室未经批准从事高致病性、疑似高致病性病原微生物实验活动的，由县级以上地方人民政府卫生健康、农业农村主管部门根据职责分工，责令停止违法行为，监督其将用于实验活动的病原微生物销毁或者送交保藏机构，给予警告；造成传染病传播、流行或者其他严重后果的，对法定代表人、主要负责人、直接负责的主管人员和其他直接责任人员依法给予撤职、开除处分。

第七十七条 违反本法规定，将使用后的实验动物流入市场的，由县级以上人民政府科学技术主管部门责令改正，没收违法所得，并处二十万元以上一百万元以下的罚款，违法所得在二十万元以上的，并处违法所得五倍以上十倍以下的罚款；情节严重的，由发证部门吊销相关许可证件。

第七十八条 违反本法规定，有下列行为之一的，由县级以上人民政府有关部门根据职责分工，责令改正，没收违法所得，给予警告，可以并处十万元以上一百万元以下的罚款：

（一）购买或者引进列入管控清单的重要设备、特殊生物因子未进行登记，或者未报国务院有关部门备案；

（二）个人购买或者持有列入管控清单的重要设备或者特殊生物因子；

（三）个人设立病原微生物实验室或者从事病原微生物实验活动；

（四）未经实验室负责人批准进入高等级病原微生物实验室。

第七十九条 违反本法规定，未经批准，采集、保藏我国人类遗传资源或者利用我国人类遗传资源开展国际科学研究合作的，由国务院科学技术主管部门责令停止违法行为，没收违法所得和违法采集、保藏的人类遗传资源，并处五十万元以上五百万元以下的罚款，违法所得在一百万元以上的，并处违法所得五倍以上十倍以下的罚款；情节严重的，对法定代表人、主要负责人、直接负责的主管人员和其他直接责任人员，依法给予处分，五年内禁止从事相应活动。

第八十条 违反本法规定，境外组织、个人及其设立或者实际控制的机构在我国境内采集、保藏我国人类遗传资源，或者向境外提供我国人类遗传资源的，由国务院科学技术主管部门责令停止违法行为，没收违法所得和违法采集、保藏的人类遗传资源，并处一百万元以上一千万元以下的罚款；违法所得在一百万元以上的，并处违法所得十倍以上二十倍以下的罚款。

第八十一条 违反本法规定，未经批准，擅自引进外来物种的，由县级以上人民政府有关部门根据职责分工，没收引进的外来物种，并处五万元以上二十五万元以下的罚款。

违反本法规定，未经批准，擅自释放或者丢弃外来物种的，由县级以上人民政府有关部门根据职责分工，责令限期捕回、找回释放或者丢弃的外来物种，处一万元以上五万元以下的罚款。

第八十二条 违反本法规定，构成犯罪的，依法追究刑事责任；造成人身、财产或者其他损害的，依法承担民事责任。

第八十三条 违反本法规定的生物安全违法行为，本法未规定法律责任，其他有关法律、行政法规有规定的，依照其规定。

第八十四条 境外组织或者个人通过运输、邮寄、携带危险生物因子入境或者以其他方式危害我国生物安全的，依法追究法律责任，并可以采取其他必要措施。

第十章 附 则

第八十五条 本法下列术语的含义：

（一）生物因子，是指动物、植物、微生物、生物毒素及其他生物活性物质。

（二）重大新发突发传染病，是指我国境内首次出现或者已经宣布消灭再次发生，或者突然发生，造成或者可能造成公众健康和生命安全严重损害，引起社会恐慌，影响社会稳定的传染病。

（三）重大新发突发动物疫情，是指我国境内首次发生或者已经宣布消灭的动物疫病再次发生，或者发病率、死亡率较高的潜伏动物疫病突然发生并迅速传播，给养殖业生产安全造成严重威胁、危害，以及可能对公众健康和生命安全造成危害的情形。

（四）重大新发突发植物疫情，是指我国境内首次发生或者已经宣布消灭的严重危害植物的真菌、细菌、病毒、昆虫、线虫、杂草、害鼠、软体动物等再次引发病虫害，或者本地有害生物突然大范围发生并迅速传播，对农作物、林木等植物造成严重危害的情形。

（五）生物技术研究、开发与应用，是指通过科学和工程原理认识、改造、合成、利用生物而从事的科学研究、技术开发与应用等活动。

（六）病原微生物，是指可以侵犯人、动物引起感染甚至传染病的微生物，包括病毒、细菌、真菌、立克次体、寄生虫等。

（七）植物有害生物，是指能够对农作物、林木等植物造成危害的真菌、细菌、病毒、昆虫、线虫、杂草、害鼠、软体动物等生物。

（八）人类遗传资源，包括人类遗传资源材料和人类遗传资源信息。人类遗传资源材料是指含有人体基因组、基因等遗传物质的器官、组织、细胞等遗传材料。人类遗传资源信息是指利用人类遗传资源材料产生的数据等信息资料。

（九）微生物耐药，是指微生物对抗微生物药物产生抗性，导致抗微生物药物不能有效控制微生物的感染。

（十）生物武器，是指类型和数量不属于预防、保护或者其他和平用途所正当需要的、任何来源或者任何方法产生的微生物剂、其他生物剂以及生物毒素；也包括为将上述生物剂、生物毒素使用于敌对目的或者武装冲突而设计的武器、设备或者运载工具。

（十一）生物恐怖，是指故意使用致病性微生物、生物毒素等实施袭击，损害人类或者动植物健康，引起社会恐慌，企图达到特定政治目的的行为。

第八十六条　生物安全信息属于国家秘密的，应当依照《中华人民共和国保守国家秘密法》和国家其他有关保密规定实施保密管理。

第八十七条　中国人民解放军、中国人民武装警察部队的生物安全活动，由中央军事委员会依照本法规定的原则另行规定。

第八十八条　本法自 2021 年 4 月 15 日起施行。

中华人民共和国长江保护法

（2020年12月26日第十三届全国人民代表大会常务委员会第二十四次会议通过　2020年12月26日中华人民共和国主席令第65号公布　自2021年3月1日起施行）

目　录

第一章　总　　则

第一条　为了加强长江流域生态环境保护和修复，促进资源合理高效利用，保障生态安全，实现人与自然和谐共生、中华民族永续发展，制定本法。

第二条　在长江流域开展生态环境保护和修复以及长江流域各类生产生活、开发建设活动，应当遵守本法。

本法所称长江流域，是指由长江干流、支流和湖泊形成的集水区域所涉及的青海省、四川省、西藏自治区、云南省、重庆市、湖北省、湖南省、江西省、安徽省、江苏省、上海市，以及甘肃省、陕西省、河南省、贵州省、广西壮族自治区、广东省、浙江省、福建省的相关县级行政区域。

第三条 长江流域经济社会发展，应当坚持生态优先、绿色发展，共抓大保护、不搞大开发；长江保护应当坚持统筹协调、科学规划、创新驱动、系统治理。

第四条 国家建立长江流域协调机制，统一指导、统筹协调长江保护工作，审议长江保护重大政策、重大规划，协调跨地区跨部门重大事项，督促检查长江保护重要工作的落实情况。

第五条 国务院有关部门和长江流域省级人民政府负责落实国家长江流域协调机制的决策，按照职责分工负责长江保护相关工作。

长江流域地方各级人民政府应当落实本行政区域的生态环境保护和修复、促进资源合理高效利用、优化产业结构和布局、维护长江流域生态安全的责任。

长江流域各级河湖长负责长江保护相关工作。

第六条 长江流域相关地方根据需要在地方性法规和政府规章制定、规划编制、监督执法等方面建立协作机制，协同推进长江流域生态环境保护和修复。

第七条 国务院生态环境、自然资源、水行政、农业农村和标准化等有关主管部门按照职责分工，建立健全长江流域水环境质量和污染物排放、生态环境修复、水资源节约集约利用、生态流量、生物多样性保护、水产养殖、防灾减灾等标准体系。

第八条 国务院自然资源主管部门会同国务院有关部门定期组织长江流域土地、矿产、水流、森林、草原、湿地等自然资源状况调查，建立资源基础数据库，开展资源环境承载能力评价，并向社会公布长江流域自然资源状况。

国务院野生动物保护主管部门应当每十年组织一次野生动物及其栖息地状况普查，或者根据需要组织开展专项调查，建立野生动物资源档案，并向社会公布长江流域野生动物资源状况。

长江流域县级以上地方人民政府农业农村主管部门会同本级人民政府有关部门对水生生物产卵场、索饵场、越冬场和洄游通道等重要栖息地开展生物多样性调查。

第九条 国家长江流域协调机制应当统筹协调国务院有关部门在已经建立的台站和监测项目基础上，健全长江流域生态环境、资源、水文、气象、航运、自然灾害等监测网络体系和监测信息共享机制。

国务院有关部门和长江流域县级以上地方人民政府及其有关部门按照职责分工，组织完善生态环境风险报告和预警机制。

第十条 国务院生态环境主管部门会同国务院有关部门和长江流域省级人民政府建立健全长江流域突发生态环境事件应急联动工作机制，与国家突发事件应急体系相衔接，加强对长江流域船舶、港口、矿山、化工厂、尾矿库等发生的突发生态环境事件的应急管理。

第十一条 国家加强长江流域洪涝干旱、森林草原火灾、地质灾害、地震等灾害的监测预报预警、防御、应急处置与恢复重建体系建设，提高防灾、减灾、抗灾、救灾能力。

第十二条 国家长江流域协调机制设立专家咨询委员会，组织专业机构和人员对长江流域重大发展战略、政策、规划等开展科学技术等专业咨询。

国务院有关部门和长江流域省级人民政府及其有关部门按照职责分工，组织开展长江流域建设项目、重要基础设施和产业布局相关规划等对长江流域生态系统影响的第三方评估、分析、论证等工作。

第十三条 国家长江流域协调机制统筹协调国务院有关部门和长江流域省级人民政府建立健全长江流域信息共享系统。国务院有关部门和长江流域省级人民政府及其有关部门应当按照规定，共享长江流域生态环境、自然资源以及管理执法等信息。

第十四条 国务院有关部门和长江流域县级以上地方人民政府及其有关部门应当加强长江流域生态环境保护和绿色发展的宣传教育。

新闻媒体应当采取多种形式开展长江流域生态环境保护和绿色发展的宣传教育，并依法对违法行为进行舆论监督。

第十五条 国务院有关部门和长江流域县级以上地方人民政府及其有关部门应当采取措施，保护长江流域历史文化名城名镇名村，加强长江流域文化遗产保护工作，继承和弘扬长江流域优秀特色文化。

第十六条 国家鼓励、支持单位和个人参与长江流域生态环境保护和修复、资源合理利用、促进绿色发展的活动。

对在长江保护工作中做出突出贡献的单位和个人，县级以上人民政府及其有关部门应当按照国家有关规定予以表彰和奖励。

第二章　规划与管控

第十七条　国家建立以国家发展规划为统领，以空间规划为基础，以专项规划、区域规划为支撑的长江流域规划体系，充分发挥规划对推进长江流域生态环境保护和绿色发展的引领、指导和约束作用。

第十八条　国务院和长江流域县级以上地方人民政府应当将长江保护工作纳入国民经济和社会发展规划。

国务院发展改革部门会同国务院有关部门编制长江流域发展规划，科学统筹长江流域上下游、左右岸、干支流生态环境保护和绿色发展，报国务院批准后实施。

长江流域水资源规划、生态环境保护规划等依照有关法律、行政法规的规定编制。

第十九条　国务院自然资源主管部门会同国务院有关部门组织编制长江流域国土空间规划，科学有序统筹安排长江流域生态、农业、城镇等功能空间，划定生态保护红线、永久基本农田、城镇开发边界，优化国土空间结构和布局，统领长江流域国土空间利用任务，报国务院批准后实施。涉及长江流域国土空间利用的专项规划应当与长江流域国土空间规划相衔接。

长江流域县级以上地方人民政府组织编制本行政区域的国土空间规划，按照规定的程序报经批准后实施。

第二十条　国家对长江流域国土空间实施用途管制。长江流域县级以上地方人民政府自然资源主管部门依照国土空间规划，对所辖长江流域国土空间实施分区、分类用途管制。

长江流域国土空间开发利用活动应当符合国土空间用途管制要求，并依法取得规划许可。对不符合国土空间用途管制要求的，县级以上人民政府自然资源主管部门不得办理规划许可。

第二十一条　国务院水行政主管部门统筹长江流域水资源合理配置、统一调度和高效利用，组织实施取用水总量控制和消耗强度控制管理制度。

国务院生态环境主管部门根据水环境质量改善目标和水污染防

治要求，确定长江流域各省级行政区域重点污染物排放总量控制指标。长江流域水质超标的水功能区，应当实施更严格的污染物排放总量削减要求。企业事业单位应当按照要求，采取污染物排放总量控制措施。

国务院自然资源主管部门负责统筹长江流域新增建设用地总量控制和计划安排。

第二十二条 长江流域省级人民政府根据本行政区域的生态环境和资源利用状况，制定生态环境分区管控方案和生态环境准入清单，报国务院生态环境主管部门备案后实施。生态环境分区管控方案和生态环境准入清单应当与国土空间规划相衔接。

长江流域产业结构和布局应当与长江流域生态系统和资源环境承载能力相适应。禁止在长江流域重点生态功能区布局对生态系统有严重影响的产业。禁止重污染企业和项目向长江中上游转移。

第二十三条 国家加强对长江流域水能资源开发利用的管理。因国家发展战略和国计民生需要，在长江流域新建大中型水电工程，应当经科学论证，并报国务院或者国务院授权的部门批准。

对长江流域已建小水电工程，不符合生态保护要求的，县级以上地方人民政府应当组织分类整改或者采取措施逐步退出。

第二十四条 国家对长江干流和重要支流源头实行严格保护，设立国家公园等自然保护地，保护国家生态安全屏障。

第二十五条 国务院水行政主管部门加强长江流域河道、湖泊保护工作。长江流域县级以上地方人民政府负责划定河道、湖泊管理范围，并向社会公告，实行严格的河湖保护，禁止非法侵占河湖水域。

第二十六条 国家对长江流域河湖岸线实施特殊管制。国家长江流域协调机制统筹协调国务院自然资源、水行政、生态环境、住房和城乡建设、农业农村、交通运输、林业和草原等部门和长江流域省级人民政府划定河湖岸线保护范围，制定河湖岸线保护规划，严格控制岸线开发建设，促进岸线合理高效利用。

禁止在长江干支流岸线一公里范围内新建、扩建化工园区和化工项目。

禁止在长江干流岸线三公里范围内和重要支流岸线一公里范围

内新建、改建、扩建尾矿库；但是以提升安全、生态环境保护水平为目的的改建除外。

第二十七条 国务院交通运输主管部门会同国务院自然资源、水行政、生态环境、农业农村、林业和草原主管部门在长江流域水生生物重要栖息地科学划定禁止航行区域和限制航行区域。

禁止船舶在划定的禁止航行区域内航行。因国家发展战略和国计民生需要，在水生生物重要栖息地禁止航行区域内航行的，应当由国务院交通运输主管部门商国务院农业农村主管部门同意，并应当采取必要措施，减少对重要水生生物的干扰。

严格限制在长江流域生态保护红线、自然保护地、水生生物重要栖息地水域实施航道整治工程；确需整治的，应当经科学论证，并依法办理相关手续。

第二十八条 国家建立长江流域河道采砂规划和许可制度。长江流域河道采砂应当依法取得国务院水行政主管部门有关流域管理机构或者县级以上地方人民政府水行政主管部门的许可。

国务院水行政主管部门有关流域管理机构和长江流域县级以上地方人民政府依法划定禁止采砂区和禁止采砂期，严格控制采砂区域、采砂总量和采砂区域内的采砂船舶数量。禁止在长江流域禁止采砂区和禁止采砂期从事采砂活动。

国务院水行政主管部门会同国务院有关部门组织长江流域有关地方人民政府及其有关部门开展长江流域河道非法采砂联合执法工作。

第三章 资源保护

第二十九条 长江流域水资源保护与利用，应当根据流域综合规划，优先满足城乡居民生活用水，保障基本生态用水，并统筹农业、工业用水以及航运等需要。

第三十条 国务院水行政主管部门有关流域管理机构商长江流域省级人民政府依法制定跨省河流水量分配方案，报国务院或者国务院授权的部门批准后实施。制定长江流域跨省河流水量分配方案应当征求国务院有关部门的意见。长江流域省级人民政府水行政主管部门制定本行政区域的长江流域水量分配方案，报本级人民政府批准后实施。

国务院水行政主管部门有关流域管理机构或者长江流域县级以上地方人民政府水行政主管部门依据批准的水量分配方案，编制年度水量分配方案和调度计划，明确相关河段和控制断面流量水量、水位管控要求。

第三十一条 国家加强长江流域生态用水保障。国务院水行政主管部门会同国务院有关部门提出长江干流、重要支流和重要湖泊控制断面的生态流量管控指标。其他河湖生态流量管控指标由长江流域县级以上地方人民政府水行政主管部门会同本级人民政府有关部门确定。

国务院水行政主管部门有关流域管理机构应当将生态水量纳入年度水量调度计划，保证河湖基本生态用水需求，保障枯水期和鱼类产卵期生态流量、重要湖泊的水量和水位，保障长江河口咸淡水平衡。

长江干流、重要支流和重要湖泊上游的水利水电、航运枢纽等工程应当将生态用水调度纳入日常运行调度规程，建立常规生态调度机制，保证河湖生态流量；其下泄流量不符合生态流量泄放要求的，由县级以上人民政府水行政主管部门提出整改措施并监督实施。

第三十二条 国务院有关部门和长江流域地方各级人民政府应当采取措施，加快病险水库除险加固，推进堤防和蓄滞洪区建设，提升洪涝灾害防御工程标准，加强水工程联合调度，开展河道泥沙观测和河势调查，建立与经济社会发展相适应的防洪减灾工程和非工程体系，提高防御水旱灾害的整体能力。

第三十三条 国家对跨长江流域调水实行科学论证，加强控制和管理。实施跨长江流域调水应当优先保障调出区域及其下游区域的用水安全和生态安全，统筹调出区域和调入区域用水需求。

第三十四条 国家加强长江流域饮用水水源地保护。国务院水行政主管部门会同国务院有关部门制定长江流域饮用水水源地名录。长江流域省级人民政府水行政主管部门会同本级人民政府有关部门制定本行政区域的其他饮用水水源地名录。

长江流域省级人民政府组织划定饮用水水源保护区，加强饮用水水源保护，保障饮用水安全。

第三十五条 长江流域县级以上地方人民政府及其有关部门应当合理布局饮用水水源取水口,制定饮用水安全突发事件应急预案,加强饮用水备用应急水源建设,对饮用水水源的水环境质量进行实时监测。

第三十六条 丹江口库区及其上游所在地县级以上地方人民政府应当按照饮用水水源地安全保障区、水质影响控制区、水源涵养生态建设区管理要求,加强山水林田湖草整体保护,增强水源涵养能力,保障水质稳定达标。

第三十七条 国家加强长江流域地下水资源保护。长江流域县级以上地方人民政府及其有关部门应当定期调查评估地下水资源状况,监测地下水水量、水位、水环境质量,并采取相应风险防范措施,保障地下水资源安全。

第三十八条 国务院水行政主管部门会同国务院有关部门确定长江流域农业、工业用水效率目标,加强用水计量和监测设施建设;完善规划和建设项目水资源论证制度;加强对高耗水行业、重点用水单位的用水定额管理,严格控制高耗水项目建设。

第三十九条 国家统筹长江流域自然保护地体系建设。国务院和长江流域省级人民政府在长江流域重要典型生态系统的完整分布区、生态环境敏感区以及珍贵野生动植物天然集中分布区和重要栖息地、重要自然遗迹分布区等区域,依法设立国家公园、自然保护区、自然公园等自然保护地。

第四十条 国务院和长江流域省级人民政府应当依法在长江流域重要生态区、生态状况脆弱区划定公益林,实施严格管理。国家对长江流域天然林实施严格保护,科学划定天然林保护重点区域。

长江流域县级以上地方人民政府应当加强对长江流域草原资源的保护,对具有调节气候、涵养水源、保持水土、防风固沙等特殊作用的基本草原实施严格管理。

国务院林业和草原主管部门和长江流域省级人民政府林业和草原主管部门会同本级人民政府有关部门,根据不同生态区位、生态系统功能和生物多样性保护的需要,发布长江流域国家重要湿地、地方重要湿地名录及保护范围,加强对长江流域湿地的保护和管理,维护湿地生态功能和生物多样性。

第四十一条　国务院农业农村主管部门会同国务院有关部门和长江流域省级人民政府建立长江流域水生生物完整性指数评价体系，组织开展长江流域水生生物完整性评价，并将结果作为评估长江流域生态系统总体状况的重要依据。长江流域水生生物完整性指数应当与长江流域水环境质量标准相衔接。

第四十二条　国务院农业农村主管部门和长江流域县级以上地方人民政府应当制定长江流域珍贵、濒危水生野生动植物保护计划，对长江流域珍贵、濒危水生野生动植物实行重点保护。

国家鼓励有条件的单位开展对长江流域江豚、白鱀豚、白鲟、中华鲟、长江鲟、鯮、鲥、四川白甲鱼、川陕哲罗鲑、胭脂鱼、鯮、圆口铜鱼、多鳞白甲鱼、华鲮、鲈鲤和葛仙米、弧形藻、眼子菜、水菜花等水生野生动植物生境特征和种群动态的研究，建设人工繁育和科普教育基地，组织开展水生生物救护。

禁止在长江流域开放水域养殖、投放外来物种或者其他非本地物种种质资源。

第四章　水污染防治

第四十三条　国务院生态环境主管部门和长江流域地方各级人民政府应当采取有效措施，加大对长江流域的水污染防治、监管力度，预防、控制和减少水环境污染。

第四十四条　国务院生态环境主管部门负责制定长江流域水环境质量标准，对国家水环境质量标准中未作规定的项目可以补充规定；对国家水环境质量标准中已经规定的项目，可以作出更加严格的规定。制定长江流域水环境质量标准应当征求国务院有关部门和有关省级人民政府的意见。长江流域省级人民政府可以制定严于长江流域水环境质量标准的地方水环境质量标准，报国务院生态环境主管部门备案。

第四十五条　长江流域省级人民政府应当对没有国家水污染物排放标准的特色产业、特有污染物，或者国家有明确要求的特定水污染源或者水污染物，补充制定地方水污染物排放标准，报国务院生态环境主管部门备案。

有下列情形之一的，长江流域省级人民政府应当制定严于国家水污染物排放标准的地方水污染物排放标准，报国务院生态环境主管部门备案：

（一）产业密集、水环境问题突出的；

（二）现有水污染物排放标准不能满足所辖长江流域水环境质量要求的；

（三）流域或者区域水环境形势复杂，无法适用统一的水污染物排放标准的。

第四十六条 长江流域省级人民政府制定本行政区域的总磷污染控制方案，并组织实施。对磷矿、磷肥生产集中的长江干支流，有关省级人民政府应当制定更加严格的总磷排放管控要求，有效控制总磷排放总量。

磷矿开采加工、磷肥和含磷农药制造等企业，应当按照排污许可要求，采取有效措施控制总磷排放浓度和排放总量；对排污口和周边环境进行总磷监测，依法公开监测信息。

第四十七条 长江流域县级以上地方人民政府应当统筹长江流域城乡污水集中处理设施及配套管网建设，并保障其正常运行，提高城乡污水收集处理能力。

长江流域县级以上地方人民政府应当组织对本行政区域的江河、湖泊排污口开展排查整治，明确责任主体，实施分类管理。

在长江流域江河、湖泊新设、改设或者扩大排污口，应当按照国家有关规定报经有管辖权的生态环境主管部门或者长江流域生态环境监督管理机构同意。对未达到水质目标的水功能区，除污水集中处理设施排污口外，应当严格控制新设、改设或者扩大排污口。

第四十八条 国家加强长江流域农业面源污染防治。长江流域农业生产应当科学使用农业投入品，减少化肥、农药施用，推广有机肥使用，科学处置农用薄膜、农作物秸秆等农业废弃物。

第四十九条 禁止在长江流域河湖管理范围内倾倒、填埋、堆放、弃置、处理固体废物。长江流域县级以上地方人民政府应当加强对固体废物非法转移和倾倒的联防联控。

第五十条 长江流域县级以上地方人民政府应当组织对沿河湖垃圾填埋场、加油站、矿山、尾矿库、危险废物处置场、化工园区和化工项目等地下水重点污染源及周边地下水环境风险隐患开展调查评估,并采取相应风险防范和整治措施。

第五十一条 国家建立长江流域危险货物运输船舶污染责任保险与财务担保相结合机制。具体办法由国务院交通运输主管部门会同国务院有关部门制定。

禁止在长江流域水上运输剧毒化学品和国家规定禁止通过内河运输的其他危险化学品。长江流域县级以上地方人民政府交通运输主管部门会同本级人民政府有关部门加强对长江流域危险化学品运输的管控。

第五章 生态环境修复

第五十二条 国家对长江流域生态系统实行自然恢复为主、自然恢复与人工修复相结合的系统治理。国务院自然资源主管部门会同国务院有关部门编制长江流域生态环境修复规划,组织实施重大生态环境修复工程,统筹推进长江流域各项生态环境修复工作。

第五十三条 国家对长江流域重点水域实行严格捕捞管理。在长江流域水生生物保护区全面禁止生产性捕捞;在国家规定的期限内,长江干流和重要支流、大型通江湖泊、长江河口规定区域等重点水域全面禁止天然渔业资源的生产性捕捞。具体办法由国务院农业农村主管部门会同国务院有关部门制定。

国务院农业农村主管部门会同国务院有关部门和长江流域省级人民政府加强长江流域禁捕执法工作,严厉查处电鱼、毒鱼、炸鱼等破坏渔业资源和生态环境的捕捞行为。

长江流域县级以上地方人民政府应当按照国家有关规定做好长江流域重点水域退捕渔民的补偿、转产和社会保障工作。

长江流域其他水域禁捕、限捕管理办法由县级以上地方人民政府制定。

第五十四条 国务院水行政主管部门会同国务院有关部门制定并组织实施长江干流和重要支流的河湖水系连通修复方案,长江流域省级人民政府制定并组织实施本行政区域的长江流域河湖水系连通修复方案,逐步改善长江流域河湖连通状况,恢复河湖生态流量,维护河湖水系生态功能。

第五十五条 国家长江流域协调机制统筹协调国务院自然资源、水行政、生态环境、住房和城乡建设、农业农村、交通运输、林业和草原等部门和长江流域省级人民政府制定长江流域河湖岸线修复规范，确定岸线修复指标。

长江流域县级以上地方人民政府按照长江流域河湖岸线保护规划、修复规范和指标要求，制定并组织实施河湖岸线修复计划，保障自然岸线比例，恢复河湖岸线生态功能。

禁止违法利用、占用长江流域河湖岸线。

第五十六条 国务院有关部门会同长江流域有关省级人民政府加强对三峡库区、丹江口库区等重点库区消落区的生态环境保护和修复，因地制宜实施退耕还林还草还湿，禁止施用化肥、农药，科学调控水库水位，加强库区水土保持和地质灾害防治工作，保障消落区良好生态功能。

第五十七条 长江流域县级以上地方人民政府林业和草原主管部门负责组织实施长江流域森林、草原、湿地修复计划，科学推进森林、草原、湿地修复工作，加大退化天然林、草原和受损湿地修复力度。

第五十八条 国家加大对太湖、鄱阳湖、洞庭湖、巢湖、滇池等重点湖泊实施生态环境修复的支持力度。

长江流域县级以上地方人民政府应当组织开展富营养化湖泊的生态环境修复，采取调整产业布局规模、实施控制性水工程统一调度、生态补水、河湖连通等综合措施，改善和恢复湖泊生态系统的质量和功能；对氮磷浓度严重超标的湖泊，应当在影响湖泊水质的汇水区，采取措施削减化肥用量，禁止使用含磷洗涤剂，全面清理投饵、投肥养殖。

第五十九条 国务院林业和草原、农业农村主管部门应当对长江流域数量急剧下降或者极度濒危的野生动植物和受到严重破坏的栖息地、天然集中分布区、破碎化的典型生态系统制定修复方案和行动计划，修建迁地保护设施，建立野生动植物遗传资源基因库，进行抢救性修复。

在长江流域水生生物产卵场、索饵场、越冬场和洄游通道等重要栖息地应当实施生态环境修复和其他保护措施。对鱼类等水生生物洄游产生阻隔的涉水工程应当结合实际采取建设过鱼设施、河湖连通、生态调度、灌江纳苗、基因保存、增殖放流、人工繁育等多种措施，充分满足水生生物的生态需求。

第六十条 国务院水行政主管部门会同国务院有关部门和长江河口所在地人民政府按照陆海统筹、河海联动的要求，制定实施长江河口生态环境修复和其他保护措施方案，加强对水、沙、盐、潮滩、生物种群的综合监测，采取有效措施防止海水入侵和倒灌，维护长江河口良好生态功能。

第六十一条 长江流域水土流失重点预防区和重点治理区的县级以上地方人民政府应当采取措施，防治水土流失。生态保护红线范围内的水土流失地块，以自然恢复为主，按照规定有计划地实施退耕还林还草还湿；划入自然保护地核心保护区的永久基本农田，依法有序退出并予以补划。

禁止在长江流域水土流失严重、生态脆弱的区域开展可能造成水土流失的生产建设活动。确因国家发展战略和国计民生需要建设的，应当经科学论证，并依法办理审批手续。

长江流域县级以上地方人民政府应当对石漠化的土地因地制宜采取综合治理措施，修复生态系统，防止土地石漠化蔓延。

第六十二条 长江流域县级以上地方人民政府应当因地制宜采取消除地质灾害隐患、土地复垦、恢复植被、防治污染等措施，加快历史遗留矿山生态环境修复工作，并加强对在建和运行中矿山的监督管理，督促采矿权人切实履行矿山污染防治和生态环境修复责任。

第六十三条 长江流域中下游地区县级以上地方人民政府应当因地制宜在项目、资金、人才、管理等方面，对长江流域江河源头和上游地区实施生态环境修复和其他保护措施给予支持，提升长江流域生态脆弱区实施生态环境修复和其他保护措施的能力。

国家按照政策支持、企业和社会参与、市场化运作的原则，鼓励社会资本投入长江流域生态环境修复。

第六章　绿色发展

第六十四条 国务院有关部门和长江流域地方各级人民政府应

当按照长江流域发展规划、国土空间规划的要求，调整产业结构，优化产业布局，推进长江流域绿色发展。

第六十五条 国务院和长江流域地方各级人民政府及其有关部门应当协同推进乡村振兴战略和新型城镇化战略的实施，统筹城乡基础设施建设和产业发展，建立健全全民覆盖、普惠共享、城乡一体的基本公共服务体系，促进长江流域城乡融合发展。

第六十六条 长江流域县级以上地方人民政府应当推动钢铁、石油、化工、有色金属、建材、船舶等产业升级改造，提升技术装备水平；推动造纸、制革、电镀、印染、有色金属、农药、氮肥、焦化、原料药制造等企业实施清洁化改造。企业应当通过技术创新减少资源消耗和污染物排放。

长江流域县级以上地方人民政府应当采取措施加快重点地区危险化学品生产企业搬迁改造。

第六十七条 国务院有关部门会同长江流域省级人民政府建立开发区绿色发展评估机制，并组织对各类开发区的资源能源节约集约利用、生态环境保护等情况开展定期评估。

长江流域县级以上地方人民政府应当根据评估结果对开发区产业产品、节能减排措施等进行优化调整。

第六十八条 国家鼓励和支持在长江流域实施重点行业和重点用水单位节水技术改造，提高水资源利用效率。

长江流域县级以上地方人民政府应当加强节水型城市和节水型园区建设，促进节水型行业产业和企业发展，并加快建设雨水自然积存、自然渗透、自然净化的海绵城市。

第六十九条 长江流域县级以上地方人民政府应当按照绿色发展的要求，统筹规划、建设与管理，提升城乡人居环境质量，建设美丽城镇和美丽乡村。

长江流域县级以上地方人民政府应当按照生态、环保、经济、实用的原则因地制宜组织实施厕所改造。

国务院有关部门和长江流域县级以上地方人民政府及其有关部门应当加强对城市新区、各类开发区等使用建筑材料的管理，鼓励使用节能环保、性能高的建筑材料，建设地下综合管廊和管网。

长江流域县级以上地方人民政府应当建设废弃土石渣综合利用

信息平台，加强对生产建设活动废弃土石渣收集、清运、集中堆放的管理，鼓励开展综合利用。

第七十条 长江流域县级以上地方人民政府应当编制并组织实施养殖水域滩涂规划，合理划定禁养区、限养区、养殖区，科学确定养殖规模和养殖密度；强化水产养殖投入品管理，指导和规范水产养殖、增殖活动。

第七十一条 国家加强长江流域综合立体交通体系建设，完善港口、航道等水运基础设施，推动交通设施互联互通，实现水陆有机衔接、江海直达联运，提升长江黄金水道功能。

第七十二条 长江流域县级以上地方人民政府应当统筹建设船舶污染物接收转运处置设施、船舶液化天然气加注站，制定港口岸电设施、船舶受电设施建设和改造计划，并组织实施。具备岸电使用条件的船舶靠港应当按照国家有关规定使用岸电，但使用清洁能源的除外。

第七十三条 国务院和长江流域县级以上地方人民政府对长江流域港口、航道和船舶升级改造，液化天然气动力船舶等清洁能源或者新能源动力船舶建造，港口绿色设计等按照规定给予资金支持或者政策扶持。

国务院和长江流域县级以上地方人民政府对长江流域港口岸电设施、船舶受电设施的改造和使用按照规定给予资金补贴、电价优惠等政策扶持。

第七十四条 长江流域地方各级人民政府加强对城乡居民绿色消费的宣传教育，并采取有效措施，支持、引导居民绿色消费。

长江流域地方各级人民政府按照系统推进、广泛参与、突出重点、分类施策的原则，采取回收押金、限制使用易污染不易降解塑料用品、绿色设计、发展公共交通等措施，提倡简约适度、绿色低碳的生活方式。

第七章　保障与监督

第七十五条 国务院和长江流域县级以上地方人民政府应当加大长江流域生态环境保护和修复的财政投入。

国务院和长江流域省级人民政府按照中央与地方财政事权和支出责任划分原则，专项安排长江流域生态环境保护资金，用于长江流域生态环境保护和修复。国务院自然资源主管部门会同国务院财政、生态环境等有关部门制定合理利用社会资金促进长江流域生态环境修复的政策措施。

国家鼓励和支持长江流域生态环境保护和修复等方面的科学技术研究开发和推广应用。

国家鼓励金融机构发展绿色信贷、绿色债券、绿色保险等金融产品，为长江流域生态环境保护和绿色发展提供金融支持。

第七十六条 国家建立长江流域生态保护补偿制度。

国家加大财政转移支付力度，对长江干流及重要支流源头和上游的水源涵养地等生态功能重要区域予以补偿。具体办法由国务院财政部门会同国务院有关部门制定。

国家鼓励长江流域上下游、左右岸、干支流地方人民政府之间开展横向生态保护补偿。

国家鼓励社会资金建立市场化运作的长江流域生态保护补偿基金；鼓励相关主体之间采取自愿协商等方式开展生态保护补偿。

第七十七条 国家加强长江流域司法保障建设，鼓励有关单位为长江流域生态环境保护提供法律服务。

长江流域各级行政执法机关、人民法院、人民检察院在依法查处长江保护违法行为或者办理相关案件过程中，发现存在涉嫌犯罪行为的，应当将犯罪线索移送具有侦查、调查职权的机关。

第七十八条 国家实行长江流域生态环境保护责任制和考核评价制度。上级人民政府应当对下级人民政府生态环境保护和修复目标完成情况等进行考核。

第七十九条 国务院有关部门和长江流域县级以上地方人民政府有关部门应当依照本法规定和职责分工，对长江流域各类保护、开发、建设活动进行监督检查，依法查处破坏长江流域自然资源、污染长江流域环境、损害长江流域生态系统等违法行为。

公民、法人和非法人组织有权依法获取长江流域生态环境保护相关信息，举报和控告破坏长江流域自然资源、污染长江流域环境、损害长江流域生态系统等违法行为。

国务院有关部门和长江流域地方各级人民政府及其有关部门应当依法公开长江流域生态环境保护相关信息，完善公众参与程序，为公民、法人和非法人组织参与和监督长江流域生态环境保护提供便利。

第八十条 国务院有关部门和长江流域地方各级人民政府及其有关部门对长江流域跨行政区域、生态敏感区域和生态环境违法案件高发区域以及重大违法案件，依法开展联合执法。

第八十一条 国务院有关部门和长江流域省级人民政府对长江保护工作不力、问题突出、群众反映集中的地区，可以约谈所在地区县级以上地方人民政府及其有关部门主要负责人，要求其采取措施及时整改。

第八十二条 国务院应当定期向全国人民代表大会常务委员会报告长江流域生态环境状况及保护和修复工作等情况。

长江流域县级以上地方人民政府应当定期向本级人民代表大会或者其常务委员会报告本级人民政府长江流域生态环境保护和修复工作等情况。

第八章 法律责任

第八十三条 国务院有关部门和长江流域地方各级人民政府及其有关部门违反本法规定，有下列行为之一的，对直接负责的主管人员和其他直接责任人员依法给予警告、记过、记大过或者降级处分；造成严重后果的，给予撤职或者开除处分，其主要负责人应当引咎辞职：

（一）不符合行政许可条件准予行政许可的；

（二）依法应当作出责令停业、关闭等决定而未作出的；

（三）发现违法行为或者接到举报不依法查处的；

（四）有其他玩忽职守、滥用职权、徇私舞弊行为的。

第八十四条 违反本法规定，有下列行为之一的，由有关主管部门按照职责分工，责令停止违法行为，给予警告，并处一万元以上十万元以下罚款；情节严重的，并处十万元以上五十万元以下罚款：

（一）船舶在禁止航行区域内航行的；

（二）经同意在水生生物重要栖息地禁止航行区域内航行，未采取必要措施减少对重要水生生物干扰的；

（三）水利水电、航运枢纽等工程未将生态用水调度纳入日常运行调度规程的；

（四）具备岸电使用条件的船舶未按照国家有关规定使用岸电的。

第八十五条 违反本法规定，在长江流域开放水域养殖、投放外来物种或者其他非本地物种种质资源的，由县级以上人民政府农业农村主管部门责令限期捕回，处十万元以下罚款；造成严重后果的，处十万元以上一百万元以下罚款；逾期不捕回的，由有关人民政府农业农村主管部门代为捕回或者采取降低负面影响的措施，所需费用由违法者承担。

第八十六条 违反本法规定，在长江流域水生生物保护区内从事生产性捕捞，或者在长江干流和重要支流、大型通江湖泊、长江河口规定区域等重点水域禁捕期间从事天然渔业资源的生产性捕捞的，由县级以上人民政府农业农村主管部门没收渔获物、违法所得以及用于违法活动的渔船、渔具和其他工具，并处一万元以上五万元以下罚款；采取电鱼、毒鱼、炸鱼等方式捕捞，或者有其他严重情节的，并处五万元以上五十万元以下罚款。

收购、加工、销售前款规定的渔获物的，由县级以上人民政府农业农村、市场监督管理等部门按照职责分工，没收渔获物及其制品和违法所得，并处货值金额十倍以上二十倍以下罚款；情节严重的，吊销相关生产经营许可证或者责令关闭。

第八十七条 违反本法规定，非法侵占长江流域河湖水域，或者违法利用、占用河湖岸线的，由县级以上人民政府水行政、自然资源等主管部门按照职责分工，责令停止违法行为，限期拆除并恢复原状，所需费用由违法者承担，没收违法所得，并处五万元以上五十万元以下罚款。

第八十八条 违反本法规定，有下列行为之一的，由县级以上人民政府生态环境、自然资源等主管部门按照职责分工，责令停止违法行为，限期拆除并恢复原状，所需费用由违法者承担，没收违法所得，并处五十万元以上五百万元以下罚款，对直接负责的主管人员和其他直接责任人员处五万元以上十万元以下罚款；情节严重的，报经有批准权的人民政府批准，责令关闭：

（一）在长江干支流岸线一公里范围内新建、扩建化工园区和化工项目的；

（二）在长江干流岸线三公里范围内和重要支流岸线一公里范围内新建、改建、扩建尾矿库的；

（三）违反生态环境准入清单的规定进行生产建设活动的。

第八十九条 长江流域磷矿开采加工、磷肥和含磷农药制造等企业违反本法规定，超过排放标准或者总量控制指标排放含磷水污染物的，由县级以上人民政府生态环境主管部门责令停止违法行为，并处二十万元以上二百万元以下罚款，对直接负责的主管人员和其他直接责任人员处五万元以上十万元以下罚款；情节严重的，责令停产整顿，或者报经有批准权的人民政府批准，责令关闭。

第九十条 违反本法规定，在长江流域水上运输剧毒化学品和国家规定禁止通过内河运输的其他危险化学品的，由县级以上人民政府交通运输主管部门或者海事管理机构责令改正，没收违法所得，并处二十万元以上二百万元以下罚款，对直接负责的主管人员和其他直接责任人员处五万元以上十万元以下罚款；情节严重的，责令停业整顿，或者吊销相关许可证。

第九十一条 违反本法规定，在长江流域未依法取得许可从事采砂活动，或者在禁止采砂区和禁止采砂期从事采砂活动的，由国务院水行政主管部门有关流域管理机构或者县级以上地方人民政府水行政主管部门责令停止违法行为，没收违法所得以及用于违法活动的船舶、设备、工具，并处货值金额二倍以上二十倍以下罚款；货值金额不足十万元的，并处二十万元以上二百万元以下罚款；已经取得河道采砂许可证的，吊销河道采砂许可证。

第九十二条 对破坏长江流域自然资源、污染长江流域环境、损害长江流域生态系统等违法行为，本法未作行政处罚规定的，适用有关法律、行政法规的规定。

第九十三条 因污染长江流域环境、破坏长江流域生态造成他人损害的，侵权人应当承担侵权责任。

违反国家规定造成长江流域生态环境损害的，国家规定的机关或者法律规定的组织有权请求侵权人承担修复责任、赔偿损失和有关费用。

第九十四条 违反本法规定，构成犯罪的，依法追究刑事责任。

第九章 附 则

第九十五条 本法下列用语的含义：

（一）本法所称长江干流，是指长江源头至长江河口，流经青海省、四川省、西藏自治区、云南省、重庆市、湖北省、湖南省、江西省、安徽省、江苏省、上海市的长江主河段；

（二）本法所称长江支流，是指直接或者间接流入长江干流的河流，支流可以分为一级支流、二级支流等；

（三）本法所称长江重要支流，是指流域面积一万平方公里以上的支流，其中流域面积八万平方公里以上的一级支流包括雅砻江、岷江、嘉陵江、乌江、湘江、沅江、汉江和赣江等。

第九十六条 本法自2021年3月1日起施行。

国务院办公厅关于推进人工影响天气工作高质量发展的意见

（2020年11月24日 国办发〔2020〕47号）

近年来，我国人工影响天气工作快速发展，作业能力和管理水平不断提升，在服务农业生产、支持防灾减灾救灾、助力生态文明建设和保障重大活动等方面发挥了重要作用。为推进人工影响天气工作高质量发展，经国务院同意，现提出以下意见。

一、总体要求

（一）指导思想。以习近平新时代中国特色社会主义思想为指导，深入贯彻党的十九大和十九届二中、三中、四中、五中全会精神，认真落实党中央、国务院决策部署，坚持以人民为中心的发展思想，贯彻新发展理念，准确把握人工影响天气工作的基础性、公益性定位，完善体制机制，强化能力建设，加快科技创新，提高作业水平，更好服务经济社会发展，为防灾减灾救灾、国家重大战略实施和人民群众安全福祉提供坚实保障。

（二）基本原则。

坚持以人为本，服务发展。把保障人民群众生命财产安全放在首位，聚焦实施乡村振兴、主体功能区等重大战略，积极开展人工影响天气作业，最大限度降低灾害损失。

坚持政府主导，统筹协调。落实地方政府属地责任，明确相关部门职责，加快构建政府主导、部门联动、军地协同、齐抓共管的人工影响天气工作格局，科学规划，统筹资源，形成工作合力。

坚持科技引领，创新驱动。把创新作为引领发展的第一动力，加强基础理论研究，实现关键技术突破，加快成果转化应用，创新人才培养机制，不断提升人工影响天气工作质量和效益。

坚持安全至上，防控结合。牢固树立安全生产是人工影响天气工作底线要求的观念，紧盯关键领域和薄弱环节，不断完善管理制度，健全监管机制，落实监管措施，提高风险防范和安全作业能力。

（三）发展目标。到2025年，形成组织完善、服务精细、保障有力的人工影响天气工作体系，基础研究和关键技术研发取得重要突破，现代化水平和精细化服务能力稳步提升，安全风险综合防范能力明显增强，体制机制和政策环境更加优化，人工增雨（雪）作业影响面积达到550万平方公里以上，人工防雹作业保护面积达到58万平方公里以上。到2035年，推动我国人工影响天气业务、科技、服务能力达到世界先进水平。

二、做好重点领域服务保障

（四）强化农业生产服务。开展粮食生产功能区、重要农产品生产保护区和特色农产品优势区干旱、冰雹等灾害评估与区划工作。加大重点区域、重要农事季节的抗旱、防雹作业力度，强化动态监测和区域联防，减轻灾害损失，保障国家粮食安全和重要农产品供给。（中国气象局、农业农村部和地方人民政府按职责分工负责。以下均需地方人民政府负责，不再列出）

（五）支持生态保护与修复。针对重要生态系统保护和修复需求，因地制宜制定常态化人工影响天气作业工作计划。提升青藏高原生态屏障区、黄河重点生态区、长江重点生态区、东北森林带、北方防沙带、南方丘陵山地带以及重要河流水源区的人工影响天气保障能力。积极开展重点区域人工影响天气作业，发挥其在水源涵养、水土保持、植被恢复、生物多样性保护、水库增蓄水等方面的作用。（中国气象局、自然资源部、水利部、农业农村部、国家林草局等按职责分工负责）

（六）做好重大应急保障服务。完善应对森林草原火灾火险、异常高温干旱等事件的人工影响天气应急工作机制，及时启动相应的人工影响天气作业。加强强对流等极端天气监测预警。根据重大活动需要，建立人工影响天气试验演练工作机制，制定工作方案，加强技术储备，保障重大活动顺利开展。提升军民联合应急保障能力。（中国气象局、水利部、农业农村部、应急部、国家林草局、中央军委联合参谋部等按职责分工负责）

三、增强基础业务能力

（七）提升监测能力。聚焦人工影响天气重点作业区域优化探测装备布局。统筹提升气象卫星监测能力，加快补上云降水空中探测短板，补充布设云降水地面探测设备，构建监测精密、技术先进的“天基—空基—地基”云水资源立体探测系统，为人工影响天气监测预警、指挥作业和效果评估提供基础支撑。（中国气象局、国家发展改革委、财政部、国家国防科工局等按职责分工负责）

（八）提升作业能力。发展高性能增雨飞机，推进作业飞机驻地专业保障基地和设施建设，提升精准催化、实时通信和专业保障水平。加快地面固定作业点标准化建设，推进火箭、高射炮、烟炉等作业装备自动化、标准化、信息化改造和列装。推广应用高效、安全、绿色作业弹药。建设监测与作业一体化的智能物联站点。探索大型无人机等人工影响天气作业新方式、新手段。（中国气象局、国家发展改革委、工业和信息化部、财政部、国家国防科工局、中国民航局等按职责分工负责）

（九）提升指挥能力。推进国家和地方人工影响天气指挥平台建设，提升指挥调度和区域协同水平。做好汛期气候趋势监测，提前研判人工影响天气作业需求。发展多源融合云降水同化分析和数值预报系统,提高作业条件识别和效果评估能力。加强空中交通管制部门与气象部门的信息融合,建立智能识别、科学指挥、精准作业、定量评估的人工影响天气一体化业务系统。(中国气象局、国家发展改革委、财政部、中国民航局、中央军委联合参谋部等按职责分工负责)

四、强化科技创新和人才支撑

(十)聚焦关键核心技术攻关。完善人工影响天气科技创新体系。支持人工影响天气基础研究、应用研究,加大重大科技攻关力度,深入开展全球气候变化背景下的云降水和人工影响天气机理研究,着力在云水资源评估、作业条件监测预报、作业催化、效果检验和效益评价等关键技术上实现突破。加快重大技术装备研发,推进人工智能、大数据、互联网等新技术应用。加强国际交流,提高技术创新开放合作水平。(科技部、教育部、工业和信息化部、中科院、中国气象局、国家自然科学基金委等按职责分工负责)

(十一)改善科学试验基础条件。建设国家级人工影响天气科学试验基地和重点实验室。分类建设人工影响天气科学试验示范区,持续开展人工增雨(雪)、防雹、消云减雨、消雾、改善空气质量等科学试验,逐步提高科技水平和科技成果转化成效。(科技部、国家发展改革委、教育部、工业和信息化部、中科院、中国气象局、国家国防科工局、国家自然科学基金委等按职责分工负责)

(十二)加强人才和专业队伍建设。围绕重大科技攻关,加强人工影响天气科技创新团队和高层次人才队伍建设,培养相关专业科技人才。统筹各类专业队伍集约发展,加强基层专业化作业队伍建设,强化技术培训,健全聘用管理制度和激励机制,配强骨干力量。健全人工影响天气作业人员劳动保护、人身意外伤害和公众责任保险等保障制度,按规定落实津补贴政策,保障合理待遇。(教育部、科技部、财政部、人力资源社会保障部、国家卫生健康委、中科院、中国气象局、国家自然科学基金委等按职责分工负责)

五、健全安全监管体系

(十三)落实安全生产领导责任。严格落实《地方党政领导干部安全生产责任制规定》,健全安全投入保障制度,强化风险分级管控和隐患排查治理,确保人工影响天气工作安全责任措施落实落地。

制定安全事故处置应急预案，加强应急演练，依法组织开展应急救援和调查处理工作。（中国气象局、应急部等负责督促落实）

（十四）加强重点环节安全监管。健全部门紧密协作的联合监管机制，加强作业装备、弹药的生产、购销、运输、存储、使用等安全管理，依法加强对作业人员的备案和培训，落实空域申请、作业安全保卫、作业站点巡查等工作制度，切实消除安全隐患。（中国气象局、工业和信息化部、公安部、应急部、国家粮食和储备局、国家国防科工局、中国民航局、中央军委装备发展部、中央军委国防动员部等按职责分工负责）

（十五）提高安全技术水平。开展人工影响天气作业装备质量提升行动，加快列装更高安全性能的作业装备，限期淘汰落后和老旧装备。作业装备生产企业要按照国家有关标准规范和要求组织生产。加强安全技术防范和信息化管理，推广物联网、智能识别、电子芯片、信息安全等技术应用。推进人工影响天气安全管理智能化平台建设，实现对重点场所、重要装备、重大危险源的远程监控和实时风险监控预警。（工业和信息化部、中国气象局、国家发展改革委、科技部、国家国防科工局、中国民航局、国家自然科学基金委等按职责分工负责）

六、完善保障机制

（十六）强化组织领导。充分发挥国家人工影响天气协调会议制度作用，全面加强对全国人工影响天气工作的统筹规划、政策指导和区域协调。地方各级人民政府要加强对本地区人工影响天气工作的领导和协调，将其纳入当地经济社会发展规划统筹考虑，健全管理体制和运行机制，稳定人员队伍，提升队伍素质。（国家人工影响天气协调会议制度各成员单位等按职责分工负责）

（十七）完善联动机制。加强中央与地方之间、部门之间、区域之间、军地之间的沟通协调，建立上下衔接、分工协作、统筹集约的人工影响天气工作机制，协同做好人工影响天气工程建设、科技研发攻关、业务运行保障以及监管、协调和服务等方面工作。优先保障人工影响天气作业空域，按照有关规定对开展飞行作业实行收费优惠或减免。（国家人工影响天气协调会议制度各成员单位等按职责分工负责）

（十八）切实加大投入。将人工影响天气工作相关经费列入政府预算。完善中央和地方共同投入机制，加大对中西部地区的支持力度，优化投入结构，重点支持人工影响天气能力建设、运行和作业保障等。通过中央财政科技计划（专项、基金等）支持人工影响天气基础科学研究和重大共性关键技术研发。地方政府加强服务地方的应用研究和特色技术研发。（国家发展改革委、财政部、科技部、中国气象局、国家自然科学基金委等按职责分工负责）

（十九）依法依规管理。严格执行气象法、人工影响天气管理条例、民用爆炸物品安全管理条例等法律法规，完善配套规章制度。加强对法律法规实施情况的监督检查，确保各类组织依法依规开展人工影响天气相关活动。加快推进人工影响天气标准化体系建设，提高规范化管理水平。（中国气象局、工业和信息化部、公安部、应急部、国家国防科工局等按职责分工负责）

（二十）加强科普宣传。将人工影响天气作为公益性科普宣传的重要内容，纳入国民素质教育体系，融入国家公园、国家气象科普基地、防灾减灾基地和科普场馆等内容建设。开展多种形式的科普教育，提高全社会对人工影响天气的科学认识。对在人工影响天气工作中成绩突出的单位和个人，按照国家有关规定给予表彰。（中国气象局、教育部、科技部、人力资源社会保障部、自然资源部、生态环境部、应急部、中科院、国家林草局等按职责分工负责）

经济法

财　政

中华人民共和国预算法实施条例

（1995年11月22日中华人民共和国国务院令第186号发布　根据2020年8月3日中华人民共和国国务院令第729号修订）

第一章　总　　则

第一条　根据《中华人民共和国预算法》（以下简称预算法），制定本条例。

第二条　县级以上地方政府的派出机关根据本级政府授权进行预算管理活动，不作为一级预算，其收支纳入本级预算。

第三条　社会保险基金预算应当在精算平衡的基础上实现可持续运行，一般公共预算可以根据需要和财力适当安排资金补充社会保险基金预算。

第四条　预算法第六条第二款所称各部门，是指与本级政府财政部门直接发生预算缴拨款关系的国家机关、军队、政党组织、事业单位、社会团体和其他单位。

第五条 各部门预算应当反映一般公共预算、政府性基金预算、国有资本经营预算安排给本部门及其所属各单位的所有预算资金。

各部门预算收入包括本级财政安排给本部门及其所属各单位的预算拨款收入和其他收入。各部门预算支出为与部门预算收入相对应的支出，包括基本支出和项目支出。

本条第二款所称基本支出，是指各部门、各单位为保障其机构正常运转、完成日常工作任务所发生的支出，包括人员经费和公用经费；所称项目支出，是指各部门、各单位为完成其特定的工作任务和事业发展目标所发生的支出。

各部门及其所属各单位的本级预算拨款收入和其相对应的支出，应当在部门预算中单独反映。

部门预算编制、执行的具体办法，由本级政府财政部门依法作出规定。

第六条 一般性转移支付向社会公开应当细化到地区。专项转移支付向社会公开应当细化到地区和项目。

政府债务、机关运行经费、政府采购、财政专户资金等情况，按照有关规定向社会公开。

部门预算、决算应当公开基本支出和项目支出。部门预算、决算支出按其功能分类应当公开到项；按其经济性质分类，基本支出应当公开到款。

各部门所属单位的预算、决算及报表，应当在部门批复后20日内由单位向社会公开。单位预算、决算应当公开基本支出和项目支出。单位预算、决算支出按其功能分类应当公开到项；按其经济性质分类，基本支出应当公开到款。

第七条 预算法第十五条所称中央和地方分税制，是指在划分中央与地方事权的基础上，确定中央与地方财政支出范围，并按税种划分中央与地方预算收入的财政管理体制。

分税制财政管理体制的具体内容和实施办法，按照国务院的有关规定执行。

第八条 县级以上地方各级政府应当根据中央和地方分税制的原则和上级政府的有关规定，确定本级政府对下级政府的财政管理体制。

第九条　预算法第十六条第二款所称一般性转移支付，包括：

（一）均衡性转移支付；

（二）对革命老区、民族地区、边疆地区、贫困地区的财力补助；

（三）其他一般性转移支付。

第十条　预算法第十六条第三款所称专项转移支付，是指上级政府为了实现特定的经济和社会发展目标给予下级政府，并由下级政府按照上级政府规定的用途安排使用的预算资金。

县级以上各级政府财政部门应当会同有关部门建立健全专项转移支付定期评估和退出机制。对评估后的专项转移支付，按照下列情形分别予以处理：

（一）符合法律、行政法规和国务院规定，有必要继续执行的，可以继续执行；

（二）设立的有关要求变更，或者实际绩效与目标差距较大、管理不够完善的，应当予以调整；

（三）设立依据失效或者废止的，应当予以取消。

第十一条　预算收入和预算支出以人民币元为计算单位。预算收支以人民币以外的货币收纳和支付的，应当折合成人民币计算。

第二章　预算收支范围

第十二条　预算法第二十七条第一款所称行政事业性收费收入，是指国家机关、事业单位等依照法律法规规定，按照国务院规定的程序批准，在实施社会公共管理以及在向公民、法人和其他组织提供特定公共服务过程中，按照规定标准向特定对象收取费用形成的收入。

预算法第二十七条第一款所称国有资源（资产）有偿使用收入，是指矿藏、水流、海域、无居民海岛以及法律规定属于国家所有的森林、草原等国有资源有偿使用收入，按照规定纳入一般公共预算管理的国有资产收入等。

预算法第二十七条第一款所称转移性收入，是指上级税收返还和转移支付、下级上解收入、调入资金以及按照财政部规定列入转移性收入的无隶属关系政府的无偿援助。

第十三条 转移性支出包括上解上级支出、对下级的税收返还和转移支付、调出资金以及按照财政部规定列入转移性支出的给予无隶属关系政府的无偿援助。

第十四条 政府性基金预算收入包括政府性基金各项目收入和转移性收入。

政府性基金预算支出包括与政府性基金预算收入相对应的各项目支出和转移性支出。

第十五条 国有资本经营预算收入包括依照法律、行政法规和国务院规定应当纳入国有资本经营预算的国有独资企业和国有独资公司按照规定上缴国家的利润收入、从国有资本控股和参股公司获得的股息红利收入、国有产权转让收入、清算收入和其他收入。

国有资本经营预算支出包括资本性支出、费用性支出、向一般公共预算调出资金等转移性支出和其他支出。

第十六条 社会保险基金预算收入包括各项社会保险费收入、利息收入、投资收益、一般公共预算补助收入、集体补助收入、转移收入、上级补助收入、下级上解收入和其他收入。

社会保险基金预算支出包括各项社会保险待遇支出、转移支出、补助下级支出、上解上级支出和其他支出。

第十七条 地方各级预算上下级之间有关收入和支出项目的划分以及上解、返还或者转移支付的具体办法,由上级地方政府规定,报本级人民代表大会常务委员会备案。

第十八条 地方各级社会保险基金预算上下级之间有关收入和支出项目的划分以及上解、补助的具体办法,按照统筹层次由上级地方政府规定,报本级人民代表大会常务委员会备案。

第三章 预算编制

第十九条 预算法第三十一条所称预算草案,是指各级政府、各部门、各单位编制的未经法定程序审查和批准的预算。

第二十条 预算法第三十二条第一款所称绩效评价,是指根据设定的绩效目标,依据规范的程序,对预算资金的投入、使用过程、产出与效果进行系统和客观的评价。

绩效评价结果应当按照规定作为改进管理和编制以后年度预算的依据。

第二十一条 预算法第三十二条第三款所称预算支出标准,是指对预算事项合理分类并分别规定的支出预算编制标准,包括基本支出标准和项目支出标准。

地方各级政府财政部门应当根据财政部制定的预算支出标准,结合本地区经济社会发展水平、财力状况等,制定本地区或者本级的预算支出标准。

第二十二条 财政部于每年6月15日前部署编制下一年度预算草案的具体事项,规定报表格式、编报方法、报送期限等。

第二十三条 中央各部门应当按照国务院的要求和财政部的部署,结合本部门的具体情况,组织编制本部门及其所属各单位的预算草案。

中央各部门负责本部门所属各单位预算草案的审核,并汇总编制本部门的预算草案,按照规定报财政部审核。

第二十四条 财政部审核中央各部门的预算草案,具体编制中央预算草案;汇总地方预算草案或者地方预算,汇编中央和地方预算草案。

第二十五条 省、自治区、直辖市政府按照国务院的要求和财政部的部署,结合本地区的具体情况,提出本行政区域编制预算草案的要求。

县级以上地方各级政府财政部门应当于每年6月30日前部署本行政区域编制下一年度预算草案的具体事项,规定有关报表格式、编报方法、报送期限等。

第二十六条 县级以上地方各级政府各部门应当根据本级政府的要求和本级政府财政部门的部署,结合本部门的具体情况,组织编制本部门及其所属各单位的预算草案,按照规定报本级政府财政部门审核。

第二十七条 县级以上地方各级政府财政部门审核本级各部门的预算草案,具体编制本级预算草案,汇编本级总预算草案,经本级政府审定后,按照规定期限报上一级政府财政部门。

省、自治区、直辖市政府财政部门汇总的本级总预算草案或者本级总预算,应当于下一年度1月10日前报财政部。

第二十八条 县级以上各级政府财政部门审核本级各部门的预算草案时,发现不符合编制预算要求的,应当予以纠正;汇编本级总预算草案时,发现下级预算草案不符合上级政府或者本级政府编制预算要求的,应当及时向本级政府报告,由本级政府予以纠正。

第二十九条 各级政府财政部门编制收入预算草案时,应当征求税务、海关等预算收入征收部门和单位的意见。

预算收入征收部门和单位应当按照财政部门的要求提供下一年度预算收入征收预测情况。

第三十条 财政部门会同社会保险行政部门部署编制下一年度社会保险基金预算草案的具体事项。

社会保险经办机构具体编制下一年度社会保险基金预算草案,报本级社会保险行政部门审核汇总。社会保险基金收入预算草案由社会保险经办机构会同社会保险费征收机构具体编制。财政部门负责审核并汇总编制社会保险基金预算草案。

第三十一条 各级政府财政部门应当依照预算法和本条例规定,制定本级预算草案编制规程。

第三十二条 各部门、各单位在编制预算草案时,应当根据资产配置标准,结合存量资产情况编制相关支出预算。

第三十三条 中央一般公共预算收入编制内容包括本级一般公共预算收入、从国有资本经营预算调入资金、地方上解收入、从预算稳定调节基金调入资金、其他调入资金。

中央一般公共预算支出编制内容包括本级一般公共预算支出、对地方的税收返还和转移支付、补充预算稳定调节基金。

中央政府债务余额的限额应当在本级预算中单独列示。

第三十四条 地方各级一般公共预算收入编制内容包括本级一般公共预算收入、从国有资本经营预算调入资金、上级税收返还和转移支付、下级上解收入、从预算稳定调节基金调入资金、其他调入资金。

地方各级一般公共预算支出编制内容包括本级一般公共预算支出、上解上级支出、对下级的税收返还和转移支付、补充预算稳定调节基金。

第三十五条 中央政府性基金预算收入编制内容包括本级政府性基金各项目收入、上一年度结余、地方上解收入。

中央政府性基金预算支出编制内容包括本级政府性基金各项目支出、对地方的转移支付、调出资金。

第三十六条 地方政府性基金预算收入编制内容包括本级政府性基金各项目收入、上一年度结余、下级上解收入、上级转移支付。

地方政府性基金预算支出编制内容包括本级政府性基金各项目支出、上解上级支出、对下级的转移支付、调出资金。

第三十七条 中央国有资本经营预算收入编制内容包括本级收入、上一年度结余、地方上解收入。

中央国有资本经营预算支出编制内容包括本级支出、向一般公共预算调出资金、对地方特定事项的转移支付。

第三十八条 地方国有资本经营预算收入编制内容包括本级收入、上一年度结余、上级对特定事项的转移支付、下级上解收入。

地方国有资本经营预算支出编制内容包括本级支出、向一般公共预算调出资金、对下级特定事项的转移支付、上解上级支出。

第三十九条 中央和地方社会保险基金预算收入、支出编制内容包括本条例第十六条规定的各项收入和支出。

第四十条 各部门、各单位预算收入编制内容包括本级预算拨款收入、预算拨款结转和其他收入。

各部门、各单位预算支出编制内容包括基本支出和项目支出。

各部门、各单位的预算支出,按其功能分类应当编列到项,按其经济性质分类应当编列到款。

第四十一条 各级政府应当加强项目支出管理。各级政府财政部门应当建立和完善项目支出预算评审制度。各部门、各单位应当按照本级政府财政部门的规定开展预算评审。

项目支出实行项目库管理,并建立健全项目入库评审机制和项目滚动管理机制。

第四十二条 预算法第三十四条第二款所称余额管理,是指国务院在全国人民代表大会批准的中央一般公共预算债务的余额限额内,决定发债规模、品种、期限和时点的管理方式;所称余额,是指中央一般公共预算中举借债务未偿还的本金。

第四十三条 地方政府债务余额实行限额管理。各省、自治区、直辖市的政府债务限额，由财政部在全国人民代表大会或者其常务委员会批准的总限额内，根据各地区债务风险、财力状况等因素，并考虑国家宏观调控政策等需要，提出方案报国务院批准。

各省、自治区、直辖市的政府债务余额不得突破国务院批准的限额。

第四十四条 预算法第三十五条第二款所称举借债务的规模，是指各地方政府债务余额限额的总和，包括一般债务限额和专项债务限额。一般债务是指列入一般公共预算用于公益性事业发展的一般债券、地方政府负有偿还责任的外国政府和国际经济组织贷款转贷债务；专项债务是指列入政府性基金预算用于有收益的公益性事业发展的专项债券。

第四十五条 省、自治区、直辖市政府财政部门依照国务院下达的本地区地方政府债务限额，提出本级和转贷给下级政府的债务限额安排方案，报本级政府批准后，将增加举借的债务列入本级预算调整方案，报本级人民代表大会常务委员会批准。

接受转贷并向下级政府转贷的政府应当将转贷债务纳入本级预算管理。使用转贷并负有直接偿还责任的政府，应当将转贷债务列入本级预算调整方案，报本级人民代表大会常务委员会批准。

地方各级政府财政部门负责统一管理本地区政府债务。

第四十六条 国务院可以将举借的外国政府和国际经济组织贷款转贷给省、自治区、直辖市政府。

国务院向省、自治区、直辖市政府转贷的外国政府和国际经济组织贷款，省、自治区、直辖市政府负有直接偿还责任的，应当纳入本级预算管理。省、自治区、直辖市政府未能按时履行还款义务的，国务院可以相应抵扣对该地区的税收返还等资金。

省、自治区、直辖市政府可以将国务院转贷的外国政府和国际经济组织贷款再转贷给下级政府。

第四十七条 财政部和省、自治区、直辖市政府财政部门应当建立健全地方政府债务风险评估指标体系，组织评估地方政府债务风险状况，对债务高风险地区提出预警，并监督化解债务风险。

第四十八条 县级以上各级政府应当按照本年度转移支付预计

执行数的一定比例将下一年度转移支付预计数提前下达至下一级政府,具体下达事宜由本级政府财政部门办理。

除据实结算等特殊项目的转移支付外,提前下达的一般性转移支付预计数的比例一般不低于90%;提前下达的专项转移支付预计数的比例一般不低于70%。其中,按照项目法管理分配的专项转移支付,应当一并明确下一年度组织实施的项目。

第四十九条 经本级政府批准,各级政府财政部门可以设置预算周转金,额度不得超过本级一般公共预算支出总额的1%。年度终了时,各级政府财政部门可以将预算周转金收回并用于补充预算稳定调节基金。

第五十条 预算法第四十二条第一款所称结转资金,是指预算安排项目的支出年度终了时尚未执行完毕,或者因故未执行但下一年度需要按原用途继续使用的资金;连续两年未用完的结转资金,是指预算安排项目的支出在下一年度终了时仍未用完的资金。

预算法第四十二条第一款所称结余资金,是指年度预算执行终了时,预算收入实际完成数扣除预算支出实际完成数和结转资金后剩余的资金。

第四章 预算执行

第五十一条 预算执行中,政府财政部门的主要职责:

(一)研究和落实财政税收政策措施,支持经济社会健康发展;

(二)制定组织预算收入、管理预算支出以及相关财务、会计、内部控制、监督等制度和办法;

(三)督促各预算收入征收部门和单位依法履行职责,征缴预算收入;

(四)根据年度支出预算和用款计划,合理调度、拨付预算资金,监督各部门、各单位预算资金使用管理情况;

(五)统一管理政府债务的举借、支出与偿还,监督债务资金使用情况;

(六)指导和监督各部门、各单位建立健全财务制度和会计核算体系,规范账户管理,健全内部控制机制,按照规定使用预算资金;

（七）汇总、编报分期的预算执行数据，分析预算执行情况，按照本级人民代表大会常务委员会、本级政府和上一级政府财政部门的要求定期报告预算执行情况，并提出相关政策建议；

（八）组织和指导预算资金绩效监控、绩效评价；

（九）协调预算收入征收部门和单位、国库以及其他有关部门的业务工作。

第五十二条 预算法第五十六条第二款所称财政专户，是指财政部门为履行财政管理职能，根据法律规定或者经国务院批准开设的用于管理核算特定专用资金的银行结算账户；所称特定专用资金，包括法律规定可以设立财政专户的资金，外国政府和国际经济组织的贷款、赠款，按照规定存储的人民币以外的货币，财政部会同有关部门报国务院批准的其他特定专用资金。

开设、变更财政专户应当经财政部核准，撤销财政专户应当报财政部备案，中国人民银行应当加强对银行业金融机构开户的核准、管理和监督工作。

财政专户资金由本级政府财政部门管理。除法律另有规定外，未经本级政府财政部门同意，任何部门、单位和个人都无权冻结、动用财政专户资金。

财政专户资金应当由本级政府财政部门纳入统一的会计核算，并在预算执行情况、决算和政府综合财务报告中单独反映。

第五十三条 预算执行中，各部门、各单位的主要职责：

（一）制定本部门、本单位预算执行制度，建立健全内部控制机制；

（二）依法组织收入，严格支出管理，实施绩效监控，开展绩效评价，提高资金使用效益；

（三）对单位的各项经济业务进行会计核算；

（四）汇总本部门、本单位的预算执行情况，定期向本级政府财政部门报送预算执行情况报告和绩效评价报告。

第五十四条 财政部门会同社会保险行政部门、社会保险费征收机构制定社会保险基金预算的收入、支出以及财务管理的具体办法。

社会保险基金预算由社会保险费征收机构和社会保险经办机构

具体执行，并按照规定向本级政府财政部门和社会保险行政部门报告执行情况。

第五十五条 各级政府财政部门和税务、海关等预算收入征收部门和单位必须依法组织预算收入，按照财政管理体制、征收管理制度和国库集中收缴制度的规定征收预算收入，除依法缴入财政专户的社会保险基金等预算收入外，应当及时将预算收入缴入国库。

第五十六条 除依法缴入财政专户的社会保险基金等预算收入外，一切有预算收入上缴义务的部门和单位，必须将应当上缴的预算收入，按照规定的预算级次、政府收支分类科目、缴库方式和期限缴入国库，任何部门、单位和个人不得截留、占用、挪用或者拖欠。

第五十七条 各级政府财政部门应当加强对预算资金拨付的管理，并遵循下列原则：

（一）按照预算拨付，即按照批准的年度预算和用款计划拨付资金。除预算法第五十四条规定的在预算草案批准前可以安排支出的情形外，不得办理无预算、无用款计划、超预算或者超计划的资金拨付，不得擅自改变支出用途；

（二）按照规定的预算级次和程序拨付，即根据用款单位的申请，按照用款单位的预算级次、审定的用款计划和财政部门规定的预算资金拨付程序拨付资金；

（三）按照进度拨付，即根据用款单位的实际用款进度拨付资金。

第五十八条 财政部应当根据全国人民代表大会批准的中央政府债务余额限额，合理安排发行国债的品种、结构、期限和时点。

省、自治区、直辖市政府财政部门应当根据国务院批准的本地区政府债务限额，合理安排发行本地区政府债券的结构、期限和时点。

第五十九条 转移支付预算下达和资金拨付应当由财政部门办理，其他部门和单位不得对下级政府部门和单位下达转移支付预算或者拨付转移支付资金。

第六十条 各级政府、各部门、各单位应当加强对预算支出的管理，严格执行预算，遵守财政制度，强化预算约束，不得擅自扩大支出范围、提高开支标准；严格按照预算规定的支出用途使用资金，合理安排支出进度。

第六十一条 财政部负责制定与预算执行有关的财务规则、会计准则和会计制度。各部门、各单位应当按照本级政府财政部门的要求建立健全财务制度,加强会计核算。

第六十二条 国库是办理预算收入的收纳、划分、留解、退付和库款支拨的专门机构。国库分为中央国库和地方国库。

中央国库业务由中国人民银行经理。未设中国人民银行分支机构的地区,由中国人民银行商财政部后,委托有关银行业金融机构办理。

地方国库业务由中国人民银行分支机构经理。未设中国人民银行分支机构的地区,由上级中国人民银行分支机构商有关地方政府财政部门后,委托有关银行业金融机构办理。

具备条件的乡、民族乡、镇,应当设立国库。具体条件和标准由省、自治区、直辖市政府财政部门确定。

第六十三条 中央国库业务应当接受财政部的指导和监督,对中央财政负责。

地方国库业务应当接受本级政府财政部门的指导和监督,对地方财政负责。

省、自治区、直辖市制定的地方国库业务规程应当报财政部和中国人民银行备案。

第六十四条 各级国库应当及时向本级政府财政部门编报预算收入入库、解库、库款拨付以及库款余额情况的日报、旬报、月报和年报。

第六十五条 各级国库应当依照有关法律、行政法规、国务院以及财政部、中国人民银行的有关规定,加强对国库业务的管理,及时准确地办理预算收入的收纳、划分、留解、退付和预算支出的拨付。

各级国库和有关银行业金融机构必须遵守国家有关预算收入缴库的规定,不得延解、占压应当缴入国库的预算收入和国库库款。

第六十六条 各级国库必须凭本级政府财政部门签发的拨款凭证或者支付清算指令于当日办理资金拨付,并及时将款项转入收款单位的账户或者清算资金。

各级国库和有关银行业金融机构不得占压财政部门拨付的预算资金。

第六十七条 各级政府财政部门、预算收入征收部门和单位、国库应当建立健全相互之间的预算收入对账制度,在预算执行中按月、按年核对预算收入的收纳以及库款拨付情况,保证预算收入的征收入库、库款拨付和库存金额准确无误。

第六十八条 中央预算收入、中央和地方预算共享收入退库的办法，由财政部制定。地方预算收入退库的办法，由省、自治区、直辖市政府财政部门制定。

各级预算收入退库的审批权属于本级政府财政部门。中央预算收入、中央和地方预算共享收入的退库，由财政部或者财政部授权的机构批准。地方预算收入的退库，由地方政府财政部门或者其授权的机构批准。具体退库程序按照财政部的有关规定办理。

办理预算收入退库，应当直接退给申请单位或者申请个人，按照国家规定用途使用。任何部门、单位和个人不得截留、挪用退库款项。

第六十九条 各级政府应当加强对本级国库的管理和监督，各级政府财政部门负责协调本级预算收入征收部门和单位与国库的业务工作。

第七十条 国务院各部门制定的规章、文件，凡涉及减免应缴预算收入、设立和改变收入项目和标准、罚没财物处理、经费开支标准和范围、国有资产处置和收益分配以及会计核算等事项的，应当符合国家统一的规定；凡涉及增加或者减少财政收入或者支出的，应当征求财政部意见。

第七十一条 地方政府依据法定权限制定的规章和规定的行政措施，不得涉及减免中央预算收入、中央和地方预算共享收入，不得影响中央预算收入、中央和地方预算共享收入的征收；违反规定的，有关预算收入征收部门和单位有权拒绝执行，并应当向上级预算收入征收部门和单位以及财政部报告。

第七十二条 各级政府应当加强对预算执行工作的领导，定期听取财政部门有关预算执行情况的汇报，研究解决预算执行中出现的问题。

第七十三条 各级政府财政部门有权监督本级各部门及其所属各单位的预算管理有关工作，对各部门的预算执行情况和绩效进行评价、考核。

各级政府财政部门有权对与本级各预算收入相关的征收部门和单位征收本级预算收入的情况进行监督，对违反法律、行政法规规定多征、提前征收、减征、免征、缓征或者退还预算收入的，责令改正。

第七十四条 各级政府财政部门应当每月向本级政府报告预算执行情况,具体报告内容、方式和期限由本级政府规定。

第七十五条 地方各级政府财政部门应当定期向上一级政府财政部门报送本行政区域预算执行情况,包括预算执行旬报、月报、季报,政府债务余额统计报告,国库库款报告以及相关文字说明材料。具体报送内容、方式和期限由上一级政府财政部门规定。

第七十六条 各级税务、海关等预算收入征收部门和单位应当按照财政部门规定的期限和要求,向财政部门和上级主管部门报送有关预算收入征收情况,并附文字说明材料。

各级税务、海关等预算收入征收部门和单位应当与相关财政部门建立收入征管信息共享机制。

第七十七条 各部门应当按照本级政府财政部门规定的期限和要求,向本级政府财政部门报送本部门及其所属各单位的预算收支情况等报表和文字说明材料。

第七十八条 预算法第六十六条第一款所称超收收入,是指年度本级一般公共预算收入的实际完成数超过经本级人民代表大会或者其常务委员会批准的预算收入数的部分。

预算法第六十六条第三款所称短收,是指年度本级一般公共预算收入的实际完成数小于经本级人民代表大会或者其常务委员会批准的预算收入数的情形。

前两款所称实际完成数和预算收入数,不包括转移性收入和政府债务收入。

省、自治区、直辖市政府依照预算法第六十六条第三款规定增列的赤字,可以通过在国务院下达的本地区政府债务限额内发行地方政府一般债券予以平衡。

设区的市、自治州以下各级一般公共预算年度执行中出现短收的,应当通过调入预算稳定调节基金或者其他预算资金、减少支出等方式实现收支平衡;采取上述措施仍不能实现收支平衡的,可以通过申请上级政府临时救助平衡当年预算,并在下一年度预算中安排资金归还。

各级一般公共预算年度执行中厉行节约、节约开支,造成本级预算支出实际执行数小于预算总支出的,不属于预算调整的情形。

各级政府性基金预算年度执行中有超收收入的，应当在下一年度安排使用并优先用于偿还相应的专项债务；出现短收的，应当通过减少支出实现收支平衡。国务院另有规定的除外。

各级国有资本经营预算年度执行中有超收收入的，应当在下一年度安排使用；出现短收的，应当通过减少支出实现收支平衡。国务院另有规定的除外。

第七十九条 年度预算确定后，部门、单位改变隶属关系引起预算级次或者预算关系变化的，应当在改变财务关系的同时，相应办理预算、资产划转。

第五章 决 算

第八十条 预算法第七十四条所称决算草案，是指各级政府、各部门、各单位编制的未经法定程序审查和批准的预算收支和结余的年度执行结果。

第八十一条 财政部应当在每年第四季度部署编制决算草案的原则、要求、方法和报送期限，制发中央各部门决算、地方决算以及其他有关决算的报表格式。

省、自治区、直辖市政府按照国务院的要求和财政部的部署，结合本地区的具体情况，提出本行政区域编制决算草案的要求。

县级以上地方政府财政部门根据财政部的部署和省、自治区、直辖市政府的要求，部署编制本级政府各部门和下级政府决算草案的原则、要求、方法和报送期限，制发本级政府各部门决算、下级政府决算以及其他有关决算的报表格式。

第八十二条 地方政府财政部门根据上级政府财政部门的部署，制定本行政区域决算草案和本级各部门决算草案的具体编制办法。

各部门根据本级政府财政部门的部署，制定所属各单位决算草案的具体编制办法。

第八十三条 各级政府财政部门、各部门、各单位在每一预算年度终了时，应当清理核实全年预算收入、支出数据和往来款项，做好决算数据对账工作。

决算各项数据应当以经核实的各级政府、各部门、各单位会计数据为准，不得以估计数据替代，不得弄虚作假。

各部门、各单位决算应当列示结转、结余资金。

第八十四条 各单位应当按照主管部门的布置，认真编制本单位决算草案，在规定期限内上报。

各部门在审核汇总所属各单位决算草案基础上，连同本部门自身的决算收入和支出数据，汇编成本部门决算草案并附详细说明，经部门负责人签章后，在规定期限内报本级政府财政部门审核。

第八十五条 各级预算收入征收部门和单位应当按照财政部门的要求，及时编制收入年报以及有关资料并报送财政部门。

第八十六条 各级政府财政部门应当根据本级预算、预算会计核算数据等相关资料编制本级决算草案。

第八十七条 年度预算执行终了，对于上下级财政之间按照规定需要清算的事项，应当在决算时办理结算。

县级以上各级政府财政部门编制的决算草案应当及时报送本级政府审计部门审计。

第八十八条 县级以上地方各级政府应当自本级决算经批准之日起30日内，将本级决算以及下一级政府上报备案的决算汇总，报上一级政府备案；将下一级政府报送备案的决算汇总，报本级人民代表大会常务委员会备案。

乡、民族乡、镇政府应当自本级决算经批准之日起30日内，将本级决算报上一级政府备案。

第六章　监　　督

第八十九条 县级以上各级政府应当接受本级和上级人民代表大会及其常务委员会对预算执行情况和决算的监督，乡、民族乡、镇政府应当接受本级人民代表大会和上级人民代表大会及其常务委员会对预算执行情况和决算的监督；按照本级人民代表大会或者其常务委员会的要求，报告预算执行情况；认真研究处理本级人民代表大会代表或者其常务委员会组成人员有关改进预算管理的建议、批评和意见，并及时答复。

第九十条 各级政府应当加强对下级政府预算执行情况的监

督，对下级政府在预算执行中违反预算法、本条例和国家方针政策的行为，依法予以制止和纠正；对本级预算执行中出现的问题，及时采取处理措施。

下级政府应当接受上级政府对预算执行情况的监督；根据上级政府的要求，及时提供资料，如实反映情况，不得隐瞒、虚报；严格执行上级政府作出的有关决定，并将执行结果及时上报。

第九十一条 各部门及其所属各单位应当接受本级政府财政部门对预算管理有关工作的监督。

财政部派出机构根据职责和财政部的授权，依法开展工作。

第九十二条 各级政府审计部门应当依法对本级预算执行情况和决算草案，本级各部门、各单位和下级政府的预算执行情况和决算，进行审计监督。

第七章 法律责任

第九十三条 预算法第九十三条第六项所称违反本法规定冻结、动用国库库款或者以其他方式支配已入国库库款，是指：

（一）未经有关政府财政部门同意，冻结、动用国库库款；

（二）预算收入征收部门和单位违反规定将所收税款和其他预算收入存入国库之外的其他账户；

（三）未经有关政府财政部门或者财政部门授权的机构同意，办理资金拨付和退付；

（四）将国库库款挪作他用；

（五）延解、占压国库库款；

（六）占压政府财政部门拨付的预算资金。

第九十四条 各级政府、有关部门和单位有下列行为之一的，责令改正；对负有直接责任的主管人员和其他直接责任人员，依法给予处分：

（一）突破一般债务限额或者专项债务限额举借债务；

（二）违反本条例规定下达转移支付预算或者拨付转移支付资金；

（三）擅自开设、变更账户。

第八章 附 则

第九十五条 预算法第九十七条所称政府综合财务报告，是指以权责发生制为基础编制的反映各级政府整体财务状况、运行情况和财政中长期可持续性的报告。政府综合财务报告包括政府资产负债表、收入费用表等财务报表和报表附注，以及以此为基础进行的综合分析等。

第九十六条 政府投资年度计划应当和本级预算相衔接。政府投资决策、项目实施和监督管理按照政府投资有关行政法规执行。

第九十七条 本条例自2020年10月1日起施行。

国务院办公厅关于印发生态环境领域中央与地方财政事权和支出责任划分改革方案的通知

（2020年5月31日 国办发〔2020〕13号）

《生态环境领域中央与地方财政事权和支出责任划分改革方案》已经党中央、国务院同意，现印发给你们，请结合实际认真贯彻落实。

生态环境领域中央与地方财政事权和支出责任划分改革方案

按照党中央、国务院有关决策部署，现就生态环境领域中央与地方财政事权和支出责任划分改革制定如下方案。

一、总体要求

以习近平新时代中国特色社会主义思想为指导，全面贯彻党的十九大和十九届二中、三中、四中全会以及中央经济工作会议精神，贯彻落实习近平生态文明思想，坚持绿水青山就是金山银山，健全充分发挥中央和地方两个积极性体制机制，适当加强中央在跨区域生态环境保护等方面事权，优化政府间事权和财权划分，建立权责清晰、财力协调、区域均衡的中央和地方财政关系，形成稳定的各级政府事权、支出责任和财力相适应的制度，坚决打好污染防治攻坚战，加快构建生态文明体系，推进生态文明体制改革，为推进美丽中国建设、实现人与自然和谐共生的现代化提供有力支撑。

二、主要内容

（一）生态环境规划制度制定。

将国家生态环境规划、跨区域生态环境规划、重点流域海域生态环境规划、影响较大的重点区域生态环境规划和国家应对气候变化规划制定，确认为中央财政事权，由中央承担支出责任。

将其他生态环境规划制定确认为地方财政事权，由地方承担支出责任。

（二）生态环境监测执法。

将国家生态环境监测网的建设与运行维护，生态环境法律法规和相关政策执行情况及生态环境质量责任落实情况监督检查，全国性的生态环境执法检查和督察，确认为中央财政事权，由中央承担支出责任。

将地方性的生态环境监测、执法检查、督察确认为地方财政事权，由地方承担支出责任。

（三）生态环境管理事务与能力建设。

将国务院有关部门负责的规划和建设项目的环境影响评价管理及事中事后监管，全国性的重点污染物减排和环境质量改善等生态文明建设目标评价考核，全国入河入海排污口设置管理，全国控制污染物排放许可制、排污权有偿使用和交易、碳排放权交易的统一监督管理，全国性的生态环境普查、统计、专项调查评估和观测，具有全局性和战略性意义、生态受益范围广泛的生态保护修复的指导协调和监督，核与辐射安全监督管理，全国性的生态环境宣传教育，国家重大环境信息的统一发布，生态环境相关国际条约履约组织协调等事项，确认为中央财政事权，由中央承担支出责任。

将地方规划和建设项目的环境影响评价管理及事中事后监管，地方性的重点污染物减排和环境质量改善等生态文明建设目标评价考核，控制污染物排放许可制的地方监督管理，生态受益范围地域性较强的地方性生态保护修复的指导协调和监督，地方性辐射安全监督管理，地方性的生态环境宣传教育，地方环境信息发布，地方行政区域内控制温室气体排放等事项，确认为地方财政事权，由地方承担支出责任。

（四）环境污染防治。

将跨国界水体污染防治确认为中央财政事权，由中央承担支出责任。

将放射性污染防治，影响较大的重点区域大气污染防治，长江、黄河等重点流域以及重点海域、影响较大的重点区域水污染防治等事项，确认为中央与地方共同财政事权，由中央与地方共同承担支出责任。适当加强中央在长江、黄河等跨区域生态环境保护和治理方面的事权。

将土壤污染防治、农业农村污染防治、固体废物污染防治、化学品污染防治、地下水污染防治以及其他地方性大气和水污染防治，确认为地方财政事权，由地方承担支出责任，中央财政通过转移支付给予支持。将噪声、光、恶臭、电磁辐射污染防治等事项，确认为地方财政事权，由地方承担支出责任。

（五）生态环境领域其他事项。

将研究制定生态环境领域法律法规和国家政策、标准、技术规范等，确认为中央财政事权，由中央承担支出责任。

将研究制定生态环境领域地方性法规和地方政策、标准、技术规范等，确认为地方财政事权，由地方承担支出责任。

生态环境领域国际合作交流有关事项中央与地方财政事权和支出责任划分按照外交领域改革方案执行。中央与新疆生产建设兵团财政事权和支出责任划分，参照中央与地方划分原则执行；财政支持政策原则上参照新疆维吾尔自治区有关政策执行，并适当考虑新疆生产建设兵团的特殊因素。

三、配套措施

（一）加强组织领导。各地区各有关部门要增强“四个意识”、坚定“四个自信”、做到“两个维护”，把思想和行动统一到党中央、国务院决策部署上来，加强组织领导，切实履行职责，密切协调配合，确保改革工作落实到位。

（二）落实支出责任。各级政府要始终坚持把生态环境作为财政支出的重点领域，根据本方案确定的中央与地方财政事权和支出责任划分，按规定做好预算安排，切实履行支出责任。要调整优化资金使用方向，提高资金使用绩效，支持打好污染防治攻坚战，不断满足人民日益增长的优美生态环境需要。

（三）推进省以下改革。各省级人民政府要参照本方案要求，结合省以下财政体制等实际，合理划分生态环境领域省以下财政事权和支出责任。要加强省级统筹，加大对区域内承担重要生态功能地区的转移支付力度。要将适宜由地方更高一级政府承担的生态环境领域基本公共服务支出责任上移，避免基层政府承担过多支出责任。

（四）协同推进改革。生态环境领域中央与地方财政事权和支出责任划分改革既是财税体制改革的有机组成，也是生态文明体制改革的重要内容，要与生态环境领域相关改革紧密结合、协同推进、良性互动、形成合力，适时修订完善相关法律法规和管理制度，加快推进依法行政、依法理财。

本方案自2020年1月1日起实施。

国务院办公厅关于印发公共文化领域中央与地方财政事权和支出责任划分改革方案的通知

（2020年6月4日　国办发〔2020〕14号）

《公共文化领域中央与地方财政事权和支出责任划分改革方案》已经党中央、国务院同意，现印发给你们，请结合实际认真贯彻落实。

公共文化领域中央与地方财政事权和支出责任划分改革方案

按照党中央、国务院有关决策部署，现就公共文化领域中央与地方财政事权和支出责任划分改革制定如下方案。

一、总体要求

以习近平新时代中国特色社会主义思想为指导，全面贯彻党的十九大和十九届二中、三中、四中全会以及中央经济工作会议精神，健全充分发挥中央和地方两个积极性体制机制，优化政府间事权和财权划分，建立权责清晰、财力协调、区域均衡的中央和地方财政关系，形成稳定的各级政府事权、支出责任和财力相适应的制度，健全公共文化服务财政保障机制，促进基本公共文化服务标准化、均等化，确保财政公共文化投入水平与国家经济社会发展阶段相适应，坚持和完善繁荣发展社会主义先进文化的制度，巩固全体人民团结奋斗的共同思想基础。

二、主要内容

（一）基本公共文化服务方面。

1. 基层公共文化设施免费或低收费开放。将基层公共文化设施按照国家规定实行免费或低收费开放，确认为中央与地方共同财政事权，由中央与地方共同承担支出责任。主要包括地方文化文物系统所属博物馆、纪念馆、公共图书馆、美术馆、文化馆（站），以及全国爱国主义教育示范基地，按照国家规定实行免费开放；体育部门所属公共体育场馆按照国家规定实行免费或低收费开放等。

上述博物馆、纪念馆、公共图书馆、美术馆、文化馆（站）、全国爱国主义教育示范基地免费开放，所需经费由中央与地方财政分档按比例分担，其中：第一档中央财政分担80%；第二档中央财政分担60%；第三档中央财政分担50%；第四档中央财政分担30%；第五档中央财政分担10%。上述公共体育场馆免费或低收费开放，中央财政根据大型体育场馆开放数量、补助标准、绩效情况等确定对地方转移支付资金。

第一档包括内蒙古、广西、重庆、四川、贵州、云南、西藏、陕西、甘肃、青海、宁夏、新疆等12个省(自治区、直辖市);第二档包括河北、山西、吉林、黑龙江、安徽、江西、河南、湖北、湖南、海南等10个省;第三档包括辽宁、福建、山东等3个省(不含计划单列市);第四档包括天津、江苏、浙江、广东等4个省(直辖市)及大连、宁波、厦门、青岛、深圳等5个计划单列市;第五档包括北京、上海等2个直辖市。党中央、国务院明确规定比照享受相关区域政策的地区按相关规定执行。

2. 其他基本公共文化服务事项。将国家基本公共文化服务指导标准涉及的读书看报、收听广播、观看电视、观赏电影、送地方戏、文体活动等其他事项,确认为中央与地方共同财政事权,由中央与地方共同承担支出责任。中央财政根据基本公共文化服务工作任务量、补助标准、绩效情况、财力状况等统筹确定对地方转移支付资金。

(二)文化艺术创作扶持方面。

将文化艺术创作扶持方面的有关事项按政策确定层级和组织实施主体分别划分财政事权和支出责任。主要包括为落实中央关于繁荣发展社会主义文艺的部署要求,由政府组织实施或支持开展的公益性文化活动、展览、文艺创作演出等,涉及文学、舞台艺术、美术、广播电视和网络视听节目、电影、出版等方面。

中央确定并由中央职能部门组织实施或支持开展的事项,确认为中央财政事权,由中央承担支出责任;中央确定并由中央职能部门、地方共同组织实施或支持开展的事项,确认为中央与地方共同财政事权,由中央与地方按照相关职责分工分别承担支出责任;地方确定并由地方组织实施或支持开展的事项,确认为地方财政事权,由地方承担支出责任。

(三)文化遗产保护传承方面。

1. 物质文化遗产保护。主要包括文物保护单位保护、可移动文物保护、古籍保护、考古等。中央职能部门组织实施的物质文化遗产保护,确认为中央财政事权,由中央承担支出责任;纳入国家物质文化遗产保护有关规划,并由地方组织实施的文物保护单位保护、国有文物收藏单位馆藏珍贵可移动文物保护、考古等,确认为中央与地方共同财政事权，由中央与地方共同承担支出责任，中央财政根据保护需求、工作任务量、绩效情况、财力状况等确定对地方转移支付资金；其他物质文化遗产保护事项，确认为地方财政事权，由地方承担支出责任。

2. 非物质文化遗产保护。主要包括非物质文化遗产代表性项目保护、非物质文化遗产代表性传承人传习活动、文化生态保护区保护等。中央职能部门组织实施的国家级非物质文化遗产代表性项目和传承人传习活动等，确认为中央财政事权，由中央承担支出责任；地方组织实施的国家级非物质文化遗产代表性项目和传承人传习活动、文化生态保护区保护等，确认为中央与地方共同财政事权，由中央与地方共同承担支出责任，中央财政根据保护需求、工作任务量、绩效情况、财力状况等确定对地方转移支付资金；地方组织实施的省级及以下非物质文化遗产代表性项目和传承人传习活动、文化生态保护区保护等，确认为地方财政事权，由地方承担支出责任。

（四）文化交流方面。

1. 对外及对港澳台文化交流合作。主要包括落实文化交流与合作协定及其执行计划，开展演出、展览、会展等对外及对港澳台文化交流和推广活动，涉及文学、舞台艺术、美术、广播电视和网络视听节目、电影、出版等方面。中央职能部门组织实施的事项，确认为中央财政事权，由中央承担支出责任；中央职能部门、地方共同组织实施的事项，确认为中央与地方共同财政事权，由中央与地方按照相关职责分工分别承担支出责任；地方组织实施的事项，确认为地方财政事权，由地方承担支出责任。

2. 海外中国文化中心建设。主要包括按照规划开展的海外中国文化中心建设、运行和相关交流活动。中央职能部门组织实施的事项，确认为中央财政事权，由中央承担支出责任；由中央职能部门指导地方组织实施的事项，确认为中央与地方共同财政事权，由中央与地方按照相关职责分工分别承担支出责任。

（五）能力建设方面。

1. 公共文化机构改革和发展建设。主要包括按照国家规定对文化文物系统所属博物馆、公共图书馆、美术馆、广播电视节目制作播出传输机构、文艺院团等公共文化机构改革和发展建设的补助（地方基本公共文化服务除外)。按照隶属关系,对中央级公共文化机构改革和发展建设的补助,确认为中央财政事权,由中央承担支出责任;对地方级公共文化机构改革和发展建设的补助,确认为地方财政事权,由地方承担支出责任。

2. 公共文化管理。主要包括各级有关职能部门及所属机构承担的文化事业和文化市场、电影出版、广播电视和网络视听、文物保护管理,以及人才培养、文化志愿活动等。按照隶属关系,中央职能部门及所属机构承担的事项,确认为中央财政事权,由中央承担支出责任;地方职能部门及所属机构承担的事项,确认为地方财政事权,由地方承担支出责任。

中央预算内投资支出按国家有关规定执行,主要用于中央财政事权或中央与地方共同财政事权事项。中央与新疆生产建设兵团财政事权和支出责任划分,参照中央与地方划分原则执行;财政支持政策原则上参照新疆维吾尔自治区有关政策执行,并适当考虑新疆生产建设兵团的特殊因素。中央和地方通过政府购买服务等形式,支持社会力量参与公共文化服务。公共文化领域其他未列事项,按照改革的总体要求和事项特点具体确定财政事权和支出责任。

三、配套措施

(一)加强组织领导。各地区各有关部门要增强“四个意识”、坚定“四个自信”、做到“两个维护”,切实把思想和行动统一到党中央、国务院决策部署上来,加强组织领导,切实履行职责,密切协调配合,确保改革工作落实到位。

(二)强化投入保障。全面实施预算绩效管理,着力提高公共文化领域财政资源配置效率、使用效益和公共服务质量。中央财政加大对困难地区的均衡性转移支付力度,地方财政要统筹安排上级转移支付和自有财力,促进基本公共文化服务标准化、均等化。符合区域规划的公共文化机构基本建设等资本性支出可通过依法发行地方政府债券方式安排。

(三)协同推进改革。公共文化领域财政事权和支出责任划分改革,要与深化文化体制改革、文物保护利用改革等紧密结合,并根据改革发展形势以及相关条件成熟情况,适时优化调整财政事权事项,健全基础标准,进一步规范支出责任。省级政府要参照本方案的要求，合理划分省以下公共文化领域财政事权和支出责任。要将适宜由地方更高一级政府承担的基本公共文化服务支出责任上移，避免过多增加基层政府支出压力。

本方案自2020年1月1日起实施。

国务院办公厅关于印发自然资源领域中央与地方财政事权和支出责任划分改革方案的通知

（2020年6月30日　国办发〔2020〕19号）

《自然资源领域中央与地方财政事权和支出责任划分改革方案》已经党中央、国务院同意，现印发给你们，请结合实际认真贯彻落实。

自然资源领域中央与地方财政事权和支出责任划分改革方案

按照党中央、国务院有关决策部署，现就自然资源领域中央与地方财政事权和支出责任划分改革制定如下方案。

一、总体要求

以习近平新时代中国特色社会主义思想为指导，全面贯彻党的十九大和十九届二中、三中、四中全会以及中央经济工作会议精神，贯彻落实习近平生态文明思想，健全充分发挥中央和地方两个积极性体制机制，优化政府间事权和财权划分，建立权责清晰、财力协调、区域均衡的中央和地方财政关系，形成稳定的各级政府事权、支出责任和财力相适应的制度，促进自然资源的保护和合理利用，维护国家生态安全，为推进美丽中国建设、实现人与自然和谐共生的现代化提供有力支撑。

二、主要内容

（一）自然资源调查监测。

将全国性自然资源信息系统的建设与运行维护，全国性、跨区域、海域的基础性、公益性、战略性地质调查，国家基础测绘和地理信息管理，国家重大测绘地理信息工程的组织实施，海洋科学调查和勘测等事项，确认为中央财政事权，由中央承担支出责任。

将全国性自然资源调查监测的组织实施，海域海岛调查，海洋生态预警监测，全国卫星导航定位基准服务系统建设与运行维护、安全监管等事项，确认为中央与地方共同财政事权，由中央与地方共同承担支出责任。

将地方性自然资源调查监测的组织实施，地方性自然资源信息系统的建设与运行维护，地方基础性、公益性、战略性地质调查，地方基础测绘及地理信息管理等事项，确认为地方财政事权，由地方承担支出责任。

（二）自然资源产权管理。

1. 自然资源确权登记。

将国家不动产登记信息系统的建设与运行维护，中央政府直接行使所有权的全民所有自然资源确权登记和权籍调查，国务院部门直接负责的不动产登记和权籍调查，国务院部门直接负责的权属争议调查处理等事项，确认为中央财政事权，由中央承担支出责任。

将地方不动产登记信息系统的建设与运行维护，中央政府委托地方政府代理行使所有权的全民所有自然资源确权登记和权籍调查，地方政府部门负责的不动产登记和权籍调查，地方政府部门负责的权属争议调查处理等事项，确认为地方财政事权，由地方承担支出责任。

2. 自然资源有偿使用和权益管理。

将中央政府直接行使所有权的全民所有自然资源资产的统筹管理，确认为中央财政事权，由中央承担支出责任。

将中央政府委托地方政府代理行使所有权的全民所有自然资源资产的统筹管理，全民所有自然资源资产的清查统计、价值评估、资产核算、考核评价及资产报告、资产负债表编制等具体管理事务，自然资源政府公示价格体系建设和等级价格监测，自然资源市场监管和动态监测，自然资源市场交易平台，海洋经济发展和运行监测等事项，确认为中央与地方共同财政事权，由中央与地方共同承担支出责任。

将法律授权省级、市(地)级或县级政府代理行使所有权的特定全民所有自然资源资产管理，确认为地方财政事权，由地方承担支出责任。

(三)国土空间规划和用途管制。

1. 国土空间规划。

将完善主体功能区战略和制度，全国性、跨区域的国土空间规划及相关专项规划的编制和监督实施，省级国土空间规划和需报国务院审批的城市国土空间总体规划的审查，监督地方各级国土空间规划实施等事项，确认为中央财政事权，由中央承担支出责任。

将生态保护红线、永久基本农田、城镇开发边界等空间管控边界以及各类海域保护线的划定，资源环境承载能力和国土空间开发适宜性评价等事项，确认为中央与地方共同财政事权，由中央与地方共同承担支出责任。

将地方性国土空间规划及相关专项规划的编制和监督实施，相关规划、战略和制度明确由地方落实的任务，确认为地方财政事权，由地方承担支出责任。

2. 国土空间用途管制。

将全国性国土空间用途管制，全国性自然资源年度利用计划管理，全国土地征收转用监督管理等事项，确认为中央财政事权，由中央承担支出责任。

将受全国性国土空间用途管制影响而实施的生态补偿，确认为中央与地方共同财政事权，由中央与地方共同承担支出责任。

将地方性国土空间用途管制，地方性自然资源年度利用计划管理，地方行政区域内土地征收转用的管理和具体实施，受地方性国土空间用途管制影响而实施的生态补偿等事项，确认为地方财政事权，由地方承担支出责任。

(四)生态保护修复。

将对维护国家生态安全屏障具有重要的全局性和战略性意义、生态受益范围广泛的生态保护修复，确认为中央财政事权，由中央承担支出责任。

将对生态安全具有重要保障作用、生态受益范围较广的重点生态保护修复(主要包括重点区域生态保护修复治理、国土综合整治、海域海岸带和海岛修复、历史遗留矿山生态修复治理,国家级自然保护地的建设与管理,林木良种培育、造林、森林抚育、退耕还林还草、林业科技推广示范及天然林、国家级公益林保护管理,草原生态系统保护修复、草原禁牧与草畜平衡工作,湿地生态系统保护修复,荒漠生态系统治理,国家重点陆生野生动植物保护等),确认为中央与地方共同财政事权,由中央与地方共同承担支出责任。

将生态受益范围地域性较强的其他生态保护修复(主要包括重点区域外其他生态保护修复治理、国土综合整治、海域海岸带和海岛修复、历史遗留矿山生态修复治理,地方各级自然保护地建设与管理,地方公益林保护管理,非国家重点陆生野生动植物保护等),确认为地方财政事权,由地方承担支出责任。

根据建立国家公园体制试点进展情况,将国家公园建设与管理的具体事务,分类确定为中央与地方财政事权,中央与地方分别承担相应的支出责任。

(五)自然资源安全。

将战略性矿产资源调查,深远海和极地生态预警监测,中央政府直接行使所有权的海域、无居民海岛保护监管,全国性自然资源节约集约利用评价考核,海洋权益维护,自然资源领域国际合作和履约,公海、国际海底和极地相关国际事务管理等,确认为中央财政事权,由中央承担支出责任。

将全国耕地和永久基本农田保护监管,矿业权管理,矿产资源储量管理,地质资料管理,国家版图与地理信息安全,中央政府委托地方政府代理行使所有权的海域、无居民海岛保护监管,跨区域特别重大野生动植物疫病监测防控等事项,确认为中央与地方共同财政事权,由中央与地方共同承担支出责任。

将地方行政区域内的土地、矿产等自然资源节约集约利用,林业地方优势特色产业发展,确认为地方财政事权,由地方承担支出责任。

(六)自然资源领域灾害防治。

将全国地质灾害防治的组织协调和监督指导,我国管辖海域的海洋观测预报，国家全球海洋立体观测网的建设和运行维护，全球海平面变化及影响评估，参与重大海洋灾害应急处置等事项，确认为中央财政事权，由中央承担支出责任。

将因自然因素造成的特大型地质灾害综合治理，重点区域地质灾害调查评价、监测预警等综合防治体系和防治能力建设，地质灾害应急救援的技术支撑及应急测绘保障工作，地下水过量开采及引发的地面沉降等地质问题监管，跨国境跨区域和重点国有林区、中央直接管理和中央与地方共同管理的国家级自然保护地等关键区域林业草原防灾减灾等事项，确认为中央与地方共同财政事权，由中央与地方共同承担支出责任。

将因自然因素造成的其他地质灾害综合治理，地方地质灾害风险调查、隐患排查、监测预警及其他地质灾害防灾减灾，地方行政区域毗邻海域的海洋观测预报、灾害预防、风险评估、隐患排查治理等，其他林业草原防灾减灾等事项，确认为地方财政事权，由地方承担支出责任。

（七）自然资源领域其他事项。

将研究制定自然资源领域法律法规，全国性及重点区域的战略规划、政策、标准、技术规范等，确认为中央财政事权，由中央承担支出责任。将研究制定自然资源领域地方性法规、规划、政策、标准、技术规范等，确认为地方财政事权，由地方承担支出责任。

将对地方落实党中央、国务院关于自然资源领域的重大决策部署及法律法规执行情况的督察，自然资源部直接管辖和全国范围内重大复杂的执法检查、案件查处等，确认为中央财政事权，由中央承担支出责任。将其他自然资源领域督察、执法检查、案件查处确认为地方财政事权，由地方承担支出责任。

应急处置和应急救援阶段涉及的地质灾害调查监测有关事项中央与地方财政事权和支出责任划分，按照应急救援领域改革方案执行。中央与新疆生产建设兵团财政事权和支出责任划分，参照中央与地方划分原则执行；财政支持政策原则上参照新疆维吾尔自治区有关政策执行，并适当考虑新疆生产建设兵团的特殊因素。

三、配套措施

（一）加强组织领导。各地区各有关部门要增强“四个意识”、坚定“四个自信”、做到“两个维护”，切实把思想和行动统一到党中央、国务院决策部署上来，加强组织领导，切实履行职责，密切协调配合，确保改革工作落实到位。

（二）强化投入保障。根据改革确定的财政事权和支出责任划分，各级政府要合理安排预算，确保职责履行到位。要按照全面实施预算绩效管理的要求，着力优化支出结构，提高自然资源领域财政资源配置效率和使用效益，促进自然资源的保护和合理利用。

（三）推进省以下改革。各省级人民政府要参照本方案要求，结合本省（自治区、直辖市）实际，合理划分省以下自然资源领域财政事权和支出责任。要将适宜由地方更高一级政府承担的自然资源领域基本公共服务支出责任上移，避免基层政府承担过多支出责任。

本方案自 2020 年 1 月 1 日起实施。

国务院办公厅关于印发应急救援领域中央与地方财政事权和支出责任划分改革方案的通知

（2020 年 7 月 4 日　国办发〔2020〕22 号）

《应急救援领域中央与地方财政事权和支出责任划分改革方案》已经党中央、国务院同意，现印发给你们，请结合实际认真贯彻落实。

应急救援领域中央与地方财政事权和支出责任划分改革方案

按照党中央、国务院有关决策部署，现就应急救援领域中央与地方财政事权和支出责任划分改革制定如下方案。

一、总体要求

以习近平新时代中国特色社会主义思想为指导，全面贯彻党的十九大和十九届二中、三中、四中全会以及中央经济工作会议精神，健全充分发挥中央和地方两个积极性体制机制，优化政府间事权和财权划分，建立权责清晰、财力协调、区域均衡的中央和地方财政关系，形成稳定的各级政府事权、支出责任和财力相适应的制度，充分发挥我国应急管理体系特色和优势，积极推进我国应急管理体系和能力现代化。

二、主要内容

（一）预防与应急准备。

1. 应急管理制度建设。

将研究制定应急救援领域法律法规和国家政策、标准、技术规范，国家级规划编制，国家总体应急预案和安全生产类、自然灾害类专项预案编制，应急预案综合协调衔接，中央部门直接组织的全国性应急预案演练等，确认为中央财政事权，由中央承担支出责任。

将研究制定应急救援领域地方性法规和政策、标准、技术规范，地区性规划编制，地方应急预案编制，地方应急预案演练等，确认为地方财政事权，由地方承担支出责任。

2. 应急救援能力建设。

将国家应对特别重大灾害和事故协调联动机制建设、国家综合性消防救援队伍管理、国家应急指挥总部建设与运行维护、国家应急物资储备，确认为中央财政事权，由中央承担支出责任。

将国家区域应急救援中心建设与运行维护、国家综合性消防救援队伍建设、国家级专业应急救援队伍建设，确认为中央与地方共同财政事权，由中央与地方共同承担支出责任。

将地方应急救援队伍建设、应急避难设施建设、地方应急物资储备，确认为地方财政事权，由地方承担支出责任。

3. 应急管理信息系统建设。

将全国统一的应急管理信息系统建设，确认为中央与地方共同财政事权，由中央与地方按照相关职责分工分别承担支出责任，其中中央主要负责信息系统的规划设计、中央部门信息系统软硬件配备及维护支出，地方主要负责地方各级信息系统软硬件配备及维护支出。

4. 安全生产监督管理。

将中央部门负责的国家安全生产综合监督管理，对各省、自治区、直辖市和中央企业总部安全生产工作的指导协调服务和监督检查，中央部门直接组织的安全生产巡查、安全生产和消防考核、安全生产标准化建设以及危险化学品、烟花爆竹、工矿商贸企业安全生产监督管理，国家煤矿安全监察，国家煤矿安全生产准入制度的组织实施和监督，海洋石油安全生产综合监督管理等，确认为中央财政事权，由中央承担支出责任。

将地方性的安全生产监督管理事项，确认为地方财政事权，由地方承担支出责任。

5. 应急宣传教育培训。

将中央部门直接组织开展的全国性应急宣传教育培训工作，确认为中央财政事权，由中央承担支出责任。

将地方组织开展的应急宣传教育培训工作，确认为地方财政事权，由地方承担支出责任。

（二）灾害事故风险隐患调查及监测预警。

1. 灾害事故风险隐患调查。

将全国灾害事故风险调查和重点隐患排查，确认为中央与地方共同财政事权，由中央与地方按照相关职责分工分别承担支出责任，其中中央主要负责国家灾害风险事故隐患基础数据库建设、支持开展综合风险评估相关支出，灾害风险事故隐患基础数据库纳入全国统一的应急管理信息系统；地方主要负责本行政区内灾害事故风险调查评估和隐患排查、为国家灾害风险事故隐患基础数据库提供数据支撑相关支出。

2. 灾害事故监测预警。

将国家自然灾害、安全生产及火灾监测预警体系建设，确认为中央与地方共同财政事权，由中央与地方按照相关职责分工分别承担支出责任，其中中央主要负责全国统一的灾害事故监测预警和报告制度建设、中央部门监测预警系统建设支出；地方主要负责当地监测预警系统建设、应急信息员队伍建设支出。监测预警系统建设中相关信息化工作纳入全国统一的应急管理信息系统建设。

（三）应急处置与救援救灾。

将特别重大事故调查处理，特别重大自然灾害调查评估，安全生产类、自然灾害类等突发事件的国际救援，确认为中央财政事权，由中央承担支出责任。

将煤矿生产安全事故调查处理、国家启动应急响应的特别重大灾害事故应急救援救灾，确认为中央与地方共同财政事权，由中央与地方共同承担支出责任。

将其他事故调查处理、自然灾害调查评估、灾害事故应急救援救灾等，确认为地方财政事权，由地方承担支出责任。

中央预算内投资支出按国家有关规定执行，主要用于中央财政事权或中央与地方共同财政事权事项。中央与新疆生产建设兵团财政事权和支出责任划分，参照中央与地方划分原则执行；财政支持政策原则上参照新疆维吾尔自治区有关政策执行，并适当考虑新疆生产建设兵团的特殊因素。应急救援领域其他未列事项，按照改革的总体要求和事项特点具体确定财政事权和支出责任。

三、配套措施

（一）加强组织领导。应急救援领域中央与地方财政事权和支出责任划分改革是推进应急管理体系和能力现代化的重要举措。各地区各有关部门要增强“四个意识”、坚定“四个自信”、做到“两个维护”，加强组织领导，切实履行职责，密切协调配合，确保改革工作落实到位。

（二）落实支出责任。各地区各有关部门要践行安全发展理念，筑牢安全生产防线，根据改革确定的中央与地方财政事权和支出责任划分，合理安排预算，及时下达资金，切实落实支出责任。跨区域调动救援队伍按照“谁调动，谁补偿”的原则承担相应支出责任。要全面实施预算绩效管理，优化支出结构，着力提高应急救援领域财政资源配置效率和使用效益。

（三）推进省以下改革。各省级人民政府要参照本方案精神，结合省以下财政体制等实际，合理划分省以下应急救援领域财政事权和支出责任。要明确省级人民政府推进本区域内应急救援工作的职责，加强省级统筹，加大对区域内财力困难地区的资金支持力度。要将适宜由地方更高一级政府承担的应急救援领域支出责任上移，避免基层政府承担过多支出责任。

（四）协同推进改革。应急救援领域财政事权和支出责任划分改革，要同其他改革紧密结合、协同推进、良性互动、形成合力。应急处置和应急救援阶段地质灾害调查监测等事项由相关部门共同研究确定。国家综合性消防救援队伍完成整合前，总体维持原公安消防部队和武警森林部队财政管理模式，中央与地方承担的支出责任不变；队伍整合完成后，根据队伍管理体制、事权职责调整中央与地方支出责任。

本方案自2020年1月1日起实施。

保障中小企业款项支付条例

（2020年7月1日国务院第99次常务会议通过　2020年7月5日中华人民共和国国务院令第728号公布　自2020年9月1日起施行）

第一条　为了促进机关、事业单位和大型企业及时支付中小企业款项，维护中小企业合法权益，优化营商环境，根据《中华人民共和国中小企业促进法》等法律，制定本条例。

第二条　机关、事业单位和大型企业采购货物、工程、服务支付中小企业款项，应当遵守本条例。

第三条　本条例所称中小企业，是指在中华人民共和国境内依法设立，依据国务院批准的中小企业划分标准确定的中型企业、小型企业和微型企业；所称大型企业，是指中小企业以外的企业。

中小企业、大型企业依合同订立时的企业规模类型确定。中小企业与机关、事业单位、大型企业订立合同时，应当主动告知其属于中小企业。

第四条　国务院负责中小企业促进工作综合管理的部门对机关、事业单位和大型企业及时支付中小企业款项工作进行宏观指导、综合协调、监督检查；国务院有关部门在各自职责范围内，负责相关管理工作。

县级以上地方人民政府负责本行政区域内机关、事业单位和大型企业及时支付中小企业款项的管理工作。

第五条　有关行业协会商会应当按照法律法规和组织章程，完善行业自律，禁止本行业大型企业利用优势地位拒绝或者迟延支付中小企业款项，规范引导其履行及时支付中小企业款项义务，保护中小企业合法权益。

第六条 机关、事业单位和大型企业不得要求中小企业接受不合理的付款期限、方式、条件和违约责任等交易条件，不得违约拖欠中小企业的货物、工程、服务款项。

中小企业应当依法经营，诚实守信，按照合同约定提供合格的货物、工程和服务。

第七条 机关、事业单位使用财政资金从中小企业采购货物、工程、服务，应当严格按照批准的预算执行，不得无预算、超预算开展采购。

政府投资项目所需资金应当按照国家有关规定确保落实到位，不得由施工单位垫资建设。

第八条 机关、事业单位从中小企业采购货物、工程、服务，应当自货物、工程、服务交付之日起30日内支付款项；合同另有约定的，付款期限最长不得超过60日。

大型企业从中小企业采购货物、工程、服务，应当按照行业规范、交易习惯合理约定付款期限并及时支付款项。

合同约定采取履行进度结算、定期结算等结算方式的，付款期限应当自双方确认结算金额之日起算。

第九条 机关、事业单位和大型企业与中小企业约定以货物、工程、服务交付后经检验或者验收合格作为支付中小企业款项条件的，付款期限应当自检验或者验收合格之日起算。

合同双方应当在合同中约定明确、合理的检验或者验收期限，并在该期限内完成检验或者验收。机关、事业单位和大型企业拖延检验或者验收的，付款期限自约定的检验或者验收期限届满之日起算。

第十条 机关、事业单位和大型企业使用商业汇票等非现金支付方式支付中小企业款项的，应当在合同中作出明确、合理约定，不得强制中小企业接受商业汇票等非现金支付方式，不得利用商业汇票等非现金支付方式变相延长付款期限。

第十一条 机关、事业单位和国有大型企业不得强制要求以审计机关的审计结果作为结算依据，但合同另有约定或者法律、行政法规另有规定的除外。

第十二条 除依法设立的投标保证金、履约保证金、工程质量保证金、农民工工资保证金外，工程建设中不得收取其他保证金。保证金的收取比例应当符合国家有关规定。

机关、事业单位和大型企业不得将保证金限定为现金。中小企业以金融机构保函提供保证的，机关、事业单位和大型企业应当接受。

机关、事业单位和大型企业应当按照合同约定，在保证期限届满后及时与中小企业对收取的保证金进行核实和结算。

第十三条 机关、事业单位和大型企业不得以法定代表人或者主要负责人变更，履行内部付款流程，或者在合同未作约定的情况下以等待竣工验收批复、决算审计等为由，拒绝或者迟延支付中小企业款项。

第十四条 中小企业以应收账款担保融资的，机关、事业单位和大型企业应当自中小企业提出确权请求之日起 30 日内确认债权债务关系，支持中小企业融资。

第十五条 机关、事业单位和大型企业迟延支付中小企业款项的，应当支付逾期利息。双方对逾期利息的利率有约定的，约定利率不得低于合同订立时 1 年期贷款市场报价利率；未作约定的，按照每日利率万分之五支付逾期利息。

第十六条 机关、事业单位应当于每年 3 月 31 日前将上一年度逾期尚未支付中小企业款项的合同数量、金额等信息通过网站、报刊等便于公众知晓的方式公开。

大型企业应当将逾期尚未支付中小企业款项的合同数量、金额等信息纳入企业年度报告，通过企业信用信息公示系统向社会公示。

第十七条 省级以上人民政府负责中小企业促进工作综合管理的部门应当建立便利畅通的渠道，受理对机关、事业单位和大型企业拒绝或者迟延支付中小企业款项的投诉。

受理投诉部门应当按照“属地管理、分级负责，谁主管谁负责”的原则，及时将投诉转交有关部门、地方人民政府处理，有关部门、地方人民政府应当依法及时处理，并将处理结果告知投诉人，同时反馈受理投诉部门。

机关、事业单位和大型企业不履行及时支付中小企业款项义务，情节严重的，受理投诉部门可以依法依规将其失信信息纳入全国信用信息共享平台，并将相关涉企信息通过企业信用信息公示系统向社会公示，依法实施失信惩戒。

第十八条 被投诉的机关、事业单位和大型企业及其工作人员不得以任何形式对投诉人进行恐吓、打击报复。

第十九条 对拒绝或者迟延支付中小企业款项的机关、事业单位，应当在公务消费、办公用房、经费安排等方面采取必要的限制措施。

第二十条 审计机关依法对机关、事业单位和国有大型企业支付中小企业款项情况实施审计监督。

第二十一条 省级以上人民政府建立督查制度，对及时支付中小企业款项工作进行监督检查。

第二十二条 国家依法开展中小企业发展环境评估和营商环境评价时，应当将及时支付中小企业款项工作情况纳入评估和评价内容。

第二十三条 国务院负责中小企业促进工作综合管理的部门依据国务院批准的中小企业划分标准，建立企业规模类型测试平台，提供中小企业规模类型自测服务。

对中小企业规模类型有争议的，可以向主张为中小企业一方所在地的县级以上地方人民政府负责中小企业促进工作综合管理的部门申请认定。

第二十四条 国家鼓励法律服务机构为与机关、事业单位和大型企业存在支付纠纷的中小企业提供法律服务。

新闻媒体应当开展对及时支付中小企业款项相关法律法规政策的公益宣传，依法加强对机关、事业单位和大型企业拒绝或者迟延支付中小企业款项行为的舆论监督。

第二十五条 机关、事业单位违反本条例，有下列情形之一的，由其上级机关、主管部门责令改正；拒不改正的，对直接负责的主管人员和其他直接责任人员依法给予处分：

（一）未在规定的期限内支付中小企业货物、工程、服务款项；

（二）拖延检验、验收；

（三）强制中小企业接受商业汇票等非现金支付方式，或者利用商业汇票等非现金支付方式变相延长付款期限；

（四）没有法律、行政法规依据或者合同约定，要求以审计机关的审计结果作为结算依据；

（五）违法收取保证金，拒绝接受中小企业提供的金融机构保函，或者不及时与中小企业对保证金进行核实、结算；

（六）以法定代表人或者主要负责人变更，履行内部付款流程，或者在合同未作约定的情况下以等待竣工验收批复、决算审计等为由，拒绝或者迟延支付中小企业款项；

（七）未按照规定公开逾期尚未支付中小企业款项信息；

（八）对投诉人进行恐吓、打击报复。

第二十六条 机关、事业单位有下列情形之一的，依照法律、行政法规和国家有关规定追究责任：

（一）使用财政资金从中小企业采购货物、工程、服务，未按照批准的预算执行；

（二）要求施工单位对政府投资项目垫资建设。

第二十七条 大型企业违反本条例，未按照规定在企业年度报告中公示逾期尚未支付中小企业款项信息或者隐瞒真实情况、弄虚作假的，由市场监督管理部门依法处理。

国有大型企业没有合同约定或者法律、行政法规依据，要求以审计机关的审计结果作为结算依据的，由其主管部门责令改正；拒不改正的，对直接负责的主管人员和其他直接责任人员依法给予处分。

第二十八条 部分或者全部使用财政资金的团体组织采购货物、工程、服务支付中小企业款项，参照本条例对机关、事业单位的有关规定执行。

军队采购货物、工程、服务支付中小企业款项，按照军队的有关规定执行。

第二十九条 本条例自2020年9月1日起施行。

税　务

中华人民共和国城市维护建设税法

（2020年8月11日第十三届全国人民代表大会常务委员会第二十一次会议通过　2020年8月11日中华人民共和国主席令第51号公布　自2021年9月1日起施行）

第一条　在中华人民共和国境内缴纳增值税、消费税的单位和个人，为城市维护建设税的纳税人，应当依照本法规定缴纳城市维护建设税。

第二条　城市维护建设税以纳税人依法实际缴纳的增值税、消费税税额为计税依据。

城市维护建设税的计税依据应当按照规定扣除期末留抵退税退还的增值税税额。

城市维护建设税计税依据的具体确定办法，由国务院依据本法和有关税收法律、行政法规规定，报全国人民代表大会常务委员会备案。

第三条　对进口货物或者境外单位和个人向境内销售劳务、服务、无形资产缴纳的增值税、消费税税额，不征收城市维护建设税。

第四条　城市维护建设税税率如下：

（一）纳税人所在地在市区的，税率为百分之七；

（二）纳税人所在地在县城、镇的，税率为百分之五；

（三）纳税人所在地不在市区、县城或者镇的，税率为百分之一。

前款所称纳税人所在地，是指纳税人住所地或者与纳税人生产经营活动相关的其他地点，具体地点由省、自治区、直辖市确定。

第五条 城市维护建设税的应纳税额按照计税依据乘以具体适用税率计算。

第六条 根据国民经济和社会发展的需要，国务院对重大公共基础设施建设、特殊产业和群体以及重大突发事件应对等情形可以规定减征或者免征城市维护建设税，报全国人民代表大会常务委员会备案。

第七条 城市维护建设税的纳税义务发生时间与增值税、消费税的纳税义务发生时间一致，分别与增值税、消费税同时缴纳。

第八条 城市维护建设税的扣缴义务人为负有增值税、消费税扣缴义务的单位和个人，在扣缴增值税、消费税的同时扣缴城市维护建设税。

第九条 城市维护建设税由税务机关依照本法和《中华人民共和国税收征收管理法》的规定征收管理。

第十条 纳税人、税务机关及其工作人员违反本法规定的，依照《中华人民共和国税收征收管理法》和有关法律法规的规定追究法律责任。

第十一条 本法自2021年9月1日起施行。1985年2月8日国务院发布的《中华人民共和国城市维护建设税暂行条例》同时废止。

中华人民共和国契税法

（2020年8月11日第十三届全国人民代表大会常务委员会第二十一次会议通过　2020年8月11日中华人民共和国主席令第52号公布　自2021年9月1日起施行）

第一条 在中华人民共和国境内转移土地、房屋权属，承受的单位和个人为契税的纳税人，应当依照本法规定缴纳契税。

第二条 本法所称转移土地、房屋权属，是指下列行为：

（一）土地使用权出让；

（二）土地使用权转让，包括出售、赠与、互换；

（三）房屋买卖、赠与、互换。

前款第二项土地使用权转让，不包括土地承包经营权和土地经营权的转移。

以作价投资（入股）、偿还债务、划转、奖励等方式转移土地、房屋权属的，应当依照本法规定征收契税。

第三条 契税税率为百分之三至百分之五。

契税的具体适用税率，由省、自治区、直辖市人民政府在前款规定的税率幅度内提出，报同级人民代表大会常务委员会决定，并报全国人民代表大会常务委员会和国务院备案。

省、自治区、直辖市可以依照前款规定的程序对不同主体、不同地区、不同类型的住房的权属转移确定差别税率。

第四条 契税的计税依据：

（一）土地使用权出让、出售，房屋买卖，为土地、房屋权属转移合同确定的成交价格，包括应交付的货币以及实物、其他经济利益对应的价款；

（二）土地使用权互换、房屋互换，为所互换的土地使用权、房屋价格的差额；

（三）土地使用权赠与、房屋赠与以及其他没有价格的转移土地、房屋权属行为，为税务机关参照土地使用权出售、房屋买卖的市场价格依法核定的价格。

纳税人申报的成交价格、互换价格差额明显偏低且无正当理由的，由税务机关依照《中华人民共和国税收征收管理法》的规定核定。

第五条 契税的应纳税额按照计税依据乘以具体适用税率计算。

第六条 有下列情形之一的，免征契税：

（一）国家机关、事业单位、社会团体、军事单位承受土地、房屋权属用于办公、教学、医疗、科研、军事设施；

（二）非营利性的学校、医疗机构、社会福利机构承受土地、房屋权属用于办公、教学、医疗、科研、养老、救助；

（三）承受荒山、荒地、荒滩土地使用权用于农、林、牧、渔业生产；

（四）婚姻关系存续期间夫妻之间变更土地、房屋权属；

（五）法定继承人通过继承承受土地、房屋权属；

（六）依照法律规定应当予以免税的外国驻华使馆、领事馆和国际组织驻华代表机构承受土地、房屋权属。

根据国民经济和社会发展的需要，国务院对居民住房需求保障、企业改制重组、灾后重建等情形可以规定免征或者减征契税，报全国人民代表大会常务委员会备案。

第七条 省、自治区、直辖市可以决定对下列情形免征或者减征契税：

（一）因土地、房屋被县级以上人民政府征收、征用，重新承受土地、房屋权属；

（二）因不可抗力灭失住房，重新承受住房权属。

前款规定的免征或者减征契税的具体办法，由省、自治区、直辖市人民政府提出，报同级人民代表大会常务委员会决定，并报全国人民代表大会常务委员会和国务院备案。

第八条 纳税人改变有关土地、房屋的用途，或者有其他不再属于本法第六条规定的免征、减征契税情形的，应当缴纳已经免征、减征的税款。

第九条 契税的纳税义务发生时间，为纳税人签订土地、房屋权属转移合同的当日，或者纳税人取得其他具有土地、房屋权属转移合同性质凭证的当日。

第十条 纳税人应当在依法办理土地、房屋权属登记手续前申报缴纳契税。

第十一条 纳税人办理纳税事宜后，税务机关应当开具契税完税凭证。纳税人办理土地、房屋权属登记，不动产登记机构应当查验契税完税、减免税凭证或者有关信息。未按照规定缴纳契税的，不动产登记机构不予办理土地、房屋权属登记。

第十二条 在依法办理土地、房屋权属登记前，权属转移合同、权属转移合同性质凭证不生效、无效、被撤销或者被解除的，纳税人可以向税务机关申请退还已缴纳的税款，税务机关应当依法办理。

第十三条 税务机关应当与相关部门建立契税涉税信息共享和工作配合机制。自然资源、住房城乡建设、民政、公安等相关部门应当及时向税务机关提供与转移土地、房屋权属有关的信息，协助税务机关加强契税征收管理。

税务机关及其工作人员对税收征收管理过程中知悉的纳税人的个人信息,应当依法予以保密,不得泄露或者非法向他人提供。

第十四条 契税由土地、房屋所在地的税务机关依照本法和《中华人民共和国税收征收管理法》的规定征收管理。

第十五条 纳税人、税务机关及其工作人员违反本法规定的,依照《中华人民共和国税收征收管理法》和有关法律法规的规定追究法律责任。

第十六条 本法自2021年9月1日起施行。1997年7月7日国务院发布的《中华人民共和国契税暂行条例》同时废止。

金　融

国务院办公厅关于贯彻实施修订后的证券法有关工作的通知

（2020年2月29日　国办发〔2020〕5号）

《中华人民共和国证券法》（以下简称证券法）已由十三届全国人大常委会第十五次会议于2019年12月28日修订通过，自2020年3月1日起施行。为做好修订后的证券法贯彻实施工作，经国务院同意，现就有关事项通知如下：

一、充分认识证券法修订的重要意义

本次证券法修订系统总结我国资本市场改革发展、监管执法、风险防控的实践经验，作出全面推行证券发行注册制、显著提高证券违法成本、完善投资者保护制度、强化信息披露义务、压实中介机构责任等制度改革，为打造一个规范、透明、开放、有活力、有韧性的资本市场提供了有力法制保障，对于深化金融供给侧结构性改革，健全具有高度适应性、竞争力、普惠性的现代金融体系，维护国家经济金融安全具有重要意义。各地区、各有关部门要充分认识本次证券法修订的重要意义，做好学习宣传，分类分层开展培训，不断提高证券行政执法人员依法行政、依法监管、依法治市能力。

二、稳步推进证券公开发行注册制

（一）分步实施股票公开发行注册制改革。证监会要会同有关方面依据修订后的证券法和《关于在上海证券交易所设立科创板并试点注册制的实施意见》的规定，进一步完善科创板相关制度规则，提高注册审核透明度，优化工作程序。研究制定在深圳证券交易所创业板试点股票公开发行注册制的总体方案，并及时总结科创板、创业板注册制改革经验，积极创造条件，适时提出在证券交易所其他板块和国务院批准的其他全国性证券交易场所实行股票公开发行注册制的方案。相关方案经国务院批准后实施。

在证券交易所有关板块和国务院批准的其他全国性证券交易场所的股票公开发行实行注册制前，继续实行核准制，适用本次证券法修订前股票发行核准制度的规定。

（二）*落实好公司债券公开发行注册制要求*。依据修订后的证券法规定，公开发行公司债券应当依法经证监会或者国家发展改革委注册。依法由证监会负责作出注册决定的公开发行公司债券申请，由证监会指定的证券交易所负责受理、审核。依法由国家发展改革委负责作出注册决定的公开发行公司债券申请，由国家发展改革委指定的机构负责受理、审核。申请公开发行公司债券的发行人，除符合证券法规定的条件外，还应当具有合理的资产负债结构和正常的现金流量。鼓励公开发行公司债券的募集资金投向符合国家宏观调控政策和产业政策的项目建设。

（三）*完善证券公开发行注册程序*。证监会指定的证券交易所等机构、国家发展改革委指定的机构按照规定受理、审核公开发行证券申请，主要通过审核问询、回答问题方式开展审核工作，督促发行人完善信息披露内容，并根据审核情况提出同意发行或终止审核的意见。证监会、国家发展改革委收到有关机构报送的审核意见、发行人注册申请文件及相关审核资料后，履行发行注册程序。证监会、国家发展改革委应当制定发布相关证券公开发行注册的具体管理办法。

三、依法惩处证券违法犯罪行为

严格落实修订后的证券法规定，进一步完善证券监管执法标准，提高监管能力和水平。加大对欺诈发行、违规信息披露、中介机构未勤勉尽责以及操纵市场、内幕交易、利用未公开信息进行证券交易等严重扰乱市场秩序行为的查处力度。加强行政执法与刑事司法衔接，强化信息共享和线索通报，提高案件移送查处效率。公安机关要加大对证券违法犯罪行为的打击力度，形成有效震慑。

四、加强投资者合法权益保护

有关部门要认真贯彻修订后的证券法，采取有力有效措施，依法保护投资者特别是中小投资者合法权益。要积极配合司法机关，稳妥推进由投资者保护机构代表投资者提起证券民事赔偿诉讼的制度，推动完善有关司法解释。严格执行信息披露规定，完善有关规则，明确信息披露媒体的条件，做好规则修订前后的过渡衔接，依法保障投资者知情权。

五、加快清理完善相关规章制度

证监会、司法部等部门要对与证券法有关的行政法规进行专项清理，及时提出修改建议。有关部门要对照证券法修订后的新要求，抓紧组织清理相关规章制度，做好立改废释等工作，做好政策衔接。

国务院关于实施金融控股公司准入管理的决定

（2020年9月11日　国发〔2020〕12号）

为加强对非金融企业、自然人等主体控股或者实际控制金融机构的监督管理，规范金融控股公司行为，防范系统性金融风险，现作出如下决定：

一、对金融控股公司实施准入管理

中华人民共和国境内的非金融企业、自然人以及经认可的法人控股或者实际控制两个或者两个以上不同类型金融机构，具有本决定规定情形的，应当向中国人民银行提出申请，经批准设立金融控股公司。

（一）本决定所称金融控股公司，是指依照《中华人民共和国公司法》和本决定设立的，控股或者实际控制两个或者两个以上不同类型金融机构，自身仅开展股权投资管理、不直接从事商业性经营活动的有限责任公司或者股份有限公司。

（二）本决定所称金融机构的类型包括：

1. 商业银行（不含村镇银行，下同）、金融租赁公司；

2. 信托公司；

3. 金融资产管理公司；

4. 证券公司、公募基金管理公司、期货公司；

5. 人身保险公司、财产保险公司、再保险公司、保险资产管理公司；

6. 国务院金融管理部门认定的其他机构。

（三）本决定所称应当申请设立金融控股公司的规定情形，是指具有下列情形之一：

1. 控股或者实际控制的金融机构中含商业银行的，金融机构的总资产不少于人民币 5000 亿元，或者金融机构总资产少于人民币 5000 亿元但商业银行以外其他类型的金融机构总资产不少于人民币 1000 亿元或者受托管理的总资产不少于人民币 5000 亿元；

2. 控股或者实际控制的金融机构中不含商业银行的，金融机构的总资产不少于人民币 1000 亿元或者受托管理的总资产不少于人民币 5000 亿元；

3. 控股或者实际控制的金融机构总资产或者受托管理的总资产未达到上述第一项、第二项规定的标准，但中国人民银行按照宏观审慎监管要求认为需要设立金融控股公司。

二、设立金融控股公司的条件和程序

（一）申请设立金融控股公司，除应当具备《中华人民共和国公司法》规定的条件外，还应当具备以下条件：

1. 实缴注册资本额不低于人民币 50 亿元，且不低于所直接控股金融机构注册资本总和的 50%；

2. 股东、实际控制人信誉良好，且符合相关法律、行政法规及中国人民银行的有关规定；

3. 有符合任职条件的董事、监事和高级管理人员；

4. 有为所控股金融机构持续补充资本的能力；

5. 有健全的组织机构和有效的风险管理、内部控制制度等其他审慎性条件。

（二）中国人民银行应当自受理设立金融控股公司申请之日起 6 个月内作出批准或者不予批准的书面决定；决定不予批准的，应当说明理由。

经批准设立的金融控股公司，由中国人民银行颁发金融控股公司许可证，凭该许可证向市场监督管理部门办理登记，领取营业执照。未经中国人民银行批准，不得登记为金融控股公司，不得在公司名称中使用“金融控股”、“金融集团”等字样。

依照本决定规定应当设立金融控股公司但未获得批准的，应当按照中国人民银行会同国务院银行保险监督管理机构、国务院证券监督管理机构提出的要求，采取转让所控股金融机构的股权或者转移实际控制权等措施。

（三）金融控股公司变更名称、住所、注册资本、持有5%以上股权的股东、实际控制人，修改公司章程，投资控股其他金融机构，增加或者减少对所控股金融机构的出资或者持股比例导致控制权变更或者丧失，分立、合并、解散或者破产，应当向中国人民银行提出申请。中国人民银行应当自受理申请之日起3个月内作出批准或者不予批准的书面决定。

三、其他规定

（一）本决定施行前已具有本决定规定应当申请设立金融控股公司情形的，应当自本决定施行之日起12个月内向中国人民银行申请设立金融控股公司。逾期未申请的，应当按照中国人民银行会同国务院银行保险监督管理机构、国务院证券监督管理机构提出的要求，采取转让所控股金融机构的股权或者转移实际控制权等措施。

（二）非金融企业或者经认可的法人控股或者实际控制的金融资产占其并表总资产的85%以上且符合本决定规定应当申请设立金融控股公司情形的，也可以依照本决定规定的设立金融控股公司条件和程序，申请将其批准为金融控股公司。

（三）中国人民银行根据本决定制定设立金融控股公司条件、程序的实施细则，并组织实施监督管理，可以采取相关审慎性监督管理措施。

本决定自2020年11月1日起施行。

国务院关于进一步提高上市公司质量的意见

（2020年10月5日　国发〔2020〕14号）

资本市场在金融运行中具有牵一发而动全身的作用，上市公司是资本市场的基石。提高上市公司质量是推动资本市场健康发展的内在要求，是新时代加快完善社会主义市场经济体制的重要内容。《国务院批转证监会关于提高上市公司质量意见的通知》（国发〔2005〕34号）印发以来，我国上市公司数量显著增长、质量持续提升，在促进国民经济发展中的作用日益凸显。但也要看到，上市公司经营和治理不规范、发展质量不高等问题仍较突出，与建设现代化经济体系、推动经济高质量发展的要求还存在差距。同时，面对新冠肺炎疫情影响，上市公司生产经营和高质量发展面临新的考验。为进一步提高上市公司质量，现提出如下意见。

一、总体要求

以习近平新时代中国特色社会主义思想为指导，全面贯彻党的十九大和十九届二中、三中、四中全会精神，认真落实党中央、国务院决策部署，贯彻新发展理念，坚持市场化、法治化方向，按照深化金融供给侧结构性改革要求，加强资本市场基础制度建设，大力提高上市公司质量。坚持存量与增量并重、治标与治本结合，发挥各方合力，强化持续监管，优化上市公司结构和发展环境，使上市公司运作规范性明显提升，信息披露质量不断改善，突出问题得到有效解决，可持续发展能力和整体质量显著提高，为建设规范、透明、开放、有活力、有韧性的资本市场，促进经济高质量发展提供有力支撑。

二、提高上市公司治理水平

（一）规范公司治理和内部控制。完善公司治理制度规则，明确控股股东、实际控制人、董事、监事和高级管理人员的职责界限和法律责任。控股股东、实际控制人要履行诚信义务,维护上市公司独立性,切实保障上市公司和投资者的合法权益。股东大会、董事会、监事会、经理层要依法合规运作,董事、监事和高级管理人员要忠实勤勉履职,充分发挥独立董事、监事会作用。建立董事会与投资者的良好沟通机制,健全机构投资者参与公司治理的渠道和方式。科学界定国有控股上市公司治理相关方的权责,健全具有中国特色的国有控股上市公司治理机制。严格执行上市公司内控制度,加快推行内控规范体系,提升内控有效性。强化上市公司治理底线要求,倡导最佳实践,加强治理状况信息披露,促进提升决策管理的科学性。开展公司治理专项行动,通过公司自查、现场检查、督促整改,切实提高公司治理水平。(证监会、国务院国资委、财政部、银保监会等单位负责)

(二)提升信息披露质量。以提升透明度为目标,优化规则体系,督促上市公司、股东及相关信息披露义务人真实、准确、完整、及时、公平披露信息。以投资者需求为导向,完善分行业信息披露标准,优化披露内容,增强信息披露针对性和有效性。严格执行企业会计准则,优化信息披露编报规则,提升财务信息质量。上市公司及其他信息披露义务人要充分披露投资者作出价值判断和投资决策所必需的信息,并做到简明清晰、通俗易懂。相关部门和机构要按照资本市场规则,支持、配合上市公司依法依规履行信息披露义务。(证监会、国务院国资委、工业和信息化部、财政部等单位负责)

三、推动上市公司做优做强

(三)支持优质企业上市。全面推行、分步实施证券发行注册制。优化发行上市标准,增强包容性。加强对拟上市企业的培育和辅导,提升拟上市企业规范化水平。鼓励和支持混合所有制改革试点企业上市。发挥股权投资机构在促进公司优化治理、创新创业、产业升级等方面的积极作用。大力发展创业投资,培育科技型、创新型企业,支持制造业单项冠军、专精特新“小巨人”等企业发展壮大。发挥全国中小企业股份转让系统、区域性股权市场和产权交易市场在培育企业上市中的积极作用。(证监会、国务院国资委、国家发展改革委、财政部、工业和信息化部等单位与各省级人民政府负责)

(四)促进市场化并购重组。充分发挥资本市场的并购重组主渠道作用，鼓励上市公司盘活存量、提质增效、转型发展。完善上市公司资产重组、收购和分拆上市等制度，丰富支付及融资工具，激发市场活力。发挥证券市场价格、估值、资产评估结果在国有资产交易定价中的作用，支持国有企业依托资本市场开展混合所有制改革。支持境内上市公司发行股份购买境外优质资产，允许更多符合条件的外国投资者对境内上市公司进行战略投资，提升上市公司国际竞争力。研究拓宽社会资本等多方参与上市公司并购重组的渠道。（证监会、工业和信息化部、国务院国资委、国家发展改革委、财政部、人民银行、商务部、市场监管总局、国家外汇局等单位与各省级人民政府负责）

（五）完善上市公司融资制度。加强资本市场融资端和投资端的协调平衡，引导上市公司兼顾发展需要和市场状况优化融资安排。完善上市公司再融资发行条件，研究推出更加便捷的融资方式。支持上市公司通过发行债券等方式开展长期限债务融资。稳步发展优先股、股债结合产品。大力发展权益类基金。丰富风险管理工具。探索建立对机构投资者的长周期考核机制，吸引更多中长期资金入市。（证监会、财政部、人民银行、国家发展改革委、银保监会等单位负责）

（六）健全激励约束机制。完善上市公司股权激励和员工持股制度，在对象、方式、定价等方面作出更加灵活的安排。优化政策环境，支持各类上市公司建立健全长效激励机制，强化劳动者和所有者利益共享，更好吸引和留住人才，充分调动上市公司员工积极性。（证监会、国务院国资委、财政部等单位负责）

四、健全上市公司退出机制

（七）严格退市监管。完善退市标准，简化退市程序，加大退市监管力度。严厉打击通过财务造假、利益输送、操纵市场等方式恶意规避退市行为，将缺乏持续经营能力、严重违法违规扰乱市场秩序的公司及时清出市场。加大对违法违规主体的责任追究力度。支持投资者依法维权，保护投资者合法权益。（证监会、最高人民法院、公安部、国务院国资委等单位与各省级人民政府负责）

（八）拓宽多元化退出渠道。完善并购重组和破产重整等制度，优化流程、提高效率，畅通主动退市、并购重组、破产重整等上市公司多元化退出渠道。有关地区和部门要综合施策，支持上市公司通过并购重组、破产重整等方式出清风险。（证监会、最高人民法院、司法部、国务院国资委等单位与各省级人民政府负责）

五、解决上市公司突出问题

（九）积极稳妥化解上市公司股票质押风险。坚持控制增量、化解存量，建立多部门共同参与的上市公司股票质押风险处置机制，强化场内外一致性监管，加强质押信息共享。强化对金融机构、上市公司大股东及实际控制人的风险约束机制。严格执行分层次、差异化的股票质押信息披露制度。严格控制限售股质押。支持银行、证券、保险、私募股权基金等机构参与上市公司股票质押风险化解。（证监会、最高人民法院、人民银行、银保监会、国务院国资委等单位与各省级人民政府负责）

（十）严肃处置资金占用、违规担保问题。控股股东、实际控制人及相关方不得以任何方式侵占上市公司利益。坚持依法监管、分类处置，对已形成的资金占用、违规担保问题，要限期予以清偿或化解；对限期未整改或新发生的资金占用、违规担保问题，要严厉查处，构成犯罪的依法追究刑事责任。依法依规认定上市公司对违规担保合同不承担担保责任。上市公司实施破产重整的，应当提出解决资金占用、违规担保问题的切实可行方案。（证监会、最高人民法院、公安部等单位与各省级人民政府负责）

（十一）强化应对重大突发事件政策支持。发生自然灾害、公共卫生等重大突发事件，对上市公司正常生产经营造成严重影响的，证券监管部门要在依法合规前提下，作出灵活安排；有关部门要依托宏观政策、金融稳定等协调机制，加强协作联动，落实好产业、金融、财税等方面政策；各级政府要及时采取措施，维护劳务用工、生产资料、公用事业品供应和物流运输渠道，支持上市公司尽快恢复正常生产经营。（国家发展改革委、财政部、工业和信息化部、商务部、税务总局、人民银行、银保监会、证监会等单位与各省级人民政府负责）

六、提高上市公司及相关主体违法违规成本

（十二）加大执法力度。严格落实证券法等法律规定，加大对欺诈发行、信息披露违法、操纵市场、内幕交易等违法违规行为的处罚力度。加强行政机关与司法机关协作，实现涉刑案件快速移送、快速查办，严厉查处违法犯罪行为。完善违法违规行为认定规则，办理上市公司违法违规案件时注意区分上市公司责任、股东责任与董事、监事、高级管理人员等个人责任；对涉案证券公司、证券服务机构等中介机构及从业人员一并查处，情节严重、性质恶劣的，依法采取暂停、撤销、吊销业务或从业资格等措施。（证监会、公安部、最高人民法院、财政部、司法部等单位与各省级人民政府负责）

（十三）推动增加法制供给。推动修订相关法律法规，加重财务造假、资金占用等违法违规行为的行政、刑事法律责任，完善证券民事诉讼和赔偿制度，大幅提高相关责任主体违法违规成本。支持投资者保护机构依法作为代表人参加诉讼。推广证券期货纠纷示范判决机制。（证监会、最高人民法院、司法部、公安部、财政部等单位负责）

七、形成提高上市公司质量的工作合力

（十四）持续提升监管效能。坚持服务实体经济和保护投资者合法权益方向，把提高上市公司质量作为上市公司监管的重要目标。加强全程审慎监管，推进科学监管、分类监管、专业监管、持续监管，提高上市公司监管有效性。充分发挥证券交易所一线监督及自律管理职责、上市公司协会自律管理作用。（证监会负责）

（十五）强化上市公司主体责任。上市公司要诚实守信、规范运作，专注主业、稳健经营，不断提高经营水平和发展质量。上市公司控股股东、实际控制人、董事、监事和高级管理人员要各尽其责，公平对待所有股东。对损害上市公司利益的行为，上市公司要依法维权。鼓励上市公司通过现金分红、股份回购等方式回报投资者，切实履行社会责任。（证监会、国务院国资委、财政部、全国工商联等单位负责）

（十六）督促中介机构归位尽责。健全中介机构执业规则体系，明确上市公司与各类中介机构的职责边界，压实中介机构责任。相关中介机构要严格履行核查验证、专业把关等法定职责，为上市公司提供高质量服务。相关部门和机构要配合中介机构依法依规履职，及时、准确、完整地提供相关信息。（证监会、财政部、司法部、银保监会等单位与各省级人民政府负责）

（十七）凝聚各方合力。完善上市公司综合监管体系，推进上市公司监管大数据平台建设，建立健全财政、税务、海关、金融、市场监管、行业监管、地方政府、司法机关等单位的信息共享机制。增加制度供给，优化政策环境，加强监管执法协作，协同处置上市公司风险。充分发挥新闻媒体的舆论引导和监督作用，共同营造支持上市公司高质量发展的良好环境。（各相关单位与各省级人民政府负责）

国务院关于实施动产和权利担保统一登记的决定

（2020 年 12 月 22 日　国发〔2020〕18 号）

为贯彻落实党中央、国务院决策部署，进一步提高动产和权利担保融资效率，优化营商环境，促进金融更好服务实体经济，现作出如下决定：

一、自 2021 年 1 月 1 日起，在全国范围内实施动产和权利担保统一登记。

二、纳入动产和权利担保统一登记范围的担保类型包括：

（一）生产设备、原材料、半成品、产品抵押；

（二）应收账款质押；

（三）存款单、仓单、提单质押；

（四）融资租赁；

（五）保理；

（六）所有权保留；

（七）其他可以登记的动产和权利担保，但机动车抵押、船舶抵押、航空器抵押、债券质押、基金份额质押、股权质押、知识产权中的财产权质押除外。

三、纳入统一登记范围的动产和权利担保，由当事人通过中国人民银行征信中心（以下简称征信中心）动产融资统一登记公示系统自主办理登记，并对登记内容的真实性、完整性和合法性负责。登记机构不对登记内容进行实质审查。

四、中国人民银行要加强对征信中心的督促指导。征信中心具体承担服务性登记工作，不得开展事前审批性登记。征信中心要做好系统建设和维护工作，保障系统安全、稳定运行，建立高效运转的服务体系，不断提高服务效率和质量。

五、国家市场监督管理总局不再承担“管理动产抵押物登记”职责。中国人民银行负责制定生产设备、原材料、半成品、产品抵押和应收账款质押统一登记制度，推进登记服务便利化。中国人民银行、国家市场监督管理总局应当明确生产设备、原材料、半成品、产品抵押登记的过渡安排，妥善做好存量信息的查询、变更、注销服务和数据移交工作，确保有关工作的连续性、稳定性、有效性。

各地区、各相关部门要相互协作、密切配合，认真落实本决定部署的各项工作，努力优化营商环境。

自然资源

国务院关于授权和委托用地审批权的决定

（2020年3月1日　国发〔2020〕4号）

为贯彻落实党的十九届四中全会和中央经济工作会议精神，根据《中华人民共和国土地管理法》相关规定，在严格保护耕地、节约集约用地的前提下，进一步深化"放管服"改革，改革土地管理制度，赋予省级人民政府更大用地自主权，现决定如下：

一、将国务院可以授权的永久基本农田以外的农用地转为建设用地审批事项授权各省、自治区、直辖市人民政府批准。自本决定发布之日起，按照《中华人民共和国土地管理法》第四十四条第三款规定，对国务院批准土地利用总体规划的城市在建设用地规模范围内，按土地利用年度计划分批次将永久基本农田以外的农用地转为建设用地的，国务院授权各省、自治区、直辖市人民政府批准；按照《中华人民共和国土地管理法》第四十四条第四款规定，对在土地利用总体规划确定的城市和村庄、集镇建设用地规模范围外，将永久基本农田以外的农用地转为建设用地的，国务院授权各省、自治区、直辖市人民政府批准。

二、试点将永久基本农田转为建设用地和国务院批准土地征收审批事项委托部分省、自治区、直辖市人民政府批准。自本决定发布之日起，对《中华人民共和国土地管理法》第四十四条第二款规定的永久基本农田转为建设用地审批事项，以及第四十六条第一款规定的永久基本农田、永久基本农田以外的耕地超过三十五公顷的、其他土地超过七十公顷的土地征收审批事项，国务院委托部分试点省、自治区、直辖市人民政府批准。首批试点省份为北京、天津、上海、江苏、浙江、安徽、广东、重庆，试点期限1年，具体实施方案由试点省份人民政府制订并报自然资源部备案。国务院将建立健全省级人民政府用地审批工作评价机制，根据各省、自治区、直辖市的土地管理水平综合评估结果，对试点省份进行动态调整，对连续排名靠后或考核不合格的试点省份，国务院将收回委托。

三、有关要求。各省、自治区、直辖市人民政府要按照法律、行政法规和有关政策规定，严格审查把关，特别要严格审查涉及占用永久基本农田、生态保护红线、自然保护区的用地，切实保护耕地，节约集约用地，盘活存量土地，维护被征地农民合法权益，确保相关用地审批权“放得下、接得住、管得好”。各省、自治区、直辖市人民政府不得将承接的用地审批权进一步授权或委托。

自然资源部要加强对各省、自治区、直辖市人民政府用地审批工作的指导和服务，明确审批要求和标准，切实提高审批质量和效率；要采取“双随机、一公开”等方式，加强对用地审批情况的监督检查，发现违规问题及时督促纠正，重大问题及时向国务院报告。

国务院办公厅关于防止耕地“非粮化”稳定粮食生产的意见

（2020年11月4日　国办发〔2020〕44号）

近年来，我国农业结构不断优化，区域布局趋于合理，粮食生产连年丰收，有力保障了国家粮食安全，为稳定经济社会发展大局提供坚实支撑。与此同时，部分地区也出现耕地“非粮化”倾向，一些地方把农业结构调整简单理解为压减粮食生产，一些经营主体违规在永久基本农田上种树挖塘，一些工商资本大规模流转耕地改种非粮作物等，这些问题如果任其发展，将影响国家粮食安全。各地区各部门要坚持以习近平新时代中国特色社会主义思想为指导，增强“四个意识”、坚定“四个自信”、做到“两个维护”，认真落实党中央、国务院决策部署，采取有力举措防止耕地“非粮化”，切实稳定粮食生产，牢牢守住国家粮食安全的生命线。经国务院同意，现提出以下意见。

一、充分认识防止耕地“非粮化”稳定粮食生产的重要性紧迫性

（一）坚持把确保国家粮食安全作为“三农”工作的首要任务。随着我国人口增长、消费结构不断升级和资源环境承载能力趋紧，粮食产需仍将维持紧平衡态势。新冠肺炎疫情全球大流行，国际农产品市场供给不确定性增加，必须以稳定国内粮食生产来应对国际形势变化带来的不确定性。各地区各部门要始终绷紧国家粮食安全这根弦，把稳定粮食生产作为农业供给侧结构性改革的前提，着力稳政策、稳面积、稳产量，坚持耕地管控、建设、激励多措并举，不断巩固提升粮食综合生产能力，确保谷物基本自给、口粮绝对安全，切实把握国家粮食安全主动权。

（二）坚持科学合理利用耕地资源。耕地是粮食生产的根基。我国耕地总量少，质量总体不高，后备资源不足，水热资源空间分布不匹配，确保国家粮食安全，必须处理好发展粮食生产和发挥比较效益的关系，不能单纯以经济效益决定耕地用途，必须将有限的耕地资源优先用于粮食生产。各地区各部门要认真落实重要农产品保障战略，进一步优化区域布局和生产结构，实施最严格的耕地保护制度，科学合理利用耕地资源，防止耕地“非粮化”，切实提高保障国家粮食安全和重要农产品有效供给水平。

（三）坚持共同扛起保障国家粮食安全的责任。我国人多地少的基本国情决定了必须举全国之力解决 14 亿人口的吃饭大事。各地区都有保障国家粮食安全的责任和义务，粮食主产区要努力发挥优势，巩固提升粮食综合生产能力，继续为全国作贡献；产销平衡区和主销区要保持应有的自给率，确保粮食种植面积不减少、产能有提升、产量不下降，共同维护好国家粮食安全。

二、坚持问题导向，坚决防止耕地“非粮化”倾向

（四）明确耕地利用优先序。对耕地实行特殊保护和用途管制，严格控制耕地转为林地、园地等其他类型农用地。永久基本农田是依法划定的优质耕地，要重点用于发展粮食生产，特别是保障稻谷、小麦、玉米三大谷物的种植面积。一般耕地应主要用于粮食和棉、油、糖、蔬菜等农产品及饲草饲料生产。耕地在优先满足粮食和食用农产品生产基础上，适度用于非食用农产品生产，对市场明显过剩的非食用农产品，要加以引导，防止无序发展。

（五）加强粮食生产功能区监管。各地区要把粮食生产功能区落实到地块，引导种植目标作物，保障粮食种植面积。组织开展粮食生产功能区划定情况“回头看”，对粮食种植面积大但划定面积少的进行补划，对耕地性质发生改变、不符合划定标准的予以剔除并及时补划。引导作物一年两熟以上的粮食生产功能区至少生产一季粮食，种植非粮作物的要在一季后能够恢复粮食生产。不得擅自调整粮食生产功能区，不得违规在粮食生产功能区内建设种植和养殖设施，不得违规将粮食生产功能区纳入退耕还林还草范围，不得在粮食生产功能区内超标准建设农田林网。

（六）稳定非主产区粮食种植面积。粮食产销平衡区和主销区要按照重要农产品区域布局及分品种生产供给方案要求，制定具体实施方案并抓好落实，扭转粮食种植面积下滑势头。产销平衡区要着力建成一批旱涝保收、高产稳产的口粮田，保证粮食基本自给。主销区要明确粮食种植面积底线，稳定和提高粮食自给率。

（七）有序引导工商资本下乡。鼓励和引导工商资本到农村从事良种繁育、粮食加工流通和粮食生产专业化社会化服务等。尽快修订农村土地经营权流转管理办法，督促各地区抓紧建立健全工商资本流转土地资格审查和项目审核制度，强化租赁农地监测监管，对工商资本违反相关产业发展规划大规模流转耕地不种粮的“非粮化”行为，一经发现要坚决予以纠正，并立即停止其享受相关扶持政策。

（八）严禁违规占用永久基本农田种树挖塘。贯彻土地管理法、基本农田保护条例有关规定，落实耕地保护目标和永久基本农田保护任务。严格规范永久基本农田上农业生产经营活动，禁止占用永久基本农田从事林果业以及挖塘养鱼、非法取土等破坏耕作层的行为，禁止闲置、荒芜永久基本农田。利用永久基本农田发展稻渔、稻虾、稻蟹等综合立体种养，应当以不破坏永久基本农田为前提，沟坑占比要符合稻渔综合种养技术规范通则标准。推动制订和完善相关法律法规，明确对占用永久基本农田从事林果业、挖塘养鱼等的处罚措施。

三、强化激励约束，落实粮食生产责任

（九）严格落实粮食安全省长责任制。各省、自治区、直辖市人民政府要切实承担起保障本地区粮食安全的主体责任，稳定粮食种植面积，将粮食生产目标任务分解到市县。要坚决遏制住耕地“非粮化”增量，同时对存量问题摸清情况，从实际出发，分类稳妥处置，不搞“一刀切”。国家发展改革委、农业农村部、国家粮食和储备局等部门要将防止耕地“非粮化”作为粮食安全省长责任制考核重要内容，提高粮食种植面积、产量和高标准农田建设等考核指标权重，细化对粮食主产区、产销平衡区和主销区的考核要求。严格考核并强化结果运用，对成绩突出的省份进行表扬，对落实不力的省份进行通报约谈，并与相关支持政策和资金相衔接。

（十）完善粮食生产支持政策。落实产粮大县奖励政策，健全粮食主产区利益补偿机制，着力保护和调动地方各级政府重农抓粮、农民务农种粮的积极性。将省域内高标准农田建设产生的新增耕地指标调剂收益优先用于农田建设再投入和债券偿还、贴息等。加大粮食生产功能区政策支持力度，相关农业资金向粮食生产功能区倾斜，优先支持粮食生产功能区内目标作物种植，加快把粮食生产功能区建成“一季千斤、两季一吨”的高标准粮田。加强对种粮主体的政策激励，支持家庭农场、农民合作社发展粮食适度规模经营，大力推进代耕代种、统防统治、土地托管等农业生产社会化服务，提高种粮规模效益。完善小麦稻谷最低收购价政策，继续实施稻谷补贴和玉米大豆生产者补贴，继续推进三大粮食作物完全成本保险和收入保险试点。积极开展粮食生产薄弱环节机械化技术试验示范，着力解决水稻机插、玉米籽粒机收等瓶颈问题，加快丘陵山区农田宜机化改造。支持建设粮食产后烘干、加工设施，延长产业链条，提高粮食经营效益。

（十一）加强耕地种粮情况监测。农业农村部、自然资源部要综合运用卫星遥感等现代信息技术，每半年开展一次全国耕地种粮情况监测评价，建立耕地“非粮化”情况通报机制。各地区要对本区域耕地种粮情况进行动态监测评价，发现问题及时整改，重大情况及时报告。定期对粮食生产功能区内目标作物种植情况进行监测评价，实行信息化、精细化管理，及时更新电子地图和数据库。

（十二）加强组织领导。各省、自治区、直辖市人民政府要按照本意见要求，抓紧制定工作方案，完善相关政策措施，稳妥有序抓好贯彻落实，于2020年年底前将有关落实情况报国务院，并抄送农业农村部、自然资源部。各有关部门要按照职责分工，切实做好相关工作。农业农村部、自然资源部要会同有关部门做好对本意见执行情况的监督检查。

交通运输

国务院办公厅转发国家发展改革委交通运输部关于进一步降低物流成本实施意见的通知

（2020 年 5 月 20 日　国办发〔2020〕10 号）

国家发展改革委、交通运输部《关于进一步降低物流成本的实施意见》已经国务院同意，现转发给你们，请认真贯彻执行。

关于进一步降低物流成本的实施意见

物流是畅通国民经济循环的重要环节。近年来，物流降本增效积极推进，社会物流成本水平保持稳步下降，但部分领域物流成本高、效率低等问题仍然突出，特别是受新冠肺炎疫情影响，社会物流成本出现阶段性上升，难以适应建设现代化经济体系、推动高质量发展的要求。为贯彻落实党中央、国务院关于统筹疫情防控和经济社会发展的决策部署，进一步降低物流成本、提升物流效率，加快恢复生产生活秩序，现提出以下意见。

一、深化关键环节改革，降低物流制度成本

（一）完善证照和许可办理程序。加快运输领域资质证照电子化，推动线上办理签注。优化大件运输跨省并联许可服务，进一步提高审批效率。（交通运输部负责）

（二）科学推进治理车辆超限超载。深入推进治超联合执法常态化、制度化，细化执法流程，严格执行全国统一的治超执法标准。分车型、分阶段有序开展治理货运车辆非法改装工作，逐步淘汰各种不合规车型。组织开展常压液体危险货物罐车专项治理行动。（交通运输部、公安部、工业和信息化部、市场监管总局按职责分工负责）

（三）维护道路货运市场正常秩序。建立严厉打击高速公路、国省道车匪路霸的常态化工作机制，畅通投诉举报渠道，重点规范车辆通行、停车服务、道路救援等领域市场秩序。（公安部、交通运输部、国家发展改革委、市场监管总局、省级人民政府按职责分工负责）

（四）优化城市配送车辆通行停靠管理。持续推进城市绿色货运配送示范工程。完善以综合物流中心、公共配送中心、末端配送网点为支撑的三级配送网络，合理设置城市配送车辆停靠装卸相关设施。鼓励发展共同配送、统一配送、集中配送、分时配送等集约化配送。改进城市配送车辆通行管理工作，明确城市配送车辆的概念范围，放宽标准化轻微型配送车辆通行限制，对新能源城市配送车辆给予更多通行便利。（交通运输部、商务部、公安部按职责分工负责）研究将城市配送车辆停靠接卸场地建设纳入城市建设和建筑设计规范。（住房城乡建设部负责）

（五）推进通关便利化。推动港口、口岸等场所作业单证无纸化，压缩单证流转时间，提升货物进出港效率。依托国际贸易“单一窗口”，开展监管、查验指令信息与港口信息双向交互试点，提高进出口货物提离速度。持续推进进出口“提前申报”，优化“两步申报”通关模式。梳理海运、通关环节审批管理事项和监管证件，对不合理或不能适应监管需要的，按规定予以取消或退出口岸验核。（交通运输部、商务部、海关总署按职责分工负责）

（六）深化铁路市场化改革。选取铁路路网密集、货运需求量大、运输供求矛盾较突出的地区和部分重要铁路货运线路（含疏运体系）开展铁路市场化改革综合试点，通过引入市场竞争机制，开展投融资、规划建设、运营管理、绩效管理、运输组织等改革。持续完善铁路货物运输价格灵活调整机制，及时灵敏反映市场供求关系。进一步放宽市场准入，吸引社会资本参与铁路货运场站、仓储等物流设施建设和运营。（国家发展改革委、交通运输部、财政部、国家铁路局、中

国国家铁路集团有限公司负责）

二、加强土地和资金保障，降低物流要素成本

（七）保障物流用地需求。对国家及有关部门、省（自治区、直辖市）确定的国家物流枢纽、铁路专用线、冷链物流设施等重大物流基础设施项目，在建设用地指标方面给予重点保障。支持利用铁路划拨用地等存量土地建设物流设施。指导地方按照有关规定利用集体经营性建设用地建设物流基础设施。（自然资源部、中国国家铁路集团有限公司、省级人民政府负责）

（八）完善物流用地考核。指导地方政府合理设置物流用地绩效考核指标。在符合规划、不改变用途的前提下，对提高自有工业用地或仓储用地利用率、容积率并用于仓储、分拨转运等物流设施建设的，不再增收土地价款。（自然资源部、省级人民政府负责）

（九）拓宽融资渠道。加大中央预算内投资、地方政府专项债券对国家物流枢纽、国家骨干冷链物流基地等重大物流基础设施建设的支持力度。引导银行业金融机构加强对物流企业融资支持，鼓励规范发展供应链金融，依托核心企业加强对上下游小微企业的金融服务。充分发挥全国中小企业融资综合信用服务平台作用，推广“信易贷”模式。落实授信尽职免责和差异化考核激励政策，明确尽职认定标准和免责条件。鼓励社会资本设立物流产业发展基金。（国家发展改革委、财政部、中国人民银行、中国银保监会、国家开发银行按职责分工负责）

（十）完善风险补偿分担机制。鼓励保险公司为物流企业获取信贷融资提供保证保险增信支持，加大政策性担保对物流企业的信贷担保支持力度。发挥商业保险优势，支持保险公司开发物流企业综合保险产品和物流新兴业态从业人员的意外、医疗保险产品。（中国银保监会负责）

三、深入落实减税降费措施，降低物流税费成本

（十一）落实物流领域税费优惠政策。落实好大宗商品仓储用地城镇土地使用税减半征收等物流减税降费政策。（财政部、税务总局负责）

（十二）降低公路通行成本。结合深化收费公路制度改革，全面推广高速公路差异化收费，引导拥堵路段、时段车辆科学分流，进一步提高通行效率。深化高速公路电子不停车快捷收费改革。加强取消高速公路省界收费站后的路网运行保障，确保不增加货车通行费总体负担。鼓励有条件的地方回购经营性普通收费公路收费权，对车辆实行免费通行。严格落实鲜活农产品运输“绿色通道”政策，切实降低冷鲜猪肉等鲜活农产品运输成本。（交通运输部、财政部、国家发展改革委、省级人民政府按职责分工负责）

（十三）降低铁路航空货运收费。精简铁路货运杂费项目，降低运杂费迟交金收费标准，严格落实取消货物运输变更手续费。（中国国家铁路集团有限公司负责）大力推行大宗货物“一口价”运输。严格落实铁路专用线领域收费目录清单和公示制度，对目录清单外的收费项目以及地方政府附加收费、专用线产权单位或经营单位收费等进行清理规范。制定铁路专用线服务价格行为规则，规范铁路专用线、自备车维修服务收费行为，进一步降低收费标准，严禁通过提高或变相提高其他收费的方式冲抵降费效果。（市场监管总局、国家铁路局、中国国家铁路集团有限公司按职责分工负责）推动中欧班列高质量发展，优化班列运输组织，加强资源整合，推进“中转集散”，规范不良竞争行为，进一步降低班列开行成本。（国家发展改革委、中国国家铁路集团有限公司、财政部按职责分工负责）将机场货站运抵费归并纳入货物处理费。（中国民航局、省级人民政府负责）

（十四）规范海运口岸收费。降低港口、检验检疫等收费。对海运口岸收费进行专项清理整顿，进一步精简合并收费项目，完善海运口岸收费目录清单并实行动态管理，确保清单外无收费项目。研究将港口设施保安费等并入港口作业包干费，降低部分政府定价的港口收费标准。依法规范港口企业和船公司收费行为。降低集装箱进出口常规收费水平。（国家发展改革委、财政部、交通运输部、海关总署、市场监管总局按职责分工负责）

（十五）加强物流领域收费行为监管。对实行政府定价或政府指导价的收费项目，及时降低偏高收费标准；对实行市场调节价的收费项目，研究建立收费行为规则和指南。严格执行收费项目和标准公示制度，对不按公示价格标准收费或随意增加收费项目等行为，加大查处力度。依法查处强制收费、只收费不服务、超标准收费等违规违法行为。（国家发展改革委、市场监管总局、交通运输部、海关总署、

省级人民政府按职责分工负责）

四、加强信息开放共享，降低物流信息成本

（十六）推动物流信息开放共享。在确保信息安全前提下，交通运输、公安交管、铁路、港口、航空等单位要向社会开放与物流相关的公共信息。按照安全共享和对等互利的原则，推动铁路企业与港口、物流等企业信息系统对接，完善信息接口等标准，加强列车到发时刻等信息开放。研究建立全国多式联运公共信息系统，推行标准化数据接口和协议，更大程度实现数据信息共享。（交通运输部、公安部、工业和信息化部、国家铁路局、中国民航局、中国国家铁路集团有限公司按职责分工负责）

（十七）降低货车定位信息成本。对出厂前已安装卫星定位装置的货运车辆，任何单位不得要求重复加装卫星定位装置。规范货运车辆定位信息服务商收费行为，减轻货运车辆定位信息成本负担。（工业和信息化部、市场监管总局、交通运输部按职责分工负责）

五、推动物流设施高效衔接，降低物流联运成本

（十八）破除多式联运“中梗阻”。中央和地方财政加大对铁路专用线、多式联运场站等物流设施建设的资金支持力度，研究制定铁路专用线进港口设计规范，促进铁路专用线进港口、进大型工矿企业、进物流枢纽。持续推进长江航道整治工程和三峡翻坝综合转运体系建设，进一步提升长江等内河航运能力。加快推动大宗货物中长距离运输“公转铁”、“公转水”。（财政部、国家发展改革委、交通运输部、工业和信息化部、国家铁路局、中国国家铁路集团有限公司按职责分工负责）以多式联运示范工程为重点，推广应用多式联运运单，加快发展“一单制”联运服务。（交通运输部、国家发展改革委、国家铁路局、中国国家铁路集团有限公司负责）

（十九）完善物流标准规范体系。推广应用符合国家标准的货运车辆、内河船舶船型、标准化托盘和包装基础模数，带动上下游物流装载器具标准化。（工业和信息化部、商务部、交通运输部、市场监管总局按职责分工负责）加强与国际标准接轨，适应多式联运发展需求，推广应用内陆集装箱（系列 2），加强特定货类安全装载标准研究，减少重复掏箱装箱。（交通运输部、国家铁路局、工业和信息化部、公安部、中国国家铁路集团有限公司负责）

六、推动物流业提质增效，降低物流综合成本

（二十）推进物流基础设施网络建设。研究制定2021—2025年国家物流枢纽网络建设实施方案，整合优化存量物流基础设施资源，构建“通道+枢纽+网络”的物流运作体系，系统性降低全程运输、仓储等物流成本。（国家发展改革委、交通运输部负责）继续实施示范物流园区工程，示范带动骨干物流园区互联成网。（国家发展改革委、自然资源部负责）布局建设一批国家骨干冷链物流基地，有针对性补齐城乡冷链物流设施短板，整合冷链物流以及农产品生产、流通资源，提高冷链物流规模化、集约化、组织化、网络化水平，降低冷链物流成本。（国家发展改革委负责）加强县乡村共同配送基础设施建设，推广应用移动冷库等新型冷链物流设施设备。（商务部、国家发展改革委负责）加强应急物流体系建设，完善应急物流基础设施网络，整合储备、运输、配送等各类存量基础设施资源，加快补齐特定区域、特定领域应急物流基础设施短板，提高紧急情况下应急物流保障能力。（国家发展改革委、交通运输部、省级人民政府按职责分工负责）

（二十一）培育骨干物流企业。鼓励大型物流企业市场化兼并重组，提高综合服务能力和国际竞争力。培育具有较强实力的国际海运企业，推动构建与我国对外贸易规模相适应的国际航运网络。（国务院国资委、交通运输部按职责分工负责）严格落实网络货运平台运营相关法规和标准，促进公路货运新业态规范发展。鼓励物流企业向多式联运经营人、物流全链条服务商转型。（交通运输部、国家发展改革委按职责分工负责）

（二十二）提高现代供应链发展水平。深入推进供应链创新与应用试点，总结推广试点成功经验和模式，提高资金、存货周转效率，促进现代供应链与农业、工业、商贸流通业等融合创新。研究制定现代供应链发展战略，加快发展数字化、智能化、全球化的现代供应链。（国家发展改革委、商务部按职责分工负责）

（二十三）加快发展智慧物流。积极推进新一代国家交通控制网建设，加快货物管理、运输服务、场站设施等数字化升级。（交通运输部负责）推进新兴技术和智能化设备应用，提高仓储、运输、分拨配送等物流环节的自动化、智慧化水平。（国家发展改革委负责）

（二十四）积极发展绿色物流。深入推动货物包装和物流器具绿色化、减量化，鼓励企业研发使用可循环的绿色包装和可降解的绿色包材。加快推动建立托盘等标准化装载器具循环共用体系，减少企业重复投入。（商务部、交通运输部、市场监管总局、工业和信息化部、国家邮政局按职责分工负责）

各地区各部门要按照党中央、国务院决策部署，加强政策统筹协调，切实落实工作责任，结合本地区本部门实际认真组织实施。国家发展改革委要会同有关部门发挥全国现代物流工作部际联席会议作用，加强工作指导，及时总结推广降低物流成本典型经验做法，协调解决政策实施中存在的问题，确保各项政策措施落地见效。

信息、邮政

国务院关于印发新时期促进集成电路产业和软件产业高质量发展若干政策的通知

（2020年7月27日　国发〔2020〕8号）

现将《新时期促进集成电路产业和软件产业高质量发展的若干政策》印发给你们，请认真贯彻落实。

新时期促进集成电路产业和软件产业高质量发展的若干政策

集成电路产业和软件产业是信息产业的核心，是引领新一轮科技革命和产业变革的关键力量。《国务院关于印发鼓励软件产业和集成电路产业发展若干政策的通知》（国发〔2000〕18号）、《国务院关于印发进一步鼓励软件产业和集成电路产业发展若干政策的通知》（国发〔2011〕4号）印发以来，我国集成电路产业和软件产业快速发展，有力支撑了国家信息化建设，促进了国民经济和社会持续健康发展。为进一步优化集成电路产业和软件产业发展环境，深化产业国际合作，提升产业创新能力和发展质量，制定以下政策。

一、财税政策

（一）国家鼓励的集成电路线宽小于28纳米（含），且经营期在15年以上的集成电路生产企业或项目，第一年至第十年免征企业所得税。国家鼓励的集成电路线宽小于65纳米（含），且经营期在15年以上的集成电路生产企业或项目，第一年至第五年免征企业所得税，第六年至第十年按照25%的法定税率减半征收企业所得税。国家鼓励的集成电路线宽小于130纳米（含），且经营期在10年以上的集成电路生产企业或项目，第一年至第二年免征企业所得税，第三年至第五年按照25%的法定税率减半征收企业所得税。国家鼓励的线宽小于130纳米（含）的集成电路生产企业纳税年度发生的亏损，准予向以后年度结转，总结转年限最长不得超过10年。

对于按照集成电路生产企业享受税收优惠政策的，优惠期自获利年度起计算；对于按照集成电路生产项目享受税收优惠政策的，优惠期自项目取得第一笔生产经营收入所属纳税年度起计算。国家鼓励的集成电路生产企业或项目清单由国家发展改革委、工业和信息化部会同相关部门制定。

（二）国家鼓励的集成电路设计、装备、材料、封装、测试企业和软件企业，自获利年度起，第一年至第二年免征企业所得税，第三年至第五年按照25%的法定税率减半征收企业所得税。国家鼓励的集成电路设计、装备、材料、封装、测试企业条件由工业和信息化部会同相关部门制定。

（三）国家鼓励的重点集成电路设计企业和软件企业，自获利年度起，第一年至第五年免征企业所得税，接续年度减按10%的税率征收企业所得税。国家鼓励的重点集成电路设计企业和软件企业清单由国家发展改革委、工业和信息化部会同相关部门制定。

（四）国家对集成电路企业或项目、软件企业实施的所得税优惠政策条件和范围，根据产业技术进步情况进行动态调整。集成电路设计企业、软件企业在本政策实施以前年度的企业所得税，按照国发〔2011〕4号文件明确的企业所得税“两免三减半”优惠政策执行。

（五）继续实施集成电路企业和软件企业增值税优惠政策。

（六）在一定时期内，集成电路线宽小于65纳米（含）的逻辑电路、存储器生产企业，以及线宽小于0.25微米（含）的特色工艺集成电路生产企业(含掩模版、8英寸及以上硅片生产企业)进口自用生产性原材料、消耗品,净化室专用建筑材料、配套系统和集成电路生产设备零配件,免征进口关税;集成电路线宽小于0.5微米(含)的化合物集成电路生产企业和先进封装测试企业进口自用生产性原材料、消耗品,免征进口关税。具体政策由财政部会同海关总署等有关部门制定。企业清单、免税商品清单分别由国家发展改革委、工业和信息化部会同相关部门制定。

(七)在一定时期内,国家鼓励的重点集成电路设计企业和软件企业,以及第(六)条中的集成电路生产企业和先进封装测试企业进口自用设备,及按照合同随设备进口的技术(含软件)及配套件、备件,除相关不予免税的进口商品目录所列商品外,免征进口关税。具体政策由财政部会同海关总署等有关部门制定。

(八)在一定时期内,对集成电路重大项目进口新设备,准予分期缴纳进口环节增值税。具体政策由财政部会同海关总署等有关部门制定。

二、投融资政策

(九)加强对集成电路重大项目建设的服务和指导,有序引导和规范集成电路产业发展秩序,做好规划布局,强化风险提示,避免低水平重复建设。

(十)鼓励和支持集成电路企业、软件企业加强资源整合,对企业按照市场化原则进行的重组并购,国务院有关部门和地方政府要积极支持引导,不得设置法律法规政策以外的各种形式的限制条件。

(十一)充分利用国家和地方现有的政府投资基金支持集成电路产业和软件产业发展,鼓励社会资本按照市场化原则,多渠道筹资,设立投资基金,提高基金市场化水平。

(十二)鼓励地方政府建立贷款风险补偿机制,支持集成电路企业、软件企业通过知识产权质押融资、股权质押融资、应收账款质押融资、供应链金融、科技及知识产权保险等手段获得商业贷款。充分发挥融资担保机构作用,积极为集成电路和软件领域小微企业提供各种形式的融资担保服务。

(十三)鼓励商业性金融机构进一步改善金融服务,加大对集成电路产业和软件产业的中长期贷款支持力度,积极创新适合集成电路产业和软件产业发展的信贷产品，在风险可控、商业可持续的前提下，加大对重大项目的金融支持力度；引导保险资金开展股权投资；支持银行理财公司、保险、信托等非银行金融机构发起设立专门性资管产品。

（十四）大力支持符合条件的集成电路企业和软件企业在境内外上市融资，加快境内上市审核流程，符合企业会计准则相关条件的研发支出可作资本化处理。鼓励支持符合条件的企业在科创板、创业板上市融资，通畅相关企业原始股东的退出渠道。通过不同层次的资本市场为不同发展阶段的集成电路企业和软件企业提供股权融资、股权转让等服务，拓展直接融资渠道，提高直接融资比重。

（十五）鼓励符合条件的集成电路企业和软件企业发行企业债券、公司债券、短期融资券和中期票据等，拓宽企业融资渠道，支持企业通过中长期债券等方式从债券市场筹集资金。

三、研究开发政策

（十六）聚焦高端芯片、集成电路装备和工艺技术、集成电路关键材料、集成电路设计工具、基础软件、工业软件、应用软件的关键核心技术研发，不断探索构建社会主义市场经济条件下关键核心技术攻关新型举国体制。科技部、国家发展改革委、工业和信息化部等部门做好有关工作的组织实施，积极利用国家重点研发计划、国家科技重大专项等给予支持。

（十七）在先进存储、先进计算、先进制造、高端封装测试、关键装备材料、新一代半导体技术等领域，结合行业特点推动各类创新平台建设。科技部、国家发展改革委、工业和信息化部等部门优先支持相关创新平台实施研发项目。

（十八）鼓励软件企业执行软件质量、信息安全、开发管理等国家标准。加强集成电路标准化组织建设，完善标准体系，加强标准验证，提升研发能力。提高集成电路和软件质量，增强行业竞争力。

四、进出口政策

（十九）在一定时期内，国家鼓励的重点集成电路设计企业和软件企业需要临时进口的自用设备（包括开发测试设备）、软硬件环境、样机及部件、元器件，符合规定的可办理暂时进境货物海关手续，其进口税收按照现行法规执行。

（二十）对软件企业与国外资信等级较高的企业签订的软件出口合同，金融机构可按照独立审贷和风险可控的原则提供融资和保险支持。

（二十一）推动集成电路、软件和信息技术服务出口，大力发展国际服务外包业务，支持企业建立境外营销网络。商务部会同相关部门与重点国家和地区建立长效合作机制，采取综合措施为企业拓展新兴市场创造条件。

五、人才政策

（二十二）进一步加强高校集成电路和软件专业建设，加快推进集成电路一级学科设置工作，紧密结合产业发展需求及时调整课程设置、教学计划和教学方式，努力培养复合型、实用型的高水平人才。加强集成电路和软件专业师资队伍、教学实验室和实习实训基地建设。教育部会同相关部门加强督促和指导。

（二十三）鼓励有条件的高校采取与集成电路企业合作的方式，加快推进示范性微电子学院建设。优先建设培育集成电路领域产教融合型企业。纳入产教融合型企业建设培育范围内的试点企业，兴办职业教育的投资符合规定的，可按投资额30%的比例，抵免该企业当年应缴纳的教育费附加和地方教育附加。鼓励社会相关产业投资基金加大投入，支持高校联合企业开展集成电路人才培养专项资源库建设。支持示范性微电子学院和特色化示范性软件学院与国际知名大学、跨国公司合作，引进国外师资和优质资源，联合培养集成电路和软件人才。

（二十四）鼓励地方按照国家有关规定表彰和奖励在集成电路和软件领域作出杰出贡献的高端人才，以及高水平工程师和研发设计人员，完善股权激励机制。通过相关人才项目，加大力度引进顶尖专家和优秀人才及团队。在产业集聚区或相关产业集群中优先探索引进集成电路和软件人才的相关政策。制定并落实集成电路和软件人才引进和培训年度计划，推动国家集成电路和软件人才国际培训基地建设，重点加强急需紧缺专业人才中长期培训。

（二十五）加强行业自律，引导集成电路和软件人才合理有序流动，避免恶性竞争。

六、知识产权政策

（二十六）鼓励企业进行集成电路布图设计专有权、软件著作权登记。支持集成电路企业和软件企业依法申请知识产权,对符合有关规定的,可给予相关支持。大力发展集成电路和软件相关知识产权服务。

（二十七）严格落实集成电路和软件知识产权保护制度,加大知识产权侵权违法行为惩治力度。加强对集成电路布图设计专有权、网络环境下软件著作权的保护,积极开发和应用正版软件网络版权保护技术,有效保护集成电路和软件知识产权。

（二十八）探索建立软件正版化工作长效机制。凡在中国境内销售的计算机（含大型计算机、服务器、微型计算机和笔记本电脑）所预装软件须为正版软件,禁止预装非正版软件的计算机上市销售。全面落实政府机关使用正版软件的政策措施,对通用软件实行政府集中采购,加强对软件资产的管理。推动重要行业和重点领域使用正版软件工作制度化规范化。加强使用正版软件工作宣传培训和督促检查,营造使用正版软件良好环境。

七、市场应用政策

（二十九）通过政策引导,以市场应用为牵引,加大对集成电路和软件创新产品的推广力度,带动技术和产业不断升级。

（三十）推进集成电路产业和软件产业集聚发展,支持信息技术服务产业集群、集成电路产业集群建设,支持软件产业园区特色化、高端化发展。

（三十一）支持集成电路和软件领域的骨干企业、科研院所、高校等创新主体建设以专业化众创空间为代表的各类专业化创新服务机构,优化配置技术、装备、资本、市场等创新资源,按照市场机制提供聚焦集成电路和软件领域的专业化服务,实现大中小企业融通发展。加大对服务于集成电路和软件产业的专业化众创空间、科技企业孵化器、大学科技园等专业化服务平台的支持力度,提升其专业化服务能力。

（三十二）积极引导信息技术研发应用业务发展服务外包。鼓励政府部门通过购买服务的方式,将电子政务建设、数据中心建设和数据处理工作中属于政府职责范围,且适合通过市场化方式提供的服务事项,交由符合条件的软件和信息技术服务机构承担。抓紧制定完善相应的安全审查和保密管理规定。鼓励大中型企业依托信息技术研发应用业务机构，成立专业化软件和信息技术服务企业。

（三十三）完善网络环境下消费者隐私及商业秘密保护制度，促进软件和信息技术服务网络化发展。在各级政府机关和事业单位推广符合安全要求的软件产品和服务。

（三十四）进一步规范集成电路产业和软件产业市场秩序，加强反垄断执法，依法打击各种垄断行为，做好经营者反垄断审查，维护集成电路产业和软件产业市场公平竞争。加强反不正当竞争执法，依法打击各类不正当竞争行为。

（三十五）充分发挥行业协会和标准化机构的作用，加快制定集成电路和软件相关标准，推广集成电路质量评价和软件开发成本度量规范。

八、国际合作政策

（三十六）深化集成电路产业和软件产业全球合作，积极为国际企业在华投资发展营造良好环境。鼓励国内高校和科研院所加强与海外高水平大学和研究机构的合作，鼓励国际企业在华建设研发中心。加强国内行业协会与国际行业组织的沟通交流，支持国内企业在境内外与国际企业开展合作，深度参与国际市场分工协作和国际标准制定。

（三十七）推动集成电路产业和软件产业"走出去"。便利国内企业在境外共建研发中心，更好利用国际创新资源提升产业发展水平。国家发展改革委、商务部等有关部门提高服务水平，为企业开展投资等合作营造良好环境。

九、附则

（三十八）凡在中国境内设立的符合条件的集成电路企业（含设计、生产、封装、测试、装备、材料企业）和软件企业，不分所有制性质，均可享受本政策。

（三十九）本政策由国家发展改革委会同财政部、税务总局、工业和信息化部、商务部、海关总署等部门负责解释。

（四十）本政策自印发之日起实施。继续实施国发〔2000〕18 号、国发〔2011〕4 号文件明确的政策，相关政策与本政策不一致的，以本政策为准。

农林牧渔

全国人民代表大会常务委员会关于全面禁止非法野生动物交易、革除滥食野生动物陋习、切实保障人民群众生命健康安全的决定

（2020年2月24日第十三届全国人民代表大会常务委员会第十六次会议通过）

为了全面禁止和惩治非法野生动物交易行为，革除滥食野生动物的陋习，维护生物安全和生态安全，有效防范重大公共卫生风险，切实保障人民群众生命健康安全，加强生态文明建设，促进人与自然和谐共生，全国人民代表大会常务委员会作出如下决定：

一、凡《中华人民共和国野生动物保护法》和其他有关法律禁止猎捕、交易、运输、食用野生动物的，必须严格禁止。

对违反前款规定的行为，在现行法律规定基础上加重处罚。

二、全面禁止食用国家保护的"有重要生态、科学、社会价值的陆生野生动物"以及其他陆生野生动物，包括人工繁育、人工饲养的陆生野生动物。

全面禁止以食用为目的的猎捕、交易、运输在野外环境自然生长繁殖的陆生野生动物。

对违反前两款规定的行为，参照适用现行法律有关规定处罚。

三、列入畜禽遗传资源目录的动物，属于家畜家禽，适用《中华人民共和国畜牧法》的规定。

国务院畜牧兽医行政主管部门依法制定并公布畜禽遗传资源目录。

四、因科研、药用、展示等特殊情况，需要对野生动物进行非食用性利用的，应当按照国家有关规定实行严格审批和检疫检验。

国务院及其有关主管部门应当及时制定、完善野生动物非食用性利用的审批和检疫检验等规定，并严格执行。

五、各级人民政府和人民团体、社会组织、学校、新闻媒体等社会各方面，都应当积极开展生态环境保护和公共卫生安全的宣传教育和引导，全社会成员要自觉增强生态保护和公共卫生安全意识，移风易俗，革除滥食野生动物陋习，养成科学健康文明的生活方式。

六、各级人民政府及其有关部门应当健全执法管理体制，明确执法责任主体，落实执法管理责任，加强协调配合，加大监督检查和责任追究力度，严格查处违反本决定和有关法律法规的行为；对违法经营场所和违法经营者，依法予以取缔或者查封、关闭。

七、国务院及其有关部门和省、自治区、直辖市应当依据本决定和有关法律，制定、调整相关名录和配套规定。

国务院和地方人民政府应当采取必要措施，为本决定的实施提供相应保障。有关地方人民政府应当支持、指导、帮助受影响的农户调整、转变生产经营活动，根据实际情况给予一定补偿。

八、本决定自公布之日起施行。

农作物病虫害防治条例

（2020年3月17日国务院第86次常务会议通过
2020年3月26日中华人民共和国国务院令第725号公布
自2020年5月1日起施行）

第一章　总　　则

第一条　为了防治农作物病虫害，保障国家粮食安全和农产品质量安全，保护生态环境，促进农业可持续发展，制定本条例。

第二条　本条例所称农作物病虫害防治，是指对危害农作物及其产品的病、虫、草、鼠等有害生物的监测与预报、预防与控制、应急处置等防治活动及其监督管理。

第三条 农作物病虫害防治实行预防为主、综合防治的方针，坚持政府主导、属地负责、分类管理、科技支撑、绿色防控。

第四条 根据农作物病虫害的特点及其对农业生产的危害程度，将农作物病虫害分为下列三类：

（一）一类农作物病虫害，是指常年发生面积特别大或者可能给农业生产造成特别重大损失的农作物病虫害，其名录由国务院农业农村主管部门制定、公布；

（二）二类农作物病虫害，是指常年发生面积大或者可能给农业生产造成重大损失的农作物病虫害，其名录由省、自治区、直辖市人民政府农业农村主管部门制定、公布，并报国务院农业农村主管部门备案；

（三）三类农作物病虫害，是指一类农作物病虫害和二类农作物病虫害以外的其他农作物病虫害。

新发现的农作物病虫害可能给农业生产造成重大或者特别重大损失的，在确定其分类前，按照一类农作物病虫害管理。

第五条 县级以上人民政府应当加强对农作物病虫害防治工作的组织领导，将防治工作经费纳入本级政府预算。

第六条 国务院农业农村主管部门负责全国农作物病虫害防治的监督管理工作。县级以上地方人民政府农业农村主管部门负责本行政区域农作物病虫害防治的监督管理工作。

县级以上人民政府其他有关部门按照职责分工，做好农作物病虫害防治相关工作。

乡镇人民政府应当协助上级人民政府有关部门做好本行政区域农作物病虫害防治宣传、动员、组织等工作。

第七条 县级以上人民政府农业农村主管部门组织植物保护工作机构开展农作物病虫害防治有关技术工作。

第八条 农业生产经营者等有关单位和个人应当做好生产经营范围内的农作物病虫害防治工作，并对各级人民政府及有关部门开展的防治工作予以配合。

农村集体经济组织、村民委员会应当配合各级人民政府及有关部门做好农作物病虫害防治工作。

第九条 国家鼓励和支持开展农作物病虫害防治科技创新、成果转化和依法推广应用,普及应用信息技术、生物技术,推进农作物病虫害防治的智能化、专业化、绿色化。

国家鼓励和支持农作物病虫害防治国际合作与交流。

第十条 国家鼓励和支持使用生态治理、健康栽培、生物防治、物理防治等绿色防控技术和先进施药机械以及安全、高效、经济的农药。

第十一条 对在农作物病虫害防治工作中作出突出贡献的单位和个人,按照国家有关规定予以表彰。

第二章 监测与预报

第十二条 国家建立农作物病虫害监测制度。国务院农业农村主管部门负责编制全国农作物病虫害监测网络建设规划并组织实施。省、自治区、直辖市人民政府农业农村主管部门负责编制本行政区域农作物病虫害监测网络建设规划并组织实施。

县级以上人民政府农业农村主管部门应当加强对农作物病虫害监测网络的管理。

第十三条 任何单位和个人不得侵占、损毁、拆除、擅自移动农作物病虫害监测设施设备,或者以其他方式妨害农作物病虫害监测设施设备正常运行。

新建、改建、扩建建设工程应当避开农作物病虫害监测设施设备;确实无法避开、需要拆除农作物病虫害监测设施设备的,应当由县级以上人民政府农业农村主管部门按照有关技术要求组织迁建,迁建费用由建设单位承担。

农作物病虫害监测设施设备毁损的,县级以上人民政府农业农村主管部门应当及时组织修复或者重新建设。

第十四条 县级以上人民政府农业农村主管部门应当组织开展农作物病虫害监测。农作物病虫害监测包括下列内容:

(一)农作物病虫害发生的种类、时间、范围、程度;

(二)害虫主要天敌种类、分布与种群消长情况;

(三)影响农作物病虫害发生的田间气候;

（四）其他需要监测的内容。

农作物病虫害监测技术规范由省级以上人民政府农业农村主管部门制定。

农业生产经营者等有关单位和个人应当配合做好农作物病虫害监测。

第十五条 县级以上地方人民政府农业农村主管部门应当按照国务院农业农村主管部门的规定及时向上级人民政府农业农村主管部门报告农作物病虫害监测信息。

任何单位和个人不得瞒报、谎报农作物病虫害监测信息，不得授意他人编造虚假信息，不得阻挠他人如实报告。

第十六条 县级以上人民政府农业农村主管部门应当在综合分析监测结果的基础上，按照国务院农业农村主管部门的规定发布农作物病虫害预报，其他组织和个人不得向社会发布农作物病虫害预报。

农作物病虫害预报包括农作物病虫害发生以及可能发生的种类、时间、范围、程度以及预防控制措施等内容。

第十七条 境外组织和个人不得在我国境内开展农作物病虫害监测活动。确需开展的，应当由省级以上人民政府农业农村主管部门组织境内有关单位与其联合进行，并遵守有关法律、法规的规定。

任何单位和个人不得擅自向境外组织和个人提供未发布的农作物病虫害监测信息。

第三章　预防与控制

第十八条 国务院农业农村主管部门组织制定全国农作物病虫害预防控制方案，县级以上地方人民政府农业农村主管部门组织制定本行政区域农作物病虫害预防控制方案。

农作物病虫害预防控制方案根据农业生产情况、气候条件、农作物病虫害常年发生情况、监测预报情况以及发生趋势等因素制定，其内容包括预防控制目标、重点区域、防治阈值、预防控制措施和保障措施等方面。

第十九条 县级以上人民政府农业农村主管部门应当健全农作物病虫害防治体系，并组织开展农作物病虫害抗药性监测评估，为农业生产经营者提供农作物病虫害预防控制技术培训、指导、服务。

国家鼓励和支持科研单位、有关院校、农民专业合作社、企业、行业协会等单位和个人研究、依法推广绿色防控技术。

对在农作物病虫害防治工作中接触有毒有害物质的人员，有关单位应当组织做好安全防护，并按照国家有关规定发放津贴补贴。

第二十条 县级以上人民政府农业农村主管部门应当在农作物病虫害孳生地、源头区组织开展作物改种、植被改造、环境整治等生态治理工作，调整种植结构，防止农作物病虫害孳生和蔓延。

第二十一条 县级以上人民政府农业农村主管部门应当指导农业生产经营者选用抗病、抗虫品种，采用包衣、拌种、消毒等种子处理措施，采取合理轮作、深耕除草、覆盖除草、土壤消毒、清除农作物病残体等健康栽培管理措施，预防农作物病虫害。

第二十二条 从事农作物病虫害研究、饲养、繁殖、运输、展览等活动的，应当采取措施防止其逃逸、扩散。

第二十三条 农作物病虫害发生时，农业生产经营者等有关单位和个人应当及时采取防止农作物病虫害扩散的控制措施。发现农作物病虫害严重发生或者暴发的，应当及时报告所在地县级人民政府农业农村主管部门。

第二十四条 有关单位和个人开展农作物病虫害防治使用农药时，应当遵守农药安全、合理使用制度，严格按照农药标签或者说明书使用农药。

农田除草时，应当防止除草剂危害当季和后茬作物；农田灭鼠时，应当防止杀鼠剂危害人畜安全。

第二十五条 农作物病虫害严重发生时，县级以上地方人民政府农业农村主管部门应当按照农作物病虫害预防控制方案以及监测预报情况，及时组织、指导农业生产经营者、专业化病虫害防治服务组织等有关单位和个人采取统防统治等控制措施。

一类农作物病虫害严重发生时，国务院农业农村主管部门应当对控制工作进行综合协调、指导。二类、三类农作物病虫害严重发生时，省、自治区、直辖市人民政府农业农村主管部门应当对控制工作进行综合协调、指导。

国有荒地上发生的农作物病虫害由县级以上地方人民政府组织

控制。

第二十六条　农田鼠害严重发生时，县级以上地方人民政府应当组织采取统一灭鼠措施。

第二十七条　县级以上地方人民政府农业农村主管部门应当组织做好农作物病虫害灾情调查汇总工作，将灾情信息及时报告本级人民政府和上一级人民政府农业农村主管部门，并抄送同级人民政府应急管理部门。

农作物病虫害灾情信息由县级以上人民政府农业农村主管部门商同级人民政府应急管理部门发布，其他组织和个人不得向社会发布。

第二十八条　国家鼓励和支持保险机构开展农作物病虫害防治相关保险业务，鼓励和支持农业生产经营者等有关单位和个人参加保险。

第四章　应 急 处 置

第二十九条　国务院农业农村主管部门应当建立农作物病虫害防治应急响应和处置机制，制定应急预案。

县级以上地方人民政府及其有关部门应当根据本行政区域农作物病虫害应急处置需要，组织制定应急预案，开展应急业务培训和演练，储备必要的应急物资。

第三十条　农作物病虫害暴发时，县级以上地方人民政府应当立即启动应急响应，采取下列措施：

（一）划定应急处置的范围和面积；

（二）组织和调集应急处置队伍；

（三）启用应急备用药剂、机械等物资；

（四）组织应急处置行动。

第三十一条　县级以上地方人民政府有关部门应当在各自职责范围内做好农作物病虫害应急处置工作。

公安、交通运输等主管部门应当为应急处置所需物资的调度、运输提供便利条件，民用航空主管部门应当为应急处置航空作业提供优先保障，气象主管机构应当为应急处置提供气象信息服务。

第三十二条　农作物病虫害应急处置期间，县级以上地方人民政府可以根据需要依法调集必需的物资、运输工具以及相关设施设备。应急处置结束后,应当及时归还并对毁损、灭失的给予补偿。

第五章　专业化服务

第三十三条　国家通过政府购买服务等方式鼓励和扶持专业化病虫害防治服务组织,鼓励专业化病虫害防治服务组织使用绿色防控技术。

县级以上人民政府农业农村主管部门应当加强对专业化病虫害防治服务组织的规范和管理,并为专业化病虫害防治服务组织提供技术培训、指导、服务。

第三十四条　专业化病虫害防治服务组织应当具备相应的设施设备、技术人员、田间作业人员以及规范的管理制度。

依照有关法律、行政法规需要办理登记的专业化病虫害防治服务组织,应当依法向县级以上人民政府有关部门申请登记。

第三十五条　专业化病虫害防治服务组织的田间作业人员应当能够正确识别服务区域的农作物病虫害,正确掌握农药适用范围、施用方法、安全间隔期等专业知识以及田间作业安全防护知识,正确使用施药机械以及农作物病虫害防治相关用品。专业化病虫害防治服务组织应当定期组织田间作业人员参加技术培训。

第三十六条　专业化病虫害防治服务组织应当与服务对象共同商定服务方案或者签订服务合同。

专业化病虫害防治服务组织应当遵守国家有关农药安全、合理使用制度,建立服务档案,如实记录服务的时间、地点、内容以及使用农药的名称、用量、生产企业、农药包装废弃物处置方式等信息。服务档案应当保存 2 年以上。

第三十七条　专业化病虫害防治服务组织应当按照国家有关规定为田间作业人员参加工伤保险缴纳工伤保险费。国家鼓励专业化病虫害防治服务组织为田间作业人员投保人身意外伤害保险。

专业化病虫害防治服务组织应当为田间作业人员配备必要的防护用品。

第三十八条　专业化病虫害防治服务组织开展农作物病虫害预

防控制航空作业，应当按照国家有关规定向公众公告作业范围、时间、施药种类以及注意事项；需要办理飞行计划或者备案手续的，应当按照国家有关规定办理。

第六章 法律责任

第三十九条 地方各级人民政府和县级以上人民政府有关部门及其工作人员有下列行为之一的，对负有责任的领导人员和直接责任人员依法给予处分；构成犯罪的，依法追究刑事责任：

（一）未依照本条例规定履行职责；

（二）瞒报、谎报农作物病虫害监测信息，授意他人编造虚假信息或者阻挠他人如实报告；

（三）擅自向境外组织和个人提供未发布的农作物病虫害监测信息；

（四）其他滥用职权、玩忽职守、徇私舞弊行为。

第四十条 违反本条例规定，侵占、损毁、拆除、擅自移动农作物病虫害监测设施设备或者以其他方式妨害农作物病虫害监测设施设备正常运行的，由县级以上人民政府农业农村主管部门责令停止违法行为，限期恢复原状或者采取其他补救措施，可以处5万元以下罚款；造成损失的，依法承担赔偿责任；构成犯罪的，依法追究刑事责任。

第四十一条 违反本条例规定，有下列行为之一的，由县级以上人民政府农业农村主管部门处5000元以上5万元以下罚款；情节严重的，处5万元以上10万元以下罚款；造成损失的，依法承担赔偿责任；构成犯罪的，依法追究刑事责任：

（一）擅自向社会发布农作物病虫害预报或者灾情信息；

（二）从事农作物病虫害研究、饲养、繁殖、运输、展览等活动未采取有效措施，造成农作物病虫害逃逸、扩散；

（三）开展农作物病虫害预防控制航空作业未按照国家有关规定进行公告。

第四十二条 专业化病虫害防治服务组织有下列行为之一的，由县级以上人民政府农业农村主管部门责令改正；拒不改正或者情节严重的，处2000元以上2万元以下罚款；造成损失的，依法承担赔

偿责任:

(一)不具备相应的设施设备、技术人员、田间作业人员以及规范的管理制度;

(二)其田间作业人员不能正确识别服务区域的农作物病虫害,或者不能正确掌握农药适用范围、施用方法、安全间隔期等专业知识以及田间作业安全防护知识,或者不能正确使用施药机械以及农作物病虫害防治相关用品;

(三)未按规定建立或者保存服务档案;

(四)未为田间作业人员配备必要的防护用品。

第四十三条 境外组织和个人违反本条例规定,在我国境内开展农作物病虫害监测活动的,由县级以上人民政府农业农村主管部门责令其停止监测活动,没收监测数据和工具,并处10万元以上50万元以下罚款;情节严重的,并处50万元以上100万元以下罚款;构成犯罪的,依法追究刑事责任。

第七章 附 则

第四十四条 储存粮食的病虫害防治依照有关法律、行政法规的规定执行。

第四十五条 本条例自2020年5月1日起施行。

国务院办公厅关于促进畜牧业高质量发展的意见

(2020年9月14日 国办发〔2020〕31号)

畜牧业是关系国计民生的重要产业,肉蛋奶是百姓"菜篮子"的重要品种。近年来,我国畜牧业综合生产能力不断增强,在保障国家食物安全、繁荣农村经济、促进农牧民增收等方面发挥了重要作用,但也存在产业发展质量效益不高、支持保障体系不健全、抵御各种风险能力偏弱等突出问题。为促进畜牧业高质量发展、全面提升畜禽产品供应安全保障能力，经国务院同意，现提出如下意见。

一、总体要求

（一）指导思想。以习近平新时代中国特色社会主义思想为指导，全面贯彻党的十九大和十九届二中、三中、四中全会精神，认真落实党中央、国务院决策部署，牢固树立新发展理念，以实施乡村振兴战略为引领，以农业供给侧结构性改革为主线，转变发展方式，强化科技创新、政策支持和法治保障，加快构建现代畜禽养殖、动物防疫和加工流通体系，不断增强畜牧业质量效益和竞争力，形成产出高效、产品安全、资源节约、环境友好、调控有效的高质量发展新格局，更好地满足人民群众多元化的畜禽产品消费需求。

（二）基本原则。

坚持市场主导。以市场需求为导向，充分发挥市场在资源配置中的决定性作用，消除限制畜牧业发展的不合理壁垒，增强畜牧业发展活力。

坚持防疫优先。将动物疫病防控作为防范畜牧业产业风险和防治人畜共患病的第一道防线，着力加强防疫队伍和能力建设，落实政府和市场主体的防疫责任，形成防控合力。

坚持绿色发展。统筹资源环境承载能力、畜禽产品供给保障能力和养殖废弃物资源化利用能力，协同推进畜禽养殖和环境保护，促进可持续发展。

坚持政策引导。更好发挥政府作用，优化区域布局，强化政策支持，加快补齐畜牧业发展的短板和弱项，加强市场调控，保障畜禽产品有效供给。

（三）发展目标。畜牧业整体竞争力稳步提高，动物疫病防控能力明显增强，绿色发展水平显著提高，畜禽产品供应安全保障能力大幅提升。猪肉自给率保持在95%左右，牛羊肉自给率保持在85%左右，奶源自给率保持在70%以上，禽肉和禽蛋实现基本自给。到2025年畜禽养殖规模化率和畜禽粪污综合利用率分别达到70%以上和80%以上，到2030年分别达到75%以上和85%以上。

二、加快构建现代养殖体系

（四）加强良种培育与推广。继续实施畜禽遗传改良计划和现代种业提升工程，健全产学研联合育种机制，重点开展白羽肉鸡育种攻关，推进瘦肉型猪本土化选育，加快牛羊专门化品种选育，逐步提高核心种源自给率。实施生猪良种补贴和牧区畜牧良种补贴，加快优良品种推广和应用。强化畜禽遗传资源保护，加强国家级和省级保种场、保护区、基因库建设，推动地方品种资源应保尽保、有序开发。（农业农村部、国家发展改革委、科技部、财政部等按职责分工负责，地方人民政府负责落实。以下均需地方人民政府落实，不再列出）

（五）健全饲草料供应体系。因地制宜推行粮改饲，增加青贮玉米种植，提高苜蓿、燕麦草等紧缺饲草自给率，开发利用杂交构树、饲料桑等新饲草资源。推进饲草料专业化生产，加强饲草料加工、流通、配送体系建设。促进秸秆等非粮饲料资源高效利用。建立健全饲料原料营养价值数据库，全面推广饲料精准配方和精细加工技术。加快生物饲料开发应用，研发推广新型安全高效饲料添加剂。调整优化饲料配方结构，促进玉米、豆粕减量替代。（农业农村部、国家发展改革委、科技部、财政部、国务院扶贫办等按职责分工负责）

（六）提升畜牧业机械化水平。制定主要畜禽品种规模化养殖设施装备配套技术规范，推进养殖工艺与设施装备的集成配套。落实农机购置补贴政策，将养殖场（户）购置自动饲喂、环境控制、疫病防控、废弃物处理等农机装备按规定纳入补贴范围。遴选推介一批全程机械化养殖场和示范基地。提高饲草料和畜禽生产加工等关键环节设施装备自主研发能力。（农业农村部、国家发展改革委、工业和信息化部、财政部等按职责分工负责）

（七）发展适度规模经营。因地制宜发展规模化养殖，引导养殖场（户）改造提升基础设施条件，扩大养殖规模，提升标准化养殖水平。加快养殖专业合作社和现代家庭牧场发展，鼓励其以产权、资金、劳动、技术、产品为纽带，开展合作和联合经营。鼓励畜禽养殖龙头企业发挥引领带动作用，与养殖专业合作社、家庭牧场紧密合作，通过统一生产、统一服务、统一营销、技术共享、品牌共创等方式，形成稳定的产业联合体。完善畜禽标准化饲养管理规程，开展畜禽养殖标准化示范创建。（农业农村部负责）

（八）扶持中小养殖户发展。加强对中小养殖户的指导帮扶，不得以行政手段强行清退。鼓励新型农业经营主体与中小养殖户建立利益联结机制，带动中小养殖户专业化生产，提升市场竞争力。加强基层畜牧兽医技术推广体系建设，健全社会化服务体系，培育壮大畜牧科技服务企业，为中小养殖户提供良种繁育、饲料营养、疫病检测诊断治疗、机械化生产、产品储运、废弃物资源化利用等实用科技服务。（农业农村部、科技部等按职责分工负责）

三、建立健全动物防疫体系

（九）落实动物防疫主体责任。依法督促落实畜禽养殖、贩运、屠宰加工等各环节从业者动物防疫主体责任。引导养殖场（户）改善动物防疫条件，严格按规定做好强制免疫、清洗消毒、疫情报告等工作。建立健全畜禽贩运和运输车辆监管制度，对运输车辆实施备案管理，落实清洗消毒措施。督促指导规模养殖场（户）和屠宰厂（场）配备相应的畜牧兽医技术人员，依法落实疫病自检、报告等制度。加强动物疫病防控分类指导和技术培训，总结推广一批行之有效的防控模式。（农业农村部、交通运输部等按职责分工负责）

（十）提升动物疫病防控能力。落实地方各级人民政府防疫属地管理责任，完善部门联防联控机制。强化重大动物疫情监测排查，建立重点区域和场点入场抽检制度。健全动物疫情信息报告制度，加强养殖、屠宰加工、无害化处理等环节动物疫病信息管理。完善疫情报告奖惩机制，对疫情报告工作表现突出的给予表彰，对瞒报、漏报、迟报或阻碍他人报告疫情的依法依规严肃处理。实施重大动物疫病强制免疫计划，建立基于防疫水平的养殖场（户）分级管理制度。加强口岸动物疫情防控工作，进一步提升口岸监测、检测、预警和应急处置能力。严厉打击收购、贩运、销售、随意丢弃病死畜禽等违法违规行为，构成犯罪的，依法追究刑事责任。（农业农村部、公安部、交通运输部、海关总署等按职责分工负责）

（十一）建立健全分区防控制度。加快实施非洲猪瘟等重大动物疫病分区防控，落实省际联席会议制度，统筹做好动物疫病防控、畜禽及畜禽产品调运监管和市场供应等工作。统一规划实施畜禽指定通道运输。支持有条件的地区和规模养殖场（户）建设无疫区和无疫小区。推进动物疫病净化，以种畜禽场为重点，优先净化垂直传播性动物疫病，建设一批净化示范场。（农业农村部、国家发展改革委、交通运输部等按职责分工负责）

（十二）提高动物防疫监管服务能力。加强动物防疫队伍建设，采取有效措施稳定基层机构队伍。依托现有机构编制资源，建立健全动物卫生监督机构和动物疫病预防控制机构，加强动物疫病防控实验室、边境监测站、省际公路检查站和区域洗消中心等建设。在生猪大县实施乡镇动物防疫特聘计划。保障村级动物防疫员合理劳务报酬。充分发挥执业兽医、乡村兽医作用，支持其开展动物防疫和疫病诊疗活动。鼓励大型养殖企业、兽药及饲料生产企业组建动物防疫服务团队，提供“一条龙”、“菜单式”防疫服务。（农业农村部、中央编办、国家发展改革委、财政部、人力资源社会保障部等按职责分工负责）

四、加快构建现代加工流通体系

（十三）提升畜禽屠宰加工行业整体水平。持续推进生猪屠宰行业转型升级，鼓励地方新建改建大型屠宰自营企业，加快小型屠宰场点撤停并转。开展生猪屠宰标准化示范创建，实施生猪屠宰企业分级管理。鼓励大型畜禽养殖企业、屠宰加工企业开展养殖、屠宰、加工、配送、销售一体化经营，提高肉品精深加工和副产品综合利用水平。推动出台地方性法规，规范牛羊禽屠宰管理。（农业农村部、国家发展改革委等按职责分工负责）

（十四）加快健全畜禽产品冷链加工配送体系。引导畜禽屠宰加工企业向养殖主产区转移，推动畜禽就地屠宰，减少活畜禽长距离运输。鼓励屠宰加工企业建设冷却库、低温分割车间等冷藏加工设施，配置冷链运输设备。推动物流配送企业完善冷链配送体系，拓展销售网络，促进运活畜禽向运肉转变。规范活畜禽跨区域调运管理，完善“点对点”调运制度。倡导畜禽产品安全健康消费，逐步提高冷鲜肉品消费比重。（农业农村部、国家发展改革委、交通运输部、商务部等按职责分工负责）

（十五）提升畜牧业信息化水平。加强大数据、人工智能、云计算、物联网、移动互联网等技术在畜牧业的应用，提高圈舍环境调控、精准饲喂、动物疫病监测、畜禽产品追溯等智能化水平。加快畜牧业信息资源整合，推进畜禽养殖档案电子化，全面实行生产经营信息直联直报。实现全产业链信息化闭环管理。支持第三方机构以信息数据为基础，为养殖场（户）提供技术、营销和金融等服务。（农业农村

部、国家发展改革委、国家统计局等按职责分工负责）

（十六）统筹利用好国际国内两个市场、两种资源。扩大肉品进口来源国和进口品种，适度进口优质安全畜禽产品，补充和调剂国内市场供应。稳步推进畜牧业对外投资合作，开拓多元海外市场，扩大优势畜禽产品出口。深化对外交流，加强先进设施装备、优良种质资源引进，开展动物疫苗科研联合攻关。（农业农村部、国家发展改革委、科技部、商务部、海关总署等按职责分工负责）

五、持续推动畜牧业绿色循环发展

（十七）大力推进畜禽养殖废弃物资源化利用。支持符合条件的县（市、区、旗）整县推进畜禽粪污资源化利用，鼓励液体粪肥机械化施用。对畜禽粪污全部还田利用的养殖场（户）实行登记管理，不需申领排污许可证。完善畜禽粪污肥料化利用标准，支持农民合作社、家庭农场等在种植业生产中施用粪肥。统筹推进病死猪牛羊禽等无害化处理，完善市场化运作模式，合理制定补助标准，完善保险联动机制。（农业农村部、国家发展改革委、生态环境部、银保监会等按职责分工负责）

（十八）促进农牧循环发展。加强农牧统筹，将畜牧业作为农业结构调整的重点。农区要推进种养结合，鼓励在规模种植基地周边建设农牧循环型畜禽养殖场（户），促进粪肥还田，加强农副产品饲料化利用。农牧交错带要综合利用饲草、秸秆等资源发展草食畜牧业，加强退化草原生态修复，恢复提升草原生产能力。草原牧区要坚持以草定畜，科学合理利用草原，鼓励发展家庭生态牧场和生态牧业合作社。南方草山草坡地区要加强草地改良和人工草地建植，因地制宜发展牛羊养殖。（农业农村部、国家发展改革委、生态环境部、国家林草局等按职责分工负责）

（十九）全面提升绿色养殖水平。科学布局畜禽养殖，促进养殖规模与资源环境相匹配。缺水地区要发展羊、禽、兔等低耗水畜种养殖，土地资源紧缺地区要采取综合措施提高养殖业土地利用率。严格执行饲料添加剂安全使用规范，依法加强饲料中超剂量使用铜、锌等问题监管。加强兽用抗菌药综合治理，实施动物源细菌耐药性监测、药物饲料添加剂退出和兽用抗菌药使用减量化行动。建立畜牧业绿色发展评价体系，推广绿色发展配套技术。（农业农村部、自然

资源部、生态环境部等按职责分工负责）

六、保障措施

（二十）严格落实省负总责和“菜篮子”市长负责制。各省（自治区、直辖市）人民政府对本地区发展畜牧业生产、保障肉蛋奶市场供应负总责，制定发展规划，强化政策措施，不得超越法律法规规定禁养限养。加强“菜篮子”市长负责制考核。鼓励主销省份探索通过资源环境补偿、跨区合作建立养殖基地等方式支持主产省份发展畜禽生产，推动形成销区补偿产区的长效机制。（国家发展改革委、农业农村部等按职责分工负责）

（二十一）保障畜牧业发展用地。按照畜牧业发展规划目标，结合地方国土空间规划编制，统筹支持解决畜禽养殖用地需求。养殖生产及其直接关联的畜禽粪污处理、检验检疫、清洗消毒、病死畜禽无害化处理等农业设施用地，可以使用一般耕地，不需占补平衡。畜禽养殖设施原则上不得使用永久基本农田，涉及少量永久基本农田确实难以避让的，允许使用但须补划。加大林地对畜牧业发展的支持，依法依规办理使用林地手续。鼓励节约使用畜禽养殖用地，提高土地利用效率。（自然资源部、农业农村部、国家林草局等按职责分工负责）

（二十二）加强财政保障和金融服务。继续实施生猪、牛羊调出大县奖励政策。通过政府购买服务方式支持动物防疫社会化服务。落实畜禽规模养殖、畜禽产品初加工等环节用水、用电优惠政策。通过中央财政转移支付等现有渠道，加强对生猪屠宰标准化示范创建和畜禽产品冷链运输配送体系建设的支持。银行业金融机构要积极探索推进土地经营权、养殖圈舍、大型养殖机械抵押贷款，支持具备活体抵押登记、流转等条件的地区按照市场化和风险可控原则，积极稳妥开展活畜禽抵押贷款试点。大力推进畜禽养殖保险，鼓励有条件的地方自主开展畜禽养殖收益险、畜产品价格险试点，逐步实现全覆盖。鼓励社会资本设立畜牧业产业投资基金和畜牧业科技创业投资基金。（财政部、银保监会、国家发展改革委、农业农村部等按职责分工负责）

（二十三）强化市场调控。依托现代信息技术，加强畜牧业生产和畜禽产品市场动态跟踪监测，及时、准确发布信息，科学引导生产和消费。完善政府猪肉储备调节机制，缓解生猪生产和市场价格周期性波动。各地根据需要研究制定牛羊肉等重要畜产品保供和市场调控预案。（国家发展改革委、财政部、农业农村部、商务部等按职责分工负责）

（二十四）落实“放管服”改革措施。推动修订畜牧兽医相关法律法规，提高畜牧业法制化水平。简化畜禽养殖用地取得程序以及环境影响评价、动物防疫条件审查、种畜禽进出口等审批程序，缩短审批时间，推进“一窗受理”，强化事中事后监管。（司法部、自然资源部、生态环境部、农业农村部、海关总署等按职责分工负责）

商务

国务院办公厅关于以新业态新模式引领新型消费加快发展的意见

（2020年9月16日　国办发〔2020〕32号）

近年来，我国以网络购物、移动支付、线上线下融合等新业态新模式为特征的新型消费迅速发展，特别是今年新冠肺炎疫情发生以来，传统接触式线下消费受到影响，新型消费发挥了重要作用，有效保障了居民日常生活需要，推动了国内消费恢复，促进了经济企稳回升。但也要看到，新型消费领域发展还存在基础设施不足、服务能力偏弱、监管规范滞后等突出短板和问题。在常态化疫情防控条件下，为着力补齐新型消费短板、以新业态新模式为引领加快新型消费发展，经国务院同意，现提出以下意见。

一、总体要求

（一）指导思想。

在以习近平同志为核心的党中央坚强领导下，以习近平新时代中国特色社会主义思想为指导，全面贯彻党的十九大和十九届二中、三中、四中全会精神，坚持稳中求进工作总基调，坚持新发展理念，坚持以供给侧结构性改革为主线，坚持以改革开放为动力推动高质量发展，扎实做好“六稳”工作，全面落实“六保”任务，坚定实施扩大内需战略，以新业态新模式为引领，加快推动新型消费扩容提质，坚持问题导向和目标导向，补齐基础设施和服务能力短板，规范创新监管方式，持续激发消费活力，促进线上线下消费深度融合，努力实现新型消费加快发展，推动形成以国内大循环为主体、国内国际双循环相互促进的新发展格局。

（二）基本原则。

坚持创新驱动、融合发展。深入实施创新驱动发展战略，推动技术、管理、商业模式等各类创新，加快培育新业态新模式，推动互联网和各类消费业态紧密融合，加快线上线下消费双向深度融合，促进新型消费蓬勃发展。

坚持问题导向、补齐短板。针对新型消费基础设施不足、服务能力偏弱等问题，充分调动中央和地方两个积极性，进一步加大软硬件建设力度，加强新装备新设备生产应用，优化新型消费网络节点布局，加快补齐发展短板。

坚持深化改革、优化环境。以深化“放管服”改革、优化营商环境推动新型消费加快发展，打破制约发展的体制机制障碍，顺应新型消费发展规律创新经济治理模式，系统性优化制度体系和发展环境，最大限度激发市场活力。

坚持市场主导、政府促进。使市场在资源配置中起决定性作用，以市场需求为导向，顺应居民消费升级趋势，培育壮大各类新型消费市场主体，提升新型消费竞争力。更好发挥政府作用，为新型消费发展提供全方位制度和政策支撑。

（三）主要目标。

经过3—5年努力，促进新型消费发展的体制机制和政策体系更加完善，通过进一步优化新业态新模式引领新型消费发展的环境、进一步提升新型消费产品的供给质量、进一步增强新型消费对扩内需稳就业的支撑，到2025年，培育形成一批新型消费示范城市和领先企业，实物商品网上零售额占社会消费品零售总额比重显著提高，“互联网+服务”等消费新业态新模式得到普及并趋于成熟。

二、加力推动线上线下消费有机融合

（四）进一步培育壮大各类消费新业态新模式。建立健全“互联网+服务”、电子商务公共服务平台，加快社会服务在线对接、线上线下深度融合。有序发展在线教育，推广大规模在线开放课程等网络学习模式，推动各类数字教育资源共建共享。积极发展互联网健康医疗服务，大力推进分时段预约诊疗、互联网诊疗、电子处方流转、药品网络销售等服务。深入发展在线文娱，鼓励传统线下文化娱乐业态线上化，支持互联网企业打造数字精品内容创作和新兴数字资源传播平台。鼓励发展智慧旅游，提升旅游消费智能化、便利化水平。大力发展智能体育，培育在线健身等体育消费新业态。进一步支持依托互联网的外卖配送、网约车、即时递送、住宿共享等新业态发展。加快智慧广电生态体系建设，培育打造5G条件下更高技术格式、更新应用场景、更美视听体验的高新视频新业态，形成多元化的商业模式。创新无接触式消费模式，探索发展智慧超市、智慧商店、智慧餐厅等新零售业态。推广电子合同、电子文件等无纸化在线应用。（国家发展改革委、教育部、工业和信息化部、交通运输部、商务部、文化和旅游部、国家卫生健康委、广电总局、体育总局、国家邮政局、国家药监局等部门按职责分工负责）

（五）推动线上线下融合消费双向提速。支持互联网平台企业向线下延伸拓展，加快传统线下业态数字化改造和转型升级，发展个性化定制、柔性化生产，推动线上线下消费高效融合、大中小企业协同联动、上下游全链条一体发展。引导实体企业更多开发数字化产品和服务，鼓励实体商业通过直播电子商务、社交营销开启“云逛街”等新模式。加快推广农产品“生鲜电子商务+冷链宅配”、“中央厨房+食材冷链配送”等服务新模式。组织开展形式多样的网络促销活动，促进品牌消费、品质消费。（国家发展改革委、工业和信息化部、住房城乡建设部、农业农村部、商务部、国家邮政局等部门按职责分工负责）

（六）鼓励企业依托新型消费拓展国际市场。推动电子商务、数字服务等企业“走出去”，加快建设国际寄递物流服务体系，统筹推进国际物流供应链建设，开拓国际市场特别是“一带一路”沿线业务，培育一批具有全球资源配置能力的国际一流平台企业和物流供应链企业。充分依托新型消费带动传统商品市场拓展对外贸易、促进区域产业集聚。持续提高通关便利化水平，优化申报流程。探索新型消费贸易流通项下逐步推广人民币结算。鼓励企业以多种形式实现境外本土化经营，降低物流成本，构建营销渠道。（国家发展改革委、交通运输部、商务部、人民银行、海关总署、税务总局、国家邮政局、国家外汇局等部门按职责分工负责）

三、加快新型消费基础设施和服务保障能力建设

（七）加强信息网络基础设施建设。进一步加大5G网络、数据中心、工业互联网、物联网等新型基础设施建设力度，优先覆盖核心商圈、重点产业园区、重要交通枢纽、主要应用场景等。打造低时延、高可靠、广覆盖的新一代通信网络。加快建设千兆城市。推动车联网部署应用。推动城市信息模型（CIM）基础平台建设，支持城市规划建设管理多场景应用，促进城市基础设施数字化和城市建设数据汇聚。加大相关设施安全保障力度。（国家发展改革委、工业和信息化部、自然资源部、住房城乡建设部等部门按职责分工负责）

（八）完善商贸流通基础设施网络。建立健全数字化商品流通体系，在新兴城市、重点乡镇和中西部地区加快布局数字化消费网络，降低物流综合成本。提升电商、快递进农村综合水平，推动农村商贸流通转型升级。补齐农产品冷链物流设施短板，加快农产品分拨、包装、预冷等集配装备和分拨仓、前置仓等仓储设施建设。推进快递服务站、智能快件箱（信包箱）、无人售货机、智能垃圾回收机等智能终端设施建设和资源共享。推进供应链创新应用，开展农商互联农产品供应链建设，提升农产品流通现代化水平。鼓励传统流通企业向供应链服务企业转型。（国家发展改革委、住房城乡建设部、交通运输部、农业农村部、商务部、国家邮政局等部门按职责分工负责）

（九）大力推动智能化技术集成创新应用。在有效防控风险的前提下，推进大数据、云计算、人工智能、区块链等技术发展融合，加快区块链在商品溯源、跨境汇款、供应链金融和电子票据等数字化场景应用，推动更多企业“上云上平台”。积极开展消费服务领域人工智能应用，丰富5G技术应用场景，加快研发可穿戴设备、移动智能终端、智能家居、超高清及高新视频终端、智能教学助手、智能学伴、医疗电子、医疗机器人等智能化产品，增强新型消费技术支撑。（国家发展改革委、工业和信息化部、人民银行、广电总局、银保监会等部门按职责分工负责）

（十）安全有序推进数据商用。在健全安全保障体系的基础上，依法加强信息数据资源服务和监管。加大整合开发力度，探索数据流通规则制度，有效破除数据壁垒和“孤岛”，打通传输应用堵点，提

升消费信息数据共享商用水平,更好为企业提供算力资源支持和优惠服务。探索发展消费大数据服务。(国家发展改革委、工业和信息化部、国家统计局等部门按职责分工负责)

(十一)规划建设新型消费网络节点。围绕国家重大区域发展战略打造新型消费增长极,培育建设国际消费中心城市,着力建设辐射带动能力强、资源整合有优势的区域消费中心,加强中小型消费城市梯队建设。规划建设城乡融合新型消费网络节点,积极发展“智慧街区”、“智慧商圈”。深化步行街改造提升工作,鼓励有条件的街区加快数字化改造,提供全方位数字生活新服务。优化百货商场、购物中心、便利店、农贸市场等城乡商业网点布局,引导行业适度集中。完善社区便民消费设施,加快规划建设便民生活服务圈、城市社区邻里中心和农村社区综合性服务网点。(国家发展改革委、工业和信息化部、自然资源部、住房城乡建设部、农业农村部、商务部等部门按职责分工负责)

四、优化新型消费发展环境

(十二)加强相关法规制度建设。出台互联网上网服务管理政策,规范行业发展。顺应新型消费发展规律,加快出台电子商务、共享经济等领域相关配套规章制度,研究制定分行业分领域的管理办法,有序做好与其他相关政策法规的衔接。推动及时调整不适应新型消费发展的法律法规与政策规定。(国家发展改革委、工业和信息化部、司法部、商务部、市场监管总局等部门按职责分工负责)

(十三)深化包容审慎和协同监管。按照包容审慎和协同监管原则,为新型消费营造规范适度的发展环境。强化消费信用体系建设,构建以信用为基础的新型监管机制。完善跨部门协同监管机制,实现线上线下协调互补、市场监管与行业监管联接互动,加大对销售假冒伪劣商品、侵犯知识产权、虚假宣传、价格欺诈、泄露隐私等行为的打击力度,着力营造安全放心诚信消费环境,促进新型消费健康发展。(国家发展改革委、工业和信息化部、商务部、市场监管总局等部门按职责分工负责)

(十四)健全服务标准体系。推进新型消费标准化建设,支持和鼓励平台企业、行业组织、研究机构等研究制定支撑新型消费的服务标准,健全市场监测、用户权益保护、重要产品追溯等机制,提升行业

发展质量和水平。(国家发展改革委、工业和信息化部、商务部、市场监管总局等部门按职责分工负责)

(十五)简化优化证照办理。进一步优化零售新业态新模式营商环境,探索实行"一照多址"。各地对新申请食品经营(仅限从事预包装食品销售)的,可试点推行告知承诺制。各地可结合实际,在保障食品安全的前提下,扩大推行告知承诺制的范围。(市场监管总局牵头,国家发展改革委等部门按职责分工负责)

五、加大新型消费政策支持力度

(十六)强化财政支持。各级财政通过现有资金渠道、按照市场化方式支持新型消费发展,促进相关综合服务和配套基础设施建设。研究进一步对新型消费领域企业优化税收征管措施,更好发挥减税降费政策效应。(国家发展改革委、工业和信息化部、财政部、人力资源社会保障部、税务总局等部门按职责分工负责)

(十七)优化金融服务。深化政银企合作,拓展新型消费领域投融资渠道。鼓励金融机构按照市场化原则,在风险可控前提下,结合新型消费领域相关企业经营特点,积极开发金融产品和服务。优化与新型消费相关的支付环境,鼓励银行等各类型支付清算服务主体降低手续费用,降低商家、消费者支付成本,推动银行卡、移动支付在便民消费领域广泛应用。完善跨境支付监管制度,稳妥推进跨境移动支付应用,提升境外人员境内支付规范化便利化水平。支持符合条件的企业通过发行新股、发行公司债券、"新三板"挂牌等方式融资。发展股权投资基金,推动生产要素向更具前景、更具活力的新型消费领域转移和集聚。(国家发展改革委、财政部、人民银行、银保监会、证监会等部门按职责分工负责)

(十八)完善劳动保障政策。鼓励发展新就业形态,支持灵活就业,加快完善相关劳动保障制度。指导企业规范开展用工余缺调剂,帮助有"共享用工"需求的企业精准、高效匹配人力资源。促进新业态新模式从业人员参加社会保险,提高参保率。坚持失业保险基金优先保生活,通过发放失业保险金、一次性生活补助等多措并举,加快构建城乡参保失业人员应发尽发、应保尽保长效机制。(国家发展改革委、财政部、人力资源社会保障部、国家医保局等部门按职责分工负责)

六、强化组织保障

（十九）加强组织领导。充分发挥完善促进消费体制机制部际联席会议制度作用，加强组织领导和统筹协调，国家发展改革委牵头组织实施，强化部门协同和上下联动，加快研究制定以新业态新模式引领新型消费加快发展的具体实施方案和配套措施，明确责任主体、时间表和路线图，形成政策合力。（国家发展改革委等各有关部门按职责分工负责）

（二十）强化监测评估。加强新型消费统计监测，聚合各类平台企业消费数据，强化传统数据与大数据比对分析，及时反映消费现状和发展趋势，提高政策调控的前瞻性和有效性。完善政策实施评估体系，综合运用第三方评估、社会监督评价等多种方式，科学评估实施效果，确保各项举措落到实处。（国家发展改革委、商务部、市场监管总局、国家统计局等部门按职责分工负责）

（二十一）注重宣传引导。创新宣传方式，丰富宣传手段，加强支持新型消费发展相关政策宣传解读和经验推广，倡导健康、智慧、便捷、共享的消费理念，营造有利于新型消费良性发展的舆论氛围。（国家发展改革委、商务部、市场监管总局、广电总局、国务院新闻办等部门按职责分工负责）

各地区、各有关部门要以习近平新时代中国特色社会主义思想为指导，增强"四个意识"、坚定"四个自信"、做到"两个维护"，坚决贯彻党中央、国务院决策部署，充分认识培育壮大新业态新模式、加快发展新型消费的重要意义，认真落实本意见各项要求，细化实化政策措施，优化制度环境，强化要素保障，持续扩大国内需求，扩大最终消费，为居民消费升级创造条件。

对外贸易经济合作

中华人民共和国出口管制法

（2020年10月17日第十三届全国人民代表大会常务委员会第二十二次会议通过　2020年10月17日中华人民共和国主席令第58号公布　自2020年12月1日起施行）

目　　录

第一章　总　　则

第一条　为了维护国家安全和利益，履行防扩散等国际义务，加强和规范出口管制，制定本法。

第二条　国家对两用物项、军品、核以及其他与维护国家安全和利益、履行防扩散等国际义务相关的货物、技术、服务等物项（以下统称管制物项）的出口管制，适用本法。

前款所称管制物项，包括物项相关的技术资料等数据。

本法所称出口管制，是指国家对从中华人民共和国境内向境外转移管制物项，以及中华人民共和国公民、法人和非法人组织向外国组织和个人提供管制物项，采取禁止或者限制性措施。

本法所称两用物项，是指既有民事用途，又有军事用途或者有助于提升军事潜力，特别是可以用于设计、开发、生产或者使用大规模杀伤性武器及其运载工具的货物、技术和服务。

本法所称军品，是指用于军事目的的装备、专用生产设备以及其他相关货物、技术和服务。

本法所称核，是指核材料、核设备、反应堆用非核材料以及相关技术和服务。

第三条 出口管制工作应当坚持总体国家安全观，维护国际和平，统筹安全和发展，完善出口管制管理和服务。

第四条 国家实行统一的出口管制制度，通过制定管制清单、名录或者目录（以下统称管制清单）、实施出口许可等方式进行管理。

第五条 国务院、中央军事委员会承担出口管制职能的部门（以下统称国家出口管制管理部门）按照职责分工负责出口管制工作。国务院、中央军事委员会其他有关部门按照职责分工负责出口管制有关工作。

国家建立出口管制工作协调机制，统筹协调出口管制工作重大事项。国家出口管制管理部门和国务院有关部门应当密切配合，加强信息共享。

国家出口管制管理部门会同有关部门建立出口管制专家咨询机制，为出口管制工作提供咨询意见。

国家出口管制管理部门适时发布有关行业出口管制指南，引导出口经营者建立健全出口管制内部合规制度，规范经营。

省、自治区、直辖市人民政府有关部门依照法律、行政法规的规定负责出口管制有关工作。

第六条 国家加强出口管制国际合作，参与出口管制有关国际规则的制定。

第七条 出口经营者可以依法成立和参加有关的商会、协会等行业自律组织。

有关商会、协会等行业自律组织应当遵守法律、行政法规，按照章程对其成员提供与出口管制有关的服务，发挥协调和自律作用。

第二章 管制政策、管制清单和管制措施

第一节 一般规定

第八条 国家出口管制管理部门会同有关部门制定出口管制政策，其中重大政策应当报国务院批准，或者报国务院、中央军事委员会批准。

国家出口管制管理部门可以对管制物项出口目的国家和地区进行评估，确定风险等级，采取相应的管制措施。

第九条 国家出口管制管理部门依据本法和有关法律、行政法规的规定，根据出口管制政策，按照规定程序会同有关部门制定、调整管制物项出口管制清单，并及时公布。

根据维护国家安全和利益、履行防扩散等国际义务的需要，经国务院批准，或者经国务院、中央军事委员会批准，国家出口管制管理部门可以对出口管制清单以外的货物、技术和服务实施临时管制，并予以公告。临时管制的实施期限不超过二年。临时管制实施期限届满前应当及时进行评估，根据评估结果决定取消临时管制、延长临时管制或者将临时管制物项列入出口管制清单。

第十条 根据维护国家安全和利益、履行防扩散等国际义务的需要，经国务院批准，或者经国务院、中央军事委员会批准，国家出口管制管理部门会同有关部门可以禁止相关管制物项的出口，或者禁止相关管制物项向特定目的国家和地区、特定组织和个人出口。

第十一条 出口经营者从事管制物项出口，应当遵守本法和有关法律、行政法规的规定；依法需要取得相关管制物项出口经营资格的，应当取得相应的资格。

第十二条 国家对管制物项的出口实行许可制度。

出口管制清单所列管制物项或者临时管制物项，出口经营者应当向国家出口管制管理部门申请许可。

出口管制清单所列管制物项以及临时管制物项之外的货物、技

术和服务，出口经营者知道或者应当知道，或者得到国家出口管制管理部门通知，相关货物、技术和服务可能存在以下风险的，应当向国家出口管制管理部门申请许可：

（一）危害国家安全和利益；

（二）被用于设计、开发、生产或者使用大规模杀伤性武器及其运载工具；

（三）被用于恐怖主义目的。

出口经营者无法确定拟出口的货物、技术和服务是否属于本法规定的管制物项，向国家出口管制管理部门提出咨询的，国家出口管制管理部门应当及时答复。

第十三条 国家出口管制管理部门综合考虑下列因素，对出口经营者出口管制物项的申请进行审查，作出准予或者不予许可的决定：

（一）国家安全和利益；

（二）国际义务和对外承诺；

（三）出口类型；

（四）管制物项敏感程度；

（五）出口目的国家或者地区；

（六）最终用户和最终用途；

（七）出口经营者的相关信用记录；

（八）法律、行政法规规定的其他因素。

第十四条 出口经营者建立出口管制内部合规制度，且运行情况良好的，国家出口管制管理部门可以对其出口有关管制物项给予通用许可等便利措施。具体办法由国家出口管制管理部门规定。

第十五条 出口经营者应当向国家出口管制管理部门提交管制物项的最终用户和最终用途证明文件，有关证明文件由最终用户或者最终用户所在国家和地区政府机构出具。

第十六条 管制物项的最终用户应当承诺，未经国家出口管制管理部门允许，不得擅自改变相关管制物项的最终用途或者向任何第三方转让。

出口经营者、进口商发现最终用户或者最终用途有可能改变的，应当按照规定立即报告国家出口管制管理部门。

第十七条 国家出口管制管理部门建立管制物项最终用户和最终用途风险管理制度，对管制物项的最终用户和最终用途进行评估、核查，加强最终用户和最终用途管理。

第十八条 国家出口管制管理部门对有下列情形之一的进口商和最终用户，建立管控名单：

（一）违反最终用户或者最终用途管理要求的；

（二）可能危害国家安全和利益的；

（三）将管制物项用于恐怖主义目的的。

对列入管控名单的进口商和最终用户，国家出口管制管理部门可以采取禁止、限制有关管制物项交易，责令中止有关管制物项出口等必要的措施。

出口经营者不得违反规定与列入管控名单的进口商、最终用户进行交易。出口经营者在特殊情况下确需与列入管控名单的进口商、最终用户进行交易的，可以向国家出口管制管理部门提出申请。

列入管控名单的进口商、最终用户经采取措施，不再有第一款规定情形的，可以向国家出口管制管理部门申请移出管控名单；国家出口管制管理部门可以根据实际情况，决定将列入管控名单的进口商、最终用户移出管控名单。

第十九条 出口货物的发货人或者代理报关企业出口管制货物时，应当向海关交验由国家出口管制管理部门颁发的许可证件，并按照国家有关规定办理报关手续。

出口货物的发货人未向海关交验由国家出口管制管理部门颁发的许可证件，海关有证据表明出口货物可能属于出口管制范围的，应当向出口货物发货人提出质疑；海关可以向国家出口管制管理部门提出组织鉴别，并根据国家出口管制管理部门作出的鉴别结论依法处置。在鉴别或者质疑期间，海关对出口货物不予放行。

第二十条 任何组织和个人不得为出口经营者从事出口管制违法行为提供代理、货运、寄递、报关、第三方电子商务交易平台和金融等服务。

第二节 两用物项出口管理

第二十一条 出口经营者向国家两用物项出口管制管理部门申请

出口两用物项时，应当依照法律、行政法规的规定如实提交相关材料。

第二十二条 国家两用物项出口管制管理部门受理两用物项出口申请，单独或者会同有关部门依照本法和有关法律、行政法规的规定对两用物项出口申请进行审查，并在法定期限内作出准予或者不予许可的决定。作出准予许可决定的，由发证机关统一颁发出口许可证。

第三节 军品出口管理

第二十三条 国家实行军品出口专营制度。从事军品出口的经营者，应当获得军品出口专营资格并在核定的经营范围内从事军品出口经营活动。

军品出口专营资格由国家军品出口管制管理部门审查批准。

第二十四条 军品出口经营者应当根据管制政策和产品属性，向国家军品出口管制管理部门申请办理军品出口立项、军品出口项目、军品出口合同审查批准手续。

重大军品出口立项、重大军品出口项目、重大军品出口合同，应当经国家军品出口管制管理部门会同有关部门审查，报国务院、中央军事委员会批准。

第二十五条 军品出口经营者在出口军品前，应当向国家军品出口管制管理部门申请领取军品出口许可证。

军品出口经营者出口军品时，应当向海关交验由国家军品出口管制管理部门颁发的许可证件，并按照国家有关规定办理报关手续。

第二十六条 军品出口经营者应当委托经批准的军品出口运输企业办理军品出口运输及相关业务。具体办法由国家军品出口管制管理部门会同有关部门规定。

第二十七条 军品出口经营者或者科研生产单位参加国际性军品展览，应当按照程序向国家军品出口管制管理部门办理审批手续。

第三章 监督管理

第二十八条 国家出口管制管理部门依法对管制物项出口活动进行监督检查。

国家出口管制管理部门对涉嫌违反本法规定的行为进行调查，

可以采取下列措施：

（一）进入被调查者营业场所或者其他有关场所进行检查；

（二）询问被调查者、利害关系人以及其他有关组织或者个人，要求其对与被调查事件有关的事项作出说明；

（三）查阅、复制被调查者、利害关系人以及其他有关组织或者个人的有关单证、协议、会计账簿、业务函电等文件、资料；

（四）检查用于出口的运输工具，制止装载可疑的出口物项，责令运回非法出口的物项；

（五）查封、扣押相关涉案物项；

（六）查询被调查者的银行账户。

采取前款第五项、第六项措施，应当经国家出口管制管理部门负责人书面批准。

第二十九条　国家出口管制管理部门依法履行职责，国务院有关部门、地方人民政府及其有关部门应当予以协助。

国家出口管制管理部门单独或者会同有关部门依法开展监督检查和调查工作，有关组织和个人应当予以配合，不得拒绝、阻碍。

有关国家机关及其工作人员对调查中知悉的国家秘密、商业秘密、个人隐私和个人信息依法负有保密义务。

第三十条　为加强管制物项出口管理，防范管制物项出口违法风险，国家出口管制管理部门可以采取监管谈话、出具警示函等措施。

第三十一条　对涉嫌违反本法规定的行为，任何组织和个人有权向国家出口管制管理部门举报，国家出口管制管理部门接到举报后应当依法及时处理，并为举报人保密。

第三十二条　国家出口管制管理部门根据缔结或者参加的国际条约，或者按照平等互惠原则，与其他国家或者地区、国际组织等开展出口管制合作与交流。

中华人民共和国境内的组织和个人向境外提供出口管制相关信息，应当依法进行；可能危害国家安全和利益的，不得提供。

第四章　法 律 责 任

第三十三条　出口经营者未取得相关管制物项的出口经营资格

从事有关管制物项出口的，给予警告，责令停止违法行为，没收违法所得，违法经营额五十万元以上的，并处违法经营额五倍以上十倍以下罚款；没有违法经营额或者违法经营额不足五十万元的，并处五十万元以上五百万元以下罚款。

第三十四条 出口经营者有下列行为之一的，责令停止违法行为，没收违法所得，违法经营额五十万元以上的，并处违法经营额五倍以上十倍以下罚款；没有违法经营额或者违法经营额不足五十万元的，并处五十万元以上五百万元以下罚款；情节严重的，责令停业整顿，直至吊销相关管制物项出口经营资格：

（一）未经许可擅自出口管制物项；

（二）超出出口许可证件规定的许可范围出口管制物项；

（三）出口禁止出口的管制物项。

第三十五条 以欺骗、贿赂等不正当手段获取管制物项出口许可证件，或者非法转让管制物项出口许可证件的，撤销许可，收缴出口许可证，没收违法所得，违法经营额二十万元以上的，并处违法经营额五倍以上十倍以下罚款；没有违法经营额或者违法经营额不足二十万元的，并处二十万元以上二百万元以下罚款。

伪造、变造、买卖管制物项出口许可证件的，没收违法所得，违法经营额五万元以上的，并处违法经营额五倍以上十倍以下罚款；没有违法经营额或者违法经营额不足五万元的，并处五万元以上五十万元以下罚款。

第三十六条 明知出口经营者从事出口管制违法行为仍为其提供代理、货运、寄递、报关、第三方电子商务交易平台和金融等服务的，给予警告，责令停止违法行为，没收违法所得，违法经营额十万元以上的，并处违法经营额三倍以上五倍以下罚款；没有违法经营额或者违法经营额不足十万元的，并处十万元以上五十万元以下罚款。

第三十七条 出口经营者违反本法规定与列入管控名单的进口商、最终用户进行交易的，给予警告，责令停止违法行为，没收违法所得，违法经营额五十万元以上的，并处违法经营额十倍以上二十倍以下罚款；没有违法经营额或者违法经营额不足五十万元的，并处五十万元以上五百万元以下罚款；情节严重的，责令停业整顿，直至吊销相关管制物项出口经营资格。

第三十八条 出口经营者拒绝、阻碍监督检查的，给予警告，并处十万元以上三十万元以下罚款；情节严重的，责令停业整顿，直至吊销相关管制物项出口经营资格。

第三十九条 违反本法规定受到处罚的出口经营者，自处罚决定生效之日起，国家出口管制管理部门可以在五年内不受理其提出的出口许可申请；对其直接负责的主管人员和其他直接责任人员，可以禁止其在五年内从事有关出口经营活动，因出口管制违法行为受到刑事处罚的，终身不得从事有关出口经营活动。

国家出口管制管理部门依法将出口经营者违反本法的情况纳入信用记录。

第四十条 本法规定的出口管制违法行为，由国家出口管制管理部门进行处罚；法律、行政法规规定由海关处罚的，由其依照本法进行处罚。

第四十一条 有关组织或者个人对国家出口管制管理部门的不予许可决定不服的，可以依法申请行政复议。行政复议决定为最终裁决。

第四十二条 从事出口管制管理的国家工作人员玩忽职守、徇私舞弊、滥用职权的，依法给予处分。

第四十三条 违反本法有关出口管制管理规定，危害国家安全和利益的，除依照本法规定处罚外，还应当依照有关法律、行政法规的规定进行处理和处罚。

违反本法规定，出口国家禁止出口的管制物项或者未经许可出口管制物项的，依法追究刑事责任。

第四十四条 中华人民共和国境外的组织和个人，违反本法有关出口管制管理规定，危害中华人民共和国国家安全和利益，妨碍履行防扩散等国际义务的，依法处理并追究其法律责任。

第五章　附　　则

第四十五条 管制物项的过境、转运、通运、再出口或者从保税区、出口加工区等海关特殊监管区域和出口监管仓库、保税物流中心等保税监管场所向境外出口，依照本法的有关规定执行。

第四十六条　核以及其他管制物项的出口，本法未作规定的，依照有关法律、行政法规的规定执行。

第四十七条　用于武装力量海外运用、对外军事交流、军事援助等的军品出口，依照有关法律法规的规定执行。

第四十八条　任何国家或者地区滥用出口管制措施危害中华人民共和国国家安全和利益的，中华人民共和国可以根据实际情况对该国家或者地区对等采取措施。

第四十九条　本法自2020年12月1日起施行。

全国人民代表大会常务委员会关于授权国务院在中国（海南）自由贸易试验区暂时调整适用有关法律规定的决定

（2020年4月29日第十三届全国人民代表大会常务委员会第十七次会议通过）

为支持海南全面深化改革开放，推动中国（海南）自由贸易试验区试点政策落地，第十三届全国人民代表大会常务委员会第十七次会议决定：授权国务院在中国（海南）自由贸易试验区暂时调整适用《中华人民共和国土地管理法》《中华人民共和国种子法》《中华人民共和国海商法》的有关规定（目录附后），暂时调整适用的期限至2024年12月31日。暂时调整适用有关法律规定，必须建立健全事中事后监管制度，有效防控风险，国务院及其有关部门要加强指导、协调和监督，及时总结试点工作经验，并就暂时调整适用有关法律规定的情况向全国人民代表大会常务委员会作出中期报告。对实践证明可行的，修改完善有关法律；对实践证明不宜调整的，恢复施行有关法律规定。

本决定自2020年5月1日起施行。

授权国务院在中国(海南)自由贸易试验区暂时调整适用有关法律规定目录

序号	法律规定	调整内容
1	《中华人民共和国土地管理法》 **第三十五条第一款** 永久基本农田经依法划定后,任何单位和个人不得擅自占用或者改变其用途。国家能源、交通、水利、军事设施等重点建设项目选址确实难以避让永久基本农田,涉及农用地转用或者土地征收的,必须经国务院批准。 **第四十六条第一款** 征收下列土地的,由国务院批准: (一)永久基本农田; (二)永久基本农田以外的耕地超过三十五公顷的; (三)其他土地超过七十公顷的。	暂时调整适用《中华人民共和国土地管理法》第三十五条第一款、第四十六条第一款的有关规定,对中国(海南)自由贸易试验区内由国务院批准的土地征收事项,由国务院授权海南省人民政府批准。在严格落实永久基本农田保护政策,确保中国(海南)自由贸易试验区耕地总量不减少、质量不降低,建设用地在现有基础上不增加的前提下,由海南省人民政府制定具体管理办法,完善落实事中事后监管措施,经国务院自然资源主管部门同意后实施。
2	**《中华人民共和国种子法》** **第三十一条第一款** 从事种子进出口业务的种子生产经营许可证,由省、自治区、直辖市人民政府农业、林业主管部门审核,国务院农业、林业主管部门核发。	暂时调整适用《中华人民共和国种子法》第三十一条第一款的有关规定,在中国(海南)自由贸易试验区从事种子进出口业务的,其种子生产经营许可证核发权限由国务院农业农村主管部门、林业主管部门下放至海南省农业农村主管部门、林业主管部门。在严格实施引进种质资源的隔离与监管,防止生物入侵,加强风险评估和检疫监管的前提下,由海南省人民政府制定具体管理办法,完善落实事中事后监管措施,经国务院农业农村主管部门、林业主管部门同意后实施。

续表

序号	法律规定	调整内容
3	**《中华人民共和国海商法》** **第四条第二款** 非经国务院交通主管部门批准，外国籍船舶不得经营中华人民共和国港口之间的海上运输和拖航。	暂时调整适用《中华人民共和国海商法》第四条第二款的有关规定，将中国（海南）自由贸易试验区港口开展中资方便旗邮轮海上游业务的邮轮企业（经营主体）及邮轮的市场准入许可、仅涉及中国（海南）自由贸易试验区港口的外籍邮轮多点挂靠航线许可权限由国务院交通运输主管部门下放至海南省交通运输主管部门。基于海南海域情况及海南国际邮轮发展状况，在五星红旗邮轮投入运营前，允许中资邮轮运输经营主体在海南三亚、海口邮轮港开展中资方便旗邮轮海上游业务。由海南省人民政府制定具体管理办法，组织相关部门及三亚、海口市人民政府依职责落实监管责任，加强对试点经营主体和邮轮运营的监管。

国务院办公厅关于支持出口产品转内销的实施意见

（2020年6月17日 国办发〔2020〕16号）

为深入贯彻落实党中央、国务院关于统筹推进新冠肺炎疫情防控和经济社会发展工作的决策部署，做好“六稳”工作、落实“六保”任务，在鼓励企业拓展国际市场的同时，支持适销对路的出口产品开拓国内市场，着力帮扶外贸企业渡过难关，促进外贸基本稳定，经国务院同意，现提出以下意见：

一、工作原则

发挥政府引导作用，支持出口产品转内销，帮助外贸企业纾困，确保产业链供应链畅通运转，稳住外贸外资基本盘。发挥企业主体作用，坚持市场化运作，鼓励外贸企业拓展销售渠道，促进国内消费提质升级。落实地方属地责任，因地制宜推动出口产品转内销工作，重点帮扶本地区重要产业链供应链外贸企业和中小微外贸企业。

二、支持出口产品进入国内市场

（一）加快转内销市场准入。在 2020 年底前，对依据出口目的国标准生产且相关标准技术指标达到我国强制性标准要求的出口产品，因疫情影响转内销的，允许企业作出相关书面承诺，通过自我符合性声明的方式进行销售，法律法规另有规定的从其规定。外贸企业要对出口转内销产品加贴的中文和外文标签、标识的一致性负责。（市场监管总局、生态环境部、交通运输部、农业农村部、卫生健康委、应急部、铁路局、民航局、煤矿安监局等部门按职责分工负责）出口转内销产品涉及强制性产品认证（CCC 认证）的，应当依法获得强制性产品认证证书。继续深化强制性产品认证制度改革，简化出口转内销产品认证程序，缩短办理时间。（市场监管总局负责）简化企业办税程序。（税务总局负责）

（二）促进"同线同标同质"发展。支持企业发展"同线同标同质"（以下称"三同"）产品，即在同一生产线上按照相同标准、相同质量要求生产既能出口又可内销的产品，帮助企业降低成本、实现内外销转型。扩大"三同"适用范围至一般消费品、工业品领域。（市场监管总局、工业和信息化部、商务部等部门按职责分工负责）开通国内生产销售审批快速通道。加快完善"三同"公共信息服务平台功能。（市场监管总局负责）开展"三同"产品宣传推广活动，提升知名度和影响力。（中央宣传部、商务部、市场监管总局按职责分工负责）

（三）加强知识产权保障。支持外贸企业与品牌商协商出口转内销产品涉及的知识产权授权，做好专利申请、商标注册和著作权登记。加强对外贸企业知识产权运用的指导和服务。（中央宣传部、知识产权局按职责分工负责）

三、多渠道支持转内销

（四）搭建转内销平台。鼓励外贸企业对接电商平台，依托各类网上购物节，设置外贸产品专区。在符合国内疫情防控要求的前提下，引导主要步行街组织开展出口产品转内销专题活动。组织各地大型商业企业与外贸企业开展订单直采，设立外贸产品销售专区、专柜。组织国内采购商在中国进出口商品交易会(广交会)、中国加工贸易产品博览会等采购外贸产品。(商务部,各省、自治区、直辖市人民政府负责)

(五)发挥有效投资带动作用。重点结合各地新型基础设施、新型城镇化和重大工程(“两新一重”)建设需要,组织对接一批符合条件的出口产品转内销,帮助企业融入投资项目产业链供应链。(各省、自治区、直辖市人民政府负责)引导外贸企业积极补链固链强链,推动产业链协同创新和产业结构调整、加大技术和工艺升级改造力度,参与工业和通信业重大项目建设。(工业和信息化部,各省、自治区、直辖市人民政府负责)

(六)精准对接消费需求。引导外贸企业精准对接国内市场消费升级需求,发挥质量、研发等优势,应用大数据、工业互联网等技术,通过个性化定制、柔性化生产,研发适销对路的内销产品,创建自有品牌,培育和发展新的消费热点,推动消费回升。鼓励外贸企业充分利用网上销售、直播带货、场景体验等新业态新模式,促进线上线下融合发展。(工业和信息化部、商务部按职责分工负责,各省、自治区、直辖市人民政府负责)

四、加大支持力度

(七)提升转内销便利化水平。对符合条件可集中办理内销征税手续的加工贸易企业,在不超过手(账)册有效期或核销截止日期的前提下,由每月 15 日前申报,调整为最迟可在季度结束后 15 天内申报。(海关总署负责)

(八)做好融资服务和支持。鼓励各类金融机构对出口产品转内销提供金融支持,加强供应链金融服务,结合实际开展内销保险项下的保单融资业务,加大流动性资金贷款等经营周转类信贷支持,积极开展应收账款、存货、机器设备、仓单、订单等质押融资,依托大型电商平台加强对中小微外贸企业直贷业务。(财政部、人民银行、银保监会按职责分工负责)

(九)加大保险支持力度。支持保险公司加大对出口产品转内销的保障力度,提供多元化的保险服务。(银保监会负责)

(十)加强资金支持。用足用好外经贸发展专项资金,支持出口转内销相关业务培训、宣传推介、信息服务等,支持外贸企业参加线

上线下内销展会。(财政部、商务部负责)

五、加强组织实施

各地方人民政府、各有关部门要高度重视支持出口产品转内销工作。各地方要根据本地区实际出台针对性配套措施,商务部要会同相关部门制定具体工作方案并组织实施,加强政策指导和业务培训,及时总结推广好经验好做法;组织引导媒体集中开展宣传报道,营造支持出口产品转内销的良好环境,引导拓展国内市场空间,促进公平竞争。(中央宣传部、发展改革委、工业和信息化部、财政部、商务部、人民银行、海关总署、税务总局、市场监管总局、银保监会按职责分工负责,各省、自治区、直辖市人民政府负责)

国务院办公厅关于进一步做好稳外贸稳外资工作的意见

(2020年8月5日　国办发〔2020〕28号)

当前国际疫情持续蔓延,世界经济严重衰退,我国外贸外资面临复杂严峻形势。为深入贯彻习近平总书记关于稳住外贸外资基本盘的重要指示批示精神,落实党中央、国务院决策部署,做好"六稳"工作,落实"六保"任务,进一步加强稳外贸稳外资工作,稳住外贸主体,稳住产业链供应链,经国务院同意,现提出以下意见:

一、更好发挥出口信用保险作用。中国出口信用保险公司在风险可控前提下,积极保障出运前订单被取消的风险。2020年底前,中国出口信用保险公司根据外贸企业申请,可合理变更短期险支付期限或延长付款宽限期、报损期限等。(财政部、商务部、银保监会、中国出口信用保险公司按职责分工负责)

二、支持有条件的地方复制或扩大"信保+担保"的融资模式。鼓励有条件的地方支持政府性融资担保机构参与风险分担,对出口信用保险赔付额以外的贷款本金进行一定比例的担保,商业银行在"信保+担保"条件下,合理确定贷款利率。(各地方人民政府,财政

部、商务部、银保监会、中国出口信用保险公司按职责分工负责)

三、以多种方式为外贸企业融资提供增信支持。充分发挥国家融资担保基金和地方政府性融资担保机构作用,参与外贸领域融资风险分担,支持、引导各类金融机构加大对小微外贸企业融资支持。(各地方人民政府,财政部、商务部、人民银行、银保监会按职责分工负责)鼓励银行机构结合内部风险管理要求,与资质较好的外贸类服务平台进行合作,获取贸易相关信息和资信评估服务,优化贸易背景真实性审核,更好服务外贸企业。(各地方人民政府,商务部、银保监会按职责分工负责)

四、进一步扩大对中小微外贸企业出口信贷投放。更好发挥金融支持作用,进一步加大对中小微外贸企业的信贷投放,缓解融资难、融资贵问题。(各地方人民政府,财政部、商务部、人民银行、银保监会、进出口银行按职责分工负责)

五、支持贸易新业态发展。尽快推动在有条件的地方新增一批市场采购贸易方式试点,力争将全国试点总量扩大至30个左右,带动中小微企业出口。(商务部牵头,各地方人民政府,发展改革委、财政部、海关总署、税务总局、市场监管总局、外汇局按职责分工负责)充分利用外经贸发展专项资金、服务贸易创新发展引导基金等现有渠道,支持跨境电商平台、跨境物流发展和海外仓建设等。鼓励进出口银行、中国出口信用保险公司等各类金融机构在风险可控前提下积极支持海外仓建设。(商务部牵头,财政部、银保监会、进出口银行、中国出口信用保险公司按职责分工负责)深入落实外贸综合服务企业代办退税管理办法,不断优化退税服务,持续加快退税进度。加大对外贸综合服务企业的信用培育力度,使更多符合认证标准的外贸综合服务企业成为海关“经认证的经营者”(AEO)。(商务部、海关总署、税务总局按职责分工负责)

六、引导加工贸易梯度转移。鼓励有条件的地方结合当地实际,通过基金等方式,支持加工贸易梯度转移。培育一批东部与中西部、东北地区共建的加工贸易产业园区。借助中国加工贸易产品博览会等平台,完善产业转移对接机制。鼓励中西部、东北地区发挥优势,承接劳动密集型外贸产业。(各地方人民政府,财政部、商务部按职责分工负责)

七、加大对劳动密集型企业支持力度。对纺织品、服装、家具、鞋靴、塑料制品、箱包、玩具、石材、农产品、消费电子类产品等劳动密集型产品出口企业，在落实减税降费、出口信贷、出口信保、稳岗就业、用电用水等各项普惠性政策基础上进一步加大支持力度。（各地方人民政府，发展改革委、工业和信息化部、财政部、人力资源社会保障部、商务部、人民银行、税务总局、银保监会、进出口银行、中国出口信用保险公司按职责分工负责）

八、助力大型骨干外贸企业破解难题。研究确定大型骨干外贸企业名单，梳理大型骨干外贸企业及其核心配套企业需求，建立问题批办制度，推动解决生产经营中遇到的矛盾问题，在进出口各环节予以支持，"一企一策"做好服务。研究在风险可控前提下，对大型骨干外贸企业进一步加快出口退税进度的支持措施。（商务部牵头，工业和信息化部、海关总署、税务总局、进出口银行、中国出口信用保险公司按职责分工负责）

九、拓展对外贸易线上渠道。推进"线上一国一展"，支持和鼓励有能力、有意愿的地方政府、重点行业协会举办线上展会。用好外经贸发展专项资金，在规定范围内，支持中小外贸企业开拓市场，参加线上线下展会。发挥好国内商协会、驻外机构、海外中资企业协会作用，积极对接国外商协会，帮助出口企业对接更多海外买家。（各地方人民政府，外交部、工业和信息化部、财政部、商务部按职责分工负责）

十、进一步提升通关便利化水平。持续优化口岸营商环境，继续巩固压缩货物整体通关时间成效，进一步推动规范和降低进出口环节合规成本，在有条件的口岸推广口岸收费"一站式阳光价格"，提升口岸收费透明度和可比性。加大对出口企业提供技术贸易措施咨询服务力度，助力企业开拓海外市场。推进扩大油脂油料、肉类、乳品市场准入，促进进口，保障市场供应。（海关总署负责）

十一、提高外籍商务人员来华便利度。在严格落实好防疫要求前提下，继续与有关国家商谈建立"快捷通道"，为外贸外资企业重要商务、物流、生产和技术服务急需人员往来提供便利。继续对符合条件的来华复工复产外国人全面实施"快捷通道"。参照"快捷通道"有关做法，本着"防疫为先、确保必需、压实责任、体现便利"原则，对来华从事必要经贸、科技等活动的外国人作出便利性安排。支持地方结合当地市场采购贸易方式特点，开通专有通道，便利外商入市采购，优先安排在华常驻外商尽快返华入市。在做好疫情防控的前提下，逐步有序恢复中外人员往来。按照国务院联防联控机制部署，分阶段增加国际客运航班总量，在防疫证明齐全的情况下，适度增加与我主要投资来源地民航班次，便利外籍商务人员来华。（各地方人民政府，外交部、发展改革委、商务部、移民局、民航局按职责分工负责）

十二、给予重点外资企业金融支持。外资企业同等适用现有1.5万亿元再贷款再贴现专项额度支持。加大对重点外资企业的金融支持力度，进出口银行5700亿元新增贷款规模可用于积极支持符合条件的重点外资企业。各省区市商务主管部门摸清辖区内重点外资企业融资需求及经营情况，及时与银行业金融机构共享重点外资企业信息，加强各地外资企业协会等机构与银行业金融机构的合作，推动开展"银企对接"，银行业金融机构按市场化原则积极保障重点外资企业融资需求。（各地方人民政府，人民银行、商务部、银保监会、进出口银行按职责分工负责）

十三、加大重点外资项目支持服务力度。对全国范围内投资额1亿美元以上的重点外资项目，梳理形成清单，在前期、在建和投产等环节，内外资一视同仁加大用海、用地、能耗、环保等方面服务保障力度。（各地方人民政府，商务部、发展改革委、自然资源部、生态环境部按职责分工负责）

十四、鼓励外资更多投向高新技术产业。推动高新技术企业认定管理和服务的便利化，进一步加强对外商投资企业申请高新技术企业认定的培训和宣传解读，着重加强对疫情防控等应急领域企业的政策服务，吸引更多外资投向高新技术和民生健康领域。（科技部牵头，财政部、税务总局按职责分工负责）

十五、降低外资研发中心享受优惠政策门槛。降低适用支持科技创新进口税收政策的外资研发中心专职研究与试验发展人员数量要求，鼓励外商来华投资设立研发中心，提升引资质量。（财政部牵头，商务部、税务总局按职责分工负责）

各地区、各部门要以习近平新时代中国特色社会主义思想为指导，增强"四个意识"、坚定"四个自信"、做到"两个维护"，坚决贯彻党中央、国务院决策部署，提高站位、积极作为、狠抓落实。各地区要结合实际，完善配套措施，认真组织实施，推动各项政策在本地区落地见效。各部门要按职责分工，加强协作、形成合力，确保各项政策落实到位。

（本文有删减）

国务院关于印发北京、湖南、安徽自由贸易试验区总体方案及浙江自由贸易试验区扩展区域方案的通知

（2020年8月30日　国发〔2020〕10号）

现将《中国（北京）自由贸易试验区总体方案》、《中国（湖南）自由贸易试验区总体方案》、《中国（安徽）自由贸易试验区总体方案》、《中国（浙江）自由贸易试验区扩展区域方案》印发给你们，请认真贯彻执行。

中国（北京）自由贸易试验区总体方案

建立中国（北京）自由贸易试验区（以下简称自贸试验区）是党中央、国务院作出的重大决策，是新时代推进改革开放的重要战略举措。为高标准高质量建设自贸试验区，制定本方案。

一、总体要求

（一）指导思想。

以习近平新时代中国特色社会主义思想为指导，全面贯彻党的十九大和十九届二中、三中、四中全会精神，统筹推进“五位一体”总体布局和协调推进“四个全面”战略布局，坚持稳中求进工作总基调，坚持新发展理念，坚持高质量发展，以供给侧结构性改革为主线，主动服务和融入国家重大战略，建设更高水平开放型经济新体制，以开

放促改革、促发展、促创新,把自贸试验区建设成为新时代改革开放新高地。

（二）战略定位及发展目标。

以制度创新为核心,以可复制可推广为基本要求,全面落实中央关于深入实施创新驱动发展、推动京津冀协同发展战略等要求,助力建设具有全球影响力的科技创新中心,加快打造服务业扩大开放先行区、数字经济试验区,着力构建京津冀协同发展的高水平对外开放平台。

赋予自贸试验区更大改革自主权,深入开展差别化探索。对标国际先进规则,加大开放力度,开展规则、规制、管理、标准等制度型开放。经过三至五年改革探索,强化原始创新、技术创新、开放创新、协同创新优势能力,形成更多有国际竞争力的制度创新成果,为进一步扩大对外开放积累实践经验,努力建成贸易投资便利、营商环境优异、创新生态一流、高端产业集聚、金融服务完善、国际经济交往活跃、监管安全高效、辐射带动作用突出的高标准高质量自由贸易园区。强化自贸试验区改革同北京市改革的联动,各项改革试点任务具备条件的在中关村国家自主创新示范区全面实施,并逐步在北京市推广试验。

二、区位布局

（一）实施范围。

自贸试验区的实施范围 119.68 平方公里,涵盖三个片区:科技创新片区 31.85 平方公里,国际商务服务片区 48.34 平方公里(含北京天竺综合保税区 5.466 平方公里),高端产业片区 39.49 平方公里。

自贸试验区的开发利用须遵守土地利用、生态环境保护、规划相关法律法规,符合国土空间规划,并符合节约集约用地的有关要求。

（二）功能划分。

科技创新片区重点发展新一代信息技术、生物与健康、科技服务等产业,打造数字经济试验区、全球创业投资中心、科技体制改革先行示范区;国际商务服务片区重点发展数字贸易、文化贸易、商务会展、医疗健康、国际寄递物流、跨境金融等产业,打造临空经济创新引领示范区;高端产业片区重点发展商务服务、国际金融、文化创意、生物技术和大健康等产业,建设科技成果转换承载地、战略性新兴产业集聚区和国际高端功能机构集聚区。

三、主要任务和措施

（一）推动投资贸易自由化便利化。

1. 深化投资领域改革。全面落实外商投资准入前国民待遇加负面清单管理制度。探索引进考试机构及理工类国际教材。完善外商投资促进、项目跟踪服务和投诉工作机制。鼓励在法定权限内制定投资和产业促进政策。完善“走出去”综合服务和风险防控体系，提高境外投资便利化水平，优化企业境外投资外汇管理流程。

2. 提升贸易便利化水平。推动北京首都国际机场、北京大兴国际机场扩大包括第五航权在内的航权安排。持续拓展国际贸易“单一窗口”服务功能和应用领域。开展跨境电子商务零售进口药品试点工作，具体按程序报批。适度放宽医药研发用小剂量特殊化学制剂的管理，支持在区内建立备货仓库。对符合政策的区内研发机构科研设备进口免税。进一步拓展整车进口口岸功能。支持北京天竺综合保税区打造具有服务贸易特色的综合保税区。

3. 创新服务贸易管理。试行跨境服务贸易负面清单管理模式。在有条件的区域最大限度放宽服务贸易准入限制。为研发、执业、参展、交流、培训等高端人才提供签证便利。创新监管服务模式，对区内企业、交易单据、人员、资金、商品等进行追溯和监管。

（二）深化金融领域开放创新。

4. 扩大金融领域开放。开展本外币一体化试点。允许区内银行为境外机构人民币银行结算账户（NRA 账户）发放境外人民币贷款，研究推进境外机构投资者境内证券投资渠道整合，研究推动境外投资者用一个 NRA 账户处理境内证券投资事宜。允许更多外资银行获得证券投资基金托管资格。支持设立重点支持文创产业发展的民营银行。鼓励符合条件的中资银行开展跨境金融服务，支持有真实贸易背景的跨境金融服务需求。推动重点行业跨境人民币业务和外汇业务便利化。探索赋予中关村科创企业更多跨境金融选择权，在宏观审慎框架下自主决定跨境融资方式、金额和时机等，创新企业外债管理方式，逐步实现中关村国家自主创新示范区非金融企业外债项下完全可兑换。支持依法合规地通过市场化方式设立境内外私募平行基金。便利符合条件的私募和资产管理机构开展境外投资。支持跨国公司通过在境内设立符合条件的投资性公司，依法合规设立财务公司。开展区内企业外债一次性登记试点，不再逐笔登记。

5. 促进金融科技创新。围绕支付清算、登记托管、征信评级、资产交易、数据管理等环节，支持金融科技重大项目落地，支持借助科技手段提升金融基础设施服务水平。充分发挥金融科技创新监管试点机制作用，在有利于服务实体经济、风险可控、充分保护消费者合法权益的前提下稳妥开展金融科技创新。支持人民银行数字货币研究所设立金融科技中心，建设法定数字货币试验区和数字金融体系，依托人民银行贸易金融区块链平台，形成贸易金融区块链标准体系，加强监管创新。建设金融科技应用场景试验区，建立应用场景发布机制。

6. 强化金融服务实体经济。允许通过北京产权交易所等依法合规开展实物资产、股权转让、增资扩股的跨境交易。在依法依规、风险可控的前提下，支持区内汽车金融公司开展跨境融资，按照有关规定申请保险兼业代理资格；研究简化汽车金融公司发行金融债券、信贷资产证券化或外资股东发行熊猫债券等相关手续。允许区内注册的融资租赁母公司和子公司共享企业外债额度。将区内注册的内资融资租赁企业试点确认工作委托给北京市主管部门。

（三）推动创新驱动发展。

7. 优化人才全流程服务体系。探索制定分层分类人才吸引政策。试点开展外籍人才配额管理制度，探索推荐制人才引进模式。优化外国人来华工作许可、居留许可审批流程。采取“线上+线下”模式，建立全链条一站式服务窗口和服务站点。探索建立过往资历认可机制，允许具有境外职业资格的金融、建筑设计、规划等领域符合条件的专业人才经备案后，依规办理工作居留证件，并在区内提供服务，其境外从业经历可视同境内从业经历。对境外人才发生的医疗费用，开展区内医院与国际保险实时结算试点。探索优化非标准就业形式下劳动保障服务。

8. 强化知识产权运用保护。探索研究鼓励技术转移的税收政策。探索建立公允的知识产权评估机制，完善知识产权质押登记制度、知识产权质押融资风险分担机制以及质物处置机制。设立知识产权交易中心，审慎规范探索开展知识产权证券化。开展外国专利代理机构设立常驻代表机构试点工作。探索国际数字产品专利、版权、商业秘密等知识产权保护制度建设。充分发挥中国（中关村）知识产权保护中心的作用,建立专利快速审查、快速确权和快速维权的协同保护体系。

9. 营造国际一流创新创业生态。赋予科研人员职务科技成果所有权或长期使用权,探索形成市场化赋权、成果评价、收益分配等制度。鼓励跨国公司设立研发中心,开展"反向创新"。推动中国检测标准转化为国际通用标准。探索优化对科研机构访问国际学术前沿网站的安全保障服务。推进标准化厂房建设,健全工业用地市场供应体系。探索实施综合用地模式,在用途、功能不冲突前提下,实现一宗地块具有多种土地用途、建筑复合使用(住宅用途除外),按照不同用途建筑面积计算土地出让金,不得分割转让。探索实行产业链供地。

(四)创新数字经济发展环境。

10. 增强数字贸易国际竞争力。对标国际先进水平,探索符合国情的数字贸易发展规则,加强跨境数据保护规制合作,促进数字证书和电子签名的国际互认。探索制定信息技术安全、数据隐私保护、跨境数据流动等重点领域规则。探索创制数据确权、数据资产、数据服务等交易标准及数据交易流通的定价、结算、质量认证等服务体系,规范交易行为。探索开展数字贸易统计监测。

11. 鼓励发展数字经济新业态新模式。加快新一代信息基础设施建设,探索构建安全便利的国际互联网数据专用通道。应用区块链等数字技术系统规范跨境贸易、法律合规、技术标准的实施,保障跨境贸易多边合作的无纸化、动态化、标准化。依托区块链技术应用,整合高精尖制造业企业信息和信用数据,打造高效便捷的通关模式。探索建立允许相关机构在可控范围内对新产品、新业务进行测试的监管机制。

12. 探索建设国际信息产业和数字贸易港。在风险可控的前提下,在软件实名认证、数据产地标签识别、数据产品进出口等方面先行先试。建设数字版权交易平台,带动知识产权保护、知识产权融资业务发展。对软件和互联网服务贸易进行高效、便利的数字进出口检验。积极探索针对企业的数据保护能力的第三方认证机制。探索建立适应海外客户需求的网站备案制度。

(五)高质量发展优势产业。

13. 助力国际交往中心建设。着眼于服务国家总体外交,持续提升重大国事活动服务保障能力。鼓励国际组织集聚。探索开展本外币合一跨境资金池试点,支持符合条件的跨国企业集团在境内外成员之间集中开展本外币资金余缺调剂和归集业务,对跨境资金流动实行双向宏观审慎管理。探索消费、预办登机一体化试点。鼓励适度竞争,完善免税店相关政策。在北京首都国际机场周边打造功能完善的组团式会展综合体。提升中国国际服务贸易交易会规格和能级,将其打造成为国际服务贸易主平台。

14. 满足高品质文化消费需求。打造国际影视动漫版权贸易平台,探索开展文化知识产权保险业务,开展宝玉石交易业务,做强"一带一路"文化展示交易馆。允许符合条件的外资企业开展面向全球的文化艺术品(非文物)展示、拍卖、交易业务。鼓励海外文物回流,积极研究调整现行进口税收政策,进一步给予支持。探索创新综合保税区内国际高端艺术展品担保监管模式。

15. 创新发展全球领先的医疗健康产业。简化国内生物医药研发主体开展国际合作研发的审批流程。加速急需医疗器械和研发用材料试剂、设备通关。对临床急需且我国尚无同品种产品获准注册的医疗器械加快审批,保障临床需求。开展跨境远程医疗等临床医学研究,区内医疗机构可根据自身技术能力,按照有关规定开展干细胞临床前沿医疗技术研究项目。探索开展去中心化临床试验(DCT)试点。支持设立医疗器械创新北京服务站和人类遗传资源服务站,加快医药产业转化速度。

16. 优化发展航空服务。推动北京首都国际机场和北京大兴国际机场联动发展,建设世界级航空枢纽。优化航材保税监管措施,降低航材运营成本。试点开展公务机按照包修协议报关业务,将公务机所有人、运营人及委托代理公司纳入试点申请主体范围。对符合列目规则的航空专用零部件,研究单独设立本国子目。

(六)探索京津冀协同发展新路径。

17. 助力高标准建设城市副中心。探索实施相对集中行政许可权试点。鼓励金融机构开展全球资产配置,建设全球财富管理中心。支持设立全国自愿减排等碳交易中心。规范探索开展跨境绿色信贷资产证券化、绿色债券、绿色股权投融资业务,支持相关企业融资发展。支持符合条件的金融机构设立专营机构。在国家金融监管机构等的指导下，支持设立北京城市副中心金融风险监测预警与监管创新联合实验室，构建京津冀金融风险监测预警平台。简化特殊人才引进流程。

18. 深化产业链协同发展。将自贸试验区打造为京津冀产业合作新平台，创新跨区域产业合作，探索建立总部—生产基地、园区共建、整体搬迁等多元化产业对接合作模式。鼓励北京、天津、河北自贸试验区抱团参与“一带一路”建设，坚持稳妥有序原则，共建、共享境内外合作园区。

19. 推动形成统一开放市场。加强京津冀三地技术市场融通合作，对有效期内整体迁移的高新技术企业保留其高新技术企业资格。逐步实现北京、天津、河北自贸试验区内政务服务“同事同标”，推动实现政务服务区域通办、标准互认和采信、检验检测结果互认和采信。探索建立北京、天津、河北自贸试验区联合授信机制，健全完善京津冀一体化征信体系。

（七）加快转变政府职能。

20. 持续打造国际一流营商环境。推进“证照分离”改革。对新经济模式实施审慎包容监管，探索对新技术新产品加强事中事后监管。下放国际快递业务（代理）经营许可审批权。开展企业投资项目“区域评估+标准地+告知承诺制+政府配套服务”改革。探索取消施工图审查（或缩小审查范围）、实行告知承诺制和设计人员终身负责制等工程建设领域审批制度改革。

21. 强化多元化法治保障。允许境外知名仲裁及争议解决机构经北京市人民政府司法行政部门登记并报国务院司法行政部门备案，在区内设立业务机构，就国际商事、投资等领域民商事争议开展仲裁业务，依法支持和保障中外当事人在仲裁前和仲裁中的财产保全、证据保全、行为保全等临时措施的申请和执行。积极完善公证、调解、仲裁、行政裁决、行政复议、诉讼等有机衔接、相互协调的多元化纠纷解决机制。支持国际商事争端预防与解决组织落地运营。充分利用现有审判资源，为金融诉讼提供绿色通道。

22. 健全开放型经济风险防范体系。推行以信用为基础的分级分类监管制度。聚焦投资、贸易、网络、生物安全、生态环境、文化安全、人员进出、反恐反分裂、公共道德等重点领域，进一步落实好外商投资安全审查制度,完善反垄断审查、行业管理、用户认证、行为审计等管理措施。健全金融风险监测和预警机制,强化反洗钱、反恐怖融资和反逃税工作,不断提升金融风险防控能力。坚持底线思维,依托信息技术创新风险研判和风险防控手段,建立联防联控机制。

四、保障机制

坚持和加强党对改革开放的领导,把党的领导贯穿于自贸试验区建设的全过程。牢固树立总体国家安全观,强化底线思维和风险意识,切实加强自贸试验区风险防控体系建设,完善风险防控和处置机制,维护国家安全和社会安全,牢牢守住不发生区域性系统性风险底线。在国务院自由贸易试验区工作部际联席会议统筹协调下,充分发挥地方和部门积极性,抓好各项改革试点任务落实,高标准高质量建设自贸试验区。北京市要完善工作机制,构建精简高效、权责明晰的自贸试验区管理体制,加强人才培养,打造高素质专业化管理队伍;要加强地方立法,建立公正透明、体系完备的法治环境;要强化主体责任,加强监测预警,深入开展风险评估,制定相关工作方案,切实防范化解重大风险;要建立完善自贸试验区制度创新容错机制,坚持“三个区分开来”,鼓励大胆试、大胆闯;要统筹推进新冠肺炎疫情防控和自贸试验区高质量发展工作,全面落实“外防输入、内防反弹”要求,努力把疫情造成的损失降到最低限度。北京市和有关部门要依法及时下放相关管理权限,完善配套政策,确保各项改革举措落地实施。自贸试验区各片区要把工作做细,制度做实,严格监督,严格执纪执法。本方案提出的各项改革政策措施,凡涉及调整现行法律或行政法规的,按规定程序办理。重大事项及时向党中央、国务院请示报告。

中国(湖南)自由贸易试验区总体方案

建立中国(湖南)自由贸易试验区(以下简称自贸试验区)是党中央、国务院作出的重大决策,是新时代推进改革开放的重要战略举措。为高标准高质量建设自贸试验区,制定本方案。

一、总体要求

（一）指导思想。

以习近平新时代中国特色社会主义思想为指导，全面贯彻党的十九大和十九届二中、三中、四中全会精神，统筹推进“五位一体”总体布局和协调推进“四个全面”战略布局，坚持稳中求进工作总基调，坚持新发展理念，坚持高质量发展，以供给侧结构性改革为主线，主动服务和融入国家重大战略，建设更高水平开放型经济新体制，以开放促改革、促发展、促创新，把自贸试验区建设成为新时代改革开放新高地。

（二）战略定位及发展目标。

以制度创新为核心，以可复制可推广为基本要求，全面落实中央关于加快建设制造强国、实施中部崛起战略等要求，发挥东部沿海地区和中西部地区过渡带、长江经济带和沿海开放经济带结合部的区位优势，着力打造世界级先进制造业集群、联通长江经济带和粤港澳大湾区的国际投资贸易走廊、中非经贸深度合作先行区和内陆开放新高地。

赋予自贸试验区更大改革自主权，深入开展差别化探索。对标国际先进规则，加大开放力度，开展规则、规制、管理、标准等制度型开放。经过三至五年改革探索，形成更多有国际竞争力的制度创新成果，为进一步扩大对外开放积累实践经验，推动先进制造业高质量发展，提升关键领域创新能力和水平，形成中非经贸合作新路径新机制，努力建成贸易投资便利、产业布局优化、金融服务完善、监管安全高效、辐射带动作用突出的高标准高质量自由贸易园区。

二、区位布局

（一）实施范围。

自贸试验区的实施范围 119.76 平方公里，涵盖三个片区：长沙片区 79.98 平方公里（含长沙黄花综合保税区 1.99 平方公里），岳阳片区 19.94 平方公里（含岳阳城陵矶综合保税区 2.07 平方公里），郴州片区 19.84 平方公里（含郴州综合保税区 1.06 平方公里）。

自贸试验区的开发利用须遵守土地利用、生态环境保护、规划相关法律法规，符合国土空间规划，并符合节约集约用地的有关要求。

（二）功能划分。

长沙片区重点对接“一带一路”建设，突出临空经济，重点发展高端装备制造、新一代信息技术、生物医药、电子商务、农业科技等产业,打造全球高端装备制造业基地、内陆地区高端现代服务业中心、中非经贸深度合作先行区和中部地区崛起增长极。岳阳片区重点对接长江经济带发展战略,突出临港经济,重点发展航运物流、电子商务、新一代信息技术等产业,打造长江中游综合性航运物流中心、内陆临港经济示范区。郴州片区重点对接粤港澳大湾区建设,突出湘港澳直通,重点发展有色金属加工、现代物流等产业,打造内陆地区承接产业转移和加工贸易转型升级重要平台以及湘粤港澳合作示范区。

三、主要任务和措施

(一)加快转变政府职能。

1. 营造国际一流营商环境。开展优化营商环境改革举措先行先试。开展强化竞争政策实施试点,创造公平竞争的制度环境。推进电力改革试点,进一步降低企业用电成本。加强重大项目用地保障。发挥好现行税收优惠政策对创新的激励作用。吸引跨国公司在区内设立地区总部。

2. 优化行政管理职能与流程。深化商事制度改革,探索商事主体登记确认制,试行“自主查询、自主申报”制度。开展“证照分离”改革全覆盖试点。进一步深化工程建设项目审批制度改革。推进“一业一证”改革。促进5G和人工智能技术应用,提升“互联网+政务服务”水平。深化“一件事一次办”改革。

3. 创新事中事后监管体制机制。加强信用体系建设,实行信用风险分类监管。建立重大风险防控和应对机制,依托国家企业信用信息公示系统(湖南)创新事中事后监管。建立商事纠纷诉前调解、仲裁制度,支持搭建国际商事仲裁平台。

(二)深化投资领域改革。

4. 建立更加开放透明的市场准入管理模式。全面落实外商投资准入前国民待遇加负面清单管理制度。完善外商投资信息报告制度,推进部门数据共享,实行市场监管、商务、外汇年报“多报合一”。完善投资便利化机制,建立外商投资一站式服务联络点。鼓励外资投资先进制造业,支持重大外资项目在区内落地,探索与实体经济发展需求相适应的外商股权投资管理办法。

5. 提升对外投资合作水平。创新境外投资管理，对境外投资项目和境外开办企业，属于省级备案管理范围的，可由自贸试验区备案管理，同时加强事中事后监管。健全对外投资政策和服务体系，建立湖南省“一带一路”投资综合服务平台。支持设立国际产品标准中心和行业技术标准中心（秘书处），推动技术、标准、服务、品牌走出去。

（三）推动贸易高质量发展。

6. 提升贸易便利化水平。建设具有国际先进水平的国际贸易“单一窗口”，将出口退税、服务外包、维修服务等事项逐步纳入，推动数据协同、简化和标准化。积极推动扩大出口退税无纸化申报范围，尽快覆盖管理类别为一、二、三类的出口企业。扩大第三方检验结果采信商品和机构范围。创新出口货物专利纠纷担保放行方式。

7. 创新贸易综合监管模式。实现长沙黄花综合保税区与长沙黄花国际机场航空口岸联动。支持内销选择性征收关税政策在自贸试验区内的综合保税区试点。提高国际铁路货运联运水平，探索解决国际铁路运单物权凭证问题，将铁路运输单证作为信用证议付单证。开通农副产品快速通关“绿色通道”，对区内生产加工的符合“两品一标”标准的优质农产品出口注册备案，免于现场评审，并出具检验证书。优化生物医药全球协同研发试验用特殊物品的检疫查验流程。建立贸易风险预警机制和政企互动机制。

8. 推动加工贸易转型升级。创新区内包装材料循环利用监管模式。支持区内企业开展深加工结转，优化出口退税手续。支持开展矿石混配业务，完善仓储、分销、加工及配送体系。相关矿产品入区须符合我国法律法规和重金属精矿等相关标准要求。支持将中国（湖南）国际矿物宝石博览会天然矿晶展品（含宝石同名称用于观赏类的矿晶）按观赏类标本晶体归类。利用现行中西部地区国际性展会留购展品免征进口关税政策，办好中国（湖南）国际矿物宝石博览会。依托现有交易场所，依法合规开展宝玉石交易。

9. 培育贸易新业态。支持自贸试验区内的综合保税区依法依规适用跨境电商零售进口政策。支持跨境电商企业在重点国别、重点市场建设海外仓。对符合条件的跨境电商零售出口企业核定征收企业所得税。适时开通跨境电商中欧班列铁路运邮的邮路出口业务。探索建设国际邮件、国际快件和跨境电商进出境一体化设施。对境外食品类展品，简化食品境外生产企业临时注册验核程序，免于境外实地评审（特殊食品除外）。加强文物进出境审核工作，促进文物回流。加快影视产品出口退税办理进度。制定平行进口汽车符合性整改标准和整改企业资质标准，开展标准符合性整改试点。探索在教育、工程咨询、会展、商务服务等领域，分层次逐步取消或放宽跨境交付、境外消费、自然人移动等模式的服务贸易限制措施。支持离岸贸易业务和总部经济发展，建立全球订单分拨、资金结算和供应链管理中心。探索兼顾安全和效率的数字产品贸易监管模式。

（四）深化金融领域开放创新。

10. 扩大金融领域对外开放。开展外商投资股权投资企业合格境外有限合伙人（QFLP）试点。放宽外商设立投资性公司申请条件，申请前一年外国投资者的资产总额要求降为不低于 2 亿美元，取消对外国投资者在中国境内已设立外商投资企业的数量要求。

11. 促进跨境投融资便利化。开展资本项目收入支付便利化改革试点，简化资本项下外汇收入支付手续，无需事先逐笔提供真实性证明材料。开展货物贸易外汇收支便利化试点。放宽跨国公司外汇资金集中运营管理准入条件。对区内保税货物转卖给予外汇收支结算便利。允许银行按照“展业三原则”办理购付汇、收结汇及划转等手续。完善跨境电商收付汇制度，允许区内跨境电商海外仓出口企业根据实际销售情况回款，按规定报告出口与收汇差额。探索开展境内人民币贸易融资资产跨境转让业务。支持个人本外币兑换特许业务试点稳妥开展。

12. 增强金融服务实体经济功能。支持开展外部投贷联动和知识产权质押、股权质押、科技融资担保等金融服务。支持金融机构运用区块链、大数据、生物识别等技术提升金融服务能力。支持开展政府投资基金股权投资退出便利化试点。探索融资租赁服务装备制造业发展新模式，支持进口租赁国内不能生产或性能不能满足需要的高端装备。在符合国家有关规定的前提下，开展境内外租赁资产交易。鼓励融资租赁企业在区内设立项目子公司。支持外资保险经纪公司参与开展关税保证保险、科技保险等业务。增强金融推动产业绿色发展的引导作用，支持金融机构和企业发行绿色债券。

13. 建立健全金融风险防控体系。加强对重大风险的识别和系统性金融风险的防范。探索建立覆盖各类金融市场、机构、产品、工具的风险监测监控机制。强化反洗钱、反恐怖融资、反逃税工作。完善金融执法体系，建立公平、公正、高效的金融案件审判和仲裁机制，有效打击金融违法犯罪行为。

（五）打造联通长江经济带和粤港澳大湾区的国际投资贸易走廊。

14. 深入对接长江经济带发展战略。完善区域协同开放机制，积极推进长江经济带沿线自贸试验区合作共建，开展货物通关、贸易统计、检验检测认证等方面合作，推动相关部门信息互换、监管互认、执法互助。推动长江经济带产业合理布局，提升长江经济带产业协同合作能力。探索完善异地开发生态保护补偿机制和政府主导、企业和社会各界参与、市场化运作、可持续的生态产品价值实现路径。依法合规开展产权、技术、排污权等现货交易。

15. 实现湘粤港澳服务业联动发展。积极对接粤港澳大湾区建设，实现市场一体、标准互认、政策协调、规则对接。发展湘粤港澳智能物流，打造面向粤港澳大湾区的中部地区货运集散中心。推进粤港澳大湾区口岸和湖南地区通关监管协作，全面推行通关一体化，畅通货物快捷通关渠道。在内地与香港、澳门关于建立更紧密经贸关系的安排（CEPA）框架下，允许港澳人员在自贸试验区从事相关服务业并享受国民待遇。授权自贸试验区制定相关港澳专业人才执业管理办法（国家法律法规暂不允许的除外），允许具有港澳执业资格的金融、建筑、规划等领域专业人才，经相关部门或机构备案后，为区内企业提供专业服务。在区内推动建立湘粤港澳认证及相关检测机构交流合作平台，促进相应认证检测结果的相互承认与接受。支持符合条件的香港金融机构在自贸试验区进行新设、增资或参股区内金融机构等直接投资活动。支持湖南省对本省高职院校招收香港学生实行备案。鼓励具备内地招收资质的香港院校增加在湖南招生名额。加强湘粤港澳四地文化创意产业合作，实现文化创意产业优势资源对接。积极打造全球领先的5G视频和电子竞技产业基地。

16. 畅通国际化发展通道。在对外航权谈判中支持长沙黄花国际机场获得包括第五航权在内的航权安排，开展经停第三国的航空客货运业务。增加长沙黄花国际机场国际货运航班，建立进口食用水生动物、冰鲜水产品、水果集散中心和进口医药物流中心。研究开展高铁快运。实现自贸试验区与长沙金霞经济技术开发区联动发展，提升中欧班列（长沙）运营规模和质量，加快发展长沙陆港型物流枢纽。推进跨境电商货运班列常态化运行。提升岳阳城陵矶港区功能，全面推进黄金水道建设，支持企业有序发展岳阳至香港水路直航航线，积极拓展至东盟、日韩等国家和地区接力航线。

17. 优化承接产业转移布局。积极探索承接沿海产业转移的路径和模式，开展飞地经济合作，建立健全区域间互动合作和利益分享机制。探索建立跨省域资质和认证互认机制，企业跨省迁入自贸试验区后，在履行必要的审核程序后继续享有原有资质、认证。探索支持沿海地区创新政策在区内落地，工业产品生产许可证等实施“绿色通道”、快捷办理。积极承接钻石进出口及高端饰品加工贸易，支持郴州开展实施“金伯利进程国际证书制度”。通过依托现有交易场所等方式与上海钻石交易所开展合作。

（六）探索中非经贸合作新路径新机制。

18. 建设中非经贸深度合作先行区。比照现行中西部地区国际性展会留购展品免征进口关税政策，支持办好中国—非洲经贸博览会。试点推进对非认证认可和合格评定结果国际互认工作。推进中非海关“经认证的经营者”（AEO）互认合作。建设非洲在华非资源性产品集散和交易中心。探索开展中非易货贸易。探索创新对非经贸合作金融平台和产品，支持设立中非跨境人民币中心，推进跨境人民币业务政策在对非跨境贸易、清算结算、投融资等领域落地，提升对非金融服务能力。

19. 拓展中非地方合作。探索中非经贸合作新模式，推动建设中非经贸合作公共服务平台，打造中非经贸合作示范高地。建设岳阳水果进口指定监管场地。鼓励与贝宁、布基纳法索、乍得、马里等非洲棉花主产国开展定向合作。支持扩大进口非洲咖啡、可可、腰果、鳀鱼等优质农产品。打造中非客货运集散中心，加强岳阳城陵矶港与非洲重点港口的对接合作，拓展湖南与肯尼亚等非洲国家空中客货运航线。统筹对非援助等有关资源，支持湖南省依托人力资源培训资质单位，重点实施对非人力资源培训有关项目，助推对非经贸合作。

（七）支持先进制造业高质量发展。

20. 打造高端装备制造业基地。支持国家级工业设计研究院、国家级轨道交通装备检验检测认证机构建设。支持发展航空航天衍生制造、试验测试、维修保障和服务网络体系。促进制造业数字化智能化转型，支持建设工业互联网平台，加大信息技术应用创新适配中心和运维服务等公共服务平台建设力度。促进智能终端产品研发及产业化，成立湖南省工业技术软件化创新中心，支持工业互联网服务商和"上云上平台"标杆企业发展。

21. 支持企业参与"一带一路"建设。支持龙头企业建设面向"一带一路"沿线国家和地区的跨境寄递服务网络、国际营销和服务体系。支持区内装备制造企业建设全球售后服务中心。在依法依规、风险可控前提下，在自贸试验区的综合保税区内积极开展"两头在外"的高技术含量、高附加值、符合环保要求的工程机械、通信设备、轨道交通装备、航空等保税维修和进口再制造。研究支持对自贸试验区内企业在综合保税区外开展"两头在外"航空维修业态实行保税监管，探索开展"两头在外"的航材包修转包区域流转业务试点。简化汽车维修零部件 CCC 认证办理手续。

22. 推动创新驱动发展。构建以完善重点产业链为目标的技术创新体系，支持关键共性技术研究和重大科技成果转化。建立企业技术需求清单，以政府购买服务、后补助等方式，促进科技成果转化中试。支持将绿色产品优先纳入政府采购清单。实行更加积极、更加开放、更加有效的人才政策，强化人才创新创业激励机制。

23. 强化知识产权保护和运用。完善有利于激励创新的知识产权归属制度。结合区内产业特色，搭建针对性强、便利化的知识产权公共服务平台，建立知识产权服务工作站，培养知识产权服务人才，构建一体化的知识产权信息公共服务体系。建立多元化知识产权争端解决与快速维权机制。探索建立公允的知识产权评估机制，优化知识产权质押登记服务，完善知识产权质押融资风险分担机制以及方便快捷的质物处置机制。

四、保障机制

坚持和加强党对改革开放的领导，把党的领导贯穿于自贸试验区建设的全过程。牢固树立总体国家安全观，强化底线思维和风险意识，切实加强自贸试验区风险防控体系建设，完善风险防控和处置机制，维护国家安全和社会安全，牢牢守住不发生区域性系统性风险底线。在国务院自由贸易试验区工作部际联席会议统筹协调下，充分发挥地方和部门积极性，抓好各项改革试点任务落实，高标准高质量建设自贸试验区。湖南省要完善工作机制，构建精简高效、权责明晰的自贸试验区管理体制，加强人才培养，打造高素质专业化管理队伍；要加强地方立法，建立公正透明、体系完备的法治环境；要强化主体责任，加强监测预警，深入开展风险评估，制定相关工作方案，切实防范化解重大风险；要建立完善自贸试验区制度创新容错机制，坚持“三个区分开来”，鼓励大胆试、大胆闯；要统筹推进新冠肺炎疫情防控和自贸试验区高质量发展工作，全面落实“外防输入、内防反弹”要求，努力把疫情造成的损失降到最低限度。湖南省和有关部门要依法及时下放相关管理权限，完善配套政策，确保各项改革举措落地实施。自贸试验区各片区要把工作做细，制度做实，严格监督，严格执纪执法。本方案提出的各项改革政策措施，凡涉及调整现行法律或行政法规的，按规定程序办理。重大事项及时向党中央、国务院请示报告。

中国（安徽）自由贸易试验区总体方案

建立中国（安徽）自由贸易试验区（以下简称自贸试验区）是党中央、国务院作出的重大决策，是新时代推进改革开放的重要战略举措。为高标准高质量建设自贸试验区，制定本方案。

一、总体要求

（一）指导思想。

以习近平新时代中国特色社会主义思想为指导，全面贯彻党的十九大和十九届二中、三中、四中全会精神，统筹推进“五位一体”总体布局和协调推进“四个全面”战略布局，坚持稳中求进工作总基调，坚持新发展理念，坚持高质量发展，以供给侧结构性改革为主线，主动服务和融入国家重大战略，建设更高水平开放型经济新体制，以开放促改革、促发展、促创新，把自贸试验区建设成为新时代改革开放新高地。

（二）战略定位及发展目标。

以制度创新为核心，以可复制可推广为基本要求，全面落实中央关于深入实施创新驱动发展、推动长三角区域一体化发展战略等要求，发挥在推进“一带一路”建设和长江经济带发展中的重要节点作用，推动科技创新和实体经济发展深度融合，加快推进科技创新策源地建设、先进制造业和战略性新兴产业集聚发展，形成内陆开放新高地。

赋予自贸试验区更大改革自主权，深入开展差别化探索。对标国际先进规则，加大开放力度，开展规则、规制、管理、标准等制度型开放。经过三至五年改革探索，形成更多有国际竞争力的制度创新成果，为进一步扩大对外开放积累实践经验，推动科技创新、产业创新、企业创新、产品创新、市场创新，推进开放大通道大平台大通关建设，努力建成贸易投资便利、创新活跃强劲、高端产业集聚、金融服务完善、监管安全高效、辐射带动作用突出的高标准高质量自由贸易园区。

二、区位布局

（一）实施范围。

自贸试验区的实施范围 119.86 平方公里，涵盖三个片区：合肥片区 64.95 平方公里（含合肥经济技术开发区综合保税区 1.4 平方公里），芜湖片区 35 平方公里（含芜湖综合保税区 2.17 平方公里），蚌埠片区 19.91 平方公里。

自贸试验区的开发利用须遵守土地利用、生态环境保护、规划相关法律法规，符合国土空间规划，并符合节约集约用地的有关要求。

（二）功能划分。

合肥片区重点发展高端制造、集成电路、人工智能、新型显示、量子信息、科技金融、跨境电商等产业，打造具有全球影响力的综合性国家科学中心和产业创新中心引领区。芜湖片区重点发展智能网联汽车、智慧家电、航空、机器人、航运服务、跨境电商等产业，打造战略性新兴产业先导区、江海联运国际物流枢纽区。蚌埠片区重点发展硅基新材料、生物基新材料、新能源等产业，打造世界级硅基和生物基制造业中心、皖北地区科技创新和开放发展引领区。

三、主要任务和措施

（一）加快转变政府职能。

1. 打造国际一流营商环境。深入实施送新发展理念、送支持政策、送创新项目、送生产要素和服务实体经济“四送一服”工程。开展强化竞争政策实施试点，创造公平竞争的制度环境。以全国审批事项最少、办事效率最高、投资环境最优、市场主体和人民群众获得感最强为目标，营造“四最”营商环境。构建“互联网+营商环境监测”系统。推行“全省一单”权责清单制度体系。进一步深化工程建设项目审批制度改革。探索建立运用互联网、大数据、人工智能、区块链等技术手段优化行政管理的制度规则。

（二）深化投资领域改革。

2. 深入推进投资自由化便利化。在科研和技术服务、电信、教育等领域加大对外开放力度，放宽注册资本、投资方式等限制。简化外商投资项目核准程序。支持外商独资设立经营性教育培训和职业技能培训机构。允许注册在自贸试验区内符合条件的外资旅行社从事除台湾地区以外的出境旅游业务。

3. 强化投资促进和保护。鼓励自贸试验区在法定权限内制定外商投资促进政策。推广市场化招商模式，探索成立企业化招商机构。建立外商投资全流程服务体系，实施重大外资项目包保服务机制。健全外商投诉工作机制，保护外商投资合法权益。

4. 提升对外投资合作水平。完善境外投资政策和服务体系，为优势产业走出去开拓多元化市场提供优质服务。在符合现行外汇管理规定的前提下，鼓励金融机构提高对境外资产或权益的处置能力，支持走出去企业以境外资产和股权、采矿权等权益为抵押获得贷款。支持合肥、芜湖中德合作园区建设，探索建立国际园区合作新机制。

（三）推动贸易高质量发展。

5. 优化贸易监管服务体系。加快建设具有国际先进水平的国际贸易“单一窗口”。优化海关监管模式，综合运用多种合格评定方式，实施差异化监管。完善和推广“海关ERP联网监管”，大力推进网上监管，开展“互联网+核查”、“线上+线下”核查等创新试点。深入推进第三方检验结果采信。优化鲜活农产品检验检疫流程，简化动植物检疫审批程序，实施全程网上办理。完善进出口商品质量安全风险预警和快速反应监管体系。支持内销选择性征收关税政策在自贸试验区内的综合保税区试点。支持在自贸试验区内的综合保税区和保税监管场所设立大宗商品期货保税交割库。

6. 培育发展贸易新业态新模式。支持合肥、芜湖跨境电商综合试验区建设。支持合肥、芜湖片区开展跨境电商零售进口试点。依法依规开展跨境电商人民币结算，推动跨境电商线上融资及担保方式创新。鼓励建设出口产品公共海外仓和海外运营中心。探索建设国际邮件、国际快件和跨境电商进出境一体化设施。积极开展进口贸易促进创新工作。进一步完善高端装备制造产品售后维修进出口管理，适当延长售后维修设备和备件返厂期限。对符合条件的入境维修复出口免于实施装运前检验。支持设立国家数字服务出口基地，打造数字化制造外包平台。

7. 提升国际贸易服务能力。支持建设合肥国际航空货运集散中心、芜湖航空器维修保障中心。支持自贸试验区符合条件的片区，按规定申请设立综合保税区。支持建设汽车整车进口口岸、首次进口药品和生物制品口岸。优先审理自贸试验区相关口岸开放项目。加快建设多式联运基地，高标准对接国际多式联运规则，支持多式联运经营企业布局境外服务网络。

（四）深化金融领域开放创新。

8. 扩大金融领域对外开放。落实放宽金融机构外资持股比例、拓宽外资金融机构业务经营范围等措施，支持符合条件的境内外投资者依法设立各类金融机构。研究开展合格境外有限合伙人（QFLP）政策试点。探索开展离岸保险业务。完善自贸试验区内技术等要素交易市场，允许外资参与投资。促进跨境投融资汇兑便利化。开展资本项目收入支付便利化改革试点。探索通过人民币资本项下输出贸易项下回流方式，重点推动贸易和投资领域的人民币跨境使用。

9. 推进科技金融创新。加强国家科技成果转化引导基金与安徽省科技成果转化引导基金合作。支持自贸试验区符合条件的商业银行在依法依规、风险可控的前提下，探索设立金融资产投资公司。支持在自贸试验区内依法合规设立商业银行科技支行、科技融资租赁公司等专门服务科创企业的金融组织，在政策允许范围内开展金融创新，积极融入长三角区域一体化发展。鼓励保险公司发展科技保险，拓宽服务领域。支持条件成熟的银行业金融机构探索多样化的科技金融服务模式。支持自贸试验区内金融小镇依法依规开展私募投资基金服务。鼓励社会资本按市场化原则探索设立跨境双向股权投资基金。支持合肥片区积极推动金融支持科技创新发展。

10. 建立健全金融风险防控体系。加强对重大风险的识别和系统性金融风险的防范。强化反洗钱、反恐怖融资、反逃税工作,防范非法资金跨境、跨区流动。提升金融执法能力,有效打击金融违法犯罪行为。

(五)推动创新驱动发展。

11. 建设科技创新策源地。健全支持基础研究、原始创新的体制机制,推动建成合肥综合性国家科学中心框架体系,争创国家实验室,探索国家实验室建设运行模式。支持做好合肥先进光源、大气环境立体探测、强光磁等重大科技基础设施预研究工作,组建环境科学研发平台和未来技术综合研究基地。支持提升拓展全超导托卡马克、同步辐射光源、稳态强磁场等大科学装置功能,加快聚变堆主机关键系统综合研究设施建设。支持建设能源研究院、人工智能研究院,筹划组建大健康研究院。支持建设微尺度物质科学国家研究中心、合肥先进计算中心和国家重点实验室等,高质量建设一批省级实验室、技术创新中心。支持开展免疫细胞、干细胞等临床前沿医疗技术研究项目。推动国家重大科研基础设施和大型科研仪器向相关产业创业者开放。

12. 促进科技成果转移转化。打造"政产学研用金"六位一体科技成果转化机制。支持参与建设相关国家技术创新中心。支持建设关键共性技术研发平台,产学研合作、信息发布、成果交流和交易平台。鼓励建设国际化创新创业孵化平台。支持模式国际化、运行市场化、管理现代化的新型研发机构建设。深化科技成果使用权、处置权和收益权改革,支持有条件的单位参与开展赋予科技人员职务科技成果所有权或长期使用权试点。支持建立科技融资担保机构。探索有条件的科技创新企业规范开展知识产权证券化试点。完善知识产权评估机制、质押融资风险分担机制以及方便快捷的质物处置机制,完善知识产权交易体系。结合自贸试验区内产业特色,搭建针对性强、便利化的知识产权公共服务平台,设立知识产权服务工作站,培养知识产权服务人才,构建一体化的知识产权信息公共服务体系。支持建设安徽科技大市场,提升安徽创新馆运营水平。

13. 深化国际科技交流合作。支持重要国际组织在合肥综合性国家科学中心设立总部或分支机构，在世界前沿关键领域参与或按程序报批后发起组织国际大科学计划和大科学工程。鼓励建设国际联合研究中心（联合实验室）等国际科技合作基地，探索建立符合国际通行规则的跨国技术转移和知识产权分享机制。支持境内外研发机构、高校院所、企业在自贸试验区设立或共建实验室、新型研发机构，实施高等学校学科创新引智计划，建设引才引智示范基地。

14. 激发人才创新创业活力。建立以人才资本价值实现为导向的分配激励机制，探索和完善分红权激励、超额利润分享、核心团队持股跟投等中长期激励方案。对顶尖科技人才及团队采取"一事一议"方式给予支持。支持与境外机构合作开发跨境商业健康保险产品，探索开展商业健康保险跨境结算试点。

（六）推动产业优化升级。

15. 支持高端制造业发展。支持将生物医药、高端智能装备、新能源汽车、硅基新材料等产业纳入新一批国家战略性新兴产业集群。支持合肥片区建设工业互联网标识解析二级节点，建设国家新一代人工智能创新发展试验区。鼓励国家先进制造产业投资基金对自贸试验区内新能源汽车、新型显示、机器人等产业，按商业化、市场化原则进行投资。支持组建硅基生物基产业创新中心。在条件成熟的区域内，探索实施有关支持政策，推广使用聚乳酸等可降解塑料制品。鼓励自贸试验区内企业购买和引进海外研发、测试设备及重大装备。对自贸试验区内符合条件的从事集成电路、人工智能、生物医药、民用航空等关键领域核心环节生产研发的企业，积极认定高新技术企业。

16. 培育布局未来产业。支持超前布局量子计算与量子通信、生物制造、先进核能等未来产业。支持量子信息、类脑芯片、下一代人工智能等新技术的研发应用。加快推进靶向药物、基因检测等研发产业化，支持开展高端医学影像设备、超导质子放射性治疗设备、植入介入产品、体外诊断等关键共性技术研发。重点发展第三代半导体、金属铼等前沿材料产业，培育发展石墨烯产业，推动科技成果转化与典型应用。促进云计算、大数据、互联网、AI、5G与实体经济、制造业的系列化融合应用。大力推动数字商务新模式、新业态发展，探索建立反向定制(C2M)产业基地,鼓励先进制造业与现代服务业深度融合。

(七)积极服务国家重大战略。

17. 推动长三角区域一体化高质量发展。对接上海、江苏、浙江自贸试验区,推动长三角地区自贸试验区协同发展,共同打造对外开放高地。继续推进皖江城市带承接产业转移示范区发展,建设皖北承接产业转移集聚区,支持共建产业合作园区,探索建立跨区域利益分享机制。支持开展港口合作,打造芜湖—马鞍山江海联运枢纽和合肥江淮联运中心。鼓励参与芜湖至上海"点到点"航线经营的各船运公司互换仓位,提高航线服务保障能力。开展会展合作,支持办好世界制造业大会、世界显示产业大会、中国(安徽)科技创新成果转化交易会等高端展会平台。加强自贸试验区与马鞍山郑蒲港新区、经济技术开发区等区域联动,放大辐射带动效应。

18. 推动长江经济带发展和促进中部地区崛起战略实施。支持安徽自贸试验区与长江经济带、中部地区其他自贸试验区联动发展。支持长江中上游地区集装箱在自贸试验区内中转集拼业务发展。加快引江济淮工程建设,提升自贸试验区对长江经济带发展的航运支撑能力。推广新安江流域生态补偿机制、林长制改革经验,探索在长江流域上下游之间开展生态、资金、产业、人才等多种补偿。探索政府主导、企业和社会各界参与、市场化运作、可持续的生态产品价值实现路径。

19. 积极服务"一带一路"建设。与"一带一路"沿线国家和地区共建科技创新共同体,支持参与沿线国家基础设施建设。为企业开展国际产能和装备制造合作提供便利,加快培育国际经济合作和竞争新优势。共商共建一批重大合作项目。拓展提升中欧班列(合肥)功能和覆盖范围,根据市场需要提高集装箱办理站能力,推动将中欧班列(合肥)纳入中欧安全智能贸易航线试点计划。鼓励建设中东部地区连接中亚、欧洲的铁水联运大通道,推动建立多式联运体系。

四、保障机制

坚持和加强党对改革开放的领导,把党的领导贯穿于自贸试验区建设的全过程。牢固树立总体国家安全观,强化底线思维和风险意识,切实加强自贸试验区风险防控体系建设,完善风险防控和处置机制，维护国家安全和社会安全，牢牢守住不发生区域性系统性风险底线。在国务院自由贸易试验区工作部际联席会议统筹协调下，充分发挥地方和部门积极性，抓好各项改革试点任务落实，高标准高质量建设自贸试验区。安徽省要完善工作机制，构建精简高效、权责明晰的自贸试验区管理体制，加强人才培养，打造高素质专业化管理队伍；要加强地方立法，建立公正透明、体系完备的法治环境；要强化主体责任，加强监测预警，深入开展风险评估，制定相关工作方案，切实防范化解重大风险；要建立完善自贸试验区制度创新容错机制，坚持“三个区分开来”，鼓励大胆试、大胆闯；要统筹推进新冠肺炎疫情防控和自贸试验区高质量发展工作，全面落实“外防输入、内防反弹”要求，努力把疫情造成的损失降到最低限度。安徽省和有关部门要依法及时下放相关管理权限，完善配套政策，确保各项改革举措落地实施。自贸试验区各片区要把工作做细，制度做实，严格监督，严格执纪执法。本方案提出的各项改革政策措施，凡涉及调整现行法律或行政法规的，按规定程序办理。重大事项及时向党中央、国务院请示报告。

中国（浙江）自由贸易试验区扩展区域方案

建设自由贸易试验区是党中央、国务院作出的重大决策，是新时代推进改革开放的重要战略举措。中国（浙江）自由贸易试验区（以下简称自贸试验区）设立以来，建设取得阶段性成果，总体达到预期目标。为贯彻落实党中央、国务院决策部署，进一步扩展自贸试验区区域，制定本方案。

一、总体要求

（一）指导思想。

以习近平新时代中国特色社会主义思想为指导，全面贯彻党的十九大和十九届二中、三中、四中全会精神，统筹推进“五位一体”总体布局和协调推进“四个全面”战略布局，坚持稳中求进工作总基调，坚持新发展理念，坚持高质量发展，以供给侧结构性改革为主线，主动服务和融入国家重大战略，建设更高水平开放型经济新体制，以开放促改革、促发展、促创新，把自贸试验区建设成为新时代改革开放新高地。

（二）功能定位及发展目标。

坚持以“八八战略”为统领，发挥“一带一路”建设、长江经济带发展、长三角区域一体化发展等国家战略叠加优势，着力打造以油气为核心的大宗商品资源配置基地、新型国际贸易中心、国际航运和物流枢纽、数字经济发展示范区和先进制造业集聚区。

赋予自贸试验区更大改革自主权，深入开展差别化探索。对标国际先进规则，加大开放力度，开展规则、规制、管理、标准等制度型开放。到2025年，基本建立以投资贸易自由化便利化为核心的制度体系，营商环境便利度位居全国前列，油气资源全球配置能力显著提升，国际航运和物流枢纽地位进一步增强，数字经济全球示范引领作用彰显，先进制造业综合实力全面跃升，成为引领开放型经济高质量发展的先行区和增长极。到2035年，实现更高水平的投资贸易自由化，新型国际贸易中心全面建成，成为原始创新高端制造的重要策源地、推动国际经济交往的新高地，成为新时代全面展示中国特色社会主义制度优越性重要窗口的示范区。

二、区位布局

（一）实施范围。

自贸试验区扩展区域实施范围119.5平方公里，涵盖三个片区：宁波片区46平方公里（含宁波梅山综合保税区5.69平方公里、宁波北仑港综合保税区2.99平方公里、宁波保税区2.3平方公里），杭州片区37.51平方公里（含杭州综合保税区2.01平方公里），金义片区35.99平方公里（含义乌综合保税区1.34平方公里、金义综合保税区1.26平方公里）。

自贸试验区的开发利用须遵守土地、无居民海岛利用和生态环境保护、规划相关法律法规，符合国土空间规划，并符合节约集约利用资源的有关要求；支持按照国家相关法规和程序，办理合理必需用海。

（二）功能划分。

宁波片区建设链接内外、多式联运、辐射力强、成链集群的国际航运枢纽，打造具有国际影响力的油气资源配置中心、国际供应链创新中心、全球新材料科创中心、智能制造高质量发展示范区。杭州片区打造全国领先的新一代人工智能创新发展试验区、国家金融科技创新发展试验区和全球一流的跨境电商示范中心，建设数字经济高质量发展示范区。金义片区打造世界“小商品之都”，建设国际小商品自由贸易中心、数字贸易创新中心、内陆国际物流枢纽港、制造创新示范地和“一带一路”开放合作重要平台。

三、主要任务和措施

（一）建立以投资贸易自由化便利化为核心的制度体系。

1. 进一步提升贸易便利化水平。进一步丰富国际贸易“单一窗口”功能，将服务贸易出口退（免）税申报纳入“单一窗口”管理。深化服务贸易创新试点，推动服务外包向高技术、高品质、高效益、高附加值转型升级，加快信息服务、文化贸易、技术贸易等新兴服务贸易发展，探索以高端服务为先导的“数字+服务”新业态新模式。推进进出口产品质量溯源体系建设，拓展可追溯商品种类。扩大第三方检验结果采信商品和机构范围。

2. 推进投资自由化便利化。探索建立大数据信息监管系统，部分领域在风险可控的前提下，市场主体在领取营业执照的同时，承诺并提交有关材料后，即可依法开展投资经营活动。对外商投资实行准入前国民待遇加负面清单管理制度，支持建立国际投资“单一窗口”，在区内研究放宽油气产业、数字经济、生命健康和新材料等战略性新兴产业集群市场准入。将国际快递业务经营许可审批权下放至浙江省邮政管理局。

3. 推动金融创新服务实体经济。开展本外币合一银行账户体系试点，提升本外币银行账户业务便利性。开展包括油品等大宗商品在内的更高水平贸易投资便利化试点，支持企业按规定开展具有真实贸易背景的新型国际贸易，支持银行按照“展业三原则”，依法为企业提供优质的金融服务。探索开展境内贸易融资资产转让业务和不良资产对外转让业务。探索符合贸易新业态新模式特点的跨境外汇结算模式，支持外贸健康发展。吸引跨国公司地区总部、结算中心、贸易中心和订单中心在自贸试验区落户。支持设立民营银行，探索股债联动，支持科技型企业发展。

4. 进一步转变政府职能。深化“最多跑一次”改革，依法经批准将下放至地级及以上城市的省级管理权限下放至自贸试验区。按照“整体智治”现代政府理念，建设数字政府，完善“互联网+政务服务”、“互联网+监管”体系，加快政府数字化转型，健全事中事后监管服务，完善中央与地方信息共享机制，促进市场主体管理信息共享。深化资源要素市场化改革，开展国家级改革试点，推动土地、能源、金融、数据等资源要素向自贸试验区倾斜。完善外国人来华工作许可制度和人才签证制度区内配套措施。探索取消施工图审查（或缩小审查范围）、实施告知承诺制和设计人员终身负责制等工程建设领域审批制度改革。

（二）高质量建设现代化开放型经济体系。

5. 打造以油气为核心的大宗商品全球资源配置基地。聚焦能源和粮食安全，研究建立能源等大宗商品政府储备和企业储备相结合的政策保障体系，更好发挥企业储备在保障粮食安全方面的作用。

支持开展油气储备改革试点，支持承接更多政府储备任务，大力发展企业储备，增加储备品种，增强储备能力，成为保障国家能源和粮食安全的重要基地。探索地下空间利用的创新举措。推动建设用地地上、地表、地下分别设立使用权，探索利用地下空间建设油气仓储设施，促进空间合理开发利用。以油气、化工品等为重点，积极开展原油、汽油、液化气等储备业务，建设化工品国际贸易中心和分拨中心，打造成为国家级油气储备基地。支持浙江自贸试验区围绕油气全产业链深入开展差别化探索。参照国际通行规则，探索研究推动浙江自贸试验区油气全产业链发展的政策措施，增强国际竞争力。

积极拓展与其他国家的农产品贸易合作，大力发展进境牛肉等高端动物蛋白加工贸易产业。建设进口粮食保税储存中转基地，支持以大豆为突破口，创新粮食进口检疫审批制度，允许对非关税配额粮食以港口存放方式办理检验检疫审批，进口后再确定加工场所（具有活性的转基因农产品除外）。鼓励粮食进出口企业与运输企业建立长期稳定合作关系，降低国际粮食运输费用。探索开展远洋渔业引进外籍船员试点。

6. 打造新型国际贸易中心。支持以市场化方式推进世界电子贸易平台（eWTP）全球布局，探索在数据交互、业务互通、监管互认、服务共享等方面的国际合作及数字确权等数字贸易基础设施建设，打造全球数字贸易博览会。

支持境内外跨境电商企业建设国际转口配送基地。支持义乌小商品城等市场拓展进口业务，建设新型进口市场。支持建设易货贸易服务平台。支持跨境电商平台企业与结算银行、支付机构在依法合规前提下积极开展人民币计价、结算。探索小商品贸易与大宗商品贸易联动的新型易货贸易模式，拓展跨境人民币结算通道。以"一带一路"沿线国家和地区为重点，整合海外仓、结算等全球供应链服务体系，建设面向全球的供应链易货交易服务平台。

创新数字化综合监管制度，探索新型监管模式，实施简化申报、简证放行、简易征管等便利化举措；探索实施"互联网+核查"、"线上+线下"核查等创新试点。

7. 打造国际航运和物流枢纽。探索"互联网+口岸"新服务，促进海港、陆港、空港、信息港"四港"联动发展，支持全球智能物流枢纽建设，推动海上丝绸之路指数、快递物流指数等成为全球航运物流的风向标，打造全球供应链的"硬核"力量。

允许中资非五星旗船开展以宁波舟山港为中转港的外贸集装箱沿海捎带业务。设立国际转口集拼中转业务仓库，建设国际中转集拼中心。在有效监管、风险可控的前提下，研究在宁波舟山港实施启运港退税政策的可行性。支持参照保税船用燃料油供应管理模式，允许液化天然气(LNG)作为国际航行船舶燃料享受保税政策。构建长三角港口群跨港区供油体系，合力打造东北亚燃料油加注中心。

加强杭州、宁波临空经济示范区与自贸试验区协同发展。实施高度开放的国际航空运输管理，推动杭州萧山国际机场、宁波栎社国际机场扩大包括第五航权在内的航权安排，吸引相关国家和地区航空公司开辟经停航线。支持杭州萧山国际机场、宁波栎社国际机场探索航空中转业务。

推动宁波舟山港与义乌港双核港口一体化和口岸监管无缝对接，实现同港同策，促进海港功能和口岸监管功能向义乌港、浙中公铁联运港等延伸。支持开展甬金铁路双层高柜铁路集装箱运输试点，根据试点情况，研究复制到其他线路。支持宁波—舟山港口型国家物流枢纽建设，大力发展海铁联运。率先探索集装箱多式联运运单及电子运单标准应用。

8. 打造数字经济发展示范区。加大以自主深度算法、超强低耗算力和高速广域网络为代表的新一代数字基础设施建设，支持布局IPv6、卫星互联网、6G试验床等网络基础设施，全面拓展数字产业化、产业数字化、数字生活新服务，把国家数字服务出口基地打造为数字贸易先行示范区。

加强数字经济领域国际规则、标准研究制定，推动标准行业互信互认。强化金融支撑，鼓励各类金融机构创新金融服务和金融产品，引导各类创投企业投向数字经济领域创新创业项目。

积极推动杭州城西科技创新大走廊、宁波甬江科技创新大走廊与自贸试验区改革联动、创新联动，打造数字经济创新引领区。推进之江实验室、阿里达摩院等研发机构建设，支持之江实验室参与国家实验室建设。加大对国内外顶尖云制造、人工智能、大数据等企业的招商引资力度，打造全球工业互联网研发应用基地。建设全国电子数据交换系统贸易网，打造枢纽型国际化数字强港。

9. 打造先进制造业集聚区。建立关键零部件国际国内双回路供应政策体系。以关键核心技术为突破口，围绕新材料、生命健康等产业，建立产业链"链长制"责任体系，提升"补链"能力。探索实行产业链供地。推动产业集群在空间上高度集聚、上下游紧密协同、供应链集约高效。

聚焦高性能磁性材料、新型膜材料、先进碳材料等优势产业，前瞻布局智能复合材料、海洋新材料等新兴领域，加速新材料产业升级的关键核心技术攻关及成果转化，积极推动先进材料产业创新中心建设，打造参与全球新材料产业创新竞争的重要平台。

聚焦新一代智能技术应用，大力引进若干国内外顶尖的智能制造示范企业，支持区内企业推进国际协同研发，积极融入高端制造业全球供应链、创新链和价值链。围绕现代高档数控机床、机器人等智能装备及关键基础件，打造国内重要的智能制造装备产业基地。落实支持科技创新进口税收政策，对符合政策要求的区内单位进口科研设备免税。

加大5G、物联网、工业互联网、人工智能、数据中心等新型基础设施建设力度，加强交通基础设施智能化升级，推动自贸试验区和省内其他区域联动协同，建立高效、快速、便捷、智慧的全球一流基础设施体系。

搭建生命大健康产业科研创新平台，鼓励和支持龙头医药企业加大科技投入，与国内外医药科研院所开展合作，建设生物医药公共技术服务平台和开放性专业实验室。

加快海水淡化与综合利用、海洋可再生能源等新兴领域自主研发、中试转化、装备定型，积极推动产业规模化发展。

（三）构建安全高效的风险防控体系。

10. 加快完善风险防范机制。加强顶层设计，健全风险防范责任机制，坚持底线思维，强化重大风险防范的政治责任和履责能力。加强风险防控机制的专业化、科学化建设，创新激励机制，强化风险管理人才队伍建设。完善风险防控的评估、预警与处置机制，加强油气产业环境风险处置应对能力建设。健全对外开放的风险防范机制，完善和创新对外籍人士等特殊人群管理模式。支持宁波海事法院、杭州互联网法院发挥在推进国际航运物流枢纽和数字经济发展示范区建设中的服务和保障作用；适应新型国际贸易中心建设需要，积极打造具有较强国际影响力的国际商事仲裁平台，健全完善诉讼、仲裁、调解等有机衔接、相互协调的国际商事多元化纠纷解决机制。

11. 打造数字一体化监管服务平台。依托数字化手段，开展自贸试验区一体化风险防控监管平台体系差别化探索。充分利用大数据、人工智能、区块链、5G 等先进信息技术，建设高标准智能化监管平台。在国家数据跨境传输安全管理制度框架下，试点开展数据跨境流动安全评估，探索建立数据保护能力认证、数据流动备份审查、跨境数据流动和交易风险评估等数据安全管理机制。加大对专利、版权、企业商业秘密等权利及数据的保护力度，主动参与引领全球数字经济交流合作。依托外贸风险快速预警综合平台，完善外贸预警机制，实现监管信息互联互认共享，提高外贸企业抵御风险能力。

12. 构建全链条信用管理机制。支持开展企业信用风险分类管理试点工作，加强企业信用风险状况评估分析，提升企业信用风险状况预测预警和动态监测能力，实现对市场主体的精准靶向监管。运用区块链技术，注重源头管理，探索“沙盒”监管模式，建立全链条信用监管机制，支持探索信用评估和信用修复制度，鼓励失信主体通过主动纠正失信行为、消除不良社会影响等方式修复信用。

四、保障机制

坚持和加强党对改革开放的领导,把党的领导贯穿于自贸试验区建设的全过程。牢固树立总体国家安全观,强化底线思维和风险意识,切实加强自贸试验区风险防控体系建设,完善风险防控和处置机制,维护国家安全和社会安全,牢牢守住不发生区域性系统性风险底线。在国务院自由贸易试验区工作部际联席会议统筹协调下,充分发挥地方和部门积极性,抓好各项改革试点任务落实,高标准高质量建设自贸试验区。浙江省要完善工作机制,构建精简高效、权责明晰的自贸试验区管理体制,加强人才培养,打造高素质专业化管理队伍;要加强地方立法,建立公正透明、体系完备的法治环境;要强化主体责任,加强监测预警,深入开展风险评估,制定相关工作方案,切实防范化解重大风险;要建立完善自贸试验区制度创新容错机制,坚持“三个区分开来”,鼓励大胆试、大胆闯;要统筹推进新冠肺炎疫情防控和自贸试验区高质量发展工作,全面落实“外防输入、内防反弹”要求,努力把疫情造成的损失降到最低限度。浙江省和有关部门要依法及时下放相关管理权限,完善配套政策,确保各项改革举措落地实施。要加强自贸试验区既有区域和扩展区域的联动发展、融合发展,既有区域和扩展区域各项政策措施可叠加适用。自贸试验区各片区要把工作做细,制度做实,严格监督,严格执纪执法。本方案提出的各项改革政策措施,凡涉及调整现行法律或行政法规的,按规定程序办理。重大事项及时向党中央、国务院请示报告。

国务院办公厅关于推进对外贸易创新发展的实施意见

(2020 年 10 月 25 日　国办发〔2020〕40 号)

对外贸易是我国开放型经济的重要组成部分和国民经济发展的重要推动力量。为深入贯彻党中央、国务院关于推进贸易高质量发展的决策部署，经国务院同意，现就推进对外贸易创新发展提出如下意见：

一、总体要求

以习近平新时代中国特色社会主义思想为指导，全面贯彻党的十九大和十九届二中、三中、四中、五中全会精神，坚持新发展理念，坚持以供给侧结构性改革为主线，坚定不移扩大对外开放，稳住外贸外资基本盘，稳定产业链供应链，进一步深化科技创新、制度创新、模式和业态创新。围绕构建以国内大循环为主体、国内国际双循环相互促进的新发展格局，加快推进国际市场布局、国内区域布局、经营主体、商品结构、贸易方式等“五个优化”和外贸转型升级基地、贸易促进平台、国际营销体系等“三项建设”，培育新形势下参与国际合作和竞争新优势，实现外贸创新发展。

二、创新开拓方式，优化国际市场布局

优化国际经贸环境。坚定维护以世界贸易组织为核心的多边贸易体制，坚决反对单边主义和保护主义，支持世界贸易组织必要改革，积极参与国际贸易规则制定。推动《区域全面经济伙伴关系协定》（RCEP）尽早签署。加快推进中日韩自由贸易协定、中国—海合会自由贸易协定谈判，积极商签更多高标准自由贸易协定和区域贸易协定。

推进贸易畅通工作机制建设。落实好已签署的共建“一带一路”合作文件，大力推动与重点市场国家特别是共建“一带一路”国家商建贸易畅通工作组、电子商务合作机制、贸易救济合作机制，推动解决双边贸易领域突出问题。

利用新技术新渠道开拓国际市场。充分运用第五代移动通信（5G）、虚拟现实（VR）、增强现实（AR）、大数据等现代信息技术，支持企业利用线上展会、电商平台等渠道开展线上推介、在线洽谈和线上签约等。推进展会模式创新，探索线上线下同步互动、有机融合的办展新模式。

提升公共服务水平。加大对重点市场宣传推介力度，及时发布政策和市场信息。加强国别贸易投资法律政策研究。建设跨境贸易投资综合法律支援平台。做好企业境外商务投诉服务。提升商事法律、标准体系建设等方面服务水平。

三、发挥比较优势，优化国内区域布局

提高东部地区贸易质量。加强京津冀协同发展，围绕雄安新区建设开放发展先行区的定位，全面对标国际高标准贸易规则。以长江三角洲区域一体化发展战略为依托，打造高水平开放平台。以上海自由贸易试验区临港新片区为载体，进一步提升浦东新区开放水平，打造更具国际竞争力的特殊经济功能区。以广州南沙、深圳前海、珠海横琴等重大合作平台为重点，加强贸易领域规则衔接、制度对接，推进粤港澳市场一体化发展。

提升中西部地区贸易占比。支持中西部地区深度融入共建"一带一路"大格局，构筑内陆地区效率高、成本低、服务优的国际贸易通道。加快边境经济合作区和跨境经济合作区建设，扩大与周边国家经贸往来。实施黄河流域生态保护和高质量发展战略，推动成渝地区双城经济圈建设，打造内陆开放战略高地。积极推进中西部地区承接产业转移示范区建设。培育和建设新一批加工贸易梯度转移重点承接地和示范地。

扩大东北地区对外开放。支持东北地区开展大宗资源性商品进出口贸易，探索设立大宗资源性商品交易平台。发挥装备制造业基础优势，积极参与承揽大型成套设备出口项目。落实好中俄远东合作规划，稳步推进能源资源、农林开发等领域合作项目，加强毗邻地区贸易和产业合作，发挥大图们倡议等合作机制作用，提升面向东北亚合作水平。

创新区域间外贸合作机制。以国家级新区、承接产业转移示范区为重点，建立产业转移承接结对合作机制。鼓励中西部和东北重点地区承接产业转移平台建设，完善基础设施，建设公共服务平台，提升承接产业转移能力。完善东中西加工贸易产业长效对接机制，深化中国加工贸易产品博览会等平台功能，加强投资信息共享，举办梯度转移对接交流活动。

四、加强分类指导，优化经营主体

培育具有全球竞争力的龙头企业。在通信、电力、工程机械、轨道交通等领域，以市场为导向，培育一批具有较强创新能力和国际竞争力的龙头企业。引导企业创新对外合作方式，优化资源、品牌和营销渠道。构建畅通的国际物流运输体系、资金结算支付体系和海外

服务网络。

增强中小企业贸易竞争力。开展中小外贸企业成长行动计划。推进中小企业“抱团出海”行动。鼓励“专精特新”中小企业走国际化道路,在元器件、基础件、工具、模具、服装、鞋帽等行业,鼓励形成一批竞争力强的“小巨人”企业。

提升协同发展水平。发挥行业龙头企业引领作用,探索组建企业进出口联盟,促进中小企业深度融入供应链。支持龙头企业搭建资源和能力共享平台。引导企业与境外产业链上下游企业加强供需保障的互利合作。稳存量,促增量,充分发挥外资对外贸创新发展的带动作用。

主动服务企业。建立和完善重点外贸外资企业联系服务机制。发挥贸促机构、行业商协会作用,共同推动解决企业遇到的困难和问题。

五、创新要素投入,优化商品结构

保护和发展产业链供应链。保障在全球产业链中有重要影响的企业和关键产品生产出口,维护国际供应链稳定。拓展重点市场产业链供应链,实现物流、商流、资金流、信息流等互联互通。推进供应链数字化和智能化发展。搭建应急供应链综合保障平台。提升全球产业链供应链风险防控能力。积极参与和推动国际产业链供应链保障合作。

推动产业转型升级。实施新一轮技术改造升级工程。开展先进制造业集群培育试点示范,创建一批国家制造业高质量发展试验区。加快推进战略性新兴产业集群建设。鼓励企业实施绿色化、智能化、服务化改造。提高农业产业竞争力,建设一批农产品贸易高质量发展基地。

优化出口产品结构。积极推动电力、轨道交通、通信设备、船舶及海洋工程、工程机械、航空航天等装备类大型成套设备开拓国际市场。提高生物技术、节能环保、新一代信息技术、新能源、机器人等新兴产业的国际竞争力。推动纺织、服装、箱包、鞋帽等劳动密集型产品高端化、精细化发展。提升农产品精深加工能力和特色发展水平,扩大高附加值农产品出口。

提高出口产品质量。加强全面质量管理,严把供应链质量关。加强质量安全风险预警和快速反应监管体系建设。建设一批重点出口产品质量检测公共服务平台。加快推进与重点出口市场认证证书和检测结果互认。鼓励企业使用国际标准和国外先进标准,充分利用国际认可的产品检测和认证体系,按照国际标准开展生产和质量检验。

优化进口结构。适时调整部分产品关税。发挥《鼓励进口技术和产品目录》引导作用,扩大先进技术、重要装备和关键零部件进口。支持能源资源产品进口。鼓励优质消费品进口。加强对外农业产业链供应链建设,增加国内紧缺和满足消费升级需求的农产品进口。扩大咨询、研发设计、节能环保、环境服务等知识技术密集型服务进口和旅游进口。

六、创新发展模式,优化贸易方式

做强一般贸易。扩大一般贸易规模,提升产品附加值,增强谈判、议价能力。鼓励企业加强研发、品牌培育、渠道建设,增强关键技术、核心零部件生产和供给能力。在有条件的地区、行业和企业建立品牌推广中心,鼓励形成区域性、行业性品牌。

提升加工贸易。加大对加工贸易转型升级示范区和试点城市的支持力度,培育认定新一批试点城市,支持探索创新发展新举措。提升加工贸易技术含量和附加值,延长产业链,由加工组装向技术、品牌、营销环节延伸。支持保税维修等新业态发展。动态调整加工贸易禁止类商品目录。

发展其他贸易。落实促进边境贸易创新发展政策,修订《边民互市贸易管理办法》。制订边民互市进口商品负面清单,开展边民互市进口商品落地加工试点。培育发展边境贸易商品市场和商贸中心。支持边境地区发展电子商务。探索发展新型贸易方式。支持在自由贸易港、自由贸易试验区探索促进新型国际贸易发展。

促进内外贸一体化。优化市场流通环境,便利企业统筹用好国际国内两个市场,降低出口产品内销成本。鼓励出口企业与国内大型商贸流通企业对接,多渠道搭建内销平台,扩大内外销产品"同线同标同质"实施范围。加强宣传推广和公共服务,推动内销规模化、品牌化。

七、创新运营方式,推进国家外贸转型升级基地建设

健全组织管理。依托各类产业集聚区,加快基地建设,做大做强主导产业链，完善配套支撑产业链，增强供给能力。建立多种形式的基地管理服务机构。

建设公共服务平台。依托研究院所、大专院校、贸促机构、行业商协会、专业服务机构和龙头企业，搭建研发、检测、营销、信息、物流等方面的公共服务平台。

八、创新服务模式，推进贸易促进平台建设

办好进博会、广交会等一批综合展会。对标国际一流展会，丰富完善中国国际进口博览会功能，着力提升国际化、专业化水平，增强吸引力和国际影响力，确保“越办越好”。研究推行中国进出口商品交易会线上线下融合办展新模式。拓展中国国际服务贸易交易会、中国国际高新技术成果交易会等展会功能。优化现有展会，培育若干知名度高、影响力大的国际展会。

培育进口贸易促进创新示范区。充分发挥示范区在促进进口、服务产业、提升消费等方面的示范引领作用。提升监管水平，加强服务创新。研究建立追踪问效、评估和退出机制。

九、创新服务渠道，推进国际营销体系建设

加快建立国际营销体系。鼓励企业以合作、自建等方式，完善营销和服务保障体系，开展仓储、展示、批发、销售、接单签约及售后服务。推进售后云服务模式和远端诊断、维修。重点推动汽车、机床等行业品牌企业建设国际营销服务网点。

推进国际营销公共平台建设。充分发挥平台带动和示范作用，助力企业开拓国际市场。研究建立评估及退出机制。建设国际营销公共服务平台网络，共享平台资源。

十、创新业态模式，培育外贸新动能

促进跨境电商等新业态发展。积极推进跨境电商综合试验区建设，不断探索好经验好做法，研究建立综合试验区评估考核机制。支持建设一批海外仓。扩大跨境电商零售进口试点。推广跨境电商应用，促进企业对企业（B2B）业务发展。研究筹建跨境电商行业联盟。推进市场采购贸易方式试点建设，总结经验并完善配套服务。促进外贸综合服务企业发展，研究完善配套监管政策。

积极推进二手车出口。建立健全二手车出口管理与促进体系，扩大二手车出口业务，完善质量检测标准，实行全国统一的出口检测规范。强化二手车境外售后服务体系建设,鼓励有条件的企业在重点市场建立公共备品备件库,提高售后服务质量。培育和支持二手车出口行业组织发展。

*加快发展新兴服务贸易。*加快发展对外文化贸易,加大对国家文化出口重点企业和重点项目的支持,加强国家文化出口基地建设。加快服务外包转型升级,开展服务外包示范城市动态调整,大力发展高端生产性服务外包。加强国家中医药服务出口基地建设,扩大中医药服务出口。

*加快贸易数字化发展。*大力发展数字贸易,推进国家数字服务出口基地建设,鼓励企业向数字服务和综合服务提供商转型。支持企业不断提升贸易数字化和智能化管理能力。建设贸易数字化公共服务平台,服务企业数字化转型。

十一、优化发展环境,完善保障体系

*发挥自由贸易试验区、自由贸易港制度创新作用。*扩大开放领域,推动外向型经济主体及业务在自由贸易试验区汇聚。推动出台海南自由贸易港法。以贸易自由化便利化为重点,突出制度集成创新,研究优化贸易方案,扎实推进海南自由贸易港建设,制定海南自由贸易港禁止、限制进出口的货物、物品清单,清单外货物、物品自由进出;出台海南自由贸易港跨境服务贸易负面清单,进一步规范影响服务贸易自由便利的国内规制,为适时向更大范围推广积累经验。

*不断提升贸易便利化水平。*进一步简化通关作业流程,精简单证及证明材料。创新海关核查模式,推进"网上核查"改革。进一步完善国际贸易"单一窗口"功能,推进全流程作业无纸化。建立更加集约、高效、运行通畅的船舶便利通关查验新模式,加快推进"单一窗口"功能覆盖海运和贸易全链条。

*优化进出口管理和服务。*完善大宗商品进出口管理。有序推动重点商品进出口管理体制改革。加强口岸收费管理,严格执行口岸收费目录清单制度,持续清理规范进出口环节涉企收费。降低港口收费,进一步减并港口收费项目,降低政府定价的港口经营服务性项目收费标准。积极推动扩大出口退税无纸化申报范围,持续加快出口退税办理进度。扩大贸易外汇收支便利化试点,便利跨境电商外汇结算。

强化政策支持。在符合世界贸易组织规则前提下，加大财政金融支持力度。用好外经贸发展专项资金，推动外贸稳中提质、创新发展。落实再贷款、再贴现等金融支持政策，加快贷款投放进度，引导金融机构增加外贸信贷投放，落实好贷款阶段性延期还本付息等政策，加大对中小微外贸企业支持。充分发挥进出口信贷和出口信用保险作用，进一步扩大出口信用保险覆盖面，根据市场化原则适度降低保险费率。

加强国际物流保障。确保国际海运保障有力，提升国际航空货运能力，促进国际道路货运便利化。提升中欧班列等货运通道能力，加强集结中心示范工程建设，以市场化为原则，鼓励运营企业完善境外物流网络，增强境外物流节点的联运、转运和集散能力，拓展回程货源，提高国际化运营竞争力。鼓励港航企业与铁路企业加强合作，积极发展集装箱铁水联运。

提升风险防范能力。统筹发展和安全，切实防范、规避重大风险。坚持底线思维，保障粮食、能源和资源安全。努力构建现代化出口管制体系。严格实施出口管制法。优化出口管制许可和执法体系，推动出口管制合规和国际合作体系建设。完善对外贸易调查制度，丰富调查工具。健全预警和法律服务机制，构建主体多元、形式多样的工作体系。健全贸易救济调查工作体系，提升运用规则的能力和水平。完善贸易摩擦应对机制，推动形成多主体协同应对的工作格局。研究设立贸易调整援助制度。

加强组织实施。加强党对外贸工作的全面领导。充分发挥国务院推进贸易高质量发展部际联席会议制度作用，整体推进外贸创新发展。商务部要会同有关部门加强协调指导，各地方要抓好贯彻落实。重大情况及时向党中央、国务院报告。

市场监督管理

企业名称登记管理规定

（1991 年 5 月 6 日国务院批准　1991 年 5 月 21 日国家工商行政管理局令第 7 号发布　根据 2012 年 11 月 9 日《国务院关于修改和废止部分行政法规的决定》修订　2020 年 12 月 14 日国务院第 118 次常务会议修订通过　2020 年 12 月 28 日中华人民共和国国务院令第 734 号公布　自 2021 年 3 月 1 日起施行）

第一条　为了规范企业名称登记管理，保护企业的合法权益，维护社会经济秩序，优化营商环境，制定本规定。

第二条　县级以上人民政府市场监督管理部门（以下统称企业登记机关）负责中国境内设立企业的企业名称登记管理。

国务院市场监督管理部门主管全国企业名称登记管理工作，负责制定企业名称登记管理的具体规范。

省、自治区、直辖市人民政府市场监督管理部门负责建立本行政区域统一的企业名称申报系统和企业名称数据库，并向社会开放。

第三条　企业登记机关应当不断提升企业名称登记管理规范化、便利化水平，为企业和群众提供高效、便捷的服务。

第四条　企业只能登记一个企业名称，企业名称受法律保护。

第五条　企业名称应当使用规范汉字。民族自治地方的企业名称可以同时使用本民族自治地方通用的民族文字。

第六条　企业名称由行政区划名称、字号、行业或者经营特点、组织形式组成。跨省、自治区、直辖市经营的企业，其名称可以不含行政区划名称；跨行业综合经营的企业，其名称可以不含行业或者经营特点。

第七条 企业名称中的行政区划名称应当是企业所在地的县级以上地方行政区划名称。市辖区名称在企业名称中使用时应当同时冠以其所属的设区的市的行政区划名称。开发区、垦区等区域名称在企业名称中使用时应当与行政区划名称连用，不得单独使用。

第八条 企业名称中的字号应当由两个以上汉字组成。

县级以上地方行政区划名称、行业或者经营特点不得作为字号，另有含义的除外。

第九条 企业名称中的行业或者经营特点应当根据企业的主营业务和国民经济行业分类标准标明。国民经济行业分类标准中没有规定的，可以参照行业习惯或者专业文献等表述。

第十条 企业应当根据其组织结构或者责任形式，依法在企业名称中标明组织形式。

第十一条 企业名称不得有下列情形：

（一）损害国家尊严或者利益；

（二）损害社会公共利益或者妨碍社会公共秩序；

（三）使用或者变相使用政党、党政军机关、群团组织名称及其简称、特定称谓和部队番号；

（四）使用外国国家（地区）、国际组织名称及其通用简称、特定称谓；

（五）含有淫秽、色情、赌博、迷信、恐怖、暴力的内容；

（六）含有民族、种族、宗教、性别歧视的内容；

（七）违背公序良俗或者可能有其他不良影响；

（八）可能使公众受骗或者产生误解；

（九）法律、行政法规以及国家规定禁止的其他情形。

第十二条 企业名称冠以“中国”、“中华”、“中央”、“全国”、“国家”等字词，应当按照有关规定从严审核，并报国务院批准。国务院市场监督管理部门负责制定具体管理办法。

企业名称中间含有“中国”、“中华”、“全国”、“国家”等字词的，该字词应当是行业限定语。

使用外国投资者字号的外商独资或者控股的外商投资企业，企业名称中可以含有"（中国）"字样。

第十三条 企业分支机构名称应当冠以其所从属企业的名称，并缀以"分公司"、"分厂"、"分店"等字词。境外企业分支机构还应当在名称中标明该企业的国籍及责任形式。

第十四条 企业集团名称应当与控股企业名称的行政区划名称、字号、行业或者经营特点一致。控股企业可以在其名称的组织形式之前使用"集团"或者"（集团）"字样。

第十五条 有投资关系或者经过授权的企业，其名称中可以含有另一个企业的名称或者其他法人、非法人组织的名称。

第十六条 企业名称由申请人自主申报。

申请人可以通过企业名称申报系统或者在企业登记机关服务窗口提交有关信息和材料，对拟定的企业名称进行查询、比对和筛选，选取符合本规定要求的企业名称。

申请人提交的信息和材料应当真实、准确、完整，并承诺因其企业名称与他人企业名称近似侵犯他人合法权益的，依法承担法律责任。

第十七条 在同一企业登记机关，申请人拟定的企业名称中的字号不得与下列同行业或者不使用行业、经营特点表述的企业名称中的字号相同：

（一）已经登记或者在保留期内的企业名称，有投资关系的除外；

（二）已经注销或者变更登记未满 1 年的原企业名称，有投资关系或者受让企业名称的除外；

（三）被撤销设立登记或者被撤销变更登记未满 1 年的原企业名称，有投资关系的除外。

第十八条 企业登记机关对通过企业名称申报系统提交完成的企业名称予以保留，保留期为 2 个月。设立企业依法应当报经批准或者企业经营范围中有在登记前须经批准的项目的，保留期为 1 年。

申请人应当在保留期届满前办理企业登记。

第十九条 企业名称转让或者授权他人使用的，相关企业应当依法通过国家企业信用信息公示系统向社会公示。

第二十条 企业登记机关在办理企业登记时，发现企业名称不符合本规定的，不予登记并书面说明理由。

企业登记机关发现已经登记的企业名称不符合本规定的，应当及时纠正。其他单位或者个人认为已经登记的企业名称不符合本规定的，可以请求企业登记机关予以纠正。

第二十一条 企业认为其他企业名称侵犯本企业名称合法权益的，可以向人民法院起诉或者请求为涉嫌侵权企业办理登记的企业登记机关处理。

企业登记机关受理申请后，可以进行调解；调解不成的，企业登记机关应当自受理之日起3个月内作出行政裁决。

第二十二条 利用企业名称实施不正当竞争等行为的，依照有关法律、行政法规的规定处理。

第二十三条 使用企业名称应当遵守法律法规，诚实守信，不得损害他人合法权益。

人民法院或者企业登记机关依法认定企业名称应当停止使用的，企业应当自收到人民法院生效的法律文书或者企业登记机关的处理决定之日起30日内办理企业名称变更登记。名称变更前，由企业登记机关以统一社会信用代码代替其名称。企业逾期未办理变更登记的，企业登记机关将其列入经营异常名录；完成变更登记后，企业登记机关将其移出经营异常名录。

第二十四条 申请人登记或者使用企业名称违反本规定的，依照企业登记相关法律、行政法规的规定予以处罚。

企业登记机关对不符合本规定的企业名称予以登记，或者对符合本规定的企业名称不予登记的，对直接负责的主管人员和其他直接责任人员，依法给予行政处分。

第二十五条 农民专业合作社和个体工商户的名称登记管理，参照本规定执行。

第二十六条 本规定自2021年3月1日起施行。

国务院办公厅关于深化商事制度改革进一步为企业松绑减负激发企业活力的通知

（2020年9月1日　国办发〔2020〕29号）

党中央、国务院高度重视商事制度改革。近年来，商事制度改革取得显著成效，市场准入更加便捷，市场监管机制不断完善，市场主体繁荣发展，营商环境大幅改善。但从全国范围看，“准入不准营”现象依然存在，宽进严管、协同共治能力仍需强化。为更好统筹推进新冠肺炎疫情防控和经济社会发展，加快打造市场化、法治化、国际化营商环境，充分释放社会创业创新潜力、激发企业活力，经国务院同意，现将有关事项通知如下：

一、推进企业开办全程网上办理

（一）全面推广企业开办“一网通办”。2020年年底前，各省、自治区、直辖市和新疆生产建设兵团全部开通企业开办“一网通办”平台，做到企业开办全程网上办理，进一步压减企业开办时间至4个工作日内或更少。在此基础上，探索推动企业开办标准化、规范化试点。

（二）持续提升企业开办服务能力。依托“一网通办”平台，推行企业登记、公章刻制、申领发票和税控设备、员工参保登记、住房公积金企业缴存登记线上“一表填报”申请办理。具备条件的地方实现办齐的材料线下“一个窗口”一次领取，或者通过寄递、自助打印等实现不见面办理。在加强监管、保障安全前提下，大力推进电子营业执照、电子发票、电子印章在更广领域运用。

二、推进注册登记制度改革取得新突破

（三）加大住所与经营场所登记改革力度。支持各省级人民政府统筹开展住所与经营场所分离登记试点。市场主体可以登记一个住所和多个经营场所。对住所作为通信地址和司法文书(含行政执法文书)送达地登记,实行自主申报承诺制。对经营场所,各地可结合实际制定有关管理措施。对于市场主体在住所以外开展经营活动、属于同一县级登记机关管辖的,免于设立分支机构,申请增加经营场所登记即可,方便企业扩大经营规模。

(四)提升企业名称自主申报系统核名智能化水平。依法规范企业名称登记管理工作,运用大数据、人工智能等技术手段,加强禁限用字词库实时维护,提升对不适宜字词的分析和识别能力。推进与商标等商业标识数据库的互联共享,丰富对企业的告知提示内容。探索“企业承诺+事中事后监管”,减少“近似名称”人工干预。加强知名企业名称字号保护,建立名称争议处理机制。

三、简化相关涉企生产经营和审批条件

(五)推动工业产品生产许可证制度改革。将建筑用钢筋、水泥、广播电视传输设备、人民币鉴别仪、预应力混凝土铁路桥简支梁5类产品审批下放至省级市场监管部门。健全严格的质量安全监管措施,加强监督指导,守住质量安全底线。进一步扩大告知承诺实施范围,推动化肥产品由目前的后置现场审查调整为告知承诺。开展工业产品生产许可证有关政策、标准和技术规范宣传解读,加强对企业申办许可证的指导,帮助企业便利取证。

(六)完善强制性产品认证制度。扩大指定认证实施机构范围,提升实施机构的认证检测一站式服务能力,便利企业申请认证检测。防爆电气、燃气器具和大容积冰箱转为强制性产品认证费用由财政负担。简化出口转内销产品认证程序。督促指导强制性产品指定认证实施机构通过开辟绿色通道、接受已有合格评定结果、拓展在线服务等措施,缩短认证证书办理时间,降低认证成本。做好认证服务及技术支持,为出口转内销企业提供政策和技术培训,精简优化认证方案,安排专门人员对认证流程进行跟踪,合理减免出口转内销产品强制性产品认证费用。

(七)深化检验检测机构资质认定改革。将疫情防控期间远程评审等应急措施长效化。2021年在全国范围内推行检验检测机构资质认定告知承诺制。全面推行检验检测机构资质认定网上审批,完善机构信息查询功能。

（八）加快培育企业标准“领跑者”。优化企业标准“领跑者”制度机制，完善评估方案，推动第三方评价机构发布一批企业标准排行榜，形成2020年度企业标准“领跑者”名单，引导更多企业声明公开更高质量的标准。

四、加强事中事后监管

（九）加强企业信息公示。以统一社会信用代码为标识，整合形成更加完善的企业信用记录，并通过国家企业信用信息公示系统、“信用中国”网站或中国政府网及相关部门门户网站等渠道，依法依规向社会公开公示。

（十）健全失信惩戒机制。落实企业年报“多报合一”政策，进一步优化工作机制，大力推行信用承诺制度，健全完善信用修复、强制退出等制度机制。依法依规运用各领域严重失信名单等信用管理手段，提高协同监管水平，加强失信惩戒。

（十一）推进实施智慧监管。在市场监管领域，进一步完善以“双随机、一公开”监管为基本手段、以重点监管为补充、以信用监管为基础的新型监管机制。健全完善缺陷产品召回制度，督促企业履行缺陷召回法定义务，消除产品安全隐患。推进双随机抽查与信用风险分类监管相结合，充分运用大数据等技术，针对不同风险等级、信用水平的检查对象采取差异化分类监管措施，逐步做到对企业信用风险状况以及主要风险点精准识别和预测预警。

（十二）规范平台经济监管行为。坚持审慎包容、鼓励创新原则，充分发挥平台经济行业自律和企业自治作用，引导平台经济有序竞争，反对不正当竞争，规范发展线上经济。依法查处电子商务违法行为，维护公平有序的市场秩序，为平台经济发展营造良好营商环境。

各地区、各部门要认真贯彻落实本通知提出的各项任务和要求，聚焦企业生产经营的堵点痛点，加强政策统筹协调，切实落实工作责任，认真组织实施，形成工作合力。市场监管总局要会同有关部门加强工作指导，及时总结推广深化商事制度改革典型经验做法，协调解决实施中存在的问题，确保各项改革措施落地见效。

国务院办公厅关于全面推行证明事项和涉企经营许可事项告知承诺制的指导意见

（2020年10月27日　国办发〔2020〕42号）

持续开展“减证便民”行动，深化“证照分离”改革，是党中央、国务院重大决策部署，是深入推进简政放权、放管结合、优化服务改革的重点工作。2019年5月，国务院决定，在天津等13个省（直辖市）和公安部等5个国务院部门开展证明事项告知承诺制试点。2015年以来，国务院决定，在上海市浦东新区等地对部分涉企经营许可事项实行告知承诺制并逐步向全国复制推广。这些改革实践取得了积极成效，对减少证明事项、简化行政审批、方便企业和群众办事创业发挥了重要作用。为深化“放管服”改革、优化营商环境，激发市场主体发展活力和社会创造力，依法保障和服务疫情防控常态化条件下经济社会发展，扎实做好“六稳”工作、全面落实“六保”任务，经国务院同意，现就各地区、各部门全面推行证明事项和涉企经营许可事项告知承诺制提出以下意见。

一、总体要求

（一）指导思想。以习近平新时代中国特色社会主义思想为指导，全面贯彻党的十九大和十九届二中、三中、四中、五中全会精神，按照党中央、国务院决策部署，坚持以人民为中心的发展思想，深入推进“放管服”改革，加快转变政府职能，针对直接面向企业和群众、依申请办理的行政事项，全面推行证明事项和涉企经营许可事项告知承诺制，创新政府服务和管理的理念、方式，方便企业和群众办事创业，推进政府治理体系和治理能力现代化，努力建设人民满意的服务型政府。

（二）基本原则。

——坚持问题导向。以方便企业和群众办事创业为导向，聚焦企业和群众办事创业的“堵点”、“痛点”，切实解决企业和群众办证多、办事难等问题。

——坚持高效便民。以社会普遍关注的领域和事项为重点，优化办事流程，完善便民服务措施，进一步提高工作的针对性、实效性，力戒形式主义、官僚主义。

——坚持协同推进。加强与政务信息资源共享、信用体系建设、“互联网+政务服务”等工作的衔接，充分发挥叠加效应，形成协同推进的体制机制。

——坚持风险可控。结合各地区经济社会发展实际和各部门行政管理工作实际，稳妥有序推进改革。坚持分级分类，精准确定实行告知承诺制的事项范围，因地制宜，因类施策，分步推进，动态调整。落实放管结合、并重的要求，创新和加强事中事后监管，有效监督承诺履行情况，实现过程可控、风险可控，维护企业和群众合法权益。

（三）工作目标。在各级行政机关或者法律法规授权的具有管理公共事务职能的组织（以下统称行政机关）办理行政许可、行政确认、行政给付等依申请的行政事项（以下简称行政事项）要求提供证明材料时实行证明事项告知承诺制，在行政机关办理涉企经营许可事项时实行告知承诺制，以行政机关清楚告知、企业和群众诚信守诺为重点，推动形成标准公开、规则公平、预期明确、各负其责、信用监管的治理模式，从制度层面进一步解决企业和群众办证多、办事难等问题。

二、主要任务

（四）明确实行告知承诺制的证明事项。本意见所称证明，是指公民、法人和其他组织在依法向行政机关申请办理行政事项时，提供的需要由行政机关或者其他机构出具、用以描述客观事实或者表明符合特定条件的材料。证明事项告知承诺制，是指公民、法人和其他组织在向行政机关申请办理行政事项时，行政机关以书面形式（含电子文本，下同）将证明义务、证明内容以及不实承诺的法律责任一次性告知申请人，申请人书面承诺已经符合告知的相关要求并愿意承担不实承诺的法律责任，行政机关不再索要有关证明并依据书面承诺办理相关行政事项的工作机制。

各省、自治区、直辖市人民政府，实行垂直管理的国务院部门和实行以部门为主的双重领导管理体制的系统要结合实际确定实行告知承诺制的证明事项范围，国务院其他部门要确定部门本级实行告知承诺制的证明事项范围。要按照最大限度利民便民原则，有针对性地选取与企业和群众生产生活密切相关、使用频次较高或者获取难度较大的证明事项实行告知承诺制，特别是在户籍管理、市场主体准营、资格考试、社会保险、社会救助、健康体检、法律服务等方面，要抓紧推行、尽快落实。直接涉及国家安全、国家秘密、公共安全、金融业审慎监管、生态环境保护，直接关系人身健康、生命财产安全，以及重要涉外等风险较大、纠错成本较高、损害难以挽回的证明事项不适用告知承诺制。

（五）明确实行告知承诺制的涉企经营许可事项范围。对涉企经营许可事项，申请人就其符合许可条件作出承诺，通过事中事后监管能够纠正不符合许可条件行为、有效防范风险的，实行告知承诺制。法律、行政法规、国务院决定设定的涉企经营许可事项实行告知承诺制的，由国务院审改办会同国务院有关部门研究提出建议，报国务院批准。地方性法规、地方政府规章设定的涉企经营许可事项实行告知承诺制的，由省、自治区、直辖市或者设区的市、自治州审改办会同有关部门研究提出建议，报本级人民政府批准。涉及法律法规规章调整的，要依法获得授权，推动相关法律法规规章立改废释。涉企经营许可事项以外的行政许可事项，可参照本意见实行告知承诺制。

（六）确定告知承诺制的适用对象。对于实行告知承诺制的证明事项和涉企经营许可事项，申请人可自主选择是否采用告知承诺制方式办理。申请人不愿承诺或者无法承诺的，应当提交法律法规或者国务院决定要求的证明，或者按照一般程序办理涉企经营许可事项。申请人有较严重的不良信用记录或者存在曾作出虚假承诺等情形的，在信用修复前不适用告知承诺制。

（七）规范告知承诺制工作流程。要公布实行告知承诺制的证明事项和涉企经营许可事项目录，按照全面准确、权责清晰、通俗易懂的要求，科学编制告知承诺制工作规程，修改完善办事指南，制作告知承诺书格式文本。告知承诺制办事指南、告知承诺书格式文本要通过相关服务场所、网站和全国一体化政务服务平台等渠道公布，方便申请人查阅、索取或者下载。书面告知的内容应当包括事项名称，设定依据，证明内容或者许可条件和材料要求，承诺方式，不实承诺可能承担的民事、行政、刑事责任，行政机关核查权力，承诺书是否公开、公开范围及时限等。要坚持实事求是，相关要求要可量化、易操作，不含模糊表述或兜底条款。书面承诺的内容应当包括申请人已知晓告知事项、已符合相关条件、愿意承担不实承诺的法律责任以及承诺的意思表示真实等。涉企经营许可事项实行告知承诺制的，如申请人自愿签署告知承诺书并按要求提交材料，行政机关应当当场作出行政许可决定。实行告知承诺制的涉企经营许可事项，其许可材料同时实行证明事项告知承诺制的，要一次性告知和承诺，按涉企经营许可事项告知承诺制程序办理。对有关告知承诺制的投诉举报要及时处理。

（八）加强事中事后核查。要针对事项特点等分类确定核查办法，将承诺人的信用状况作为确定核查办法的重要因素，明确核查时间、标准、方式以及是否免予核查。对免予核查的事项，行政机关要综合运用“双随机、一公开”监管、重点监管、“互联网+监管”、智慧监管等方式实施日常监管，不得对通过告知承诺制方式办理的企业和群众采取歧视性监管措施。对在核查或者日常监管中发现承诺不实的，行政机关要依法终止办理、责令限期整改、撤销行政决定或者予以行政处罚，并纳入信用记录。涉嫌犯罪的，依法移送司法机关。

各地区、各部门要认真贯彻落实《国务院关于在线政务服务的若干规定》。国务院各部门要及时解决部门与省、自治区、直辖市人民政府间政务信息资源共享不畅问题，各地区要扎实推进本地区政务信息共享工作，依托全国一体化政务服务平台等实现跨地区、跨部门、跨层级数据共享和业务协同，建立告知承诺制在线核查支撑体系。行政机关要利用政务信息共享平台、政务服务移动客户端、区块链技术等收集、比对相关数据，实施在线核查，也可以通过检查、勘验等方式开展现场核查。确需进行现场核查的，要依托“互联网+监管”平台和应用程序等，将承诺情况及时准确推送给有关监管人员，为一线监管执法提供信息支撑，同时要优化工作程序、加强业务协同，避免烦企扰民。相关数据尚未实现网络共享、难以通过上述方式核查的，可以请求其他行政机关协助核查，被请求协助的行政机关应当及时履行协助义务，不得推诿或者拒绝；确有原因不能提供协助的，应当书面告知请求协助的行政机关并说明理由。

（九）加强信用监管。要加强告知承诺信用管理制度建设，依法科学界定告知承诺失信行为。建立告知承诺信用信息记录、归集、推送工作机制，将承诺人履行承诺情况全面纳入信用记录，依托各级信用信息共享平台和行业信用信息系统，加强信用信息互联互通和共享。按照信用状况，实施分类精准监管。探索建立信用修复、异议处理机制。依法加大失信惩戒力度，根据虚假承诺造成的社会影响进行失信程度分级，区分不同失信情形实施相应惩戒措施。要根据有关法律规定，做好有关个人信息和商业秘密保护。

（十）强化风险防范措施。要梳理工作环节风险点，制定防控措施，切实提高风险防范能力。要加强行政指导，强化告知和指导义务。建立承诺退出机制，在行政事项办结前，申请人有合理理由的，可以撤回承诺申请，撤回后应当按原程序办理。对涉及社会公共利益、第三人利益或者核查难度较大的证明事项和涉企经营许可事项，行政机关要根据政府信息公开等规定，通过相关服务场所、网站和全国一体化政务服务平台等向社会公开告知承诺书，接受社会监督。具备条件的地区和部门可以探索建立事前信用预警系统，对申请人进行信用评估，加强事前风险防控。对涉及经济利益价值较高、事中事后核查难度较大的事项，可以探索引入责任保险制度，降低实行告知承诺制可能引发的行政赔偿风险。

三、保障措施

（十一）加强组织领导。各地区、各部门要切实加强对本地区、本部门全面推行告知承诺制工作的领导，抓好组织实施。地方各级人民政府及其部门的主要负责同志作为本地区、本部门全面推行告知承诺制工作的第一责任人，要及时了解掌握有关工作情况，研究解决工作中的重大问题，确保工作有方案、部署有进度、推进有举措、结果有考核。县级以上地方人民政府要建立审改、司法行政、政务服务、信息公开、电子政务、发展改革、公安、财政、税务、市场监管等单位参加的全面推行告知承诺制工作协调机制，明确牵头单位，指导协调、督促检查工作推进情况。国务院各部门要切实做到率先推行、以上带下，加强对本系统全面推行告知承诺制工作的督促指导，及时研究解决本部门、本系统推行告知承诺制过程中遇到的问题，在本系统内适时复制推广全面推行告知承诺制的典型经验做法。同时,及时建章立制,加强制度建设。

（十二）开展培训宣传。要组织开展告知承诺制学习培训,加强业务交流。要加强对全面推行告知承诺制的宣传,通过报刊、广播、电视、互联网等渠道,全方位宣传全面推行告知承诺制的重要意义、主要做法、典型经验和实施效果等,发挥示范带动作用,合理引导社会预期,及时回应社会关切,为全面推行告知承诺制营造良好社会氛围。

（十三）加强督促检查。要把全面推行告知承诺制工作推进情况纳入法治政府建设考评指标体系和年底效能目标考核体系,列为年度法治政府建设督察内容,充分调动各方面积极性、主动性。对工作中表现突出、企业和群众评价满意度高的单位及人员,要按照国家有关规定予以表彰和奖励。建立督察情况通报制度,对工作中违纪违法的单位及人员要依纪依法问责。按照"权责一致、尽职免责、失职追责"原则,建立健全改革容错机制,属于合理容错情形的,对相关单位及人员依纪依法免除相关责任或者减轻、从轻处理。

各地区、各部门要以全面推行证明事项和涉企经营许可事项告知承诺制为重要抓手,加快推进"放管服"改革,降低制度性交易成本,减轻企业和群众负担,激发市场主体发展活力。推进改革时,方向要明确,步骤要扎实稳妥。各省、自治区、直辖市人民政府和国务院各部门要于 2020 年 12 月 31 日前制定本地区、本部门全面推行证明事项告知承诺制的实施方案,并报司法部备案。各省、自治区、直辖市人民政府和国务院有关部门要制定本地区、本部门全面推行涉企经营许可事项告知承诺制的细化方案,并按要求备案。各地区、各部门在全面推行证明事项和涉企经营许可事项告知承诺制过程中发现的问题,要及时分别报司法部、国务院审改办。司法部、国务院审改办要分别加强对全面推行证明事项和涉企经营许可事项告知承诺制的指导协调,会同有关部门进行监督检查和跟踪评估,重要情况及时报告国务院。

国务院办公厅关于印发全国深化“放管服”改革优化营商环境电视电话会议重点任务分工方案的通知

（2020年11月1日　国办发〔2020〕43号）

《全国深化“放管服”改革优化营商环境电视电话会议重点任务分工方案》已经国务院同意，现印发给你们，请结合实际认真贯彻落实。

全国深化“放管服”改革优化营商环境电视电话会议重点任务分工方案

党中央、国务院高度重视深化“放管服”改革优化营商环境工作。2020年9月11日，李克强总理在全国深化“放管服”改革优化营商环境电视电话会议上发表重要讲话，部署进一步深化“放管服”改革，加快打造市场化法治化国际化营商环境，不断激发市场主体活力和发展内生动力。为确保会议确定的重点任务落到实处，现制定如下分工方案。

一、把实施好宏观政策和深化“放管服”改革结合起来，提高宏观政策实施的时效性和精准性

（一）研究将财政资金直达机制实施中的好做法制度化，落实减税降费政策，为保就业、保民生、保市场主体提供支撑。（财政部、国家发展改革委、工业和信息化部、民政部、人力资源社会保障部、交通运输部、人民银行、税务总局、市场监管总局、银保监会等国务院相关部门及各地区按职责分工负责）

具体措施：

1. 及时总结财政资金直达基层的经验做法，进一步完善财政资金直达机制，优化完善直达资金监控系统功能，督促各地区加强直达资金日常监控，确保资金落实到位、规范使用。（财政部牵头，国务院相关部门及各地区按职责分工负责）

2. 简化税费优惠政策适用程序，利用大数据等技术甄别符合条件的纳税人、缴费人，精准推送优惠政策信息。督促中央执收单位和各地区加强非税收入退付管理，确保取消、停征、免征及降低征收标准的收费基金项目及时落实到相关企业和个人。（财政部、税务总局牵头，国务院相关部门及各地区按职责分工负责）

3. 2020 年底前开展涉企收费专项治理，对公用事业、港口物流等领域涉企收费开展检查，整治部分园区、楼宇、商业综合体等转供电主体违法加价等行为，坚决避免减税降费红利被截留。（市场监管总局牵头，国家发展改革委、住房城乡建设部、交通运输部、海关总署等国务院相关部门及各地区按职责分工负责）

4. 清理规范中小企业融资中的不合理附加费用，整治银行强制搭售产品、超公示标准收费、收费与服务项目不符等违规行为。加强银行服务项目和收费公示，建立健全银行业违规收费投诉举报机制。（银保监会及各地区按职责分工负责）

5. 2020 年底前组织开展行业协会商会收费情况全面自查，2021 年 3 月底前对行业协会商会乱收费自查、退还违法违规所得等情况开展检查，确保乱收费问题整改到位。（市场监管总局、民政部牵头，国务院相关部门及各地区按职责分工负责）

（二）让企业特别是中小微企业融资更加便利、更加优惠，推动国有大型商业银行创新对中小微企业的信贷服务模式，利用大数据等技术解决“首贷难”、“续贷难”等问题。督促金融机构优化普惠型小微企业贷款延期操作程序，做到应延尽延，并引导金融机构适当降低利率水平。加强水电气、纳税、社保等信用信息归集共享，为增加普惠金融服务创造条件。（人民银行、银保监会牵头，国家发展改革委、财政部、人力资源社会保障部、住房城乡建设部、税务总局、市场监管总局、国家医保局、国家能源局等国务院相关部门及各地区按职责分工负责）

具体措施：

1. 鼓励商业银行运用大数据等技术建立风险定价和管控模型，优化再造对中小微企业的信贷发放流程和模式，推行线上服务、“不见面”审批等便捷信贷服务。（人民银行、银保监会及各地区按职责分工负责）

2. 完善商业银行绩效评价，督促商业银行改进贷款尽职免责标准和流程，引导商业银行落实普惠型小微企业贷款政策。督促金融机构公开普惠型小微企业贷款延期操作程序，压缩办理时限，做到应延尽延。（财政部、人民银行、银保监会按职责分工负责）

3. 完善水电气、纳税、社保等领域信用评价标准和指标体系，充分运用各类信用信息平台，加强相关信用信息共享以及在信贷发放方面的应用，支持普惠金融更好发展。（国家发展改革委、人民银行、银保监会牵头，人力资源社会保障部、住房城乡建设部、税务总局、市场监管总局、国家医保局、国家能源局等国务院相关部门及各地区按职责分工负责）

（三）稳定和扩大就业，破除影响就业特别是新就业形态的各种不合理限制，加快调整相关准入标准、职业资格、社会保障、人事管理等政策，适应并促进多元化的新就业形态。把灵活就业、共享用工岗位信息纳入公共就业服务范围，对设立劳务市场或零工市场给予支持、提供便利。（人力资源社会保障部牵头，国务院相关部门及各地区按职责分工负责）

具体措施：

1. 简化应届高校毕业生就业手续，推动取消应届高校毕业生报到证，并加强教育、人力资源社会保障、公安等部门业务协同和就业信息共享，做好就业保障和服务。对非公单位接收应届高校毕业生，取消由所在地公共就业人才服务机构在就业协议书上签章的环节。（教育部、人力资源社会保障部、公安部等国务院相关部门及各地区按职责分工负责）

2. 加大就业服务供给，督促地方清理对职业资格培训和技能培训类民办学校在管理人员从业经验、培训工种数量等方面设定的不合理要求。推进流动人员人事档案信息互联，加快推行“一点存档、多点服务”。（人力资源社会保障部牵头，国务院相关部门及各地区

按职责分工负责）

3. 推进企业技能人才自主评价，支持企业依据国家职业技能标准自主开展技能人才评定，对没有国家职业技能标准的可自主开发评价规范。获得企业发放的职业技能相关证书的人才符合相关条件的，可享受职业培训、职业技能鉴定补贴等政策。（人力资源社会保障部牵头，国务院相关部门及各地区按职责分工负责）

4. 优化外国人来华工作许可，指导地方试点持人才签证的外国人才免办工作许可，授权副省级城市和计划单列市科技主管部门受理签发外国高端人才确认函。（科技部牵头，国务院相关部门及各地区按职责分工负责）

（四）继续优化常态化疫情防控，提高快速处置和精准管控能力，促进客运、餐饮、旅游、住宿等服务业加快恢复。动态调整优化外防输入管控措施，为中外人员往来创造安全便利的条件，提升国际货物运输保障能力。及时清理取消疫情防控中恢复或新增的审批事项，防止将一些临时性审批长期化。（国务院办公厅、国家发展改革委、交通运输部、商务部、文化和旅游部、国家卫生健康委、海关总署、市场监管总局、国家移民局、国家邮政局等国务院相关部门及各地区按职责分工负责）

具体措施：

1. 总结推广疫情防控中服务企业的经验做法，将行之有效、市场主体认可的做法规范化、制度化。及时清理取消不合时宜的管控措施和临时性审批事项。（各地区、各部门负责）

2. 适时调整优化精准防控措施，支持分区分级加快恢复客运服务，对出现散发病例的区域加强交通运输疫情防控，落实客运场站和交通运输工具消毒通风、人员防护、乘客测温等措施。（交通运输部、国家卫生健康委等国务院相关部门及各地区按职责分工负责）

3. 2020年底前制定出台餐饮服务常态化疫情防控的指导意见，完善住宿业疫情防控指南，支持餐饮业、住宿业在做好疫情防控前提下尽快恢复发展。修订完善旅游景区、剧场等演出场所、互联网上网服务营业场所、娱乐场所恢复开放的疫情防控指南。（商务部、文化和旅游部、国家卫生健康委等国务院相关部门及各地区按职责分工负责）

二、放要放出活力、放出创造力

（五）系统梳理现有各层级审批和各种具有审批性质的管理措施并形成清单，分类推进行政审批制度改革。（国务院办公厅牵头，各地区、各部门负责）

具体措施：

1. 编制公布中央层面设定的行政许可事项清单，出台规范行政许可事项清单管理的规定，对清单内行政许可事项，逐项明确设定依据、实施机关、许可条件、办理程序、办理时限、申请材料、适用范围、有效期限、中介服务等要素。（国务院办公厅牵头，国务院相关部门按职责分工负责）

2. 2021年6月底前建立健全行政许可设定审查机制，严格控制新设行政许可等管理措施，加强对行政许可实施情况的监督。（国务院办公厅负责）

（六）大幅精简各类重复审批，对重复审批进行清理，能整合的整合，该取消的取消，同时要强化责任意识，明确“谁审批谁负责”，绝不能“一批了之”。（国务院办公厅牵头，各地区、各部门负责）

具体措施：

1. 2021年6月底前研究提出新一批取消、下放和改变管理方式的行政许可事项。（国务院办公厅牵头，国务院相关部门按职责分工负责）

2. 深化投资审批制度改革，进一步简化、整合投资项目报建手续，指导地方探索创新投资管理服务方式，不断精简优化审批程序、审批事项和申报材料。（国家发展改革委牵头，国务院相关部门及各地区按职责分工负责）

3. 进一步压减中央层面、地方层面设立的工程建设项目审批事项和条件，精简规范工程建设项目全流程涉及的技术审查、中介服务事项，压缩审批时间。（住房城乡建设部牵头，国务院相关部门及各地区按职责分工负责）

（七）下决心取消对微观经济活动造成不必要干预的审批，以及可以由事前审批转为事中事后监管的审批。从放管结合的角度出发，加快清理不涉及重大项目布局又不触及安全底线的审批，切实改变“以批代管”的情况，进一步降低准入门槛。（国务院办公厅牵头，

国务院相关部门及各地区按职责分工负责）

具体措施：

1. 大幅压减涉及工业产品的行政许可事项和强制性认证事项，广泛推行产品系族管理，解决重复检验检测、重复审批认证等问题。（国务院办公厅、市场监管总局、司法部牵头，国务院相关部门及各地区按职责分工负责）

2. 严格控制强制性认证目录，推动将强制性认证目录中适用自我声明方式的产品种类扩大至30%以上，进一步整合划分过细的认证单元。增加指定的认证机构数量，对不涉及产品安全的变更无需申报，压缩认证时间和成本。（市场监管总局牵头，国务院相关部门及各地区按职责分工负责）

3. 优化药店开设审批，在全国范围内对申请开办只经营乙类非处方药的零售企业审批实行告知承诺制，推动取消药品零售企业筹建审批，督促地方清理对开办药店设定的间距限制等不合理条件，并同步加强事中事后监管。（国家药监局牵头，国务院相关部门及各地区按职责分工负责）

4. 2020年底前制定出台深化汽车生产流通领域“放管服”改革的有关意见。简化优化汽车生产准入管理措施，统一汽车产品准入检测标准，推行企业自检自证和产品系族管理，有序放开代工生产等。（工业和信息化部、商务部牵头，国务院相关部门及各地区按职责分工负责）

5. 针对数字经济领域市场准入事项数量多、条件高、手续繁问题，研究提出放宽数字经济领域市场准入的改革举措。推动实现移动应用程序（APP）多部门联合检查检测，避免重复检测。简化优化网约车行业市场准入制度。（国务院办公厅、国家发展改革委牵头，工业和信息化部、公安部、交通运输部、中央网信办等相关单位按职责分工负责）

（八）全面清理规范公告备案、计划目录、布局限制、认证检测等各类管理措施，以及借信息化平台建设之名新增的审批环节，严防变相审批和违规乱设审批。（国务院办公厅牵头，各地区、各部门负责）

具体措施：

1. 编制公布中央层面设定的行政备案事项清单。推动制定行政备案条例，明确设定行政备案事项的权限，规范实施备案程序，严防以备案之名行审批之实。（国务院办公厅牵头，司法部等国务院相关部门按职责分工负责）

2. 系统梳理中央层面设定的企业年检、年报事项，分批次推进年检改年报，推动年报事项“多报合一、信息共享”。（国务院办公厅牵头，国务院相关部门按职责分工负责）

（九）改革创新审批方式，深化“证照分离”改革，在生产许可、项目投资审批、证明事项等领域，广泛推行承诺制，实现政府定标准、企业或个人作承诺、过程强监管、失信严惩戒，大幅提高核准审批效率。（国务院办公厅、市场监管总局、司法部牵头，国务院相关部门及各地区按职责分工负责）

具体措施：

1. 着力推进“照后减证”和简化审批，2021 年底前在全国实现“证照分离”改革全覆盖，对所有涉企经营许可事项实行分类改革，其中，取消审批、改为备案或实行告知承诺的事项力争达到 100 项以上，自由贸易试验区力争达到 150 项。（国务院办公厅、市场监管总局、司法部牵头，国务院相关部门及各地区按职责分工负责）

2. 全面推行证明事项和涉企经营许可事项告知承诺制，明确实行告知承诺制的事项范围、适用对象、工作流程和监管措施等。对具备条件的建设工程企业资质审批实行告知承诺管理。（司法部、国务院办公厅、住房城乡建设部等国务院相关部门及各地区按职责分工负责）

3. 在自由贸易试验区试点商事主体登记确认制改革，最大程度尊重企业登记注册自主权。（市场监管总局及相关地区按职责分工负责）

（十）提升企业注销便利度，强化税务、社保、金融、市场监管等环节协同办理，扩大简易注销范围，让市场主体进得来、退得出。（市场监管总局牵头，人力资源社会保障部、人民银行、海关总署、税务总局等国务院相关部门及各地区按职责分工负责）

具体措施：

1. 2021 年 6 月底前修改完善《企业注销指引》，推进部门间数据共享和业务协同，优化税务注销等程序，实现办理进度和结果实时共享。进一步扩大简易注销试点地域范围。（市场监管总局牵头，人力资源社会保障部、人民银行、海关总署、税务总局等国务院相关部门及各地区按职责分工负责）

2. 探索开展长期吊销未注销企业强制注销试点，明确强制注销的适用情形、具体条件和办理程序，并依法保障当事人合法权利，进一步提高市场主体退出效率。（市场监管总局牵头，国务院相关部门及各地区按职责分工负责）

三、管要管出公平、管出质量

（十一）提高监管执法规范性和透明度，完善"双随机、一公开"监管、信用监管、"互联网+监管"、跨部门协同监管等有效做法，减少人为干预，压缩自由裁量空间，使监管既"无事不扰"又"无处不在"。增强监管的威慑力，降低企业合规成本、提高违规成本，防止"劣币驱逐良币"。（国务院办公厅、市场监管总局、国家发展改革委、人民银行、司法部等国务院相关部门及各地区按职责分工负责）

具体措施：

1. 组织对各地区落实行政执法公示制度、执法全过程记录制度、重大执法决定法制审核制度的有关情况开展抽查。2021 年底前制定出台进一步规范行政裁量权基准制度的指导意见，推动各地区、各相关部门加快明确执法裁量基准。（司法部牵头，国务院相关部门及各地区按职责分工负责）

2. 指导地方将"双随机、一公开"监管与企业信用风险分类管理等结合起来，减少对守法诚信企业的检查次数。拓展部门联合"双随机、一公开"监管覆盖范围，将更多事项纳入联合抽查范围。进一步充实执法检查人员名录库，缓解基层"双随机、一公开"监管执法人员不足问题。（市场监管总局牵头，国务院相关部门及各地区按职责分工负责）

3. 持续推进"互联网+监管"，加强部分重点监管领域数据汇集，进一步完善国家"互联网+监管"系统风险预警模型，形成风险预警线索推送、处置和反馈机制，提升监管智能化水平。（国务院办公厅牵头，国务院相关部门及各地区按职责分工负责）

4. 依法依规推进社会信用体系建设，2020 年底前制定出台进一步规范公共信用信息纳入范围、失信惩戒和信用修复的有关意见。

（国家发展改革委、人民银行牵头，国务院相关部门及各地区按职责分工负责）

（十二）加快完善各领域监管标准体系，实施标准“领跑者”制度，鼓励行业制定更高水平自律标准，推动产品竞争力提高和产业转型升级。根据不同行业特点，合理分配国家、区域、省市县之间的监管力量，加强薄弱环节建设。（国务院办公厅、市场监管总局、生态环境部、交通运输部、农业农村部、文化和旅游部等国务院相关部门及各地区按职责分工负责）

具体措施：

1. 督促国务院相关部门按照法律法规和“三定”规定梳理明确重点监管事项，制定中央层面重点监管事项清单，逐步制订完善监管规则和标准，并向社会公开。（国务院办公厅牵头，国务院相关部门按职责分工负责）

2. 制定完善市场监管、生态环境保护、交通运输、农业、文化市场等领域行政执法事项目录清单，从源头上减少不必要的执法事项，规范行政执法行为，提高行政执法能力。（市场监管总局、生态环境部、交通运输部、农业农村部、文化和旅游部等国务院相关部门按职责分工负责）

3. 引导企业进行企业标准自我声明公开，在更多领域推行企业标准“领跑者”机制，引入第三方机构科学评估企业标准的质量，推动企业标准水平持续提升。（市场监管总局牵头，国务院相关部门及各地区按职责分工负责）

4. 督促地方城市管理部门规范执法行为，制定公布城管执法标准和要求，加大对随意执法等行为的查处力度，降低对市场主体正常生产经营活动的影响。（住房城乡建设部、司法部等国务院相关部门及各地区按职责分工负责）

（十三）守好安全和质量底线，对疫苗、药品、特种设备、危险化学品等领域实行全主体、全品种、全链条的严格监管。（应急部、市场监管总局、工业和信息化部、生态环境部、交通运输部、国家药监局等国务院相关部门及各地区按职责分工负责）

具体措施：

1. 加强疫苗全过程监管，向疫苗生产企业派驻检查员，开展日常监督检查和督促整改。省级药品监督管理部门每年对疫苗生产企业进行全覆盖监督检查，国家药品监督管理部门每年对在产的疫苗生产企业进行100%全覆盖巡查和重点抽查。（国家药监局及各地区按职责分工负责）

2. 加强全国特种设备安全状况分析，开展隐患排查整治，在生产环节对有投诉举报和涉嫌存在质量问题的生产单位实施重点检查，在使用环节对风险分析确定的重点设备使用单位实施专项检查，并加强对其他特种设备生产单位和使用单位的监督检查。（市场监管总局牵头，国务院相关部门及各地区按职责分工负责）

3. 重点整治定点医疗机构及其他服务机构的不规范诊疗行为，以及医疗保险经办机构的违规支付医保待遇、拖欠定点医药机构费用等问题。建立欺诈骗保问题线索移送机制，对欺诈骗保行为加强部门联合排查。（国家医保局、市场监管总局、国家卫生健康委等国务院相关部门及各地区按职责分工负责）

（十四）强化市场主体责任，加大对制售假冒伪劣、侵犯知识产权等违法犯罪行为的发现和惩处力度，对直接关系人民群众身体健康和生命安全的领域，加快推出惩罚性赔偿和巨额罚款等制度。（市场监管总局、国家知识产权局、公安部、司法部等国务院相关部门及各地区按职责分工负责）

具体措施：

1. 2020年底前制定完善行政执法过程中的商标、专利侵权判断标准。加快在专利等领域引入惩罚性赔偿制度。加大对侵犯商标、专利、商业秘密等知识产权，以及制售假冒伪劣学生用品、成品油、汽车配件等违法犯罪行为的打击力度，挂牌督办一批重点案件。（市场监管总局、国家知识产权局、公安部、司法部等国务院相关部门及各地区按职责分工负责）

2. 完善食品工业企业质量安全追溯平台功能，扩大婴幼儿配方乳粉质量安全追溯试点，便利消费者查询。（工业和信息化部等国务院相关部门及各地区按职责分工负责）

3. 开展移动应用程序（APP）违法违规收集使用个人信息专项治理，督促电信和互联网企业加强网络数据安全合规性评估，完善与企业投诉举报联动处理机制，及时核实处理用户投诉举报。（中央网信

办、工业和信息化部、公安部、市场监管总局等相关单位及各地区按职责分工负责）

（十五）创新包容审慎监管，改革按区域、按行业监管的习惯做法，探索创新监管标准和模式，发挥平台监管和行业自律作用。在部分领域实施柔性监管、智慧监管等，对一些看不准、可能存在风险的，可以划定可控范围，探索试点经验再推广。（国务院办公厅、国家发展改革委、科技部、工业和信息化部、商务部、市场监管总局、中央网信办等相关单位及各地区按职责分工负责）

具体措施：

1. 系统总结近年来推进"互联网+"行动的经验做法，分析存在的问题和薄弱环节，2021 年 3 月底前有针对性地研究提出进一步推进"互联网+"行动的新举措，加快培育经济发展新动能。（国家发展改革委牵头，国务院相关部门按职责分工负责）

2. 2021 年底前制定出台对新产业新业态实行包容审慎监管的指导意见。探索开展"沙盒监管"、触发式监管等包容审慎监管试点。（国务院办公厅牵头，国家发展改革委、人民银行、市场监管总局等国务院相关部门及各地区按职责分工负责）

3. 2020 年底前制定出台引导平台经济有序竞争的有关文件，为平台经济发展营造良好环境。依法查处互联网领域滥用市场支配地位限制交易、不正当竞争等违法行为，维护市场价格秩序，引导企业合法合规经营。2021 年 6 月底前制定出台网络交易监督管理规定。（市场监管总局牵头，国务院相关部门按职责分工负责）

4. 便利企业获取各类创新资源，加强专利等知识产权信息服务，对专利权人有意愿开放许可的专利，集中公开相关专利基础数据、交易费用等信息，方便企业获取和实施。引导学术论文等数据服务提供商降低论文等资源获取费用，推动研究机构、高校等依法依规向社会开放最新研究成果信息。大幅压减网站备案登记时间。（教育部、科技部、工业和信息化部、国家知识产权局等国务院相关部门及各地区按职责分工负责）

5. 优化互联网医疗发展环境，鼓励支持医疗机构对接互联网平台，开展互联网复诊、互联网健康咨询、远程辅助诊断等服务，研究制定互联网健康咨询流程和标准，探索根据病种分级分类实施互联网

问诊管理,实现线上咨询、线下诊疗衔接。(国家卫生健康委等国务院相关部门及各地区按职责分工负责)

四、服要服出便利、服出实惠

(十六)全面推行“不见面”办事,进一步拓展“互联网+政务服务”,提供“24 小时不打烊”的在线政务服务。除法律法规有特殊规定的事项外,原则上都要做到网上全程可办。对现场核验、签字、领取等环节,可以采取电子认证、“快递+政务服务”等方式解决。完善全国一体化政务服务平台,年底前地方和部门平台要与国家平台完成对接,在更大范围实现“一网通办”。同时,兼顾好老年人、视障听障残疾人等群众的需求,采取必要的线下补充手段,有针对性地提供人工指导和服务,绝不能出现歧视现象。(国务院办公厅牵头,各地区、各部门负责)

具体措施:

1. 完善全国一体化政务服务平台,2020 年底前实现各省(自治区、直辖市)和国务院部门政务服务平台与国家政务服务平台应接尽接、政务服务事项应上尽上,推动 60 种高频电子证照全国标准化应用,在更大范围实现“一网通办”。制定全国一体化政务服务平台移动端建设指引,督促各地区、各部门规范政务服务移动应用程序(APP)建设。对限定仅线上办理等不合理做法及时进行纠正,允许企业和群众自主选择线上或线下办理方式,并加强对老年人、视障听障残疾人等群体的引导和服务。(国务院办公厅牵头,国务院相关部门及各地区按职责分工负责)

2. 优化完善全国规范统一的电子税务局,拓展“非接触式”办税缴费服务,2021 年底前基本实现企业办税缴费事项网上办理、个人办税缴费事项掌上办理。全面推行税务证明事项告知承诺制,扩大将涉税资料事前报送改为留存备查的范围,减轻企业办税负担。(税务总局及各地区按职责分工负责)

3. 优化水电气暖网等公用事业服务,清理报装过程中的附加审批要件和手续,加快实现报装、查询、缴费等业务全程网上办。优化外线施工办理流程,对涉及的工程规划许可、绿化许可、路政许可、占掘路许可、物料堆放许可等环节实行并联审批,探索实行接入工程告知承诺制。(国家发展改革委、工业和信息化部、住房城乡建设部、国

家能源局等国务院相关部门及各地区按职责分工负责）

4. 持续优化公证服务，加快推进高频公证服务事项“一网通办”，实现申请受理、身份认证、材料提交和缴费等各环节全程网上办。2021 年 3 月底前研究制定降低企业公证事项和公证事务收费办法和标准。（司法部、国家发展改革委等国务院相关部门及各地区按职责分工负责）

5. 优化医疗服务，参保群众可自主选择使用社保卡（含电子社保卡）、医保电子凭证就医购药。推进居民健康档案及身份识别、电子病历、诊疗信息、报告单结果等信息在不同医院互通互认，并严格保护个人隐私，减少群众重复办卡，避免不必要的重复检查。（国家卫生健康委、国家医保局、人力资源社会保障部及各地区按职责分工负责）

（十七）推动政务服务“跨省通办”，推进标准化建设和电子证照跨省互认，从教育、社保、医疗、养老、婚育和企业登记、经营许可办理等领域入手，加快推进政务服务“跨省通办”，2020 年要有所突破，2021 年底前要基本实现高频事项全覆盖。建立权威高效的数据共享机制，推动数据信息标准化，加快政务数据共享，并保障数据安全、保护隐私，防止滥用或泄露。（国务院办公厅牵头，教育部、民政部、人力资源社会保障部、国家卫生健康委、市场监管总局、中央网信办等相关单位及各地区按职责分工负责）

具体措施：

1. 加快推进高频政务服务事项“跨省通办”，加强全国一体化政务服务平台“跨省通办”服务能力，2020 年底前实现市场主体登记注册、职业资格证书核验、学历公证、驾驶证公证等 58 项事项异地办理，2021 年底前实现工业产品生产许可证、就医结算备案、社保卡申领、户口迁移等 74 项事项异地办理。加快实现相关高频政务服务事项“省内通办”。（国务院办公厅牵头，公安部、司法部、人力资源社会保障部、教育部、市场监管总局、国家医保局等国务院相关部门及各地区按职责分工负责）

2. 2020 年底前制定出台关于建立权威高效的数据共享协调机制的指导意见。通过全国一体化政务服务平台，推进国务院部门重点垂直管理业务信息系统与地方政务服务平台的对接，编制国家层面

政务服务数据目录清单和第三批国务院部门数据共享责任清单。（国务院办公厅牵头，各地区、各部门负责）

（十八）推动更多事项集成办理，充分发挥地方政务大厅等“一站式”服务功能，加快实现一窗受理、限时办结、最多跑一次。对多个关联事项探索实现“一件事一次办”，减少办事环节和所需证明材料。整合非紧急类政务服务热线，力争做到“一号响应”。（国务院办公厅牵头，国务院相关部门及各地区按职责分工负责）

具体措施：

1. 完善省、市、县、乡镇综合性政务大厅集中服务模式，提升政务服务标准化水平，持续改进窗口服务，推进线上线下全面融合，普遍推行首问负责、一次告知、一窗受理、并联办理、限时办结等制度。2020年底前制定发布政务服务评价工作指南和政务服务“一次一评”、“一事一评”工作规范，推动各地区、各部门规范化实施政务服务“好差评”制度。（国务院办公厅牵头，各地区、各部门负责）

2. 大力推行“一件事一次办”，从企业和群众“办成一件事”角度出发，将涉及的相关审批服务事项打包，提供“开办餐馆”、“开办旅馆”等套餐式、主题式集成服务，公布标准化的办事指南和流程图，由一家牵头部门统一受理、配合部门分头办理，实行一表申请、一套材料、一次提交、限时办结，避免企业和群众来回跑。（各地区、各部门负责）

3. 2020年底前研究制定整合非紧急类政务服务热线工作方案，推动各地区、各部门加快整合相关热线。（国务院办公厅牵头，国务院相关部门及各地区按职责分工负责）

4. 加强不动产抵押贷款和登记业务协同，在银行等金融机构推广应用不动产登记电子证明，便利企业和群众融资。2020年底前将全国所有市县抵押登记业务办理时间压缩至5个工作日以内，2021年底前在全国所有市县实现不动产抵押登记全程网上办。（自然资源部、银保监会及各地区按职责分工负责）

5. 细化制定商标审查审理标准，提高商标实质性审查效率，明确近似商标判断、不以使用为目的的恶意商标认定等方面的具体规定。2020年底前将商标变更、续展业务办理时限压缩一半，分别减至1个月、半个月。（国家知识产权局负责）

（十九）提供公平可及的基本民生保障服务，进一步简化社保参保、转移接续等手续，扩大养老、医疗、失业等保险覆盖面。建立困难群众主动发现机制，借助大数据筛选等办法，使符合条件的困难群众及时得到保障。对因灾因病因残遭遇困难的群众，可以先行给予临时救助，绝不能发生冲击社会道德底线的事件。（人力资源社会保障部、民政部、国家卫生健康委、应急部、国家医保局、国务院扶贫办、中国残联等相关单位及各地区按职责分工负责）

具体措施：

1. 2020年底前实现养老保险关系转移接续“一地办理”。推动将城乡各类用人单位全部纳入失业保险覆盖范围，研究建立灵活就业人员参加失业保险新模式，2021年底前制定出台失业保险关系转移办法。简化工伤保险领域证明材料和事项，压减工伤认定和劳动能力鉴定办理时限，2021年3月底前研究建立新就业形态人员职业伤害保险制度。（人力资源社会保障部等国务院相关部门及各地区按职责分工负责）

2. 2021年6月底前制定全国统一的门诊费用跨省直接结算政策，12月底前实现门诊费用跨省直接结算。推动实现医保关系转移接续线上办理。修订完善定点医药机构管理办法，清理医保定点机构不必要的申请条件和要求，督促地方加快清理与医保管理无关的申请条件，缩短办理时限，将更多符合条件的医药机构纳入定点管理，并同步加强事中事后监管。（国家医保局及各地区按职责分工负责）

3. 加强社会救助相关部门间数据共享，对低保对象、特困人员、临时救助对象、残疾人、教育救助对象、住房救助对象、医疗救助对象等信息进行大数据分析，变“人找政策”为“政策找人”。畅通困难群众求助热线，完善特殊困难残疾人访视制度，对符合条件的困难群众及时开展救助。（民政部、人力资源社会保障部、中国残联等相关单位及各地区按职责分工负责）

（二十）严格执行外商投资法及配套法规，清理与外商投资法不符的行政法规、部门规章、规范性文件，确保内外资企业一视同仁、公平竞争。落实好外资准入负面清单，清单之外不得设限。采取有效措施吸引外资，进一步做好安商稳商、招商引商工作。（商务部、国家

发展改革委、司法部牵头，国务院相关部门及各地区按职责分工负责）

具体措施：

1. 开展与外商投资法不符的法规规章等专项清理。修订出台2020年版鼓励外商投资产业目录，进一步扩大外商投资范围。制定发布外商投资指引，便利外国投资者来华投资。（商务部、国家发展改革委、司法部牵头，国务院相关部门及各地区按职责分工负责）

2. 支持有条件的地方建立外商投资“一站式”服务体系，联通相关部门信息系统，实现外资企业一次登录、一次认证、一次提交材料，即可办理企业注册、预约开户、外汇登记等高频事项。（商务部、市场监管总局、人民银行等国务院相关部门及相关地区按职责分工负责）

（二十一）优化通关作业流程，放开口岸服务准入、引入竞争机制，提高服务效率并降低收费标准。完善出口退税、出口信贷、信用保险等政策，支持进出口市场多元化，扶持中小微外贸企业发展。推进跨境电商综合试验区建设和市场采购贸易方式试点，发挥外贸综合服务企业作用。（海关总署、国家发展改革委、财政部、交通运输部、商务部、人民银行、税务总局、市场监管总局、银保监会、国家外汇局等国务院相关部门及各地区按职责分工负责）

具体措施：

1. 优化风险布控规则，推动降低守法企业和低风险商品查验率。推行灵活查验，对于有特殊运输要求的出入境货物，灵活采取预约查验、下厂查验、入库查验等方式，减少货物搬倒和企业查验等待时间。在有条件的海运口岸推行集装箱设备交接单、提货单、装箱单等单证电子化流转。（海关总署牵头，国务院相关部门及各地区按职责分工负责）

2. 加快出口退税进度，将正常出口退税业务平均办理时间压减至8个工作日以内，2021年全面推广无纸化单证备案。（税务总局、海关总署、人民银行等国务院相关部门及各地区按职责分工负责）

3. 督促新增跨境电商综合试验区、市场采购贸易方式试点地区抓紧制定实施方案。总结并推广跨境电商企业对企业出口监管改革试点经验，完善跨境电商进出口退换货便利化管理措施。推动各类公共海外仓向跨境电商企业共享仓储容量、货物物流等数据信息，方

便企业利用海外仓资源。(商务部、海关总署等国务院相关部门及各地区按职责分工负责)

4. 支持更多符合条件的银行提供跨境电商结售汇服务,缩短真实性审核时间,加快资金结算速度。(国家外汇局负责)

五、调动好各方面积极性,形成推动改革的工作合力

(二十二)提高改革协同性,下放审批监管事项时要同步下沉相关专业人员和技术力量,合理分配监管力量,创新监管方式,提升基层承接能力。部门之间要加强统筹协调,提升"放管服"改革的整体成效。(各地区、各部门负责)

(二十三)支持地方探索创新,鼓励地方从当地实际出发,先行先试推进"放管服"改革。通过综合授权等方式,支持地方深化"放管服"改革,形成更多可复制推广的经验做法,以点带面推动全国营商环境优化。(国务院职能转变协调办牵头,国务院相关部门及相关地区按职责分工负责)

具体措施:

2021 年 3 月底前设立首批营商环境创新试点城市,对标国际先进和最佳实践,聚焦市场主体和群众关切,在深化"放管服"改革优化营商环境方面推出一批有含金量的改革举措,支持试点城市先行先试,加快形成可在全国复制推广的制度创新成果,并根据试点情况适时扩大试点城市范围。(国务院职能转变协调办牵头,国务院相关部门及相关地区按职责分工负责)

(二十四)建立健全常态化政企沟通机制,充分听取各方面意见,对企业诉求"接诉即办"。以企业和群众的获得感和满意度作为评判标准,引入第三方评价机制,完善好差评制度,倒逼政府部门深化改革、改进服务。对改革进度慢、政策不落实的地区和单位,要及时督促整改;对严重损害营商环境和企业、群众利益的,要公开曝光、严肃问责。对锐意改革的地区和单位要表扬激励,成熟经验和典型做法要尽快复制推广。(国务院办公厅牵头,各地区、各部门负责)

(二十五)发挥法治引领和保障作用,坚持依法行政、依法办事,政府部门要主动与立法及司法机构沟通协调,及时推动相关法律法规调整和授权工作。落实好《优化营商环境条例》,巩固已有改革成果,将行之有效并可长期坚持的做法逐步上升为制度规范,以法治手

段维护公平竞争环境，保障各项改革依法有序推进。（各地区、各部门负责）

具体措施：

抓好《优化营商环境条例》组织实施和督促落实。2020 年 11 月底前委托第三方机构对条例实施情况进行首轮评估，梳理分析条例执行中的经验做法和存在问题，并有针对性地提出改进措施。在中国政府网设立“优化营商环境进行时”平台，及时宣介和通报营商环境改革相关情况。（国务院办公厅牵头，各地区、各部门负责）

各地区要完善深化“放管服”改革和优化营商环境工作机制，一体化推进相关领域改革，配齐配强工作力量，抓好各项改革任务落地。各部门要结合各自职责，加强协同配合，形成改革合力。国务院办公厅要发挥对深化“放管服”改革和优化营商环境工作的牵头抓总作用，强化统筹协调、业务指导和督促落实，定期对重点改革举措实施情况开展评估，建立优化营商环境工作年度报告制度，总结推广经验做法，并及时纠正改革中出现的跑偏走样等问题，确保改革取得实效。各地区、各部门工作中取得的重大进展、存在的突出问题，要及时向国务院报告。

其 他

国务院办公厅关于推广第三批支持创新相关改革举措的通知

（2020 年 1 月 23 日　国办发〔2020〕3 号）

为深入实施创新驱动发展战略，党中央、国务院在京津冀、上海、广东（珠三角）、安徽（合芜蚌）、四川（成德绵）、湖北武汉、陕西西安、辽宁沈阳等 8 个区域部署开展全面创新改革试验，着力破除制约创新发展的体制机制障碍，推进相关改革举措先行先试。有关地区和部门认真落实党中央、国务院决策部署，聚焦发挥市场和政府作用有效机制、促进科技与经济深度融合有效途径、激发创新者动力和活力有效举措、深化开放创新有效模式，大胆探索创新，取得了一系列改革突破，形成了若干新经验新成果，已于 2017 年、2018 年分两批推广 36 项改革举措。为进一步发挥改革试验的示范带动作用，经国务院批准，决定在全国或 8 个改革试验区域内推广第三批 20 项改革举措。现就有关事项通知如下：

一、推广的改革举措

（一）科技金融创新方面 7 项：银行与专业投资机构建立市场化长期性合作机制支持科技创新型企业；科技创新券跨区域“通用通兑”政策协同机制；政银保联动授信担保提供科技型中小企业长期集合信贷机制；建立银行跟贷支持科技型中小企业的风险缓释资金池；建立基于大数据分析的“银行+征信+担保”的中小企业信用贷款新模式；建立以企业创新能力为核心指标的科技型中小企业融资评价

体系；银行与企业风险共担的仪器设备信用贷。

（二）科技管理体制创新方面6项：集中科技骨干力量打造前沿技术产业链股份制联盟；对战略性科研项目实施滚动支持制度；以产业数据、专利数据为基础的新兴产业专利导航决策机制；老工业基地的国有企业创新创业增量型业务混合所有制改革；生物医药领域特殊物品出入境检验检疫“一站式”监管服务机制；地方深度参与国家基础研究和应用基础研究的投入机制。

（三）知识产权保护方面2项：建立跨区域的知识产权远程诉讼平台；建立提供全方位证据服务的知识产权公证服务平台。

（四）人才培养和激励方面1项：“五业联动”的职业教育发展新机制。

（五）军民深度融合方面4项。

二、结合各自实际，深化改革探索

各地区、各部门要以习近平新时代中国特色社会主义思想为指导，深入贯彻党的十九大和十九届二中、三中、四中全会精神，坚定实施创新驱动发展战略，以钉钉子精神巩固完善全面创新改革试验成果，真正取得扎实成效。要把推广第三批改革举措与巩固落实第一批、第二批改革举措结合起来，同一领域的改革举措要加强系统集成，不同领域的改革举措要强化协同高效，不断巩固和深化在解决体制性障碍、机制性梗阻和开展政策性创新方面取得的改革成果，推动各方面制度更加成熟更加定型，真正把制度优势转化为治理效能。要认真梳理和总结本地区、本部门全面创新改革试验工作的成效和经验，在充分发挥已推广改革举措和典型经验示范带动作用的同时，继续加强和深化改革创新探索实践，进一步聚焦重点领域和关键环节，不断激发市场活力和社会创造力，推动经济持续健康发展。

三、明确主体责任，抓好组织实施

各省（区、市）人民政府要加强对全面创新改革试验工作的组织领导，着力以改革疏通堵点、破解痛点、攻克难点。要健全完善激励机制，细化实化任务分工，确保改革举措落地生根，更好服务经济社会发展。要结合本地区、本部门具体工作实际，坚持因地制宜、实事求是，务求取得实效。要充分调动各方面的积极性、主动性和创造性，进一步推动形成担当作为、勇于创新的工作作风，营造有利于创新创业创造的良好社会环境。

国务院各有关部门要结合各自职责,积极主动作为、加强政策协同、做好工作衔接,加强对本领域全面创新改革试验工作的支持和指导。国家发展改革委和科技部要发挥牵头部门作用,做好统筹协调,加强政策解读,总结宣传典型经验和成效,重要情况和问题及时向国务院报告。

附件:第三批支持创新相关改革举措推广清单

(本文有删减)

附件

第三批支持创新相关改革举措推广清单

序号	改革举措	主要内容	指导部门	推广范围
一、科技金融创新方面(共7项)				
1	银行与专业投资机构建立市场化长期性合作机制支持科技创新型企业	银行在依法合规、风险可控的前提下,与专业投资机构、信托等非银行金融机构合作,运用“贷款+外部直接投资”或“贷款+远期权益”等模式开展业务,支持科技创新型企业发展。	银保监会、人民银行、科技部	全国
2	科技创新券跨区域“通用通兑”政策协同机制	推动财政支持创新的跨行政区域联动机制通过统一服务机构登记标准、放宽服务机构注册地限制,实现企业异地采购科技服务。	财政部、科技部、发展改革委	全国
3	政银保联动授信担保提供科技型中小企业长期集合信贷机制	政府集中遴选科技型中小企业并建立银行贷款风险分担机制,担保公司集中提供担保,银行发放长期贷款,地方财政视财力情况给予担保公司适当补偿,形成“统一管理、统一授信、统一担保、分别负债”的信贷新机制。	财政部、科技部、人民银行、银保监会	8个改革试验区域

续表

序号	改革举措	主要内容	指导部门	推广范围
4	建立银行跟贷支持科技型中小企业的风险缓释资金池	政府适当出资与社会资本共同设立一定额度的外部投贷联动风险缓释资金池，在试点银行对投资机构支持的科创企业发放贷款出现风险时，给予一定比例本金代偿，建立投贷联动新机制。	人民银行、银保监会、财政部	8个改革试验区域
5	建立基于大数据分析的“银行+征信+担保”的中小企业信用贷款新模式	通过比选引进高水平的征信机构和信用评级机构，建立企业信用风险分析数据库，与政务信息大数据库实现互联，利用大数据分析技术，对企业评级更精准和高效，为银行提供准确信用信息。	人民银行、发展改革委、银保监会	全国
6	建立以企业创新能力为核心指标的科技型中小企业融资评价体系	建立科技型企业信贷审批授权专属流程、信用评价模型和“技术流”专属评价体系，将科技创新企业创新能力作为核心指标，拓展科技型中小企业的融资渠道。	银保监会、人民银行、科技部	全国
7	银行与企业风险共担的仪器设备信用贷	地方政府引导设立科学仪器共享平台，推荐科技型中小企业向银行申请用于定向购置仪器设备的信用贷款。平台通过与企业签订仪器设备抵押合同获得优先处置权，出现风险后对仪器设备进行市场化处置。	科技部、银保监会	8个改革试验区域
二、科技管理体制创新方面（共6项）				
8	集中科技骨干力量打造前沿技术产业链股份制联盟	面向重大战略新兴产业，政府推动领域内科技主体与产业主体以股份为纽带，建立股份制战略技术联盟、成立法人实体，推动全产业链上不同环节技术优势单位强强联合、交互持股，打造技术创新合作网络和利益共同体。	发展改革委、科技部	全国

续表

序号	改革举措	主要内容	指导部门	推广范围
9	对战略性科研项目实施滚动支持制度	针对战略性科研项目一次性申报、一次性资助、实施周期长等特点，建立跨年度、覆盖项目全周期的管理制度，统筹各年度科研计划和预算资金安排，进行滚动支持。	科技部、财政部	全国
10	以产业数据、专利数据为基础的新兴产业专利导航决策机制	运用专利导航方法，通过产业数据、专利数据分析，准确把握战略新兴产业领域和区域重点产业的技术与市场竞争态势，合理推进区域新兴产业布局和结构优化。	发展改革委、科技部、知识产权局	全国
11	老工业基地的国有企业创新创业增量型业务混合所有制改革	老工业基地的国有企业以“双创”开拓出的新业务增长点引入社会资本，通过市场化债转股、限制性股权激励等模式，深化国有企业混合所有制改革。	国资委、财政部、人民银行	全国
12	生物医药领域特殊物品出入境检验检疫“一站式”监管服务机制	创新特殊物品出入境检验检疫监管服务，针对生物医药检验检疫，扩大低风险特殊物品智能审批覆盖范围，对试点企业进口同一种科研用样本实施“一次评估、分批进口”。推广中，需要对特殊物品应用制定针对性监管措施。	海关总署	全国
13	地方深度参与国家基础研究和应用基础研究的投入机制	在充分发挥中央财政支持基础研究重要作用的基础上，地方通过有机对接国家基础研究、技术创新和产业创新等项目，从财政资金、人才和土地等方面建立持续的投入机制，加大对国家基础研究和应用基础研究的支持力度。	科技部、发展改革委	全国

续表

序号	改革举措	主要内容	指导部门	推广范围
三、知识产权保护方面(共2项)				
14	建立跨区域的知识产权远程诉讼平台	知识产权法院设立远程诉讼服务处,建立诉讼咨询服务平台,突破诉讼地域限制,为当事人提供远程立案、案件查询、远程视频庭审等多项诉讼服务。知识产权部门加强跨区域维权援助工作的协同。	最高人民法院、知识产权局	8个改革试验区域
15	建立提供全方位证据服务的知识产权公证服务平台	成立知识产权公证服务中心,围绕知识产权公证案件,办理涵盖知识产权授权公证、证据保全公证等各类型知识产权公证业务,为企业及个人解决知识产权纠纷提供高效的公证法律服务。	司法部、知识产权局	8个改革试验区域
四、人才培养和激励方面(共1项)				
16	“五业联动”的职业教育发展新机制	政府主导和统筹,行业企业参与、指导和评价,职业院校(含技工院校)培养,研究机构支持和服务,加强资源整合,建立就业、职业、产业、行业和企业协同联动的新机制,实现职业教育办学结构和效能优化。	教育部、发展改革委、工业和信息化部、财政部、人力资源社会保障部	全国
五、军民深度融合方面(共4项)				

国务院办公厅转发国家发展改革委关于促进特色小镇规范健康发展意见的通知

（2020年9月16日 国办发〔2020〕33号）

国家发展改革委《关于促进特色小镇规范健康发展的意见》已经国务院同意，现转发给你们，请认真贯彻执行。

关于促进特色小镇规范健康发展的意见

特色小镇作为一种微型产业集聚区，具有细分高端的鲜明产业特色、产城人文融合的多元功能特征、集约高效的空间利用特点，在推动经济转型升级和新型城镇化建设中具有重要作用。近年来，各地特色小镇建设取得一定成效，涌现出一批产业特而强、功能聚而合、形态小而美、机制新而活的精品特色小镇，但也出现了部分特色小镇概念混淆、内涵不清、主导产业薄弱等问题。为加强对特色小镇发展的顶层设计、激励约束和规范管理，现提出以下意见：

一、总体要求

（一）指导思想。以习近平新时代中国特色社会主义思想为指导，全面贯彻党的十九大和十九届二中、三中、四中全会精神，坚持稳中求进工作总基调，坚持新发展理念，以准确把握特色小镇发展定位为前提，以培育发展主导产业为重点，促进产城人文融合，突出企业主体地位，健全激励约束机制和规范管理机制，有力有序有效推进特色小镇高质量发展，为扎实做好“六稳”工作、全面落实“六保”任务提供抓手，为坚定实施扩大内需战略和新型城镇化战略提供支撑。

（二）基本原则。

——遵循规律、质量第一。立足不同地区经济发展阶段和客观实际，遵循经济规律、城镇化规律和城乡融合发展趋势，不下指标、不搞平衡，控制数量、提高质量，防止一哄而上、一哄而散。

——因地制宜、突出特色。依托不同地区区位条件、资源禀赋、产业基础和比较优势，适合什么发展什么，合理谋划并做精做强特色小镇主导产业，防止重复建设、千镇一面。

——市场主导、政府引导。厘清政府与市场的关系，引导市场主体扩大有效投资，创新投资运营管理方式，更好发挥政府公共设施配套和政策引导等作用，防止政府大包大揽。

——统一管理、奖优惩劣。把握发展与规范的关系，实行正面激励与负面纠偏“两手抓”，实行部门指导、省负总责、市县落实，强化统筹协调和政策协同，防止政出多门。

二、主要任务

（三）准确把握发展定位。准确理解特色小镇概念，以微型产业集聚区为空间单元进行培育发展，不得将行政建制镇和传统产业园区命名为特色小镇。准确把握特色小镇区位布局，主要在城市群、都市圈、城市周边等优势区位或其他有条件区域进行培育发展。准确把握特色小镇发展内涵，发挥要素成本低、生态环境好、体制机制活等优势，打造经济高质量发展的新平台、新型城镇化建设的新空间、城乡融合发展的新支点、传统文化传承保护的新载体。

（四）聚力发展主导产业。聚焦行业细分门类，科学定位特色小镇主导产业，提高主导产业质量效益，切实增强产业核心竞争力。错位发展先进制造类特色小镇，信息、科创、金融、教育、商贸、文化旅游、森林、体育、康养等现代服务类特色小镇，以及农业田园类特色小镇，打造行业“单项冠军”。聚焦高端产业和产业高端环节，吸引先进要素集聚发展，助推产业基础高级化和产业链现代化。

（五）促进产城人文融合。推进特色小镇多元功能聚合，打造宜业宜居宜游的新型空间。叠加现代社区功能，结合教育、医疗、养老整体布局提供优质公共服务，完善社区服务、商业服务和交通站点，建设15分钟便捷生活圈。叠加文化功能，挖掘工业文化等产业衍生文化，促进优秀传统文化与现代生活相互交融，建设展示小镇建设整体图景和文化魅力的公共空间。叠加旅游功能，加强遗产遗迹保护，因地制宜开展绿化亮化美化，打造彰显地域特征的特色建筑，保护修复生态环境。

（六）突出企业主体地位。推进特色小镇市场化运作，以企业投入为主、以政府有效精准投资为辅，依法合规建立多元主体参与的特色小镇投资运营模式。培育一批特色小镇投资运营优质企业，鼓励有条件有经验的大中型企业独立或牵头发展特色小镇，实行全生命周期的投资建设运营管理，探索可持续的投融资模式和盈利模式，带动中小微企业联动发展。

（七）促进创业带动就业。因地制宜培育特色小镇创新创业生态，提高就业吸纳能力。结合主导产业加强创业就业技能培训服务，提高创业者和劳动者技能素质。发展创业孵化器等众创空间，强化场地安排、要素对接等服务功能。鼓励中小银行和地方银行分支机构入驻特色小镇或延伸服务，创新科技金融产品和服务模式。引导入驻企业与电商平台深化合作，拓宽新工艺新产品新模式的商业渠道。

（八）完善产业配套设施。着眼特色小镇主导产业发展所需，健全公共性、平台性产业配套设施，惠及更多市场主体。完善智能标准生产设施，提供标准厂房和通用基础制造装备，降低投产成本、缩短产品上市周期。健全技术研发转化设施，发展共性技术研发平台和科研成果中试基地。健全仓储集散回收设施，完善电子商务硬件设施及软件系统。

（九）开展改革探索试验。根据特色小镇多数位于城乡接合部的区位特点，推动其先行承接城乡融合发展等相关改革试验，努力探索微型产业集聚区高质量发展的经验和路径。深化“放管服”改革，因地制宜建设便企政务服务设施，有效承接下放的涉企行政审批事项，完善政务服务功能，优化营商环境。允许特色小镇稳妥探索综合体项目整体立项、子项目灵活布局的可行做法。开展供地用地方式改革，鼓励建设用地多功能复合利用，盘活存量建设用地和低效土地，稳妥探索农村集体经营性建设用地直接入市交易。探索投融资机制改革，谋划与新型城镇化建设项目相匹配、财务可持续的投融资模式。

三、规范管理

(十)实行清单管理。各省级人民政府要根据本意见,按照严定标准、严控数量、统一管理、动态调整原则,明确本省份特色小镇清单,择优予以倾斜支持。对此前已命名的特色小镇,经审核符合条件的可纳入清单,不符合条件的要及时清理或更名。国务院有关部门和行业协会不命名、不评比特色小镇。国家发展改革委要会同有关部门建立全国特色小镇信息库,加强对各省份特色小镇清单的指导监督和动态管理。

(十一)强化底线约束。地方各级人民政府要加强规划管理,严格节约集约利用土地,单个特色小镇规划面积原则上控制在1—5平方公里(文化旅游、体育、农业田园类特色小镇规划面积上限可适当提高),保持生产生活生态空间合理比例,保持四至范围清晰、空间相对独立,严守生态保护红线、永久基本农田、城镇开发边界三条控制线。严格控制高耗能、高污染、高排放企业入驻,同步规划建设污水、垃圾处理等市政基础设施和环境卫生设施。严防地方政府债务风险,县级政府债务风险预警地区原则上不得通过政府举债建设特色小镇。严控特色小镇房地产化倾向,在充分论证人口规模基础上合理控制住宅用地在建设用地中所占比重。严守安全生产底线,加强安全生产监管和重大灾害治理,维护人民生命财产安全。

(十二)加强激励引导。国务院有关部门要组织制定特色小镇发展导则,在规划布局、主导产业发展、产城人文融合和公共设施建设等方面提出普适性操作性指引,引导培育一批示范性特色小镇,总结提炼典型经验,发挥引领带动作用。建立政银企对接长效机制,支持符合条件的特色小镇投资运营企业发行企业债券,鼓励开发性、政策性和商业性金融机构在债务风险可控前提下增加中长期融资支持。加大中央预算内投资对特色小镇建设的支持力度。支持发行地方政府专项债券用于特色小镇有一定收益的产业配套设施、公共服务设施、市政公用设施等项目建设。鼓励地方通过安排相关资金、新增建设用地计划指标等方式,对特色小镇发展予以支持引导。

(十三)及时纠偏纠错。地方各级人民政府要对违法违规的特色小镇予以及时整改或淘汰。对主导产业薄弱的,要加强指导引导,长期不见效的要督促整改。对违法违规占地用地、破坏生态环境的,要及时制止并限期整改。对投资主体缺失、无法进行有效建设运营的，以及以“特色小镇”之名单纯进行大规模房地产开发的，要坚决淘汰除名。

四、组织实施

（十四）压实地方责任。各省级人民政府要强化主体责任，统筹制定本省份特色小镇管理制度、政策措施和检查评估机制，做好组织调度和监测监管。市县级人民政府要深化认识、把握节奏、强化落实、久久为功，结合本地实际制定细化可操作的工作措施，并科学编制特色小镇规划。

（十五）加强部门指导。依托城镇化工作暨城乡融合发展工作部际联席会议制度，国家发展改革委要会同财政部、自然资源部、住房城乡建设部、农业农村部、体育总局、国家林草局等有关部门和单位强化协同协作，统筹开展特色小镇监测督导、典型示范和规范纠偏等工作，督促有关地区及时处置特色小镇建设过程中的违法违规行为，对工作不力的地区进行通报，切实促进特色小镇规范健康发展。

国务院办公厅关于印发新能源汽车产业发展规划（2021—2035 年）的通知

（2020 年 10 月 20 日　国办发〔2020〕39 号）

《新能源汽车产业发展规划（2021—2035 年）》已经国务院同意，现印发给你们，请认真贯彻执行。

新能源汽车产业发展规划（2021—2035 年）

发展新能源汽车是我国从汽车大国迈向汽车强国的必由之路，是应对气候变化、推动绿色发展的战略举措。2012 年国务院发布《节能与新能源汽车产业发展规划（2012—2020 年）》以来，我国坚持纯电驱动战略取向，新能源汽车产业发展取得了巨大成就，成为世界汽车产业发展转型的重要力量之一。与此同时，我国新能源汽车发展也面临核心技术创新能力不强、质量保障体系有待完善、基础设施建设仍显滞后、产业生态尚不健全、市场竞争日益加剧等问题。为推动新能源汽车产业高质量发展，加快建设汽车强国，制定本规划。

第一章　发展趋势

第一节　新能源汽车为世界经济发展注入新动能

当前，全球新一轮科技革命和产业变革蓬勃发展，汽车与能源、交通、信息通信等领域有关技术加速融合，电动化、网联化、智能化成为汽车产业的发展潮流和趋势。新能源汽车融汇新能源、新材料和互联网、大数据、人工智能等多种变革性技术，推动汽车从单纯交通工具向移动智能终端、储能单元和数字空间转变，带动能源、交通、信息通信基础设施改造升级，促进能源消费结构优化、交通体系和城市运行智能化水平提升，对建设清洁美丽世界、构建人类命运共同体具有重要意义。近年来，世界主要汽车大国纷纷加强战略谋划、强化政策支持，跨国汽车企业加大研发投入、完善产业布局，新能源汽车已成为全球汽车产业转型发展的主要方向和促进世界经济持续增长的重要引擎。

第二节　我国新能源汽车进入加速发展新阶段

汽车产品形态、交通出行模式、能源消费结构和社会运行方式正在发生深刻变革，为新能源汽车产业提供了前所未有的发展机遇。经过多年持续努力，我国新能源汽车产业技术水平显著提升、产业体系日趋完善、企业竞争力大幅增强，2015 年以来产销量、保有量连续五年居世界首位，产业进入叠加交汇、融合发展新阶段。必须抢抓战略机遇，巩固良好势头，充分发挥基础设施、信息通信等领域优势，不断提升产业核心竞争力，推动新能源汽车产业高质量可持续发展。

第三节　融合开放成为新能源汽车发展的新特征

随着汽车动力来源、生产运行方式、消费使用模式全面变革，新能源汽车产业生态正由零部件、整车研发生产及营销服务企业之间的“链式关系”，逐步演变成汽车、能源、交通、信息通信等多领域多主体参与的“网状生态”。相互赋能、协同发展成为各类市场主体发展壮大的内在需求，跨行业、跨领域融合创新和更加开放包容的国际合作成为新能源汽车产业发展的时代特征，极大地增强了产业发展动力，激发了市场活力，推动形成互融共生、合作共赢的产业发展新格局。

第二章　总体部署

第一节　总体思路

以习近平新时代中国特色社会主义思想为指引，坚持创新、协调、绿色、开放、共享的发展理念，以深化供给侧结构性改革为主线，坚持电动化、网联化、智能化发展方向，深入实施发展新能源汽车国家战略，以融合创新为重点，突破关键核心技术，提升产业基础能力，构建新型产业生态，完善基础设施体系，优化产业发展环境，推动我国新能源汽车产业高质量可持续发展，加快建设汽车强国。

第二节　基本原则

市场主导。充分发挥市场在资源配置中的决定性作用，强化企业在技术路线选择、生产服务体系建设等方面的主体地位；更好发挥政府在战略规划引导、标准法规制定、质量安全监管、市场秩序维护、绿色消费引导等方面作用，为产业发展营造良好环境。

创新驱动。深入实施创新驱动发展战略，建立以企业为主体、市场为导向、产学研用协同的技术创新体系，完善激励和保护创新的制度环境，鼓励多种技术路线并行发展，支持各类主体合力攻克关键核心技术、加大商业模式创新力度，形成新型产业创新生态。

协调推进。完善横向协同、纵向贯通的协调推进机制，促进新能源汽车与能源、交通、信息通信深度融合，统筹推进技术研发、标准制定、推广应用和基础设施建设，把超大规模市场优势转化为产业优势。

开放发展。践行开放融通、互利共赢的合作观，扩大高水平对外开放，以开放促改革、促发展、促创新；坚持“引进来”与“走出去”相结合，加强国际合作，积极参与国际竞争，培育新能源汽车产业新优势，深度融入全球产业链和价值链体系。

第三节　发展愿景

到2025年，我国新能源汽车市场竞争力明显增强，动力电池、驱动电机、车用操作系统等关键技术取得重大突破，安全水平全面提升。纯电动乘用车新车平均电耗降至12.0千瓦时/百公里，新能源汽车新车销售量达到汽车新车销售总量的20%左右，高度自动驾驶汽车实现限定区域和特定场景商业化应用，充换电服务便利性显著提高。

力争经过15年的持续努力，我国新能源汽车核心技术达到国际先进水平，质量品牌具备较强国际竞争力。纯电动汽车成为新销售车辆的主流，公共领域用车全面电动化，燃料电池汽车实现商业化应用，高度自动驾驶汽车实现规模化应用，充换电服务网络便捷高效，氢燃料供给体系建设稳步推进，有效促进节能减排水平和社会运行效率的提升。

第三章　提高技术创新能力

第一节　深化“三纵三横”研发布局

强化整车集成技术创新。以纯电动汽车、插电式混合动力（含增程式）汽车、燃料电池汽车为“三纵”，布局整车技术创新链。研发新一代模块化高性能整车平台，攻关纯电动汽车底盘一体化设计、多能源动力系统集成技术，突破整车智能能量管理控制、轻量化、低摩阻等共性节能技术，提升电池管理、充电连接、结构设计等安全技术水平，提高新能源汽车整车综合性能。

提升产业基础能力。以动力电池与管理系统、驱动电机与电力电子、网联化与智能化技术为“三横”，构建关键零部件技术供给体系。开展先进模块化动力电池与燃料电池系统技术攻关，探索新一代车用电机驱动系统解决方案，加强智能网联汽车关键零部件及系统开发，突破计算和控制基础平台技术、氢燃料电池汽车应用支撑技术等瓶颈，提升基础关键技术、先进基础工艺、基础核心零部件、关键基础材料等研发能力。

专栏1　新能源汽车核心技术攻关工程
实施电池技术突破行动。开展正负极材料、电解液、隔膜、膜电极等关键核心技术研究，加强高强度、轻量化、高安全、低成本、长寿命的动力电池和燃料电池系统短板技术攻关，加快固态动力电池技术研发及产业化。 实施智能网联技术创新工程。以新能源汽车为智能网联技术率先应用的载体，支持企业跨界协同，研发复杂环境融合感知、智能网联决策与控制、信息物理系统架构设计等关键技术，突破车载智能计算平台、高精度地图与定位、车辆与车外其他设备间的无线通信（V2X）、线控执行系统等核心技术和产品。 实施新能源汽车基础技术提升工程。突破车规级芯片、车用操作系统、新型电子电气架构、高效高密度驱动电机系统等关键技术和产品，攻克氢能储运、加氢站、车载储氢等氢燃料电池汽车应用支撑技术。支持基础元器件、关键生产装备、高端试验仪器、开发工具、高性能自动检测设备等基础共性技术研发创新，攻关新能源汽车智能制造海量异构数据组织分析、可重构柔性制造系统集成控制等关键技术，开展高性能铝镁合金、纤维增强复合材料、低成本稀土永磁材料等关键材料产业化应用。

第二节　加快建设共性技术创新平台

建立健全龙头企业、国家重点实验室、国家制造业创新中心联合研发攻关机制，聚焦核心工艺、专用材料、关键零部件、制造装备等短板弱项，从不同技术路径积极探索，提高关键共性技术供给能力。引导汽车、能源、交通、信息通信等跨领域合作，建立面向未来出行的新能源汽车与智慧能源、智能交通融合创新平台，联合攻关基础交叉关键技术，提升新能源汽车及关联产业融合创新能力。

第三节　提升行业公共服务能力

依托行业协会、创新中心等机构统筹推进各类创新服务平台共建共享，提高技术转移、信息服务、人才培训、项目融资、国际交流等公共服务支撑能力。应用虚拟现实、大数据、人工智能等技术，建立汽车电动化、网联化、智能化虚拟仿真和测试验证平台，提升整车、关键零部件的计量测试、性能评价与检测认证能力。

第四章　构建新型产业生态

第一节　支持生态主导型企业发展

鼓励新能源汽车、能源、交通、信息通信等领域企业跨界协同，围绕多元化生产与多样化应用需求，通过开放合作和利益共享，打造涵盖解决方案、研发生产、使用保障、运营服务等产业链关键环节的生态主导型企业。在产业基础好、创新要素集聚的地区，发挥龙头企业带动作用，培育若干上下游协同创新、大中小企业融通发展、具有国际影响力和竞争力的新能源汽车产业集群，提升产业链现代化水平。

第二节　促进关键系统创新应用

加快车用操作系统开发应用。以整车企业需求为牵引，发挥龙头企业、国家制造业创新中心等创新平台作用，坚持软硬协同攻关，集中开发车用操作系统。围绕车用操作系统，构建整车、关键零部件、基础数据与软件等领域市场主体深度合作的开发与应用生态。通过产品快速迭代，扩大用户规模，加快车用操作系统产业化应用。

专栏2　车用操作系统生态建设行动
适应新能源汽车智能化应用需求，鼓励整车及零部件、互联网、电子信息、通信等领域企业组成联盟，以车用操作系统开发与应用为核心，通过迭代升级，提升操作系统与应用程序的安全性、可靠性、便利性，扩大应用规模，形成开放共享、协同演进的良好生态。

推动动力电池全价值链发展。鼓励企业提高锂、镍、钴、铂等关键资源保障能力。建立健全动力电池模块化标准体系，加快突破关键制造装备，提高工艺水平和生产效率。完善动力电池回收、梯级利用和再资源化的循环利用体系，鼓励共建共用回收渠道。建立健全动力电池运输仓储、维修保养、安全检验、退役退出、回收利用等环节管理制度，加强全生命周期监管。

专栏3　建设动力电池高效循环利用体系
立足新能源汽车可持续发展，落实生产者责任延伸制度，加强新能源汽车动力电池溯源管理平台建设，实现动力电池全生命周期可追溯。支持动力电池梯次产品在储能、备能、充换电等领域创新应用，加强余能检测、残值评估、重组利用、安全管理等技术研发。优化再生利用产业布局，推动报废动力电池有价元素高效提取，促进产业资源化、高值化、绿色化发展。

第三节　提升智能制造水平

推进智能化技术在新能源汽车研发设计、生产制造、仓储物流、经营管理、售后服务等关键环节的深度应用。加快新能源汽车智能制造仿真、管理、控制等核心工业软件开发和集成，开展智能工厂、数字化车间应用示范。加快产品全生命周期协同管理系统推广应用，支持设计、制造、服务一体化示范平台建设，提升新能源汽车全产业链智能化水平。

第四节　强化质量安全保障

推进质量品牌建设。开展新能源汽车产品质量提升行动，引导企业加强设计、制造、测试验证等全过程可靠性技术开发应用，充分利用互联网、大数据、区块链等先进技术，健全产品全生命周期质量控制和追溯机制。引导企业强化品牌发展战略，以提升质量和服务水平为重点加强品牌建设。

健全安全保障体系。落实企业负责、政府监管、行业自律、社会监督相结合的安全生产机制。强化企业对产品安全的主体责任，落实生产者责任延伸制度，加强对整车及动力电池、电控等关键系统的质量安全管理、安全状态监测和维修保养检测。健全新能源汽车整车、零部件以及维修保养检测、充换电等安全标准和法规制度，加强安全生产监督管理和新能源汽车安全召回管理。鼓励行业组织加强技术交流，梳理总结经验，指导企业不断提升安全水平。

第五章　推动产业融合发展

第一节　推动新能源汽车与能源融合发展

加强新能源汽车与电网(V2G)能量互动。加强高循环寿命动力电池技术攻关,推动小功率直流化技术应用。鼓励地方开展V2G示范应用,统筹新能源汽车充放电、电力调度需求,综合运用峰谷电价、新能源汽车充电优惠等政策,实现新能源汽车与电网能量高效互动,降低新能源汽车用电成本,提高电网调峰调频、安全应急等响应能力。

促进新能源汽车与可再生能源高效协同。推动新能源汽车与气象、可再生能源电力预测预报系统信息共享与融合,统筹新能源汽车能源利用与风力发电、光伏发电协同调度,提升可再生能源应用比例。鼓励“光储充放”(分布式光伏发电—储能系统—充放电)多功能综合一体站建设。支持有条件的地区开展燃料电池汽车商业化示范运行。

第二节　推动新能源汽车与交通融合发展

发展一体化智慧出行服务。加快建设涵盖前端信息采集、边缘分布式计算、云端协同控制的新型智能交通管控系统。加快新能源汽车在分时租赁、城市公交、出租汽车、场地用车等领域的应用,优化公共服务领域新能源汽车使用环境。引导汽车生产企业和出行服务企业共建“一站式”服务平台,推进自动代客泊车技术发展及应用。

构建智能绿色物流运输体系。推动新能源汽车在城市配送、港口作业等领域应用,为新能源货车通行提供便利。发展“互联网+”高效物流,创新智慧物流营运模式,推广网络货运、挂车共享等新模式应用,打造安全高效的物流运输服务新业态。

第三节　推动新能源汽车与信息通信融合发展

推进以数据为纽带的“人—车—路—云”高效协同。基于汽车感知、交通管控、城市管理等信息，构建“人—车—路—云”多层数据融合与计算处理平台，开展特定场景、区域及道路的示范应用，促进新能源汽车与信息通信融合应用服务创新。

打造网络安全保障体系。健全新能源汽车网络安全管理制度，构建统一的汽车身份认证和安全信任体系，推动密码技术深入应用，加强车载信息系统、服务平台及关键电子零部件安全检测，强化新能源汽车数据分级分类和合规应用管理，完善风险评估、预警监测、应急响应机制，保障“车端—传输管网—云端”各环节信息安全。

第四节　加强标准对接与数据共享

建立新能源汽车与相关产业融合发展的综合标准体系，明确车用操作系统、车用基础地图、车桩信息共享、云控基础平台等技术接口标准。建立跨行业、跨领域的综合大数据平台，促进各类数据共建共享与互联互通。

专栏4　智慧城市新能源汽车应用示范行动
开展智能有序充电、新能源汽车与可再生能源融合发展、城市基础设施与城际智能交通、异构多模式通信网络融合等综合示范，支持以智能网联汽车为载体的城市无人驾驶物流配送、市政环卫、快速公交系统（BRT）、自动代客泊车和特定场景示范应用。

第六章　完善基础设施体系

第一节　大力推动充换电网络建设

加快充换电基础设施建设。科学布局充换电基础设施，加强与城乡建设规划、电网规划及物业管理、城市停车等的统筹协调。依托“互联网+”智慧能源，提升智能化水平，积极推广智能有序慢充为主、应急快充为辅的居民区充电服务模式，加快形成适度超前、快充为主、慢充为辅的高速公路和城乡公共充电网络，鼓励开展换电模式应用，加强智能有序充电、大功率充电、无线充电等新型充电技术研发，提高充电便利性和产品可靠性。

提升充电基础设施服务水平。引导企业联合建立充电设施运营服务平台，实现互联互通、信息共享与统一结算。加强充电设备与配电系统安全监测预警等技术研发，规范无线充电设施电磁频谱使用，提高充电设施安全性、一致性、可靠性，提升服务保障水平。

鼓励商业模式创新。结合老旧小区改造、城市更新等工作，引导多方联合开展充电设施建设运营，支持居民区多车一桩、临近车位共享等合作模式发展。鼓励充电场站与商业地产相结合，建设停车充电一体化服务设施，提升公共场所充电服务能力，拓展增值服务。完善充电设施保险制度，降低企业运营和用户使用风险。

第二节　协调推动智能路网设施建设

推进新一代无线通信网络建设，加快基于蜂窝通信技术的车辆与车外其他设备间的无线通信（C—V2X）标准制定和技术升级。推进交通标志标识等道路基础设施数字化改造升级，加强交通信号灯、交通标志标线、通信设施、智能路侧设备、车载终端之间的智能互联，推进城市道路基础设施智能化建设改造相关标准制定和管理平台建设。加快差分基站建设，推动北斗等卫星导航系统在高精度定位领域应用。

第三节　有序推进氢燃料供给体系建设

提高氢燃料制储运经济性。因地制宜开展工业副产氢及可再生能源制氢技术应用，加快推进先进适用储氢材料产业化。开展高压气态、深冷气态、低温液态及固态等多种形式储运技术示范应用，探索建设氢燃料运输管道，逐步降低氢燃料储运成本。健全氢燃料制储运、加注等标准体系。加强氢燃料安全研究，强化全链条安全监管。

推进加氢基础设施建设。建立完善加氢基础设施的管理规范。引导企业根据氢燃料供给、消费需求等合理布局加氢基础设施，提升安全运行水平。支持利用现有场地和设施，开展油、气、氢、电综合供给服务。

专栏5　建设智能基础设施服务平台
统筹充换电技术和接口、加氢技术和接口、车用储氢装置、车用通信协议、智能化道路建设、数据传输与结算等标准的制修订，构建基础设施互联互通标准体系。引导企业建设智能基础设施、高精度动态地图、云控基础数据等服务平台，开展充换电、加氢、智能交通等综合服务试点示范，实现基础设施的互联互通和智能管理。

第七章　深化开放合作

第一节　扩大开放和交流合作

加强与国际通行经贸规则对接，全面实行准入前国民待遇加负面清单管理制度，对新能源市场主体一视同仁，建设市场化、法治化、国际化营商环境。发挥多双边合作机制、高层对话机制作用，支持国内外企业、科研院所、行业机构开展研发设计、贸易投资、基础设施、技术标准、人才培训等领域的交流合作。积极参与国际规则和标准制定，促进形成开放、透明、包容的新能源汽车国际化市场环境，打造国际合作新平台，增添共同发展新动力。

第二节　加快融入全球价值链

引导企业制定国际化发展战略，不断提高国际竞争能力，加大国际市场开拓力度，推动产业合作由生产制造环节向技术研发、市场营销等全链条延伸。鼓励企业充分利用境内外资金，建立国际化消费信贷体系。支持企业建立国际营销服务网络，在重点市场共建海外仓储和售后服务中心等服务平台。健全法律咨询、检测认证、人才培训等服务保障体系，引导企业规范海外经营行为，提升合规管理水平。

第八章　保 障 措 施

第一节　深化行业管理改革

深入推进“放管服”改革，进一步放宽市场准入，实施包容审慎监管，促进新业态、新模式健康有序发展。完善企业平均燃料消耗量与新能源汽车积分并行管理办法，有效承接财政补贴政策，研究建立与碳交易市场衔接机制。加强事中事后监管，夯实地方主体责任，遏制盲目上马新能源汽车整车制造项目等乱象。推动完善道路机动车辆生产管理相关法规，建立健全僵尸企业退出机制，加强企业准入条件保持情况监督检查，促进优胜劣汰。充分发挥市场机制作用，支持优势企业兼并重组、做大做强，进一步提高产业集中度。

第二节　健全政策法规体系

落实新能源汽车相关税收优惠政策，优化分类交通管理及金融服务等措施。推动充换电、加氢等基础设施科学布局、加快建设，对作为公共设施的充电桩建设给予财政支持。破除地方保护，建立统一开放公平市场体系。鼓励地方政府加大对公共服务、共享出行等领域车辆运营的支持力度，给予新能源汽车停车、充电等优惠政策。2021 年起，国家生态文明试验区、大气污染防治重点区域的公共领域新增或更新公交、出租、物流配送等车辆中新能源汽车比例不低于 80%。制定将新能源汽车研发投入纳入国有企业考核体系的具体办法。加快完善适应智能网联汽车发展要求的道路交通、事故责任、数据使用等政策法规。加快推动动力电池回收利用立法。

第三节　加强人才队伍建设

加快建立适应新能源汽车与相关产业融合发展需要的人才培养机制，编制行业紧缺人才目录，优化汽车电动化、网联化、智能化领域学科布局，引导高等院校、科研院所、企业加大国际化人才引进和培养力度。弘扬企业家精神与工匠精神，树立正向激励导向，实行股权、期权等多元化激励措施。

第四节　强化知识产权保护

深入实施国家知识产权战略，鼓励科研人员开发新能源汽车领域高价值核心知识产权成果。严格执行知识产权保护制度，加大对侵权行为的执法力度。构建新能源汽车知识产权运营服务体系，加强专利运用转化平台建设，建立互利共享、合作共赢的专利运营模式。

第五节　加强组织协同

充分发挥节能与新能源汽车产业发展部际联席会议制度和地方协调机制作用，强化部门协同和上下联动，制定年度工作计划和部门任务分工，加强新能源汽车与能源、交通、信息通信等行业在政策规划、标准法规等方面的统筹，抓紧抓实抓细规划确定的重大任务和重点工作。各有关部门要围绕规划目标任务，根据职能分工制定本部门工作计划和配套政策措施。各地区要结合本地实际切实抓好落实，优化产业布局，避免重复建设。行业组织要充分发挥连接企业与政府的桥梁作用，协调组建行业跨界交流协作平台。工业和信息化部要会同有关部门深入调查研究，加强跟踪指导，推动规划顺利实施。

社会法

社会组织

国务院办公厅关于进一步规范行业协会商会收费的通知

（2020年7月2日　国办发〔2020〕21号）

进一步规范行业协会商会收费，是落实减税降费政策的重要举措，有利于为市场主体减负松绑、增添活力。要坚持以习近平新时代中国特色社会主义思想为指导，深入贯彻落实党的十九大和十九届二中、三中、四中全会精神，持续深化“放管服”改革，针对部分行业协会商会乱收费和监管不到位等突出问题，从严监管、综合施策、标本兼治，全面规范各类收费行为，进一步完善监管机制，做到对违法违规收费“零容忍”，促进行业协会商会健康有序发展。经国务院同意，现就有关事项通知如下：

一、全面清理取消行业协会商会违法违规收费

（一）严禁强制入会和强制收费。除法律法规另有规定外，行业协会商会不得强制或变相强制市场主体入会并收取会费，不得阻碍会员退会。行业协会商会不得依托行政机关或利用行业影响力，强制市场主体参加会议、培训、考试、展览、出国考察等各类收费活动或接受第三方机构有偿服务，不得强制市场主体付费订购有关产品、刊物，不得强制市场主体为行业协会商会赞助、捐赠。（民政部、市场监管总局按职责分工负责）

（二）严禁利用法定职责和行政机关委托、授权事项违规收费。未经批准，行业协会商会不得利用法定职责增设行政事业性收费项目或提高收费标准。行业协会商会不得继续实施或变相实施已经取消的行政许可，未与行政机关脱钩的行业协会商会不得开展与业务主管单位所负责行政审批相关的中介服务。行政机关委托行业协会商会开展相关工作，将行业协会商会服务事项作为行政行为前置条件，以及赋予行业协会商会推荐权、建议权、监督权等，均应实施清单管理并向社会公开，同时应合理安排支出，保障相关工作正常开展。行业协会商会应当向社会公开接受行政机关委托或授权的事项，以及相关办事流程、审查标准、办理时限、行政机关拨付经费情况等，严禁向市场主体违规收取费用。（国家发展改革委、财政部按职责分别牵头，各地区、各有关部门负责）

（三）严禁通过评比达标表彰活动收费。行业协会商会组织开展评比达标表彰活动要符合国家有关规定和自身章程，不得超出活动地域和业务范围，做到奖项设置合理、评选范围和规模适当、评选条件和程序严格、评选过程透明，严禁向评选对象收取或变相收取任何费用。未经批准，不得对评比达标表彰活动冠以“中华人民共和国”、“中国”、“全国”、“中华”、“国家”、“国际”、“世界”等字样。（人力资源社会保障部、民政部负责）

（四）严禁通过职业资格认定违规收费。行业协会商会可以根据市场需要和行业需求，自行开展职业能力水平评价，但不得以此为由变相开展职业资格认定，颁发的证书不得使用“中华人民共和国”、“中国”、“全国”、“中华”、“国家”、“职业资格”或“人员资格”等字样和国旗、国徽标志。行业协会商会按照要求承担相关职业资格认定工作的，不得收取除考试费、鉴定费外的其他任何费用。（人力资源社会保障部、市场监管总局负责）

（五）组织开展自查抽查。2020 年底前，各行业协会商会要按照上述要求，对收费情况开展全面自查，对于违法违规收费，要立即全面清理取消并限期退还违法违规所得。2021 年 3 月底前，有关部门要对行业协会商会乱收费自查自纠情况组织开展抽查检查，确保整改到位。（市场监管总局、民政部按职责分别牵头，各地区、各有关部门负责）

二、进一步提升行业协会商会收费规范性和透明度

（六）持续规范会费收取标准和程序。行业协会商会应按照法律法规和自身章程要求，合理、自主确定会费标准和档次，并明确会员享有的基本服务，严禁只收费不服务或多头重复收费。会费标准须经会员（代表）大会以无记名投票方式表决通过，未按规定程序制定或修改会费标准的，一律不得收取会费。对已脱钩和直接登记的行业协会商会确定的会费标准，行政机关不得通过行政手段强制要求调整。行业协会商会不得利用分支（代表）机构多头收取会费，不得采取“收费返成”等方式吸收会员、收取会费。（民政部负责）

（七）合理设定经营服务性收费标准。对于行业协会商会开展的具有一定垄断性和强制性的经营服务性收费项目，要通过放宽准入条件、引入多元化服务主体等方式破除垄断，实现服务价格市场化；暂时无法破除垄断的，应按照合法合理、弥补成本、略有盈余的原则确定收费标准，并经会员（代表）大会或理事会以无记名投票方式表决通过。对于其他能够由市场调节价格的经营服务性收费项目，引导行业协会商会在合法合理的前提下，根据服务成本、市场需求和当地经济发展水平等因素确定收费标准，并向社会公示。2020 年底前，各行业协会商会要按照上述要求完成经营服务性收费标准调整和规范工作。（国家发展改革委牵头，民政部、市场监管总局、工业和信息化部、财政部、人民银行、国务院国资委、银保监会、证监会等国务院相关部门及各地区按职责分别负责）

（八）推动降低部分重点领域行业协会商会偏高收费。依法加强对行业协会商会特别是银行、证券、基金、期货、资产评估等履行法定职责的行业协会商会收费项目的成本审核。2020 年底前，有关地区和部门要针对部分行业协会商会收费项目多、标准高、经费使用不透明等突出问题，督促指导相关行业协会商会综合考虑会员经营状况、承受能力、行业发展水平等因素，严格核定成本，合理制定收费标准，防止过高收费。（国家发展改革委牵头，民政部、财政部、自然资源部、人民银行、银保监会、证监会等国务院相关部门及各地区按职责

分别负责)

三、建立健全行业协会商会收费长效监管机制

(九)强化收费源头治理。2020年底前,基本完成行业协会商会与行政机关脱钩改革,从根本上解决行业协会商会依托行政机关或利用行政影响力乱收费问题。推动出台《社会组织登记管理条例》。严把行业协会商会登记入口关,探索完善行业协会商会退出机制,推进行业协会商会优化整合,减轻市场主体多头缴费负担。(国家发展改革委、民政部、司法部等国务院相关部门及各地区按职责分别负责)

(十)进一步落实部门监管职责。发展改革部门要做好行业协会商会收费政策相关组织实施工作,市场监管部门要加强对行业协会商会收费及价格行为的监督检查并依法查处行业协会商会违法违规收费行为,民政、财政、审计等部门要按职责分工切实加大对行业协会商会收费的监管力度。各业务主管单位和行业管理部门要分别对未脱钩、已脱钩行业协会商会的业务活动加强指导和监管,地方各级政府要落实对本地区行业协会商会的监督管理责任。(国家发展改革委、民政部、财政部、审计署、市场监管总局等国务院相关部门及各地区按职责分别负责)

(十一)完善投诉举报机制。依托各级减轻企业负担举报机制、"12315"举报平台和中国社会组织公共服务平台举报系统等,畅通行业协会商会乱收费问题投诉举报渠道,建立投诉举报处理反馈机制,对违法违规收费行为发现一起、查处一起。定期曝光行业协会商会的违法违规收费典型案例。(工业和信息化部、市场监管总局、民政部、国家发展改革委、财政部等国务院相关部门及各地区按职责分别负责)

(十二)加强行业协会商会自身建设。行业协会商会要健全内部监督制度,严格约束收费行为,通过"信用中国"网站以及协会商会门户网站、微信公众号等渠道,向社会公示收费项目、收费性质、服务内容、收费标准及依据等信息,向会员公示年度财务收支情况,自觉接受社会监督。(各地区、各有关部门负责)

(十三)支持行业协会商会更好发挥作用。各级行政机关要充分发挥行业协会商会积极作用,加强对行业协会商会的管理服务。行

业协会商会要推动行业企业自律，并及时反映行业企业诉求，维护行业企业合法权益，为市场主体提供优质服务。鼓励行业协会商会积极参与相关标准和政策性文件制修订，鼓励行政机关向行业协会商会购买服务。及时总结推广行业协会商会在行业自治、服务企业等方面的典型经验做法，促进行业协会商会持续规范健康发展。（各地区、各有关部门负责）

各地区、各有关部门要结合实际和自身职责，抓紧制定完善相关配套政策措施和具体管理办法，认真抓好贯彻落实。国家发展改革委、市场监管总局、民政部要会同有关部门加强督促指导和监督检查，确保各项任务落实到位。

特殊保障

中华人民共和国未成年人保护法

（1991年9月4日第七届全国人民代表大会常务委员会第二十一次会议通过　2006年12月29日第十届全国人民代表大会常务委员会第二十五次会议第一次修订　根据2012年10月26日第十一届全国人民代表大会常务委员会第二十九次会议《关于修改〈中华人民共和国未成年人保护法〉的决定》修正　2020年10月17日第十三届全国人民代表大会常务委员会第二十二次会议第二次修订　2020年10月17日中华人民共和国主席令第57号公布　自2021年6月1日起施行）

目　　录

第一章　总　　则

第一条　为了保护未成年人身心健康，保障未成年人合法权益，促进未成年人德智体美劳全面发展，培养有理想、有道德、有文化、有纪律的社会主义建设者和接班人，培养担当民族复兴大任的时代新人，根据宪法，制定本法。

第二条　本法所称未成年人是指未满十八周岁的公民。

第三条　国家保障未成年人的生存权、发展权、受保护权、参与权等权利。

未成年人依法平等地享有各项权利，不因本人及其父母或者其他监护人的民族、种族、性别、户籍、职业、宗教信仰、教育程度、家庭状况、身心健康状况等受到歧视。

第四条　保护未成年人，应当坚持最有利于未成年人的原则。处理涉及未成年人事项，应当符合下列要求：

（一）给予未成年人特殊、优先保护；

（二）尊重未成年人人格尊严；

（三）保护未成年人隐私权和个人信息；

（四）适应未成年人身心健康发展的规律和特点；

（五）听取未成年人的意见；

（六）保护与教育相结合。

第五条　国家、社会、学校和家庭应当对未成年人进行理想教育、道德教育、科学教育、文化教育、法治教育、国家安全教育、健康教育、劳动教育，加强爱国主义、集体主义和中国特色社会主义的教育，培养爱祖国、爱人民、爱劳动、爱科学、爱社会主义的公德，抵制资本主义、封建主义和其他腐朽思想的侵蚀，引导未成年人树立和践行社会主义核心价值观。

第六条　保护未成年人，是国家机关、武装力量、政党、人民团体、企业事业单位、社会组织、城乡基层群众性自治组织、未成年人的监护人以及其他成年人的共同责任。

国家、社会、学校和家庭应当教育和帮助未成年人维护自身合法权益，增强自我保护的意识和能力。

第七条 未成年人的父母或者其他监护人依法对未成年人承担监护职责。

国家采取措施指导、支持、帮助和监督未成年人的父母或者其他监护人履行监护职责。

第八条 县级以上人民政府应当将未成年人保护工作纳入国民经济和社会发展规划，相关经费纳入本级政府预算。

第九条 县级以上人民政府应当建立未成年人保护工作协调机制，统筹、协调、督促和指导有关部门在各自职责范围内做好未成年人保护工作。协调机制具体工作由县级以上人民政府民政部门承担，省级人民政府也可以根据本地实际情况确定由其他有关部门承担。

第十条 共产主义青年团、妇女联合会、工会、残疾人联合会、关心下一代工作委员会、青年联合会、学生联合会、少年先锋队以及其他人民团体、有关社会组织，应当协助各级人民政府及其有关部门、人民检察院、人民法院做好未成年人保护工作，维护未成年人合法权益。

第十一条 任何组织或者个人发现不利于未成年人身心健康或者侵犯未成年人合法权益的情形，都有权劝阻、制止或者向公安、民政、教育等有关部门提出检举、控告。

国家机关、居民委员会、村民委员会、密切接触未成年人的单位及其工作人员，在工作中发现未成年人身心健康受到侵害、疑似受到侵害或者面临其他危险情形的，应当立即向公安、民政、教育等有关部门报告。

有关部门接到涉及未成年人的检举、控告或者报告，应当依法及时受理、处置，并以适当方式将处理结果告知相关单位和人员。

第十二条 国家鼓励和支持未成年人保护方面的科学研究，建设相关学科、设置相关专业，加强人才培养。

第十三条 国家建立健全未成年人统计调查制度，开展未成年人健康、受教育等状况的统计、调查和分析，发布未成年人保护的有关信息。

第十四条 国家对保护未成年人有显著成绩的组织和个人给予表彰和奖励。

第二章　家庭保护

第十五条　未成年人的父母或者其他监护人应当学习家庭教育知识，接受家庭教育指导，创造良好、和睦、文明的家庭环境。

共同生活的其他成年家庭成员应当协助未成年人的父母或者其他监护人抚养、教育和保护未成年人。

第十六条　未成年人的父母或者其他监护人应当履行下列监护职责：

（一）为未成年人提供生活、健康、安全等方面的保障；

（二）关注未成年人的生理、心理状况和情感需求；

（三）教育和引导未成年人遵纪守法、勤俭节约，养成良好的思想品德和行为习惯；

（四）对未成年人进行安全教育，提高未成年人的自我保护意识和能力；

（五）尊重未成年人受教育的权利，保障适龄未成年人依法接受并完成义务教育；

（六）保障未成年人休息、娱乐和体育锻炼的时间，引导未成年人进行有益身心健康的活动；

（七）妥善管理和保护未成年人的财产；

（八）依法代理未成年人实施民事法律行为；

（九）预防和制止未成年人的不良行为和违法犯罪行为，并进行合理管教；

（十）其他应当履行的监护职责。

第十七条　未成年人的父母或者其他监护人不得实施下列行为：

（一）虐待、遗弃、非法送养未成年人或者对未成年人实施家庭暴力；

（二）放任、教唆或者利用未成年人实施违法犯罪行为；

（三）放任、唆使未成年人参与邪教、迷信活动或者接受恐怖主义、分裂主义、极端主义等侵害；

（四）放任、唆使未成年人吸烟（含电子烟，下同）、饮酒、赌博、流浪乞讨或者欺凌他人；

（五）放任或者迫使应当接受义务教育的未成年人失学、辍学；

（六）放任未成年人沉迷网络，接触危害或者可能影响其身心健康的图书、报刊、电影、广播电视节目、音像制品、电子出版物和网络信息等；

（七）放任未成年人进入营业性娱乐场所、酒吧、互联网上网服务营业场所等不适宜未成年人活动的场所；

（八）允许或者迫使未成年人从事国家规定以外的劳动；

（九）允许、迫使未成年人结婚或者为未成年人订立婚约；

（十）违法处分、侵吞未成年人的财产或者利用未成年人牟取不正当利益；

（十一）其他侵犯未成年人身心健康、财产权益或者不依法履行未成年人保护义务的行为。

第十八条 未成年人的父母或者其他监护人应当为未成年人提供安全的家庭生活环境，及时排除引发触电、烫伤、跌落等伤害的安全隐患；采取配备儿童安全座椅、教育未成年人遵守交通规则等措施，防止未成年人受到交通事故的伤害；提高户外安全保护意识，避免未成年人发生溺水、动物伤害等事故。

第十九条 未成年人的父母或者其他监护人应当根据未成年人的年龄和智力发展状况，在作出与未成年人权益有关的决定前，听取未成年人的意见，充分考虑其真实意愿。

第二十条 未成年人的父母或者其他监护人发现未成年人身心健康受到侵害、疑似受到侵害或者其他合法权益受到侵犯的，应当及时了解情况并采取保护措施；情况严重的，应当立即向公安、民政、教育等部门报告。

第二十一条 未成年人的父母或者其他监护人不得使未满八周岁或者由于身体、心理原因需要特别照顾的未成年人处于无人看护状态，或者将其交由无民事行为能力、限制民事行为能力、患有严重传染性疾病或者其他不适宜的人员临时照护。

未成年人的父母或者其他监护人不得使未满十六周岁的未成年人脱离监护单独生活。

第二十二条 未成年人的父母或者其他监护人因外出务工等原

因在一定期限内不能完全履行监护职责的,应当委托具有照护能力的完全民事行为能力人代为照护;无正当理由的,不得委托他人代为照护。

未成年人的父母或者其他监护人在确定被委托人时,应当综合考虑其道德品质、家庭状况、身心健康状况、与未成年人生活情感上的联系等情况,并听取有表达意愿能力未成年人的意见。

具有下列情形之一的,不得作为被委托人:

(一)曾实施性侵害、虐待、遗弃、拐卖、暴力伤害等违法犯罪行为;

(二)有吸毒、酗酒、赌博等恶习;

(三)曾拒不履行或者长期怠于履行监护、照护职责;

(四)其他不适宜担任被委托人的情形。

第二十三条 未成年人的父母或者其他监护人应当及时将委托照护情况书面告知未成年人所在学校、幼儿园和实际居住地的居民委员会、村民委员会,加强和未成年人所在学校、幼儿园的沟通;与未成年人、被委托人至少每周联系和交流一次,了解未成年人的生活、学习、心理等情况,并给予未成年人亲情关爱。

未成年人的父母或者其他监护人接到被委托人、居民委员会、村民委员会、学校、幼儿园等关于未成年人心理、行为异常的通知后,应当及时采取干预措施。

第二十四条 未成年人的父母离婚时,应当妥善处理未成年子女的抚养、教育、探望、财产等事宜,听取有表达意愿能力未成年人的意见。不得以抢夺、藏匿未成年子女等方式争夺抚养权。

未成年人的父母离婚后,不直接抚养未成年子女的一方应当依照协议、人民法院判决或者调解确定的时间和方式,在不影响未成年人学习、生活的情况下探望未成年子女,直接抚养的一方应当配合,但被人民法院依法中止探望权的除外。

第三章 学校保护

第二十五条 学校应当全面贯彻国家教育方针,坚持立德树人,实施素质教育,提高教育质量,注重培养未成年学生认知能力、合作能力、创新能力和实践能力，促进未成年学生全面发展。

学校应当建立未成年学生保护工作制度，健全学生行为规范，培养未成年学生遵纪守法的良好行为习惯。

第二十六条 幼儿园应当做好保育、教育工作，遵循幼儿身心发展规律，实施启蒙教育，促进幼儿在体质、智力、品德等方面和谐发展。

第二十七条 学校、幼儿园的教职员工应当尊重未成年人人格尊严，不得对未成年人实施体罚、变相体罚或者其他侮辱人格尊严的行为。

第二十八条 学校应当保障未成年学生受教育的权利，不得违反国家规定开除、变相开除未成年学生。

学校应当对尚未完成义务教育的辍学未成年学生进行登记并劝返复学；劝返无效的，应当及时向教育行政部门书面报告。

第二十九条 学校应当关心、爱护未成年学生，不得因家庭、身体、心理、学习能力等情况歧视学生。对家庭困难、身心有障碍的学生，应当提供关爱；对行为异常、学习有困难的学生，应当耐心帮助。

学校应当配合政府有关部门建立留守未成年学生、困境未成年学生的信息档案，开展关爱帮扶工作。

第三十条 学校应当根据未成年学生身心发展特点，进行社会生活指导、心理健康辅导、青春期教育和生命教育。

第三十一条 学校应当组织未成年学生参加与其年龄相适应的日常生活劳动、生产劳动和服务性劳动，帮助未成年学生掌握必要的劳动知识和技能，养成良好的劳动习惯。

第三十二条 学校、幼儿园应当开展勤俭节约、反对浪费、珍惜粮食、文明饮食等宣传教育活动，帮助未成年人树立浪费可耻、节约为荣的意识，养成文明健康、绿色环保的生活习惯。

第三十三条 学校应当与未成年学生的父母或者其他监护人互相配合，合理安排未成年学生的学习时间，保障其休息、娱乐和体育锻炼的时间。

学校不得占用国家法定节假日、休息日及寒暑假期，组织义务教育阶段的未成年学生集体补课，加重其学习负担。

幼儿园、校外培训机构不得对学龄前未成年人进行小学课程教育。

第三十四条　学校、幼儿园应当提供必要的卫生保健条件，协助卫生健康部门做好在校、在园未成年人的卫生保健工作。

第三十五条　学校、幼儿园应当建立安全管理制度，对未成年人进行安全教育，完善安保设施、配备安保人员，保障未成年人在校、在园期间的人身和财产安全。

学校、幼儿园不得在危及未成年人人身安全、身心健康的校舍和其他设施、场所中进行教育教学活动。

学校、幼儿园安排未成年人参加文化娱乐、社会实践等集体活动，应当保护未成年人的身心健康，防止发生人身伤害事故。

第三十六条　使用校车的学校、幼儿园应当建立健全校车安全管理制度，配备安全管理人员，定期对校车进行安全检查，对校车驾驶人进行安全教育，并向未成年人讲解校车安全乘坐知识，培养未成年人校车安全事故应急处理技能。

第三十七条　学校、幼儿园应当根据需要，制定应对自然灾害、事故灾难、公共卫生事件等突发事件和意外伤害的预案，配备相应设施并定期进行必要的演练。

未成年人在校内、园内或者本校、本园组织的校外、园外活动中发生人身伤害事故的，学校、幼儿园应当立即救护，妥善处理，及时通知未成年人的父母或者其他监护人，并向有关部门报告。

第三十八条　学校、幼儿园不得安排未成年人参加商业性活动，不得向未成年人及其父母或者其他监护人推销或者要求其购买指定的商品和服务。

学校、幼儿园不得与校外培训机构合作为未成年人提供有偿课程辅导。

第三十九条　学校应当建立学生欺凌防控工作制度，对教职员工、学生等开展防治学生欺凌的教育和培训。

学校对学生欺凌行为应当立即制止，通知实施欺凌和被欺凌未成年学生的父母或者其他监护人参与欺凌行为的认定和处理；对相关未成年学生及时给予心理辅导、教育和引导；对相关未成年学生的父母或者其他监护人给予必要的家庭教育指导。

对实施欺凌的未成年学生，学校应当根据欺凌行为的性质和程度，依法加强管教。对严重的欺凌行为，学校不得隐瞒，应当及时向公安机关、教育行政部门报告，并配合相关部门依法处理。

第四十条 学校、幼儿园应当建立预防性侵害、性骚扰未成年人工作制度。对性侵害、性骚扰未成年人等违法犯罪行为，学校、幼儿园不得隐瞒，应当及时向公安机关、教育行政部门报告，并配合相关部门依法处理。

学校、幼儿园应当对未成年人开展适合其年龄的性教育，提高未成年人防范性侵害、性骚扰的自我保护意识和能力。对遭受性侵害、性骚扰的未成年人，学校、幼儿园应当及时采取相关的保护措施。

第四十一条 婴幼儿照护服务机构、早期教育服务机构、校外培训机构、校外托管机构等应当参照本章有关规定，根据不同年龄阶段未成年人的成长特点和规律，做好未成年人保护工作。

第四章 社会保护

第四十二条 全社会应当树立关心、爱护未成年人的良好风尚。

国家鼓励、支持和引导人民团体、企业事业单位、社会组织以及其他组织和个人，开展有利于未成年人健康成长的社会活动和服务。

第四十三条 居民委员会、村民委员会应当设置专人专岗负责未成年人保护工作，协助政府有关部门宣传未成年人保护方面的法律法规，指导、帮助和监督未成年人的父母或者其他监护人依法履行监护职责，建立留守未成年人、困境未成年人的信息档案并给予关爱帮扶。

居民委员会、村民委员会应当协助政府有关部门监督未成年人委托照护情况，发现被委托人缺乏照护能力、怠于履行照护职责等情况，应当及时向政府有关部门报告，并告知未成年人的父母或者其他监护人，帮助、督促被委托人履行照护职责。

第四十四条 爱国主义教育基地、图书馆、青少年宫、儿童活动中心、儿童之家应当对未成年人免费开放；博物馆、纪念馆、科技馆、展览馆、美术馆、文化馆、社区公益性互联网上网服务场所以及影剧院、体育场馆、动物园、植物园、公园等场所，应当按照有关规定对未成年人免费或者优惠开放。

国家鼓励爱国主义教育基地、博物馆、科技馆、美术馆等公共场馆开设未成年人专场，为未成年人提供有针对性的服务。

国家鼓励国家机关、企业事业单位、部队等开发自身教育资源，设立未成年人开放日，为未成年人主题教育、社会实践、职业体验等提供支持。

国家鼓励科研机构和科技类社会组织对未成年人开展科学普及活动。

第四十五条 城市公共交通以及公路、铁路、水路、航空客运等应当按照有关规定对未成年人实施免费或者优惠票价。

第四十六条 国家鼓励大型公共场所、公共交通工具、旅游景区景点等设置母婴室、婴儿护理台以及方便幼儿使用的坐便器、洗手台等卫生设施，为未成年人提供便利。

第四十七条 任何组织或者个人不得违反有关规定，限制未成年人应当享有的照顾或者优惠。

第四十八条 国家鼓励创作、出版、制作和传播有利于未成年人健康成长的图书、报刊、电影、广播电视节目、舞台艺术作品、音像制品、电子出版物和网络信息等。

第四十九条 新闻媒体应当加强未成年人保护方面的宣传，对侵犯未成年人合法权益的行为进行舆论监督。新闻媒体采访报道涉及未成年人事件应当客观、审慎和适度，不得侵犯未成年人的名誉、隐私和其他合法权益。

第五十条 禁止制作、复制、出版、发布、传播含有宣扬淫秽、色情、暴力、邪教、迷信、赌博、引诱自杀、恐怖主义、分裂主义、极端主义等危害未成年人身心健康内容的图书、报刊、电影、广播电视节目、舞台艺术作品、音像制品、电子出版物和网络信息等。

第五十一条 任何组织或者个人出版、发布、传播的图书、报刊、电影、广播电视节目、舞台艺术作品、音像制品、电子出版物或者网络信息，包含可能影响未成年人身心健康内容的，应当以显著方式作出提示。

第五十二条 禁止制作、复制、发布、传播或者持有有关未成年人的淫秽色情物品和网络信息。

第五十三条 任何组织或者个人不得刊登、播放、张贴或者散发含有危害未成年人身心健康内容的广告；不得在学校、幼儿园播放、张贴或者散发商业广告；不得利用校服、教材等发布或者变相发布商业广告。

第五十四条 禁止拐卖、绑架、虐待、非法收养未成年人，禁止对未成年人实施性侵害、性骚扰。

禁止胁迫、引诱、教唆未成年人参加黑社会性质组织或者从事违法犯罪活动。

禁止胁迫、诱骗、利用未成年人乞讨。

第五十五条 生产、销售用于未成年人的食品、药品、玩具、用具和游戏游艺设备、游乐设施等，应当符合国家或者行业标准，不得危害未成年人的人身安全和身心健康。上述产品的生产者应当在显著位置标明注意事项，未标明注意事项的不得销售。

第五十六条 未成年人集中活动的公共场所应当符合国家或者行业安全标准，并采取相应安全保护措施。对可能存在安全风险的设施，应当定期进行维护，在显著位置设置安全警示标志并标明适龄范围和注意事项；必要时应当安排专门人员看管。

大型的商场、超市、医院、图书馆、博物馆、科技馆、游乐场、车站、码头、机场、旅游景区景点等场所运营单位应当设置搜寻走失未成年人的安全警报系统。场所运营单位接到求助后，应当立即启动安全警报系统，组织人员进行搜寻并向公安机关报告。

公共场所发生突发事件时，应当优先救护未成年人。

第五十七条 旅馆、宾馆、酒店等住宿经营者接待未成年人入住，或者接待未成年人和成年人共同入住时，应当询问父母或者其他监护人的联系方式、入住人员的身份关系等有关情况；发现有违法犯罪嫌疑的，应当立即向公安机关报告，并及时联系未成年人的父母或者其他监护人。

第五十八条 学校、幼儿园周边不得设置营业性娱乐场所、酒吧、互联网上网服务营业场所等不适宜未成年人活动的场所。营业性歌舞娱乐场所、酒吧、互联网上网服务营业场所等不适宜未成年人活动场所的经营者，不得允许未成年人进入；游艺娱乐场所设置的电子游戏设备，除国家法定节假日外，不得向未成年人提供。经营者应当在显著位置设置未成年人禁入、限入标志；对难以判明是否是未成年人的，应当要求其出示身份证件。

第五十九条 学校、幼儿园周边不得设置烟、酒、彩票销售网点。禁止向未成年人销售烟、酒、彩票或者兑付彩票奖金。烟、酒和彩票经营者应当在显著位置设置不向未成年人销售烟、酒或者彩票的标志;对难以判明是否是未成年人的,应当要求其出示身份证件。

任何人不得在学校、幼儿园和其他未成年人集中活动的公共场所吸烟、饮酒。

第六十条 禁止向未成年人提供、销售管制刀具或者其他可能致人严重伤害的器具等物品。经营者难以判明购买者是否是未成年人的,应当要求其出示身份证件。

第六十一条 任何组织或者个人不得招用未满十六周岁未成年人,国家另有规定的除外。

营业性娱乐场所、酒吧、互联网上网服务营业场所等不适宜未成年人活动的场所不得招用已满十六周岁的未成年人。

招用已满十六周岁未成年人的单位和个人应当执行国家在工种、劳动时间、劳动强度和保护措施等方面的规定,不得安排其从事过重、有毒、有害等危害未成年人身心健康的劳动或者危险作业。

任何组织或者个人不得组织未成年人进行危害其身心健康的表演等活动。经未成年人的父母或者其他监护人同意,未成年人参与演出、节目制作等活动,活动组织方应当根据国家有关规定,保障未成年人合法权益。

第六十二条 密切接触未成年人的单位招聘工作人员时,应当向公安机关、人民检察院查询应聘者是否具有性侵害、虐待、拐卖、暴力伤害等违法犯罪记录;发现其具有前述行为记录的,不得录用。

密切接触未成年人的单位应当每年定期对工作人员是否具有上述违法犯罪记录进行查询。通过查询或者其他方式发现其工作人员具有上述行为的,应当及时解聘。

第六十三条 任何组织或者个人不得隐匿、毁弃、非法删除未成年人的信件、日记、电子邮件或者其他网络通讯内容。

除下列情形外,任何组织或者个人不得开拆、查阅未成年人的信件、日记、电子邮件或者其他网络通讯内容:

(一)无民事行为能力未成年人的父母或者其他监护人代未成年人开拆、查阅;

（二）因国家安全或者追查刑事犯罪依法进行检查；

（三）紧急情况下为了保护未成年人本人的人身安全。

第五章　网络保护

第六十四条　国家、社会、学校和家庭应当加强未成年人网络素养宣传教育，培养和提高未成年人的网络素养，增强未成年人科学、文明、安全、合理使用网络的意识和能力，保障未成年人在网络空间的合法权益。

第六十五条　国家鼓励和支持有利于未成年人健康成长的网络内容的创作与传播，鼓励和支持专门以未成年人为服务对象、适合未成年人身心健康特点的网络技术、产品、服务的研发、生产和使用。

第六十六条　网信部门及其他有关部门应当加强对未成年人网络保护工作的监督检查，依法惩处利用网络从事危害未成年人身心健康的活动，为未成年人提供安全、健康的网络环境。

第六十七条　网信部门会同公安、文化和旅游、新闻出版、电影、广播电视等部门根据保护不同年龄阶段未成年人的需要，确定可能影响未成年人身心健康网络信息的种类、范围和判断标准。

第六十八条　新闻出版、教育、卫生健康、文化和旅游、网信等部门应当定期开展预防未成年人沉迷网络的宣传教育，监督网络产品和服务提供者履行预防未成年人沉迷网络的义务，指导家庭、学校、社会组织互相配合，采取科学、合理的方式对未成年人沉迷网络进行预防和干预。

任何组织或者个人不得以侵害未成年人身心健康的方式对未成年人沉迷网络进行干预。

第六十九条　学校、社区、图书馆、文化馆、青少年宫等场所为未成年人提供的互联网上网服务设施，应当安装未成年人网络保护软件或者采取其他安全保护技术措施。

智能终端产品的制造者、销售者应当在产品上安装未成年人网络保护软件，或者以显著方式告知用户未成年人网络保护软件的安装渠道和方法。

第七十条　学校应当合理使用网络开展教学活动。未经学校允许,未成年学生不得将手机等智能终端产品带入课堂,带入学校的应当统一管理。

学校发现未成年学生沉迷网络的,应当及时告知其父母或者其他监护人,共同对未成年学生进行教育和引导,帮助其恢复正常的学习生活。

第七十一条 未成年人的父母或者其他监护人应当提高网络素养,规范自身使用网络的行为,加强对未成年人使用网络行为的引导和监督。

未成年人的父母或者其他监护人应当通过在智能终端产品上安装未成年人网络保护软件、选择适合未成年人的服务模式和管理功能等方式,避免未成年人接触危害或者可能影响其身心健康的网络信息,合理安排未成年人使用网络的时间,有效预防未成年人沉迷网络。

第七十二条 信息处理者通过网络处理未成年人个人信息的,应当遵循合法、正当和必要的原则。处理不满十四周岁未成年人个人信息的,应当征得未成年人的父母或者其他监护人同意,但法律、行政法规另有规定的除外。

未成年人、父母或者其他监护人要求信息处理者更正、删除未成年人个人信息的,信息处理者应当及时采取措施予以更正、删除,但法律、行政法规另有规定的除外。

第七十三条 网络服务提供者发现未成年人通过网络发布私密信息的,应当及时提示,并采取必要的保护措施。

第七十四条 网络产品和服务提供者不得向未成年人提供诱导其沉迷的产品和服务。

网络游戏、网络直播、网络音视频、网络社交等网络服务提供者应当针对未成年人使用其服务设置相应的时间管理、权限管理、消费管理等功能。

以未成年人为服务对象的在线教育网络产品和服务,不得插入网络游戏链接,不得推送广告等与教学无关的信息。

第七十五条 网络游戏经依法审批后方可运营。

国家建立统一的未成年人网络游戏电子身份认证系统。网络游戏服务提供者应当要求未成年人以真实身份信息注册并登录网络游戏。

网络游戏服务提供者应当按照国家有关规定和标准，对游戏产品进行分类，作出适龄提示，并采取技术措施，不得让未成年人接触不适宜的游戏或者游戏功能。

网络游戏服务提供者不得在每日二十二时至次日八时向未成年人提供网络游戏服务。

第七十六条 网络直播服务提供者不得为未满十六周岁的未成年人提供网络直播发布者账号注册服务；为年满十六周岁的未成年人提供网络直播发布者账号注册服务时，应当对其身份信息进行认证，并征得其父母或者其他监护人同意。

第七十七条 任何组织或者个人不得通过网络以文字、图片、音视频等形式，对未成年人实施侮辱、诽谤、威胁或者恶意损害形象等网络欺凌行为。

遭受网络欺凌的未成年人及其父母或者其他监护人有权通知网络服务提供者采取删除、屏蔽、断开链接等措施。网络服务提供者接到通知后，应当及时采取必要的措施制止网络欺凌行为，防止信息扩散。

第七十八条 网络产品和服务提供者应当建立便捷、合理、有效的投诉和举报渠道，公开投诉、举报方式等信息，及时受理并处理涉及未成年人的投诉、举报。

第七十九条 任何组织或者个人发现网络产品、服务含有危害未成年人身心健康的信息，有权向网络产品和服务提供者或者网信、公安等部门投诉、举报。

第八十条 网络服务提供者发现用户发布、传播可能影响未成年人身心健康的信息且未作显著提示的，应当作出提示或者通知用户予以提示；未作出提示的，不得传输相关信息。

网络服务提供者发现用户发布、传播含有危害未成年人身心健康内容的信息的，应当立即停止传输相关信息，采取删除、屏蔽、断开链接等处置措施，保存有关记录，并向网信、公安等部门报告。

网络服务提供者发现用户利用其网络服务对未成年人实施违法犯罪行为的，应当立即停止向该用户提供网络服务，保存有关记录，并向公安机关报告。

第六章　政府保护

第八十一条　县级以上人民政府承担未成年人保护协调机制具体工作的职能部门应当明确相关内设机构或者专门人员，负责承担未成年人保护工作。

乡镇人民政府和街道办事处应当设立未成年人保护工作站或者指定专门人员，及时办理未成年人相关事务；支持、指导居民委员会、村民委员会设立专人专岗，做好未成年人保护工作。

第八十二条　各级人民政府应当将家庭教育指导服务纳入城乡公共服务体系，开展家庭教育知识宣传，鼓励和支持有关人民团体、企业事业单位、社会组织开展家庭教育指导服务。

第八十三条　各级人民政府应当保障未成年人受教育的权利，并采取措施保障留守未成年人、困境未成年人、残疾未成年人接受义务教育。

对尚未完成义务教育的辍学未成年学生，教育行政部门应当责令父母或者其他监护人将其送入学校接受义务教育。

第八十四条　各级人民政府应当发展托育、学前教育事业，办好婴幼儿照护服务机构、幼儿园，支持社会力量依法兴办母婴室、婴幼儿照护服务机构、幼儿园。

县级以上地方人民政府及其有关部门应当培养和培训婴幼儿照护服务机构、幼儿园的保教人员，提高其职业道德素质和业务能力。

第八十五条　各级人民政府应当发展职业教育，保障未成年人接受职业教育或者职业技能培训，鼓励和支持人民团体、企业事业单位、社会组织为未成年人提供职业技能培训服务。

第八十六条　各级人民政府应当保障具有接受普通教育能力、能适应校园生活的残疾未成年人就近在普通学校、幼儿园接受教育；保障不具有接受普通教育能力的残疾未成年人在特殊教育学校、幼儿园接受学前教育、义务教育和职业教育。

各级人民政府应当保障特殊教育学校、幼儿园的办学、办园条件，鼓励和支持社会力量举办特殊教育学校、幼儿园。

第八十七条　地方人民政府及其有关部门应当保障校园安全，

监督、指导学校、幼儿园等单位落实校园安全责任，建立突发事件的报告、处置和协调机制。

第八十八条 公安机关和其他有关部门应当依法维护校园周边的治安和交通秩序，设置监控设备和交通安全设施，预防和制止侵害未成年人的违法犯罪行为。

第八十九条 地方人民政府应当建立和改善适合未成年人的活动场所和设施，支持公益性未成年人活动场所和设施的建设和运行，鼓励社会力量兴办适合未成年人的活动场所和设施，并加强管理。

地方人民政府应当采取措施，鼓励和支持学校在国家法定节假日、休息日及寒暑假期将文化体育设施对未成年人免费或者优惠开放。

地方人民政府应当采取措施，防止任何组织或者个人侵占、破坏学校、幼儿园、婴幼儿照护服务机构等未成年人活动场所的场地、房屋和设施。

第九十条 各级人民政府及其有关部门应当对未成年人进行卫生保健和营养指导，提供卫生保健服务。

卫生健康部门应当依法对未成年人的疫苗预防接种进行规范，防治未成年人常见病、多发病，加强传染病防治和监督管理，做好伤害预防和干预，指导和监督学校、幼儿园、婴幼儿照护服务机构开展卫生保健工作。

教育行政部门应当加强未成年人的心理健康教育，建立未成年人心理问题的早期发现和及时干预机制。卫生健康部门应当做好未成年人心理治疗、心理危机干预以及精神障碍早期识别和诊断治疗等工作。

第九十一条 各级人民政府及其有关部门对困境未成年人实施分类保障，采取措施满足其生活、教育、安全、医疗康复、住房等方面的基本需要。

第九十二条 具有下列情形之一的，民政部门应当依法对未成年人进行临时监护：

（一）未成年人流浪乞讨或者身份不明，暂时查找不到父母或者其他监护人；

（二）监护人下落不明且无其他人可以担任监护人；

（三）监护人因自身客观原因或者因发生自然灾害、事故灾难、公共卫生事件等突发事件不能履行监护职责，导致未成年人监护缺失；

（四）监护人拒绝或者怠于履行监护职责，导致未成年人处于无人照料的状态；

（五）监护人教唆、利用未成年人实施违法犯罪行为，未成年人需要被带离安置；

（六）未成年人遭受监护人严重伤害或者面临人身安全威胁，需要被紧急安置；

（七）法律规定的其他情形。

第九十三条　对临时监护的未成年人，民政部门可以采取委托亲属抚养、家庭寄养等方式进行安置，也可以交由未成年人救助保护机构或者儿童福利机构进行收留、抚养。

临时监护期间，经民政部门评估，监护人重新具备履行监护职责条件的，民政部门可以将未成年人送回监护人抚养。

第九十四条　具有下列情形之一的，民政部门应当依法对未成年人进行长期监护：

（一）查找不到未成年人的父母或者其他监护人；

（二）监护人死亡或者被宣告死亡且无其他人可以担任监护人；

（三）监护人丧失监护能力且无其他人可以担任监护人；

（四）人民法院判决撤销监护人资格并指定由民政部门担任监护人；

（五）法律规定的其他情形。

第九十五条　民政部门进行收养评估后，可以依法将其长期监护的未成年人交由符合条件的申请人收养。收养关系成立后，民政部门与未成年人的监护关系终止。

第九十六条　民政部门承担临时监护或者长期监护职责的，财政、教育、卫生健康、公安等部门应当根据各自职责予以配合。

县级以上人民政府及其民政部门应当根据需要设立未成年人救助保护机构、儿童福利机构，负责收留、抚养由民政部门监护的未成年人。

第九十七条　县级以上人民政府应当开通全国统一的未成年人保护热线，及时受理、转介侵犯未成年人合法权益的投诉、举报；鼓励和支持人民团体、企业事业单位、社会组织参与建设未成年人保护服务平台、服务热线、服务站点，提供未成年人保护方面的咨询、帮助。

第九十八条 国家建立性侵害、虐待、拐卖、暴力伤害等违法犯罪人员信息查询系统，向密切接触未成年人的单位提供免费查询服务。

第九十九条 地方人民政府应当培育、引导和规范有关社会组织、社会工作者参与未成年人保护工作，开展家庭教育指导服务，为未成年人的心理辅导、康复救助、监护及收养评估等提供专业服务。

第七章 司法保护

第一百条 公安机关、人民检察院、人民法院和司法行政部门应当依法履行职责，保障未成年人合法权益。

第一百零一条 公安机关、人民检察院、人民法院和司法行政部门应当确定专门机构或者指定专门人员，负责办理涉及未成年人案件。办理涉及未成年人案件的人员应当经过专门培训，熟悉未成年人身心特点。专门机构或者专门人员中，应当有女性工作人员。

公安机关、人民检察院、人民法院和司法行政部门应当对上述机构和人员实行与未成年人保护工作相适应的评价考核标准。

第一百零二条 公安机关、人民检察院、人民法院和司法行政部门办理涉及未成年人案件，应当考虑未成年人身心特点和健康成长的需要，使用未成年人能够理解的语言和表达方式，听取未成年人的意见。

第一百零三条 公安机关、人民检察院、人民法院、司法行政部门以及其他组织和个人不得披露有关案件中未成年人的姓名、影像、住所、就读学校以及其他可能识别出其身份的信息，但查找失踪、被拐卖未成年人等情形除外。

第一百零四条 对需要法律援助或者司法救助的未成年人，法律援助机构或者公安机关、人民检察院、人民法院和司法行政部门应当给予帮助，依法为其提供法律援助或者司法救助。

法律援助机构应当指派熟悉未成年人身心特点的律师为未成年人提供法律援助服务。

法律援助机构和律师协会应当对办理未成年人法律援助案件的律师进行指导和培训。

第一百零五条 人民检察院通过行使检察权，对涉及未成年人的诉讼活动等依法进行监督。

第一百零六条 未成年人合法权益受到侵犯，相关组织和个人未代为提起诉讼的，人民检察院可以督促、支持其提起诉讼；涉及公共利益的，人民检察院有权提起公益诉讼。

第一百零七条 人民法院审理继承案件，应当依法保护未成年人的继承权和受遗赠权。

人民法院审理离婚案件，涉及未成年子女抚养问题的，应当尊重已满八周岁未成年子女的真实意愿，根据双方具体情况，按照最有利于未成年子女的原则依法处理。

第一百零八条 未成年人的父母或者其他监护人不依法履行监护职责或者严重侵犯被监护的未成年人合法权益的，人民法院可以根据有关人员或者单位的申请，依法作出人身安全保护令或者撤销监护人资格。

被撤销监护人资格的父母或者其他监护人应当依法继续负担抚养费用。

第一百零九条 人民法院审理离婚、抚养、收养、监护、探望等案件涉及未成年人的，可以自行或者委托社会组织对未成年人的相关情况进行社会调查。

第一百一十条 公安机关、人民检察院、人民法院讯问未成年犯罪嫌疑人、被告人，询问未成年被害人、证人，应当依法通知其法定代理人或者其成年亲属、所在学校的代表等合适成年人到场，并采取适当方式，在适当场所进行，保障未成年人的名誉权、隐私权和其他合法权益。

人民法院开庭审理涉及未成年人案件，未成年被害人、证人一般不出庭作证；必须出庭的，应当采取保护其隐私的技术手段和心理干预等保护措施。

第一百一十一条 公安机关、人民检察院、人民法院应当与其他有关政府部门、人民团体、社会组织互相配合，对遭受性侵害或者暴力伤害的未成年被害人及其家庭实施必要的心理干预、经济救助、法律援助、转学安置等保护措施。

第一百一十二条 公安机关、人民检察院、人民法院办理未成年人遭受性侵害或者暴力伤害案件,在询问未成年被害人、证人时,应当采取同步录音录像等措施,尽量一次完成;未成年被害人、证人是女性的,应当由女性工作人员进行。

第一百一十三条 对违法犯罪的未成年人,实行教育、感化、挽救的方针,坚持教育为主、惩罚为辅的原则。

对违法犯罪的未成年人依法处罚后,在升学、就业等方面不得歧视。

第一百一十四条 公安机关、人民检察院、人民法院和司法行政部门发现有关单位未尽到未成年人教育、管理、救助、看护等保护职责的,应当向该单位提出建议。被建议单位应当在一个月内作出书面回复。

第一百一十五条 公安机关、人民检察院、人民法院和司法行政部门应当结合实际,根据涉及未成年人案件的特点,开展未成年人法治宣传教育工作。

第一百一十六条 国家鼓励和支持社会组织、社会工作者参与涉及未成年人案件中未成年人的心理干预、法律援助、社会调查、社会观护、教育矫治、社区矫正等工作。

第八章　法律责任

第一百一十七条 违反本法第十一条第二款规定,未履行报告义务造成严重后果的,由上级主管部门或者所在单位对直接负责的主管人员和其他直接责任人员依法给予处分。

第一百一十八条 未成年人的父母或者其他监护人不依法履行监护职责或者侵犯未成年人合法权益的,由其居住地的居民委员会、村民委员会予以劝诫、制止;情节严重的,居民委员会、村民委员会应当及时向公安机关报告。

公安机关接到报告或者公安机关、人民检察院、人民法院在办理案件过程中发现未成年人的父母或者其他监护人存在上述情形的,应当予以训诫,并可以责令其接受家庭教育指导。

第一百一十九条 学校、幼儿园、婴幼儿照护服务等机构及其教职员工违反本法第二十七条、第二十八条、第三十九条规定的，由公安、教育、卫生健康、市场监督管理等部门按照职责分工责令改正；拒不改正或者情节严重的，对直接负责的主管人员和其他直接责任人员依法给予处分。

第一百二十条 违反本法第四十四条、第四十五条、第四十七条规定，未给予未成年人免费或者优惠待遇的，由市场监督管理、文化和旅游、交通运输等部门按照职责分工责令限期改正，给予警告；拒不改正的，处一万元以上十万元以下罚款。

第一百二十一条 违反本法第五十条、第五十一条规定的，由新闻出版、广播电视、电影、网信等部门按照职责分工责令限期改正，给予警告，没收违法所得，可以并处十万元以下罚款；拒不改正或者情节严重的，责令暂停相关业务、停产停业或者吊销营业执照、吊销相关许可证，违法所得一百万元以上的，并处违法所得一倍以上十倍以下的罚款，没有违法所得或者违法所得不足一百万元的，并处十万元以上一百万元以下罚款。

第一百二十二条 场所运营单位违反本法第五十六条第二款规定、住宿经营者违反本法第五十七条规定的，由市场监督管理、应急管理、公安等部门按照职责分工责令限期改正，给予警告；拒不改正或者造成严重后果的，责令停业整顿或者吊销营业执照、吊销相关许可证，并处一万元以上十万元以下罚款。

第一百二十三条 相关经营者违反本法第五十八条、第五十九条第一款、第六十条规定的，由文化和旅游、市场监督管理、烟草专卖、公安等部门按照职责分工责令限期改正，给予警告，没收违法所得，可以并处五万元以下罚款；拒不改正或者情节严重的，责令停业整顿或者吊销营业执照、吊销相关许可证，可以并处五万元以上五十万元以下罚款。

第一百二十四条 违反本法第五十九条第二款规定，在学校、幼儿园和其他未成年人集中活动的公共场所吸烟、饮酒的，由卫生健康、教育、市场监督管理等部门按照职责分工责令改正，给予警告，可以并处五百元以下罚款；场所管理者未及时制止的，由卫生健康、教育、市场监督管理等部门按照职责分工给予警告，并处一万元以下罚款。

第一百二十五条 违反本法第六十一条规定的，由文化和旅游、人力资源和社会保障、市场监督管理等部门按照职责分工责令限期改正，给予警告，没收违法所得，可以并处十万元以下罚款；拒不改正或者情节严重的，责令停产停业或者吊销营业执照、吊销相关许可证，并处十万元以上一百万元以下罚款。

第一百二十六条 密切接触未成年人的单位违反本法第六十二条规定，未履行查询义务，或者招用、继续聘用具有相关违法犯罪记录人员的，由教育、人力资源和社会保障、市场监督管理等部门按照职责分工责令限期改正，给予警告，并处五万元以下罚款；拒不改正或者造成严重后果的，责令停业整顿或者吊销营业执照、吊销相关许可证，并处五万元以上五十万元以下罚款，对直接负责的主管人员和其他直接责任人员依法给予处分。

第一百二十七条 信息处理者违反本法第七十二条规定，或者网络产品和服务提供者违反本法第七十三条、第七十四条、第七十五条、第七十六条、第七十七条、第八十条规定的，由公安、网信、电信、新闻出版、广播电视、文化和旅游等有关部门按照职责分工责令改正，给予警告，没收违法所得，违法所得一百万元以上的，并处违法所得一倍以上十倍以下罚款，没有违法所得或者违法所得不足一百万元的，并处十万元以上一百万元以下罚款，对直接负责的主管人员和其他责任人员处一万元以上十万元以下罚款；拒不改正或者情节严重的，并可以责令暂停相关业务、停业整顿、关闭网站、吊销营业执照或者吊销相关许可证。

第一百二十八条 国家机关工作人员玩忽职守、滥用职权、徇私舞弊，损害未成年人合法权益的，依法给予处分。

第一百二十九条 违反本法规定，侵犯未成年人合法权益，造成人身、财产或者其他损害的，依法承担民事责任。

违反本法规定，构成违反治安管理行为的，依法给予治安管理处罚；构成犯罪的，依法追究刑事责任。

第九章 附 则

第一百三十条 本法中下列用语的含义：

（一）密切接触未成年人的单位，是指学校、幼儿园等教育机构；校外培训机构；未成年人救助保护机构、儿童福利机构等未成年人安置、救助机构；婴幼儿照护服务机构、早期教育服务机构；校外托管、临时看护机构；家政服务机构；为未成年人提供医疗服务的医疗机构；其他对未成年人负有教育、培训、监护、救助、看护、医疗等职责的企业事业单位、社会组织等。

（二）学校，是指普通中小学、特殊教育学校、中等职业学校、专门学校。

（三）学生欺凌，是指发生在学生之间，一方蓄意或者恶意通过肢体、语言及网络等手段实施欺压、侮辱，造成另一方人身伤害、财产损失或者精神损害的行为。

第一百三十一条 对中国境内未满十八周岁的外国人、无国籍人，依照本法有关规定予以保护。

第一百三十二条 本法自2021年6月1日起施行。

中华人民共和国退役军人保障法

（2020年11月11日第十三届全国人民代表大会常务委员会第二十三次会议通过 2020年11月11日中华人民共和国主席令第63号公布 自2021年1月1日起施行）

目　录

第一章　总　　则

第一条　为了加强退役军人保障工作，维护退役军人合法权益，让军人成为全社会尊崇的职业，根据宪法，制定本法。

第二条　本法所称退役军人，是指从中国人民解放军依法退出现役的军官、军士和义务兵等人员。

第三条　退役军人为国防和军队建设做出了重要贡献，是社会主义现代化建设的重要力量。

尊重、关爱退役军人是全社会的共同责任。国家关心、优待退役军人，加强退役军人保障体系建设，保障退役军人依法享有相应的权益。

第四条　退役军人保障工作坚持中国共产党的领导，坚持为经济社会发展服务、为国防和军队建设服务的方针，遵循以人为本、分类保障、服务优先、依法管理的原则。

第五条　退役军人保障应当与经济发展相协调，与社会进步相适应。

退役军人安置工作应当公开、公平、公正。

退役军人的政治、生活等待遇与其服现役期间所做贡献挂钩。

国家建立参战退役军人特别优待机制。

第六条　退役军人应当继续发扬人民军队优良传统，模范遵守宪法和法律法规，保守军事秘密，践行社会主义核心价值观，积极参加社会主义现代化建设。

第七条　国务院退役军人工作主管部门负责全国的退役军人保障工作。县级以上地方人民政府退役军人工作主管部门负责本行政区域的退役军人保障工作。

中央和国家有关机关、中央军事委员会有关部门、地方各级有关机关应当在各自职责范围内做好退役军人保障工作。

军队各级负责退役军人有关工作的部门与县级以上人民政府退役军人工作主管部门应当密切配合，做好退役军人保障工作。

第八条　国家加强退役军人保障工作信息化建设，为退役军人建档立卡,实现有关部门之间信息共享,为提高退役军人保障能力提供支持。

国务院退役军人工作主管部门应当与中央和国家有关机关、中央军事委员会有关部门密切配合,统筹做好信息数据系统的建设、维护、应用和信息安全管理等工作。

第九条 退役军人保障工作所需经费由中央和地方财政共同负担。退役安置、教育培训、抚恤优待资金主要由中央财政负担。

第十条 国家鼓励和引导企业、社会组织、个人等社会力量依法通过捐赠、设立基金、志愿服务等方式为退役军人提供支持和帮助。

第十一条 对在退役军人保障工作中做出突出贡献的单位和个人,按照国家有关规定给予表彰、奖励。

第二章 移交接收

第十二条 国务院退役军人工作主管部门、中央军事委员会政治工作部门、中央和国家有关机关应当制定全国退役军人的年度移交接收计划。

第十三条 退役军人原所在部队应当将退役军人移交安置地人民政府退役军人工作主管部门,安置地人民政府退役军人工作主管部门负责接收退役军人。

退役军人的安置地,按照国家有关规定确定。

第十四条 退役军人应当在规定时间内,持军队出具的退役证明到安置地人民政府退役军人工作主管部门报到。

第十五条 安置地人民政府退役军人工作主管部门在接收退役军人时,向退役军人发放退役军人优待证。

退役军人优待证全国统一制发、统一编号,管理使用办法由国务院退役军人工作主管部门会同有关部门制定。

第十六条 军人所在部队在军人退役时,应当及时将其人事档案移交安置地人民政府退役军人工作主管部门。

安置地人民政府退役军人工作主管部门应当按照国家人事档案管理有关规定,接收、保管并向有关单位移交退役军人人事档案。

第十七条 安置地人民政府公安机关应当按照国家有关规定,

及时为退役军人办理户口登记，同级退役军人工作主管部门应当予以协助。

第十八条 退役军人原所在部队应当按照有关法律法规规定，及时将退役军人及随军未就业配偶的养老、医疗等社会保险关系和相应资金，转入安置地社会保险经办机构。

安置地人民政府退役军人工作主管部门应当与社会保险经办机构、军队有关部门密切配合，依法做好有关社会保险关系和相应资金转移接续工作。

第十九条 退役军人移交接收过程中，发生与其服现役有关的问题，由原所在部队负责处理；发生与其安置有关的问题，由安置地人民政府负责处理；发生其他移交接收方面问题的，由安置地人民政府负责处理，原所在部队予以配合。

退役军人原所在部队撤销或者转隶、合并的，由原所在部队的上级单位或者转隶、合并后的单位按照前款规定处理。

第三章 退役安置

第二十条 地方各级人民政府应当按照移交接收计划，做好退役军人安置工作，完成退役军人安置任务。

机关、群团组织、企业事业单位和社会组织应当依法接收安置退役军人，退役军人应当接受安置。

第二十一条 对退役的军官，国家采取退休、转业、逐月领取退役金、复员等方式妥善安置。

以退休方式移交人民政府安置的，由安置地人民政府按照国家保障与社会化服务相结合的方式，做好服务管理工作，保障其待遇。

以转业方式安置的，由安置地人民政府根据其德才条件以及服现役期间的职务、等级、所做贡献、专长等和工作需要安排工作岗位，确定相应的职务职级。

服现役满规定年限，以逐月领取退役金方式安置的，按照国家有关规定逐月领取退役金。

以复员方式安置的，按照国家有关规定领取复员费。

第二十二条 对退役的军士，国家采取逐月领取退役金、自主就业、安排工作、退休、供养等方式妥善安置。

服现役满规定年限，以逐月领取退役金方式安置的，按照国家有关规定逐月领取退役金。

服现役不满规定年限，以自主就业方式安置的，领取一次性退役金。

以安排工作方式安置的，由安置地人民政府根据其服现役期间所做贡献、专长等安排工作岗位。

以退休方式安置的，由安置地人民政府按照国家保障与社会化服务相结合的方式，做好服务管理工作，保障其待遇。

以供养方式安置的，由国家供养终身。

第二十三条 对退役的义务兵，国家采取自主就业、安排工作、供养等方式妥善安置。

以自主就业方式安置的，领取一次性退役金。

以安排工作方式安置的，由安置地人民政府根据其服现役期间所做贡献、专长等安排工作岗位。

以供养方式安置的，由国家供养终身。

第二十四条 退休、转业、逐月领取退役金、复员、自主就业、安排工作、供养等安置方式的适用条件，按照相关法律法规执行。

第二十五条 转业军官、安排工作的军士和义务兵，由机关、群团组织、事业单位和国有企业接收安置。对下列退役军人，优先安置：

（一）参战退役军人；

（二）担任作战部队师、旅、团、营级单位主官的转业军官；

（三）属于烈士子女、功臣模范的退役军人；

（四）长期在艰苦边远地区或者特殊岗位服现役的退役军人。

第二十六条 机关、群团组织、事业单位接收安置转业军官、安排工作的军士和义务兵的，应当按照国家有关规定给予编制保障。

国有企业接收安置转业军官、安排工作的军士和义务兵的，应当按照国家规定与其签订劳动合同，保障相应待遇。

前两款规定的用人单位依法裁减人员时，应当优先留用接收安置的转业和安排工作的退役军人。

第二十七条 以逐月领取退役金方式安置的退役军官和军士，被录用为公务员或者聘用为事业单位工作人员的，自被录用、聘用下月起停发退役金,其待遇按照公务员、事业单位工作人员管理相关法律法规执行。

第二十八条 国家建立伤病残退役军人指令性移交安置、收治休养制度。军队有关部门应当及时将伤病残退役军人移交安置地人民政府安置。安置地人民政府应当妥善解决伤病残退役军人的住房、医疗、康复、护理和生活困难。

第二十九条 各级人民政府加强拥军优属工作,为军人和家属排忧解难。

符合条件的军官和军士退出现役时,其配偶和子女可以按照国家有关规定随调随迁。

随调配偶在机关或者事业单位工作,符合有关法律法规规定的,安置地人民政府负责安排到相应的工作单位;随调配偶在其他单位工作或者无工作单位的,安置地人民政府应当提供就业指导,协助实现就业。

随迁子女需要转学、入学的,安置地人民政府教育行政部门应当予以及时办理。对下列退役军人的随迁子女,优先保障:

(一)参战退役军人;

(二)属于烈士子女、功臣模范的退役军人;

(三)长期在艰苦边远地区或者特殊岗位服现役的退役军人;

(四)其他符合条件的退役军人。

第三十条 军人退役安置的具体办法由国务院、中央军事委员会制定。

第四章 教育培训

第三十一条 退役军人的教育培训应当以提高就业质量为导向,紧密围绕社会需求,为退役军人提供有特色、精细化、针对性强的培训服务。

国家采取措施加强对退役军人的教育培训,帮助退役军人完善知识结构,提高思想政治水平、职业技能水平和综合职业素养,提升就业创业能力。

第三十二条 国家建立学历教育和职业技能培训并行并举的退

役军人教育培训体系，建立退役军人教育培训协调机制，统筹规划退役军人教育培训工作。

第三十三条 军人退役前，所在部队在保证完成军事任务的前提下，可以根据部队特点和条件提供职业技能储备培训，组织参加高等教育自学考试和各类高等学校举办的高等学历继续教育，以及知识拓展、技能培训等非学历继续教育。

部队所在地县级以上地方人民政府退役军人工作主管部门应当为现役军人所在部队开展教育培训提供支持和协助。

第三十四条 退役军人在接受学历教育时，按照国家有关规定享受学费和助学金资助等国家教育资助政策。

高等学校根据国家统筹安排，可以通过单列计划、单独招生等方式招考退役军人。

第三十五条 现役军人入伍前已被普通高等学校录取或者是正在普通高等学校就学的学生，服现役期间保留入学资格或者学籍，退役后两年内允许入学或者复学，可以按照国家有关规定转入本校其他专业学习。达到报考研究生条件的，按照国家有关规定享受优惠政策。

第三十六条 国家依托和支持普通高等学校、职业院校（含技工院校）、专业培训机构等教育资源，为退役军人提供职业技能培训。退役军人未达到法定退休年龄需要就业创业的，可以享受职业技能培训补贴等相应扶持政策。

军人退出现役，安置地人民政府应当根据就业需求组织其免费参加职业教育、技能培训，经考试考核合格的，发给相应的学历证书、职业资格证书或者职业技能等级证书并推荐就业。

第三十七条 省级人民政府退役军人工作主管部门会同有关部门加强动态管理，定期对为退役军人提供职业技能培训的普通高等学校、职业院校（含技工院校）、专业培训机构的培训质量进行检查和考核，提高职业技能培训质量和水平。

第五章　就业创业

第三十八条 国家采取政府推动、市场引导、社会支持相结合的方式,鼓励和扶持退役军人就业创业。

第三十九条　各级人民政府应当加强对退役军人就业创业的指导和服务。

县级以上地方人民政府退役军人工作主管部门应当加强对退役军人就业创业的宣传、组织、协调等工作,会同有关部门采取退役军人专场招聘会等形式,开展就业推荐、职业指导,帮助退役军人就业。

第四十条　服现役期间因战、因公、因病致残被评定残疾等级和退役后补评或者重新评定残疾等级的残疾退役军人,有劳动能力和就业意愿的,优先享受国家规定的残疾人就业优惠政策。

第四十一条　公共人力资源服务机构应当免费为退役军人提供职业介绍、创业指导等服务。

国家鼓励经营性人力资源服务机构和社会组织为退役军人就业创业提供免费或者优惠服务。

退役军人未能及时就业的,在人力资源和社会保障部门办理求职登记后,可以按照规定享受失业保险待遇。

第四十二条　机关、群团组织、事业单位和国有企业在招录或者招聘人员时,对退役军人的年龄和学历条件可以适当放宽,同等条件下优先招录、招聘退役军人。退役的军士和义务兵服现役经历视为基层工作经历。

退役的军士和义务兵入伍前是机关、群团组织、事业单位或者国有企业人员的,退役后可以选择复职复工。

第四十三条　各地应当设置一定数量的基层公务员职位,面向服现役满五年的高校毕业生退役军人招考。

服现役满五年的高校毕业生退役军人可以报考面向服务基层项目人员定向考录的职位,同服务基层项目人员共享公务员定向考录计划。

各地应当注重从优秀退役军人中选聘党的基层组织、社区和村专职工作人员。

军队文职人员岗位、国防教育机构岗位等,应当优先选用符合条件的退役军人。

国家鼓励退役军人参加稳边固边等边疆建设工作。

第四十四条　退役军人服现役年限计算为工龄,退役后与所在单位工作年限累计计算。

第四十五条 县级以上地方人民政府投资建设或者与社会共建的创业孵化基地和创业园区，应当优先为退役军人创业提供服务。有条件的地区可以建立退役军人创业孵化基地和创业园区，为退役军人提供经营场地、投资融资等方面的优惠服务。

第四十六条 退役军人创办小微企业，可以按照国家有关规定申请创业担保贷款，并享受贷款贴息等融资优惠政策。

退役军人从事个体经营，依法享受税收优惠政策。

第四十七条 用人单位招用退役军人符合国家规定的，依法享受税收优惠等政策。

第六章 抚恤优待

第四十八条 各级人民政府应当坚持普惠与优待叠加的原则，在保障退役军人享受普惠性政策和公共服务基础上，结合服现役期间所做贡献和各地实际情况给予优待。

对参战退役军人，应当提高优待标准。

第四十九条 国家逐步消除退役军人抚恤优待制度城乡差异、缩小地区差异，建立统筹平衡的抚恤优待量化标准体系。

第五十条 退役军人依法参加养老、医疗、工伤、失业、生育等社会保险，并享受相应待遇。

退役军人服现役年限与入伍前、退役后参加职工基本养老保险、职工基本医疗保险、失业保险的缴费年限依法合并计算。

第五十一条 退役军人符合安置住房优待条件的，实行市场购买与军地集中统建相结合，由安置地人民政府统筹规划、科学实施。

第五十二条 军队医疗机构、公立医疗机构应当为退役军人就医提供优待服务，并对参战退役军人、残疾退役军人给予优惠。

第五十三条 退役军人凭退役军人优待证等有效证件享受公共交通、文化和旅游等优待，具体办法由省级人民政府制定。

第五十四条 县级以上人民政府加强优抚医院、光荣院建设，充分利用现有医疗和养老服务资源，收治或者集中供养孤老、生活不能自理的退役军人。

各类社会福利机构应当优先接收老年退役军人和残疾退役军人。

第五十五条 国家建立退役军人帮扶援助机制，在养老、医疗、住房等方面，对生活困难的退役军人按照国家有关规定给予帮扶援助。

第五十六条 残疾退役军人依法享受抚恤。

残疾退役军人按照残疾等级享受残疾抚恤金，标准由国务院退役军人工作主管部门会同国务院财政部门综合考虑国家经济社会发展水平、消费物价水平、全国城镇单位就业人员工资水平、国家财力情况等因素确定。残疾抚恤金由县级人民政府退役军人工作主管部门发放。

第七章 褒扬激励

第五十七条 国家建立退役军人荣誉激励机制，对在社会主义现代化建设中做出突出贡献的退役军人予以表彰、奖励。退役军人服现役期间获得表彰、奖励的，退役后按照国家有关规定享受相应待遇。

第五十八条 退役军人安置地人民政府在接收退役军人时，应当举行迎接仪式。迎接仪式由安置地人民政府退役军人工作主管部门负责实施。

第五十九条 地方人民政府应当为退役军人家庭悬挂光荣牌，定期开展走访慰问活动。

第六十条 国家、地方和军队举行重大庆典活动时，应当邀请退役军人代表参加。

被邀请的退役军人参加重大庆典活动时，可以穿着退役时的制式服装，佩戴服现役期间和退役后荣获的勋章、奖章、纪念章等徽章。

第六十一条 国家注重发挥退役军人在爱国主义教育和国防教育活动中的积极作用。机关、群团组织、企业事业单位和社会组织可以邀请退役军人协助开展爱国主义教育和国防教育。县级以上人民政府教育行政部门可以邀请退役军人参加学校国防教育培训，学校可以聘请退役军人参与学生军事训练。

第六十二条 县级以上人民政府退役军人工作主管部门应当加

强对退役军人先进事迹的宣传，通过制作公益广告、创作主题文艺作品等方式，弘扬爱国主义精神、革命英雄主义精神和退役军人敬业奉献精神。

第六十三条 县级以上地方人民政府负责地方志工作的机构应当将本行政区域内下列退役军人的名录和事迹，编辑录入地方志：

（一）参战退役军人；

（二）荣获二等功以上奖励的退役军人；

（三）获得省部级或者战区级以上表彰的退役军人；

（四）其他符合条件的退役军人。

第六十四条 国家统筹规划烈士纪念设施建设，通过组织开展英雄烈士祭扫纪念活动等多种形式，弘扬英雄烈士精神。退役军人工作主管部门负责烈士纪念设施的修缮、保护和管理。

国家推进军人公墓建设。符合条件的退役军人去世后，可以安葬在军人公墓。

第八章 服务管理

第六十五条 国家加强退役军人服务机构建设，建立健全退役军人服务体系。县级以上人民政府设立退役军人服务中心，乡镇、街道、农村和城市社区设立退役军人服务站点，提升退役军人服务保障能力。

第六十六条 退役军人服务中心、服务站点等退役军人服务机构应当加强与退役军人联系沟通，做好退役军人就业创业扶持、优抚帮扶、走访慰问、权益维护等服务保障工作。

第六十七条 县级以上人民政府退役军人工作主管部门应当加强退役军人思想政治教育工作，及时掌握退役军人的思想情况和工作生活状况，指导接收安置单位和其他组织做好退役军人的思想政治工作和有关保障工作。

接收安置单位和其他组织应当结合退役军人工作和生活状况，做好退役军人思想政治工作和有关保障工作。

第六十八条 县级以上人民政府退役军人工作主管部门、接收安置单位和其他组织应当加强对退役军人的保密教育和管理。

第六十九条 县级以上人民政府退役军人工作主管部门应当通

过广播、电视、报刊、网络等多种渠道宣传与退役军人相关的法律法规和政策制度。

第七十条 县级以上人民政府退役军人工作主管部门应当建立健全退役军人权益保障机制，畅通诉求表达渠道，为退役军人维护其合法权益提供支持和帮助。退役军人的合法权益受到侵害，应当依法解决。公共法律服务有关机构应当依法为退役军人提供法律援助等必要的帮助。

第七十一条 县级以上人民政府退役军人工作主管部门应当依法指导、督促有关部门和单位做好退役安置、教育培训、就业创业、抚恤优待、褒扬激励、拥军优属等工作，监督检查退役军人保障相关法律法规和政策措施落实情况，推进解决退役军人保障工作中存在的问题。

第七十二条 国家实行退役军人保障工作责任制和考核评价制度。县级以上人民政府应当将退役军人保障工作完成情况，纳入对本级人民政府负责退役军人有关工作的部门及其负责人、下级人民政府及其负责人的考核评价内容。

对退役军人保障政策落实不到位、工作推进不力的地区和单位，由省级以上人民政府退役军人工作主管部门会同有关部门约谈该地区人民政府主要负责人或者该单位主要负责人。

第七十三条 退役军人工作主管部门及其工作人员履行职责，应当自觉接受社会监督。

第七十四条 对退役军人保障工作中违反本法行为的检举、控告，有关机关和部门应当依法及时处理，并将处理结果告知检举人、控告人。

第九章　法律责任

第七十五条 退役军人工作主管部门及其工作人员有下列行为之一的，由其上级主管部门责令改正，对直接负责的主管人员和其他直接责任人员依法给予处分：

（一）未按照规定确定退役军人安置待遇的；

（二）在退役军人安置工作中出具虚假文件的；

（三）为不符合条件的人员发放退役军人优待证的；

（四）挪用、截留、私分退役军人保障工作经费的；

（五）违反规定确定抚恤优待对象、标准、数额或者给予退役军人相关待遇的；

（六）在退役军人保障工作中利用职务之便为自己或者他人谋取私利的；

（七）在退役军人保障工作中失职渎职的；

（八）有其他违反法律法规行为的。

第七十六条 其他负责退役军人有关工作的部门及其工作人员违反本法有关规定的，由其上级主管部门责令改正，对直接负责的主管人员和其他直接责任人员依法给予处分。

第七十七条 违反本法规定，拒绝或者无故拖延执行退役军人安置任务的，由安置地人民政府退役军人工作主管部门责令限期改正；逾期不改正的，予以通报批评。对该单位主要负责人和直接责任人员，由有关部门依法给予处分。

第七十八条 退役军人弄虚作假骗取退役相关待遇的，由县级以上地方人民政府退役军人工作主管部门取消相关待遇，追缴非法所得，并由其所在单位或者有关部门依法给予处分。

第七十九条 退役军人违法犯罪的，由省级人民政府退役军人工作主管部门按照国家有关规定中止、降低或者取消其退役相关待遇，报国务院退役军人工作主管部门备案。

退役军人对省级人民政府退役军人工作主管部门作出的中止、降低或者取消其退役相关待遇的决定不服的，可以依法申请行政复议或者提起行政诉讼。

第八十条 违反本法规定，构成违反治安管理行为的，依法给予治安管理处罚；构成犯罪的，依法追究刑事责任。

第十章　附　　则

第八十一条 中国人民武装警察部队依法退出现役的警官、警士和义务兵等人员，适用本法。

第八十二条 本法有关军官的规定适用于文职干部。

军队院校学员依法退出现役的，参照本法有关规定执行。

第八十三条 参试退役军人参照本法有关参战退役军人的规定执行。

参战退役军人、参试退役军人的范围和认定标准、认定程序，由中央军事委员会有关部门会同国务院退役军人工作主管部门等部门规定。

第八十四条 军官离职休养和军级以上职务军官退休后，按照国务院和中央军事委员会的有关规定安置管理。

本法施行前已经按照自主择业方式安置的退役军人的待遇保障，按照国务院和中央军事委员会的有关规定执行。

第八十五条 本法自2021年1月1日起施行。

中华人民共和国
预防未成年人犯罪法

（1999年6月28日第九届全国人民代表大会常务委员会第十次会议通过　根据2012年10月26日第十一届全国人民代表大会常务委员会第二十九次会议《关于修改〈中华人民共和国预防未成年人犯罪法〉的决定》修正　2020年12月26日第十三届全国人民代表大会常务委员会第二十四次会议修订　2020年12月26日中华人民共和国主席令第64号公布　自2021年6月1日起施行）

目　　录

第一章　总　　则

第一条　为了保障未成年人身心健康,培养未成年人良好品行,有效预防未成年人违法犯罪,制定本法。

第二条　预防未成年人犯罪,立足于教育和保护未成年人相结合,坚持预防为主、提前干预,对未成年人的不良行为和严重不良行为及时进行分级预防、干预和矫治。

第三条　开展预防未成年人犯罪工作,应当尊重未成年人人格尊严,保护未成年人的名誉权、隐私权和个人信息等合法权益。

第四条　预防未成年人犯罪,在各级人民政府组织下,实行综合治理。

国家机关、人民团体、社会组织、企业事业单位、居民委员会、村民委员会、学校、家庭等各负其责、相互配合,共同做好预防未成年人犯罪工作,及时消除滋生未成年人违法犯罪行为的各种消极因素,为未成年人身心健康发展创造良好的社会环境。

第五条　各级人民政府在预防未成年人犯罪方面的工作职责是:

(一)制定预防未成年人犯罪工作规划;

(二)组织公安、教育、民政、文化和旅游、市场监督管理、网信、卫生健康、新闻出版、电影、广播电视、司法行政等有关部门开展预防未成年人犯罪工作;

(三)为预防未成年人犯罪工作提供政策支持和经费保障;

(四)对本法的实施情况和工作规划的执行情况进行检查;

(五)组织开展预防未成年人犯罪宣传教育;

(六)其他预防未成年人犯罪工作职责。

第六条　国家加强专门学校建设,对有严重不良行为的未成年人进行专门教育。专门教育是国民教育体系的组成部分,是对有严重不良行为的未成年人进行教育和矫治的重要保护处分措施。

省级人民政府应当将专门教育发展和专门学校建设纳入经济社会发展规划。县级以上地方人民政府成立专门教育指导委员会,根据需要合理设置专门学校。

专门教育指导委员会由教育、民政、财政、人力资源社会保障、公安、司法行政、人民检察院、人民法院、共产主义青年团、妇女联合会、关心下一代工作委员会、专门学校等单位，以及律师、社会工作者等人员组成，研究确定专门学校教学、管理等相关工作。

专门学校建设和专门教育具体办法，由国务院规定。

第七条 公安机关、人民检察院、人民法院、司法行政部门应当由专门机构或者经过专业培训、熟悉未成年人身心特点的专门人员负责预防未成年人犯罪工作。

第八条 共产主义青年团、妇女联合会、工会、残疾人联合会、关心下一代工作委员会、青年联合会、学生联合会、少年先锋队以及有关社会组织，应当协助各级人民政府及其有关部门、人民检察院和人民法院做好预防未成年人犯罪工作，为预防未成年人犯罪培育社会力量，提供支持服务。

第九条 国家鼓励、支持和指导社会工作服务机构等社会组织参与预防未成年人犯罪相关工作，并加强监督。

第十条 任何组织或者个人不得教唆、胁迫、引诱未成年人实施不良行为或者严重不良行为，以及为未成年人实施上述行为提供条件。

第十一条 未成年人应当遵守法律法规及社会公共道德规范，树立自尊、自律、自强意识，增强辨别是非和自我保护的能力，自觉抵制各种不良行为以及违法犯罪行为的引诱和侵害。

第十二条 预防未成年人犯罪，应当结合未成年人不同年龄的生理、心理特点，加强青春期教育、心理关爱、心理矫治和预防犯罪对策的研究。

第十三条 国家鼓励和支持预防未成年人犯罪相关学科建设、专业设置、人才培养及科学研究，开展国际交流与合作。

第十四条 国家对预防未成年人犯罪工作有显著成绩的组织和个人，给予表彰和奖励。

第二章　预防犯罪的教育

第十五条 国家、社会、学校和家庭应当对未成年人加强社会主义核心价值观教育，开展预防犯罪教育，增强未成年人的法治观念，使未成年人树立遵纪守法和防范违法犯罪的意识，提高自我管控能力。

第十六条　未成年人的父母或者其他监护人对未成年人的预防犯罪教育负有直接责任，应当依法履行监护职责，树立优良家风，培养未成年人良好品行；发现未成年人心理或者行为异常的，应当及时了解情况并进行教育、引导和劝诫，不得拒绝或者怠于履行监护职责。

第十七条　教育行政部门、学校应当将预防犯罪教育纳入学校教学计划，指导教职员工结合未成年人的特点，采取多种方式对未成年学生进行有针对性的预防犯罪教育。

第十八条　学校应当聘任从事法治教育的专职或者兼职教师，并可以从司法和执法机关、法学教育和法律服务机构等单位聘请法治副校长、校外法治辅导员。

第十九条　学校应当配备专职或者兼职的心理健康教育教师，开展心理健康教育。学校可以根据实际情况与专业心理健康机构合作，建立心理健康筛查和早期干预机制，预防和解决学生心理、行为异常问题。

学校应当与未成年学生的父母或者其他监护人加强沟通，共同做好未成年学生心理健康教育；发现未成年学生可能患有精神障碍的，应当立即告知其父母或者其他监护人送相关专业机构诊治。

第二十条　教育行政部门应当会同有关部门建立学生欺凌防控制度。学校应当加强日常安全管理，完善学生欺凌发现和处置的工作流程，严格排查并及时消除可能导致学生欺凌行为的各种隐患。

第二十一条　教育行政部门鼓励和支持学校聘请社会工作者长期或者定期进驻学校，协助开展道德教育、法治教育、生命教育和心理健康教育，参与预防和处理学生欺凌等行为。

第二十二条　教育行政部门、学校应当通过举办讲座、座谈、培训等活动，介绍科学合理的教育方法，指导教职员工、未成年学生的父母或者其他监护人有效预防未成年人犯罪。

学校应当将预防犯罪教育计划告知未成年学生的父母或者其他监护人。未成年学生的父母或者其他监护人应当配合学校对未成年学生进行有针对性的预防犯罪教育。

第二十三条 教育行政部门应当将预防犯罪教育的工作效果纳入学校年度考核内容。

第二十四条 各级人民政府及其有关部门、人民检察院、人民法院、共产主义青年团、少年先锋队、妇女联合会、残疾人联合会、关心下一代工作委员会等应当结合实际,组织、举办多种形式的预防未成年人犯罪宣传教育活动。有条件的地方可以建立青少年法治教育基地,对未成年人开展法治教育。

第二十五条 居民委员会、村民委员会应当积极开展有针对性的预防未成年人犯罪宣传活动,协助公安机关维护学校周围治安,及时掌握本辖区内未成年人的监护、就学和就业情况,组织、引导社区社会组织参与预防未成年人犯罪工作。

第二十六条 青少年宫、儿童活动中心等校外活动场所应当把预防犯罪教育作为一项重要的工作内容,开展多种形式的宣传教育活动。

第二十七条 职业培训机构、用人单位在对已满十六周岁准备就业的未成年人进行职业培训时,应当将预防犯罪教育纳入培训内容。

第三章　对不良行为的干预

第二十八条 本法所称不良行为,是指未成年人实施的不利于其健康成长的下列行为:

(一)吸烟、饮酒;

(二)多次旷课、逃学;

(三)无故夜不归宿、离家出走;

(四)沉迷网络;

(五)与社会上具有不良习性的人交往,组织或者参加实施不良行为的团伙;

(六)进入法律法规规定未成年人不宜进入的场所;

(七)参与赌博、变相赌博,或者参加封建迷信、邪教等活动;

(八)阅览、观看或者收听宣扬淫秽、色情、暴力、恐怖、极端等内容的读物、音像制品或者网络信息等；

（九）其他不利于未成年人身心健康成长的不良行为。

第二十九条 未成年人的父母或者其他监护人发现未成年人有不良行为的，应当及时制止并加强管教。

第三十条 公安机关、居民委员会、村民委员会发现本辖区内未成年人有不良行为的，应当及时制止，并督促其父母或者其他监护人依法履行监护职责。

第三十一条 学校对有不良行为的未成年学生，应当加强管理教育，不得歧视；对拒不改正或者情节严重的，学校可以根据情况予以处分或者采取以下管理教育措施：

（一）予以训导；

（二）要求遵守特定的行为规范；

（三）要求参加特定的专题教育；

（四）要求参加校内服务活动；

（五）要求接受社会工作者或者其他专业人员的心理辅导和行为干预；

（六）其他适当的管理教育措施。

第三十二条 学校和家庭应当加强沟通，建立家校合作机制。学校决定对未成年学生采取管理教育措施的，应当及时告知其父母或者其他监护人；未成年学生的父母或者其他监护人应当支持、配合学校进行管理教育。

第三十三条 未成年学生偷窃少量财物，或者有殴打、辱骂、恐吓、强行索要财物等学生欺凌行为，情节轻微的，可以由学校依照本法第三十一条规定采取相应的管理教育措施。

第三十四条 未成年学生旷课、逃学的，学校应当及时联系其父母或者其他监护人，了解有关情况；无正当理由的，学校和未成年学生的父母或者其他监护人应当督促其返校学习。

第三十五条 未成年人无故夜不归宿、离家出走的，父母或者其他监护人、所在的寄宿制学校应当及时查找，必要时向公安机关报告。

收留夜不归宿、离家出走未成年人的，应当及时联系其父母或者其他监护人、所在学校；无法取得联系的，应当及时向公安机关报告。

第三十六条　对夜不归宿、离家出走或者流落街头的未成年人，公安机关、公共场所管理机构等发现或者接到报告后，应当及时采取有效保护措施，并通知其父母或者其他监护人、所在的寄宿制学校，必要时应当护送其返回住所、学校；无法与其父母或者其他监护人、学校取得联系的，应当护送未成年人到救助保护机构接受救助。

第三十七条　未成年人的父母或者其他监护人、学校发现未成年人组织或者参加实施不良行为的团伙，应当及时制止；发现该团伙有违法犯罪嫌疑的，应当立即向公安机关报告。

第四章　对严重不良行为的矫治

第三十八条　本法所称严重不良行为，是指未成年人实施的有刑法规定、因不满法定刑事责任年龄不予刑事处罚的行为，以及严重危害社会的下列行为：

（一）结伙斗殴，追逐、拦截他人，强拿硬要或者任意损毁、占用公私财物等寻衅滋事行为；

（二）非法携带枪支、弹药或者弩、匕首等国家规定的管制器具；

（三）殴打、辱骂、恐吓，或者故意伤害他人身体；

（四）盗窃、哄抢、抢夺或者故意损毁公私财物；

（五）传播淫秽的读物、音像制品或者信息等；

（六）卖淫、嫖娼，或者进行淫秽表演；

（七）吸食、注射毒品，或者向他人提供毒品；

（八）参与赌博赌资较大；

（九）其他严重危害社会的行为。

第三十九条　未成年人的父母或者其他监护人、学校、居民委员会、村民委员会发现有人教唆、胁迫、引诱未成年人实施严重不良行为的，应当立即向公安机关报告。公安机关接到报告或者发现有上述情形的，应当及时依法查处；对人身安全受到威胁的未成年人，应当立即采取有效保护措施。

第四十条　公安机关接到举报或者发现未成年人有严重不良行为的，应当及时制止，依法调查处理，并可以责令其父母或者其他监护人消除或者减轻违法后果，采取措施严加管教。

第四十一条 对有严重不良行为的未成年人，公安机关可以根据具体情况，采取以下矫治教育措施：

（一）予以训诫；

（二）责令赔礼道歉、赔偿损失；

（三）责令具结悔过；

（四）责令定期报告活动情况；

（五）责令遵守特定的行为规范，不得实施特定行为、接触特定人员或者进入特定场所；

（六）责令接受心理辅导、行为矫治；

（七）责令参加社会服务活动；

（八）责令接受社会观护，由社会组织、有关机构在适当场所对未成年人进行教育、监督和管束；

（九）其他适当的矫治教育措施。

第四十二条 公安机关在对未成年人进行矫治教育时，可以根据需要邀请学校、居民委员会、村民委员会以及社会工作服务机构等社会组织参与。

未成年人的父母或者其他监护人应当积极配合矫治教育措施的实施，不得妨碍阻挠或者放任不管。

第四十三条 对有严重不良行为的未成年人，未成年人的父母或者其他监护人、所在学校无力管教或者管教无效的，可以向教育行政部门提出申请，经专门教育指导委员会评估同意后，由教育行政部门决定送入专门学校接受专门教育。

第四十四条 未成年人有下列情形之一的，经专门教育指导委员会评估同意，教育行政部门会同公安机关可以决定将其送入专门学校接受专门教育：

（一）实施严重危害社会的行为，情节恶劣或者造成严重后果；

（二）多次实施严重危害社会的行为；

（三）拒不接受或者配合本法第四十一条规定的矫治教育措施；

（四）法律、行政法规规定的其他情形。

第四十五条 未成年人实施刑法规定的行为、因不满法定刑事责任年龄不予刑事处罚的，经专门教育指导委员会评估同意，教育行政部门会同公安机关可以决定对其进行专门矫治教育。

省级人民政府应当结合本地的实际情况，至少确定一所专门学校按照分校区、分班级等方式设置专门场所，对前款规定的未成年人进行专门矫治教育。

前款规定的专门场所实行闭环管理，公安机关、司法行政部门负责未成年人的矫治工作，教育行政部门承担未成年人的教育工作。

第四十六条 专门学校应当在每个学期适时提请专门教育指导委员会对接受专门教育的未成年学生的情况进行评估。对经评估适合转回普通学校就读的，专门教育指导委员会应当向原决定机关提出书面建议，由原决定机关决定是否将未成年学生转回普通学校就读。

原决定机关决定将未成年学生转回普通学校的，其原所在学校不得拒绝接收；因特殊情况，不适宜转回原所在学校的，由教育行政部门安排转学。

第四十七条 专门学校应当对接受专门教育的未成年人分级分类进行教育和矫治，有针对性地开展道德教育、法治教育、心理健康教育，并根据实际情况进行职业教育；对没有完成义务教育的未成年人，应当保证其继续接受义务教育。

专门学校的未成年学生的学籍保留在原学校，符合毕业条件的，原学校应当颁发毕业证书。

第四十八条 专门学校应当与接受专门教育的未成年人的父母或者其他监护人加强联系，定期向其反馈未成年人的矫治和教育情况，为父母或者其他监护人、亲属等看望未成年人提供便利。

第四十九条 未成年人及其父母或者其他监护人对本章规定的行政决定不服的，可以依法提起行政复议或者行政诉讼。

第五章　对重新犯罪的预防

第五十条 公安机关、人民检察院、人民法院办理未成年人刑事案件，应当根据未成年人的生理、心理特点和犯罪的情况，有针对性地进行法治教育。

对涉及刑事案件的未成年人进行教育，其法定代理人以外的成年亲属或者教师、辅导员等参与有利于感化、挽救未成年人的，公安机关、人民检察院、人民法院应当邀请其参加有关活动。

第五十一条 公安机关、人民检察院、人民法院办理未成年人刑事案件,可以自行或者委托有关社会组织、机构对未成年犯罪嫌疑人或者被告人的成长经历、犯罪原因、监护、教育等情况进行社会调查;根据实际需要并经未成年犯罪嫌疑人、被告人及其法定代理人同意,可以对未成年犯罪嫌疑人、被告人进行心理测评。

社会调查和心理测评的报告可以作为办理案件和教育未成年人的参考。

第五十二条 公安机关、人民检察院、人民法院对于无固定住所、无法提供保证人的未成年人适用取保候审的,应当指定合适成年人作为保证人,必要时可以安排取保候审的未成年人接受社会观护。

第五十三条 对被拘留、逮捕以及在未成年犯管教所执行刑罚的未成年人,应当与成年人分别关押、管理和教育。对未成年人的社区矫正,应当与成年人分别进行。

对有上述情形且没有完成义务教育的未成年人,公安机关、人民检察院、人民法院、司法行政部门应当与教育行政部门相互配合,保证其继续接受义务教育。

第五十四条 未成年犯管教所、社区矫正机构应当对未成年犯、未成年社区矫正对象加强法治教育,并根据实际情况对其进行职业教育。

第五十五条 社区矫正机构应当告知未成年社区矫正对象安置帮教的有关规定,并配合安置帮教工作部门落实或者解决未成年社区矫正对象的就学、就业等问题。

第五十六条 对刑满释放的未成年人,未成年犯管教所应当提前通知其父母或者其他监护人按时接回,并协助落实安置帮教措施。没有父母或者其他监护人、无法查明其父母或者其他监护人的,未成年犯管教所应当提前通知未成年人原户籍所在地或者居住地的司法行政部门安排人员按时接回,由民政部门或者居民委员会、村民委员会依法对其进行监护。

第五十七条 未成年人的父母或者其他监护人和学校、居民委员会、村民委员会对接受社区矫正、刑满释放的未成年人,应当采取有效的帮教措施,协助司法机关以及有关部门做好安置帮教工作。

居民委员会、村民委员会可以聘请思想品德优秀，作风正派，热心未成年人工作的离退休人员、志愿者或其他人员协助做好前款规定的安置帮教工作。

第五十八条 刑满释放和接受社区矫正的未成年人，在复学、升学、就业等方面依法享有与其他未成年人同等的权利，任何单位和个人不得歧视。

第五十九条 未成年人的犯罪记录依法被封存的，公安机关、人民检察院、人民法院和司法行政部门不得向任何单位或者个人提供，但司法机关因办案需要或者有关单位根据国家有关规定进行查询的除外。依法进行查询的单位和个人应当对相关记录信息予以保密。

未成年人接受专门矫治教育、专门教育的记录，以及被行政处罚、采取刑事强制措施和不起诉的记录，适用前款规定。

第六十条 人民检察院通过依法行使检察权，对未成年人重新犯罪预防工作等进行监督。

第六章 法律责任

第六十一条 公安机关、人民检察院、人民法院在办理案件过程中发现实施严重不良行为的未成年人的父母或者其他监护人不依法履行监护职责的，应当予以训诫，并可以责令其接受家庭教育指导。

第六十二条 学校及其教职员工违反本法规定，不履行预防未成年人犯罪工作职责，或者虐待、歧视相关未成年人的，由教育行政等部门责令改正，通报批评；情节严重的，对直接负责的主管人员和其他直接责任人员依法给予处分。构成违反治安管理行为的，由公安机关依法予以治安管理处罚。

教职员工教唆、胁迫、引诱未成年人实施不良行为或者严重不良行为，以及品行不良、影响恶劣的，教育行政部门、学校应当依法予以解聘或者辞退。

第六十三条 违反本法规定，在复学、升学、就业等方面歧视相关未成年人的，由所在单位或者教育、人力资源社会保障等部门责令改正；拒不改正的，对直接负责的主管人员或者其他直接责任人员依法给予处分。

第六十四条 有关社会组织、机构及其工作人员虐待、歧视接受社会观护的未成年人，或者出具虚假社会调查、心理测评报告的，由民政、司法行政等部门对直接负责的主管人员或者其他直接责任人员依法给予处分，构成违反治安管理行为的，由公安机关予以治安管理处罚。

第六十五条 教唆、胁迫、引诱未成年人实施不良行为或者严重不良行为，构成违反治安管理行为的，由公安机关依法予以治安管理处罚。

第六十六条 国家机关及其工作人员在预防未成年人犯罪工作中滥用职权、玩忽职守、徇私舞弊的，对直接负责的主管人员和其他直接责任人员，依法给予处分。

第六十七条 违反本法规定，构成犯罪的，依法追究刑事责任。

第七章 附 则

第六十八条 本法自2021年6月1日起施行。

国务院办公厅印发关于切实解决老年人运用智能技术困难实施方案的通知

（2020年11月15日 国办发〔2020〕45号）

《关于切实解决老年人运用智能技术困难的实施方案》已经国务院同意，现印发给你们，请结合实际认真贯彻落实。

各地区、各部门要落实主体责任，加强工作统筹，建立工作台账，明确时间表和路线图，聚焦涉及老年人的高频事项和服务场景，坚持传统服务方式与智能化服务创新并行，切实解决老年人在运用智能技术方面遇到的突出困难，确保各项工作做实做细、落实到位，为老年人提供更周全、更贴心、更直接的便利化服务。

关于切实解决老年人运用智能技术困难的实施方案

随着我国互联网、大数据、人工智能等信息技术快速发展，智能化服务得到广泛应用，深刻改变了生产生活方式，提高了社会治理和服务效能。但同时，我国老龄人口数量快速增长，不少老年人不会上网、不会使用智能手机，在出行、就医、消费等日常生活中遇到不便，无法充分享受智能化服务带来的便利，老年人面临的“数字鸿沟”问题日益凸显。为进一步推动解决老年人在运用智能技术方面遇到的困难，让老年人更好共享信息化发展成果，制定本实施方案。

一、总体要求

（一）指导思想。

以习近平新时代中国特色社会主义思想为指导，全面贯彻党的十九大和十九届二中、三中、四中、五中全会精神，认真落实党中央、国务院决策部署，坚持以人民为中心的发展思想，满足人民日益增长的美好生活需要，持续推动充分兼顾老年人需要的智慧社会建设，坚持传统服务方式与智能化服务创新并行，切实解决老年人在运用智能技术方面遇到的困难。要适应统筹推进疫情防控和经济社会发展工作要求，聚焦老年人日常生活涉及的高频事项，做实做细为老年人服务的各项工作，增进包括老年人在内的全体人民福祉，让老年人在信息化发展中有更多获得感、幸福感、安全感。

（二）基本原则。

——坚持传统服务与智能创新相结合。在各类日常生活场景中，必须保留老年人熟悉的传统服务方式，充分保障在运用智能技术方面遇到困难的老年人的基本需求；紧贴老年人需求特点，加强技术创新，提供更多智能化适老产品和服务，促进智能技术有效推广应用，让老年人能用、会用、敢用、想用。坚持“两条腿”走路，使智能化管理适应老年人，并不断改进传统服务方式，为老年人提供更周全、更贴心、更直接的便利化服务。

——坚持普遍适用与分类推进相结合。强化问题导向和需求导向，针对老年人在运用智能技术方面遇到的突出共性问题，采取普遍适用的政策措施；对不同年龄段、不同教育背景、不同生活环境和习惯的老年人，分类梳理问题，采取有针对性、差异化的解决方案。

——坚持线上服务与线下渠道相结合。线上服务更加突出人性化，充分考虑老年人习惯，便利老年人使用；线下渠道进一步优化流程、简化手续，不断改善老年人服务体验，与线上服务融合发展、互为补充，有效发挥兜底保障作用。

——坚持解决突出问题与形成长效机制相结合。围绕老年人出行、就医等高频事项和服务场景，抓紧解决目前最突出、最紧迫的问题，切实保障老年人基本服务需要；在此基础上，逐步总结积累经验，不断提升智能化服务水平，完善服务保障措施，建立长效机制，有效解决老年人面临的“数字鸿沟”问题。

（三）工作目标。

在政策引导和全社会的共同努力下，有效解决老年人在运用智能技术方面遇到的困难，让广大老年人更好地适应并融入智慧社会。到2020年底前，集中力量推动各项传统服务兜底保障到位，抓紧出台实施一批解决老年人运用智能技术最迫切问题的有效措施，切实满足老年人基本生活需要。到2021年底前，围绕老年人出行、就医、消费、文娱、办事等高频事项和服务场景，推动老年人享受智能化服务更加普遍，传统服务方式更加完善。到2022年底前，老年人享受智能化服务水平显著提升、便捷性不断提高，线上线下服务更加高效协同，解决老年人面临的“数字鸿沟”问题的长效机制基本建立。

二、重点任务

（一）做好突发事件应急响应状态下对老年人的服务保障。

1. 完善“健康码”管理，便利老年人通行。在新冠肺炎疫情低风险地区，除机场、铁路车站、长途客运站、码头和出入境口岸等特殊场所外，一般不用查验“健康码”。对需查验“健康码”的情形，通过技术手段将疫情防控相关信息自动整合到“健康码”，简化操作以适合老年人使用，优化代办代查等服务，继续推行“健康码”全国互通互认，便利老年人跨省通行。各地不得将“健康码”作为人员通行的唯一凭证，对老年人等群体可采取凭有效身份证件登记、持纸质证明通行、出示“通信行程卡”作为辅助行程证明等替代措施。有条件的地区和场所要为不使用智能手机的老年人设立“无健康码通道”,做好服务引导和健康核验。在充分保障个人信息安全前提下,推进“健康码”与身份证、社保卡、老年卡、市民卡等互相关联,逐步实现“刷卡”或“刷脸”通行。对因“健康码”管理不当造成恶劣影响的,根据有关规定追究相关单位负责人的责任。(国家卫生健康委、国务院办公厅、工业和信息化部牵头,相关部门及各地区按职责分工负责)

2. 保障居家老年人基本服务需要。在常态化疫情防控下,为有效解决老年人无法使用智能技术获取线上服务的困难,组织、引导、便利城乡社区组织、机构和各类社会力量进社区、进家庭,建设改造一批社区便民消费服务中心、老年服务站等设施,为居家老年人特别是高龄、空巢、失能、留守等重点群体,提供生活用品代购、餐饮外卖、家政预约、代收代缴、挂号取药、上门巡诊、精神慰藉等服务,满足基本生活需求。(商务部、民政部、住房城乡建设部、国家卫生健康委等相关部门按职责分工负责)

3. 在突发事件处置中做好帮助老年人应对工作。在自然灾害、事故灾难、公共卫生事件、社会安全事件等突发事件处置中,需采取必要智能化管理和服务措施的,要在应急预案中统筹考虑老年人需要,提供突发事件风险提醒、紧急避难场所提示、“一键呼叫”应急救援、受灾人群转移安置、救灾物资分配发放等线上线下相结合的应急救援和保障服务,切实解决在应急处置状态下老年人遇到的困难。(应急部、公安部、国家卫生健康委等相关部门及各地区按职责分工负责)

(二)便利老年人日常交通出行。

4. 优化老年人打车出行服务。保持巡游出租车扬召服务,对电召服务要提高电话接线率。引导网约车平台公司优化约车软件,增设“一键叫车”功能,鼓励提供电召服务,对老年人订单优先派车。鼓励有条件的地区在医院、居民集中居住区、重要商业区等场所设置出租车候客点、临时停靠点,依托信息化技术提供便捷叫车服务。(交通运输部及各地区按职责分工负责)

5. 便利老年人乘坐公共交通。铁路、公路、水运、民航客运等公共交通在推行移动支付、电子客票、扫码乘车的同时,保留使用现金、纸质票据、凭证、证件等乘车的方式。推进交通一卡通全国互通与便捷应用，支持具备条件的社保卡增加交通出行功能，鼓励有条件的地区推行老年人凭身份证、社保卡、老年卡等证件乘坐城市公共交通。（交通运输部、人力资源社会保障部、人民银行、国家铁路局、中国民航局、中国国家铁路集团有限公司及各地区按职责分工负责）

6. 提高客运场站人工服务质量。进一步优化铁路、公路、水运、民航客运场站及轨道交通站点等窗口服务，方便老年人现场购票、打印票证等。高速公路服务区、收费站等服务窗口要为老年人提供咨询、指引等便利化服务和帮助。（交通运输部、国家铁路局、中国民航局、中国国家铁路集团有限公司及各地区按职责分工负责）

（三）便利老年人日常就医。

7. 提供多渠道挂号等就诊服务。医疗机构、相关企业要完善电话、网络、现场等多种预约挂号方式，畅通家人、亲友、家庭签约医生等代老年人预约挂号的渠道。医疗机构应提供一定比例的现场号源，保留挂号、缴费、打印检验报告等人工服务窗口，配备导医、志愿者、社会工作者等人员，为老年人提供就医指导服务。（国家卫生健康委负责）

8. 优化老年人网上办理就医服务。简化网上办理就医服务流程，为老年人提供语音引导、人工咨询等服务，逐步实现网上就医服务与医疗机构自助挂号、取号叫号、缴费、打印检验报告、取药等智能终端设备的信息联通，促进线上线下服务结合。推动通过身份证、社保卡、医保电子凭证等多介质办理就医服务，鼓励在就医场景中应用人脸识别等技术。（国家卫生健康委、公安部、人力资源社会保障部、国家医保局等相关部门按职责分工负责）

9. 完善老年人日常健康管理服务。搭建社区、家庭健康服务平台，由家庭签约医生、家人和有关市场主体等共同帮助老年人获得健康监测、咨询指导、药品配送等服务，满足居家老年人的健康需求。推进“互联网+医疗健康”，提供老年人常见病、慢性病复诊以及随访管理等服务。（国家卫生健康委负责）

（四）便利老年人日常消费。

10. 保留传统金融服务方式。任何单位和个人不得以格式条款、通知、声明、告示等方式拒收现金。要改善服务人员的面对面服务，零售、餐饮、商场、公园等老年人高频消费场所,水电气费等基本公共服务费用、行政事业性费用缴纳,应支持现金和银行卡支付。强化支付市场监管,加大对拒收现金、拒绝银行卡支付等歧视行为的整改整治力度。采用无人销售方式经营的场所应以适当方式满足消费者现金支付需求,提供现金支付渠道或转换手段。(人民银行、国家发展改革委、市场监管总局、银保监会等相关部门按职责分工负责)

11. 提升网络消费便利化水平。完善金融科技标准规则体系,推动金融机构、非银行支付机构、网络购物平台等优化用户注册、银行卡绑定和支付流程,打造大字版、语音版、民族语言版、简洁版等适老手机银行 APP,提升手机银行产品的易用性和安全性,便利老年人进行网上购物、订餐、家政、生活缴费等日常消费。平台企业要提供技术措施,保障老年人网上支付安全。(人民银行、国家发展改革委、市场监管总局、银保监会、证监会等相关部门按职责分工负责)

(五)便利老年人文体活动。

12. 提高文体场所服务适老化程度。需要提前预约的公园、体育健身场馆、旅游景区、文化馆、图书馆、博物馆、美术馆等场所,应保留人工窗口和电话专线,为老年人保留一定数量的线下免预约进入或购票名额。同时,在老年人进入文体场馆和旅游景区、获取电子讲解、参与全民健身赛事活动、使用智能健身器械等方面,提供必要的信息引导、人工帮扶等服务。(文化和旅游部、住房城乡建设部、体育总局及各地区按职责分工负责)

13. 丰富老年人参加文体活动的智能化渠道。引导公共文化体育机构、文体和旅游类企业提供更多适老化智能产品和服务,同时开展丰富的传统文体活动。针对广场舞、群众歌咏等方面的普遍文化需求,开发设计适老智能应用,为老年人社交娱乐提供便利。探索通过虚拟现实、增强现实等技术,帮助老年人便捷享受在线游览、观赛观展、体感健身等智能化服务。(文化和旅游部、体育总局及各地区按职责分工负责)

(六)便利老年人办事服务。

14. 优化"互联网+政务服务"应用。依托全国一体化政务服务平台,进一步推进政务数据共享,优化政务服务,实现社会保险待遇资格认证、津贴补贴领取等老年人高频服务事项便捷办理,让老年人办事少跑腿。各级政务服务平台应具备授权代理、亲友代办等功能，方便不使用或不会操作智能手机的老年人网上办事。（国务院办公厅牵头，相关部门及各地区按职责分工负责）

15. 设置必要的线下办事渠道。医疗、社保、民政、金融、电信、邮政、信访、出入境、生活缴费等高频服务事项，应保留线下办理渠道，并向基层延伸，为老年人提供便捷服务。实体办事大厅和社区综合服务设施应合理布局，配备引导人员，设置现场接待窗口，优先接待老年人，推广“一站式”服务，进一步改善老年人办事体验。（相关部门及各地区按职责分工负责）

（七）便利老年人使用智能化产品和服务应用。

16. 扩大适老化智能终端产品供给。推动手机等智能终端产品适老化改造，使其具备大屏幕、大字体、大音量、大电池容量、操作简单等更多方便老年人使用的特点。积极开发智能辅具、智能家居和健康监测、养老照护等智能化终端产品。发布智慧健康养老产品及服务推广目录，开展应用试点示范，按照适老化要求推动智能终端持续优化升级。建设智慧健康养老终端设备的标准及检测公共服务平台，提升适老产品设计、研发、检测、认证能力。（工业和信息化部、国家发展改革委、民政部、国家卫生健康委、市场监管总局等相关部门按职责分工负责）

17. 推进互联网应用适老化改造。组织开展互联网网站、移动互联网应用改造专项行动，重点推动与老年人日常生活密切相关的政务服务、社区服务、新闻媒体、社交通讯、生活购物、金融服务等互联网网站、移动互联网应用适老化改造，使其更便于老年人获取信息和服务。优化界面交互、内容朗读、操作提示、语音辅助等功能，鼓励企业提供相关应用的“关怀模式”、“长辈模式”，将无障碍改造纳入日常更新维护。（工业和信息化部、民政部、人民银行、银保监会、证监会等相关部门按职责分工负责）

18. 为老年人提供更优质的电信服务。持续开展电信普遍服务试点，推进行政村移动网络深度覆盖，加强偏远地区养老服务机构、老年活动中心等宽带网络覆盖。开展精准降费，引导基础电信企业为老年人提供更大力度的资费优惠，合理降低使用手机、宽带网络等服务费用，推出更多老年人用得起的电信服务。（工业和信息化部、

财政部、国务院国资委等相关部门按职责分工负责）

19. 加强应用培训。针对老年人在日常生活中的应用困难，组织行业培训机构和专家开展专题培训，提高老年人对智能化应用的操作能力。鼓励亲友、村（居）委会、老年协会、志愿者等为老年人运用智能化产品提供相应帮助。引导厂商针对老年人常用的产品功能，设计制作专门的简易使用手册和视频教程。（教育部、民政部、人力资源社会保障部、国家卫生健康委、市场监管总局、银保监会、证监会等相关部门按职责分工负责）

20. 开展老年人智能技术教育。将加强老年人运用智能技术能力列为老年教育的重点内容，通过体验学习、尝试应用、经验交流、互助帮扶等，引导老年人了解新事物、体验新科技，积极融入智慧社会。推动各类教育机构针对老年人研发全媒体课程体系，通过老年大学（学校）、养老服务机构、社区教育机构等，采取线上线下相结合的方式，帮助老年人提高运用智能技术的能力和水平。（教育部、民政部、国家卫生健康委等相关部门按职责分工负责）

三、保障措施

（一）健全工作机制。建立国家发展改革委、国家卫生健康委牵头，国务院各有关部门参加的部际联席会议机制，明确责任分工，加强统筹推进。各地区要建立相应的协调推进机制，细化措施，确保任务落实到位。各地区、各部门要加强工作协同和信息共享，形成统筹推进、分工负责、上下联动的工作格局，加快建立解决老年人面临“数字鸿沟”问题的长效机制。（国家发展改革委、国家卫生健康委牵头，相关部门及各地区按职责分工负责）

（二）完善法规规范。加快推动制修订涉及现金支付、消费者权益保护、防止诈骗、无障碍改造等相关法律法规和部门规章，切实保障老年人使用智能技术过程中的各项合法权益。各地区要围绕出行、就医、消费、办事等老年人日常生活需求，推动相关地方性法规制修订工作。加快推进相关智能产品与服务标准规范制修订工作，进一步明确有关适老化的内容。（司法部、人民银行、市场监管总局牵头，相关部门及各地区按职责分工负责）

（三）加强督促落实。各地区、各部门要明确时间表、路线图，建立工作台账，强化工作落实，及时跟踪分析涉及本地区、本部门的相关政策措施实施进展及成效，确保各项工作措施做实做细、落实到位。要定期组织开展第三方评估，对各地区公共服务适老化程度进行评价，相关结果纳入积极应对人口老龄化综合评估。（国家发展改革委、国家卫生健康委牵头，相关部门及各地区按职责分工负责）

（四）保障信息安全。规范智能化产品和服务中的个人信息收集、使用等活动，综合运用多种安全防护手段和风险控制措施，加强技术监测和监督检查，及时曝光并处置违法违规获取个人信息等行为。实施常态化综合监管，加强与媒体等社会力量合作，充分依托各类举报投诉热线，严厉打击电信网络诈骗等违法行为，切实保障老年人安全使用智能化产品、享受智能化服务。（中央网信办、工业和信息化部、公安部等相关部门按职责分工负责）

（五）开展普及宣传。将促进老年人融入智慧社会作为人口老龄化国情教育重点，加强正面宣传和舆论监督，弘扬尊重和关爱老年人的社会风尚。开展智慧助老行动，将解决老年人运用智能技术困难相关工作，纳入老年友好城市、老年友好社区、老年宜居环境等建设中统筹推进。对各地区有益做法、典型案例及时进行宣传报道，组织开展经验交流。（中央宣传部、中央网信办、国家发展改革委、住房城乡建设部、国家卫生健康委等相关部门按职责分工负责）

国务院办公厅关于促进养老托育服务健康发展的意见

（2020 年 12 月 14 日　国办发〔2020〕52 号）

促进养老托育服务健康发展，有利于改善民生福祉，有利于促进家庭和谐，有利于培育经济发展新动能。为贯彻落实党中央、国务院决策部署，更好发挥各级政府作用，更充分激发社会力量活力，更好实现社会效益和经济效益相统一，持续提高人民群众的获得感、幸福感、安全感，经国务院同意，现提出以下意见。

一、健全老有所养、幼有所育的政策体系

（一）分层次加强科学规划布局。根据“一老一小”人口分布和结构变化，科学谋划“十四五”养老托育服务体系，促进服务能力提质扩容和区域均衡布局。省级人民政府要将养老托育纳入国民经济和社会发展规划统筹推进，并制定“十四五”养老托育专项规划或实施方案。建立常态化督查机制，督促专项规划或实施方案的编制和实施，确保新建住宅小区与配套养老托育服务设施同步规划、同步建设、同步验收、同步交付。

（二）统筹推进城乡养老托育发展。强化政府保基本兜底线职能，健全基本养老服务体系。优化乡村养老设施布局，整合区域内服务资源，开展社会化管理运营，不断拓展乡镇敬老院服务能力和辐射范围。完善老年人助餐服务体系，加强农村老年餐桌建设。探索在脱贫地区和城镇流动人口集聚区设置活动培训场所，依托基层力量提供集中托育、育儿指导、养护培训等服务，加强婴幼儿身心健康、社会交往、认知水平等方面早期发展干预。

（三）积极支持普惠性服务发展。大力发展成本可负担、方便可及的普惠性养老托育服务。引导各类主体提供普惠性服务，支持非营利性机构发展，综合运用规划、土地、住房、财政、投资、融资、人才等支持政策，扩大服务供给，提高服务质量，提升可持续发展能力。优化养老托育营商环境，推进要素市场制度建设，实现要素价格市场决定、流动自主有序、配置高效公平，促进公平竞争。

（四）强化用地保障和存量资源利用。在年度建设用地供应计划中保障养老托育用地需求，并结合实际安排在合理区位。调整优化并适当放宽土地和规划要求，支持各类主体利用存量低效用地和商业服务用地等开展养老托育服务。在不违反国家强制性标准和规定前提下，各地可结合实际制定存量房屋和设施改造为养老托育场所设施的建设标准、指南和实施办法。建立健全“一事一议”机制，定期集中处置存量房屋和设施改造手续办理、邻避民扰等问题。在城市居住社区建设补短板和城镇老旧小区改造中统筹推进养老托育服务设施建设，鼓励地方探索将老旧小区中的国企房屋和设施以适当方式转交政府集中改造利用。支持在社区综合服务设施开辟空间用于“一老一小”服务，探索允许空置公租房免费提供给社会力量供其在社区为老年人开展助餐助行、日间照料、康复护理、老年教育等服务。支持将各类房屋和设施用于发展养老托育，鼓励适当放宽最长租赁期限。非独立场所按照相关安全标准改造建设托育点并通过验收的，不需变更土地和房屋性质。

（五）推动财税支持政策落地。各地要建立工作协同机制，加强部门信息互通共享，确保税费优惠政策全面、及时惠及市场主体。同步考虑公建服务设施建设与后期运营保障，加强项目支出规划管理。完善运营补贴激励机制，引导养老服务机构优先接收经济困难的失能失智、高龄、计划生育特殊家庭老年人。对吸纳符合条件劳动者的养老托育机构按规定给予社保补贴。

（六）提高人才要素供给能力。加强老年医学、老年护理、社会工作、婴幼儿发展与健康管理、婴幼儿保育等学科专业建设，结合行业发展动态优化专业设置，完善教学标准，加大培养力度。按照国家职业技能标准和行业企业评价规范，加强养老托育从业人员岗前培训、岗位技能提升培训、转岗转业培训和创业培训。加大脱贫地区相关技能培训力度，推动大城市养老托育服务需求与脱贫地区劳动力供给有效对接。深化校企合作，培育产教融合型企业，支持实训基地建设，推行养老托育“职业培训包”和“工学一体化”培训模式。

二、扩大多方参与、多种方式的服务供给

（七）增强家庭照护能力。支持优质机构、行业协会开发公益课程，利用互联网平台等免费开放，依托居委会、村委会等基层力量提供养老育幼家庭指导服务，帮助家庭成员提高照护能力。建立常态化指导监督机制，加强政策宣传引导，强化家庭赡养老年人和监护婴幼儿的主体责任，落实监护人对孤寡老人、遗弃儿童的监护责任。

（八）优化居家社区服务。发展集中管理运营的社区养老和托育服务网络，支持具备综合功能的社区服务设施建设，引导专业化机构进社区、进家庭。建立家庭托育点登记备案制度，研究出台家庭托育点管理办法，明确登记管理、人员资质、服务规模、监督管理等制度规范，鼓励开展互助式服务。

（九）提升公办机构服务水平。加强公办和公建民营养老机构建设，坚持公益属性，切实满足特困人员集中供养需求。建立入住综合评估制度，结合服务能力适当拓展服务对象，重点为经济困难的失能失智、高龄、计划生育特殊家庭老年人提供托养服务。完善公建民营机制，打破以价格为主的筛选标准，综合从业信誉、服务水平、可持续性等质量指标，引进养老托育运营机构早期介入、全程参与项目工程建设，探索开展连锁化运营。

（十）推动培训疗养资源转型发展养老服务。按照“应改尽改、能转则转”的原则，将转型发展养老服务作为党政机关和国有企事业单位所属培训疗养机构改革的主要方向。各地要加大政策支持和协调推进力度，集中解决资产划转、改变土地用途、房屋报建、规划衔接等困难，确保转养老服务项目2022年底前基本投入运营。鼓励培训疗养资源丰富、养老需求较大的中东部地区先行突破，重点推进。

（十一）拓宽普惠性服务供给渠道。实施普惠养老托育专项行动，发挥中央预算内投资引领作用，以投资换机制，引导地方政府制定支持性“政策包”，带动企业提供普惠性“服务包”，建设一批普惠性养老服务机构和托育服务机构。推动有条件的用人单位以单独或联合相关单位共同举办的方式，在工作场所为职工提供托育服务。支持大型园区建设服务区内员工的托育设施。

（十二）引导金融机构提升服务质效。鼓励政府出资产业投资基金及市场化的创业投资基金、私募股权基金等按照市场化、法治化原则，加大对养老托育领域的投资力度。创新信贷支持方式，在依法合规、风险可控、商业可持续前提下，推进应收账款质押贷款，探索收费权质押贷款，落实好信贷人员尽职免责政策。鼓励金融机构合理确定贷款期限，灵活提供循环贷款、年审制贷款、分期还本付息等多种贷款产品和服务。扩大实施养老产业专项企业债券和养老项目收益债券，支持合理灵活设置债券期限、选择权及还本付息方式，鼓励发行可续期债券。引导保险等金融机构探索开发有针对性的金融产品，向养老托育行业提供增信支持。支持保险机构开发相关责任险及养老托育机构运营相关保险。

三、打造创新融合、包容开放的发展环境

（十三）促进康养融合发展。支持面向老年人的健康管理、预防干预、养生保健、健身休闲、文化娱乐、旅居养老等业态深度融合。发挥中医药独特优势，促进中医药资源广泛服务老年人群体。支持各类机构举办老年大学、参与老年教育，推动举办“老年开放大学”、

"网上老年大学",搭建全国老年教育资源共享和公共服务平台。

（十四）深化医养有机结合。发展养老服务联合体,支持根据老年人健康状况在居家、社区、机构间接续养老。为居家老年人提供上门医疗卫生服务,构建失能老年人长期照护服务体系。有效利用社区卫生服务机构、乡镇卫生院等基层医疗资源,开展社区医养结合能力提升行动。针对公共卫生突发事件,提升养老机构应急保障能力,增设隔离功能并配备必要的防控物资和设备,加强工作人员应急知识培训。

（十五）强化产品研发和创新设计。健全以企业为主体的创新体系,鼓励采用新技术、新工艺、新材料、新装备,增强以质量和信誉为核心的品牌意识,建立健全企业知识产权管理体系,推进高价值专利培育和商标品牌建设,培育养老托育服务、乳粉奶业、动画设计与制作等行业民族品牌。促进"一老一小"用品制造业设计能力提升,完善创新设计生态系统。

（十六）促进用品制造提质升级。逐步完善养老托育服务和相关用品标准体系,加强标准制修订,强化标准实施推广,探索建立老年用品认证制度。推进互联网、大数据、人工智能、5G等信息技术和智能硬件的深度应用,促进养老托育用品制造向智能制造、柔性生产等数字化方式转型。推进智能服务机器人后发赶超,启动康复辅助器具应用推广工程,实施智慧老龄化技术推广应用工程,构建安全便捷的智能化养老基础设施体系。鼓励国内外多方共建养老托育产业合作园区,加强市场、规则、标准方面的软联通,打造制造业创新示范高地。

（十七）培育智慧养老托育新业态。创新发展健康咨询、紧急救护、慢性病管理、生活照护、物品代购等智慧健康养老服务。发展"互联网+养老服务",充分考虑老年群体使用感受,研究开发适老化智能产品,简化应用程序使用步骤及操作界面,引导帮助老年人融入信息化社会,创新"子女网上下单、老人体验服务"等消费模式,鼓励大型互联网企业全面对接养老服务需求,支持优质养老机构平台化发展,培育区域性、行业性综合信息平台。发展互联网直播互动式家庭育儿服务,鼓励开发婴幼儿养育课程、父母课堂等。

（十八）加强宜居环境建设。普及公共基础设施无障碍建设,鼓励有条件的地区结合城镇老旧小区改造加装电梯。加强母婴设施配套，在具备条件的公共场所普遍设置专席及绿色通道。引导房地产项目开发充分考虑养老育幼需求。指导各地加快推进老年人居家适老化改造。以满足老年人生活需求和营造婴幼儿成长环境为导向，推动形成一批具有示范意义的活力发展城市和社区。

四、完善依法从严、便利高效的监管服务

（十九）完善养老托育服务综合监管体系。以养老托育机构质量安全、从业人员、运营秩序等方面为重点加强监管。落实政府在制度建设、行业规划、行政执法等方面的监管责任，实行监管清单式管理，明确监管事项、监管依据、监管措施、监管流程，监管结果及时向社会公布。养老托育机构对依法登记、备案承诺、履约服务、质量安全、应急管理、消防安全等承担主体责任。健全行业自律规约，加强正面宣传引导和社会舆论监督，加快构建以信用为基础的新型监管机制。

（二十）切实防范各类风险。加强突发事件应对，建立完善养老托育机构突发事件预防与应急准备、监测与预警、应急处置与救援、事后恢复与重建等工作机制。将养老托育纳入公共安全重点保障范围，支持服务机构安全平稳运转。完善退出机制，建立机构关停等特殊情况应急处置机制。严防“一老一小”领域以虚假投资、欺诈销售、高额返利等方式进行的非法集资，保护消费者合法权益。

（二十一）优化政务服务环境。完善机构设立办事指南，优化办事流程，实施并联服务，明确办理时限，推进“马上办、网上办、就近办”。制定养老托育政务服务事项清单，推进同一事项无差别受理、同标准办理，力争实现“最多跑一次”。推进养老托育政务服务的“好差评”工作，完善评价规则，加强评价结果运用，改进提升政务服务质量。

（二十二）积极发挥多方合力。支持公益慈善类社会组织参与，鼓励机构开发志愿服务项目，建立健全“一老一小”志愿服务项目库。引导互联网平台等社会力量建立养老托育机构用户评价体系。以普惠为导向建立多元主体参与的养老和托育产业合作平台，在要素配置、行业自律、质量安全、国际合作等方面积极作为。发挥行业协会商会等社会组织积极性，开展机构服务能力综合评价，引领行业规范发展，更好弘扬尊老爱幼社会风尚。

（二十三）强化数据资源支撑。依据养老产业统计分类，开展养老产业认定方法研究，推进重要指标年度统计。探索构建托育服务统计指标体系。利用智库和第三方力量加强研究，开展人口趋势预测和养老托育产业前景展望，通过发布年度报告、白皮书等形式，服务产业发展，引导社会预期。

坚持党委领导、政府主导，地方各级政府要建立健全"一老一小"工作推进机制，结合实际落实本意见要求，以健全政策体系、扩大服务供给、打造发展环境、完善监管服务为着力点，促进养老托育健康发展，定期向同级人民代表大会常务委员会报告服务能力提升成效。国务院各部门要根据职责分工，制定具体落实举措，推动各项任务落地。国家发展改革委要建立"一老一小"服务能力评价机制，加强对本意见落实工作的跟踪督促，及时向国务院报告。

附件：促进养老托育服务健康发展重点任务分工表

附件

促进养老托育服务健康发展重点任务分工表

序号	重点任务	责任单位
1	根据"一老一小"人口分布和结构变化，科学谋划"十四五"养老托育服务体系，促进服务能力提质扩容和区域均衡布局。	民政部、国家卫生健康委、国家发展改革委、财政部、住房城乡建设部、中国残联按职责分工负责，地方各级人民政府负责。
2	统筹推进城乡养老托育发展。	民政部、国家卫生健康委、国家发展改革委按职责分工负责，地方各级人民政府负责。
3	积极支持普惠性服务发展。	国家发展改革委、民政部、国家卫生健康委按职责分工负责，地方各级人民政府负责。
4	在年度建设用地供应计划中保障养老托育用地需求，并结合实际安排在合理区位。	自然资源部、民政部、国家卫生健康委、住房城乡建设部按职责分工负责，地方各级人民政府负责。

续表

序号	重点任务	责任单位
5	在城市居住社区建设补短板和城镇老旧小区改造中统筹推进养老托育服务设施建设。探索允许空置公租房免费提供给社会力量供其在社区为老年人开展助餐助行、日间照料、康复护理、老年教育等服务。	住房城乡建设部牵头，中直管理局、国家发展改革委、民政部、自然资源部、国家卫生健康委、应急部、国务院国资委、国管局参加。
6	支持将各类房屋和设施用于发展养老托育，鼓励适当放宽最长租赁期限。	民政部、国家卫生健康委、国家发展改革委、自然资源部、住房城乡建设部、应急部按职责分工负责，地方各级人民政府负责。
7	非独立场所按照相关安全标准改造建设托育点并通过验收的，不需变更土地和房屋性质。	国家卫生健康委、自然资源部、住房城乡建设部、应急部按职责分工负责，地方各级人民政府负责。
8	推动财税支持政策落地。	财政部、税务总局、民政部、国家卫生健康委、人力资源社会保障部按职责分工负责，地方各级人民政府负责。
9	提高人才要素供给能力。	教育部、人力资源社会保障部、国家发展改革委、民政部、商务部、国家卫生健康委按职责分工负责。
10	增强家庭照护能力。	民政部、国家卫生健康委、全国妇联按职责分工负责。
11	研究出台家庭托育点管理办法。	国家卫生健康委牵头，国家发展改革委、民政部、住房城乡建设部、应急部、市场监管总局参加。
12	加强公办和公建民营养老机构建设，建立入住综合评估制度。	民政部、国家发展改革委、财政部、国家卫生健康委按职责分工负责。
13	完善公建民营机制，引进养老托育运营机构早期介入、全程参与项目工程建设，探索开展连锁化运营。	民政部、国家卫生健康委、国家发展改革委按职责分工负责。
14	推动培训疗养资源转型发展养老服务。	国家发展改革委牵头，中直管理局、民政部、财政部、人力资源社会保障部、自然资源部、住房城乡建设部、国家卫生健康委、应急部、人民银行、国务院国资委、国管局参加。

续表

序号	重点任务	责任单位
15	实施普惠养老托育专项行动，建设一批普惠性养老服务机构和托育服务机构。	国家发展改革委牵头，民政部、自然资源部、住房城乡建设部、国家卫生健康委、国务院国资委参加。
16	引导金融机构提升服务质效。	人民银行、银保监会、国家发展改革委、财政部、住房城乡建设部、证监会按职责分工负责。
17	促进康养融合发展。	国家发展改革委牵头，教育部、民政部、住房城乡建设部、文化和旅游部、国家卫生健康委、体育总局参加。
18	开展社区医养结合能力提升行动。	国家卫生健康委牵头，国家发展改革委、民政部、住房城乡建设部、国家医保局参加；地方各级人民政府负责。
19	提升养老机构应急保障能力。	民政部、国家发展改革委、应急部按职责分工负责，地方各级人民政府负责。
20	促进用品制造提质升级，逐步完善养老托育服务和相关用品标准体系。	工业和信息化部、科技部、国家发展改革委、民政部、国家卫生健康委、市场监管总局、中国残联按职责分工负责。
21	培育托育服务、乳粉奶业、动画设计与制作等行业民族品牌。	国家卫生健康委牵头，国家发展改革委、教育部、工业和信息化部、文化和旅游部、市场监管总局参加。
22	推进智能服务机器人后发赶超，启动康复辅助器具应用推广工程，实施智慧老龄化技术推广应用工程。	民政部、工业和信息化部、科技部、国家发展改革委、市场监管总局、中国残联按职责分工负责。
23	鼓励国内外多方共建养老托育产业合作园区，加强市场、规则、标准方面的软联通，打造制造业创新示范高地。	国家发展改革委牵头，工业和信息化部、民政部、人力资源社会保障部、自然资源部、国家卫生健康委、人民银行、市场监管总局参加。
24	加强宜居环境建设。	住房城乡建设部、国家卫生健康委、交通运输部、民政部、中国残联按职责分工负责。

续表

序号	重点任务	责任单位
25	以满足老年人生活需求和营造婴幼儿成长环境为导向，推动形成一批具有示范意义的活力发展城市和社区。	国家发展改革委、住房城乡建设部牵头，民政部、国家卫生健康委参加。
26	完善养老托育服务综合监管体系。	民政部、国家卫生健康委、市场监管总局、住房城乡建设部、应急部按职责分工负责。
27	将养老托育纳入公共安全重点保障范围。	民政部、国家卫生健康委、国家发展改革委、应急部、市场监管总局按职责分工负责，地方各级人民政府负责。
28	严防“一老一小”领域非法集资。	民政部、国家卫生健康委、银保监会按职责分工负责，地方各级人民政府负责。
29	制定养老托育政务服务事项清单，推进养老托育政务服务的“好差评”工作。	民政部、国家卫生健康委、市场监管总局按职责分工负责，地方各级人民政府负责。
30	支持公益慈善类社会组织参与，建立健全“一老一小”志愿服务项目库。	全国总工会、共青团中央、中国残联、民政部、国家卫生健康委按职责分工负责。
31	以普惠为导向建立多元主体参与的养老和托育产业合作平台。	国家发展改革委牵头，工业和信息化部、民政部、自然资源部、住房城乡建设部、文化和旅游部、国家卫生健康委、国务院国资委、市场监管总局参加。
32	依据养老产业统计分类，开展养老产业认定方法研究，推进重要指标年度统计，探索构建托育服务统计指标体系。	国家统计局牵头，国家发展改革委、工业和信息化部、民政部、住房城乡建设部、国家卫生健康委、市场监管总局、中国残联参加。
33	建立“一老一小”服务能力评价机制，加强对本意见执行情况的跟踪督促。	国家发展改革委牵头，各相关部门参加。

其 他

国务院办公厅关于应对新冠肺炎疫情影响强化稳就业举措的实施意见

（2020年3月18日　国办发〔2020〕6号）

为深入贯彻习近平总书记关于统筹推进新冠肺炎疫情防控和经济社会发展工作的重要指示精神，加快恢复和稳定就业，经国务院同意，现提出如下意见：

一、更好实施就业优先政策

（一）推动企业复工复产。坚持分区分级精准防控，提高复工复产服务便利度，取消不合理审批，坚决纠正限制劳动者返岗的不合理规定。加快重大工程项目、出口重点企业开复工，以制造业、建筑业、物流业、公共服务业和农业生产等为突破口，全力以赴推动重点行业和低风险地区就业，循序渐进带动其他行业和地区就业。协调解决复工复产企业日常防护物资需求，督促其落实工作场所、食堂宿舍等防控措施。（发展改革委、工业和信息化部、交通运输部、卫生健康委按职责分工负责）

（二）加大减负稳岗力度。加快实施阶段性、有针对性的减税降费政策。加大失业保险稳岗返还，对不裁员或少裁员的中小微企业，返还标准最高可提至企业及其职工上年度缴纳失业保险费的100%，湖北省可放宽到所有企业；对暂时生产经营困难且恢复有望、坚持不裁员或少裁员的参保企业，适当放宽其稳岗返还政策认定标准，重点向受疫情影响企业倾斜，返还标准可按不超过6个月的当地月人均失业保险金和参保职工人数确定，或按不超过3个月的企业及其职工应缴纳社会保险费确定。2020年6月底前，允许工程建设项目暂缓缴存农民工工资保证金，支付记录良好的企业可免缴。切实落实企业吸纳重点群体就业的定额税收减免、担保贷款及贴息、就业补贴等政策。加快实施阶段性减免、缓缴社会保险费政策，减免期间企业吸纳就业困难人员的社会保险补贴期限可顺延。（财政部、人力资源社会保障部、住房城乡建设部、交通运输部、水利部、人民银行、税务总局按职责分工负责）

（三）提升投资和产业带动就业能力。实施重大产业就业影响评估，明确重要产业规划带动就业目标，优先投资就业带动能力强、有利于农村劳动力就地就近就业和高校毕业生就业的产业。加快制定和完善引导相关产业向中西部地区转移的政策措施。对部分带动就业能力强、环境影响可控的项目，制定环评审批正面清单，加大环评“放管服”改革力度，审慎采取查封扣押、限产停产等措施。（发展改革委、人力资源社会保障部、生态环境部、商务部按职责分工负责）

（四）优化自主创业环境。深化“证照分离”改革，推进“照后减证”和简化审批，简化住所（经营场所）登记手续，申请人提交场所合法使用证明即可登记。充分发挥创业投资促进“双创”和增加就业的独特作用，对带动就业能力强的创业投资企业予以引导基金扶持、政府项目对接等政策支持。加大创业担保贷款支持力度，扩大政策覆盖范围，优先支持受疫情影响的重点群体，对优质创业项目免除反担保要求。政府投资开发的孵化基地等创业载体应安排一定比例场地，免费向高校毕业生、农民工等重点群体提供。各类城市创优评先项目应将带动就业能力强的“小店经济”、步行街发展状况作为重要条件。（发展改革委、工业和信息化部、财政部、人力资源社会保障部、商务部、人民银行、市场监管总局、银保监会、全国妇联按职责分工负责）

（五）支持多渠道灵活就业。合理设定无固定经营场所摊贩管理模式，预留自由市场、摊点群等经营网点。支持劳动者依托平台就业，平台就业人员购置生产经营必需工具的，可申请创业担保贷款及贴息；引导平台企业放宽入驻条件、降低管理服务费，与平台就业人员就劳动报酬、工作时间、劳动保护等建立制度化、常态化沟通协调机制。取消灵活就业人员参加企业职工基本养老保险的省内城乡户籍限制，对就业困难人员、离校2年内未就业高校毕业生灵活就业后缴纳社会保险费的，按规定给予一定的社会保险补贴。（财政部、人力资源社会保障部、自然资源部、人民银行、市场监管总局按职责分工负责）

二、引导农民工安全有序转移就业

（六）引导有序外出就业。强化重点企业用工调度保障、农民工"点对点、一站式"返岗复工服务，推广健康信息互认等机制，提升对成规模集中返岗劳动者的输送保障能力。引导劳动者有序求职就业，及时收集发布用工信息，加强输出地和输入地信息对接，鼓励低风险地区农民工尽快返岗复工。对组织集中返岗、劳务输出涉及的交通运输、卫生防疫等给予支持。对人力资源服务机构、劳务经纪人开展跨区域有组织劳务输出的，给予就业创业服务补助。（公安部、财政部、人力资源社会保障部、交通运输部、卫生健康委按职责分工负责）

（七）支持就地就近就业。抓好春季农业生产，大力发展新型农业经营主体，组织暂时无法外出的农民工投入春耕备耕，从事特色养殖、精深加工、生态旅游等行业。在县城和中心镇建设一批城镇基础设施、公共服务设施，加强农业基础设施建设，实施农村人居环境改善工程，开展以工代赈工程建设，优先吸纳农村贫困劳动力和低收入群体就业。（发展改革委、人力资源社会保障部、交通运输部、农业农村部、卫生健康委按职责分工负责）

（八）优先支持贫困劳动力就业。企业复工复产、重大项目开工、物流体系建设等优先组织和使用贫困劳动力，鼓励企业更多招用贫困劳动力。支持扶贫龙头企业、扶贫车间尽快复工。利用公益性岗位提供更多就地就近就业机会，优先对贫困劳动力托底安置。加大对"三区三州"等深度贫困地区、52个未摘帽贫困县、易地扶贫搬迁大型安置区的支持力度。对吸纳贫困劳动力就业规模大的，各地可通过财政专项扶贫资金给予一次性奖励。（发展改革委、财政部、人力资源社会保障部、农业农村部、扶贫办按职责分工负责）

三、拓宽高校毕业生就业渠道

（九）扩大企业吸纳规模。对中小微企业招用毕业年度高校毕业生并签订1年以上劳动合同的，给予一次性吸纳就业补贴。国有企业今明两年连续扩大高校毕业生招聘规模，不得随意毁约，不得将本单位实习期限作为招聘入职的前提条件。（财政部、人力资源社会保障部、国资委、烟草局、邮政局等部门和企业按职责分工负责）

（十）扩大基层就业规模。各级事业单位空缺岗位今明两年提高专项招聘高校毕业生的比例。开发城乡社区等基层公共管理和社会服务岗位。扩大“三支一扶”计划等基层服务项目招募规模。出台改革措施，允许部分专业高校毕业生免试取得相关职业资格证书。畅通民营企业专业技术职称评审渠道。（教育部、民政部、财政部、人力资源社会保障部、农业农村部按职责分工负责）

（十一）扩大招生入伍规模。扩大2020年硕士研究生招生和普通高校专升本招生规模。扩大大学生应征入伍规模，健全参军入伍激励政策，大力提高应届毕业生征集比例。（发展改革委、教育部、财政部、退役军人部、中央军委政治工作部、中央军委国防动员部按职责分工负责）

（十二）扩大就业见习规模。支持企业、政府投资项目、科研项目设立见习岗位。对因疫情影响见习暂时中断的，相应延长见习单位补贴期限。对见习期未满与高校毕业生签订劳动合同的，给予见习单位剩余期限见习补贴。（财政部、人力资源社会保障部、商务部、国资委、共青团中央按职责分工负责）

（十三）适当延迟录用接收。引导用人单位推迟面试体检和签约录取时间。对延迟离校的应届毕业生，相应延长报到接收、档案转递、落户办理时限。离校未就业毕业生可根据本人意愿，将户口、档案在学校保留2年或转入生源地公共就业人才服务机构，以应届毕业生身份参加用人单位考试、录用，落实工作单位后参照应届毕业生办理相关手续。（教育部、人力资源社会保障部、国资委按职责分工负责）

四、加强困难人员兜底保障

（十四）保障失业人员基本生活。畅通失业保险金申领渠道，放宽失业保险申领期限，2020年4月底前实现线上申领失业保险金。对领取失业保险金期满仍未就业的失业人员、不符合领取失业保险金条件的参保失业人员，发放6个月的失业补助金，标准不高于当地失业保险金的80%。对生活困难的失业人员及家庭，按规定及时纳入最低生活保障、临时救助等社会救助范围。（民政部、财政部、人力资源社会保障部按职责分工负责）

（十五）强化困难人员就业援助。动态调整就业困难人员认定标准，及时将受疫情影响人员纳入就业援助范围，确保零就业家庭动态清零。对通过市场渠道确实难以就业的，利用公益性岗位托底安置。开发一批消杀防疫、保洁环卫等临时性公益岗位，根据工作任务和工作时间，给予一定的岗位补贴和社会保险补贴，补贴期限最长不超过6个月，所需资金可从就业补助资金中列支。（财政部、人力资源社会保障部、中国残联按职责分工负责）

（十六）加大对湖北等疫情严重地区就业支持。建立农资点对点保障运输绿色通道，支持湖北省组织农业生产。对湖北高校及湖北籍2020届高校毕业生给予一次性求职创业补贴，湖北省各级事业单位可面向湖北高校及湖北籍高校毕业生开展专项招聘，高校毕业生基层服务项目向湖北省倾斜。做好湖北省疫情解除后的就业工作，加大资金、政策、项目倾斜，开展专场招聘和专项帮扶。维护就业公平，坚决纠正针对疫情严重地区劳动者的就业歧视。（发展改革委、教育部、工业和信息化部、财政部、人力资源社会保障部、农业农村部按职责分工负责）

五、完善职业培训和就业服务

（十七）大规模开展职业技能培训。加大失业人员、农民工等职业技能培训力度，实施农民工等重点群体专项培训，适当延长培训时间。对企业组织职工参加线上线下培训，组织新招用农民工、高校毕业生参加岗前培训的，给予职业培训补贴。动态发布新职业，组织制定急需紧缺职业技能标准。（财政部、人力资源社会保障部按职责分工负责）

（十八）优化就业服务。2020年3月底前开放线上失业登记。推进在线办理就业服务和补贴申领。持续开展线上招聘服务，发挥公共就业服务机构、高校就业指导机构、经营性人力资源服务机构作用，加大岗位信息、职业指导、网上面试等服务供给。对大龄和低技能劳动者，通过电话、短信等方式推送岗位信息，提供求职、应聘等专门服务。低风险地区可有序开展小型专项供需对接活动。优化用工指导服务,鼓励困难企业与职工协商采取调整薪酬、轮岗轮休、灵活安排工作时间等方式稳定岗位,依法规范裁员行为。(教育部、财政部、人力资源社会保障部、全国总工会、全国工商联按职责分工负责)

六、压实就业工作责任

(十九)强化组织领导。各地区各有关部门要在确保疫情防控到位的前提下,毫不放松抓紧抓实抓细稳就业各项工作。县级以上地方政府要加快建立由政府负责人牵头的就业工作领导机制,压实工作责任,细化实化扶持政策。各有关部门要同向发力,围绕稳就业需要,落实完善政策措施,形成工作合力。要健全公共就业服务体系,加强基层公共就业服务能力建设,提升基本公共就业服务水平。(各有关部门和单位、各省级人民政府按职责分工负责)

(二十)加强资金保障。加大就业补助资金和稳岗补贴投入力度。支持市县政府根据稳就业工作推进和政策实施需要,统筹用好就业创业、职业培训、风险储备等方面资金。失业保险基金结余大的地区,要加速稳岗返还、保生活政策落地见效。(财政部、人力资源社会保障部、各省级人民政府按职责分工负责)

(二十一)强化表扬激励。持续开展就业工作表扬激励,完善激励办法,对落实稳就业政策措施工作力度大、促进重点群体就业创业等任务完成较好的地方,及时予以资金支持等方面的表扬激励。(人力资源社会保障部、财政部牵头,各有关部门和单位、各省级人民政府按职责分工负责)

(二十二)加强督促落实。细化分解目标任务,在相关督查工作中将稳就业作为重要内容,重点督促政策服务落地及重点群体就业、资金保障落实等。对不履行促进就业职责,产生严重后果或造成恶劣社会影响的,依法依规严肃问责。完善劳动力调查,研究建立省级调查失业率按月统计发布制度,启动就业岗位调查,做好化解失业风险的政策储备和应对预案。(人力资源社会保障部、统计局牵头,各有关部门和单位、各省级人民政府按职责分工负责)

上述新增补贴政策,受理截止期限为2020年12月31日。各地区各有关部门要抓紧政策实施,发挥政策最大效应,工作中遇到的重要情况和重大问题及时报告国务院。

国务院办公厅关于提升大众创业万众创新示范基地带动作用　进一步促改革稳就业强动能的实施意见

（2020年7月23日　国办发〔2020〕26号）

大众创业万众创新示范基地启动建设以来，创新资源不断集聚，创业活力持续提升，平台能力显著增强，有力带动了创新创业深入发展。为进一步提升双创示范基地对促改革、稳就业、强动能的带动作用，促进双创更加蓬勃发展，更大程度激发市场活力和社会创造力，经国务院同意，现提出以下意见。

一、总体要求

以习近平新时代中国特色社会主义思想为指导，全面贯彻党的十九大和十九届二中、三中、四中全会精神，认真落实党中央、国务院关于统筹推进新冠肺炎疫情防控和经济社会发展工作的决策部署，深入实施创新驱动发展战略，聚焦系统集成协同高效的改革创新，聚焦更充分更高质量就业，聚焦持续增强经济发展新动能，强化政策协同，增强发展后劲，以新动能支撑保就业保市场主体，尤其是支持高校毕业生、返乡农民工等重点群体创业就业，努力把双创示范基地打造成为创业就业的重要载体、融通创新的引领标杆、精益创业的集聚平台、全球化创业的重要节点、全面创新改革的示范样本，推动我国创新创业高质量发展。

二、积极应对疫情影响，巩固壮大创新创业内生活力

（一）落实创业企业纾困政策。切实落实阶段性减免企业社会保险费、缓缴住房公积金等减负政策，根据所在统筹地区政策做好阶段性减征职工基本医疗保险费工作，落实好小规模纳税人增值税减免等优惠政策。落实承租国有房屋房租减免政策，确保惠及最终承租人。鼓励双创示范基地通过延长孵化期限、实施房租补贴等方式，降低初创企业经营负担。优先对受疫情影响较大但发展潜力好的创新型企业加大金融支持力度，简化贷款审批流程，提高信用贷款、中长期贷款比重。（有关部门按职责分工负责）

（二）强化双创复工达产服务。进一步提升双创示范基地服务信息化、便利化水平，充分发挥双创支撑平台、工业互联网平台、电子商务平台等作用，推广“一键申领、网上兑现”、“企业网上跑、政府现场办”等经验，多渠道为企业解决物流、资金、用工等问题，补齐供应链短板，推动全产业链协同。鼓励双创示范基地积极探索应对疫情影响的新业态新模式。政府投资开发的孵化基地等创业载体安排一定比例场地，免费向下岗失业人员、高校毕业生、农民工等群体提供。引导平台企业降低个体经营者相关服务费，支持开展线上创业。（地方各级人民政府负责）

（三）增强协同创新发展合力。充分发挥双创示范基地大企业带动作用，协助中小企业开展应收账款融资，帮助产业链上下游企业和相关创新主体解决生产经营难题。在符合条件的示范基地加快推广全面创新改革试验经验，探索实施政银保联动授信担保、建立风险缓释资金池等改革举措，为中小企业应对疫情影响提供有效金融支持。（地方各级人民政府负责）

三、发挥多元主体带动作用，打造创业就业重要载体

（四）实施社会服务创业带动就业示范行动。顺应消费需求升级和服务便利化要求，重点围绕托育、养老、家政、乡村旅游等领域，组织有条件的企业、区域示范基地与互联网平台企业联合开展创业培训、供需衔接、信息共享和能力建设，打造社会服务创业带动就业标杆项目，及时复制推广经验成果，吸引社会资本发展社会服务新业态新模式，拓展更大就业空间。（国家发展改革委牵头负责）

（五）增强创业带动就业能力。加大创业带动就业支持力度，出台支持灵活就业的具体举措。（人力资源社会保障部牵头负责）盘活闲置厂房、低效利用土地等，加强对创业带动就业重点项目的支持。（地方各级人民政府负责）加强创业培训与创业担保贷款等支持政策的协同联动，提升创业担保贷款贴息等扶持政策的针对性和及时性。支持有条件的区域示范基地建设产教融合实训基地、人力资源服务产业园，加快发展面向重点群体的专业化创业服务载体。（国家发展

改革委、人力资源社会保障部、财政部、人民银行按职责分工负责)

(六)加强返乡入乡创业政策保障。优先支持区域示范基地实施返乡创业示范项目。发挥互联网平台企业带动作用,引导社会资本和大学生创客、返乡能人等入乡开展“互联网+乡村旅游”、农村电商等创业项目。(国家发展改革委、文化和旅游部、商务部按职责分工负责)完善支持返乡入乡创业的引人育人留人政策,加大对乡村创业带头人的创业培训力度,培育一批能工巧匠型创业领军人才。对首次创业并正常经营1年以上的返乡入乡创业人员,可给予一次性创业补贴。对符合条件的返乡入乡创业人员按规定给予创业担保贷款贴息和培训补贴。(财政部、人力资源社会保障部、农业农村部、人民银行按职责分工负责)对返乡创业失败后就业和生活遇到困难的人员,及时提供就业服务、就业援助和社会救助。(人力资源社会保障部牵头负责)

(七)提升高校学生创新创业能力。支持高校示范基地打造并在线开放一批创新创业教育优质课程,加强创业实践和动手能力培养,依托高校示范基地开展双创园建设,促进科技成果转化与创新创业实践紧密结合。推动高校示范基地和企业示范基地深度合作,建立创业导师共享机制。支持区域示范基地与高校、企业共建面向特色产业的实训场景,加快培养满足社会需求的实用型技能人才。促进大学生加强数理化和生物等基础理论研究,夯实国家创新能力基础。(教育部牵头负责)实施双创示范基地“校企行”专项行动,充分释放岗位需求,支持将具备持续创新能力和发展潜力的高校毕业生创业团队纳入企业示范基地人才储备和合作计划,通过职业微展示、创业合伙人招募等新方式,拓宽创业带动就业的渠道。(国家发展改革委、国务院国资委、教育部、人力资源社会保障部按职责分工负责)

(八)发挥大企业创业就业带动作用。支持大企业与地方政府、高校共建创业孵化园区,鼓励有条件的双创示范基地开展产教融合型企业建设试点。(国家发展改革委牵头负责)对中央企业示范基地内创业带动就业效果明显的新增企业,探索不纳入压减净增法人数量。(国务院国资委牵头负责)发展“互联网平台+创业单元”、“大企业+创业单元”等模式,依托企业和平台加强创新创业要素保障。(工业和信息化部、国家发展改革委牵头负责)

四、提升协同联动发展水平，树立融通创新引领标杆

（九）构建大中小企业融通创新生态。鼓励企业示范基地结合产业优势建设大中小企业融通发展平台，向中小企业开放资源、开放场景、开放应用、开放创新需求，支持将中小企业首创高科技产品纳入大企业采购体系。（国家发展改革委、工业和信息化部、国务院国资委牵头负责）细化政府采购政策，加大对中小企业的采购支持力度。（财政部牵头负责）鼓励双创示范基地聚焦核心芯片、医疗设备等关键环节和短板领域，建立大中小企业协同技术研发与产业化的合作机制，带动壮大高新技术企业、科技型中小企业规模。（国家发展改革委、科技部、工业和信息化部按职责分工负责）瞄准专业细分领域，培育专精特新"小巨人"企业、制造业单项冠军企业。（工业和信息化部牵头负责）

（十）构筑产学研融通创新创业体系。加强双创示范基地"校+园+企"创新创业合作，建设专业化的科技成果转化服务平台，增强中试服务和产业孵化能力。（地方各级人民政府负责）鼓励企业示范基地牵头构建以市场为导向、产学研深度融合的创新联合体。（国家发展改革委、科技部、工业和信息化部、国务院国资委按职责分工负责）不断优化科技企业孵化器、大学科技园和众创空间及其在孵企业的认定或备案条件，加大对具备条件的创业服务机构的支持力度。（科技部、教育部牵头负责）中央预算内投资安排专项资金支持双创示范基地建设，降低对双创示范基地相关支持项目的固定资产投资比例要求。（国家发展改革委、科技部牵头负责）支持有条件的双创示范基地建设学科交叉和协同创新科研基地。（教育部牵头负责）优先在双创示范基地建设企业技术中心等创新平台。（国家发展改革委牵头负责）

（十一）加强不同类型双创示范基地协同联动。搭建双创示范基地跨区域合作交流平台，推广跨区域孵化"飞地模式"，探索在孵项目跨区域梯次流动衔接的合作机制，在资源共享、产业协同、知识产权保护和运营等方面开展跨区域融通合作。推动建设孵化器、加速器、产业园区相互接续的创业服务体系。（地方各级人民政府负责）中央预算内资金优先支持区域一体化创新创业服务平台建设。（国家发展改革委牵头负责）优化长三角、京津冀和西部示范基地联盟，支持

建立中部、南部示范基地联盟。(国家发展改革委牵头负责)

五、加强创新创业金融支持,着力破解融资难题

(十二)深化金融服务创新创业示范。支持双创示范基地与金融机构建立长期稳定合作关系,共同参与孵化园区、科技企业孵化器、专业化众创空间等创新创业服务载体建设。(科技部、人民银行、银保监会、证监会按职责分工负责)鼓励以双创示范基地为载体开展政银企合作,探索多样化的科技金融服务。鼓励金融机构与双创示范基地合作开展设备融资租赁等金融服务。(人民银行、银保监会、证监会按职责分工负责)支持双创示范基地内符合条件的企业发行双创孵化专项债券、创业投资基金类债券、创新创业公司债券和双创债务融资工具。支持在双创示范基地开展与创业相关的保险业务。(国家发展改革委、人民银行、证监会、银保监会按职责分工负责)支持将双创示范基地企业信息纳入全国知识产权质押信息平台。在有条件的区域示范基地设立知识产权质押融资风险补偿基金,对无可抵押资产、无现金流、无订单的初创企业知识产权质押融资实施风险补偿。(国家发展改革委、人民银行、银保监会、国家知识产权局按职责分工负责)

(十三)完善创新创业创投生态链。鼓励国家出资的创业投资引导基金、产业投资基金等与双创示范基地深度合作,加强新兴领域创业投资服务,提升项目路演、投融资对接、信息交流等市场化专业化服务水平。(国家发展改革委、财政部、工业和信息化部、科技部按职责分工负责)支持金融机构在依法合规、风险可控前提下,与科研院所示范基地和区域示范基地按照市场化原则合作建立创业投资基金、产业投资基金,支持成立公益性天使投资人联盟等平台组织,加大对细分领域初创期、种子期项目的投入。(国家发展改革委、科技部、人民银行、证监会、银保监会按职责分工负责)

六、深化对外开放合作,构筑全球化创业重要节点

(十四)做强开放创业孵化载体。鼓励有条件的双创示范基地建设国际创业孵化器,与知名高校、跨国公司、中介机构等联合打造离岸创新创业基地,提升海外创业项目转化效率。支持设立海外创业投资基金,为优质创新创业项目提供资金支持。(科技部、证监会、中国科协按职责分工负责)

（十五）搭建多双边创业合作平台。优先将双创示范基地纳入多双边创新创业合作机制，支持承办大型国际创新创业大赛和论坛活动。支持双创示范基地建立国际合作产业园、海外创新中心。加强与国际重点城市的创新创业政策沟通、资源融通和链接。支持双创示范基地依托双创周“海外活动周”等举办创新创业重点活动，对接国际创新资源。加强与海外孵化器、国际创业组织和服务机构合作，为本土中小企业“走出去”拓展合作提供支撑。（国家发展改革委、科技部、中国科协按职责分工负责）

七、推进全面创新改革试点，激发创新创业创造动力

（十六）探索完善包容创新监管机制。支持双创示范基地深化商事制度改革，营造良好营商环境。（市场监管总局牵头负责）在省级政府事权范围内，支持区域示范基地在完善创业带动就业保障体系、建立新业态发展“监管沙盒”、推动各类主体融通创新、健全对创业失败者容错机制等方面开展试点，加快构建创新引领、协同发展的创新创业创造生态。（有关省级人民政府统筹组织遴选方案）

（十七）深化双创体制改革创新试点。支持企业示范基地重点在建立大企业牵头的创新联合体、完善中央企业衍生混合所有制初创企业配套支持政策等方面开展试点，加快形成企业主体、市场导向的融通创新体系。支持企业示范基地率先试点改革国有投资监管考评制度，建立可操作的创新创业容错机制。支持在具有较高风险和不确定性的业务领域实施员工跟投机制，探索“事业合伙人”方式，形成骨干员工和企业的利益共同体。（国务院国资委牵头统筹组织遴选方案）

（十八）创新促进科技成果转化机制。支持高校和科研院所示范基地在建设现代科研院所、推动高校创新创业与科技成果转化相结合、推进职务科技成果所有权或长期使用权改革、优化科技成果转化决策流程、完善产学研深度融合的新机制、建立专业化技术转移机构等方面开展试点，为加快科技成果转移转化提供制度保障。（科技部、教育部、中科院等按职责分工统筹组织遴选方案）

各地区、各部门要认真贯彻落实党中央、国务院决策部署，抓好本意见的贯彻落实。发展改革委要会同有关部门加强协调指导，完善双创示范基地运行监测和第三方评估，健全长效管理运行机制，遴选一批体制改革有突破、持续创业氛围浓、融通创新带动强的区域、企业、高校和科研院所，新建一批示范基地。对示范成效明显、带动能力强的双创示范基地要给予适当表彰激励，对示范成效差的要及时调整退出。

国务院办公厅关于支持多渠道灵活就业的意见

（2020年7月28日　国办发〔2020〕27号）

个体经营、非全日制以及新就业形态等灵活多样的就业方式，是劳动者就业增收的重要途径，对拓宽就业新渠道、培育发展新动能具有重要作用。为全面强化稳就业举措，落实保居民就业任务，经国务院同意，现就支持多渠道灵活就业提出以下意见。

一、总体要求

以习近平新时代中国特色社会主义思想为指导，全面贯彻党的十九大和十九届二中、三中、四中全会精神，坚持以人民为中心的发展思想，把支持灵活就业作为稳就业和保居民就业的重要举措，坚持市场引领和政府引导并重、放开搞活和规范有序并举，顺势而为、补齐短板，因地制宜、因城施策，清理取消对灵活就业的不合理限制，强化政策服务供给，创造更多灵活就业机会，激发劳动者创业活力和创新潜能，鼓励自谋职业、自主创业，全力以赴稳定就业大局。

二、拓宽灵活就业发展渠道

（一）鼓励个体经营发展。持续深化商事制度改革，提供便捷高效的咨询、注册服务。引导劳动者以市场为导向，依法自主选择经营范围。鼓励劳动者创办投资小、见效快、易转型、风险小的小规模经济实体。支持发展各类特色小店，完善基础设施，增加商业资源供给。对下岗失业人员、高校毕业生、农民工、就业困难人员等重点群体从事个体经营的，按规定给予创业担保贷款、税收优惠、创业补贴

等政策支持。（财政部、人力资源社会保障部、商务部、人民银行、税务总局、市场监管总局等按职责分工负责）

（二）增加非全日制就业机会。落实财政、金融等针对性扶持政策，推动非全日制劳动者较为集中的保洁绿化、批发零售、建筑装修等行业提质扩容。增强养老、托幼、心理疏导和社会工作等社区服务业的吸纳就业能力。加强对非全日制劳动者的政策支持，对就业困难人员、离校2年内未就业高校毕业生从事非全日制等工作的，按规定给予社会保险补贴。（民政部、财政部、人力资源社会保障部、住房城乡建设部、商务部、人民银行等按职责分工负责）

（三）支持发展新就业形态。实施包容审慎监管，促进数字经济、平台经济健康发展，加快推动网络零售、移动出行、线上教育培训、互联网医疗、在线娱乐等行业发展，为劳动者居家就业、远程办公、兼职就业创造条件。合理设定互联网平台经济及其他新业态新模式监管规则，鼓励互联网平台企业、中介服务机构等降低服务费、加盟管理费等费用，创造更多灵活就业岗位，吸纳更多劳动者就业。（国家发展改革委、教育部、工业和信息化部、人力资源社会保障部、交通运输部、商务部、文化和旅游部、国家卫生健康委、市场监管总局等按职责分工负责）

三、优化自主创业环境

（四）加强审批管理服务。开通行业准入办理绿色通道，对需要办理相关行业准入许可的，实行多部门联合办公、一站式审批。在政府指定的场所和时间内销售农副产品、日常生活用品，或者个人利用自己的技能从事依法无须取得许可的便民劳务活动，无须办理营业执照。加大“放管服”改革力度，引导劳动者规范有序经营。（市场监管总局和地方各级人民政府按职责分工负责）

（五）取消部分收费。取消涉及灵活就业的行政事业性收费，对经批准占道经营的免征城市道路占用费。建立公开投诉举报渠道，依法查处违规收费行为。（财政部、住房城乡建设部、市场监管总局和地方各级人民政府按职责分工负责）

（六）提供低成本场地支持。落实阶段性减免国有房产租金政策，鼓励各类业主减免或缓收房租，帮助个体经营者等灵活就业人员减轻房租负担。有条件的地方可将社区综合服务设施闲置空间、非必要办公空间改造为免费经营场地，优先向下岗失业人员、高校毕业生、农民工、就业困难人员提供。（国家发展改革委、民政部、住房城乡建设部和地方各级人民政府按职责分工负责）

四、加大对灵活就业保障支持

（七）推动新职业发布和应用。密切跟踪经济社会发展、互联网技术应用和职业活动新变化，广泛征求社会各方面对新职业的意见建议，动态发布社会需要的新职业、更新职业分类，引导直播销售、网约配送、社群健康等更多新就业形态发展。及时制定新职业标准，推出新职业培训课程。完善统计监测制度，探索建立新就业形态统计监测指标。（人力资源社会保障部、国家统计局等负责。列第一位者为牵头单位，下同）

（八）开展针对性培训。将有创业意愿的灵活就业人员纳入创业培训范围，组织开展开办店铺、市场分析、经营策略等方面的创业培训，促进提升创业能力和创业成功率。支持各类院校、培训机构、互联网平台企业，更多组织开展养老、托幼、家政、餐饮、维修、美容美发等技能培训和新兴产业、先进制造业、现代服务业等领域新职业技能培训，推进线上线下结合，灵活安排培训时间和培训方式，按规定落实职业培训补贴和培训期间生活费补贴，增强劳动者就业能力。（人力资源社会保障部、教育部、财政部等负责）

（九）优化人力资源服务。把灵活就业岗位供求信息纳入公共就业服务范围，开设灵活就业专区专栏，免费发布供求信息，按需组织专场招聘，送岗位进基层进社区，提供职业指导等服务。指导企业规范开展用工余缺调剂，帮助有"共享用工"需求的企业精准、高效匹配人力资源。有条件的城市可选择交通便利、人员求职集中的地点设立劳务市场或零工市场，组织劳务对接洽谈，加强疫情防控、秩序维护和安全管理。鼓励各类人力资源服务机构为灵活就业人员提供规范有序的求职招聘、技能培训、人力资源外包等专业化服务，按规定给予就业创业服务补助。（人力资源社会保障部、财政部等负责）

（十）维护劳动保障权益。研究制定平台就业劳动保障政策，明确互联网平台企业在劳动者权益保护方面的责任，引导互联网平台企业、关联企业与劳动者协商确定劳动报酬、休息休假、职业安全保障等事项，引导产业（行业、地方）工会与行业协会或行业企业代表协商制定行业劳动定额标准、工时标准、奖惩办法等行业规范。依法纠正拖欠劳动报酬等违法违规行为。持续深入推进工程建设领域农民工按项目参加工伤保险，有针对性地做好工伤预防工作。（人力资源社会保障部、应急部、全国总工会等按职责分工负责）

（十一）加大对困难灵活就业人员帮扶力度。2020年缴纳基本养老保险费确有困难的灵活就业人员，可按规定自愿暂缓缴费。对符合条件的灵活就业人员，及时按规定纳入最低生活保障、临时救助范围。（民政部、财政部、人力资源社会保障部、税务总局等按职责分工负责）

五、切实加强组织实施

（十二）强化组织领导。地方各级人民政府特别是市、县级人民政府要切实履行稳就业主体责任，把支持多渠道灵活就业作为就业工作重要内容，结合实际创新工作举措，加强规范引导，完善监督管理，促进灵活就业健康发展。各级人民政府要统筹用好就业补助资金和其他稳就业、保就业的资金，保障灵活就业扶持政策落实。各有关部门要同向发力、分工合作，坚持问题导向，完善政策措施，共同破解工作难题。（各有关部门、单位和地方各级人民政府按职责分工负责）

（十三）加强激励督导。各地区各有关部门要加强督促检查和政策实施情况评估，狠抓政策落实，简化手续，提高效率，确保灵活就业人员便捷享受各项支持政策和就业创业服务。将支持多渠道灵活就业有关工作纳入文明城市创建和测评内容。对灵活就业政策落实好、发展环境优、工作成效显著的城市，优先纳入创业型城市创建范围。（中央文明办、人力资源社会保障部和地方各级人民政府按职责分工负责）

（十四）注重舆论引导。充分利用各种宣传渠道和媒介，大力宣传支持灵活就业的政策措施和典型做法，宣传自主就业创业和灵活就业的典型事迹。建立舆情监测和处置机制，积极主动回应社会关切，营造良好舆论氛围。（各有关部门、单位和地方各级人民政府按职责分工负责）

国务院办公厅关于建设第三批大众创业万众创新示范基地的通知

（2020年12月9日　国办发〔2020〕51号）

为贯彻落实《政府工作报告》部署，更好发挥大众创业万众创新示范基地对促改革、稳就业、强动能的带动作用，进一步推动大众创业万众创新向纵深发展，更大程度激发市场活力和社会创造力，以新动能支撑保就业保市场主体，经国务院同意，决定在部分地区、企业、高校和科研院所建设第三批双创示范基地。现将有关事项通知如下：

一、总体要求

双创示范基地建设要以习近平新时代中国特色社会主义思想为指导，深入贯彻党的十九大和十九届二中、三中、四中、五中全会精神，认真落实党中央、国务院决策部署，坚持问题导向、目标导向，围绕做好“六稳”工作、落实“六保”任务，深入实施创新驱动发展战略，支持创新创业主体积极应对疫情影响，强化功能定位，更好发挥示范带动作用，助力经济高质量发展。

二、推动双创示范基地特色化、功能化、专业化发展

第三批双创示范基地要按照创业就业、融通创新、精益创业、全球化创业等差异化功能定位，强化区域覆盖、功能布局、协同发展，增强示范功能和带动效应。

一是聚焦稳就业和激发市场主体活力，着力打造创业就业的重要载体。深化“放管服”改革，推动在社会服务领域运用“互联网平台+创业单元”新模式促进创新，有效支撑科研人员、大学生、返乡农民工、退役军人、下岗失业人员以及其他各类社会群体开展创新创业，促进创业带动就业、多渠道灵活就业，每年带动形成一定规模的创业就业。

二是聚焦保障产业链供应链安全，着力打造融通创新的引领标杆。加快推进科技与经济深度融合、创新链与产业链协同布局、科技成果转化与应用体系建设紧密结合，推动产业链上下游、大中小企业融通创新，形成体系化融通创新格局。

三是聚焦支持创新型中小微企业成长为创新重要发源地，着力打造精益创业的集聚平台。大力弘扬科学家精神、劳动精神和工匠精神，倡导敬业、精益、专注、宽容失败的创新创业文化，构建专业化、全链条的创新创业服务体系，增强持续创新创业能力，加快培育成长型初创企业、"隐形冠军"企业和"专精特新"中小企业。

四是聚焦深化开放创新合作，着力打造全球化创业的重要节点。探索搭建创新创业国际化平台，深度参与全球创新创业合作，创新国际合作模式，培育创新创业国际化品牌，不断拓展创新创业国际合作空间。

三、加强组织领导

各有关部门要加强对双创示范基地的协调指导和日常管理，充分发挥推进大众创业万众创新部际联席会议制度统筹作用，加大对双创示范基地建设的支持力度。双创示范基地所在地人民政府要加强领导，把双创示范基地建设作为做好"六稳"工作、落实"六保"任务的重要抓手和载体，及时出台有针对性的支持政策，及时跟踪协调解决问题困难，切实抓实抓好、抓出成效。第三批双创示范基地要围绕建设重点制定具体方案，健全组织管理机构、统筹协调机制、运行监测体系，加强专职人员队伍建设，在创新创业体制机制等方面大胆探索，营造良好的创新创业生态。

四、开展监测评估

国家发展改革委要会同有关方面进一步健全双创示范基地长效管理运行机制，加强对双创示范基地的运行监测和绩效评估，根据功能定位分类适时开展第三方评估，形成一批可复制推广的改革经验并推动在更大范围实施。要建立健全双创示范基地动态调整机制，对示范成效明显、带动能力强的给予适当表彰激励，对工作推动效果差、示范作用不明显的及时调整退出。

附件：第三批双创示范基地名单（92 个）

附件

第三批双创示范基地名单(92个)

一、创业就业方向(25个)

山西省晋城经济技术开发区
吉林省辽源经济开发区
黑龙江省牡丹江经济技术开发区
同济大学国家大学科技园
江苏省南京市江北新区
安徽省马鞍山慈湖高新技术产业开发区
江西省景德镇市珠山区(陶溪川)
山东省莱西市
河南省郑州市金水区
湖北省武汉市硚口区
湖南省株洲高新技术产业开发区
广西壮族自治区南宁市横县
重庆市大渡口区
四川省自贡高新技术产业开发区
云南省大理白族自治州宾川县
西藏自治区昌都市昌都经济开发区
西北工业大学国家大学科技园
甘肃省张掖市甘州区
新疆维吾尔自治区喀什经济开发区
新疆生产建设兵团石河子经济技术开发区
西安交通大学
重庆大学
厦门大学
北京航空航天大学
北京理工大学

二、融通创新方向（27 个）

北京市中关村国家自主创新示范区丰台园
天津市天津港保税区
辽宁省大连经济技术开发区
吉林省长春汽车经济技术开发区
黑龙江省大庆高新技术产业开发区
江苏省盐城高新技术产业开发区
浙江省湖州莫干山高新技术产业开发区
浙江省宁波市北仑区
安徽省合肥经济技术开发区
福建省泉州市晋江市
福建省海峡两岸青年就业创业基地
河南省郑州高新技术产业开发区
湖北省宜昌高新技术产业开发区
湖南省衡阳高新技术产业开发区
广东省惠州仲恺高新技术产业开发区
广西壮族自治区柳州高新技术产业开发区
重庆市重庆经济技术开发区
四川省宜宾临港经济技术开发区
陕西省宝鸡高新技术产业开发区
宁夏回族自治区石嘴山市大武口区
新疆维吾尔自治区昌吉国家农业科技园区
广东省农垦集团公司
重庆市涪陵榨菜集团股份有限公司
山东四君子集团有限公司
中国华润有限公司
中国石油天然气集团有限公司
中国一重集团有限公司

三、精益创业方向（32 个）

北京经济技术开发区
天津市东丽区
河北省石家庄高新技术产业开发区

内蒙古自治区呼和浩特市新城区
辽宁省抚顺高新技术产业开发区
辽宁省大连市甘井子区
吉林省吉林高新技术产业开发区
黑龙江省哈尔滨市南岗区
上海市长宁区虹桥智谷
浙江省杭州高新技术产业开发区
浙江省宁波高新技术产业开发区
安徽省蚌埠高新技术产业开发区
福建省福州软件园
福建省厦门生物医药港
山东省济南高新技术产业开发区
山东省青岛蓝谷高新技术产业开发区
河南省洛阳高新技术产业开发区
湖北省襄阳高新技术产业开发区
湖南省岳阳市城陵矶新港区
广东省珠海高新技术产业开发区
广东省深圳市龙岗区
广西壮族自治区桂林高新技术产业开发区
重庆市重庆高新技术产业开发区
四川省成都高新技术产业开发区
贵州省贵阳市南明区
陕西省西安高新技术产业开发区
青海省西宁市城北区
新疆维吾尔自治区乌鲁木齐经济技术开发区
工业和信息化部电子第五研究所
中国科学院自动化研究所
中国科学院苏州生物医学工程技术研究所
中国科学院微电子研究所
四、全球化创业方向(8 个)
北京市中关村国家自主创新示范区朝阳园
上海市静安国际创新走廊

江苏省苏州工业园区
浙江省嘉兴市嘉善县
福建省东侨经济技术开发区
广东省东莞松山湖高新技术产业开发区
海南自由贸易港博鳌乐城国际医疗旅游先行区
南方科技大学科技园区

刑　法

中华人民共和国刑法修正案（十一）

（2020年12月26日第十三届全国人民代表大会常务委员会第二十四次会议通过　2020年12月26日中华人民共和国主席令第66号公布　自2021年3月1日起施行）

一、将刑法第十七条修改为："已满十六周岁的人犯罪，应当负刑事责任。

"已满十四周岁不满十六周岁的人，犯故意杀人、故意伤害致人重伤或者死亡、强奸、抢劫、贩卖毒品、放火、爆炸、投放危险物质罪的，应当负刑事责任。

"已满十二周岁不满十四周岁的人，犯故意杀人、故意伤害罪，致人死亡或者以特别残忍手段致人重伤造成严重残疾，情节恶劣，经最高人民检察院核准追诉的，应当负刑事责任。

"对依照前三款规定追究刑事责任的不满十八周岁的人，应当从轻或者减轻处罚。

"因不满十六周岁不予刑事处罚的，责令其父母或者其他监护人加以管教；在必要的时候，依法进行专门矫治教育。"

二、在刑法第一百三十三条之一后增加一条，作为第一百三十三条之二："对行驶中的公共交通工具的驾驶人员使用暴力或者抢控驾驶操纵装置，干扰公共交通工具正常行驶，危及公共安全的，处一年以下有期徒刑、拘役或者管制，并处或者单处罚金。

"前款规定的驾驶人员在行驶的公共交通工具上擅离职守，与他人互殴或者殴打他人，危及公共安全的，依照前款的规定处罚。

“有前两款行为，同时构成其他犯罪的，依照处罚较重的规定定罪处罚。”

三、将刑法第一百三十四条第二款修改为：“强令他人违章冒险作业，或者明知存在重大事故隐患而不排除，仍冒险组织作业，因而发生重大伤亡事故或者造成其他严重后果的，处五年以下有期徒刑或者拘役；情节特别恶劣的，处五年以上有期徒刑。”

四、在刑法第一百三十四条后增加一条，作为第一百三十四条之一：“在生产、作业中违反有关安全管理的规定，有下列情形之一，具有发生重大伤亡事故或者其他严重后果的现实危险的，处一年以下有期徒刑、拘役或者管制：

“（一）关闭、破坏直接关系生产安全的监控、报警、防护、救生设备、设施，或者篡改、隐瞒、销毁其相关数据、信息的；

“（二）因存在重大事故隐患被依法责令停产停业、停止施工、停止使用有关设备、设施、场所或者立即采取排除危险的整改措施，而拒不执行的；

“（三）涉及安全生产的事项未经依法批准或者许可，擅自从事矿山开采、金属冶炼、建筑施工，以及危险物品生产、经营、储存等高度危险的生产作业活动的。”

五、将刑法第一百四十一条修改为：“生产、销售假药的，处三年以下有期徒刑或者拘役，并处罚金；对人体健康造成严重危害或者有其他严重情节的，处三年以上十年以下有期徒刑，并处罚金；致人死亡或者有其他特别严重情节的，处十年以上有期徒刑、无期徒刑或者死刑，并处罚金或者没收财产。

“药品使用单位的人员明知是假药而提供给他人使用的，依照前款的规定处罚。”

六、将刑法第一百四十二条修改为：“生产、销售劣药，对人体健康造成严重危害的，处三年以上十年以下有期徒刑，并处罚金；后果特别严重的，处十年以上有期徒刑或者无期徒刑，并处罚金或者没收财产。

“药品使用单位的人员明知是劣药而提供给他人使用的，依照前款的规定处罚。”

七、在刑法第一百四十二条后增加一条，作为第一百四十二条之一:“违反药品管理法规,有下列情形之一,足以严重危害人体健康的,处三年以下有期徒刑或者拘役,并处或者单处罚金;对人体健康造成严重危害或者有其他严重情节的,处三年以上七年以下有期徒刑,并处罚金:

“(一)生产、销售国务院药品监督管理部门禁止使用的药品的;

“(二)未取得药品相关批准证明文件生产、进口药品或者明知是上述药品而销售的;

“(三)药品申请注册中提供虚假的证明、数据、资料、样品或者采取其他欺骗手段的;

“(四)编造生产、检验记录的。

“有前款行为,同时又构成本法第一百四十一条、第一百四十二条规定之罪或者其他犯罪的,依照处罚较重的规定定罪处罚。”

八、将刑法第一百六十条修改为:“在招股说明书、认股书、公司、企业债券募集办法等发行文件中隐瞒重要事实或者编造重大虚假内容,发行股票或者公司、企业债券、存托凭证或者国务院依法认定的其他证券,数额巨大、后果严重或者有其他严重情节的,处五年以下有期徒刑或者拘役,并处或者单处罚金;数额特别巨大、后果特别严重或者有其他特别严重情节的,处五年以上有期徒刑,并处罚金。

“控股股东、实际控制人组织、指使实施前款行为的,处五年以下有期徒刑或者拘役,并处或者单处非法募集资金金额百分之二十以上一倍以下罚金;数额特别巨大、后果特别严重或者有其他特别严重情节的,处五年以上有期徒刑,并处非法募集资金金额百分之二十以上一倍以下罚金。

“单位犯前两款罪的,对单位判处非法募集资金金额百分之二十以上一倍以下罚金,并对其直接负责的主管人员和其他直接责任人员,依照第一款的规定处罚。”

九、将刑法第一百六十一条修改为:“依法负有信息披露义务的公司、企业向股东和社会公众提供虚假的或者隐瞒重要事实的财务会计报告,或者对依法应当披露的其他重要信息不按照规定披露,严重损害股东或者其他人利益,或者有其他严重情节的,对其直接负责的主管人员和其他直接责任人员,处五年以下有期徒刑或者拘役,并处或者单处罚金;情节特别严重的,处五年以上十年以下有期徒刑,并处罚金。

“前款规定的公司、企业的控股股东、实际控制人实施或者组织、指使实施前款行为的，或者隐瞒相关事项导致前款规定的情形发生的，依照前款的规定处罚。

“犯前款罪的控股股东、实际控制人是单位的，对单位判处罚金，并对其直接负责的主管人员和其他直接责任人员，依照第一款的规定处罚。”

十、将刑法第一百六十三条第一款修改为：“公司、企业或者其他单位的工作人员，利用职务上的便利，索取他人财物或者非法收受他人财物，为他人谋取利益，数额较大的，处三年以下有期徒刑或者拘役，并处罚金；数额巨大或者有其他严重情节的，处三年以上十年以下有期徒刑，并处罚金；数额特别巨大或者有其他特别严重情节的，处十年以上有期徒刑或者无期徒刑，并处罚金。”

十一、将刑法第一百七十五条之一第一款修改为：“以欺骗手段取得银行或者其他金融机构贷款、票据承兑、信用证、保函等，给银行或者其他金融机构造成重大损失的，处三年以下有期徒刑或者拘役，并处或者单处罚金；给银行或者其他金融机构造成特别重大损失或者有其他特别严重情节的，处三年以上七年以下有期徒刑，并处罚金。”

十二、将刑法第一百七十六条修改为：“非法吸收公众存款或者变相吸收公众存款，扰乱金融秩序的，处三年以下有期徒刑或者拘役，并处或者单处罚金；数额巨大或者有其他严重情节的，处三年以上十年以下有期徒刑，并处罚金；数额特别巨大或者有其他特别严重情节的，处十年以上有期徒刑，并处罚金。

“单位犯前款罪的，对单位判处罚金，并对其直接负责的主管人员和其他直接责任人员，依照前款的规定处罚。

“有前两款行为，在提起公诉前积极退赃退赔，减少损害结果发生的，可以从轻或者减轻处罚。”

十三、将刑法第一百八十二条第一款修改为：“有下列情形之一，操纵证券、期货市场，影响证券、期货交易价格或者证券、期货交易量，情节严重的，处五年以下有期徒刑或者拘役，并处或者单处罚金；情节特别严重的，处五年以上十年以下有期徒刑，并处罚金：

“(一)单独或者合谋,集中资金优势、持股或者持仓优势或者利用信息优势联合或者连续买卖的;

“(二)与他人串通,以事先约定的时间、价格和方式相互进行证券、期货交易的;

“(三)在自己实际控制的帐户之间进行证券交易,或者以自己为交易对象,自买自卖期货合约的;

“(四)不以成交为目的,频繁或者大量申报买入、卖出证券、期货合约并撤销申报的;

“(五)利用虚假或者不确定的重大信息,诱导投资者进行证券、期货交易的;

“(六)对证券、证券发行人、期货交易标的公开作出评价、预测或者投资建议,同时进行反向证券交易或者相关期货交易的;

“(七)以其他方法操纵证券、期货市场的。”

十四、将刑法第一百九十一条修改为:“为掩饰、隐瞒毒品犯罪、黑社会性质的组织犯罪、恐怖活动犯罪、走私犯罪、贪污贿赂犯罪、破坏金融管理秩序犯罪、金融诈骗犯罪的所得及其产生的收益的来源和性质,有下列行为之一的,没收实施以上犯罪的所得及其产生的收益,处五年以下有期徒刑或者拘役,并处或者单处罚金;情节严重的,处五年以上十年以下有期徒刑,并处罚金:

“(一)提供资金帐户的;

“(二)将财产转换为现金、金融票据、有价证券的;

“(三)通过转帐或者其他支付结算方式转移资金的;

“(四)跨境转移资产的;

“(五)以其他方法掩饰、隐瞒犯罪所得及其收益的来源和性质的。

“单位犯前款罪的,对单位判处罚金,并对其直接负责的主管人员和其他直接责任人员,依照前款的规定处罚。”

十五、将刑法第一百九十二条修改为:“以非法占有为目的,使用诈骗方法非法集资,数额较大的,处三年以上七年以下有期徒刑,并处罚金;数额巨大或者有其他严重情节的,处七年以上有期徒刑或者无期徒刑,并处罚金或者没收财产。

“单位犯前款罪的,对单位判处罚金,并对其直接负责的主管人员和其他直接责任人员，依照前款的规定处罚。”

十六、将刑法第二百条修改为：“单位犯本节第一百九十四条、第一百九十五条规定之罪的，对单位判处罚金，并对其直接负责的主管人员和其他直接责任人员，处五年以下有期徒刑或者拘役，可以并处罚金；数额巨大或者有其他严重情节的，处五年以上十年以下有期徒刑，并处罚金；数额特别巨大或者有其他特别严重情节的，处十年以上有期徒刑或者无期徒刑，并处罚金。”

十七、将刑法第二百一十三条修改为：“未经注册商标所有人许可，在同一种商品、服务上使用与其注册商标相同的商标，情节严重的，处三年以下有期徒刑，并处或者单处罚金；情节特别严重的，处三年以上十年以下有期徒刑，并处罚金。”

十八、将刑法第二百一十四条修改为：“销售明知是假冒注册商标的商品，违法所得数额较大或者有其他严重情节的，处三年以下有期徒刑，并处或者单处罚金；违法所得数额巨大或者有其他特别严重情节的，处三年以上十年以下有期徒刑，并处罚金。”

十九、将刑法第二百一十五条修改为：“伪造、擅自制造他人注册商标标识或者销售伪造、擅自制造的注册商标标识，情节严重的，处三年以下有期徒刑，并处或者单处罚金；情节特别严重的，处三年以上十年以下有期徒刑，并处罚金。”

二十、将刑法第二百一十七条修改为：“以营利为目的，有下列侵犯著作权或者与著作权有关的权利的情形之一，违法所得数额较大或者有其他严重情节的，处三年以下有期徒刑，并处或者单处罚金；违法所得数额巨大或者有其他特别严重情节的，处三年以上十年以下有期徒刑，并处罚金：

“（一）未经著作权人许可，复制发行、通过信息网络向公众传播其文字作品、音乐、美术、视听作品、计算机软件及法律、行政法规规定的其他作品的；

“（二）出版他人享有专有出版权的图书的；

“（三）未经录音录像制作者许可，复制发行、通过信息网络向公众传播其制作的录音录像的；

“（四）未经表演者许可，复制发行录有其表演的录音录像制品，或者通过信息网络向公众传播其表演的；

“（五）制作、出售假冒他人署名的美术作品的；

“（六）未经著作权人或者与著作权有关的权利人许可，故意避开或者破坏权利人为其作品、录音录像制品等采取的保护著作权或者与著作权有关的权利的技术措施的。”

二十一、将刑法第二百一十八条修改为：“以营利为目的，销售明知是本法第二百一十七条规定的侵权复制品，违法所得数额巨大或者有其他严重情节的，处五年以下有期徒刑，并处或者单处罚金。”

二十二、将刑法第二百一十九条修改为：“有下列侵犯商业秘密行为之一，情节严重的，处三年以下有期徒刑，并处或者单处罚金；情节特别严重的，处三年以上十年以下有期徒刑，并处罚金：

“（一）以盗窃、贿赂、欺诈、胁迫、电子侵入或者其他不正当手段获取权利人的商业秘密的；

“（二）披露、使用或者允许他人使用以前项手段获取的权利人的商业秘密的；

“（三）违反保密义务或者违反权利人有关保守商业秘密的要求，披露、使用或者允许他人使用其所掌握的商业秘密的。

“明知前款所列行为，获取、披露、使用或者允许他人使用该商业秘密的，以侵犯商业秘密论。

“本条所称权利人，是指商业秘密的所有人和经商业秘密所有人许可的商业秘密使用人。”

二十三、在刑法第二百一十九条后增加一条，作为第二百一十九条之一：“为境外的机构、组织、人员窃取、刺探、收买、非法提供商业秘密的，处五年以下有期徒刑，并处或者单处罚金；情节严重的，处五年以上有期徒刑，并处罚金。”

二十四、将刑法第二百二十条修改为：“单位犯本节第二百一十三条至第二百一十九条之一规定之罪的，对单位判处罚金，并对其直接负责的主管人员和其他直接责任人员，依照本节各该条的规定处罚。”

二十五、将刑法第二百二十九条修改为：“承担资产评估、验资、验证、会计、审计、法律服务、保荐、安全评价、环境影响评价、环境监测等职责的中介组织的人员故意提供虚假证明文件，情节严重的，处五年以下有期徒刑或者拘役，并处罚金；有下列情形之一的，处五年以上十年以下有期徒刑，并处罚金：

“（一）提供与证券发行相关的虚假的资产评估、会计、审计、法律服务、保荐等证明文件，情节特别严重的；

“（二）提供与重大资产交易相关的虚假的资产评估、会计、审计等证明文件，情节特别严重的；

“（三）在涉及公共安全的重大工程、项目中提供虚假的安全评价、环境影响评价等证明文件，致使公共财产、国家和人民利益遭受特别重大损失的。

“有前款行为，同时索取他人财物或者非法收受他人财物构成犯罪的，依照处罚较重的规定定罪处罚。

“第一款规定的人员，严重不负责任，出具的证明文件有重大失实，造成严重后果的，处三年以下有期徒刑或者拘役，并处或者单处罚金。”

二十六、将刑法第二百三十六条修改为：“以暴力、胁迫或者其他手段强奸妇女的，处三年以上十年以下有期徒刑。

“奸淫不满十四周岁的幼女的，以强奸论，从重处罚。

“强奸妇女、奸淫幼女，有下列情形之一的，处十年以上有期徒刑、无期徒刑或者死刑：

“（一）强奸妇女、奸淫幼女情节恶劣的；

“（二）强奸妇女、奸淫幼女多人的；

“（三）在公共场所当众强奸妇女、奸淫幼女的；

“（四）二人以上轮奸的；

“（五）奸淫不满十周岁的幼女或者造成幼女伤害的；

“（六）致使被害人重伤、死亡或者造成其他严重后果的。”

二十七、在刑法第二百三十六条后增加一条，作为第二百三十六条之一：“对已满十四周岁不满十六周岁的未成年女性负有监护、收养、看护、教育、医疗等特殊职责的人员，与该未成年女性发生性关系的，处三年以下有期徒刑；情节恶劣的，处三年以上十年以下有期徒刑。

“有前款行为，同时又构成本法第二百三十六条规定之罪的，依照处罚较重的规定定罪处罚。”

二十八、将刑法第二百三十七条第三款修改为：“猥亵儿童的，处

五年以下有期徒刑;有下列情形之一的,处五年以上有期徒刑:

“(一)猥亵儿童多人或者多次的;

“(二)聚众猥亵儿童的,或者在公共场所当众猥亵儿童,情节恶劣的;

“(三)造成儿童伤害或者其他严重后果的;

“(四)猥亵手段恶劣或者有其他恶劣情节的。”

二十九、将刑法第二百七十一条第一款修改为:“公司、企业或者其他单位的工作人员,利用职务上的便利,将本单位财物非法占为己有,数额较大的,处三年以下有期徒刑或者拘役,并处罚金;数额巨大的,处三年以上十年以下有期徒刑,并处罚金;数额特别巨大的,处十年以上有期徒刑或者无期徒刑,并处罚金。”

三十、将刑法第二百七十二条修改为:“公司、企业或者其他单位的工作人员,利用职务上的便利,挪用本单位资金归个人使用或者借贷给他人,数额较大、超过三个月未还的,或者虽未超过三个月,但数额较大、进行营利活动的,或者进行非法活动的,处三年以下有期徒刑或者拘役;挪用本单位资金数额巨大的,处三年以上七年以下有期徒刑;数额特别巨大的,处七年以上有期徒刑。

“国有公司、企业或者其他国有单位中从事公务的人员和国有公司、企业或者其他国有单位委派到非国有公司、企业以及其他单位从事公务的人员有前款行为的,依照本法第三百八十四条的规定定罪处罚。

“有第一款行为,在提起公诉前将挪用的资金退还的,可以从轻或者减轻处罚。其中,犯罪较轻的,可以减轻或者免除处罚。”

三十一、将刑法第二百七十七条第五款修改为:“暴力袭击正在依法执行职务的人民警察的,处三年以下有期徒刑、拘役或者管制;使用枪支、管制刀具,或者以驾驶机动车撞击等手段,严重危及其人身安全的,处三年以上七年以下有期徒刑。”

三十二、在刑法第二百八十条之一后增加一条,作为第二百八十条之二:“盗用、冒用他人身份,顶替他人取得的高等学历教育入学资格、公务员录用资格、就业安置待遇的,处三年以下有期徒刑、拘役或者管制,并处罚金。

“组织、指使他人实施前款行为的,依照前款的规定从重处罚。

“国家工作人员有前两款行为，又构成其他犯罪的，依照数罪并罚的规定处罚。”

三十三、在刑法第二百九十一条之一后增加一条，作为第二百九十一条之二：“从建筑物或者其他高空抛掷物品，情节严重的，处一年以下有期徒刑、拘役或者管制，并处或者单处罚金。

“有前款行为，同时构成其他犯罪的，依照处罚较重的规定定罪处罚。”

三十四、在刑法第二百九十三条后增加一条，作为第二百九十三条之一：“有下列情形之一，催收高利放贷等产生的非法债务，情节严重的，处三年以下有期徒刑、拘役或者管制，并处或者单处罚金：

“（一）使用暴力、胁迫方法的；

“（二）限制他人人身自由或者侵入他人住宅的；

“（三）恐吓、跟踪、骚扰他人的。”

三十五、在刑法第二百九十九条后增加一条，作为第二百九十九条之一：“侮辱、诽谤或者以其他方式侵害英雄烈士的名誉、荣誉，损害社会公共利益，情节严重的，处三年以下有期徒刑、拘役、管制或者剥夺政治权利。”

三十六、将刑法第三百零三条修改为：“以营利为目的，聚众赌博或者以赌博为业的，处三年以下有期徒刑、拘役或者管制，并处罚金。

“开设赌场的，处五年以下有期徒刑、拘役或者管制，并处罚金；情节严重的，处五年以上十年以下有期徒刑，并处罚金。

“组织中华人民共和国公民参与国（境）外赌博，数额巨大或者有其他严重情节的，依照前款的规定处罚。”

三十七、将刑法第三百三十条第一款修改为：“违反传染病防治法的规定，有下列情形之一，引起甲类传染病以及依法确定采取甲类传染病预防、控制措施的传染病传播或者有传播严重危险的，处三年以下有期徒刑或者拘役；后果特别严重的，处三年以上七年以下有期徒刑：

“（一）供水单位供应的饮用水不符合国家规定的卫生标准的；

“（二）拒绝按照疾病预防控制机构提出的卫生要求，对传染病病原体污染的污水、污物、场所和物品进行消毒处理的；

“（三）准许或者纵容传染病病人、病原携带者和疑似传染病病人从事国务院卫生行政部门规定禁止从事的易使该传染病扩散的工作的；

“（四）出售、运输疫区中被传染病病原体污染或者可能被传染病病原体污染的物品，未进行消毒处理的；

“（五）拒绝执行县级以上人民政府、疾病预防控制机构依照传染病防治法提出的预防、控制措施的。”

三十八、在刑法第三百三十四条后增加一条，作为第三百三十四条之一：“违反国家有关规定，非法采集我国人类遗传资源或者非法运送、邮寄、携带我国人类遗传资源材料出境，危害公众健康或者社会公共利益，情节严重的，处三年以下有期徒刑、拘役或者管制，并处或者单处罚金；情节特别严重的，处三年以上七年以下有期徒刑，并处罚金。”

三十九、在刑法第三百三十六条后增加一条，作为第三百三十六条之一：“将基因编辑、克隆的人类胚胎植入人体或者动物体内，或者将基因编辑、克隆的动物胚胎植入人体内，情节严重的，处三年以下有期徒刑或者拘役，并处罚金；情节特别严重的，处三年以上七年以下有期徒刑，并处罚金。”

四十、将刑法第三百三十八条修改为：“违反国家规定，排放、倾倒或者处置有放射性的废物、含传染病病原体的废物、有毒物质或者其他有害物质，严重污染环境的，处三年以下有期徒刑或者拘役，并处或者单处罚金；情节严重的，处三年以上七年以下有期徒刑，并处罚金；有下列情形之一的，处七年以上有期徒刑，并处罚金：

“（一）在饮用水水源保护区、自然保护地核心保护区等依法确定的重点保护区域排放、倾倒、处置有放射性的废物、含传染病病原体的废物、有毒物质，情节特别严重的；

“（二）向国家确定的重要江河、湖泊水域排放、倾倒、处置有放射性的废物、含传染病病原体的废物、有毒物质，情节特别严重的；

“（三）致使大量永久基本农田基本功能丧失或者遭受永久性破坏的；

“（四）致使多人重伤、严重疾病，或者致人严重残疾、死亡的。

“有前款行为，同时构成其他犯罪的，依照处罚较重的规定定罪处罚。”

四十一、在刑法第三百四十一条中增加一款作为第三款："违反野生动物保护管理法规，以食用为目的非法猎捕、收购、运输、出售第一款规定以外的在野外环境自然生长繁殖的陆生野生动物，情节严重的，依照前款的规定处罚。"

四十二、在刑法第三百四十二条后增加一条，作为第三百四十二条之一："违反自然保护地管理法规，在国家公园、国家级自然保护区进行开垦、开发活动或者修建建筑物，造成严重后果或者有其他恶劣情节的，处五年以下有期徒刑或者拘役，并处或者单处罚金。

"有前款行为，同时构成其他犯罪的，依照处罚较重的规定定罪处罚。"

四十三、在刑法第三百四十四条后增加一条，作为第三百四十四条之一："违反国家规定，非法引进、释放或者丢弃外来入侵物种，情节严重的，处三年以下有期徒刑或者拘役，并处或者单处罚金。"

四十四、在刑法第三百五十五条后增加一条，作为第三百五十五条之一："引诱、教唆、欺骗运动员使用兴奋剂参加国内、国际重大体育竞赛，或者明知运动员参加上述竞赛而向其提供兴奋剂，情节严重的，处三年以下有期徒刑或者拘役，并处罚金。

"组织、强迫运动员使用兴奋剂参加国内、国际重大体育竞赛的，依照前款的规定从重处罚。"

四十五、将刑法第四百零八条之一第一款修改为："负有食品药品安全监督管理职责的国家机关工作人员，滥用职权或者玩忽职守，有下列情形之一，造成严重后果或者有其他严重情节的，处五年以下有期徒刑或者拘役；造成特别严重后果或者有其他特别严重情节的，处五年以上十年以下有期徒刑：

"（一）瞒报、谎报食品安全事故、药品安全事件的；

"（二）对发现的严重食品药品安全违法行为未按规定查处的；

"（三）在药品和特殊食品审批审评过程中，对不符合条件的申请准予许可的；

"（四）依法应当移交司法机关追究刑事责任不移交的；

"（五）有其他滥用职权或者玩忽职守行为的。"

四十六、将刑法第四百三十一条第二款修改为："为境外的机构、组织、人员窃取、刺探、收买、非法提供军事秘密的，处五年以上十年以下有期徒刑；情节严重的，处十年以上有期徒刑、无期徒刑或者死刑。”

四十七、将刑法第四百五十条修改为：“本章适用于中国人民解放军的现役军官、文职干部、士兵及具有军籍的学员和中国人民武装警察部队的现役警官、文职干部、士兵及具有军籍的学员以及文职人员、执行军事任务的预备役人员和其他人员。”

四十八、本修正案自2021年3月1日起施行。

图书在版编目（CIP）数据

中华人民共和国法规汇编：2020 年 1 月–12 月 / 司法部编．—北京：中国法制出版社，2023.3
ISBN 978-7-5216-3368-9

Ⅰ．①中… Ⅱ．①司… Ⅲ．①法规–汇编–中国–2020 Ⅳ．①D920.9

中国国家版本馆 CIP 数据核字（2023）第 049417 号

中华人民共和国法规汇编：2020 年 1 月–12 月
ZHONGHUA RENMIN GONGHEGUO FAGUI HUIBIAN：2020 NIAN 1 YUE – 12 YUE
编者/司法部

经销/新华书店
印刷/北京虎彩文化传播有限公司
开本/635 毫米×927 毫米 16 开　　印张/ 58 字数/ 727 千
版次/2023 年 3 月第 1 版　　2023 年 3 月第 1 次印刷

中国法制出版社出版
书号 ISBN 978-7-5216-3368-9　　定价：300.00 元

北京市西城区西便门西里甲 16 号西便门办公区
邮政编码：100053　　传真：010-63141600
网址：http：//www.zgfzs.com　　**编辑部电话：010-63141663**
市场营销部电话：010-63141612　　**印务部电话：010-63141606**

（如有印装质量问题，请与本社印务部联系。）